D1670022

Politik und Wirtschaft 2

Oberstufe: Qualifikationsphase
Nordrhein-Westfalen

Herausgegeben von
Peter Jöckel und Dirk Lange

Erarbeitet von
Moritz-Peter Haarmann
Peter Jöckel
Dirk Lange
Jan Eike Thorweger
Helen Weiden

Politik und Wirtschaft 2
Oberstufe: Qualifikationsphase
Nordrhein-Westfalen

Herausgegeben von Peter Jöckel und Dirk Lange

erarbeitet von Moritz-Peter Haarmann, Peter Jöckel, Dirk Lange, Jan Eike Thorweger, Helen Weiden

Redaktion:	Jürgen Schmidt, Dr. Thomas Maurer
Umschlaggestaltung:	Klein & Halm Grafikdesign, Berlin
Grafik:	Infotext, Berlin
Layout und technische Umsetzung:	Stephan Hilleckenbach, Berlin

www.cornelsen.de

1. Auflage, 1. Druck 2011

Alle Drucke dieser Auflage sind inhaltlich unverändert und können im Unterricht nebeneinander verwendet werden.

Druck: CS-Druck CornelsenStürtz, Berlin

ISBN 978-3-06-064921-1

Inhalt gedruckt auf säurefreiem Papier aus nachhaltiger Forstwirtschaft.

1 Das politische System der Europäischen Union

2 Internationale Politik

3 Globalisierung

4 Nachhaltige Entwicklung der Einen Welt

5 Analyse gesamtwirtschaftlicher Prozesse

6 Wirtschaftspolitische Konzeptionen

7 Wirtschaftspolitische Instrumentarien

8 Wirtschaftsstandort Deutschland

9 Einkommens- und Vermögensverteilung

10 Soziale Ungleichheit

11 Sozialer Wandel

12 Sozialpolitik

Liebe Lehrerinnen und Lehrer, liebe Schülerinnen und Schüler,

der vorliegende Band 2 des Schulbuchs Politik und Wirtschaft Oberstufe ist für die Qualifikationsphase gedacht. Er bietet Arbeitsmaterial und Arbeitsanregungen, die zu einem fachspezifischen Kompetenzerwerb mit Zielrichtung auf das Zentralabitur beitragen sollen. Das Buch orientiert sich am Lehrplan Sozialwissenschaften sowie an den Aufgaben des Zentralabiturs und den Einheitlichen Prüfungsanforderungen. Systematisch wird durch Textauswahl und Arbeitsaufträge angeregt, die Kompetenzen im fachlich-inhaltlichen und methodischen sowie im Bereich der Urteilskompetenz zu entwickeln.

Sach- und Analysekompetenz

Zur Förderung der Sach- und Analysekompetenz bietet das Buch relevante Materialien an. Die Aufgabenstellungen eröffnen Zugangsweisen zu diesen Materialien und bereiten auf die Anforderungen der Klausur- und Prüfungssituationen und auf das Abitur vor. Dabei kommen die verschiedenen Operatoren nach und nach zum Zuge und werden eingeübt. Das politische und ökonomische Orientierungswissen wird, fachwissenschaftlich abgesichert, an klar abgegrenzten Themenbereichen erworben.

Vertiefung sozialwissenschaftlichen Arbeitens

Das Lehrbuch vertieft die Prinzipien sozialwissenschaftlichen Arbeitens, die in der Einführungsphase der gymnasialen Oberstufe und der Sekundarstufe I erlernt wurden. Es widmet allen Bereichen der Sozialwissenschaften – Soziologie, Politikwissenschaft und Ökonomie – jeweils mehrere Kapitel und ermöglicht Ihnen, selbst zu entscheiden, wie lange und wie intensiv Sie ein Thema behandeln möchten.

Methoden- und Urteilskompetenz

Die Art der Aufgabenstellung fördert die Methodenkompetenz. Jedes Kapitel stellt relevante Methoden vor und ermöglicht deren Anwendung auf gesellschaftliche, politische und wirtschaftliche Fragestellungen. Darüber hinaus wird durch problematisierende und kontroverse Texte schwerpunktmäßig die Urteilskompetenz vertieft.

Handlungskompetenz

Die Bearbeitung sozialwissenschaftlicher Themen soll dazu beitragen, die eigene Handlungskompetenz auf der Grundlage der Kenntnis von Fakten und Handlungsoptionen zu stärken. So sollen auch die Möglichkeiten politischer, wirtschaftlicher und gesellschaftlicher Partizipation für den Einzelnen erweitert werden.

Struktur des Lehrwerks

Die einzelnen Kapitel sind nach dem Doppelseitenprinzip aufgebaut, um eine strukturierte Vorgehensweise im Unterricht zu ermöglichen. Die passenden Aufgabenstellungen sind jeweils zugeordnet. Methodische Abschnitte und Querverweise ermöglichen die Cross-over-Arbeit. Die Themen knüpfen an aktuelle politische, wirtschaftliche und gesellschaftliche Fragestellungen an, vertiefen durch grundlegende Materialien die Sach- und Analysekompetenz und ermöglichen es dadurch, zum gegenwärtigen politischen Geschehen Stellung zu nehmen. Da jedes Thema in Zeiten raschen sozialen, politischen und ökonomischen Wandels ständig der Aktualisierung bedarf, werden Möglichkeiten angeboten, das Buch durch eigene Recherchen zu ergänzen. Enthalten sind auch Übungsanregungen zur Abitur- und Klausurvorbereitung.

1 Das politische System der Europäischen Union

Die Europäische Union hat mehr und mehr an Bedeutung gewonnen. Sie ist einer der wichtigsten Wirtschaftsräume der Erde und hat auch politisch enormes Gewicht. Allerdings spricht sie oft nicht mit einer Stimme und auch nicht in einer Sprache. Es ist strittig, ob der derzeitige Reformprozess in einen europäischen Staat münden soll oder nicht. Dieses Kapitel ermöglicht Ihnen eine Beurteilung des europäischen Einigungsprozesses auf der Grundlage der Kenntnis der politischen Institutionen und des politischen Prozesses in der EU.

Europa – was heißt das für uns?

Die Europäische Union (EU) ist ein fast unüberschaubares Gebilde aus der Mehrheit der europäischen Staaten. Viele Menschen wissen, dass die EU immer mehr Bedeutung erlangt, können aber nicht einschätzen, was Europa wirklich für uns bedeutet.

M1 Ein Gespräch

Lavinia aus Rumänien, Lucie aus Frankreich und Matthias aus Deutschland in einem Interview mit „Glasklar", dem Online-Magazin des Bundestags:

Lucie Laithier, 22 Jahre

Lavinia Lazar, 23 Jahre

Matthias Jekosch, 26 Jahre

Glasklar: Lavinia, du hast in vier europäischen Ländern gewohnt, sprichst fünf Sprachen. Bist du noch Rumänin oder schon Europäerin?

Lavinia: Ich bin Rumänin geblieben und Europäerin geworden. Ich identifiziere mich mit Europa mehr als vorher. Heute ist „mein Europa" ein Zusammenspiel von Erfahrungen und Erkenntnissen, die über Landesgrenzen hinausgehen, die aber ohne diese Grenzen auch nicht als so vielfältig zu denken wären. (...)

Glasklar: Du studierst europäisches Recht, Lucie. Was fasziniert dich an Europa?

Lucie: Die Europäische Gemeinschaft ist noch ganz neu. Es ist spannend zu lernen, wie so viele Staaten versuchen, ein einheitliches Recht zu schaffen.

Glasklar: Matthias, was bedeutet Europa für dich?

Matthias: Ich erlebe, dass die Grenzen zum Teil völlig verschwinden. Ich kann überall hin, ohne meinen Pass vorzeigen zu müssen. Ich treffe jeden Tag Europäer. Bei Café Babel (*einem Europamagazin*) sind Leute aus allen Nationen dabei. Und meine Freundin ist Griechin. (...)

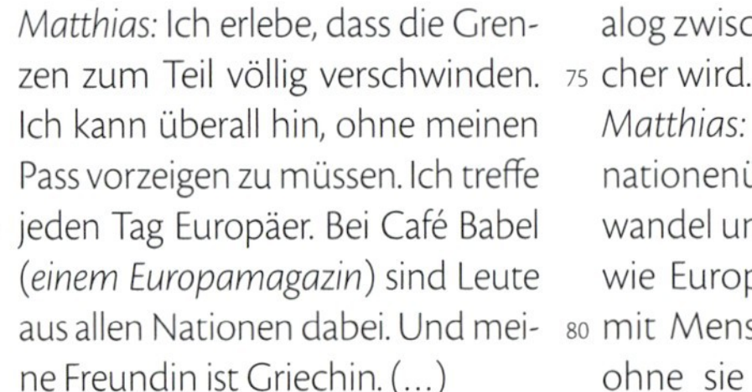

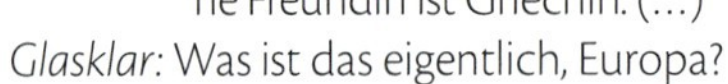

Glasklar: Was ist das eigentlich, Europa?

Matthias: Der Kontinent ist in den Hintergrund gerückt. Heute wird Europa als Synonym für die EU gebraucht. Das ist aber falsch. Zum Beispiel berichtet Café Babel über Themen wie das Lebensgefühl in Europa insgesamt. Das geht über die EU hinaus.

Glasklar: Kann man denn auf Europa stolz sein?

Lucie: Wie man auf sein Land stolz sein kann? Ich finde schon. Der Grundgedanke lautet: „in Vielfalt geeint". Wir wollen etwas zusammen schaffen, aber es ist wichtig, dass jedes Land seine eigene Kultur behält.

Matthias: Stolz ist natürlich ein schwieriger Begriff. Wahrscheinlich ist das mein typisch deutsches Problem. Ich bin einfach glücklich und froh, in Europa und in Deutschland zu leben.

Lavinia: Es ist schwer, auf Europa stolz zu sein, wenn man bedenkt, was Europa im 20. Jahrhundert verursacht hat, angefangen bei den Weltkriegen. Andererseits kann man auch stolz sein, dass nach diesen Weltkriegen sich keiner in Europa mehr vorstellen kann, solche Kriege noch mal zu führen. (...)

Glasklar: Und was ist nun Europa oder typisch „europäisch"?

Matthias: Vielleicht ist es europäisch, dass die Menschen Grundvertrauen in einen Sozialstaat haben, der für sie da ist.

Lavinia: Auf jeden Fall reicht das Wort „Vielfalt" für Europa nicht aus. Vielfalt ist ein Schutzbegriff. Wenn wir etwas nicht beschreiben können, sagen wir Vielfalt.

Glasklar: Wie sollte Europa in 20 Jahren sein?

Lucie: Europa sollte eine politische Stimme in der Welt haben. Ich wünsche mir, dass meine Kinder schon in der Schule ganz viel über die anderen EU-Länder lernen. Und dass der Dialog zwischen den Kulturen selbstverständlicher wird.

Matthias: Europa sollte Lösungen finden für nationenübergreifende Probleme wie Klimawandel und Arbeitslosigkeit. Lösungen dafür, wie Europa mit seinen Nachbarn umgeht, mit Menschen, die nach Europa kommen, ohne sie als „Illegale" abzustempeln. Wir brauchen Zuwanderung, schon allein wegen des demografischen Wandels.

Lavinia: Es wäre schön, wenn sich Europa in den Konflikten mit der islamischen Welt positionieren könnte. Und wenn es zu einem friedlichen Zusammenleben kommt zwischen Europa, Amerika und den islamischen Ländern.

Aus: Glasklar. Blickpunkt Bundestag online, 22.3.2007, Interview: Lydia Harder, http://www.bundestag.de (Zugriff: 14.8.2010)

M2 Europa – offene Grenzen

Europa ohne Grenzen hat einen Namen: Schengen. Im Luxemburgischen Schengen vereinbarten 1985 Belgien, Deutschland, Frankreich, Luxemburg und die Niederlande, die Kontrollen an ihren gemeinsamen Grenzen schrittweise abzubauen.
Heute sind – neben den fünf Gründerstaaten – Italien, Portugal, Spanien, Griechenland, Österreich, Dänemark, Schweden und Finnland sowie die Nicht-EU-Staaten Island und Norwegen dabei. Systematische Grenzkontrollen zwischen allen diesen Ländern sind verschwunden, die Grenzhäuschen stehen leer. Kontrolliert wird nur noch an den Außengrenzen des „Schengen-Raumes". Zugleich wird eine beispiellose Zusammenarbeit bei der Verbrechensbekämpfung gewährleistet.

Presse- und Informationsamt der Bundesregierung: Europa ohne Grenzen, 25.3.2007, http://www.bundesregierung.de (Zugriff: 21.4.2010)

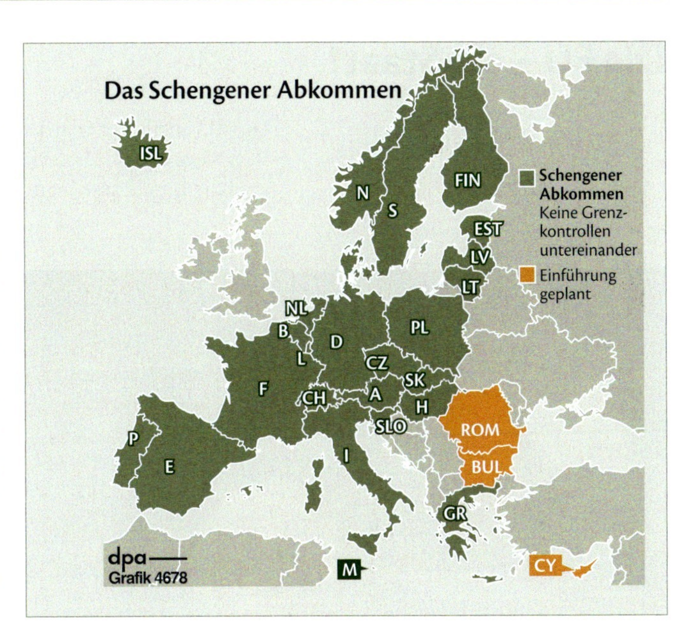

M3 Was bedeutet die europäische Integration für junge Menschen?

Junge Europäerinnen und Europäer zwischen 15 und 25 Jahren stellen in der EU mit ca. 75 Millionen Menschen ein großes gesellschaftliches Potenzial dar. (...) Die offenen Grenzen der EU werden von den Jugendlichen mittlerweile als eine europäische Selbstverständlichkeit betrachtet. Der Bologna-Prozess mit der Angleichung der Studienabschlüsse in der EU zeigt die zunehmende Bedeutung des europäischen Bildungsraumes. Der europäische Binnenmarkt ermöglicht die Arbeitsaufnahme in den europäischen Mitgliedsstaaten. Intensive Schüleraustauschmaßnahmen, der Boom des Fremdsprachenunterrichts und eine steigende Anzahl junger Menschen, die durch das Erasmus- bzw. Leonardo-Programm der EU in europäischen Ländern studieren oder ihre Ausbildung absolvieren, sind Indikatoren dafür, dass europäisches Lernen und interkulturelle Kompetenz für eine erfolgreiche Sozialisation der heranwachsenden Generationen immer bedeutsamer werden. (...)
Der europaweite demografische Wandel hat infolge des Rückgangs der erwerbsfähigen Bevölkerung gravierende Auswirkungen auf die zukünftige Gestaltung der sozialen Sicherungssysteme. Während sich der Anteil der Altersgruppe der Senioren (65 bis 79 Jahre) im Zeitraum von 2005 bis 2050 um 44 Prozent erhöhen wird, wird sich der Anteil Jugendlicher um 25 Prozent reduzieren. Angesichts dieser dramatischen Bevölkerungsentwicklung muss sich die Europäische Union bewusst machen, dass junge Menschen bald eine rare Ressource sein werden. Es gilt daher, ihnen frühzeitig europaweit bei allen Entscheidungen und politischen Entwicklungen, die ihre Zukunft in Europa betreffen, ein Mitspracherecht einzuräumen.
Die Jugendlichen sind bereit dazu, diese wichtige Rolle zu übernehmen. Europa stellt für die junge Generation grundsätzlich und auch emotional eine selbstverständliche und als positiv eingestufte Realität dar; die Mitgliedschaft in der EU wird von 68 Prozent der Jugendlichen in Deutschland befürwortet. Zugleich richten sie konkrete Erwartungen an die EU. Sie erhoffen sich von ihr Wohlstand, den Abbau von Jugendarbeitslosigkeit und die Sicherung des Friedens. Vor diesem Hintergrund vergleichen sie den erreichten Integrationszustand zunehmend kritischer mit den von der EU gesetzten Zielen.

Stefan Rappenglück: Jugend in der Europäischen Union, in: Aus Politik und Zeitgeschichte 47/2006, in: http://www.bpb.de

Erasmus: Programm zur Förderung von Auslandsaufenthalten für Studentinnen und Studenten

Leonardo: Programm zur Förderung der beruflichen Aus- und Weiterbildung

1. Vergleichen Sie die **M1** geäußerten Einschätzungen im Hinblick auf das Stichwort Europa.
2. Erklären Sie unter Zuhilfenahme von **M2** die Bedeutung Europas als eines „Raums ohne Grenzen".
3. Arbeiten Sie anhand von **M3** heraus, welche Bedeutung Europa für Jugendliche hat.

Die EU – ein Staat?

Die EU bestimmt inzwischen in vielen Bereichen unser Leben mehr als die nationalen Regierungen. Was berechtigt sie dazu? Ist sie überhaupt so etwas wie ein Staat? Wodurch sind die Beschlüsse legitimiert, die unser Leben so nachhaltig beeinflussen?

Ein Rumäne feiert den Beitritt seines Landes zur EU, Bukarest 1.1.2007.

In der **Konvention von Montevideo** vom 26.12.1933 wurde ein Staat wie folgt definiert: Der Staat als Subjekt des internationalen Rechts sollte folgende Eigenschaften besitzen: a) eine ständige Bevölkerung; b) ein definiertes Staatsgebiet; c) eine Regierung; und d) die Fähigkeit, in Beziehung mit anderen Staaten zu treten

M4 Aus einem Chat

Europa als einheitlicher Staat – ist das eine gute Idee, oder sterben Nationalitäten dadurch aus? Werden alle landesspezifischen Traditionen, Sprachen etc. aussterben?

hydkuno
Das jetzige System soll so bleiben, das ist gut so.

nothingtolose91
Kann ich mir nur schwer vorstellen – die Unterschiede zwischen den europäischen Mitgliedsstaaten sind nach Beitritt einiger ehem. Ostblockländer v. a. im sprachlich-kulturellen Bereich angestiegen. Aber wer weiß, vielleicht in ferner Zukunft …

cherubim33
Ich denke, jedes Land sollte seine Traditionen behalten, und es bleibt, wie es ist. Ich glaube nicht, dass wir mit allen Ländern ins reine kommen und „einheitliche" Feiertage haben und weiter nichts.

nicomil
Hallo,
abgesehen davon, dass Europa an sich noch überhaupt keinen Staat bildet, sollten in diesem Zusammenhang die Begriffe Staat und Nation nochmal definiert werden.
Bevor ich dies mache, folgt jedoch noch die Zwischenbemerkung, dass man eindeutig zwischen Europa und der Europäischen Union unterscheiden sollte!
Hier ist noch eindeutiger davon zu sprechen, dass eine „Europäische Nation" nicht existent ist und bisher auch von ihren Bürgern, aber auch Politikern nicht gewollt ist.
Zu deiner Frage zurück. Ich rechne nicht mit einem „Aussterben" regionaler Besonderheiten innerhalb der EU. Was jedoch passieren könnte, dass sich diese Besonderheiten nicht mehr in Form eines Staates repräsentieren lassen, sondern in Form von Bundesländern.
Ein Hamburger und ein Südbayer haben wohl auch nicht sehr viel miteinander gemeinsam (da wird's selbst mit der Sprache schwierig) und besitzen auch keinen eigenen Staat im engeren Sinne mehr. Trotzdem haben sich regionale Eigenheiten auch innerhalb des „großen Staates" Deutschland weiter ausleben können, und so wird es langfristig, nach meiner Einschätzung, auch in der EU werden.
http://iq.lycos.de/qa/show/483034/Europa-als-einheitlicher-Staat-gute-Idee-oder-sterben-Nationalitaeten-dadurch-aus (Zugriff: 23.10.2010)

M5 Ein europäischer Staat durch die Hintertür?

Dieter Grimm, ehemaliger Richter des Bundesverfassungsgerichts:
Europa, daran kann angesichts der veränderten Weltlage kein Zweifel bestehen, bedarf dringendst einer gemeinsamen Außen- und Sicherheitspolitik. Die Irak-Krise hat allerdings gezeigt, wie wenig der Boden für einen solchen Integrationsschritt bereitet ist. Im Ernstfall sind die Mitgliedstaaten nicht willens, ihre nationalen Interessen zugunsten eines einheitlichen europäischen Standpunktes zurückzustellen.

Dass die Europäische Union in ihrer heutigen Form kein Staat ist, wird nicht bestritten. Strittig ist aber, ob es dabei bleiben soll oder ob der Reformprozess, der zurzeit stattfindet, in einen europäischen Staat münden soll. Zwar lässt sich die Grenzlinie zum Staat nicht leicht bestimmen. Es gibt fließende Übergänge. Der wichtigste Unterschied zwischen einem Staat und der EU besteht aber darin, dass die Union über ihre Grundordnung und damit auch über ihre Aufgaben und Strukturen nicht selbst bestimmen kann, sondern darin von den Mitgliedstaaten bestimmt wird. Die Schwelle zum Staat wäre folglich überschritten, wenn die EU das Selbstbestimmungsrecht gewänne. Die Mitgliedstaaten würden dadurch zwar nicht in der EU aufgehen, aber das Verhältnis zu ihr würde sich umkehren. Es entschieden dann nicht mehr die Mitgliedstaaten, welche Aufgaben sie der EU abtreten wollen, sondern die EU entschiede, welche Aufgaben sie ihren Mitgliedern belassen will. Diese würden dadurch gegenüber der EU in eine Position geraten, die derjenigen der deutschen Bundesländer ähnelt.

Dieter Grimm: Bitte keinen europäischen Staat durch die Hintertür, in: Die Zeit 17/2003, http://www.zeit.de/2003/17/EU-Zukunft (Zugriff: 22.4.2010)

M6 „Europa ist ein Staat, der wie ein Staat handelt, ohne ein Staat zu sein"

Das vereinigte Europa verfügt über zwei Gründungserzählungen. Die eine handelt von der Einschränkung der nationalstaatlichen Souveränität, die andere von der Steigerung dieser Souveränität durch ihre Einschränkung.

Die erste Gründungserzählung handelt von der Einschränkung der nationalstaatlichen Souveränität zugunsten einer Staatengemeinschaft, in deren Zentrum ein Vertrag steht, der die Rechte und Pflichten der Mitglieder regelt. (...)

Im Übergang von der ersten zur zweiten Gründungsgeschichte hat das Motiv der Beschränkung eine signifikante Verschiebung erfahren. Während die Gemeinschaft die Souveränität der Staaten einschränkt, indem sie von einem Vertrag ins Leben gerufen wird, der von den Staaten ausgeht und auf diese zurückwirkt, verdanken die Staaten in der Union den Bestand ihrer Souveränität der Mitgliedschaft in der Union. In der Gemeinschaft sind die Nationalstaaten das erste, in der Union erscheinen sie als abgeleitet.

Der zentrale Unterschied zwischen der ersten und der zweiten Gründungserzählung der europäischen Vereinigung besteht in der Art und Weise, wie das Motiv der Beschränkung von der Freiwilligkeit in deren Notwendigkeit überführt wird. Während sich die Gründungsstaaten nach dem zweiten Weltkrieg in der Europäischen Gemeinschaft freiwillig selbst beschränkt haben, erscheint die Mitgliedschaft in der Europäischen Union als notwendig, um unter den Bedingungen eines globalen Wettbewerbs als souveräner Nationalstaat überhaupt überleben und sich zumindest in einem höheren Maß selbst bestimmen zu können als ohne Mitgliedschaft. In beiden Fällen ist das Motiv der beschränkten Souveränität das entscheidende Motiv, das die europäische Vereinigung rechtfertigt, ohne dass die einzelnen Staaten in einem neuen europäischen Staat aufgehen würden. (...)

Aus diesem Grund lässt sich die Europäische Union weder als eine Freihandelszone verstehen, bei der die Souveränität der beteiligten Staaten nicht eingeschränkt wäre, noch als ein Suprastaat, bei dem die Souveränität der Einzelstaaten auf diesen Suprastaat übergehen würde. Weil stets beide Motive der ersten und zweiten Gründungserzählung wirksam sind, können die Staaten zugleich als Urheber der Union und die Union den Staaten gegenüber als eine eigenständige Instanz erscheinen, die nicht mit den Staaten zusammenfällt.

Leander Scholz: Vom Verschwinden des Volkes, in: Freitag v. 15.6.2007, http://www.freitag.de/2007/24/07241701.php (Zugriff: 22.10.2010)

Ziele der EU:

Die EU

- fördert den Frieden, die Werte und das Wohlergehen ihrer Völker;
- bietet ihren Bürgerinnen und Bürgern einen Raum der Freiheit, der Sicherheit und des Rechts ohne Binnengrenzen, in dem der freie Personenverkehr gewährleistet ist;
- errichtet einen Binnenmarkt und wirkt auf die nachhaltige Entwicklung Europas auf der Grundlage eines ausgewogenen Wirtschaftswachstums und von Preisstabilität, auf eine in hohem Maße wettbewerbsfähige soziale Marktwirtschaft, die auf Vollbeschäftigung und sozialen Fortschritt abzielt, sowie auf ein hohes Maß an Umweltschutz und Verbesserung der Umweltqualität hin;
- fördert den wissenschaftlichen und technischen Fortschritt;
- bekämpft soziale Ausgrenzung und Diskriminierung und fördert soziale Gerechtigkeit und sozialen Schutz, die Gleichstellung von Frauen und Männern, Solidarität zwischen den Generationen und Schutz der Rechte der Kinder;
- fördert den wirtschaftlichen, sozialen und territorialen Zusammenhalt und Solidarität zwischen den Mitgliedstaaten;
- wahrt den Reichtum ihrer kulturellen und sprachlichen Vielfalt und sorgt für den Schutz der Entwicklung des kulturellen Erbes Europas;
- errichtet eine Wirtschafts- und Währungsunion.

Nach: Centrum für europäische Politik: Ziele der Europäischen Union; http://www.cep.eu/eu-fakten/ziele-der-eu (Zugriff: 21.6.2011)

1 **Analysieren Sie den Chat im Hinblick auf die verschiedenen Aspekte, die bei der Fragestellung eine Rolle spielen.**

2 **Überprüfen Sie, ob die EU als Staat zu verstehen ist (s. S. 12, Randspalte).**

3 **Analysieren Sie die Auffassungen von Dieter Grimm und Leander Scholz im Hinblick auf die Zwitterstellung der EU. Welche politischen Folgen hat diese Zwitterstellung?**

Wer hat das Sagen? – Das Europäische Parlament

In Demokratien ist die wichtigste politische Institution das Volk bzw. dessen Vertretung in Form des Parlaments. Gilt dies auch für die EU? Welche Rolle spielt das Europäische Parlament?

Sitzung des Europäischen Parlaments in Straßburg

M7 Das Europäische Parlament

Das Europäische Parlament ist das größte multinationale Parlament der Welt: Seine 736 Abgeordneten aus 27 Nationen vertreten derzeit rund 500 Millionen Bürgerinnen und Bürger. Seit 2004 ist eine Mitgliedschaft im Europäischen Parlament unvereinbar mit einem Mandat als Abgeordneter in einem nationalen Parlament (...). Wie viele Abgeordnete aus den einzelnen EU-Staaten kommen, ist vertraglich vereinbart worden. (...) Aus Deutschland kommen 99 Abgeordnete (...).

Das Europäische Parlament setzt sich für das „Europa der Bürger" ein, für die Wahrung der Menschenrechte und der Grundrechte. Es engagiert sich für den sozialen Ausgleich in Europa, für den Abbau der Arbeitslosigkeit, für das wirtschaftliche Wachstum in der ganzen Gemeinschaft. Wichtig ist dem Europäischen Parlament der Schutz der Umwelt und der Verbraucher. Seit jeher ist die Förderung der Jugend dem Europäischen Parlament ein wichtiges Anliegen. Auf der internationalen Ebene hat sich das Parlament von Beginn an für den Schutz und die Förderung der Menschenrechte stark gemacht. Das Parlament setzt sich ein für eine gerechte Gestaltung der Globalisierung und für eine starke, friedenspolitische Rolle der Europäischen Union.

Das Europäische Parlament ist in vielerlei Hinsicht ein besonderes Parlament. 23 Amtssprachen kennzeichnen die Arbeit des Europäischen Parlaments, und die Arbeitsorte verteilen sich auf drei europäische Länder. Sitz des Parlaments ist Straßburg. Hier sind pro Jahr 12 Plenarsitzungen angesetzt. In Brüssel finden Ausschusssitzungen und Fraktionssitzungen statt und manchmal auch Plenarsitzungen, die oft nur ein, zwei Tage lang sind und im Sprachgebrauch der Parlamentarier „Mini-Sitzungen" genannt werden. Luxemburg ist der dritte Arbeitsort des Europäischen Parlaments.

Europäisches Parlament, Informationsbüro für Deutschland: Das Europäische Parlament: Die Stimme der Bürgerinnen und Bürger in Europa, in: http://www.europarl.de/view/de/parlament/EP (Zugriff: 3.9.2009)

M8 Demokratiedefizit?

Nur ein nach allgemeinem und gleichem Wahlrecht gewähltes parlamentarisches Organ (kann) Mehrheitsentscheidungen treffen und gleichzeitig als demokratisch gelten. Nach diesem Prinzip arbeiten denn auch die nationalen Parlamente. Auf der Ebene der Europäischen Union besitzt das Europäische Parlament aber nur sehr begrenzte Machtbefugnisse, sodass das Europäische Parlament der eigentlichen Rolle als Legislative nicht gerecht wird. Es kann nur im Rahmen des Mitentscheidungsverfahrens die klassischen Funktionen eines Parlaments wahrnehmen. Als Vertreter des Volkes hat es auf der EU-Ebene in den beiden demokratischen Kernrechten, nämlich einerseits Gesetze vorzulegen und zu verabschieden und andererseits die Regierung zu kontrollieren, nicht ausreichende Kompetenzen, um von einer wirklichen demokratischen Europäischen Union sprechen zu können.

Das Europäische Parlament hat nicht das Recht, Gesetze vorzulegen, und es müssen noch nicht einmal alle EU-Gesetze vom Parlament abgesegnet werden. Das Europäische Parlament hat auch nicht das Recht, den Präsidenten der Kommission zu wählen. Dieser wird von den Nationalstaaten eingesetzt. (...) Die Einheitliche Europäische Akte, der Unionsvertrag und die nachfolgenden Verträge haben die Stellung des Europäischen Parlaments gegenüber dem Ministerrat zwar

Zeichnung: Mester

deutlich aufgewertet, eine Gleichstellung ist aber noch immer nicht gegeben. Dennoch ist das Europaparlament trotz gewachsener Kompetenz noch keine Legislative, und die 45 Entscheidungen von Kommission und Rat sind letztlich nicht legitimiert.
Eine Kompetenzerweiterung des Parlamentes ist aber kaum ausreichend, um das Demokratiedefizit vollumfänglich zu beheben. 50 Dazu müssten andere Faktoren berücksichtigt werden wie zum Beispiel die Bildung europäischer Parteien.
Andrea Umbricht: Das Demokratiedefizit in der Europäischen Union, Oktober 2006; in: http://socio.ch/demo/t_umbricht.htm (Zugriff: 21.6.2011)

M9 Europäisches Parlament: Mitglied je Mitgliedstaat und Fraktion (7. Wahlperiode 2009–2014)

	EVP	S & D	Liberale	Grüne	ECR	Linke	EFD	Fraktionslose	Insgesamt
B	5	5	5	4	1	–	–	2	**22**
BG	6	4	5	–	–	–	–	2	**17**
CZ	2	7	–	–	9	4	–	–	**22**
DK	1	4	3	2	–	1	2	–	**13**
D	42	23	12	14	–	8	–	–	**99**
EST	1	1	3	1	–	–	–	–	**6**
IRL	4	3	4	–	–	1	–	–	**12**
GR	8	8	–	1	–	3	2	–	**22**
E	23	21	2	2	–	1	–	1	**50**
F	29	14	6	14	–	5	1	3	**72**
I	35	22	6	–	–	–	9	–	**72**
CY	2	2	–	–	–	2	–	–	**6**
LV	3	1	1	1	1	1	–	–	**8**
LT	4	3	2	–	1	–	2	–	**12**
L	3	1	1	1	–	–	–	–	**6**
H	14	4	–	–	1	–	–	3	**22**
M	2	3	–	–	–	–	–	–	**5**
NL	5	3	6	3	1	2	1	4	**25**
A	6	4	–	2	–	–	–	5	**17**
PL	28	7	–	–	15	–	–	–	**50**
P	10	7	–	–	–	5	–	–	**22**
RO	14	12	5	–	–	–	–	2	**33**
SLO	3	2	2	–	–	–	–	–	**7**
SK	6	5	1	–	–	–	1	–	**13**
FIN	4	2	4	2	–	–	1	–	**13**
S	6	5	4	3	–	1	–	–	**18**
GB	–	13	12	5	25	1	11	5	**72**
Insgesamt	**265**	**183**	**84**	**55**	**54**	**35**	**30**	**28**	**736**

Nach: http://www.europarl.europa.eu

EVP = Europäische Volkspartei (Christdemokraten)
S & D = Sozialisten und Sozialdemokraten
ECR = Konservative und Reformisten
EFD = „Europa der Freiheit und Demokratie"

1 Vergleichen Sie die unterschiedlichen Aspekte der Materialien und setzen Sie ihre Ergebnisse zur Selbstdarstellung des Europäischen Parlaments (**M7**) in Bezug.

2 Analysieren Sie die Zusammensetzung des Europäischen Parlaments im Hinblick auf die Sitzverteilung und vergleichen Sie sie mit der Zusammensetzung des Deutschen Bundestages.

3 Recherchieren Sie weitere Informationen zu den Rechten des EU-Parlaments. Beurteilen Sie, inwiefern hier von einem „Demokratiedefizit" gesprochen werden kann. Ziehen Sie hierzu **M13** auf S. 18 heran..

Wer hat das Sagen? – Die Kommission

Die Europäische Kommission ist ein supranationales Organ der Europäischen Union. Sie hat im politischen System der EU eine herausgehobene Funktion. Inwieweit ist sie demokratisch legitimiert?

Subsidiaritätsprinzip bedeutet hier, dass die Kommission nur tätig werden darf, wenn die Maßnahmen der Mitgliedsstaaten nicht ausreichen und wenn die politischen Ziele besser auf der Gemeinschaftsebene erreicht werden können

M 11 Funktion, Zuständigkeit und Rolle

Die Europäische Kommission als politisches Organ hat vielfältige Aufgaben; da die Rechtsakte der Union in erster Linie durch die Kommission umgesetzt werden, kommt ihr eine tragende Rolle im politischen Entscheidungsprozess der Union zu. (...)
Die Europäische Kommission hat drei unterschiedliche Funktionen:
- Sie unterbreitet Rechtsetzungsvorschläge,
- sie ist die Hüterin der Verträge, und
- sie führt die EU-Politiken durch und ist zuständig für die internationalen Handelsbeziehungen.

Gesetzesinitiative
Die Kommission hat das alleinige Recht, Vorschläge für Rechtsakte zu entwerfen und den beiden Beschlussfassungsorganen – Parlament und Rat – zu unterbreiten. Das Legislativverfahren beginnt also mit Kommissionsvorschlägen (für Verordnungen oder Richtlinien), die den Verträgen entsprechen und diese ausführen müssen. Üblicherweise berücksichtigt die Kommission bei ihren Vorschlägen die Leitlinien der nationalen Behörden. Die Vorschläge der Kommission müssen drei grundlegende Voraussetzungen erfüllen:
- Sie müssen dem Gemeinschaftsinteresse entsprechen;
- die von der Maßnahme betroffenen Kreise sollen im erforderlichen Umfang konsultiert werden;
- sie müssen dem Subsidiaritätsprinzip entsprechen.

Nachdem die Kommission den Gesetzgebungsvorschlag förmlich an den Rat und das Parlament weitergeleitet hat, wird das Rechtsetzungsverfahren durch die effektive Zusammenarbeit der drei Organe – des Rates, der Kommission und des Europäischen Parlaments – bestimmt. (...)

Hüterin der Verträge
Eine der wichtigsten Aufgaben der Kommission besteht darin zu gewährleisten, dass das EU-Recht ordnungsgemäß von den Mitgliedstaaten angewendet wird. Wenn sie zu der Auffassung kommt, dass ein Mitgliedstaat seinen vertragsgemäßen Verpflichtungen nicht nachgekommen ist, kann die Kommission ein „Vertragsverletzungsverfahren“ einleiten und den betreffenden Staat auffordern, sich zu dem Fall zu äußern. Wenn diese Äußerungen nicht zufrieden stellend sind, gibt sie eine mit Gründen versehene Stellungnahme ab, in der sie den Mitgliedstaat dazu auffordert, das Problem bis zu einem bestimmten Zeitpunkt zu lösen. Sollte dies nicht geschehen, kann die Kommission vor dem Gerichtshof Klage erheben. Unter bestimmten Bedingungen kann die Kommission außerdem Einzelpersonen, Unternehmen oder Organisationen Strafgelder auferlegen, wenn sie gegen den Vertrag verstoßen. (...)

Verwaltung und Verhandlung
Die Kommission führt den Jahreshaushaltsplan der Union aus und ist zuständig für die öffentlichen Ausgaben und die Verwaltung der vier großen Fonds der Gemeinschaft. Auf den Europäischen Ausrichtungs- und Garantiefonds für die Landwirtschaft und den Strukturfonds, die beide dazu dienen, das wirtschaftliche Ungleichgewicht zwischen

M 10 Aufbau der Europäischen Kommission

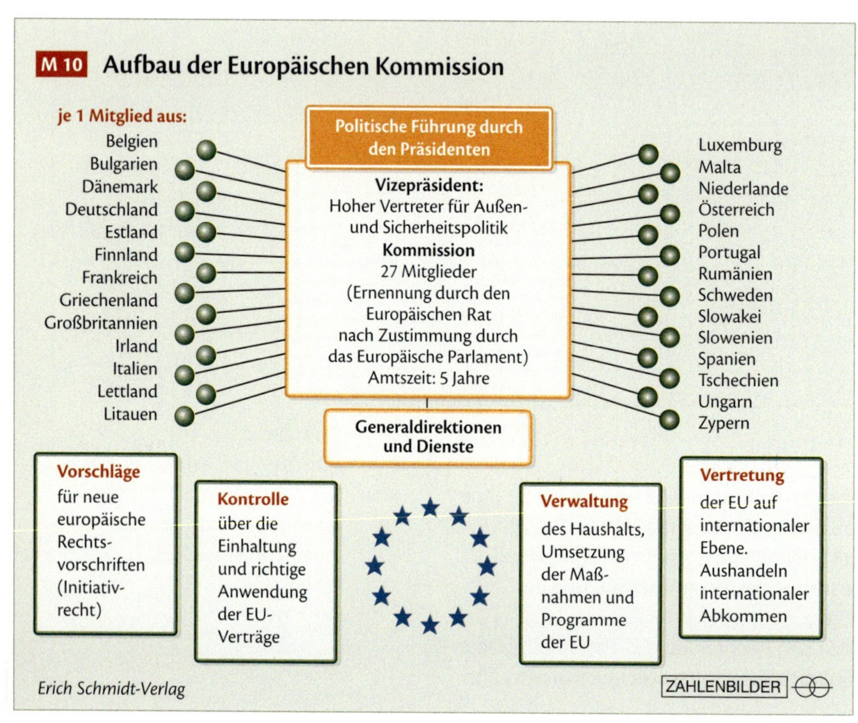

Erich Schmidt-Verlag

den reicheren und den ärmeren Regionen auszugleichen, entfällt ein Großteil der Gemeinschaftsmittel.

Zu den Exekutivbefugnissen der Europäischen Kommission gehört insbesondere:

- Sie übt die Befugnisse aus, die ihr der Rat zur Durchführung der von ihm erlassenen Vorschriften überträgt;
- sie kann für einen begrenzten Zeitraum Präventivmaßnahmen zum Schutz des gemeinsamen Marktes gegen Dumping durch Drittländer einführen;
- sie setzt die Wettbewerbsvorschriften des Vertrages durch und kontrolliert Unternehmenszusammenschlüsse ab einer bestimmten Größenordnung.

Eine bedeutende Rolle für die Wettbewerbsfähigkeit der Union spielen die von der Kommission ausgehandelten und anschließend vom Rat unterzeichneten Handels- und Kooperationsabkommen mit einzelnen Drittländern oder Gruppen von Drittländern. In diesem Zusammenhang ist die Kommission auch für Hilfs- und Entwicklungsprogramme in Drittländern zuständig.

Die Rolle der Europäischen Kommission im Rechtsetzungsprozess

Dank ihrer zentralen Stellung im System der Europäischen Union hat die Kommission besondere Beziehungen zu jedem einzelnen der übrigen Organe. Bei der Ausarbeitung von Vorschlägen für Rechtsakte arbeitet sie sehr eng mit dem Ministerrat und dem Europäischen Parlament zusammen; sie ist bei Sitzungen des Rates und des Parlaments zugegen. Darüber hinaus nimmt der Kommissionspräsident neben den Staats- und Regierungschefs der Mitgliedstaaten an dem zweimal jährlich stattfindenden Europäischen Rat teil und beteiligt sich als Vertreter der Union am jährlichen Wirtschaftsgipfel der sieben führenden Industrienationen (G7). (...)

Bei der Erfüllung ihrer Aufgaben hat die Kommission auch regelmäßig mit dem Europäischen Gerichtshof zu tun, der das europäische Recht auslegt. Wenn Regierungen oder Unternehmen gegen die Bestimmungen von Richtlinien oder Verordnungen verstoßen, reicht die Kommission beim Gerichtshof Klage ein. Der Gerichtshof kann auch von Mitgliedstaaten oder Firmen angerufen werden, wenn diese beispielsweise ein Rechtsmittel gegen Bußgeldentscheidungen der Kommission einlegen wollen.

http://europa.eu/eur-lex/de/about/pap/process_and_players3.html (Zugriff: 2.3.2010)

M 12 Kritik an der Machtverteilung zwischen EP und Kommission

Das Europäische Parlament (EP) wird direkt von den EU-Bürgerinnen und -Bürgern gewählt und ist damit das am besten legitimierte Organ der EU. Doch trotz kontinuierlicher Kompetenzstärkung ist es kein echtes Parlament. Dafür fehlen ihm (auch laut EU-Verfassung) weiterhin wesentliche Merkmale, denn:

1. Es hat kein Initiativrecht. Die indirekt legitimierte Europäische Kommission besitzt das Initiativmonopol für Rechtsakte. (...)
2. Es ist nicht berechtigt, die Kommission vorzuschlagen und zu wählen. In nationalstaatlichen Demokratien wählt normalerweise das Parlament die bzw. einen Teil der Regierungsexekutive.

Die nahe liegende Entsprechung auf EU-Ebene wäre die Wahl der Kommission oder zumindest des Kommissionspräsidenten durch das Europaparlament. Doch steht dem Europaparlament dieses Recht nicht zu. (...)

Das beschriebene Initiativmonopol der Kommission führt zu einer Exekutivlastigkeit gegenüber der Legislative. Die Konsequenz ist, dass die Anstöße für Politik im Vergleich zu nationalstaatlichen Demokratien weniger von gewählten Amtsträgern ausgehen, sondern stärker von sehr indirekt eingesetzten Amtsträgern auf Zeit (der Kommission) und deren Beamten.

Mehr Demokratie e. V.: Kritik der Europäischen Union aus demokratiepolitischer Perspektive, o. O. 2005, S. 13 f.

Initiativmonopol: alleiniges Vorschlagsrecht für Rechtsakte

1 Recherchieren Sie in http://ec.europa.eu/index_de.htm und in der Tagespresse zu aktuellen Auseinandersetzungen über die Europäische Kommission.

2 Vergleichen Sie die Europäische Kommission mit der Bundesregierung und stellen Sie Unterschiede fest.

3 Die Zahl der Kommissare ist derzeit von der Zahl der Mitgliedsländer der EU abhängig. Diskutieren Sie Möglichkeiten, die Zahl der Kommissare zu reduzieren.

Wer hat das Sagen? – Der Rat der Europäischen Union

Die EU lebt nur dadurch und davon, dass Staaten Kompetenzen an sie abgegeben haben und abgeben. Mit dem Rat haben diese Staaten noch immer „den Fuß in der Tür".

Europäischer Rat: Gremium der Staats- und Regierungschefs der Europäischen Union (derzeit 27 Staaten). Er legt die allgemeinen Ziele und Prioritäten der EU-Politik fest

Rat der Europäischen Union (Rat oder Ministerrat): Organ der Europäischen Union entweder zur Rechtsetzung gemeinsam mit dem Europäischen Parlament oder zur Abstimmung der Regierungen (z. B. in der Außenpolitik), bestehend aus den entsandten Fachministern der Mitgliedstaaten der EU

Europarat: umfassende europäische internationale Institution mit 47 europäischen Staaten als Mitgliedern zur Debatte über europäische Fragen

M 13 Der Rat der Europäischen Union

Der Rat bzw. Ministerrat ist das wichtigste Beschlussfassungsorgan und die letzte gesetzgeberische Instanz der Europäischen Union. Nicht zu verwechseln ist der Rat der Europäischen Union (...) mit dem Europäischen Rat, zu dem die Staats- und Regierungschefs der Mitgliedstaaten der Europäischen Union und der Präsident der Europäischen Kommission zusammentreten oder mit dem Europarat, einer internationalen Organisation.

Nach dem Vertrag zur Gründung der Europäischen Gemeinschaft hat der Rat im Wesentlichen folgende Aufgaben:

- Der Rat ist das Rechtsetzungsorgan der Gemeinschaft; in vielen Bereichen der Gemeinschaftspolitik übt er die Rechtsetzungsbefugnis gemeinsam mit dem Europäischen Parlament aus.
- Der Rat koordiniert die allgemeine Wirtschaftspolitik der Mitgliedstaaten.
- Der Rat schließt im Namen der Europäischen Gemeinschaften internationale Übereinkünfte zwischen den Gemeinschaften und einem Staat, einer Staatengruppe oder internationalen Organisationen. Diese Übereinkünfte werden von der Kommission ausgehandelt und bedürfen der Zustimmung des Parlaments;
- Der Rat und das Parlament bilden die Haushaltsbehörde, die den Haushaltsplan der Gemeinschaft verabschiedet.

Außerdem ist der Rat nach dem Vertrag über die Europäische Union ermächtigt:

- die für die Festlegung und Durchführung der Gemeinsamen Außen- und Sicherheitspolitik erforderlichen Entscheidungen auf der Grundlage der vom Europäischen Rat festgelegten allgemeinen Leitlinien zu treffen;
- im Bereich der polizeilichen und justiziellen Zusammenarbeit in Strafsachen die Tätigkeit der Mitgliedstaaten zu koordinieren und Maßnahmen zu treffen.

Der Rat ist ein Gremium mit Eigenschaften sowohl einer supranationalen als auch einer Regierungsorganisation, was sich einerseits in der Zusammensetzung und Präsidentschaft und andererseits in den Arbeitsmethoden widerspiegelt.

http://europa.eu/eur-lex/de/about/pap/process_and_players3.html (Zugriff: 13.4.2010)

M 14 Aufbau des Rates der Europäischen Union (Ministerrat)

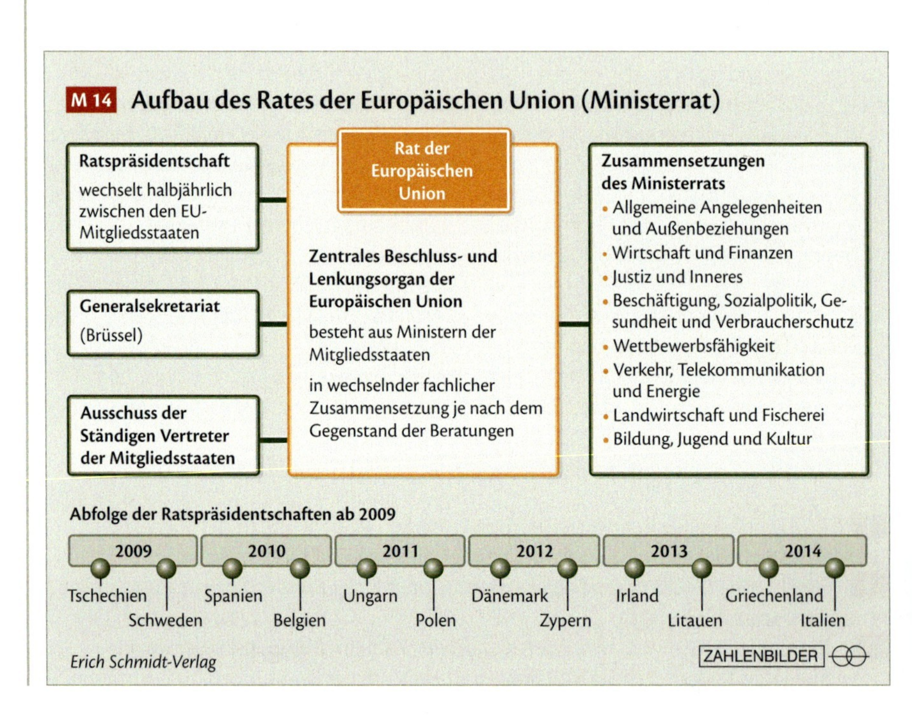

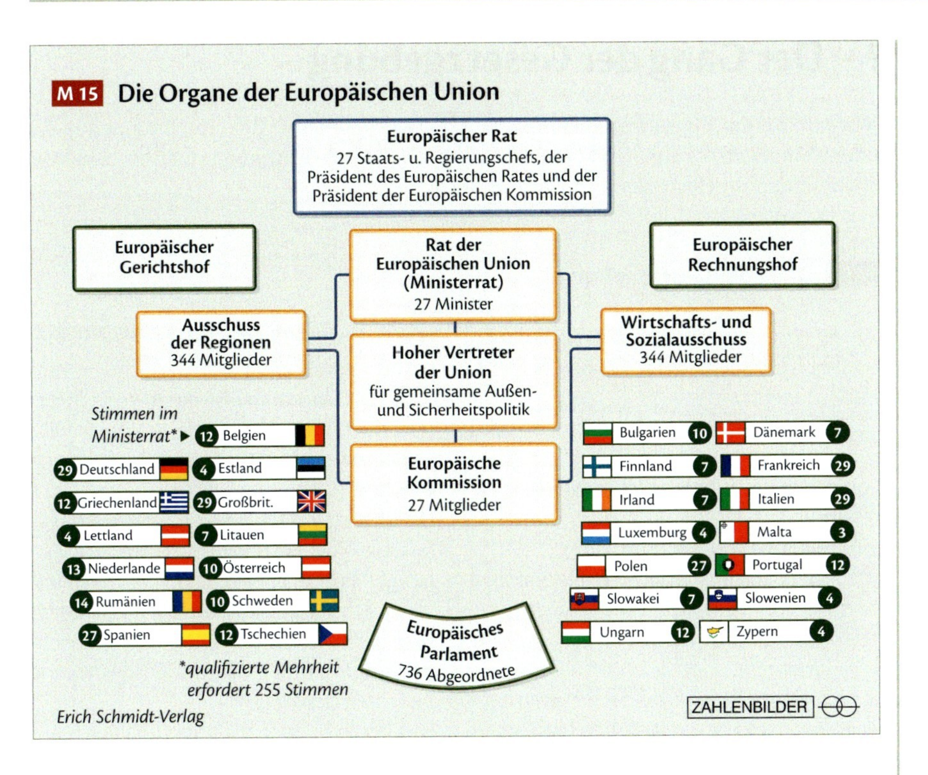

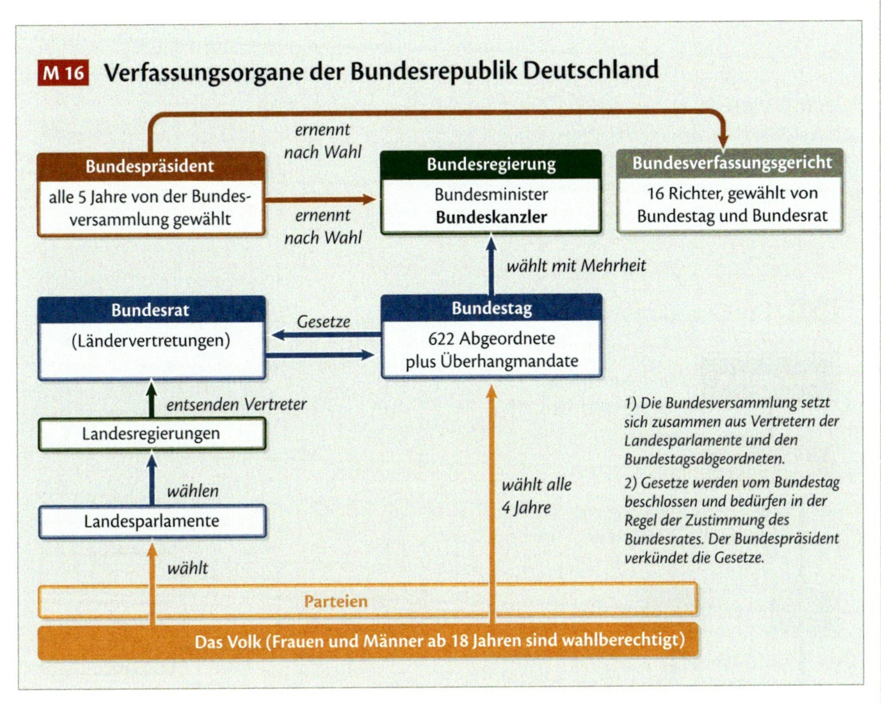

1 Es gibt unterschiedliche Europäische Räte, was häufig zu Verwechslungen führt. Recherchieren Sie über diese Räte und fertigen Sie einen kurzen Überblick an, der die Unterschiede deutlich macht.

2 Stellen Sie die Kompetenzen des Rats der Europäischen Union, der Europäischen Kommission und des Europäischen Parlaments in einer Synopse gegenüber und überprüfen Sie anschließend die Aussage im ersten Satz des Textes **M 13**.

3 Stellen Sie einen Gesamtvergleich an zwischen dem politischen System der EU und dem der Bundesrepublik Deutschland.

Wie wird beschlossen? – Der Gang der Gesetzgebung

Wie kommt die EU zu Entscheidungen? Da – wie gesehen – viele Institutionen mehr oder weniger stark mitreden können, sind für das Zustandekommen von Gesetzen bzw. Richtlinien festgelegte Verfahren erforderlich.

M17 Gang der Gesetzgebung

An der Beschlussfassung sind in der Europäischen Union mehrere EU-Organe beteiligt, insbesondere
- das Europäische Parlament (EP/Parlament) (*s. S. 14*),
- der Rat der Europäischen Union (*s. S. 18*) und
- die Europäische Kommission (*s. S. 16*).

Im Allgemeinen schlägt die Europäische Kommission neue Rechtsvorschriften vor, aber verabschiedet werden sie vom Rat und vom Parlament.

In bestimmten Fällen kann der Rat allein handeln. Auch andere Einrichtungen wirken an der Beschlussfassung mit.

Das EU-Recht ist hauptsächlich in Richtlinien und Verordnungen gefasst. In Richtlinien wird ein gemeinsames Ziel für alle Mitgliedstaaten festgelegt, aber in welcher Form und mit welchen Methoden das Ziel verwirklicht wird, bleibt den Behörden der Mitgliedstaaten überlassen.

Normalerweise haben die Mitgliedstaaten ein bis zwei Jahre Zeit, um eine Richtlinie umzusetzen. Verordnungen gelten nach ihrem Inkrafttreten unmittelbar in der ganzen EU, ohne dass die Mitgliedstaaten tätig werden müssten.

Die Regeln und Verfahren für die Beschlussfassung in der EU sind in den Verträgen festgelegt. Jede europäische Rechtsvorschrift stützt sich auf einen bestimmten Vertragsartikel, der als ihre „Rechtsgrundlage" bezeichnet wird. Hierdurch wird das anzuwendende Verfahren festgelegt.

Die drei wichtigsten Verfahren für die Annahme neuer EU-Rechtsvorschriften sind das Mitentscheidungsverfahren, das Anhörungsverfahren und das Zustimmungsverfahren.

Europäische Kommission: Wie funktioniert die Europäische Union? Brüssel 2007, S. 7 ff.

Qualifizierte Mehrheit: Im Rat der Europäischen Union ist zum Erreichen einer qualifizierten Mehrheit zum einen erforderlich, dass mindestens 55 Prozent der Mitgliedstaaten einem Beschlussvorschlag zustimmen, wobei jedes Land eine Stimme hat. Des Weiteren müssen die zustimmenden Mitgliedstaaten insgesamt mindestens 65 Prozent der EU-Bevölkerung repräsentieren

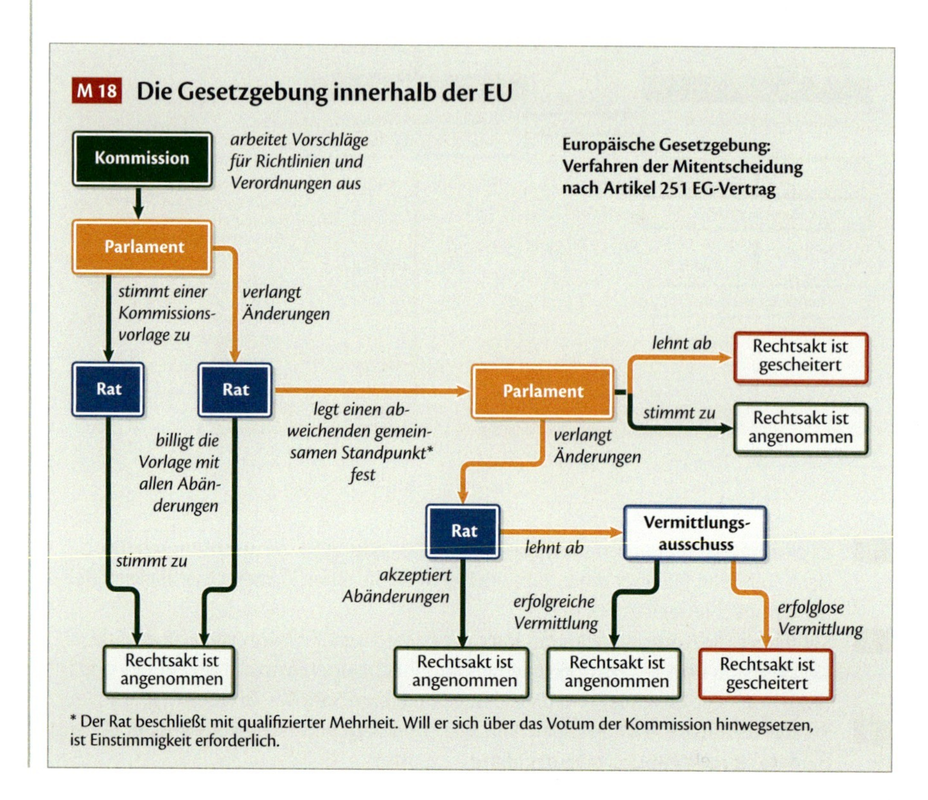

M19 Abstimmungen im Rat der Europäischen Union

Mit dem neuen EU-Vertrag von Lissabon (2007, s. S. 32) werden sich die Regeln für Abstimmungen im Rat der Europäischen Union ändern. Die Einführung der so genannten „doppelten Mehrheit" war der schwierigste Punkt bei den Verhandlungen. Der letztlich gefundene Kompromiss sieht lange Übergangsfristen vor. Ab 2014 soll die „doppelte Mehrheit" zur Normalität werden. Bis 2017 kann aber auch nach altem Muster abgestimmt werden, falls einer der Mitgliedstaaten das verlangt. (...)
„Doppelte Mehrheit" bedeutet, dass mindestens 15 Staaten (entspricht über 55 Prozent aller Mitgliedstaaten) für eine Regelung stimmen, und die zustimmenden Minister mindestens 65 Prozent der EU-Bevölkerung vertreten. Das sind aktuell knapp 320 Millionen Menschen. (...)
In manchen Fällen ist die qualifizierte Mehrheit erreicht, obwohl weniger als 65 Prozent der Bevölkerung hinter der geplanten Regelung stehen. Das gilt immer dann, wenn 24 Länder dafür sind und nur drei Länder mit „Nein" gestimmt haben. Hintergrund ist, dass drei große Staaten nicht die übrigen EU-Mitglieder blockieren sollen. Denn wenn sich drei große Länder verbünden, repräsentieren diese unter Umständen über 170 Millionen Europäer, das sind dann mehr als 35 Prozent der Gesamtbevölkerung. Die anderen Staaten hätten keine Chance, das 65-Prozent-Kriterium zu erfüllen. Um solche Konstellationen zu verhindern, sind vier Staaten als Sperrminorität notwendig.
EU-Info Deutschland: EU-Ratsentscheidungen nach Lissabon, in: http://www.eu-info.de/static/ratsentscheidungen/ (Zugriff: 5.6.2010)

M20 Vertretung und Stimmengewicht in der EU (2010)

	Einwohner in Mio.	Sitze im EU-Parlament	Einwohner pro EU-Abgeordneter	Stimmen im Ministerrat	Stimmen im Ministerrat pro Mio. Einwohner
Deutschland (DE)	82,0	99	828 282	29	0,35
Frankreich (FR)	65,1	72	904 167	29	0,45
Ver. Königreich (UK)	60,6	72	841 667	29	0,48
Italien (IT)	60,1	72	834 722	29	0,48
Spanien (ES)	46,7	50	934 000	27	0,58
Polen (PL)	38,1	50	762 000	27	0,71
Rumänien (RO)	21,5	33	651 515	14	0,65
Niederlande (NL)	16,5	25	660 000	13	0,79
Griechenland (EL)	11,2	22	509 091	12	1,07
Portugal (PT)	10,6	22	481 818	12	1,13
Belgien (BE)	10,7	22	486 364	12	1,12
Ungarn (HU)	10,0	22	454 545	12	1,20
Tschechische Rep. (CZ)	10,4	22	472 727	12	1,15
Schweden (SE)	9,3	18	516 667	10	1,08
Österreich (AT)	8,4	17	494 118	10	1,19
Bulgarien (BG)	7,6	17	447 059	10	1,32
Dänemark (DK)	5,5	13	423 077	7	1,27
Slowakei (SK)	5,5	13	423 077	7	1,27
Finnland (FI)	5,3	13	407 692	7	1,32
Irland (IE)	4,2	12	350 000	7	1,67
Litauen (LT)	3,4	12	283 333	7	2,06
Lettland (LV)	2,3	8	287 500	4	1,74
Slowenien (SI)	2,0	7	285 714	4	2,00
Estland (EE)	1,3	6	216 667	4	3,08
Zypern (CY)	0,8	6	133 333	4	5,00
Luxemburg (LU)	0,5	6	83 333	4	8,00
Malta (MT)	0,4	5	80 000	3	7,50
Insg. / Durchschnitt	**500,0**	**736**	**679 348**	**321**	**0,64**

1. Stellen Sie die verschiedenen im Text dargestellten Verfahren für die Beschlussfassung innerhalb der EU in einer Synopse dar.
2. Diskutieren Sie, wie viele Einwohner die Abgeordneten im EU-Parlament jeweils vertreten. Ermitteln Sie Gründe für diese Verteilung.
3. Nehmen Sie Stellung zu der beabsichtigten Reform.

Wer soll in die EU? – Beitritte und Erweiterungen

Jedes europäische Land, das die Kopenhagener Kriterien von 1993 (s. S. 26) erfüllt, hat das Recht, die Mitgliedschaft in der Europäischen Union zu beantragen. Weil „europäisch" in einem politisch-kulturellen Sinn verstanden wird, sind Mitglieder des Europarats, die geografisch nicht in Europa liegen – wie beispielsweise Zypern –, mit eingeschlossen. Es besteht jedoch kein Recht auf Beitritt, vielmehr müssen das Europäische Parlament und alle bisherigen Mitgliedstaaten dem Beitritt zustimmen.

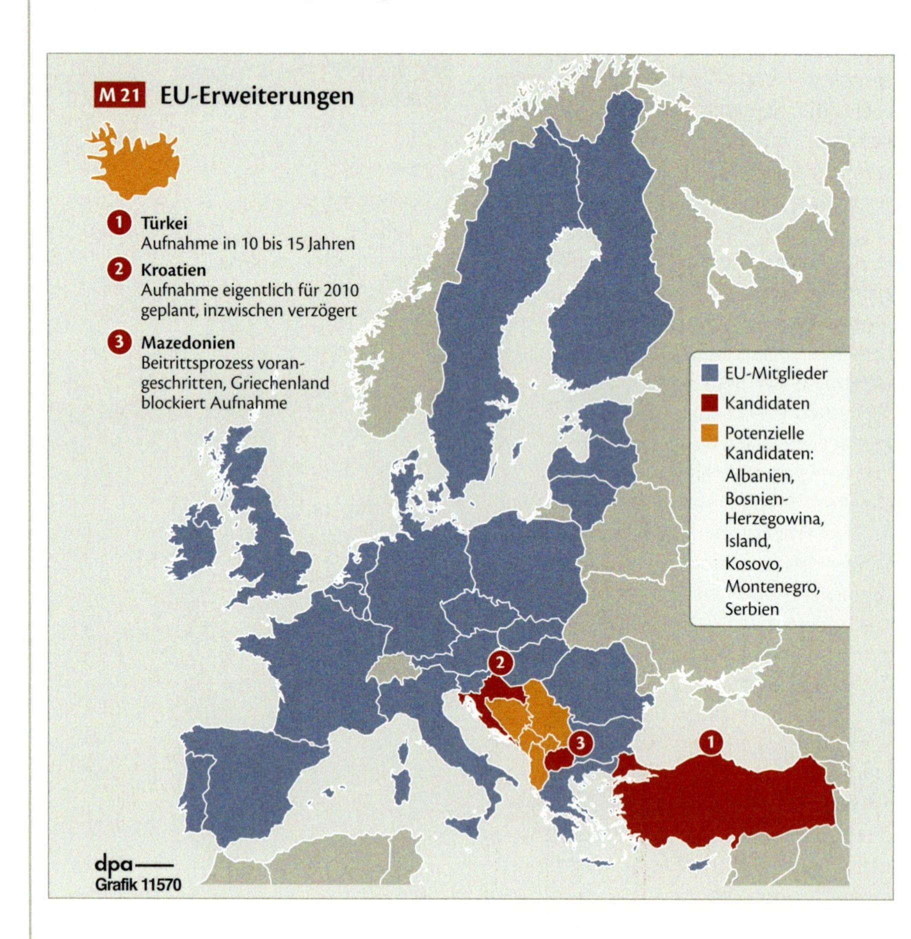

M 22 EU-Erweiterung und Vertiefung

Seit der Unterzeichnung der Römischen Verträge im Jahr 1957 hat sich die Gestalt des vereinten Europas stark verändert. Aus der ursprünglichen Europäischen Wirtschaftsgemeinschaft (EWG) von sechs Mitgliedsstaaten ist die Europäische Union (EU) von mittlerweile 27 Mitgliedsländern geworden. Während sich die Gemeinschaft anfänglich vor allem auf die wirtschaftliche Zusammenarbeit konzentrierte, ist sie nun auch eine politische Union geworden. Zudem gibt es in der heutigen Europäischen Union gleich mehrere „Europas": Die EU, zu der alle 27 Mitgliedsländer gehören, den Euroraum, an dem nicht alle Staaten beteiligt sind (so auch nicht das wichtige Mitgliedsland Großbritannien), oder etwa den Raum des Schengener Abkommens (*s. S. 11*), zu dem etwa das Nicht-EU-Land Island, nicht aber die neuen Mitgliedsstaaten Rumänien und Bulgarien gehören.

Seit den negativen Volksabstimmungen über den „Vertrag über eine Europäische Verfassung" (in Frankreich und den Niederlanden) sowie der irischen Ablehnung des Lissabonner Vertrags wird immer häufiger eine Krise des europäischen Integrationsprojektes konstatiert. In diesem Zusammenhang wird vor allem die Frage nach zukünftigen Erweiterungen kontrovers diskutiert. Skeptiker einer

Euroraum: EU-Staaten mit dem Euro als Währung

neuerlichen EU-Erweiterung vertreten die Auffassung, dass erst eine „Vertiefung“ der EU angestrebt werden müsse, bevor sie neue Beitrittskandidaten zulassen könne. (…)
Seit ihrer Gründung ist die Gemeinschaft der europäischen Staaten, die 1992/92 zur Europäischen Union wurde, stetig gewachsen. Gleichzeitig hat sie sich stetig „vertieft“, d.h. ihre Zusammenarbeit weiter ausgebaut und neue Politikfelder erschlossen. Angesichts der mittlerweile auf 27 Staaten angewachsenen Union fürchten viele, der innere Integrationsstand – also die stabile und effektive Zusammenarbeit in der Gemeinschaft – sei gefährdet. Die Aufnahme neuer Staaten würde diesbezüglich einen Rückschritt bedeuten.
Von Seiten offizieller EU-Repräsentanten wird dagegen häufig betont, Erweiterung und Vertiefung gehörten zusammen. Der zuständige Kommissar für die EU-Erweiterung, der Finne Olli Rehn, erklärte etwa 2007: „Vertiefung und Erweiterung sind keineswegs Widersprüche, sondern sich ergänzende Prozesse. Es ist ihre Verbindung, die die EU hat wachsen lassen und unsere wirtschaftliche und politische Rolle in der Welt gestärkt hat.“ Damit wird eine Doppelstrategie aus Erweiterung und Vertiefung propagiert, bei der wachsende Integration und schrittweise Vertiefung zusammengehören. Nach der Ablehnung des Lissabonner Vertrags durch die irische Bevölkerung haben sich etwa der damalige Parlamentspräsident Hans-Gert Pöttering sowie der französische Präsident Nicolas Sarkozy für einen vorläufigen Stopp der Erweiterungen ausgesprochen. Es gibt jedoch auch eine gegenläufige Position, wie sie etwa in der Politik Großbritanniens vertreten wird: Eine weitere Vertiefung ist dabei gar nicht erwünscht. Dieser Argumentation nach könne eine EU-Erweiterung der Vertiefung entgegenwirken. Statt einer „vertieften“ Union wird eine lockerere Zusammenarbeit innerhalb Europas angestrebt, bei der den zwischenstaatlichen Entscheidungen stärkeres Gewicht zukommt (intergouvernementales Europakonzept).

Elisabeth Röhrlich: Europakonzeptionen: Erweiterung oder Vertiefung?, Demokratiezentrum Wien, in: http://www.demokratiezentrum.org/themen/europa/eu-kompakt/europakonzeptionen.html (Zugriff: 3.10.2009)

M24 Abstimmung in Irland

Referendum in Irland über den Vertrag von Nizza, der wegen der Erweiterung der EU die europäischen Institutionen reformieren sollte, Oktober 2002

M23 Europa braucht Grenzen

Die Hoffnung, dass sich über die Regeln des Beitrittsverfahrens die zu erwartenden Heterogenitätsschübe dämpfen liessen, ist illusionär. Es bleibt also dabei: Im fortschreitenden Erweiterungsprozess wird es immer unwahrscheinlicher, dass konsensorientierte Entscheidungsverfahren noch Handlungsfähigkeit gewährleisten können, und dass nicht-konsensorientierte Entscheidungsverfahren Legitimität zu stiften vermögen.
Der Prozess stetiger Erweiterung steuert unvermeidlich auf den Punkt zu, an dem das politische System Europäische Union kollabiert. Kollaps heißt, dass es die Fähigkeit einbüsst, mit dem notwendigen Minimum an demokratischer Legitimität effektiv zu handeln. Die Europäische Staatenföderation hat nur als ein sich selbst begrenzendes Projekt Zukunft. Freilich: Warum sollten gerade die geographischen Grenzen des Kontinents Europa die Grenzen dieser Föderation sein? Die einfache Antwort lautet: weil es keine anderen Grenzen gibt, an denen der Prozess der Erweiterung plausibel abgeschlossen werden kann. (…)
Es gilt, Strategien zu entwickeln, die es der EU ermöglichen, auf ihr Umfeld einzuwirken, Verantwortung gegenüber ihren Nachbarn wahrzunehmen, Stabilität zu exportieren, ohne dass es jedesmal auf Mitgliedschaft hinausläuft.

Peter Graf Kielmansegg: Europa braucht Grenzen, 20.7.2009; http://eu-kritik ch/?p=428#more-428 (Zugriff: 2.6.2011)

1 Stellen Sie den Erweiterungsprozess der EU in einem Referat vor. Gehen Sie dabei auch auf Probleme und Veränderungen der Grundstruktur der EU ein (s. Methode „Referat“, S. 24/25).

2 Stellen Sie die Etappen des Vertiefungsprozesses auf Grundlage einer Recherche zusammen.

3 Nehmen Sie Stellung zur Frage: „Erweiterung oder Vertiefung der EU?“

Methode: Referat

Das Referat ist im Unterschied zur Facharbeit eine Methode der Präsentation, die dazu gedacht ist, Wissen über ein bestimmtes Thema möglichst anschaulich und wirksam einem Publikum – z. B. einem Kurs – zu vermitteln.

M25 Wie hält man ein Referat?

Wichtige, unbedingt zu beachtende Hinweise:

- Halten Sie Ihren Vortrag frei. Benutzen Sie keinen ausformulierten Text, sondern lediglich Karteikarten oder einen Stichwortzettel.
- Überlegen Sie, welche Teile Ihres Referates auch in der Diskussion zusammen erarbeitet werden können. Diese Teile sollten möglichst nicht referiert werden, sondern gemeinsam zusammengetragen werden.
- Tragen Sie nur vor, was Sie selbst verstehen. Wenn Sie erwarten, dass Ihre Zuhörer die Sätze nicht verstehen, dann formulieren Sie diese in verständliche Sätze um.
- Klären Sie für sich, was das Wesentlichste Ihres Referates ist und was Ihr Referat mit dem Gesamtthema zu tun hat.
- Der Stoff sollte klar gegliedert sein, besonders, wenn er sehr „trocken" ist.
- Zeigen Sie am Anfang Ihres Referates den Zuhörern den roten Faden Ihres Referates und erläutern Sie den roten Faden. Sie können dazu auch eine Folie benutzen und zwischendurch darauf hinweisen, wo Sie gerade sind. Teilzusammenfassungen helfen dem Zuhörer zu erkennen, an welcher Stelle der Gliederung der Referent sich gerade befindet.
- Fachbegriffe und Eigennamen sollen genau ausgewählt und explizit erklärt werden.
- Fassen Sie am Ende kurz zusammen, was das Wichtigste Ihres Referates ist.
- Sorgen Sie für ausreichend Illustration jeder Idee. Versuchen Sie, das Interesse der Zuhörer durch anschauliche Beispiele, aktuelle Geschehnisse oder mit etwas Humor zu erreichen.
- Ganz wichtig: Zeitmanagement. Kontrollieren Sie die Länge Ihres Referates. Überlegen Sie sich vorher, welche Teile des Referates möglicherweise gestrichen werden können.

Folien

- Arbeiten Sie mit Folien oder Handouts, auf denen wichtige Fakten, insbesondere Aufzählungen, nachzulesen sind.
- Wenn Sie Folien benutzen, achten Sie darauf, dass diese kurz und lesbar sind.
- Medien dienen zur Auflockerung und Verdeutlichung der Inhalte eines Referates. Sie sollten begleitend eingestreut werden, können aber auch der Auftakt oder der Abschluss eines Referates sein. Vermeiden Sie „Foliengewitter" – niemals mehr als fünf Folien pro Referat.
- Das Schreiben während des Vortrags auf Overheadprojektor oder Tafel verschafft den Zuhörern eine Pause, benötigt aber mehr Zeit.

Grundlagen zur Vorbereitung einer Präsentation

- Bereiten Sie eine Gliederung mit den zu behandelnden Themen vor. Vergleichen Sie die Gliederung mit den Interessen Ihrer Zuhörer.
- Identifizieren Sie Charakteristika und Wissensstand Ihres Publikums:
  - In welchem Umfang können die Zuhörer an der Planung und Vorbereitung beteiligt werden?
  - Sollen die Zuhörer vorher etwas gelesen haben?
  - Gibt es eine entscheidende Frage- und Problemstellung, die betont werden sollte?

Das Halten eines Referates

- Stellen Sie Augenkontakt zum Publikum her; leiern Sie Ihren Text nicht einfach nur herunter, setzen Sie Betonungen bewusst ein.
- Benutzen Sie Überleitungen, sodass Ihre Zuhörer wissen, wann Sie eine neue Idee einbringen.
- Stellen Sie Fragen, so können Sie das Publikum einbeziehen, zwingen Sie Ihre Zuhörer, aktiv über das Gehörte nachzudenken.
- Erlauben Sie ausreichend Zeit für Fragen und bitten Sie um Feedback bezüglich des Inhalts (haben Sie etwas ausgelassen, was interessant gewesen wäre ...), der Schlussfolgerung, Ihres Präsentationsstils.

Nach: http://www.uni-bielefeld.de/soz/organisationssoziologie/pdf/referat.pdf (Zugriff: 20.10.2010)

M26 **Bewertungsbogen**

Wie hält man Referate – Bewertungsbogen für Schüler

Referent: ______________________ Datum: ______________

Thema: ____

	Merkmale	positiv	+ +	+	–	– –	negativ
Inhalt ___%	Fachwissen	weiß Bescheid					weiß zu wenig
	Fachsprache	angemessen					fehlt / übertrieben
	Auswahl	auf das Wichtige konzentriert					zu viel / zu wenig
	Gliederung / Aufbau	klar / logisch / folgerichtig					unsystematisch / wirr / sprunghaft
	Informationsblatt (Thesenpapier / Handout)	sinnvoll / übersichtlich / richtige Länge					unvollständig / unübersichtlich / zu ausführlich
Sprache ___%	Sprache	verständlich / angemessenes Tempo					unverständlich / zu schnell / zu langsam
	Ausdrucks-vermögen	Wesentliches betont / gute Satzmelodie / lebendig					langweilig / stockend / monoton
	Vortragsstil	frei					abgelesen
Präsentation ___%	Körpersprache	sicher / locker / natürlich					unsicher / verkrampft
	Blickkontakt	spricht das Publikum an					spricht das Publikum zu wenig an
	Medieneinsatz	macht das Referat besser					macht das Referat schlechter
	Unterhaltungswert	interessant / spannend / humorvoll					langweilig / zu spaßig / zu wenig ernsthaft

Meine Tipps für den Referenten:

Nach: http://www.floriankarsten.de/download/Referat_Karikaturvortraege.pdf

Wer darf in die EU? – Beitrittskriterien und Standards

1959 hat die Türkei einen Antrag auf Beitritt in die damalige Europäische Wirtschaftsgemeinschaft, den Vorläufer der EU, gestellt. Kurz danach wurde die Türkei assoziiert, d.h., sie erhielt besondere Rechte, ohne Mitglied zu werden. 1989 wurde der Antrag auf Vollmitgliedschaft zunächst abgelehnt. 1999 erhielt die Türkei den Status eines Beitrittskandidaten zur EU. 2005 wurden Beitrittsverhandlungen aufgenommen. Der Beitritt ist weiterhin umstritten.

M27 Beitritt in die EU

Das internationale System veränderte sich 1989/90 dramatisch durch den Zusammenbruch des Sozialismus, die Auflösung des Warschauer Pakts und des Rats für Gegenseitige Wirtschaftshilfe (RGW), durch das Auseinanderbrechen der Sowjetunion und den Beitritt der DDR zur Bundesrepublik Deutschland. Dadurch fanden sich die Staaten Mittel- und Osteuropas (MOE) in einem politischen, ökonomischen und gesellschaftlichen Vakuum wieder. Sämtliche bisherigen Beziehungsgeflechte existierten nicht mehr. Es stellte sich die Frage nach dem künftigen Weg dieser Länder sowohl auf nationaler als auch internationaler Ebene. Welche territorialen, ethnischen und kulturellen Grenzen, welches zukünftige Gesellschaftsmodell, welche konkrete Organisationsform sollten sie wählen, welche Rolle sollten diese Staaten in der internationalen Politik einnehmen? Sehr schnell entschieden sich die neuen Eliten der MOE-Staaten für die Integration in die Europäische Union und in die NATO. Dies traf jedoch sowohl die politischen Eliten als auch die Gesellschaften in Westeuropa unvorbereitet. Frankreichs Präsident François Mitterrand schlug zur Jahreswende 1989/90 die Schaffung einer europäischen Konföderation bei gleichzeitiger Vertiefung der EG vor. Das hätte die MOE-Staaten erst einmal in den Wartestand versetzt. Doch diese hielten weiter am Ziel der Mitgliedschaft in EG/EU und NATO fest, sodass die westeuropäischen Staaten sich diesen Forderungen stellen mussten.

Kopenhagener Kriterien

Auf der Gipfelkonferenz des Europäischen Rats von Kopenhagen im Juni 1993 wurden daher konkrete politische, wirtschaftliche und rechtliche Voraussetzungen für einen EU-Beitritt formuliert. Im Beschluss heißt es: „Der Beitritt wird stattfinden, sobald ein assoziiertes Land in der Lage ist, die Verpflichtungen der Mitgliedschaft zu übernehmen, indem es die wirtschaftlichen und sozialen Voraussetzungen erfüllt." Gefordert wurden

- institutionelle Stabilität als Garantie für eine demokratische und rechtsstaatliche Ordnung, für die Wahrung der Menschenrechte sowie die Achtung und den Schutz von Minderheiten;
- eine funktionsfähige Marktwirtschaft sowie die Fähigkeit, dem Wettbewerbsdruck und den Marktkräften innerhalb der Union standzuhalten, sowie
- die Übernahme des Acquis Communautaire (s. M 28).

Darüber hinaus gab es eine vierte Beitrittsbedingung, die sich die EU selbst stellte: Vor der Aufnahme neuer Mitglieder sollte sich die Gemeinschaft reformieren und damit erweiterungsfähig werden.

Mit diesen Bedingungen wurden recht hohe Hürden aufgestellt, gleichzeitig behielt die EU mithilfe des vierten Kriteriums den Erweiterungsprozess immer unter ihrer Kontrolle, da sie den Zeitraum der Erweiterung von ihrer inneren organisatorischen Entwicklung abhängig machen konnte.

Entwicklung der Beitrittsvoraussetzungen, in: Informationen zur politischen Bildung – aktuell; http://www11.bpb.de/publikationen/Z7E9RN,0.html (Zugriff: 5.9.2009)

Zeichnung: Stuttmann

M28 Acquis Communautaire

Der Besitzstand ist das gemeinsame Fundament aus Rechten und Pflichten, die für alle Mitgliedstaaten im Rahmen der Europäischen Union verbindlich sind. Dieser Besitzstand entwickelt sich ständig weiter und umfasst:

- den Inhalt, die Grundsätze und die politischen Ziele der Verträge;
- die in Anwendung der Verträge erlassenen Rechtsvorschriften und die Rechtsprechung des Gerichtshofs;
- die im Rahmen der Union angenommenen Erklärungen und Entschließungen;
- die Rechtsakte der Gemeinsamen Außen- und Sicherheitspolitik;
- die in den Bereichen Justiz und Inneres vereinbarten Rechtsakte;
- die von der Gemeinschaft geschlossenen internationalen Abkommen und die Abkommen, die die Mitgliedstaaten untereinander in Bereichen schließen, die in den Tätigkeitsbereich der Union fallen.

Die Übernahme und die Umsetzung des Besitzstandes bildet die Grundlage für die Beitrittsverhandlungen.

Europäische Kommission: Glossar – Besitzstand, in: http://ec.europa.eu/enlargement/glossary/terms/acquis_de.htm (Zugriff: 15.9.2009)

M29 „Das ist eine Form der Bestrafung"

Interview von EurActiv, dem europäischen Nachrichtenportal, mit dem türkischen Botschafter in Deutschland Ahmet Acet, 15.1.2010:

EurActiv.de: Herr Botschafter, die schwarz-gelbe Bundesregierung unterstützt nicht uneingeschränkt die EU-Mitgliedschaft der Türkei. Sind Sie enttäuscht? (...)

Acet: Wir würden es begrüßen, wenn Deutschland eine größere Rolle dabei spielt, auf der politischen Ebene die Beitrittsschwierigkeiten der Türkei zu vermeiden. Themen, die eigentlich nichts in den Verhandlungen zu suchen haben, sind auf der Agenda – das Zypern-Problem beispielsweise. Die Folge ist: Die Türkei ist nicht in der Lage, acht neue Verhandlungskapitel zu eröffnen. Das ist nicht fair. Kein anderer Beitrittskandidat musste jemals mit einer solchen Situation zurechtkommen. Das ist eine Form der Bestrafung. (...)

EurActiv.de: Was sollte die deutsche Regierung tun, um die Pro-EU-Motivation in der Türkei zu stärken?

Acet: Alles, was sie hierfür tun muss, ist, mit dem „Business as usual" fortzufahren. Der Rat hat im Dezember 2005 entschieden, mit der Türkei Beitrittsgespräche zu beginnen. Er hat einen Verhandlungsrahmen gesetzt, der den Prozess definiert, die Beitrittskapitel. Das ist die „Bibel", der wir seitdem folgen. Alles, was wir wollen, ist, dass man uns die Hausaufgaben machen lässt, die notwendig sind, um ein EU-Mitglied zu werden. Das bedeutet: eine Fortsetzung der Reformen und die Erfüllung der politischen Kriterien.

http://www.euractiv.de/erweiterung-und-partnerschaft/artikel/trkei-beitritt-absage-ware-am-ende-akzeptabel-002601, Interview: Ewald König, Michael Kaczmarek, Alexander Wragge (Zugriff: 2.9.2010)

M30 Beitrittsverhandlungen mit der Türkei, Stand 2009

	Kapitel	Screening
1.	Freier Warenverkehr	abgeschlossen
2.	Freizügigkeit der Arbeitnehmer	abgeschlossen
3.	Niederlassungsfreiheit und freier Dienstleistungsverkehr	abgeschlossen
4.	Freier Kapitalverkehr	abgeschlossen
5.	Vergaberecht	abgeschlossen
6.	Gesellschaftsrecht	abgeschlossen
7.	Schutz geistiger Eigentumsrechte	abgeschlossen
8.	Wettbewerbsrecht	abgeschlossen
9.	Finanzdienstleistungen	abgeschlossen
10.	Informationsgesellschaft und Medien	abgeschlossen
11.	Landwirtschaft und ländliche Entwicklung	abgeschlossen
12.	Lebensmittelsicherheit, Veterinärpolitik und Pflanzenschutz	abgeschlossen
13.	Fischerei	abgeschlossen
14.	Verkehrspolitik	abgeschlossen
15.	Energie	abgeschlossen
16.	Steuerpolitik	abgeschlossen
17.	Wirtschafts- und Währungspolitik	abgeschlossen
18.	Statistiken	abgeschlossen
19.	Sozialpolitik und Beschäftigung	abgeschlossen
20.	Unternehmens- und Industriepolitik	abgeschlossen
21.	Transeuropäisches Verkehrsnetz	abgeschlossen
22.	Regionalpolitik	abgeschlossen
23.	Justiz und Grundrechte	abgeschlossen
24.	Justiz, Freiheit und Sicherheit	abgeschlossen
25.	Wissenschaft und Forschung	abgeschlossen
26.	Bildung und Kultur	abgeschlossen
27.	Umwelt	abgeschlossen
28.	Verbraucher- und Gesundheitsschutz	abgeschlossen
29.	Zollunion	abgeschlossen
30.	Beziehungen nach außen	abgeschlossen
31.	Außenpolitik, Sicherheits- und Verteidigungspolitik	abgeschlossen
32.	Finanzkontrolle	abgeschlossen
33.	Finanz- und Haushaltsbestimmungen	abgeschlossen
34.	Institutionen	abgeschlossen
35.	Andere Fragen	

Nach: Wirtschaftskammer Österreich (Hg.): Beitrittskanidat Türkei, Wien 2009, S. 7

1. Stellen Sie das Beitrittsverfahren in einem Referat vor. Zeigen Sie dabei an Beispielen auf, wie sich ein solches Verfahren entwickeln kann (s. Methode „Referat", S. 24/25).
2. Beurteilen Sie die Rolle, die die Annahme des Acquis Communautaire im Beitrittsverfahren spielt.
3. Beurteilen Sie vor diesem Hintergrund die Karikatur.

Wer bekommt das viele Geld? – Der EU-Haushalt

Vielen Menschen erscheint die EU als riesige Geldvernichtungsmaschine. Immer wieder wird die Bürokratie der EU als zu teuer kritisiert. Von der Presse werden die Einzahlungen in die EU-Kasse gegen die Förderungen, die ins Land kommen, gegeneinander aufgerechnet. Dabei erscheint Deutschland regelmäßig als „Nettozahler".

M 31 Der EU-Haushalt 2009

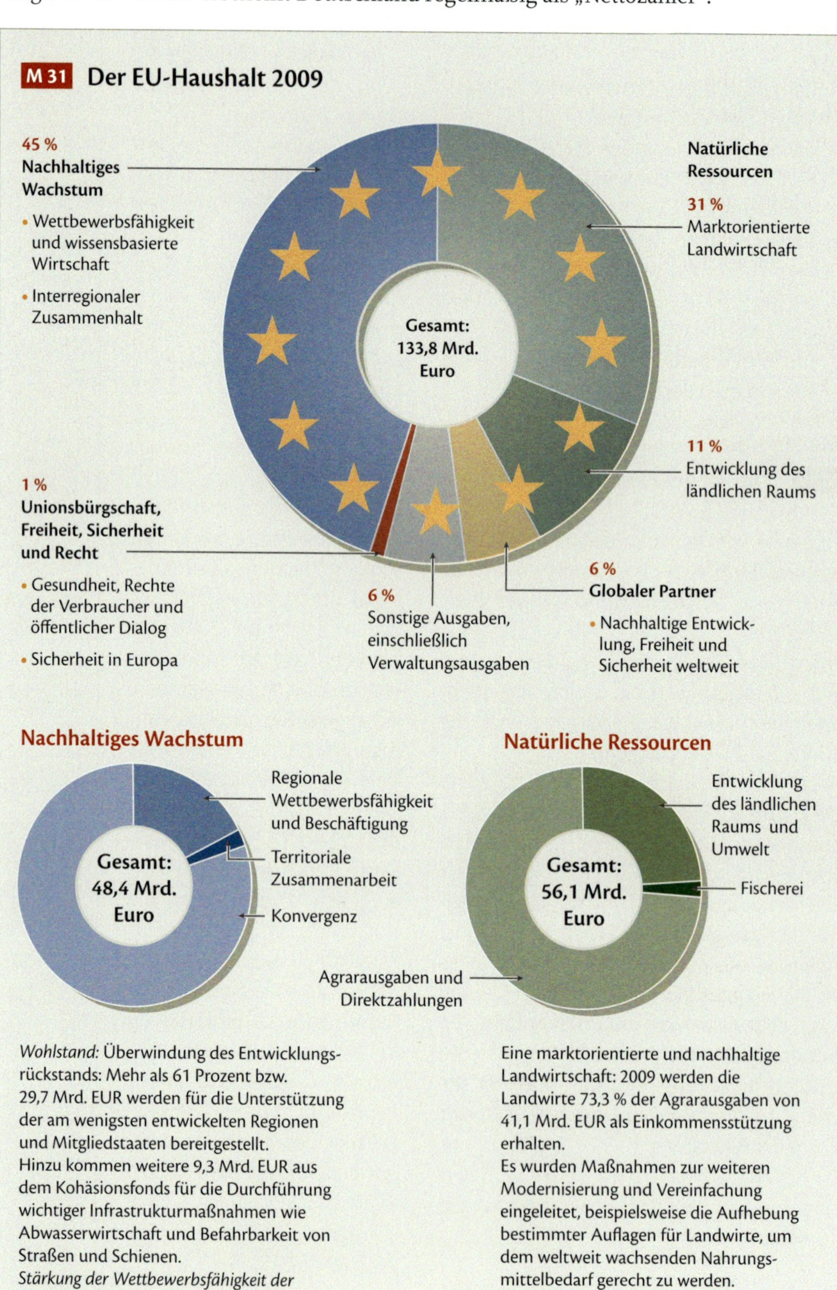

Wohlstand: Überwindung des Entwicklungsrückstands: Mehr als 61 Prozent bzw. 29,7 Mrd. EUR werden für die Unterstützung der am wenigsten entwickelten Regionen und Mitgliedstaaten bereitgestellt.
Hinzu kommen weitere 9,3 Mrd. EUR aus dem Kohäsionsfonds für die Durchführung wichtiger Infrastrukturmaßnahmen wie Abwasserwirtschaft und Befahrbarkeit von Straßen und Schienen.
Stärkung der Wettbewerbsfähigkeit der Regionen in Europa: Auch in anderen Regionen in Europa werden Wettbewerbsfähigkeit und Beschäftigung gefördert.
8,1 Mrd. EUR werden für den Abbau regionaler Ungleichgewichte sowie für die Entwicklung und strukturelle Anpassung der Regionalwirtschaften aufgewendet.
Mit diesen Mitteln soll die Produktivität und das Innovationspotenzial von Unternehmen gesteigert werden.

Eine marktorientierte und nachhaltige Landwirtschaft: 2009 werden die Landwirte 73,3 % der Agrarausgaben von 41,1 Mrd. EUR als Einkommensstützung erhalten.
Es wurden Maßnahmen zur weiteren Modernisierung und Vereinfachung eingeleitet, beispielsweise die Aufhebung bestimmter Auflagen für Landwirte, um dem weltweit wachsenden Nahrungsmittelbedarf gerecht zu werden.
Allerdings müssen dabei strenge Umweltschutzleitlinien beachtet werden.

Nach: Amt für amtliche Veröffentlichungen der Europäischen Gemeinschaften: Broschüre EU-Haushalt 2009, Luxemburg 2009

M 32 Besonderheiten der EU-Haushaltspolitik

(Es) bestehen bemerkenswerte finanzielle Restriktionen, die auf nationaler Ebene kaum vorstellbar sind. Weder ist eine Steuerkompetenz vorhanden, noch besteht die Möglichkeit, einen Fehlbetrag im Haushalt durch Kreditaufnahme zu decken. Des Weiteren ist der jährliche Haushaltsprozess der EU einer verbindlichen mehrjährigen Finanzplanung – der „Finanziellen Vorausschau" – unterworfen, in deren Rahmen sich die Entscheidungen des Haushaltsgesetzgebers zu bewegen haben. Dieser Finanzrahmen gibt nicht nur Obergrenzen für das im jährlichen Haushaltsverfahren maximal zulässige Budgetvolumen vor, sondern enthält zudem vielfältige Detailentscheidungen zur Ausgabe- und Einnahmeseite, die im regulären Haushaltsverfahren damit nicht mehr zur Disposition stehen.

Friedrich Heinemann: Die Haushaltspolitik der Europäischen Union, in: Werner Weidenfeld (Hg.): Die Europäische Union, Bonn 2008, S. 254

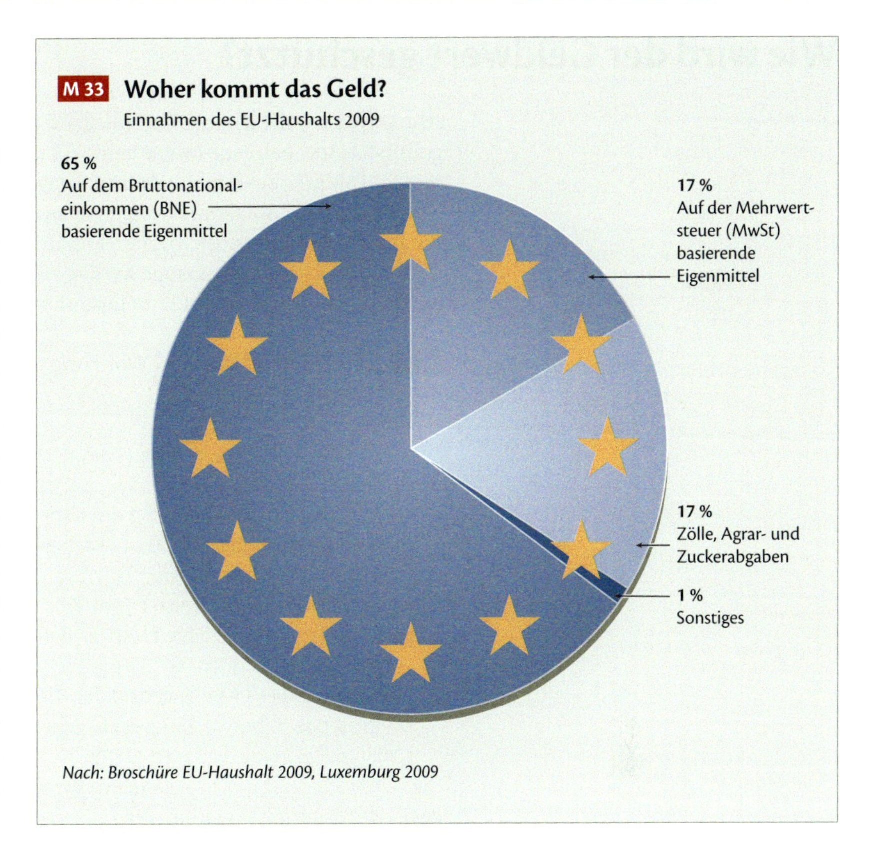

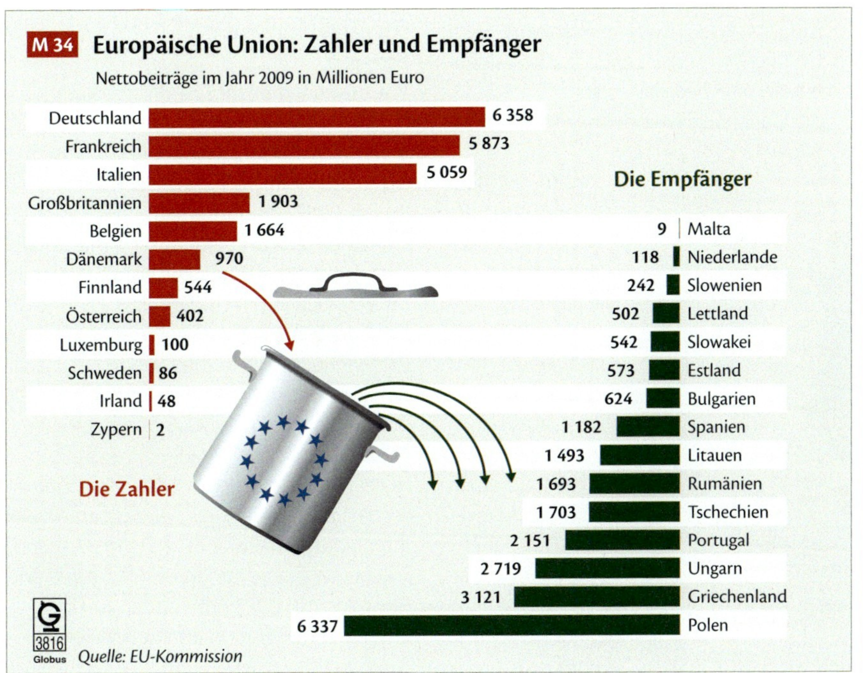

1 Analysieren Sie den EU-Haushalt 2009 im Hinblick auf seine Schwerpunkte. Ermitteln Sie die Begründungen für diese Schwerpunktsetzung.

2 Arbeiten Sie Unterschiede der haushaltspolitischen Rahmenbedingungen der EU zu den Nationalstaaten heraus.

3 Beurteilen Sie das Vorgehen, die Einzahlungen in den EU-Haushalt mit den in das Geberland fließenden Mitteln zu vergleichen.

Wie wird der Geldwert geschützt?

Als 1999/2001 die D-Mark ihr Ende fand und in Deutschland der Euro als Währung eingeführt wurde, gab es teilweise heftige Gegenwehr. Befürchtet wurde, dass Deutschland mit der D-Mark seine stabile Währung gegen eine unsichere eintauschen würde. Im Jahr 2010 erhielten diese Befürchtungen neue Nahrung, als die Euroländer zur Sicherung der Finanzen des Eurolands Griechenland und des Euros einen Rettungsschirm vereinbarten, der Griechenland günstige Kredite sicherte. Die Kritiker meinten, dass die Euroländer damit die Stabilität des Euro insgesamt aufs Spiel setzten.

M 36 Die Wirtschafts- und Währungsunion (WWU)

a) *Drei Stufen*

Die *erste Stufe* begann am 1. Juli 1990 und umfasste:

- die vollständige Liberalisierung des Kapitalverkehrs innerhalb der EU (Abschaffung von Devisenkontrollen);
- die Aufstockung der Mittel zum Ausgleich großer Unterschiede zwischen den europäischen Regionen (Strukturfonds);
- die wirtschaftliche Konvergenz durch die multilaterale Überwachung der Wirtschaftspolitiken der Mitgliedstaaten.

Die *zweite Stufe* begann am 1. Januar 1994, in der Folgendes erreicht wurde:

- die Errichtung des Europäischen Währungsinstituts (EWI) in Frankfurt; dem EWI gehörten die Zentralbankpräsidenten der Mitgliedstaaten an;
- die Unabhängigkeit der nationalen Zentralbanken;
- Regeln zur Eindämmung der nationalen Haushaltsdefizite.

Die *dritte Stufe* begann mit dem Euro. Am 1. Januar 1999 führten elf Mitgliedstaaten den Euro ein, der damit zur gemeinsamen Währung wurde. Die Europäische Zentralbank übernahm die Aufgaben des EWI und war von nun an für die in Euro festgelegte und ausgeführte Geldpolitik zuständig.

b) *Die Konvergenzkriterien*

Ein Land kann erst dann zur dritten Stufe übergehen, wenn es die Konvergenzkriterien erfüllt hat. Die fünf Konvergenzkriterien sind:

Preisstabilität: Die Inflationsrate darf die durchschnittliche Inflationsrate der drei preisstabilsten Mitgliedstaaten um nicht mehr als 1,5 Prozent übersteigen.

Zinssätze: Die langfristigen Zinssätze dürfen von den durchschnittlichen Zinssätzen der drei Mitgliedstaaten mit der niedrigsten Inflation nicht um mehr als 2 Prozent abweichen;

Haushaltsdefizite: Die Haushaltsdefizite der Mitgliedstaaten dürfen 3 Prozent des BIP nicht übersteigen.

Öffentlicher Schuldenstand: Die Staatsverschuldung darf maximal 60 Prozent des BIP betragen.

Wechselkursstabilität: Die Wechselkurse dürfen in den zwei Vorjahren die zulässige Bandbreite nicht überschritten haben.

c) *Der Stabilitäts- und Wachstumspakt*

Im Juni 1997 schloss der Europäische Rat einen Stabilitäts- und Wachstumspakt, der die Euro-Länder auf Dauer zur Haushaltsstabilität verpflichtet. Nach dem Pakt kann jedes Land der Eurozone, dessen Haushaltsdefizit 3 Prozent übersteigt, bestraft werden. Im Nachhinein wurde der Pakt als zu streng beurteilt und deshalb im März 2005 reformiert.

d) *Die „Eurogruppe"*

In der Eurogruppe kommen die Finanzminister der Euro-Länder inoffiziell zusammen. Ziel ihrer Begegnungen ist es, die Wirtschaftspolitik besser abzustimmen, die Haushalts- und Finanzpolitik der Euro-Länder zu überwachen und den Euro in internationalen Währungsgremien zu vertreten.

e) *Die neuen Mitgliedstaaten und die WWU*

Alle neuen Mitgliedstaaten wollen den Euro einführen, wenn sie die Voraussetzungen dafür erfüllen.

Europa – das Portal der Europäischen Union: Europa in 12 Lektionen, in: http://europa.eu/abc/12lessons/lesson_7/index_de.htm (Zugriff: 3.10.2009)

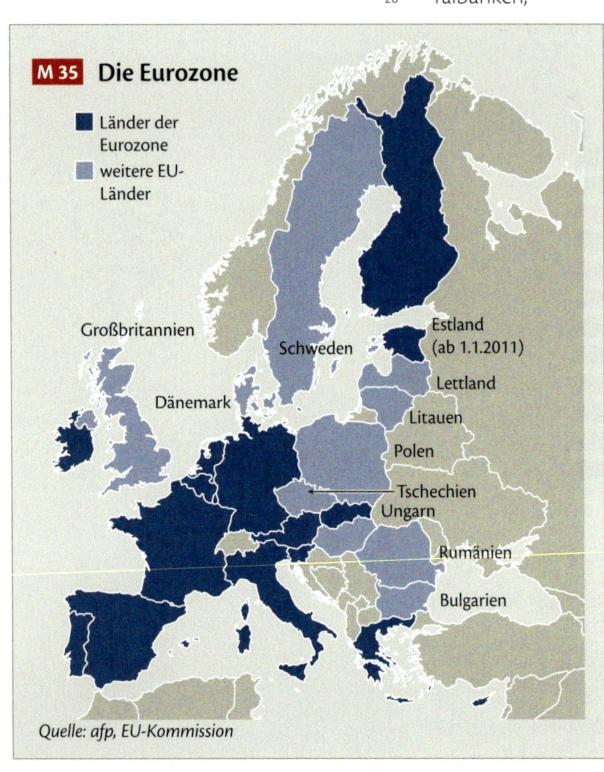

M37 Die Rolle der EZB

Die Aufgaben des ESZB und des Eurosystems sind im Vertrag zur Gründung der Europäischen Gemeinschaft festgelegt. In der Satzung des Europäischen Systems der Zentralbanken (ESZB) und der Europäischen Zentralbank (EZB) werden sie im Einzelnen erläutert. Die Satzung ist dem EG-Vertrag als Protokoll beigefügt.

Der EG-Vertrag bezieht sich auf das „ESZB" und nicht auf das „Eurosystem", da er auf der Annahme beruht, dass letztlich alle EU-Mitgliedstaaten den Euro einführen werden. Bis dahin wird das Eurosystem die Aufgaben ausführen.

„Das vorrangige Ziel des ESZB ist es, die Preisstabilität zu gewährleisten." Und: „Soweit dies ohne Beeinträchtigung des Zieles der Preisstabilität möglich ist, unterstützt das ESZB die allgemeine Wirtschaftspolitik in der Gemeinschaft, um zur Verwirklichung der in Artikel 2 festgelegten Ziele der Gemeinschaft beizutragen" (Artikel 105 Absatz 1 des EG-Vertrags).

Die Ziele der Union (Artikel 2 des Vertrags über die Europäische Union) sind ein hohes Beschäftigungsniveau und ein beständiges, nichtinflationäres Wachstum.

Grundlegende Aufgaben: Gemäß Artikel 105 Absatz 2 des Vertrags zur Gründung der Europäischen Gemeinschaft bestehen die grundlegenden Aufgaben (der EZB) darin,
- die Geldpolitik des Euro-Währungsgebiets festzulegen und auszuführen,
- Devisengeschäfte durchzuführen,
- die offiziellen Währungsreserven der Mitgliedsstaaten zu halten und zu verwalten, das reibungslose Funktionieren der Zahlungssysteme zu fördern.

Weitere Aufgaben:
- Aufsicht über die Kreditinstitute und Stabilität des Finanzsystems: Das Eurosystem trägt zur reibungslosen Durchführung der von den zuständigen Behörden auf dem Gebiet der Aufsicht über die Kreditinstitute und der Stabilität des Finanzsystems ergriffenen Maßnahmen bei.
- Banknoten: Die EZB hat das ausschließliche Recht, die Ausgabe von Banknoten innerhalb des Euroraums zu genehmigen.
- Statistik: In Zusammenarbeit mit den nationalen Zentralbanken erhebt die EZB entweder von nationalen Behörden oder direkt von den Wirtschaftsakteuren die für die Erfüllung der Aufgaben notwendigen statistischen Daten.
- Internationale und europäische Zusammenarbeit: Zum Zwecke der Erfüllung der dem Eurosystem übertragenen Aufgaben arbeitet die EZB sowohl innerhalb der EU als auch international mit den zuständigen Organen und Einrichtungen zusammen.

Europäische Zentralbank, Pressestelle: Aufgaben der EZB, in: http://www.ecb.int (Zugriff: 3.10.2009)

Zeichnung: Kleinert/Schupple

EU-Theater. Jean-Claude Trichet (unten) ist Präsident der Europäischen Zentralbank

1 Interpretieren Sie die Karikatur.

2 Recherchieren Sie den aktuellen Stand der Europäischen Wirtschafts- und Währungsunion und des Euroraums.

3 Recherchieren Sie zum Hilfspaket für den Euro (Griechenland) 2010 und 2011. Berücksichtigen Sie auch die Kritik daran.

4 Beurteilen Sie, inwiefern dieses Hilfspaket die Sicherheitsbestrebungen der WWU und der EZB beeinträchtigt.

Spricht die EU mit einer Stimme? – Außenpolitik der EU

Die EU ist auch aufgrund ihrer wirtschaftlichen Größe ein bedeutender Akteur auf der internationalen Bühne. Um dieses Gewicht verantwortungsvoll und effizient einzusetzen, stimmen die Mitgliedstaaten ihr außenpolitisches Handeln in allen wichtigen Fragen ab.

M 39 Die Gemeinsame Außen- und Sicherheitspolitik (GASP)

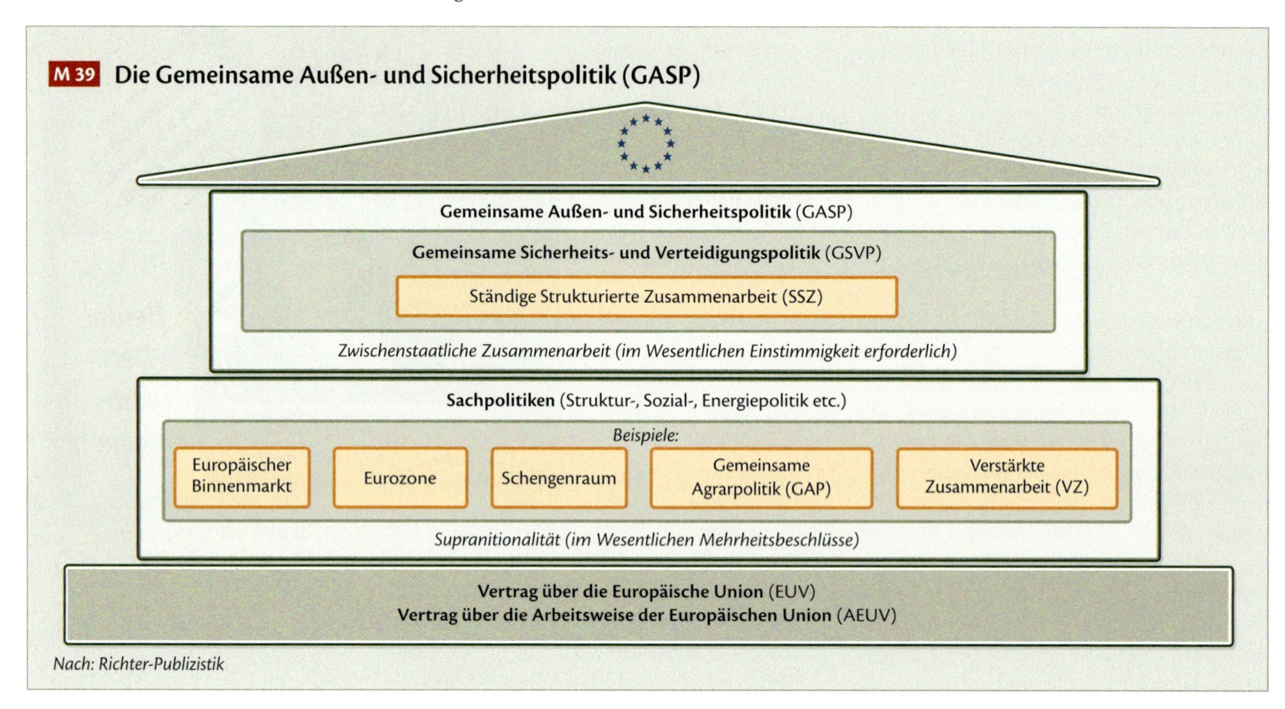

Nach: Richter-Publizistik

M 40 Gemeinsame Außen- und Sicherheitspolitik der EU

(Die Gemeinsame Außen- und Sicherheitspolitik der EU) wird von der Hohen Vertreterin für die Außen- und Sicherheitspolitik geleitet. Bei dieser europäischen Außenministerin, Catherin Ashton aus Großbritannien, laufen verschiedene Funktionen zusammen. Sie ist zum einen die Vertreterin des Rates der Europäischen Union für die Außenpolitik, also die Repräsentantin der Mitgliedstaaten. Deshalb führt sie auch den Vorsitz im Rat der Außenminister, in dem – anders als in den anderen Fachministerräten – der Vorsitz nicht alle sechs Monate wechselt. Zum anderen ist die Hohe Vertreterin auch Mitglied und sogar Vizepräsidentin der Europäischen Kommission. Durch diese Dreifach-Hut-Lösung möchte man erreichen, dass die verschiedenen Institutionen, die sich mit Außenpolitik beschäftigen, enger verzahnt werden und die EU so einheitlicher auftreten kann.

Die grundlegende Ausrichtung der EU-Außenpolitik wird vom Europäischen Rat beschlossen, das sind die Staats- und Regierungschefs der Europäischen Union. Die Umsetzung der Vorgaben in Beschlüsse erfolgt durch den Rat der Europäischen Union, also in der Regel durch die Außenminister (unter Vorsitz des Hohen Vertreters) oder durch die Verteidigungsminister. Der Rat wird vom Politischen und Sicherheitspolitischen Komitee (PSK), dem die Direktoren der Außenministerien der EU angehören, unterstützt. Dem PSK obliegt bislang auch die Kontrolle über die militärischen und zivil-militärischen Missionen der EU. Hierfür steht ihm der Militärausschuss der Europäischen Union zu Seite. Inwieweit die Kontrolle über die Missionen in Zukunft auch auf die Hohe Vertreterin übergehen wird, ist noch nicht klar.

Der Rat beauftragt die Hohe Vertreterin, die Beschlüsse umzusetzen. Hierfür steht ihr ein Europäischer Auswärtiger Dienst (EAD) zur Verfügung.

Bundeszentrale für politische Bildung: Gemeinsame Außen- und Sicherheitspolitik (GASP); in: http://www.bpb.de/themen/HZ24KU,0,Die_Gemeinsame_Au%DFen_und_Sicherheitspolitik_Strukturen.html (Zugriff: 27.6.2011)

Der **Vertrag von Lissabon** – in Kraft getreten 2009 – reformierte den EU-Vertrag von 1992 und den EG-Vertrag von 1957. Seitdem wurde die GASP weiter gestärkt. Neu ausgestaltet wurde das Amt des „Hohen Vertreters der Union für die Außen- und Sicherheitspolitik", der gleichzeitig auch Vizepräsident der Kommission ist und als Außenkommissar fungiert. Dabei unterstützt ihn der Europäische Auswärtige Dienst (EAD).

M41 Die Europäische Sicherheits- und Verteidigungspolitik (EVSP)

Ziel der Sicherheitsstrategie ist es, die erkannten Bedrohungen abzuwehren, die eng mit den (...) globalen Herausforderungen zusammenhängen. Hierzu fordert die Strategie, dass 5 die EU und ihre Mitgliedstaaten sich stärker engagieren und handlungsfähiger werden. Auch eine Vergrößerung der Kohärenz ist ein bedeutender Ansatz, der sowohl die Übereinstimmung zwischen dem Handeln der EU 10 und dem ihrer Mitgliedstaaten meint als auch die zwischen verschiedenen Politiken der EU. Was beispielsweise für die Landwirtschaft gut ist (Abschottung des Marktes gegenüber Drittländern), ist für die Entwicklungspolitik 15 und die Armutsbekämpfung in der Dritten Welt schlecht, deren wichtigste Exportgüter landwirtschaftliche Erzeugnisse sind. Die Europäische Union sieht klar, dass sie ihre Ziele nicht alleine erreichen kann und spricht 20 sich daher für eine enge Zusammenarbeit mit anderen aus. Die transatlantische Partnerschaft bleibt dabei ein „unersetzliches Fundament". Sie unterstützt das Konzept eines wirksamen Multilateralismus und setzt 25 sich in diesem Zusammenhang für eine Stärkung der Vereinten Nationen ein.

Bundeszentrale für politische Bildung: Europäische Sicherheits- und Verteidigungspolitik; in: http://www.bpb.de/themen/RF7G90,0,0,Europ%E4ische_Sicherheits_und_Verteidigungspolitik%3A_Die_Sicherheitsstrategie_20032008.html (Zugriff: 27.6.2011)

Multilateralismus: Regelung des Zusammenlebens der Staaten auf der Basis von Gleichberechtigung und Interessenausgleich

Kohärenz: Zusammenhang, Zusammenhalt

M42 EU – weltpolitischer Zwerg?

Der Politikwissenschaftler Reinhard Rode (geb. 1947):

Der Irak-Krieg der USA hat die transatlantischen Beziehungen belastet, noch mehr aber hat er die europäische Uneinigkeit offen gelegt. Die Europäische Union erwies sich als 5 handlungsunfähig und in den Augen des atlantischen Partners als weltpolitisch vernachlässigbar. (...)

Großbritannien spielte die traditionelle angelsächsische Bündnispartnerrolle, das „alte" 10 Europa fand mit seinen Warnungen vor abenteuerlichen Alleingängen kein Gehör, das „neue" Europa im Osten zog die amerikanische Karte. Auch die alten westeuropäischen Kernstaaten waren nur vordergründig 15 einig. Frankreich unter Chirac verfolgte seinen prestigeorientierten Neogaullismus, Deutschlands Regierung Schröder den „deutschen Weg" des kategorischen friedlichen Provinzialismus. Ist die EU nach wie vor au- 20 ßen- und sicherheitspolitisch handlungsunfähig?

Reinhard Rode: Die EU: Wirtschaftsriese und weltpolitischer Zwerg, in: http://rode.politik.uni-halle.de/files/aktuell/EUBeitrag.PDF (Zugriff: 25.10.2010)

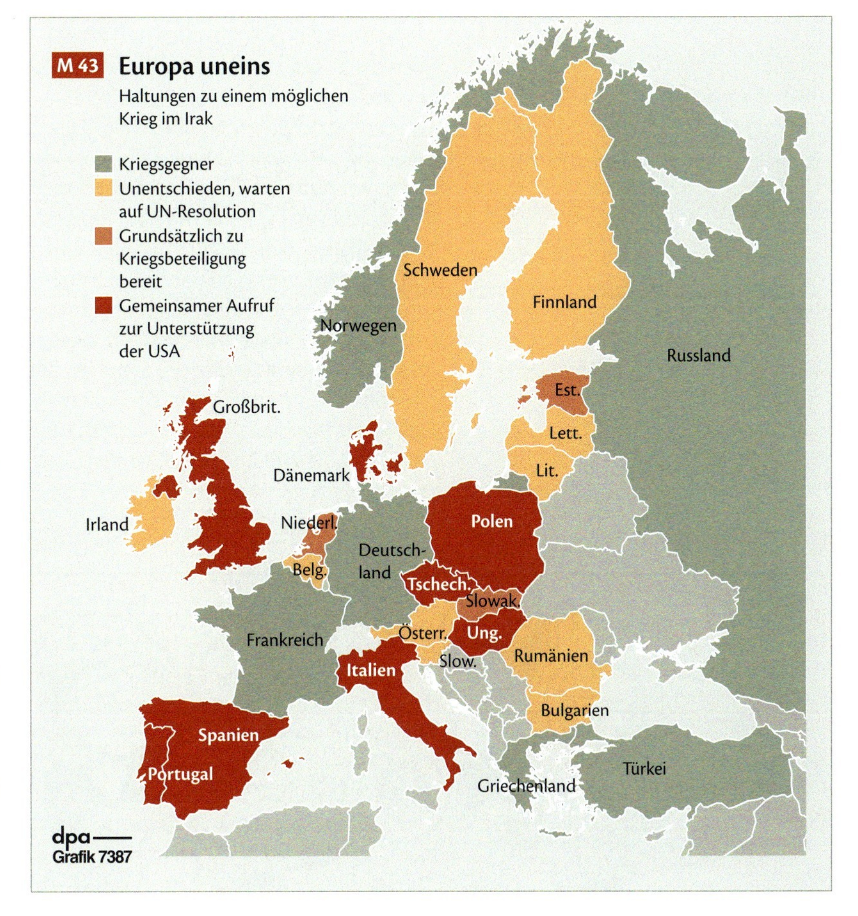

1 Informieren Sie sich über den aktuellen Stand der GASP und ergänzen Sie die Informationen.

2 **M 42** und **M 43** gehen auf das Verhalten der EU-Staaten zur Forderung der USA ein, sich am Irakkrieg zu beteiligen. Ermitteln Sie Gründe für das unterschiedliche Verhalten und beurteilen Sie die Ansätze zu einer GASP vor diesem Hintergrund.

3 Wie beurteilen Sie die Möglichkeiten einer ESVP?

Wie wird das Recht gesichert?

Neben einem einheitlichen Wirtschafts- und Währungssystem gehört zum Zusammenwachsen Europas auch ein einheitliches Rechtssystem. Seit der Schaffung und dem Ausbau der Kompetenzen des Europäischen Gerichtshofs kommt die EU diesem Ziel immer näher.

M44 Gleichbehandlung von Männern und Frauen

Aus einem Urteil des Europäischen Gerichtshofs (EuGH) vom Januar 2000 zur Frage, ob in Deutschland Frauen Dienst an der Waffe leisten dürfen. Artikel 12a des Grundgesetzes hatte dies verboten, und Frauen hatten vor dem EuGH dagegen geklagt:

Zwar ist es Sache der Mitgliedstaaten, die die geeigneten Maßnahmen zur Gewährleistung ihrer inneren und äußeren Sicherheit zu ergreifen haben, die Entscheidungen über die Organisation ihrer Streitkräfte zu treffen, jedoch ergibt sich daraus nicht, dass derartige Entscheidungen vollständig der Anwendung des Gemeinschaftsrechts entzogen wären. Ohne die Verbindlichkeit und die einheitliche Anwendung des Gemeinschaftsrechts zu beeinträchtigen, kann man nämlich nicht davon ausgehen, dass der Vertrag, abgesehen von speziellen, in einigen seiner Bestimmungen geregelten Fällen, einen allgemeinen Vorbehalt für jede Maßnahme enthält, die ein Mitgliedstaat im Interesse des Schutzes der öffentlichen Sicherheit trifft. Die Richtlinie 76/207 zur Verwirklichung des Grundsatzes der Gleichbehandlung von Männern und Frauen hinsichtlich des Zugangs zur Beschäftigung, zur Berufsbildung und zum beruflichen Aufstieg sowie in Bezug auf die Arbeitsbedingungen ist daher auf die genannten Maßnahmen anwendbar.

Machen bei der Organisation der Streitkräfte in der Bundesrepublik Deutschland die zuständigen nationalen Stellen von ihrer Befugnis nach Artikel 2 Absatz 2 der Richtlinie Gebrauch, solche beruflichen Tätigkeiten, für die das Geschlecht aufgrund ihrer Art oder der Bedingungen ihrer Ausübung eine unabdingbare Voraussetzung darstellt, vom Anwendungsbereich der Richtlinie auszuschließen, können sie nicht ohne Verstoß gegen den Grundsatz der Verhältnismäßigkeit allgemein davon ausgehen, dass sämtliche bewaffneten Einheiten der Bundeswehr weiterhin ausschließlich aus Männern bestehen müssen. Da die Ausnahmen im Sinne dieser Bestimmung nämlich nur spezifische Tätigkeiten betreffen können, kann ein solcher Ausschluss, der für nahezu alle militärischen Verwendungen in der Bundeswehr gilt, nicht als eine Ausnahmemaßnahme angesehen werden, die durch die spezifische Art der betreffenden Beschäftigungen oder die besonderen Bedingungen ihrer Ausübung gerechtfertigt wäre.

Was im übrigen eine Anwendung von Artikel 2 Absatz 3 der Richtlinie betrifft, wonach Ungleichbehandlungen zum Schutz der Frau zulässig sind, gehört der vollständige Ausschluss von Frauen vom Dienst mit der Waffe nicht zu diesen Ungleichbehandlungen.

(Rund zehn Monate nach diesem Urteil strich der Bundestag das Verbot aus Artikel 12 a des Grundgesetzes. Die ersten Soldatinnen rückte im Januar 2001 in die Kasernen ein.)

Urteil des EuGh, C-285/98, Richtlinie 76/207/EWG, in: http://www.juraforum.de/urteile/gerichte/eugh_2000-01_2.html (Zugriff: 12.12.2009)

„Neues bei der Bundeswehr." *Zeichnung: Tomicek*

M45 Der Europäische Gerichtshof (EuGH)

Der Europäische Gerichtshof (EuGH) ist gemeinsamer Gerichtshof und höchstes Gericht der Europäischen Union. Seine Urteile sind für alle Gerichte und alle Bürger in der EU bindend. Nationale Gesetze und Gerichtsurteile müssen der Rechtsprechung des EuGH angepasst werden. (...)
Der EuGH nimmt unterschiedliche Funktionen wahr, die in den Rechtsordnungen der Mitgliedstaaten auf verschiedene Gerichtszweige verteilt sind:
- Als „Verfassungsgericht" entscheidet er bei Streitigkeiten zwischen den EU-Organen oder den Mitgliedstaaten und bei der Kontrolle der Rechtmäßigkeit der Gesetzgebung der EU;
- als „Verwaltungsgericht" überprüft er, ob die Verwaltungsvorschriften und das Verwaltungshandeln der Europäischen Kommission und der Behörden der Mitgliedstaaten mit dem EU-Recht vereinbar sind;
- als „Arbeits- und Sozialgericht" entscheidet er bei Fragen, die die Freizügigkeit, die soziale Sicherheit der Arbeitnehmer und die Gleichbehandlung von Mann und Frau im Arbeitsleben betreffen;
- als „Strafgericht" überprüft er die Bußgeld-Entscheidungen der Europäischen Kommission;
- als „Zivilgericht" urteilt er bei Schadensersatzklagen und bei der Auslegung der Brüsseler Konvention über die Anerkennung und die Vollstreckung gerichtlicher Entscheidungen in Zivil- und Handelssachen.

Der Europäische Gerichtshof kann von einem Mitgliedstaat, einem Organ der Europäischen Union sowie von unmittelbar und individuell betroffenen Bürgern und Unternehmen angerufen werden (Rechtsschutz).

EU-Info Deutschland: EuGH – Rechtsprechungsorgan der Europäischen Union, 2010, in: http://www.eu-info.de/europa/europaeische-institutionen/Europaeischer-Gerichtshof (Zugriff: 8.8.2010)

Die Türme des Europäischen Gerichtshofs (EuGH) in Luxemburg.

M46 Die Bedeutung des EuGH

Vor allem der EuGH macht deutlich, dass sich die europäische Integration von anderen historischen Versuchen, den Kontinent zu einigen, grundlegend unterscheidet:

Von den Eroberungen des Imperium Romanum über die Kaiseridee bis zu Napoleon, Hitler und Stalin ist immer wieder versucht worden, Europa mit Mitteln der Macht unter einer Herrschaft zusammenzufassen. Solche Versuche scheitern an der Begrenztheit und Zerbrechlichkeit der Macht. Ihnen stehen zahlreiche Europapläne gegenüber, die auf Gleichberechtigung, auf einer vertraglichen Basis, auf föderalen Strukturen gründen, also jedenfalls auf ein rechtliches Fundament gestellt werden sollten. Es scheint, dass solche Konzepte im Kontrast zu traditionellen Vorstellungen praktischer Politik stehen, denn Pläne dieser Art sind bis zum Ende des Zweiten Weltkriegs nicht in die Wirklichkeit umgesetzt worden. Die Erkenntnis, dass nicht Macht und Rivalitäten, sondern Recht und gemeinsame Ordnung Frieden sichern können, bedurfte offensichtlich jahrhundertelanger schrecklicher Erfahrungen. Erst in der Gemeinschaftsverfassung ist eine Rechtsordnung zur Grundlage für das Zusammenleben der Völker gemacht worden, die ausschließen soll, dass wirtschaftliche, politische oder gar militärische Macht ein ausschlaggebender Faktor in den Beziehungen der Staaten ist.

Gert Nicolaysen: Die Europäische Union als Rechtsgemeinschaft, in: Werner Weidenfeld (Hg.): Die Europäische Union. Politisches System und Politikbereiche, Bonn: Bundeszentrale für politische Bildung 2008, S. 114

1 Belegen Sie am Beispiel des Wehrdienstes von Frauen, wie europäisches Recht das nationale Recht bestimmt.

2 Stellen Sie die Rolle des Europäischen Gerichtshofs in einem Referat vor. Beachten Sie dabei dessen Funktion für die europäische Integration (s. Methode „Referat", S. 24/25).

3 Recherchieren Sie zum Europäischen Gerichtshof für Menschenrechte (EGMR) in Straßburg und arbeiten Sie die Unterschiede zum EuGH heraus.

4 Beurteilen Sie die Möglichkeiten der Bürger der Europäischen Gemeinschaft, europaweit Rechtsschutz zu erlangen.

Welches Gewicht hat die EU? – Die Rolle Europas in der Welt

Es ist unstrittig, dass die Vereinigten Staaten von Amerika in der Weltordnung des 21. Jahrhunderts die führende Weltmacht sind. Neben anderen Ländern wie etwa China oder Indien steht auch die EU vor dem Schritt, zur weltpolitischen Macht zu werden. Soll sie sich in diese Richtung weiter entwickeln? Und wenn ja: Wie soll diese Entwicklung aussehen?

M47 Europa hat zugelegt

Zeichnung: Kreuselberg

M48 Festung Europa

Zeichnung: Hanel

M49 EU: Miniatur der Weltordnung

Die Europäische Union ist eine Miniatur der Weltordnung, die die europäischen Staaten für das Jahr 2020 anstreben. In der EU sind auch kleine Staaten lebensfähig, kein Land ist groß genug, um seinen Willen allen anderen aufzuzwingen. Gibt es Konflikte, werden sie durch Verhandlungen und auf Grundlage des europäischen Regelwerks gelöst, nicht auf dem Schlachtfeld. In der EU behalten die Nationalstaaten ihre Souveränität in den Bereichen, die ihren Bürgern am wichtigsten sind – Gesundheit, Bildung, Steuern, Polizei –, legen aber ihre Souveränität zusammen, um einen Binnenmarkt zu bilden und um grenzüberschreitende Probleme wie Umweltverschmutzung und organisierte Kriminalität gemeinsam anzugehen. (...)

Durch die Europäische Union haben die europäischen Staaten zwei große Ideen verbreitet und verteidigt: die Demokratie und die Bedeutung des Rechts. (...)

Der Einflussbereich der Europäischen Union geht deutlich über die Staaten hinaus, die sich bereits um die Mitgliedschaft bewerben. Die Europäische Union ist umgeben von einem Gürtel aus 70 Staaten, in denen 20 Prozent der Weltbevölkerung beheimatet sind und die stark von der EU abhängig sind. Diese 2,3 Milliarden Menschen leben im europäischen Teil der ehemaligen Sowjetunion, im Nahen und Mittleren Osten, in Nordafrika sowie im subsaharischen Afrika. Die EU ist Haupthandelspartner, Hauptkreditgeber und wichtigster Partner, wenn es um Fremdinvestitionen und Entwicklungshilfe geht. Die Union nutzt diese Abhängigkeit, um diese Staaten langfristig unter ihre rechtliche und politische Schirmherrschaft zu bringen. (...)

Die EU hat beim Aufbau einer neuen Weltordnung nach dem Ende des Kalten Kriegs, die mit den Herausforderungen der Globalisierung umgehen muss, die Führung übernommen. Die Europäer waren Pioniere bei der Bildung der Welthandelsorganisation, und beim Klimawandel waren sie es, die das Kyoto-Protokoll (*s. S. 129*) ratifizierten und umsetzten, nachdem Präsident Bush es für tot erklärt hatte. Das Gleiche gilt für den Internationalen Strafgerichtshof. Diese Institutionen verkörpern die „europäische" Arbeitsweise, die Nutzung des Rechts, um Souveränität zusammenzulegen statt sie zu bewahren.

Mark Leonhard: Geteilte Welt und Kampf um Herrschaft. Europas Rolle in der Welt im Jahr 2020, in: Werner Weidenfeld (Hg.): Die Europäische Union. 2008, S. 787 ff.

M 50 Hilft Deutschland bei Abschottung der EU?

Die Flüchtlingsorganisation Pro Asyl hat der deutschen Bundesregierung die „Beihilfe zu einer schwerwiegenden Menschenrechtsverletzung" vorgeworfen. Nach Angaben der maltesischen Tageszeitung Malta Today hat die italienische Küstenwache Mitte Juni ein Schiff mit 74 Flüchtlingen aufgegriffen und an ein libysches Patrouillenboot übergeben. Auch die deutsche Bundespolizei soll indirekt an dem Einsatz beteiligt gewesen sein. So habe die Besatzung eines deutschen Hubschraubers Informationen über das Boot an die italienische Küstenwache übergeben. Die Bundespolizei ist im Rahmen einer Operation der europäischen Grenzschutzagentur Frontex auf Malta eingesetzt. Pro Asyl und Amnesty International fordern die Bundesregierung auf, die deutsche Beteilung an diesem Vorfall „unverzüglich aufzuklären". (...)

Ein Sprecher des Bundesinnenministeriums sagte auf Anfrage der taz, die Hubschrauberbesatzung der Bundespolizei habe die Information über das Boot an die Frontex-Einsatzzentrale auf Malta „zuständigkeitshalber" weitergegeben. (...)

In Libyen besteht nun die Gefahr, dass die Flüchtlinge auf unbestimmte Zeit festgehalten werden. „Es gibt dort Einrichtungen, in denen Flüchtlinge jahrelang willkürlich und unter desaströsen Bedingungen inhaftiert werden", sagte Wiebke Hennig von Amnesty International. Eine Rückführung der Boote nach Libyen sei auch deshalb nicht zu rechtfertigen, weil das Land die Genfer Flüchtlingskonvention nicht unterzeichnet habe.

Zudem hätten Bootsflüchtlinge das Recht auf ein Asylverfahren in Europa, sagte der Rechtsanwalt Reinhard Marx. Dieses Recht ergebe sich aus der Genfer Flüchtlingskonvention und Urteilen des Europäischen Gerichtshofes.

Karin Schädler: Deutschland hilft bei Abschottung, taz v. 1.7. 2009, in: http://www.taz.de (Zugriff: 25.10.2010)

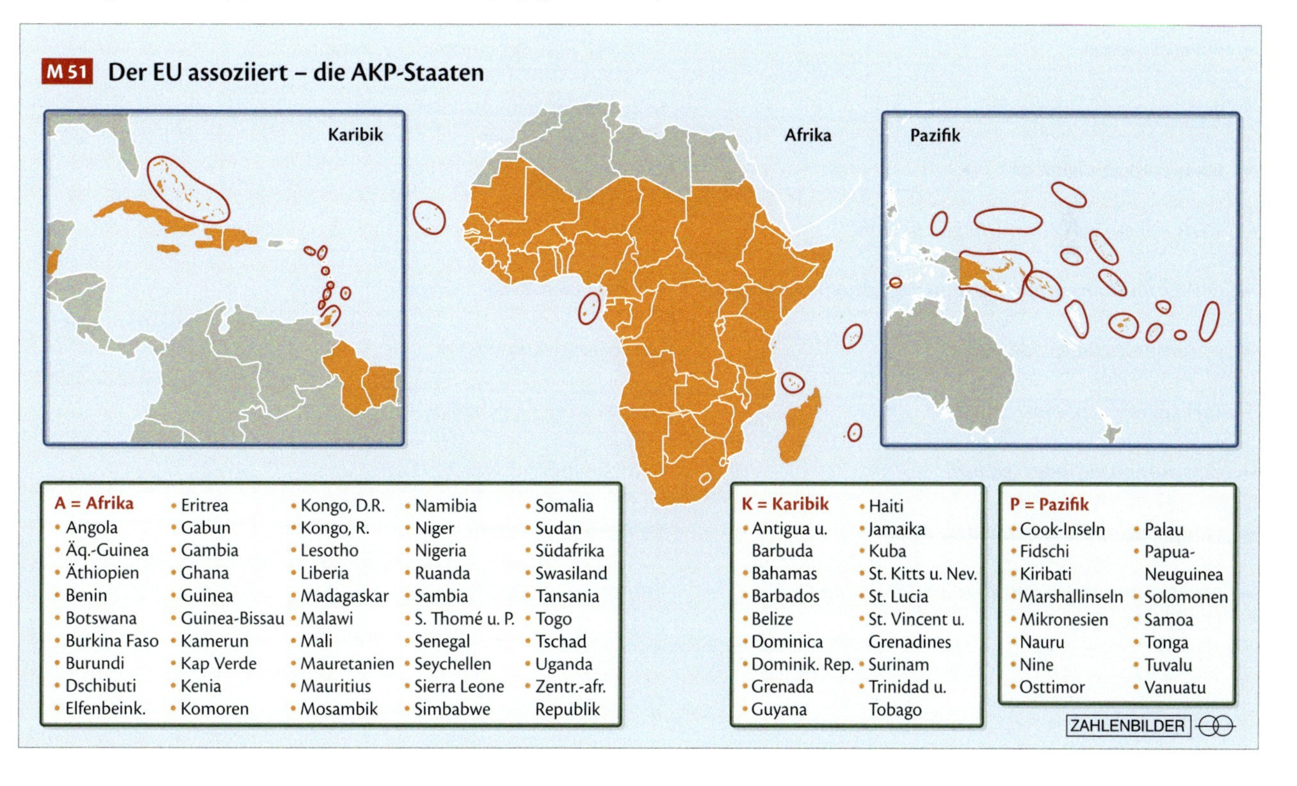

1. Beschreiben Sie Europas Rolle in der Welt in wirtschaftlicher und politischer Hinsicht.
2. Recherchieren Sie aktuelle Abschottungstendenzen der EU gegenüber anderen Ländern in wirtschaftlicher und politischer Hinsicht.
3. Interpretieren Sie die Karikaturen. Diskutieren Sie, welcher Blick auf die EU hier jeweils deutlich wird.

Themen und Hinweise

Mögliche Themen für Referate und Themenbereiche von Facharbeiten

Hinweis: Die konkrete Themenstellung der Facharbeit kann nur in engem Kontakt mit der betreuenden Fachlehrerin bzw. dem Fachlehrer festgelegt werden.

- Stand der Beitrittsverhandlungen mit einem ausgewählten Land (z. B. Island oder Türkei)
- Europäische Themen im Deutschen Bundestag
- Die Tätigkeit eines deutschen Abgeordneten im EU-Parlament
- Die Tätigkeit des deutschen Kommissars in der EU-Kommission
- Die Tätigkeit der Außenbeauftragten der EU
- Die Zypern-Frage in der EU
- Die Rechtsprechung des EuGH in jüngster Zeit

Zur Übung und Vertiefung

- Analysieren Sie den Text ***www.europa-digital.de/aktuell/dossier/tuerkei/konferenz.shtml***
- Analysieren Sie den Text ***www.europa-digital.de/aktuell/dossier/entwicklung/handel.shtml***
- Analysieren Sie den Text ***www.faz.net/s/Rub99C3EECA60D84C08AD6B3E60C4EA807F/Doc~EFE07DA8469454900B32A1D84E152FAFD~ATpl~Ecommon~Scontent.html***

Hinweise zur Weiterarbeit

– ***www.europa.eu***	Zentrale Seite der Europäischen Union
– ***www.europarl.europa.eu***	Seite des Europäischen Parlaments
– ***www.europa-digital.de***	Zahlreiche Hinweise zur EU
– ***www.ecb.eu/home/html/lingua.de.html***	Europäische Zentralbank
– ***www.consilium.europa.eu/showPage.aspx?id=&lang=de***	Rat der Europäischen Union
– ***ec.europa.eu/index_de.htm***	Europäische Kommission
– ***curia.europa.eu/jcms/jcms/j_6/***	Europäischer Gerichtshof
– ***eeas.europa.eu/index_en.htm***	Europäischer Auswärtiger Dienst
– ***europa.eu/abc/treaties/index_de.htm***	Europäische Verträge
– ***www.auswaertiges-amt.de/diplo/de/Europa/Uebersicht.html***	Europa-Seiten des Auswärtigen Amtes

2 Internationale Politik

Im Zeitalter der Globalisierung setzt sich mehr und mehr die Erkenntnis durch, dass die Welt enger zusammengerückt ist. So beeinflussen wir in Europa durch unsere CO_2-Emissionen etwa, ob die Inseln der Malediven oder die Küsten in den Niederlanden als Folge der Erderwärmung von Überschwemmungen betroffen sind. Auch die Sicherheitspolitik wird immer mehr von internationalen Faktoren bestimmt. So kann etwa die Sicherheit Deutschlands durch Camps am Hindukusch gefährdet werden, in denen international agierende Terroristen ausgebildet werden. Aus all diesen Gründen sind die Internationalen Beziehungen immer wichtiger geworden. Nach der Bearbeitung dieses Kapitels sollten Sie in der Lage sein, Grundprobleme der Internationalen Politik und Möglichkeiten der Regelung internationaler Konflikte zu beurteilen.

Sind alle gleich? – Struktur der Staatenwelt

Lange Zeit schien es so, als hätte man es in der internationalen Politik so gut wie ausschließlich mit souveränen Staaten zu tun. Bis zum Zerfall des Ostblocks war mit Recht von der Ersten, Zweiten und Dritten Welt die Rede. Unter der Ersten Welt wurden die westlichen Industrieländer, unter der Zweiten Welt die Länder des Ostblocks und unter der Dritten Welt die Entwicklungsländer einschließlich Chinas und Indiens verstanden. In letzter Zeit hat sich dieses Bild gewandelt.

M1 Eine Welt oder vier Welten?

Die Welt (...) baut auf einer komplexen Struktur auf, die durch vier markante Handlungszusammenhänge charakterisiert ist:
Welt I konstituiert das materiell, kommunikativ und institutionell dicht vernetzte *Gravitationszentrum der Welt*. Seine Vorgeschichte ist die Geschichte rivalisierender, kriegsgeneigter moderner Machtstaaten. (...) Diese Vorgeschichte endet im westlichen Teil Europas mit dem Zweiten Weltkrieg, wobei eine Konfiguration entsteht, die in Teilbereichen, insbesondere im EU-Kontext, als postmodern etikettiert werden kann, weil wesentliche Merkmale der klassischen modernen Staatenwelt an Bedeutung verloren haben, ja regelrecht überwunden wurden. (...)
In der *Welt II* wiederholt sich im Grunde genommen die entwicklungsgeschichtliche Erfahrung der Welt I, nur dass hier der Prozess zeitlich gerafft vonstatten geht. (...)
Die *Welt III* ist dadurch gekennzeichnet, dass sie sich einem transnational-kapitalistisch integrierten, institutionell vernetzten Gravitationszentrum gegenübersieht. (...) In dieser Welt finden sich ansatzweise einige Insignien der Moderne, vor allem ein noch leidlich operierender Staatsapparat, eine in Einzelfällen durchaus differenzierte Ökonomie und Anfänge einer in der Tendenz modernen Sozialschichtung. Alle diese Insignien werden jedoch durch eine gravierende strukturelle Heterogenität durchkreuzt. (...)
Die *Welt IV* (...) befindet sich in einem Zerfallsprozess und wird inzwischen durch viele prämoderne Merkmale gekennzeichnet: durch die Herrschaft von Kriegsherren (*war lordism*), endemische Bürgerkriege, Gewaltmärkte, den Zusammenbruch der Infrastruktur, eine Ausweitung von gesellschaftlicher und staatlicher Anomie und sozialem Elend bei gleichzeitiger Selbstbereicherung der Kriegsherren und ihrer Klientel. (...)
Die real existierende Welt setzt sich folglich aus Teilwelten zusammen, die in einer Hierarchie abgeschichtet-struktureller Abhängigkeit zu lokalisieren sind.

Dieter Senghaas: „Eine Welt" oder vier Welten? Lagebeurteilung und Folgerungen, in: Mir A. Ferdowsi: Weltprobleme. Bonn: Bundeszentrale für politische Bildung 2008, S. 408 f.

M2 Das zivilisatorische Hexagon

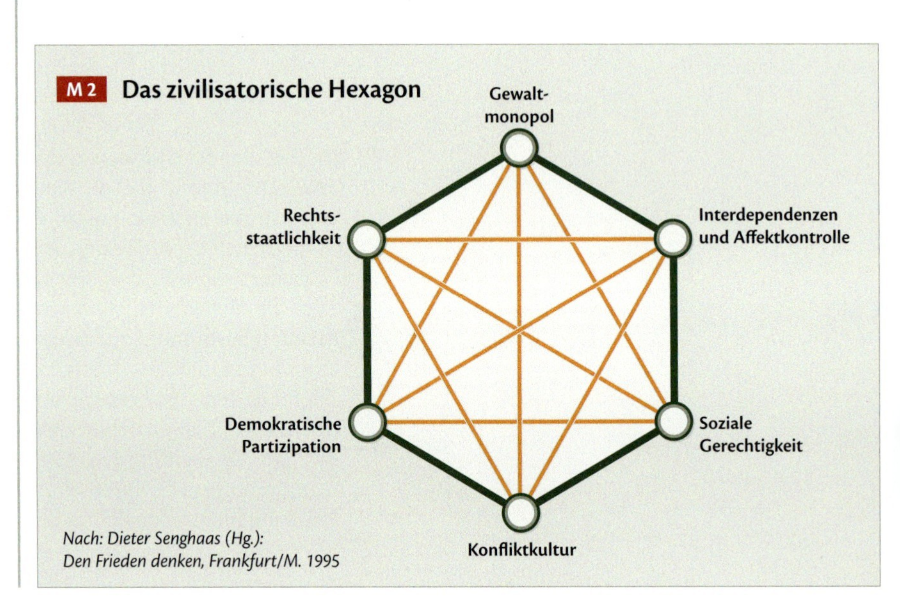

Nach: Dieter Senghaas (Hg.): Den Frieden denken, Frankfurt/M. 1995

M3 Failed states

Der Zerfall von Staaten, ob abrupt oder schleichend, ist nicht selten verbunden mit gewaltsamen Auseinandersetzungen (...). Eine zentrale Rolle spielen dabei manifeste Bürgerkriegs- und Gewaltökonomien, von denen diverse interne und externe Akteure profitieren. Die staatlichen Strukturen werden durch die Prozesse zersetzt und letztlich zerstört, wobei zumeist (vormals) staatliche Akteure ihren Teil dazu beitragen, indem sie sich an der allgemeinen Plünderung von Ressourcen beteiligen, eigene Milizen gründen oder die Armee kommerzialisieren. (...) Sie nutzen systematisch die Kontroll- und Legitimationsdefizite des Staates, sie unterwandern und unterhöhlen staatliche Institutionen und Autorität, sie füllen sogar teilweise jene Lücken, die der von Konflikten zersetzte bzw. bedrohte Staat hinterlässt. (...) Das Ergebnis sind konkurrierende Gewaltansprüche, in manchen Fällen auch die Bildung von „Gewaltoligopolen", die das staatliche Gewaltmonopol zur Schimäre werden lassen.

Ulrich Schneckener: Fragile Staatlichkeit als globales Sicherheitsrisiko, in: Aus Politik und Zeitgeschichte 28–29/2005, S. 36 f.

Failed State = gescheiterter Staat; ein Staat, der seine grundlegenden Funktionen nicht mehr erfüllen kann.

M4 Afghanistan – Krisenstaat am Hindukusch

Terrorismus, Drogenanbau, Korruption, Warlords – Afghanistan hat zahlreiche Probleme, die ein Ende der Gewalt in dem Krisenstaat utopisch erscheinen lassen. (...) Präsident Hamid Karsai, der von Gegnern als „Bürgermeister von Kabul" verspottet wird, hat in vielen Regionen des Landes nur sehr geringen Einfluss. Ihm wird von unabhängigen Beobachtern massiver Wahlbetrug vorgeworfen. Präsident Barack Obama forderte ihn jüngst mehrfach auf, stärker gegen Korruption und den Handel mit Drogen vorzugehen. In sein Kabinett berief Karsai ehemalige Warlords, denen Kriegsverbrechen und Nähe zur Drogenproduktion vorgeworfen werden. Nun stehen im September (2010) die Parlamentswahlen an. Die Taliban drohten damit, die Wähler mit Anschlägen und Drohungen von der Stimmenabgabe abzuhalten.

Die Zeit, 15.4.2010, in: http://www.zeit.de/politik/ausland/201004/afghanistan-karte (Zugriff: 4.10.2010)

NATO-Streitkräfte löschen einen Tanklaster in Afghanistan nach einem Anschlag, Oktober 2010

M5 Hexagon fragiler Staatlichkeit

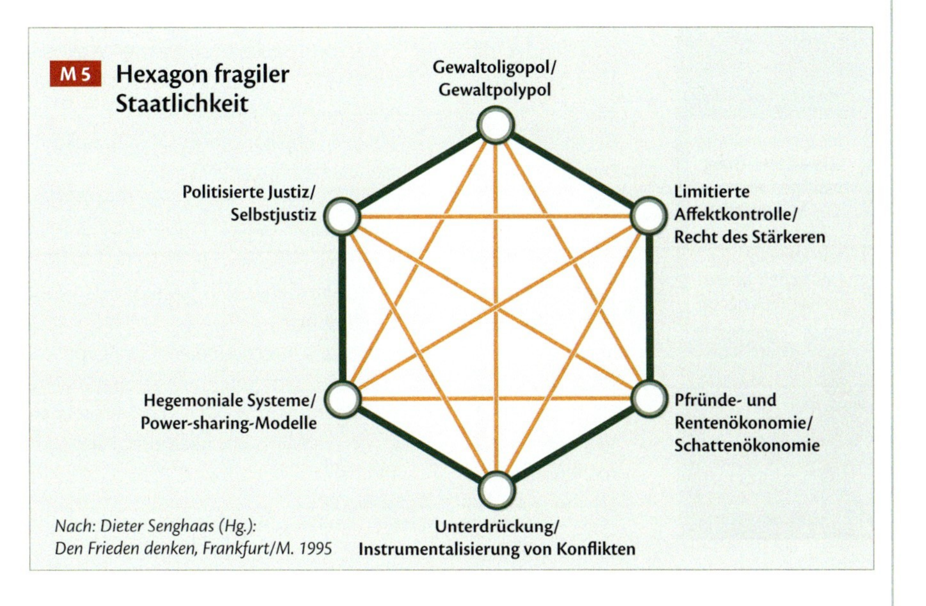

Nach: Dieter Senghaas (Hg.): Den Frieden denken, Frankfurt/M. 1995

1. Stellen Sie die Vorstellung der „Einen Welt" der der „vier Welten" gegenüber. Vergleichen Sie dabei neben den inhaltlichen Aussagen besonders auch die Ansatzpunkte.
2. Beurteilen Sie die Schlussfolgerungen aus Senghaas' Ansatz im Hinblick auf den Umgang der „ersten" mit den anderen Welten.
3. Beurteilen Sie, inwiefern Afghanistan ein „gescheiterter Staat" ist.

Regeln – das Völkerrecht und die Beziehungen zwischen Staaten

Das Völkerrecht besteht aus den Normen, die die Verhaltensweisen festlegen, die zu einem geordneten Zusammenleben der Staaten notwendig und nicht im innerstaatlichen Recht der einzelnen Staaten geregelt sind.

Römisches Recht: Privatrecht des Römischen Reichs, das besonders die Rechtsstellung des Individuums betonte

M6 Entwicklung des Völkerrechts

Vor allem die Charta der Vereinten Nationen (UN-Charta) bildet neben vielen anderen UN-Konventionen, -Verträgen und -Standards die Basis des Rechts, das die Beziehungen zwischen den Staaten regelt. Sie ruft auch zur Förderung der schrittweisen Entwicklung des Völkerrechts und seiner Kodifizierung auf. Das Völkerrecht beruht auf Verträgen zwischen einzelnen Staaten und Staatengruppen. 1969 und 1978 wurden in der Wiener Vertragskonvention und der Wiener Vertragsrechtskonvention Grundsätze für solche Vertragsschlüsse vereinbart. Sie leiten sich aus dem römischen Recht ab und beruhen auf fünf Rechtsgrundsätzen:

- *Grundsatz der freien Zustimmung:* Beide bzw. alle Vertragsparteien müssen dem Vertrag in freier Willensbildung zustimmen.
- *Bona fide:* Verträge werden nach dem Grundsatz von Treu und Glauben geschlossen.
- *Pacta sunt servanda:* Ein Vertrag bindet die Vertragsparteien.
- *Rebus sic stantibus:* Eine grundlegende Änderung der Umstände kann die Gültigkeit von Verträgen verändern.
- *Favor contractus:* Es ist besser, einen Vertrag aufrechtzuerhalten als ihn aufzulösen.

Zeichnung: Frosch

Das Völkerrecht blickt auf eine lange Tradition von Verträgen zurück, die sein Rechtssystem bilden. Nur die Übereinkunft zwischen Staaten setzt Recht im Völkerrecht.
Die wichtigsten Übereinkünfte:

- Genfer Konvention (1864): Vertrag zur Minderung menschlicher Leiden bei bewaffneten Konflikten;
- Haager Landkriegsordnung (1907): Unterscheidung zwischen Kombattanten und Nichtkombattanten im Krieg;
- Konvention von Montevideo (1933): Festlegung der Rechte und Pflichten eines Staates im internationalen Recht;
- UN-Menschenrechtskonvention (1948): Schutz der unveräußerlichen Menschenrechte;
- Genfer Abkommen (1949): Verbesserung des Loses der Verwundeten im Felde sowie der Kriegsgefangenen und des Schutzes der Zivilbevölkerung;
- UN-Flüchtlingskonvention (1951): Behandlung von Flüchtlingen;
- Zusatzprotokolle zum Genfer Abkommen (1977): Schutz der Opfer internationaler bewaffneter Konflikte;
- UN-Seerechtskonvention (1982): Abkommen zum Schutz der Ozeane;
- UN-Anti-Folter-Konvention (1984): Übereinkommen gegen Folter und andere grausame Behandlung;
- Kyoto-Protokoll (1997): Abkommen zum Klimaschutz;
- Statut des Internationalen Strafgerichtshofs (2002): internationale strafrechtliche Verfolgung von Völkermord, Verbrechen gegen die Menschlichkeit und Kriegsverbrechen.

Autorentext

M7 Afghanistan: Spiel mit dem Völkerrecht – Töten auf Kommando

Wenn es darum geht, wie Soldaten mit Gegnern umgehen dürfen, drehen Politiker das Recht, wie sie es brauchen. In einem Tal des Hindukusch wurden soeben *(August 2010)* zehn Mitarbeiter einer Hilfsorganisation erschossen, unter ihnen eine Deutsche. Angenommen, man hat Anhaltspunkte dafür, wer die Täter und die Auftraggeber waren: Darf

die Bundeswehr sie gezielt töten – ohne weitere Umstände, ohne jede Gerichtsverhandlung und obwohl die Todesstrafe in Deutschland verboten ist? Unter den Opfern waren amerikanische Ärzte. Dürfen US-Militärs Exekutionsraketen fliegen lassen in die Häuser der mutmaßlichen Auftraggeber, wo sie auch deren Frauen und Kinder töten? Ja, das gehört zum Krieg; so sagen die US-Militärs. Und also wird das Strafrecht dann, wenn das Kriegsrecht mehr Handlungsfreiheit gibt, durch Kriegsrecht ersetzt. Wenn dieses Kriegsrecht aber eine Beschwerde auferlegt (zum Beispiel bei der Behandlung von Gefangenen nach den Regeln der Genfer Konvention), wird es wieder abgeschaltet. (...)
Im Jahr 2002 eliminierten israelische Streitkräfte ein führendes Hamas-Mitglied, dem die Organisation von Selbstmordattentaten vorgeworfen wurde. Mit ihm wurden 14 Menschen in den Tod gerissen, unter ihnen 13 Kinder. Zerrissen wurde dabei auch ein Kernsatz des Rechtsstaats: Jeder Beschuldigte hat ein Recht auf einen fairen Prozess. Selbst in Staaten, in denen es die Todesstrafe noch gibt, ist das so. Der israelische Oberste Gerichtshof hat es unternommen, vage rechtliche Regeln aufzustellen: Nicht in jedem Fall sei eine gezielte Tötung illegal. Es dürften dabei aber grundsätzlich unbeteiligte Dritte nicht gefährdet werden. Das Urteil war ein Versuch der Einhegung des außer Kontrolle Geratenen.

Heribert Prantl: Töten auf Kommando, Süddeutsche Zeitung v. 11.8.2010

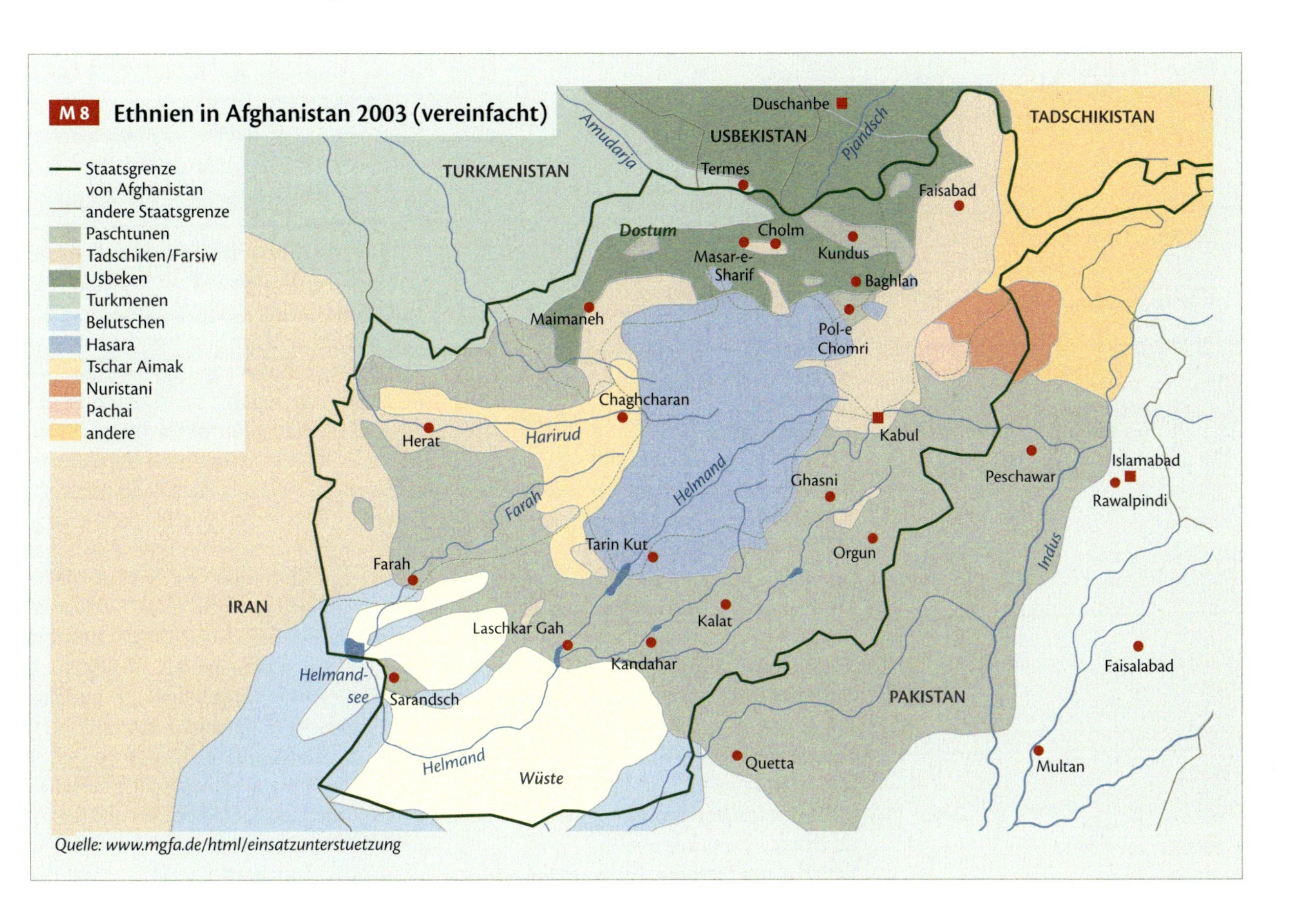

M 8 Ethnien in Afghanistan 2003 (vereinfacht)

Quelle: www.mgfa.de/html/einsatzunterstuetzung

1 Überprüfen Sie am Beispiel aktueller Entwicklungen, inwiefern sich das Völkerrecht auch auf Konflikte übertragen lässt, die sich nicht zwischen Staaten, sondern innerhalb von diesen entzünden.

2 Beurteilen Sie am Beispiel Afghanistans, vor welchen Problemen das Völkerrecht steht, und nehmen Sie Stellung zur Frage des Tötens auf Kommando.

3 Beurteilen Sie, inwiefern Staaten sich auch gegenüber nichtstaatlichen Gruppen an das Völkerrecht gebunden fühlen sollten.

Wer spielt mit? – Akteure der internationalen Politik

Warum befinden wir uns offiziell nicht im Krieg, obwohl deutsche Soldaten in Afghanistan sterben? Warum werden Anschläge auf deutsche Helfer verübt, obwohl die afghanische Regierung sie eingeladen hat? Diese und viele andere Fragen lassen sich nur beantworten, wenn die Internationalen Beziehungen nach Kriterien beurteilt werden, die die neuen Verhältnisse einbeziehen, in denen neben dem Zusammenspiel von Staaten auch international tätige Akteure eine Rolle spielen.

M 10 Ein Blick auf die afghanische Geschichte

M 9 Die Lage Afghanistans im Mittleren Osten

Quelle: Bundesamt für Kartographie und Geodäsie, 2007

Auf dem Boden Afghanistans bildeten sich nur kurzfristige Macht- und Kulturzentren. Das Land lag abseits der Herrschaftspole. Deswegen konnten sich hier unterschiedliche kulturelle Strömungen und Einflüsse treffen: Afghanistan war immer ein Land des Zwischenhandels. Es verband China und Indien mit dem Vorderen Orient und der Mittelmeerwelt.

Nur wenige Rohstoffe aus Afghanistan waren zeitweise begehrt: Lapislazuli, Silber und Gold wurden aus den afghanischen Bergen gefördert.

Durch Großbritannien in Nordwestindien und Russland geriet Afghanistan im 19. Jahrhundert in die Weltpolitik. Die indische Armee der Briten versuchte zweimal vergeblich die Eroberung Afghanistans, 1838–1842 und 1878–1881. Afghanistan wurde dennoch eine britische Halbkolonie. Im dritten britisch-afghanischen Krieg von 1919 errang Afghanistan volle Unabhängigkeit.

Afghanistan unterhielt besonders enge Beziehungen zur Sowjetunion, zum Deutschen Reich und zur Türkei. Im Kalten Krieg geriet Afghanistan unter sowjetischen Einfluss. Der Versuch, zwischen beiden Blöcken einen Weg zu finden, scheiterte. Die Supermächte unterstützten jeweils unterschiedliche Stammesführer und rüsteten sie mit Waffen aus. Ein Umsturz prosowjetischer Offiziere brachte eine der Sowjetunion verbundene Regierung Afghanistans. 1978 entstand die Guerilla-Bewegung der islamisch-traditionalistisch orientierten Mujaheddin, die vor allem von den USA und Pakistan mit Waffen unterstützt wurde.

1979 besetzte die Rote Armee auf Bitten der prosowjetischen afghanischen Regierung das Land. Dies brachte eine Verschärfung der weltpolitischen Lage mit sich und rief in Nachbarstaaten wie Iran und Pakistan tiefe Beunruhigung hervor. Die Guerilla-Bewegung der Mujaheddin verstärkte ihren Widerstand. 1988 wurde die sowjetische Besatzungsmacht durch die Mujaheddin besiegt. Diese zersplitterten sich anschließend in zahlreiche Gruppen unterschiedlicher politischer Richtungen und Stammeszugehörigkeiten, und ein Bürgerkrieg innerhalb der rivalisierenden Gruppen brach aus. Zunächst bestand eine der Sowjetunion freundliche Regierung weiter, bis es den Mujaheddin 1992 gelang, die afghanische Hauptstadt Kabul einzunehmen. Sie gründeten einen islamischen Staat. 1994 griffen die radikal-islamischen Taliban in den afghanischen Bürgerkrieg ein und brachten bis 1997 außer dem Norden weite Teile des Landes unter ihre Kontrolle. Die Ziele der Taliban-Regierung waren die Wiederherstellung der durch die innerparteilichen Machtkämpfe gestörten Ruhe und Ordnung, die Sicherstellung der islamischen Identität Afghanistans und die Schaffung eines islamischen Gottesstaates. Die Herrschaft der Taliban wurde durch den Krieg der USA und ihrer Verbündeten 2001 beendet.

Autorentext

M11 Opiumanbau und Opiumproduktion auf der Welt 2009*

Anbauland	Anbaufläche in Hektar	Mögliche Produktion in Tonnen
Afghanistan	123 000	6900
Pakistan	1779	44
Laos	1900	11
Myanmar	31 700	330

** Die Produktion ist illegal. Opium ist das Rohprodukt zur Herstellung von Heroin und anderen harten Drogen.*
Nach: United Nations Office on drugs and crime, World Drug Report 2010, S. 138

M12 Träger der Internationalen Politik

In der Vorstellung der „Weltgesellschaft" sind die Nationalstaaten zwar immer noch wichtige, aber nicht mehr die einzigen maßgeblichen Akteure. Hinzu kommen als Folge der sich verdichtenden Kooperation zwischen den Staaten zahlreiche internationale Organisationen universalistischer (UN, WTO, IMF), regionalistischer (EU, NAFTA, EAEC) oder transregionaler (APEC, ASEM, TAFTA) Art, die in der Tendenz ihrerseits zu eigenständigen Akteuren mutieren, wenn deren Mitgliedsstaaten Souveränität an diese Organisationen abtreten. Hinzu kommen aber auch zahlreiche nichtstaatliche Akteure (NGO), die international tätig werden, wie Multinationale Konzerne, Gewerkschaften, Kirchen, Parteien und alle Arten von Verbänden, die sich zu nichtstaatlichen internationalen Organisationen (INGOs) zusammengeschlossen haben. Prominente Beispiele sind etwa die Katholische Kirche, die Sozialistische Internationale, amnesty international, International Alert, Greenpeace, Attac, das Internationale Rote Kreuz, der Weltfußballverband oder der Weltkirchenrat und die vielen neuen sozialen Bewegungen, soweit sie sich international vernetzt haben.

Ulrich Menzel: Paradoxien der neuen Weltordnung. Politische Essays, Frankfurt/M. 2004, S. 175 f.

Zeichnung: Stuttmann

1 Ist Afghanistan ein Staat im herkömmlichen Sinne? Untersuchen Sie die Materialien in dieser Hinsicht (siehe auch „Konvention von Montevideo", S. 12).

2 Ermitteln Sie, welche Akteure der Internationalen Beziehungen in Afghanistan eine Rolle spielen.

3 Wie lassen sich international agierende kriminelle Organisationen, etwa im Drogenhandel, in Menzels Aufstellung einordnen?

4 Beurteilen Sie die Möglichkeit, mit Afghanistan ähnliche Beziehungen aufzubauen wie mit anderen befreundeten Staaten.

Weltparlament? – Die Vereinten Nationen

Die Internationalen Beziehungen haben in den VN (Vereinten Nationen) bzw. UN (United Nations) längst zu einer gemeinsamen Vertretung aller Völker der Erde geführt. Warum gelingen trotzdem Einigungen häufig nicht? Warum können sich die VN selten durchsetzen?

M 14 Konfliktbewältigungsmöglichkeiten der Vereinten Nationen

Um den Frieden zu wahren, wurde in der VN-Charta ein modifiziertes System kollektiver Sicherheit geschaffen, mit dem Sicherheitsrat als dessen zentralem Organ. Nur der Sicherheitsrat hat das Recht, Zwangsmaßnahmen nach Kapitel VII der Charta gegen Staaten zu verhängen, die den Weltfrieden bedrohen. Solche Zwangsmaßnahmen reichen von nichtmilitärischen Sanktionen, z. B. Wirtschafts- und Waffenembargo, bis zum militärischen Einsatz von Land-, Luft- und Seestreitkräften, wozu Mitgliedsstaaten nach Artikel 43 der Charta den Vereinten Nationen Streitkräfte zur Verfügung stellen können, die im Bedarfsfall unter dem Oberkommando der Vereinten Nationen eingesetzt werden. (...) Nach Artikel 42 und 48 der Charta können Zwangsmaßnahmen des Sicherheitsrats auch von einzelnen Mitgliedsstaaten durchgeführt werden. (...)

Die folgende Typisierung der friedenspolitischen Konfliktbewältigungsstrategien und -instrumente wurde in ihren Grundzügen erstmals in der Agenda für den Frieden (1994) vom damaligen Generalsekretär Boutros-Ghali vorgenommen und später modifiziert:

Vorbeugende Diplomatie (preventive diplomacy): Hierunter fällt der Einsatz diplomatischer Mittel mit dem Ziel, das Entstehen von Streitigkeiten zwischen einzelnen Parteien zu verhüten, die Eskalation bestehender Streitigkeiten zu Konflikten zu verhindern und – sofern es doch zu Konflikten kommen sollte – diese einzugrenzen.

Vorbeugende Einsätze (preventive deployments) sind präventive Truppeneinsätze, um den Ausbruch eines Konfliktes im Vorfeld zu verhindern. Bei einer innerstaatlichen Krise kann ein vorbeugender Einsatz auf Antrag bzw. mit Zustimmung der Regierung oder aller Konfliktparteien erfolgen. (...)

Friedensschaffung (peace-making) ist der Prozess bis zum Abschluss eines Friedensvertrags oder Waffenstillstands und bezeichnet Aktivitäten mit dem Ziel, feindliche Parteien zu einer Einigung zu bringen, im Wesentlichen durch solche friedlichen Mittel, wie sie in Kapitel VI der VN-Charta vorgesehen sind.

Friedenssicherung (peace-keeping) bezeichnet die Errichtung einer personellen Präsenz der Vereinten Nationen vor Ort mit Zustimmung aller Konfliktbeteiligten durch Einsatz von durchweg leichtbewaffneten Soldaten, Wahlbeobachtern und Polizisten zur Überwachung und Durchführung von Waffenstillstands- und Friedensvereinbarungen. (...)

Friedensdurchsetzung (peace-enforcement) sind Einsätze stärker bewaffneter VN-Truppen und als vorläufige Maßnahme nach Kapitel VII, Artikel 40 der VN-Charta zu verstehen. Darunter fallen Maßnahmen z. B. zur Wiederherstellung und Aufrechterhaltung der Waffenruhe, die aufgrund ihrer stärkeren Bewaffnung über den Auftrag an Friedenstruppen hinausgehen, aber nicht mit Zwangsmaßnahmen zu verwechseln sind, die – nach Artikel 43 der Charta – verhängt werden können, um gegen Angriffshandlungen vorzugehen.

Friedenserzwingung durch militärische Gewalt (use of military force) bezeichnet militärische Zwangsmaßnahmen nach Kapitel VII, Artikel 42 der Charta, die bei Bedrohung oder Bruch

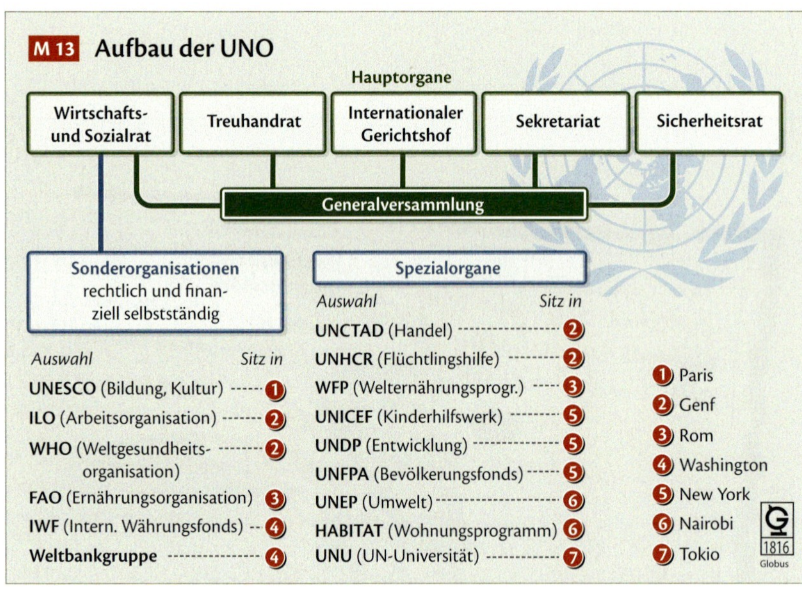

des Friedens oder bei Angriffshandlungen verhängt werden können, um den Weltfrieden aufrechtzuerhalten. Der Sicherheitsrat hat bislang nur selten Gebrauch gemacht von den stärksten der militärischen Zwangsmaßnahmen. (...)

Friedenskonsolidierung (post-conflict peace-building) ist nach erfolgreicher Beendigung eines Konfliktes auf die Wiederherstellung bzw. Förderung staatlicher Strukturen gerichtet, die geeignet sind, den Frieden zu festigen und zu konsolidieren, um das Wiederaufleben eines Konfliktes zu verhindern. Hierzu gehören die Demobilisierung von (Ex-)Kombattanten, ihre Entwaffnung und Rehabilitierung durch Wiedereingliederung in die Zivilgesellschaft; ferner der Aufbau von Verwaltung und Justiz nach rechtsstaatlichen Prinzipien.

Auswärtiges Amt (Hg.): ABC der Vereinten Nationen, Berlin 2000, S. 37 ff.

M15 Das fehlende Welt-Gewaltmonopol

Die VN sind die einzige Instanz in der Welt, die auch vorbeugend zur Anwendung militärischer Gewalt greifen darf. Sind der Weltfrieden und die internationale Sicherheit bedroht, so erlaubt Art. 42 der Charta dem Sicherheitsrat, notfalls auch mit militärischen Mitteln einzuschreiten. Die VN bilden die weltweit einzige Instanz, die nicht nur einen Verteidigungs-, sondern auch einen Angriffskrieg führen darf. Bei dieser rein auf die Rechtslage konzentrierten Betrachtung muss man sie als einzig verbliebenen Souverän – als Weltsouverän – ansehen. Dem widerspricht aber die Tatsache, dass die VN über kein eigenes Militär verfügen. Sie besitzen das alleinige *ius ad bellum* (Recht zum Krieg), ohne auch das dazugehörige Gewaltmonopol zu haben. (...)

In Ermangelung einer eigenen Exekutive müssen sich die VN ihre Kontingente bei den Nationalstaaten „ausleihen". Sie können sie nicht souverän kommandieren. Deshalb ist das Angriffskriegsverbot im Ernstfall wirkungslos. Es kann mithilfe der „Sole Superpower" USA gegen einen kleinen Staat (zuletzt den Irak, als er 1991 Kuwait besetzte) durchgesetzt werden. Gegenüber den Rechtsbrüchen der Supermacht selbst aber sind die VN machtlos. Weil die VN den Nationen von oben her keinen Schutz gewähren, konnte die Charta kein allgemeines Gewaltverbot aussprechen: Sie musste den Nationen die Verteidigung erlauben. Damit aber behielten diese auch die praktische Potenz zu einem Angriff – den „preemptive" (bevorrechtigt) zu nennen ihnen unbenommen ist. (...)

Französische UN-Blauhelmsoldaten im Süd-Libanon, Juni 2008

Es gibt einen weiteren Grund, aus dem die VN in der Praxis nicht der Weltsouverän sind: ihre Schwächung durch das Vetorecht. Wenn der Sicherheitsrat nicht über den Kopf einer Großmacht hinweg eine Entscheidung treffen kann, so ist das angesichts des Mangels einer zentralen Exekutive strukturell notwendig. Denn andernfalls könnte eine überstimmte Großmacht gegen den Mehrheitsbeschluss zu den Waffen greifen – es drohte der Weltkrieg, den die Charta unter allen Umständen verhindern will.

Sibylle Tönnies: Souveränität und Angriffskriegsverbot, in: Aus Politik und Zeitgeschichte 22/2005; S. 42 f.

Präventiver und präemptiver Krieg: Ein *präventiver* Krieg ist ein bewaffneter Konflikt, der von einer Seite begonnen wird, weil diese glaubt, dass die Anwendung militärischer Mittel unvermeidbar ist und dass gegnerische Vorteile dadurch verhindert und eigene ermöglicht werden.
Ein *präemptiver* Krieg ist ein bewaffneter Konflikt, der von einer Seite, die sich bedroht fühlt, begonnen wird, weil ein gegnerischer Angriff unmittelbar bevorzustehen droht und weil sie dadurch auf militärische Vorteile hofft.

1 Stellen Sie die Möglichkeiten der UNO, den Frieden zu wahren und Frieden zu schaffen, in einem Plakat dar und ordnen Sie aktuelle Einsätze zu.

2 Diskutieren Sie die Chancen, weltweit das Gewaltmonopol der UNO durchzusetzen.

3 Diskutieren Sie, inwiefern das US-Konzept der präventiven bzw. präemptiven Verteidigung mit den Grundsätzen der UNO vereinbar ist.

Weltregierung? – Der Sicherheitsrat

Der Sicherheitsrat der Vereinten Nationen kann, wenn er sich einig ist, große Macht auf Einzelstaaten ausüben. Aber taugt er zur Exekutive, gar zu einer Art Weltregierung?

M 16 Der Sicherheitsrat der VN

Funktion des Sicherheitsrats

Nach Artikel 24 der Charta der Vereinten Nationen trägt der Sicherheitsrat die Verantwortung für die Erhaltung des internationalen Friedens und der Sicherheit. Er versucht, Konflikte, die den Frieden bedrohen, zu verhindern, in Grenzen zu halten und beizulegen.

Der Sicherheitsrat kommt dieser Verantwortung fast ausschließlich dadurch nach, dass er Texte verhandelt und verabschiedet. Bei diesen Texten handelt es sich in der Regel um Resolutionen (Beschlüsse) oder Erklärungen. Sie enthalten Empfehlungen, Appelle, Anordnungen, Ermutigungen oder Verurteilungen. Der Sicherheitsrat verfügt nicht über eigene Streitkräfte. Solche Streitkräfte sind zwar in der Charta vorgesehen (Art. 43–46), wurden aber aus verschiedenen Gründen bisher nicht geschaffen.

Beschlüsse des Sicherheitsrats und ihre Umsetzung

Artikel 24 der Charta der vereinten Nationen lautet in seinem Absatz 1: „Um ein schnelles und wirksames Handeln der Vereinten Nationen zu gewährleisten, übertragen ihre Mitglieder dem Sicherheitsrat die Hauptverantwortung für die Wahrung des Weltfriedens und der internationalen Sicherheit und erkennen an, dass der Sicherheitsrat bei der Wahrnehmung der sich aus dieser Verantwortung ergebenden Pflichten in ihrem Namen handelt."

Durch den Beitritt zu den Vereinten Nationen hat sich jeder der gegenwärtig 192 Mitgliedsstaaten verpflichtet, die Beschlüsse des Sicherheitsrats umzusetzen.

Das bedeutet für den einzelnen Mitgliedsstaat beispielsweise, dass er vom Sicherheitsrat verhängte Sanktionen gegen einen anderen Mitgliedsstaat durchsetzt, indem er seinen eigenen Staatsangehörigen verbietet, mit diesem Mitgliedsstaat Handel zu treiben. Oder er stellt Truppen für eine vom Sicherheitsrat mandatierte Friedensmission. Oder aber er versucht, seine bilateralen Beziehungen zu anderen Staaten oder seine Mitgliedschaft in internationalen Organisationen dazu zu nutzen, die Politik des Sicherheitsrats zu unterstützen.

Es ist offenkundig, dass die Durchsetzung der Beschlüsse des Sicherheitsrats in hohem Maß auch von der freiwilligen Unterstützung durch die Mitgliedsstaaten der Vereinten Nationen abhängig ist. Um diese freiwillige Unterstützung zu erhalten, benötigt der Sicherheitsrat vor allem Autorität. (...)

Mandate des Sicherheitsrats

Unter Mandat wird dabei der Auftrag und die Ermächtigung für eine bestimmte Maßnahme oder Politik verstanden. Ein Mandat enthält genaue Angaben zu den Bedingungen, unter denen es umgesetzt wird. Zum Beispiel enthält das Mandat für eine Friedensmission Anweisungen dazu, unter welchen Umständen die teilnehmenden Friedenstruppen Gewalt anwenden dürfen, um ihren Auftrag durchzuführen.

Auswärtiges Amt: Der Sicherheitsrat der Vereinten Nationen, 23.8.2010; http://www.auswaertiges-amt.de/diplo/de

M 17 Warum muss der Sicherheitsrat reformiert werden?

Der Sicherheitsrat der Vereinten Nationen ist das zentrale Organ der Internationalen Staatengemeinschaft für Friedenssicherung und Konfliktmanagement. Er fasst Beschlüsse (Resolutionen), die – anders als die der Generalversammlung – für alle Mitgliedsstaaten bindend sind. (...)

Der Rat ist in seiner jetzigen Zusammensetzung nicht mehr repräsentativ für eine Welt, in der seit 1945 141 Staaten zusätzlich in die Vereinten Nationen aufgenommen wurden. Insbesondere Afrika, Asien sowie Lateinamerika und die Karibik sind nicht ihrem heutigen Gewicht entsprechend im Rat vertreten

5 und fordern deshalb, dass die Zusammensetzung des Sicherheitsrats den neuen Realitäten angepasst werden muss.
Neben einer ausgewogenen geographischen Verteilung der Sitze legt die Charta der 10 Vereinten Nationen auch besonderen Wert darauf, dass Staaten, die erhebliche Beiträge für die Vereinten Nationen leisten, Mitglieder des Sicherheitsrats sein sollen. Die Mehrheit der Mitgliedsstaaten der Vereinten Nationen 25 sieht deshalb auch Deutschland und Japan als Kandidaten für neue ständige Sitze an.
Auswärtiges Amt: Reform des Sicherheitsrates – Fragen und Antworten; http://www.auswaertiges-amt.de/diplo/de

M 18 Struktur des UN-Sicherheitsrats

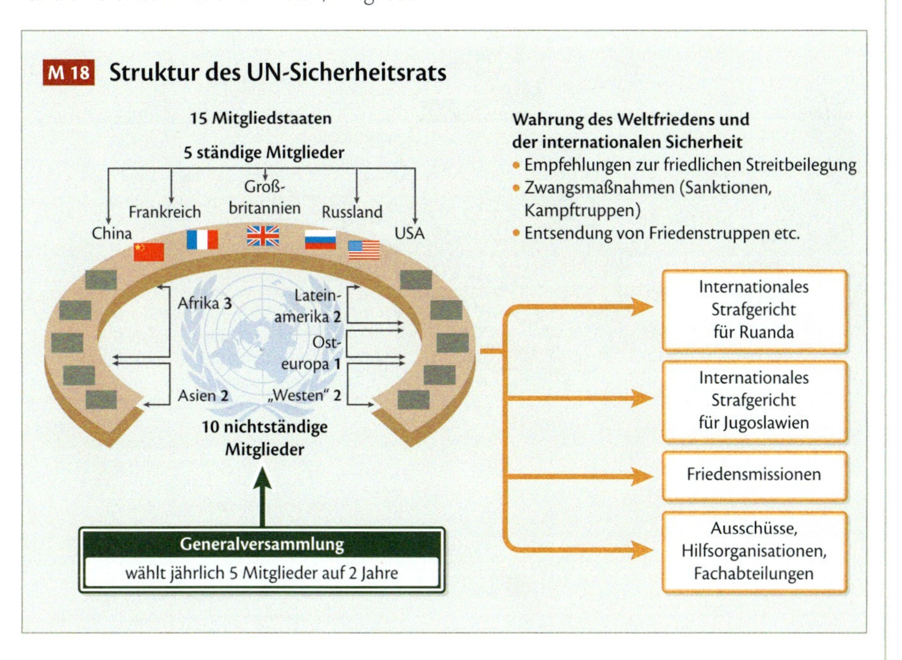

M 19 Kandidatur Deutschlands für den Sicherheitsrat

Der VN-Sicherheitsrat ist das Herzstück der internationalen Friedensordnung. Als international geschätzter Partner, als wichtiger Akteur in den Vereinten Nationen und als 5 drittgrößter Beitragszahler bewirbt sich Deutschland 2011/12 für einen nichtständigen Sitz im Sicherheitsrat. Weiterhin bleibt die Reform des Sicherheitsrats ein wichtiges Ziel deutscher Außenpolitik.
10 Die Kandidatur 2011/12 für einen nicht-ständigen Sitz ist logische Konsequenz des weltweiten Engagements der Bundesregierung. Deutschland will 2011/12

- an sein bisheriges Engagement anknüpfen 15 und erneut ein verlässlicher Partner sein,
- sich an seinen eigenen Forderungen nach mehr Offenheit messen lassen,
- Initiativen unterstützen, die nachhaltige Lösungen für Frieden und Sicherheit 20 anstreben,
- sich nach Kräften für wirtschaftliche und soziale Gleichberechtigung einsetzen, denn nur eine gerechte Welt ist eine sichere Welt, und
- 25 sich mit Nachdruck für die Überwindung globaler Herausforderungen wie Klimawandel, Ressourcenknappheit und Nahrungsmittelkrise einsetzen.

Auswärtiges Amt: VN-Sicherheitsrat. Deutschland kandidiert für einen nicht-ständigen Sitz, http://www.auswaertiges-amt.de/diplo/de/Aussenpolitik

1 Beurteilen Sie die Möglichkeiten des VN-Sicherheitsrates, den Frieden auf der Welt zu sichern.

2 Recherchieren Sie weitere Aspekte zur Bewerbung der Bundesregierung um einen Sitz im Sicherheitsrat. Ermitteln Sie den aktuellen Stand dieser Bewerbung und nehmen Sie Stellung dazu.

Fragmentierung? – Bündnisse von Staaten

Die Vereinheitlichung der Staaten in den VN sind eine Tendenz, die mit der Globalisierung zusammenhängt. Daneben gibt es die Tendenz zur Bildung von Staatenbünden. Ist diese dazu geeignet, die VN zu behindern bzw. in Konkurrenz zu ihnen zu treten?

M 20 Neue Bündnisse nach dem Kalten Krieg

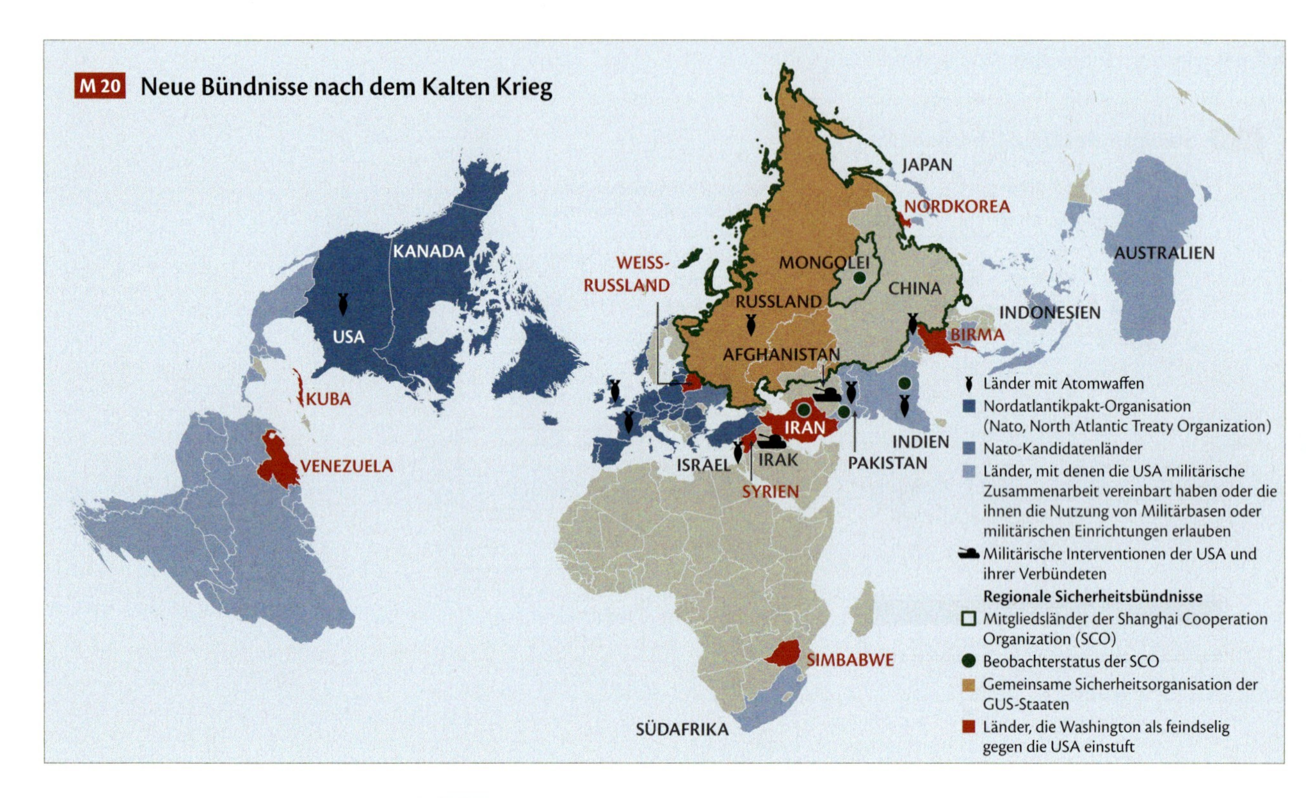

M 21 Globalisierung versus Fragmentierung

Gegenläufige Tendenzen zur Globalisierung sind die Regionalisierung von Handel und Investitionen in den drei großen Wirtschaftsräumen Westeuropa, Nordamerika und Ost- und Südostasien, die Verflechtung dieser drei Regionen durch transregionale Beziehungen (Triadisierung) bei gleichzeitiger weltwirtschaftlicher Marginalisierung der übrigen Teile der Welt. Ferner sind hier zu nennen die Abschottung der Länder der Triade gegen Migrationsprozesse aus dem Süden, die Fragmentierung der Gesellschaften des Nordens selbst (Zwei-Drittel-Gesellschaft, Neue Armut) und der Zerfall vieler postkolonialer und postsozialistischer Gesellschaften als Folge von Krieg und Bürgerkrieg, von ethnonationalistischen Konflikten. Hinzu kommen schließlich Flüchtlingselend, Armutswanderung und Verfall staatlicher Autorität zugunsten von Neonationalismus und Warlord-Systemen. Konsequenz dieser Tendenzen ist nicht die Integration und Konvergenz, sondern die globale Heterogenisierung der Welt, sodass man besser von Globalisierung versus Fragmentierung als von neuen globalen Trends sprechen kann, wie sie etwa mit dem Buchtitel Benjamin Barbers „Jihad vs McWorld" zum Ausdruck gebracht wird.

Autorentext

1 Beschreiben Sie die widerstrebenden Tendenzen von Globalisierung und Fragmentierung.

2 Inwiefern sind die Tendenzen zur Fragmentierung auch Tendenzen der wachsenden Konkurrenz? Recherchieren Sie zu entstehenden Gegensätzen zwischen wirtschaftlichen und politischen Machtblöcken.

3 Überprüfen Sie, inwiefern der wachsende Zusammenschluss der EU eine Antwort auf die Tendenzen von Globalisierung und Fragmentierung ist.

Methode: Facharbeit

M22 Die Facharbeit

In der Facharbeit sollen Informationen aufbereitet werden. Die Facharbeit wird als schriftliches Produkt abgegeben und bewertet. Das Thema der Facharbeit ist präzise formuliert und deutlich eingegrenzt. Das Thema der Facharbeit wird in der Regel zwischen Verfasser(in) und Bewerter(in) schriftlich festgelegt. In der Facharbeit soll die Fähigkeit gezeigt werden, ein Thema zu finden und mit wissenschaftlichen Mitteln auszuarbeiten. Die Themenfindung ist deshalb besonders wichtig und eine der schwierigsten Phasen der Facharbeit. Man sollte sich u.a. immer fragen:

- Welche Informationen habe ich bereits zum Thema? Welche Quellen kenne ich bereits?
- Lässt sich das so formulierte Thema von mir in der vorgegebenen Zeit erschöpfend bearbeiten?
- Lässt sich das Thema problemorientiert formulieren?"

Phasen der Erstellung einer Facharbeit:

Phase I
- Thema festlegen
- wichtige Begriffe abklären
- Lexika und Handbücher einsehen
- die ersten Informationen zusammentragen
- erste Sekundärliteratur sammeln und sichten
- weiteren Stoff sammeln und in Ansätzen sichten
- erste Überlegungen zu möglichen Teilaspekten des Themenbereichs anstellen
- Vorüberlegungen zu einer möglichen Gliederung

Phase II
- Material sichten, ordnen und bewerten
- die eigene Argumentation ausarbeiten
- die eigenen Gedanken und das eigene Material einordnen (z. B. Versuchs-, Umfrage-, Beobachtungsergebnisse, herausgearbeitete Textbefunde)
- das Material gliedern und Teilbereichen zuordnen
- ausführliche Gliederung erstellen

Phase III
- Gliederung im Hinblick auf den Bezug zum Thema überprüfen
- Kapitel und Kapitelüberschriften der Arbeit endgültig festlegen
- fortlaufenden Text schreiben
- Rohentwurf
- Überarbeiten
- Endfassung
- Überarbeitung im Hinblick auf Fehler

Umfang und Form der Facharbeit

Die Facharbeit soll im Textteil einen Umfang von 8 bis 12 Seiten auf DIN A-4, maschinenschriftlich, 1,5-zeilig, mit normalem Seitenspiegel und im Schriftgrad 12 Punkt geschrieben, nicht unterschreiten und möglichst auch nicht übersteigen.
Die Arbeit besteht aus
- Deckblatt mit Thema, Name, Schul-, Kurs- und Schuljahresangabe
- Inhaltsverzeichnis
- Textteil mit
  - Einleitung als Entwicklung der Fragestellung
  - Hauptteil mit untergliedernden Zwischenüberschriften
  - Schlussteil als Zusammenfassung der Ergebnisse
- Literaturverzeichnis
- ggf. Anhang mit fachspezifischen Dokumentationen, angefertigten Gegenständen, Objekten auf Datenträgern, Ton- und Videoaufnahmen, Materialien, Tabellen, Grafiken, Karten etc.
- Erklärung über die selbstständige Anfertigung der Arbeit bzw. des Teils der Gruppenarbeit

Autorentext

Thema der Arbeit

Facharbeit

an der Nameschule
Allstadt

eingereicht bei
Herrn A. Lehrer

vorgelegt von
Maren Mustermann
Kurs 12 im
Schuljahr 2010/2011

Die Rolle von Nichtregierungsorganisationen

Nicht nur Staaten und Regierungen bewegen sich auf internationalem Parkett, sondern zunehmend auch Organisationen, die sich ganz bewusst von Regierungseinflüssen frei halten wollen.

www.redcross.ch/org/international/ikrk

www2.amnesty.de

www.attac.de

M23 Was sind NGOs?

Streng genommen ist der Begriff „Nichtstaatliche Organisation" sehr weit und kann sich auch auf Kirchen, Vereine oder Gewerkschaften beziehen.
Heute werden jedoch meist mitgliederstarke, international tätige Interessengruppen als nichtstaatliche Organisation bezeichnet. Viele von ihnen widmen sich den klassischen Themen der 68er-Bewegung: soziale Gerechtigkeit, Geschlechtergleichstellung, Umweltschutz und Friedenspolitik. NGOs (engl. Non-Governmental Organizations) versuchen durch verschiedenste Mittel, nationale wie internationale Politik zu beeinflussen und Gesellschaften für ihre Vorstellungen zu sensibilisieren.
Mit dem Weltgipfel 1992 in Rio de Janeiro (Rio Summit) erzielten ihre Bestrebungen den vorläufig größten Erfolg: 2400 Vertreter nichtstaatlicher Organisationen nahmen an der Konferenz teil, 17 000 Menschen am parallel stattfindenden NGO-Forum. Dort wurde auch festgelegt, dass der Begriff „nichtstaatliche Organisation" stets auch untrennbar mit einer zivilgesellschaftlichen Handlungsweise verbunden ist. Der Rio-Gipfel führte dazu, dass wir NGOs heute mehrheitlich als Organisationen wahrnehmen, die dem Prozess der Globalisierung kritisch begegnen, Umweltschutz betreiben oder für Frieden und Völkerverständigung eintreten. Gerade im Zuge der rasanten Globalisierungsentwicklung nahm in den letzten Jahren auch die Anzahl an NGOs deutlich zu: Mittlerweile gehen Forscher von 25 000 Organisationen weltweit aus.

Volker Bonacker/Tobias Stich: Was tun NGOs? 1.2.2006; in: http://www1.bpb.de/themen/QW3329,0,0,Was_tun_NGOs.html (Zugriff: 4.10.2010)

M24 Sind NGOs legitime Akteure?

NGOs gelten gemeinhin als Impulsgeber in globalen Fragen. Sie engagieren sich auf zahlreichen Ebenen, nehmen Einfluss auf gesellschaftliche Abläufe und betreiben erfolgreich politische Lobbyarbeit. (…) Der Beitrag von NGOs als Teilnehmer einer „internationalen Zivilgesellschaft" sollte jedoch auch nicht überschätzt werden. (…)
Inwieweit kann man auch NGOs als legitimierte Akteure bezeichnen? Die Legitimation einer nichtstaatlichen Organisation muss an ihrem Anspruch gemessen werden. So hat die Umweltorganisation „Greenpeace" die Ambition, im Interesse von Natur und breiten Teilen der Gesellschaft auf zentrale ökologisch-politische Entscheidungsprozesse Einfluss zu nehmen. Ohne eine breite Unterstützung in der Gesellschaft wäre dieser Anspruch kaum zu rechtfertigen. (…)
In demokratischen Staaten wird die Politik von einer vom Volk gewählten Regierung bestimmt, die Gesetze werden vom jeweiligen Parlament verabschiedet – und eine unabhängige Gerichtsbarkeit überwacht ihre Einhaltung. Die wesentlichen Kompetenzen in der politischen Sphäre liegen somit in der Hand des Staates. Natürlich ist im demokratischen Staatsmodell auch vorgesehen, dass gesellschaftliche Gruppen direkt oder indirekt auf politische Entscheidungsprozesse Einfluss nehmen. Lobbyismus oder öffentlicher Druck sind zwei Beispiele, wie sich nichtstaatliche Macht artikulieren kann. In Vergangenheit und Gegenwart konnten und können Gewerkschaften, Kirchen oder Verbände immer wieder Einfluss auf den Staat nehmen. Auch moderne NGOs sind nahezu parteiübergreifend für ihr Engagement anerkannt und werden als notwendige Ergänzung repräsentativer Demokratie wahrgenommen. Die Frage nach der Legitimation solcher Einflussnahme bezieht sich deshalb vor allem darauf, ob die verschiedenen Organisationen tatsächlich die Interessen vertreten, die sie zu vertreten vorgeben.

Kathrin Kirstein/Bernhard Böth: Kritik an NGOs, 1.2.2006; in: http://www1.bpb.de/themen/QEOV4M,0,0,Kritik_an_NGOs.html (Zugriff: 4.10.2010)

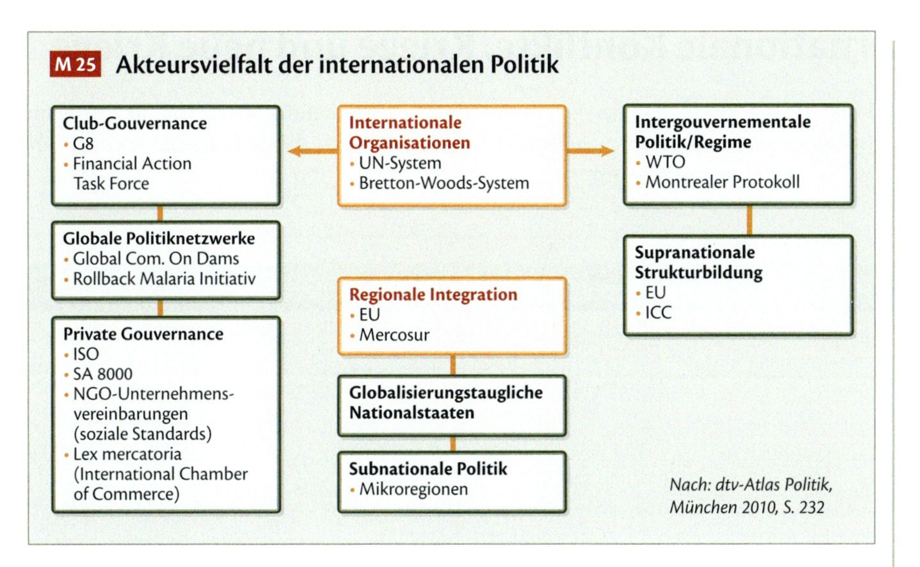

Nach: dtv-Atlas Politik, München 2010, S. 232

M 26 Rolle der NGOs

1. Die Einschätzung der Rolle der NGOs in den internationalen Beziehungen im Allgemeinen und in der internationalen Menschenrechtspolitik im Besonderen schwankt zwischen unkritischer Romantisierung, (...) und despektierlicher Abwertung des „bunten Haufens" zu lästigen Störenfrieden durch hartgesottene „Realisten" in Politik und Wissenschaft. (...)
2. Viele Menschenrechtsorganisationen haben sich bereits als INGOs (Internationale NGOs) organisiert und in internationale oder regionale Netzwerke eingebunden. Sie verstehen sich als Promotoren universeller Werte, befördern die „moralische Interdependenz" der Weltgesellschaft und praktizieren das kommunikative Handeln in den internationalen Beziehungen. (...)
3. Zwei Drittel der transnational operierenden NGOs (...) haben ihre Operationsbasis in Westeuropa und Nordamerika. Sowohl der Süden als auch der Osten sind unterrepräsentiert. (...)
4. Unumstritten ist, dass die NGOs im Rahmen des UN-Systems einen wesentlichen Beitrag zur Fortentwicklung von Menschenrechtsnormen und zur Verbesserung des internationalen Menschenrechtsschutzes geleistet haben. (...)
5. Den NGOs werden große Leistungen beim „standard setting" zugebilligt, das in Konferenzräumen stattfindet. Umstritten sind jedoch ihre Erfolge im Kernbereich ihres Gründungszweckes: dem Schutz der Menschenrechte und dem Kampf gegen schwere Menschenrechtsverletzungen. (...)
6. Durch ihr Eintreten für universelle Menschenrechte und ihre interkulturelle Kommunikation befördern sie die Entwicklung einer Weltethik, die das normative Fundament der sich herausbildenden Weltgesellschaft bildet.
7. Die Menschenrechtsorganisationen wurden zum Sauerteig der internationalen Menschenrechtspolitik. Sie haben einen konstruktiven Einfluss auf alle wichtigen Konventionen und Deklarationen zu den Menschenrechten ausgeübt und durch ihr Drängen die Einrichtung von wichtigen Institutionen (wie des UN-Hochkommissariats für Menschenrechte und des Internationalen Strafgerichtshofes) erreicht.

Franz Nuscheler: NGOs in Weltgesellschaft und Weltpolitik. Menschenrechtsorganisationen als Sauerteig einer besseren Welt? In: http://www.oneworld.at/ngo-conference/discussion/Nuscheler.htm (Zugriff: 30.5.2010)

1 Erkunden Sie die Arbeitsweise von NGOs durch Besuche in Geschäftsstellen, Kontakte mit Mitgliedern usw. (Beispiel: amnesty international unter: http://www.amnesty.de).

2 Beurteilen Sie die Legitimität von NGOs in der Internationalen Politik.

3 Erarbeiten Sie auf dieser Grundlage die genaue Themenstellung und eine Gliederung für eine Facharbeit (s. Methode „Facharbeit", S. 51).

Wenn's knallt ... – internationale Konflikte, Kriege und neue Kriege

Konflikte auf internationaler Ebene unterliegen ähnlichen Gesetzen wie die zwischen Individuen oder Gruppen von Menschen. Die Ursachen dieser Konflikte können verschiedenen Ebenen entstammen.

M27 Root Causes of Conflicts

Root Cause 1	Root Cause 2	Root Cause 3	Root Cause 4
Ungleichgewicht politischer, ökonomischer, sozialer und kultureller Chancen zwischen unterschiedlichen Identitätsgruppen	Illegitime, undemokratische und ineffiziente Regierungsführung	Fehlende Möglichkeiten für friedlichen Ausgleich von Gruppeninteressen und für das Überwinden von Trennungslinien von Identitätsgruppen	Abwesenheit einer aktiven und organisierten Zivilgesellschaft
– Sozioökonomische Ungleichheit – Exklusive Regierungselite – Verletzung politischer Gruppenrechte – Destabilisierung durch Flüchtlinge und intern Vertriebene – Demografischer Druck	– Legitimitätsdefizit von Regierung und öffentlichen Einrichtungen – Unzureichende, sich verschlechternde öffentliche Dienste – Kriminalität, soziale und politische Gewalt – Parteiliche Auslegung und Anwendung von Gesetzen durch Justiz und Sicherheitskräfte	– Abwesenheit effektiver Konfliktlösungsmechanismen – Abwesenheit von Pluralismus und offener Debatte – Misstrauen zwischen Identitätsgruppen – Schwaches oder schädliches externes Engagement	– Schwache Organisationen der Zivilgesellschaft – Abwesenheit professioneller und unabhängiger Medien – Mangel ökonomischer *peace interests*

Andreas Mehler: Alles Krise oder was?, in: Brigitte Fahrenhorst (Hg.): Die Rolle der Entwicklungszusammenarbeit in gewalttätigen Konflikten. SID-Berichte Nr. 11, Berlin 2000, S. 36

Die **Root Cause Analysis** (RCA) untersucht den ursprünglichen Grund für Abweichungen von einem Prozess. Der Grundgedanke dabei ist, dass die Abweichung beseitigt wird, wenn die Grundursache (cause) behoben oder korrigiert wird. Man versucht also, das „Übel" an der Wurzel (root) zu packen

M28 Konfliktursachen-Modell

Ebene	Beispiel der Konfliktursache
Global	Globale Systemveränderungen (bspw. Ende des Kalten Krieges), Globalisierung, Nord-Süd-Gefälle
Regional	„Spill-Over"-Effekte (Flüchtlinge, Kriegsparteien, Waffen, politische Unterstützung)
Staatlich	Verletzung staatlichen Territoriums*
Sozial	Schwache Gesellschaft: Fehlende gesellschaftl. Homogenität (gemeinsame Werte, Identität etc.)
Ökonomisch	Schwache Wirtschaft: Armut, soziale Ungleichheit
Politisch	Schwaches Staatswesen: fehlende Legitimation, schwache Institutionen etc.
Konfliktparteien	Gruppendynamiken, Mobilisierung, Exklusion
Eliten/Individuen	Agitation und Massenmobilisierung durch Eliten und politische Führer

**Ergänzt*

Dieses Konfliktursachen-Modell macht deutlich, dass jedes Bestreben, einen Konflikt vor einer möglichen gewaltsamen Eskalation einzudämmen, multidimensional strukturiert 5 sein muss (sogenannte multi-track conflict resolution). So müssen die globalen und regionalen Faktoren ebenso adressiert werden wie gesellschaftliche und lokale Aspekte. Hinzu kommt, dass je nach Fortschreiten der 10 Konfliktentwicklung und je nach Konfliktstruktur (was steht im Mittelpunkt des Konflikts – Interessen, Perzeptionen, Verhalten?) unterschiedliche Methoden angewandt werden müssen: Frühwarnkapazitäten, Conflict-15 Mapping, Mediation, Peacekeeping, diplomatische oder militärische Intervention, Peacebuilding.

Ulla Jasper: Friedens- und Konfliktforschung. Ursprünge, aktuelle Entwicklungen, Kritik, in: http://www.weltpolitik.net (Zugriff: 12.3.2010)

M29 Neues vom Chamäleon Krieg

Der preußische Kriegstheoretiker Carl von Clausewitz hat den Krieg als „ein wahres Chamäleon" bezeichnet, womit er sagen wollte, dass man, wenn man ihn begreifen und analysieren wolle, immer auch seine Umgebung in Betracht ziehen müsse. (...)
In den neuen Kriegen an der Peripherie der Wohlstandszonen sind wir nämlich seit einiger Zeit mit einer dramatischen „Verbilligung" des Kriegsgeschehens konfrontiert, in deren Gefolge Akteure kriegführungsfähig geworden sind, an die man zuvor nicht im Entferntesten gedacht hätte. Die technologische Entwicklung des militärischen Großgeräts und der Aufbau einer stabilen Staatlichkeit sind voneinander entkoppelt bzw. spielen bei der Herstellung von Kriegführungsfähigkeit keine Rolle mehr. Kriegführungsfähig ist, wer über ein paar Millionen Dollar verfügt. Selbstverständlich haben diese Kriegsakteure keine Luftwaffe, auch keine Luftabwehr, schon gar nicht eine Kriegsmarine, und in der Regel verzichten sie gänzlich auf den Einsatz militärischen Großgeräts. Stattdessen bewaffnen sie Jugendliche mit Handfeuerwaffen und machen sie mit Pick-ups mobil. (...)
Die Ausbreitung des Partisanenkrieges in der zweiten Hälfte des Zweiten Weltkriegs und anschließend in den Entkolonisierungskriegen der 1950er- und 1960er-Jahre war der Anfang vom Ende der klassischen Staatenkriege. (...)
Was den klassischen Staatenkrieg charakterisierte, war seine Festlegung auf eine Ordnung der Trennungen, die mit der Unterscheidung von Krieg und Frieden ihren Anfang genommen hat. (...) Gewalt durfte nur gegen Kombattanten angewandt werden, und auch das nur, solange diese am Kombattantenstatus festhielten. (...)
Die neuen Kriege sind also vor allem dadurch gekennzeichnet, dass in ihnen sämtliche Begrenzungs- und Regulationsmechanismen fehlen, die im Rahmen der klassischen Staatenkriege entwickelt worden sind – von der Begrenzung der Kriegsdauer durch das Versiegen der Ressourcen, die zur Weiterführung des Krieges vonnöten sind, bis zu den ethischen und rechtlichen Selbstbindungen, die von der Idee der Ritterlichkeit bis zur Haager Landkriegsordnung und den Genfer Konventionen reichen.

Herfried Münkler: Neues vom Chamäleon Krieg, in: Aus Politik und Zeitgeschichte 16–17/2007; in: http://www.bpb.de/publikationen/42PXCE,0,Neu-es_vom_Cham%E4leon_Krieg_Essay.html (Zugriff: 12.3.2010)

Carl von Clausewitz (1780–1831), preußischer General und Militärtheoretiker, gehörte nach 1808 zum Kreis um die preußischen Heeresreformer Scharnhorst und Gneisenau. Sein unvollendetes Werk „Vom Kriege" (1832), eine philosophische Abhandlung über das Wesen des Krieges, machte ihn zum Begründer der modernen Kriegslehre

M30 „Schmutzige Kriege gab es schon immer"

Als ein zusätzliches Merkmal der neuen Kriege gilt ihre „Regellosigkeit", „Enthegung", „Entzivilisierung" oder „Barbarisierung". Diese Kriege seien brutaler und grausamer als herkömmliche Kriege und würden selbst Mindestnormen des humanitären Völkerrechts missachten und die Gewaltanwendung gegen Zivilisten zu einem strategischen Instrument der Kriegführung machen. Die klassische Unterscheidung zwischen „Kombattanten" und „Nicht-Kombattanten" sei in den neuen Kriegen aufgehoben.
Nicht mehr die offene Entscheidungsschlacht zwischen Kombattanten stünde im Zentrum der Gewaltausübung, sondern die Terrorisierung von Zivilisten und das Massaker an der Zivilbevölkerung. Doch muss hier angemerkt werden, dass das Regelwerk des humanitären Völkerrechts für den inneren Krieg schon immer eine weitaus geringere Dichte und Durchsetzungsfähigkeit aufwies als für den klassischen Staatenkrieg. Auch kamen schon in früheren Kriegen unvorstellbare Grausamkeiten, Kriegsverbrechen und Massentötungen von Zivilisten und damit gravierende Regelverstöße gegen Mindestnormen einer „zivilisierten" Kriegführung vor.

Volker Matthies: Eine Welt voller neuer Kriege? Der vernachlässigte Blick auf den Frieden, in: Die neuen Kriege. Der Bürger im Staat 4/2004, S. 186 f.

1 Vergleichen Sie **M27** und **M28** im Hinblick auf die genannten Konfliktursachen.
2 Fassen Sie die These von den neuen Kriegen zusammen und ordnen Sie diese den Konfliktursachen-Modellen zu.
3 Nehmen Sie Stellung zur Kontroverse zwischen Münkler und Matthies zur Charakterisierung der neuen Kriege.

Und warum es knallt ... – z. B. Ressourcenkonflikte

Betrachtet man die Ursachen von internationalen Konflikten, so treten mehr und mehr Fragen der globalen Ressourcen in den Vordergrund der Diskussion. So wurde auch der Irakkrieg der USA 2003 als ein „Krieg um Öl" gesehen.

Francisco Pizarro (1476/78–1541), spanischer Conquistador, der das Inka-Reich eroberte

Frontier: Grenzland zu den Indianern, das sich in den USA im 18. und 19. Jahrhundert immer weiter nach Westen verschob

M31 Ressourcenkonflikte sind alltäglich

Konflikte um Ressourcen sind auf der Welt alltäglich. Angesichts der wachsenden Weltbevölkerung und der Endlichkeit der Ressourcen ist dies auch nicht verwunderlich. Vielfach werden die Konflikte durch ethnische oder religiöse Ideologien – auch in den Medien der Industriestaaten – dramatisiert und überhöht. Andererseits ist es offenbar auch für die Führer der westlichen Welt einfacher, für einen bewaffneten Konflikt zu mobilisieren, wenn es nicht schlicht um die Verteilung von Wasser oder Öl, sondern um die westliche Wertegemeinschaft, das Abendland oder die Demokratie geht.
Seit Pizarros Zeiten wurde die „Neue Welt" auf wertvolle Rohstoffe hin abgesucht. Doch heute hat sich die frontier in der Suche und Ausbeute von Rohstoffquellen bis an die entlegensten Zonen der Kontinente und Meere vorgeschoben, weil leichter zugängliche Vorkommen mittlerweile erschlossen oder erschöpft sind. Öl wird tief im Urwald und tief im Meer gefördert, Holz aus dem fernen Patagonien und Sibirien geholt, und schwimmende Fischfabriken durchkämmen die Meere vom Polarkreis bis zur Antarktis. Begehrt sind vor allem Energieträger, insbesondere Öl und Gas, gefolgt von Metallen wie Gold, Zinn, Silber, Kobalt und biotische Rohstoffe wie Holz und Fische. Mit der Öffnung der Grenzen für transnationale Unternehmen im Zuge der Globalisierung hat sich der Drang, die Frontlinie der Ausbeutung vorzuverlegen, vertieft und beschleunigt. Besonders da, wo die Rohstoffausbeutung in bisher unerschlossene Gebiete vorrückt, sind es die Territorien indigener Gesellschaften, welche ins Netz weltweiter Ressourcenflüsse eingegliedert werden. Auf der einen Seite steigt die Weltnachfrage nach Naturressourcen aller Art, auf der anderen Seite aber warten diese Ressourcen nicht einfach in einem Niemandsland darauf, abgeholt zu werden.
Vielmehr liegen sie oft im Lebensraum ortsansässiger Bewohner und machen deren Lebensgrundlagen aus. Unregulierte Ressourcenausbeute degradiert, dezimiert und desakralisiert oft deren Landschaften, besonders in den Peripherien des Südens. Subsistenzbedürfnisse konkurrieren mit Luxusbedürfnissen. Deshalb rufen nicht nur die Ölförderung, sondern etwa auch Entwaldung oder industrieller Fischfang oftmals lokalen Widerstand hervor, wenn mit dem Ressourcenabbau die Lebensbasis der Einwohner bedroht wird. Die Armen werden – zugespitzt gesagt – ihrer Ressourcen beraubt, damit die Reichen über ihre Verhältnisse leben können.

Wolfgang Sachs: Ressourcenkonflikte: Unterhaltswirtschaften gegen Marktökonomie, in: www.interpeacenet.org/peacestudies/ressourcenkonflikte.pdf (Zugriff: 12.3.2010)

M32 Ressourcenkonflikte werden zunehmen

Ressourcenkonflikte, die häufig das Potenzial zu einem militärisch ausgetragenen Konflikt haben, werden im 21. Jahrhundert wahrscheinlich keineswegs abnehmen, sie werden eher zunehmen. Dabei kann es sich um Konflikte von ganz unterschiedlicher Struktur handeln. So ist nicht nur Öl, sondern auch Wasser eine zunehmend umstrittene Ressource.
Bereits jetzt gibt es erhebliche Wasserkonflikte zwischen der Türkei, Syrien und dem Irak, zwischen Israel und seinen Nachbarn sowie zwischen Ägypten und dem Sudan und Äthiopien. Die Erschöpfung oder Vernichtung landwirtschaftlicher Böden durch zunehmende Versteppung (welche ihre Ursache unter anderem im Klimawandel haben dürfte) führte bereits zu Millionen von Umweltflüchtlingen, die in Städte oder andere Länder auswandern und dort die sozialen Konflikte verschärfen. Häufig führen diese Fluchtbewegungen auch zu erheblichen politischen Spannungen zwischen benachbarten Ländern.
Allerdings dürften auch in Zukunft die Konflikte um Erdöl als den Energieträger Nummer eins des gegenwärtigen Kapitalismus von besonderem Gewicht sein.

Während sich die Vorräte an fossilen Brennstoffen in diesem Jahrhundert ihrer Erschöpfung nähern, wächst gleichzeitig der Verbrauch an Erdöl immer weiter an:
Länder wie China, deren industrielle Entwicklung mit hohem Tempo vorangeht, haben ihren Ölverbrauch bereits bedeutend erhöht und werden ihn mit Sicherheit noch weiter steigern; auf der anderen Seite erfolgen Energiesparmaßnahmen in vielen entwickelten Ländern, vor allem in dem größten Verbraucherland, den USA, nur sehr zögerlich.
Zugleich hat der Verbrauch der fossilen Energieträger eine erhebliche Belastung der Atmosphäre zur Folge, deren klimaverändernde Wirkungen man bereits spüren kann.
Probleme des Klassenkampfs (prokla) 2/2004, Nr. 135 Ressourcenkonflikte (Editorial)

M33 Militärischer Einsatz zur Sicherung von Interessen

Interview des Deutschlandradios (DLF) mit dem damaligen Bundespräsidenten Horst Köhler am 22.5.2010:

DLF: In der politischen Debatte wird auch darüber nachgedacht, ob das Mandat, das die Bundeswehr in Afghanistan hat, ausreicht, weil wir uns inzwischen in einem Krieg befinden. Brauchen wir ein klares Bekenntnis zu dieser kriegerischen Auseinandersetzung und vielleicht auch einen neuen politischen Diskurs?

Köhler: Nein, wir brauchen einen politischen Diskurs in der Gesellschaft, wie es kommt, dass Respekt und Anerkennung zum Teil doch zu vermissen sind, obwohl die Soldaten so eine gute Arbeit machen. Wir brauchen den Diskurs weiter, wie wir sozusagen in Afghanistan das hinkriegen, dass auf der einen Seite riesige Aufgaben da sind des zivilen Aufbaus – also Verwaltung, Korruptionsbekämpfung, Bekämpfung dieser Drogenökonomie –, gleichzeitig das Militär aber nicht alles selber machen kann. Wie wir das vereinbaren mit der Erwartung der Bevölkerung auf einen raschen Abzug der Truppen.

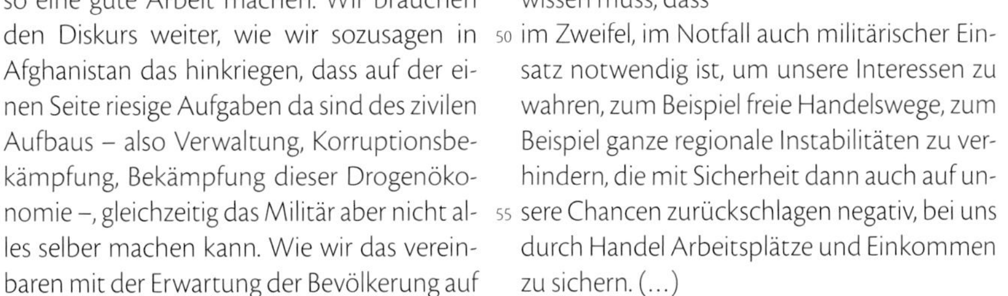

Ich glaube, dieser Diskurs ist notwendig, um einfach noch einmal in unserer Gesellschaft sich darüber auszutauschen, was eigentlich die Ziele dieses Einsatzes sind. Und aus meiner Einschätzung ist es wirklich so: Wir kämpfen dort auch für unsere Sicherheit in Deutschland, wir kämpfen dort im Bündnis mit Alliierten, mit anderen Nationen auf der Basis eines Mandats der Vereinten Nationen, einer Resolution der Vereinten Nationen. Alles das heißt, wir haben Verantwortung. Meine Einschätzung ist aber, dass insgesamt wir auf dem Wege sind, doch auch in der Breite der Gesellschaft zu verstehen, dass ein Land unserer Größe mit dieser Außenhandelsorientierung und damit auch Außenhandelsabhängigkeit auch wissen muss, dass im Zweifel, im Notfall auch militärischer Einsatz notwendig ist, um unsere Interessen zu wahren, zum Beispiel freie Handelswege, zum Beispiel ganze regionale Instabilitäten zu verhindern, die mit Sicherheit dann auch auf unsere Chancen zurückschlagen negativ, bei uns durch Handel Arbeitsplätze und Einkommen zu sichern. (...)

Zeichnung: Pfohlmann

DLF: Muss sich Deutschland daran gewöhnen, dass Soldaten, die in einem bewaffneten Konflikt stehen – manche nennen es einen Krieg – auch tot aus dem Einsatz nach Deutschland zurückkommen?

Köhler: Wir haben ja leider diese traurige Erfahrung gemacht, dass Soldaten gefallen sind, und niemand kann ausschließen, dass wir auch weitere Verluste irgendwann beklagen müssen.

http://www.dradio.de/aktuell/1191138; Interviewer: Christopher Ricke (Zugriff: 30.5.2010)

1 Untersuchen Sie aktuelle Konflikte im Hinblick auf die These, hinter den ideologischen Kriegsgründen versteckten sich häufig Ressourcenkonflikte.

2 Untersuchen Sie aktuelle internationale Konflikte im Hinblick auf die Frage, ob Ressourcen eine Konfliktursache sein können.

3 Prüfen Sie, ob die militärische Sicherung von Handelswegen durch deutsche Soldaten dem Grundgesetz entspricht.

Was wollen die Terroristen? – Internationaler Terrorismus

Mit den Ereignissen vom 11. September 2001 ist auch der internationale Terrorismus als Akteur der Weltpolitik in die öffentliche Diskussion eingetreten. Die Organisation Al-Qaida ist eine wichtige, aber bei weitem nicht die einzige international agierende Gruppe.

M 34 Anschläge im Namen des Terrornetzwerks Al-Qaida

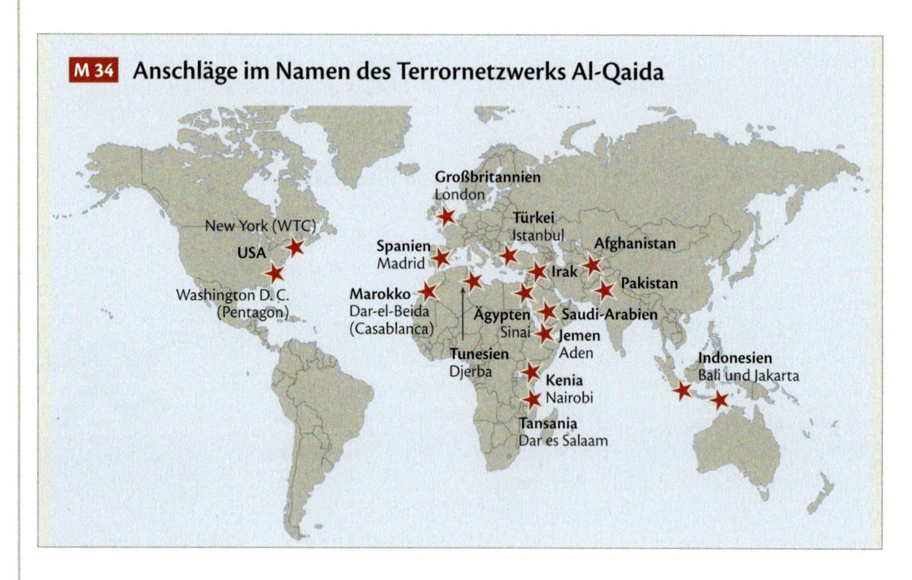

M 35 Al-Qaida

Im Jahre 1998 verlautbarte Bin Ladin als Chef eines als „Basis" („al-Qaida") bezeichneten Netzwerks zur Ausbildung und Unterstützung von zumeist arabischen Mujahidin, die aufseiten der Taliban gegen die Sowjets und die afghanische „Nordallianz" gekämpft hatten, einen Aufruf zur Bildung einer „Islamischen Weltfront zum Kampf gegen Juden und Kreuzfahrer". (...) Bin Ladin verkündete ferner – ohne ein islamischer Rechtsgelehrter zu sein – ein islamisches Rechtsgutachten (fatwa), das den Mord an Juden und Amerikanern für legitim erklärte. Darin heißt es:
„Der Befehl, die Amerikaner und ihre Verbündeten zu töten, ist eine individuelle Verpflichtung für jeden Muslim, der dazu fähig ist, in jedem Land, in dem so etwas möglich ist, um die al-Aqsa-Moschee (in Jerusalem) und die Heiligtümer (in Mekka) zu befreien und um ihre Armeen dazu zu zwingen, jeglichen muslimischen Boden zu verlassen, geschlagen und unfähig, (weiterhin) Muslime zu bedrohen."
In einem Interview erläuterte er einige Monate später dazu: „Wir unterscheiden nicht zwischen Leuten in Militäruniformen und Zivilisten; sie sind alle angesprochen in diesem Rechtsgutachten. Das Gutachten bezieht sich auf alle, die Anteil haben an der Ermordung von Muslimen und am Angriff auf Heilige Stätten sowie auf jene, die den Juden helfen, muslimisches Land zu besetzen." (...)
Der von Usama bin Ladin propagierte Jihad unterscheidet sich vom bewaffneten Jihad der klassischen islamischen Rechtsgelehrten in drei wichtigen Punkten:
Jede Gewaltaktion seitens der Jihadisten wird als „Verteidigung" definiert, jede Aktion der Gegenseite als Angriff. Die Befürwortung des Rechts und der Pflicht zur Verteidigung bei klassischen Theologen wird so umgedeutet in eine „Angriffsdoktrin". (...)
Nach der neuen Interpretation wird der Jihad zur Pflicht für jeden Muslim.
Während die „klassische" Scharia beim Jihad die Kampfhandlung auf feindliche Kämpfer begrenzte, Nicht-Kombattanten aber unbedingt zu schonen waren, unterscheidet die neue Interpretation Bin Ladins erklärtermaßen nicht zwischen militärischen und zivilen Zielen.
Das „al-Qaida"-Netzwerk handelt nicht im nationalen Kontext, sondern verfolgt das globale Ziel der Herausdrängung des westlichen Einflusses aus der islamischen Welt. (...)
Gebiete ohne effektive staatliche Kontrolle bilden für al-Qaida eine Möglichkeit zur Entfaltung eigener Strukturen.
Ministerium für Inneres und Kommunales NRW: http://www.im.nrw.de/sch/563.htm (Zugriff: 3.5.2009)

M36 Was Terroristen wollen

Terroristen sind substaatliche Akteure, die Gewalttaten gegen Zivilisten begehen, um Dritten eine politische Botschaft zukommen zu lassen. Terroristen sind weder verrückt noch amoralisch. Sie kommen aus allen Teilen der Welt. Sie kommen aus allen gesellschaftlichen Schichten. Sie kämpfen für ein Spektrum unterschiedlicher Ziele. Viele werden von den Gemeinschaften unterstützt, aus denen sie kommen; andere nicht. Ihre Gruppengröße reicht von einer Hand voll korsischer Nationalisten bis zu Tausenden bewaffneter Tamilen. Einige kämpfen für dieselben Ziele, die schon seit Jahrhunderten Anlass zu Kriegen boten, etwa die Macht über ein bestimmtes Territorium. Einige versuchen das Staatensystem an sich umzustürzen. Sie entstammen allen möglichen religiösen Traditionen oder gar keinen. Eines aber ist ihnen gemeinsam: Sie sind schwächer als die, gegen die sie kämpfen.

Louise Richardson: Was Terroristen wollen. Die Ursachen der Gewalt und wie wir sie bekämpfen können, Bonn 2007, S. 46 f.

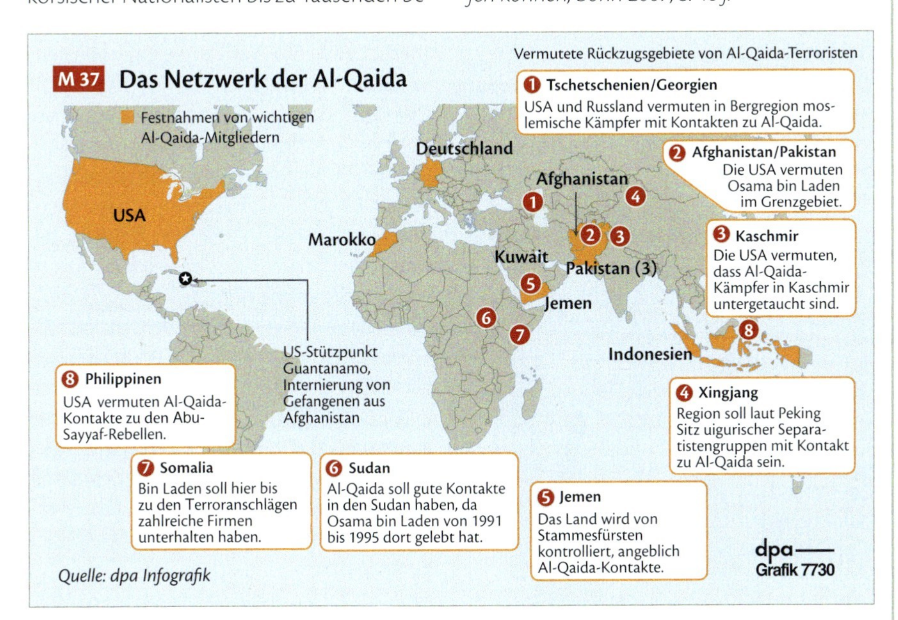

Sicherheitspersonal untersucht das schwedische Parlament aus Angst vor terroristischen Anschlägen, Oktober 2010

M38 Fragen und Antworten zu Al-Qaida

Ist Al-Qaida eine weltumspannende Terrorgruppe?

Nein. Al-Qaida – das sind viele Organisationen. (...) Bis zum Jahr 2001 erstreckte sich Bin Ladens Netzwerk, laut einer Zählung des US-Außenministeriums, über etwa 55 Staaten. (...) Am besten beschrieben ist Al-Qaida heute als ein terroristisches Franchise-Unternehmen. Im Namen des Dschihad kann jeder kämpfen, der die Ziele der Bewegung teilt. Dabei können die Veteranen den Nachwuchs-Dschihadisten mit Know-how, Kontakten, Waffen und Geld weiterhelfen. (...)

Kann man den Terroristen nicht den Geldhahn zudrehen?

Kaum. Die Welt ist voll von Al-Qaida-Sponsoren. Unmittelbar nach dem 11. September 2001 veröffentlichte die US-Regierung die Namen von 2500 Firmen und Einzelpersonen, die verdächtigt werden, Terroristen zu finanzieren. (...) Das private Vermögen des Ex-Saudis bin Laden wird auf etwa 300 Millionen Dollar geschätzt. Zusätzlich soll Al-Qaida jährlich etwa 30 Millionen Dollar einnehmen. (...)

Jochen Bittner: Das weltweite Al-Qaida-Netz, in: Die Zeit 29/2005; in: www.zeit.de/2005/29/terrorismus_bittner

1 Charakterisieren Sie das Al-Qaida-Netzwerk. Ermitteln Sie weitere bedeutende terroristische Gruppen.

2 Erschließen Sie, welche Verhaltensweisen und Eigenschaften ein Mitglied des Terrornetzwerks auszeichnen.

3 Erklären Sie, warum das Terrornetzwerk Al-Qaida so schwer zu bekämpfen ist.

Menschenrechte – Grundlage der Internationalen Beziehungen

An welchen Grundsätzen soll sich die Zusammenarbeit zwischen den Staaten und zwischen NGOs und Staaten ausrichten? Maßstab kann nur das sein, worauf sich die Staaten einvernehmlich geeinigt haben, und das ist nicht wenig: nämlich die Menschenrechte.

M 39 Was heißt „Universalität der Menschenrechte"?

Der universale Geltungsanspruch der Menschenrechte bedeutet, dass man den Anspruch stellt, die Menschenrechte hätten überall für alle Menschen zu gelten. Man spricht auch von „Allgemeingültigkeit". Die „Geltung für alle Menschen" hat eine zweifache Bedeutung:

1. Jedes menschliche Wesen kann sich auf dieselben Menschenrechte berufen, um seine elementaren Interessen zu schützen.
2. Jedes menschliche Wesen sollte die Geltung derselben Menschenrechte anerkennen.

Diese zweite Bedeutung des universalen Geltungsanspruchs beinhaltet eine moralische Forderung: Jeder Mensch ist verpflichtet, die Menschenrechte von all seinen Mitmenschen zu respektieren. (...)

Der Anspruch auf universale Geltung bedingt die Schaffung von institutionellen Vorkehrungen, welche auf wirksame Weise einen Schutz der Menschenrechte von allen Menschen ermöglichen. Diese Verpflichtung betrifft sowohl die staatlichen wie auch mächtige nichtstaatliche Akteure:

Alle Staaten haben mit dem UNO-Beitritt die – wenigstens moralische – Geltung der Allgemeinen Erklärung der Menschenrechte von 1948 anerkannt. Damit sind alle Staaten aufgerufen, die internationalen Menschenrechtsverträge zu ratifizieren und sich damit auch rechtlich zu verpflichten, die Menschenrechtsnormen in ihrem Hoheitsgebiet durchzusetzen.

Alex Sutter: Was heißt „Universalität der Menschenrechte"?, in: informationsplattform humanrights.ch, in: http://www.humanrights.ch/home/de (Zugriff: 15.6.2010)

Zeichnung: Mester

M 40 Humanitäre Interventionen zum Schutz der Menschenrechte

Innerhalb von knapp vier Monaten wurden 1994 in Ruanda etwa 800 000 Menschen umgebracht. Sie wurden Opfer eines von extremen Hutus lang geplanten Völkermordes. UNO-Friedenstruppen waren seit 1993 in Ruanda, um den 1993 im selben Jahr von den Bürgerkriegsparteien in Arusha ausgehandelten Friedensprozess zu überwachen. Nachdem kurz nach dem Beginn des Mordens auch 10 belgische UNO-Soldaten getötet wurden, entschied der UNO-Sicherheitsrat, einen großen Teil seiner Truppen abzuziehen. Die 500 zurückbleibenden UNO-Soldaten wurden zu Beobachtern eines der größten Massakers der jüngeren Geschichte. Die USA wollten nicht eingreifen, weil sie ihr nationales Eigeninteresse nicht tangiert sahen und sich auch vor einer Wiederholung des Desasters in Somalia fürchteten; und die UNO stellte sich auf den Standpunkt, die Weltgemeinschaft müsse sich in diesem Bürgerkrieg neutral verhalten. Diese Abstinenz und Neutralität stießen auf massive Kritik. (...)

Doch hätten die USA und die Weltgemeinschaft wirklich mehr tun sollen?

Die Frage stellt sich, da es in der ethischen Diskussion umstritten ist, ob und wann so genannte humanitäre Interventionen gerechtfertigt sind. (*Einige glauben*), dass humanitäre Interventionen nie gerechtfertigt seien; andere meinen, dass humanitäre Interventionen unter bestimmten Bedingungen doch berechtigt seien. Dabei verstehe ich hier unter humanitären Interventionen in Anknüpfung an den in der Diskussion üblichen Sprachgebrauch einen gewalttätigen Eingriff eines oder mehrerer Staaten in einen Drittstaat, der auf die Verhinderung massiver Menschenrechtsverletzungen abzielt. Es handelt sich nicht um die Selbstverteidigung eines Staates gegenüber einem anderen Staat. Es geht vielmehr um die Intervention eines Staates oder von mehreren Staaten in Drittstaaten mit dem Ziel, massive Menschenrechtsverletzungen zu verhindern.

Peter Schaber: Humanitäre Intervention als moralische Pflicht? In: http://www.ethik.uzh.ch/afe/publikationen/Schaber_Intervention_pdf (Zugriff: 12.12.2009)

M41 „Responsibility to protect"

Besondere Beachtung verdient die unter Völkerrechtlern und Politikberatern heiß diskutierte *responsibility to protect*. Initiiert vom damaligen kanadischen Premierminister Jean Crétien wurde am Rande der so genannten Milleniums-Vollversammlung der Vereinten Nationen (*2000 in New York*) vom UN-Generalsekretär eine International Commission on Intervention and State Sovereignty (ICISS) eingerichtet. Ihre Aufgabe war, die Frage zu klären, „wann – wenn überhaupt – es für Staaten angemessen ist, Zwangs- und im Extremfall militärische Maßnahmen gegen einen anderen Staat zu ergreifen, um gefährdete Menschen in diesem anderen Staat zu schützen." (…)
Erforderlich für solche Interventionen ist, so die Kommission, das Vorliegen eines „gerechten Grundes" (*just cause*), eine Formulierung, die den durch die Charta der VN endgültig gebannten „gerechten Krieg" (*bellum justum*) durch die Hintertür wieder einführt. Im „Extremfall" gebietet dann eine höherwertige Moral, dass – so die Kommission – auch der Sicherheitsrat umgangen werden kann, falls sich dieser als handlungsunfähig erweist. (…)
Einer solchen Schutzverantwortung hat die UN-Generalversammlung im September 2005 beim Weltgipfel nur mit erheblichen Vorbehalten zugestimmt. Weder ergibt sich aus der „responsibility to protect" ein Recht (oder gar eine Pflicht) zur Militärintervention, noch wird damit das Prinzip der „staatlichen Souveränität" und der „territorialen Integrität" (Art. 2,4 in Verbindung mit 2,1 und 2,7 UN-Charta) ausgehebelt, im Gegenteil: Ziffer 139 des Abschlussdokuments des Weltgipfels betont ausdrücklich, dass sowohl

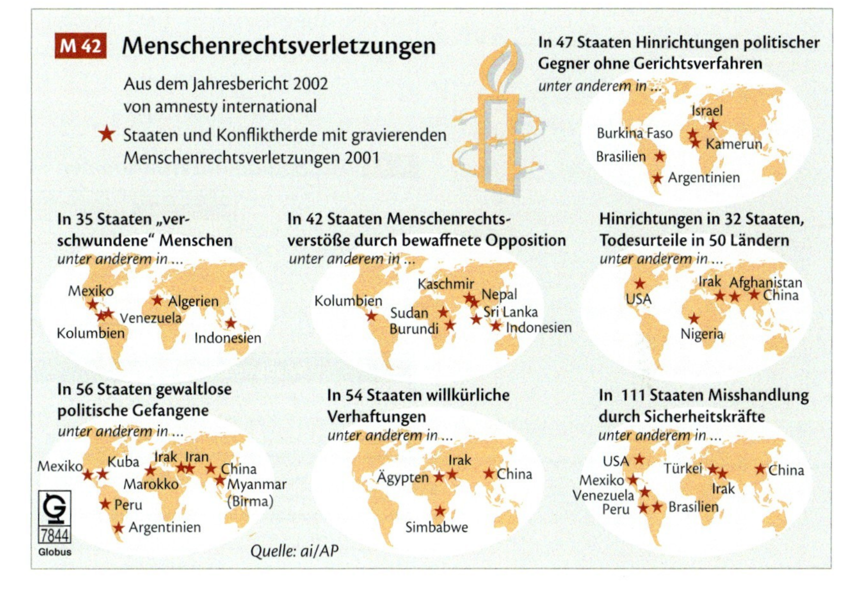

„kollektive Maßnahmen über den Sicherheitsrat im Einklang mit der Charta, namentlich Kapitel VII, zu ergreifen" seien, als auch, „dass die Generalversammlung die Verantwortung für den Schutz der Bevölkerung vor Völkermord, Kriegsverbrechen, ethnischer Säuberung und Verbrechen gegen die Menschlichkeit (…) eingedenk der Grundsätze der Charta der Vereinten Nationen und des Völkerrechts weiter prüft".
Fazit: Außer zur Verteidigung und – auf Beschluss des Sicherheitsrats – zur „Wiederherstellung des Weltfriedens" dürfen Staaten nicht zu den Waffen greifen, und die Generalversammlung hat sich selbst zur Hüterin der UN-Charta gemacht.

Werner Ruf/Peter Strutynski: Militärinterventionen: verheerend und völkerrechtswidrig. In: utopie kreativ, Heft 11/2007, S. 1040 ff.

1 Begründen Sie, warum die Menschenrechte mit einem Universalitätsanspruch verknüpft sind.

2 Diskutieren Sie, inwiefern aus der Universalität der Menschenrechte eine „responsibility to protect" erwächst.

3 Diskutieren Sie die Gefahren von humanitären Interventionen und nehmen Sie selbst Stellung.

Der Internationale Strafgerichtshof

Am 30. September und 1. Oktober 1946 verkündete das Internationale Militärtribunal (IMT) in Nürnberg die Urteile gegen 22 Hauptkriegsverbrecher des Zweiten Weltkrieges. Diese Urteile waren Ausgangspunkt für weitere Bemühungen der Staatengemeinschaft um einen internationalen Strafgerichtshof. Bei der Errichtung des IMT legten insbesondere die USA ihre Haltung in völkerstrafrechtlicher Hinsicht dar. An diese Tradition knüpft der Internationale Strafgerichtshof mit Sitz in Den Haag (IStGH) an. Er wurde am 17.7.1998 in Rom gegründet und ist eine ständige Einrichtung zur Ahndung von Völkermord, Verbrechen gegen die Menschlichkeit, Kriegsverbrechen und des Verbrechens des Angriffskrieges. Der Gründungsstatut wurde von 120 Staaten unterzeichnet, darunter von Deutschland. Der IStGH nahm am 1.7.2010 seine Arbeit auf.

M 43 Aufbau des Internationalen Strafgerichtshofs

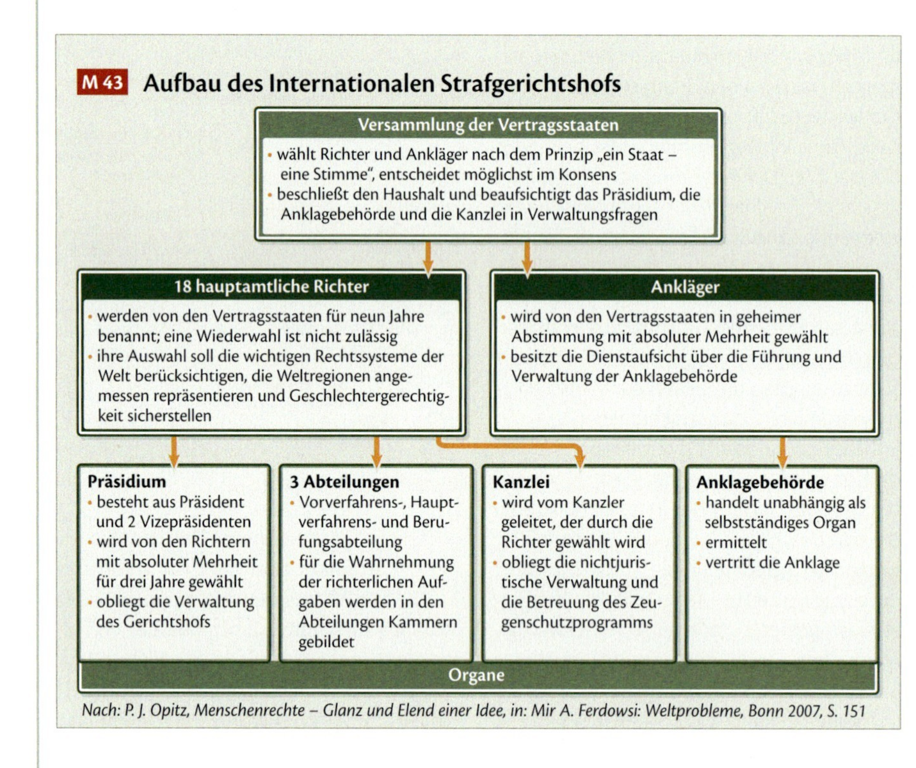

Nach: P. J. Opitz, Menschenrechte – Glanz und Elend einer Idee, in: Mir A. Ferdowsi: Weltprobleme, Bonn 2007, S. 151

M 44 Menschenrechtsschutz durch internationale Strafgerichtsbarkeit

Die Welle blutiger innerstaatlicher Konflikte zu Beginn der 1990er-Jahre löste (...) nicht nur „humanitäre Interventionen" aus, sondern gab auch den Anstoß zur Schaffung 5 einer internationalen Strafgerichtsbarkeit zwecks Untersuchung und Ahndung schwerer Menschenrechtsverletzungen. (...)
Nach zum Teil kontroversen Debatten nahm die Konferenz am 17. Juli 1998 (in Rom unter 10 Beteiligung von 160 Staaten, d. Verf.) mit der Mehrheit von 120 Staaten das (...) Statut über einen Internationalen Strafgerichtshof an. Zu den sieben Staaten, die das Statut ablehnten, gehörten – mit den USA und der VR 15 China – auch zwei ständige Mitglieder des Sicherheitsrates, weitere 20 Staaten enthielten sich der Stimme. Unter die Jurisdiktion des neuen Gerichts fallen vier Bereiche mit insgesamt mehr als 70 im Statut genau aufge- 20 listeten Einzelstraftatbeständen: Völkermord, Verbrechen gegen die Menschlichkeit, Kriegsverbrechen und Aggression. (...)
Der IStrGH ist der politischen und administrativen Kontrolle durch die Staaten entzo- 25 gen; er verfügt über eine eigene Völkerrechtspersönlichkeit sowie über ein eigenes Haushaltsrecht. Die Richter sind unabhängig, die Ankläger frei von staatlichen Weisungen und nur der Kontrolle einer Vorverfahrenskam- 30 mer des Gerichts unterstellt. Weitgehend entzogen ist der Gerichtshof auch Eingriffen des Sicherheitsrats. (...)

Ob der Internationale Strafgerichtshof in der Lage sein wird, die in ihn gesetzten Hoffnungen zu erfüllen, (...) hängt von verschiedenen Faktoren ab. Besonders wichtig unter ihnen ist zum einen die „verzugslose, vorbehaltlose und nachhaltige strafrechtliche Zusammenarbeit der Mitgliedsstaaten", wie es einer der Richter ausdrückte. Da das Gericht über keine eigene Polizei und keine Vollzugsgewalt verfügt, ist es auf eine solche Zusammenarbeit angewiesen. Zum anderen, dass die Zahl der Mitgliedsstaaten weiter steigt und dass sich vor allem die Großmächte zu einer konstruktiven Mitarbeit entschließen.

Peter J. Opitz: Menschenrechte – Glanz und Elend einer Idee, in: Mir A. Ferdowsi: Weltprobleme, Bonn 2007, S. 147 ff.

M45 Haftbefehl gegen Sudans Präsident Bashir

Der Internationale Strafgerichtshof (IStGH) hat am Mittwoch (4.3.2009) einen Haftbefehl gegen den sudanesischen Präsidenten Omar al-Bashir wegen Kriegsverbrechen in der Krisenregion Darfur erlassen. Es ist das erste Mal, dass ein amtierender Staatschef sich vor dem Gericht verantworten soll.
Der sudanesische Staatspräsident Omar al-Bashir soll sich wegen Kriegsverbrechen und Verbrechen gegen die Menschlichkeit in Darfur den Richtern stellen. Des Weiteren werden dem Staatspräsidenten Kriegsverbrechen wegen Plünderungen und Gräueltaten an der Zivilbevölkerung und an Mitgliedern von ethnischen Gruppen vorgeworfen. (...)
Milizen der oppositionellen „Sudanesischen Befreiungsarmee" (SLA) und der „Bewegung für Gerechtigkeit und Gleichheit" (JEM) hatten sich im Jahr 2003 gegen Benachteiligungen durch die Führung in Khartum erhoben. Die Regierung um Präsident Bashir schlägt seitdem mit Angriffen des Militärs zurück. Diese werden von Mitgliedern der Reitermiliz der Dschandschawid unterstützt. Sie gelten als Hauptverantwortliche für die Menschenrechtsverletzungen und „ethnischen Säuberungen" im Verlauf des Konfliktes.

Bundeszentrale für politische Bildung: Haftbefehl gegen Sudans Präsident Bashir; in: Hintergrund aktuell, 5.3.2009, http://www1.bpb.de/themen

M46 International gesuchter Präsident Bashir besucht Libyen

Ungeachtet des internationalen Haftbefehls gegen ihn ist der sudanesische Präsident Omar al-Bashir am Mittwoch zu einem offiziellen Besuch nach Libyen gereist. Bashir traf auf einem Militärflughafen in der Nähe der Hauptstadt Tripolis ein, wie ein AFP-Reporter berichtete. Bashir wurde vom libyschen Ministerpräsidenten Bagdadi Mahmudi und Außenminister Mussa Kussa empfangen.
Anschließend fuhr der sudanesische Staatschef zu einem ersten Gespräch mit Libyens Machthaber Muammar al-Gaddafi. Dabei ging es nach Angaben der libyschen Nachrichtenagentur JANA auch um den Konflikt in der sudanesischen Region Darfur.

Der Standard, 4.8.2010

Zeichnung: Mester

1 Stellen Sie Aufbau und Probleme des Internationalen Strafgerichtshofs dar. Prüfen Sie dabei, welche Staaten dessen Statut ablehnen und welche Folgen dies haben kann.

2 Recherchieren Sie zur aktuellen Tätigkeit des IStGH. Welche Verfahren sind anhängig? Welche Prozesse werden derzeit geführt?

3 Recherchieren Sie zum Erfolg des ersten internationalen Haftbefehls.

Friedenssicherung im internationalen Rahmen

Die Friedenssicherung als Aufgabe der VN und anderer Organisationen ist eine Aufgabe, die es erfordert, Möglichkeiten beim Umgang mit Konflikten umfassend einzuschätzen.

M47 Fünf Stufen der Konfliktbearbeitung

1. Die Prävention (d. h. die Verhütung oder Vermeidung eines Konfliktes).
2. Die Intervention zur Eindämmung eines gewaltsamen Konflikts (d. h. die Veränderung der Konfliktsituation, beispielsweise durch militärische Eingriffe von außen oder Sanktionen).
3. Das Konfliktmanagement (d. h. die Konfliktregelung und das Schaffen von Regeln).
4. Die Lösung oder Transformation des Konflikts (Interessenausgleich).
5. Die Nachsorge (die Stabilisierung der Situation und damit Prävention eines neuen Konflikts bzw. des Wiederaufflammens des Konflikts).

Autorentext

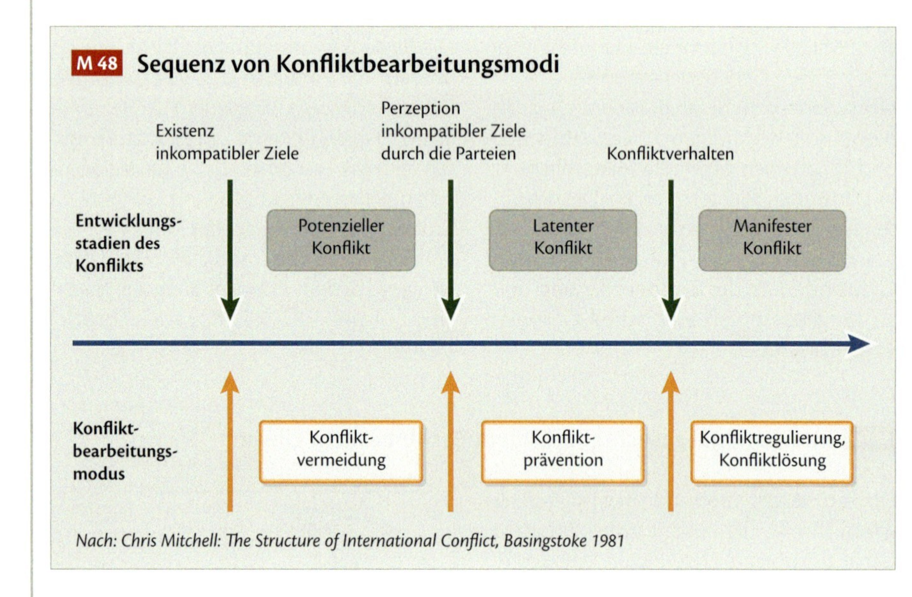

Nach: Chris Mitchell: The Structure of International Conflict, Basingstoke 1981

M49 Tracks

Als bekannteste Unterscheidung von Konfliktbearbeitungsakteuren und ihren verschiedenen Handlungsoptionen gelten die so genannten Tracks.

„Track 1" umfasst die Initiativen und Interventionen von Akteuren der Staatenebene wie einzelnen Staaten und ihre Regierungen, Staatenzusammenschlüsse (z. B. EU), internationale Organisationen (z. B. UNO) und regionale Organisationen (z. B. Organisation für Sicherheit und Zusammenarbeit in Europa, OSZE).

„Track 2" umfasst die Aktivitäten gesellschaftlicher Akteure wie internationale oder lokale Nichtregierungsorganisationen, Forschungsinstitute, kirchliche Organisationen und Individuen.

Der Begriff „Track 3" wird nicht einheitlich verwendet, es zeichnet sich jedoch ab, dass hierunter alle Initiativen gefasst werden, die sich auf der Basisebene bewegen, wie Training, „capacity building", „Ermächtigung" benachteiligter Gruppen oder Teamarbeit mit vom Konflikt betroffenen Bevölkerungsteilen. Daneben gibt es Mischformen wie beispielsweise Einrichtungen der Wissenschaft oder der Entwicklungszusammenarbeit, die ganz oder überwiegend vom Staat finanziert werden, ihre Ziele und Maßnahmen aber weitgehend unabhängig von ihren staatlichen Geldgebern festlegen können. (*Einige Autoren*) benennen in ihrem Konzept der „Multi-Track"-Diplomatie sogar 9 „Tracks": Regierungen, NGOs, die Wirtschaft, Privatpersonen, Forschungs-, Trainings- und Bildungseinrichtungen, Aktivisten, Kirchen, Sponsoren und die

Medien. Medien stellen den wichtigsten aller Akteure dar, da durch Kommunikation alle „Tracks" oder Akteursgruppen miteinander verbunden werden. (...)

„Track 1"-Initiativen knüpfen meist an die obere Führungsebene an. Auf der Ebene der offiziellen oder auch stillen Diplomatie geht es vor allem um die Beilegung der Sachkonflikte und die Vereinbarung von Waffenstillständen und Friedensvereinbarungen. „Track 1"-Akteure können hier auf verschiedene Art und Weise intervenieren. Sie können als Drittparteien „gute Dienste" leisten, sie können Moderations- und Mediationsfunktionen wahrnehmen, sie können Verhandlungen zwischen Konfliktparteien durch einen Verhandlungsführer leiten und unterstützen oder auch Machtmittel mobilisieren. Bei einer solchen Mediation mit Machtmitteln („power mediation") werden Ressourcen oder Druckmittel in den Verhandlungsprozess eingebracht wie etwa die Zusicherung finanzieller Unterstützung oder auch die Androhung militärischer Gewalt. (...)

Im Gegensatz zum „Track 1" hat der „Track 2" häufig Zugang zu einflussreichen Akteuren der mittleren und unteren Führungsebene. Der mittleren Führungsebene kommt hier als Bindeglied eine elementare Funktion zu. Auf dieser Ebene im Austausch generierte Ideen und Optionen für Friedensprozesse werden an Mitglieder der oberen Führungsebene kommuniziert. Aber auch die Einbindung der unteren Führungsebene, der lokalen Autoritäten, Flüchtlingscampleiter, Anführerinnen lokaler Frauengruppen, ist von großer Bedeutung. Diese Ebene wird tendenziell von den anderen Ebenen isoliert, was ihre Kapazitäten, stabile Voraussetzungen für Frieden zu schaffen, enorm schwächt. Ohne die Mobilisierung von Akteuren auf der mittleren und unteren Ebene sind politische Vorgaben wenig Erfolg versprechend (...).

Einige Organisationen arbeiten vor allem mit der „Graswurzel"-Bevölkerung einer Krisenregion, z. B. im Rahmen von Jugend-, Frauen-, Medien-, Bildungsprojekten oder Flüchtlingsarbeit. Andere betätigen sich im Bereich des zivilgesellschaftlichen Aufbaus.

M50 „Gott schütze Amerika!" Warum nur Amerika?

Zeichnung: Zehentmayer

M51 Inner- und zwischenstaatliche Konflikte hoher Intensität

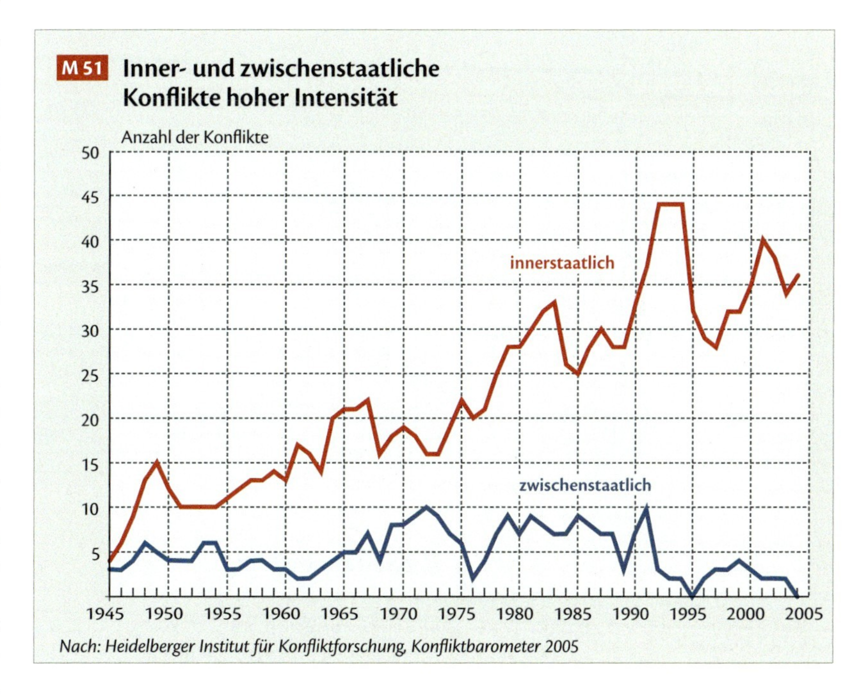

Nach: Heidelberger Institut für Konfliktforschung, Konfliktbarometer 2005

Kathrin Ahlbrecht u. a.: Konfliktregelung und Friedenssicherung im internationalen System, Hagen 2007, S. 104 ff.

1 Stellen Sie die grundsätzlichen Strategien zur Konfliktbewältigung in einem Schaubild dar. Berücksichtigen Sie dabei **M51**.

2 Recherchieren Sie in einem aktuellen Konflikt die Konfliktlösungsstrategie verschiedener Akteure (z. B. der USA und der EU).

3 Interpretieren Sie die Karikatur und beurteilen Sie die Rolle der Religion in internationalen Konflikten.

Stabilisierung und Friedenskonsolidierung

Seit den 1990er Jahren entwickelte sich die Friedenskonsolidierung, die maßgeblich von den Vereinten Nationen getragen wurde, zu einem wichtigen Bereich der internationalen Politik. Die externe Friedensförderung ist ein großes Lernfeld für die beteiligten internationalen Organisationen und Staaten.

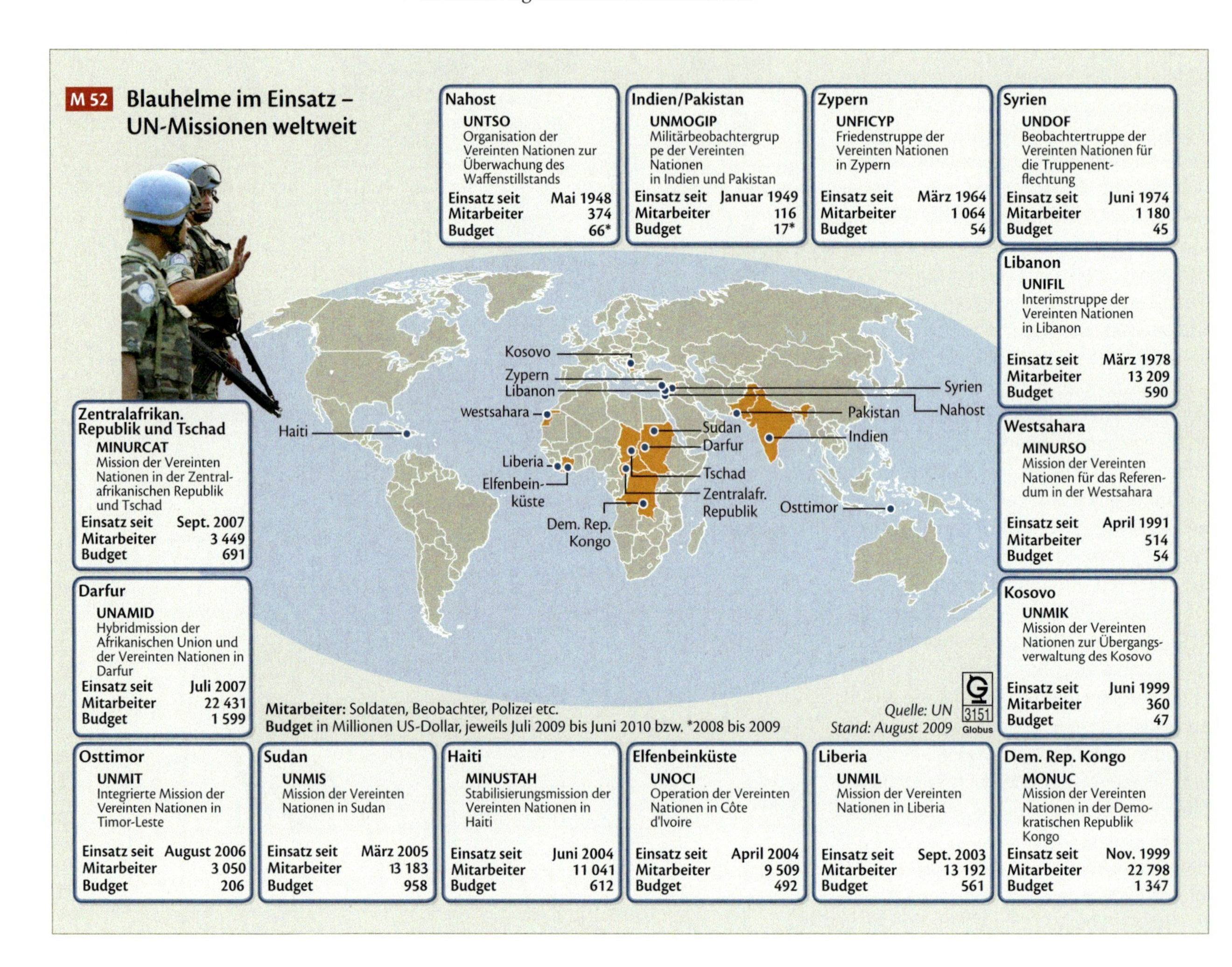

M 53 State-building

Die Förderung von State-building bildet ein Kernelement in einer Gesamtstrategie, die auf die Vermeidung und Eindämmung von Staatsverfall abzielt. Einigermaßen funktionierende Staatlichkeit bildet, wie Dieter Senghaas hervorhebt, die Voraussetzung für Weltordnungspolitik:

„Erforderlich ist ‚capacity building': der Aufbau von institutionellen Strukturen, die einzelne Staaten, Gesellschaften und Ökonomien überhaupt erst zu einem potenziellen handlungsfähigen Akteur bzw. Adressaten von ‚global governance'-Politik werden lassen" *(s. S. 130).*

Diese Erkenntnis hat zusammen mit den Attentaten des 11. September zu einer „Wiederkehr des Staates" in Entwicklungsforschung und -politik geführt. Dem liegt die plausible Annahme zugrunde, dass ohne ein Mindestmaß an Sicherheit, an Rechtsstaatlichkeit und innerstaatlichen Machtbalancen Bemühungen um gesellschaftliche und wirtschaftliche Entwicklung kein Fundament haben.

Tobias Debiel/Dieter Reinhardt: Staatsverfall und Weltordnungspolitik. Analytische Zugänge und politische Strategien zu Beginn des 21. Jahrhunderts, in: Nord-Süd aktuell 3/2004, S. 534f.

M54 State-building-Strategien

Strategie	Prioritäten (z. B.)	Zeithorizont	IB-Theorie
Liberalization First	Demokratisierung, Wirtschaftsreformen, Weltmarktintegration	Kurz- bis mittelfristig (5 bis 10 Jahre)	Liberale Ansätze, insbesondere das Theorems des demokratischen Friedens
Security First	Stärkung des Gewaltmonopols und des Sicherheitsapparates, Sicherheitssektorreform	Kurz- bis mittelfristig (5 bis 10 Jahre)	Realismus
Institutionalization First	Stärkung politischer und administrativer Institutionen, Rechtsstaatlichkeit	Mittel- bis langfristig (10 bis 20 Jahre)	Institutionalistische Ansätze
Civil Society First	Verbesserung der Partizipationschancen, Förderung von NGOs, Verbänden, Parteien	Mittel- bis langfristig (10 bis 20 Jahre)	Sozialkonstruktivistische Ansätze

Ulrich Schneckener: Staatszerfall und Fragile Staatlichkeit, in: Mir A. Ferdowsi: Weltprobleme, Bonn, Bundeszentrale für politische Bildung 2007, S. 386

IB-Theorie: Theorie, die den Internationalen Beziehungen zugrunde liegt

M55 Schleichende Militarisierung des „Globalen Südens"

Kriege werden nicht (mehr) gewonnen, indem eine feindliche Hauptstadt erobert und eine neue Flagge gehisst wird. Als problematisch für die Regierungen der westlichen Staaten erweist sich nicht mehr die eigentliche militärische Konfrontation mit einer befeindeten Armee, sondern die dauerhafte Besetzung von Ländern und der Versuch, die öffentliche Ordnung durchzusetzen, die sie sich für das jeweilige Land vorstellen. (...)
Eine ähnliche Strategie bildet sich auch im Umgang mit den zahlreichen als „schwach" oder „gescheitert" identifizierten Staaten heraus, in denen ein unmittelbares militärisches Engagement der NATO oder der EU als zu teuer und zu gefährlich gilt. Für die militärische Befriedung dieser Gebiete oder zumindest zur Absicherung kritischer Infrastrukturen (Flug- und Seehafen, Minen und Förderanlagen, Banken und Regierungsviertel) werden Soldaten und Gendarmeriekräfte insbesondere aus Afrika und Südostasien von westlichen Staaten ausgebildet und ausgerüstet, finanziell, logistisch und aufklärungstechnisch unterstützt und damit faktisch kontrolliert. Falls eine kooperationsbereite Fraktion oder Regierung in diesen Bürgerkriegsgebieten identifiziert wird, erhält auch diese im Rahmen von Polizeikooperation und Sicherheitssektorreformen Hilfe bei der Ausbildung und Ausrüstung ihrer „Sicherheitskräfte". (...)
Angesichts des strategischen Ziels der EU und der NATO, weltweit in Krisen zu intervenieren, Staaten aufzubauen, Grenzen zu überwachen und Handelswege offen zu halten, erscheinen solch „ferngesteuerte Bürgerkriege" über gekaufte Milizen und von eigener Hand aufgestellter Armeen als billiges Mittel globalen Krisenmanagements. Tatsächlich aber bedeutet es nichts weniger, als die weitere Militarisierung der so genannten Dritten Welt und einen Versuch, in Krisen zu intervenieren, ohne sich mit deren Ursachen – die oft genug in der eigenen kolonialen Vergangenheit und neokolonialen Praxis liegen – auseinandersetzen zu müssen.

Informationsstelle Militarisierung. Gegen die Militarisierung des Globalen Südens, IMI-Positionspapier April 2010

1 Charakterisieren Sie die Strategien des State-building und recherchieren Sie deren Umsetzung. Klären Sie, inwieweit diese Strategie hilft, den Zerfall von Staaten zu verhindern.

2 Beurteilen Sie die Kritik an State-building und untersuchen Sie, auf welche der verschiedenen Strategien sie zutrifft.

Themen und Hinweise

Mögliche Themen für Referate und Themenbereiche von Facharbeiten

Hinweis: Die konkrete Themenstellung der Facharbeit kann nur in engem Kontakt mit der betreuenden Fachlehrerin bzw. dem Fachlehrer festgelegt werden.

- Die Diskussion im Bundestag zum Mandat/zur Verlängerung des Mandats von ...
- Die Reaktion der VN zu der Krise in ...
- Die Politik des VN-Sicherheitsrats zur Krise in ...
- Die Meinung der Bevölkerung zum Auslandseinsatz der Bundeswehr in ... – eine Umfrage
- Gemeinsame Außen- und Sicherheitspolitik der EU: gemeinsame Politik im Bereich ...
- Einsätze der US Army in der Welt.
- Der Einsatz der Bundeswehr und der französischen Armee in Krisengebieten – ein Vergleich
- Die Kriseninterventionen durch die britische Armee und durch die Bundeswehr – ein Vergleich
- Geschichte der NATO
- Geschichte des Bundeswehreinsatzes in Afghanistan
- Die Erfolge der Regierung Karsai in Afghanistan
- Erfolge im Kampf gegen den Drogenanbau in Afghanistan
- Failed States: Vorstellung ausgewählter Beispiele
- Die Politik der VN im Kampf gegen den Terrorismus
- Entwicklung des Al-Qaida-Netzwerks und des internationalen Terrorismus

Zur Übung und Vertiefung

- Analysieren Sie die Rede der Bundeskanzlerin zur Sicherheitspolitik *www.securityconference.de/konferenzen/rede.php?sprache=de&id=178&*
- Analysieren Sie die Rede des Außenministers zur Sicherheitspolitik *www.securityconference.de/konferenzen/rede.php?id=208&sprache=de&*
- Analysieren Sie die Stellungnahme des Friedensratschlags zum Bundeswehreinsatz in Afghanistan *www.uni-kassel.de/fb5/frieden/bewegung/afgh/baf7-neu.html*
- Analysieren Sie die unterschiedlichen Positionen zur Geberkonferenz in Paris *www.uni-kassel.de/fb5/frieden/regionen/Afghanistan/hilfe3.html*
- Analysieren Sie das Interview zu Failed States *www.zeit.de/2008/07/OdE16-Staat-Interview*
- Analysieren Sie den Essay zu Failed States und Globalisierung *www.bpb.de/publikationen/8QWW8E,0,Failed_States_und_Globalisierung_Essay.html*

Hinweise zur Weiterarbeit

www.auswaertiges-amt.de/diplo/de/Startseite.html	Auswärtiges Amt
www.bundestag.de	Deutscher Bundestag
www.unric.org/index.php?&lang=de	Informationszentrum der Vereinten Nationen
www.nato.int/docu/other/de/deutsch.htm	Dokumente der NATO
www.uni-kassel.de/fb5/frieden	AG Friedensforschung an der Uni Kassel
www.bundesregierung.de/Webs/Breg/DE/Afghanistan/afghanistan.html	Bundesregierung zu Afghanistan
www.bpb.de/themen/9X1ARJ,0,0,Die_deutsche_Au%DFenpolitik.html	Bundeszentrale für politische Bildung zur deutschen Außenpolitik

3 Globalisierung

Das Schlagwort „Globalisierung“ ist immer noch in aller Munde. Die einen verbinden damit wirtschaftlichen Aufschwung weltweit und steigende Chancen für alle. Die anderen fürchten den „Terror der Ökonomie“ und sehen mehr Verlierer als Gewinner. Vor allem seit der internationalen Finanz- und Wirtschaftskrise ist die Globalisierung für viele Menschen angstbesetzt. Als eine der exportstärksten Nationen der Welt kommt Deutschland jedoch nicht daran vorbei. Wir alle sind von der Globalisierung betroffen und müssen lernen, mit ihr umzugehen. Auf der Grundlage dieses Kapitels sollte es Ihnen möglich sein, die Auswirkungen der Globalisierung in ihren Grundzügen einzuschätzen und entsprechende Handlungsoptionen für Individuen und Gesellschaften zu entwickeln.

Was ist Globalisierung?

Globalisierung ist ein Modewort. Zunächst ging es um die Globalisierung der Finanzmärkte, ein Wort für die Tatsache, dass die Kapitalbewegungen durch die Möglichkeiten der Internetkommunikation global geworden sind. Seit der Finanzmarktkrise sind auch die negativen Seiten dieser Erscheinung deutlich ins Bewusstsein gerückt. Das Wort Globalisierung wurde dann schnell auch auf Erscheinungen des täglichen Lebens angewandt.

M1 McDonald's-Filialen weltweit

o. l.: Queensland (Australien)
o. M.: Schanghai (VR China)
o. r.: Dubai (VAE)
u. l.: Halle (Deutschland)
u. M.: Johannesburg (Südafrika)
u.r.: New York (USA)

M2 Weltweites Fast-Food Eröffnungsjahr der jeweils ersten McDonald's-Filiale, 1940 bis 2005

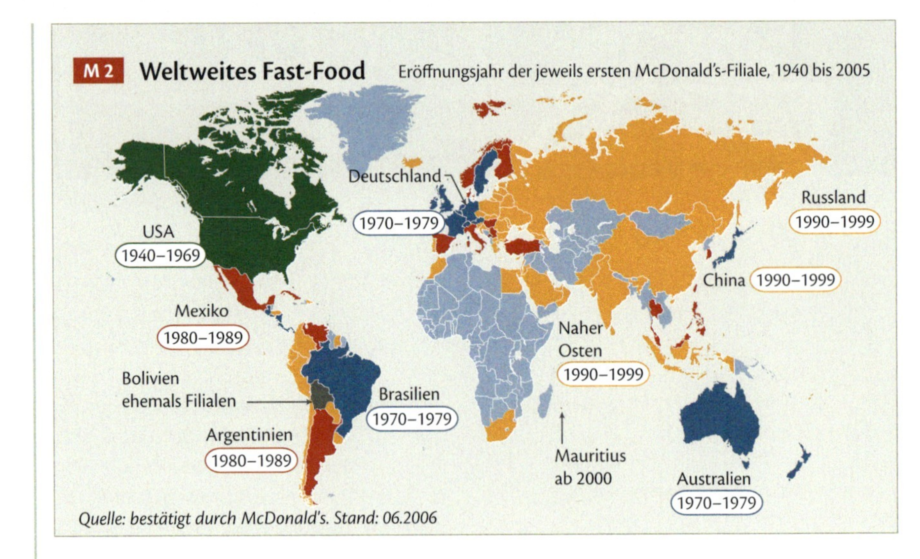

Quelle: bestätigt durch McDonald's. Stand: 06.2006

M3 Von der „Internationalisierung" zur „Globalisierung"

Mit dem Wort Globalisierung verbinden sich bei den Menschen in allen Erdteilen Hoffnungen und Ängste. Auffällig ist Folgendes: Wer Einfluss auf das globale Geschehen hat, spricht typischerweise positiv bis enthusiastisch über die Globalisierung. Wer sich machtlos und ausgeliefert fühlt, bei dem überwiegen die Ängste. Ist das ein Wunder? Nein, es ist selbstverständlich. Und in dieser Selbstverständlichkeit liegt die große Herausforderung für die Demokratie. Die Demokratie will nicht, dass sich Menschen machtlos

und ausgeliefert fühlen. Die Demokratie will, dass auch im Prozess der Globalisierung die Mitwirkung aller ermöglicht wird. (...)
Globalisierung ist die weltweite Verflechtung, in erster Linie die wirtschaftliche. Vor 1990 war das Wort Globalisierung nicht in Gebrauch. Man sprach vielleicht von der Internationalisierung der Wirtschaft. Diese hatte ihre Ursprünge in den Jahrhunderten der (europäischen) Seefahrer. Sie kam zu einem tragischen Höhepunkt während der Kolonialzeit des 19. Jahrhunderts. Mit dem technischen Fortschritt beim Verkehr und der Kommunikation wurde die wirtschaftliche Verflechtung der Staaten und der Erdteile immer intensiver und enger. Später haben auch politische Zielsetzungen der regionalen Integration, der Expansion und der Friedenssicherung die wirtschaftliche Verflechtung gefördert.
Die zunehmende wirtschaftliche Verflechtung ist nicht einfach urwüchsig über die Welt gekommen. Sie ist politisch aktiv herbeigeführt worden. Einmal sind die Verkehrs- und Kommunikationstechnik und die zugehörige Infrastruktur massivst staatlich gefördert worden. Auch die Gemeinkosten von Verkehr und Kommunikation (z.B. Verkehrspolizei, Normen und Regeln) werden in aller Regel nicht von den Benutzern, sondern von der Allgemeinheit getragen.
Bei der Subventionierung des Verkehrs und der Kommunikation haben wirtschaftliche Überlegungen ebenso wie Expansions- oder Integrationsabsichten, wissenschaftliche Neugier ebenso wie militärische Zwecke eine Rolle gespielt. Später galt – insbesondere nach den Schrecken des Zweiten Weltkrieges – die Förderung der wirtschaftlichen Verflechtung als besonders vernünftige Strategie zur Verhinderung künftiger Kriege. Für Deutschland und seine Nachbarn ist dies das prominenteste Motiv bei der Gründung der EWG 1957 gewesen. Tatsächlich ist ein großer Teil der genannten Zunahme des „Außenhandels" dem Binnenhandel innerhalb der EWG/EG/EU zuzuschreiben.
Die wirtschaftliche Verflechtung und der Ausbau des Freihandels waren auch das wichtigste Ziel der US-amerikanischen Wirtschaftspolitik nach dem Zweiten Weltkrieg. Die gesamte „westliche Welt" hat diese Zielsetzung während des Kalten Krieges (*zumeist*) aus Überzeugung (...) mit getragen.
Das herausragende Ereignis zur Etablierung des Verflechtungstrends war die Bretton-Woods-Konferenz von 1944. Hier wurden die Weltbank und der Internationale Währungsfonds gegründet. 1947 kam das Allgemeine Zoll- und Handelsabkommen GATT hinzu. Insgesamt acht „Runden" des GATT haben in den nachfolgenden fünf Jahrzehnten große Fortschritte bei der Senkung von Zöllen und der Etablierung eines weltweiten Systems des Freihandels erbracht. Am Ende der längsten und bislang letzten Runde, der 1986 in Punta del Este, Uruguay, begonnenen „Uruguay-Runde" wurde 1995 als Nachfolgeinstitution des GATT die Welthandelsorganisation WTO gegründet.

Ernst Ulrich v. Weizsäcker: Was ist Globalisierung und wie erklärt sie sich?, in: http://www.globalisierung-online.de/info/text2.php (Zugriff: 2.3.2010)

Zeichnung: Plaßmann

Ernst Ulrich von Weizsäcker (geb. 1939), deutscher Naturwissenschaftler und Politiker (SPD)

1 Sammeln Sie die Herkunftsangaben persönlicher Textilien.

2 Erläutern Sie anhand des Textes und der Abbildungen die Erscheinungsformen der Globalisierung.

3 Nennen Sie Gründe für die im Rückblick stetig zunehmende Internationalisierung der Wirtschaft, die in **M 3** aufgeführt werden.

4 Eine allgemein anerkannte wissenschaftliche Definition der Globalisierung steht noch aus. Versuchen Sie auf der Basis des Textes eine Basisdefinition der Globalisierung zu geben, von der Sie im Unterricht ausgehen wollen.

Globalisierung – die wissenschaftliche Diskussion

In den Sozialwissenschaften wird das Phänomen der Globalisierung umfassend diskutiert. Es ist Aufgabe der Wissenschaft, sie so zu beschreiben, dass klare wissenschaftliche Definitionen Instrumente für die Politik werden können.

M4 Definitionen

Globalisierung ist
- die „größte wirtschaftliche und gesellschaftliche Umwälzung seit der industriellen Revolution" (Dirk Messner/Franz Nuscheler);
- die „Entfesselung der Kräfte des Weltmarktes und ökonomische Entmachtung des Staates" (Schumann/Martin);
- der „Prozess steigender Verbindungen zwischen Gesellschaften und Problembereichen" (Johannes Varwick);
- die „quantitative und qualitative Intensivierung grenzüberschreitender Transaktionen bei deren gleichzeitiger räumlicher Ausdehnung" (Ulrich Menzel);
- die „Intensivierung weltweiter sozialer Beziehungen, durch die entfernte Orte in solcher Weise miteinander verbunden werden, dass Ereignisse am einen Ort durch Vorgänge geprägt werden, die sich an einem viele Kilometer entfernten Ort abspielen und umgekehrt" (Anthony Giddens);
- „ein Prozess der Überwindung von historisch entstandenen Grenzen. Sie ist daher gleichbedeutend mit der Erosion (...) nationalstaatlicher Souveränität und stellt sich als „Entbettung" der Marktökonomie aus den moralischen Regeln und institutionalisierten Bindungen von Gesellschaften dar" (Elmar Altvater);
- „die zunehmende wechselseitige Abhängigkeit und Integration der verschiedenen Ökonomien rund um den Globus" (Meghnad Desai).

Autorentext

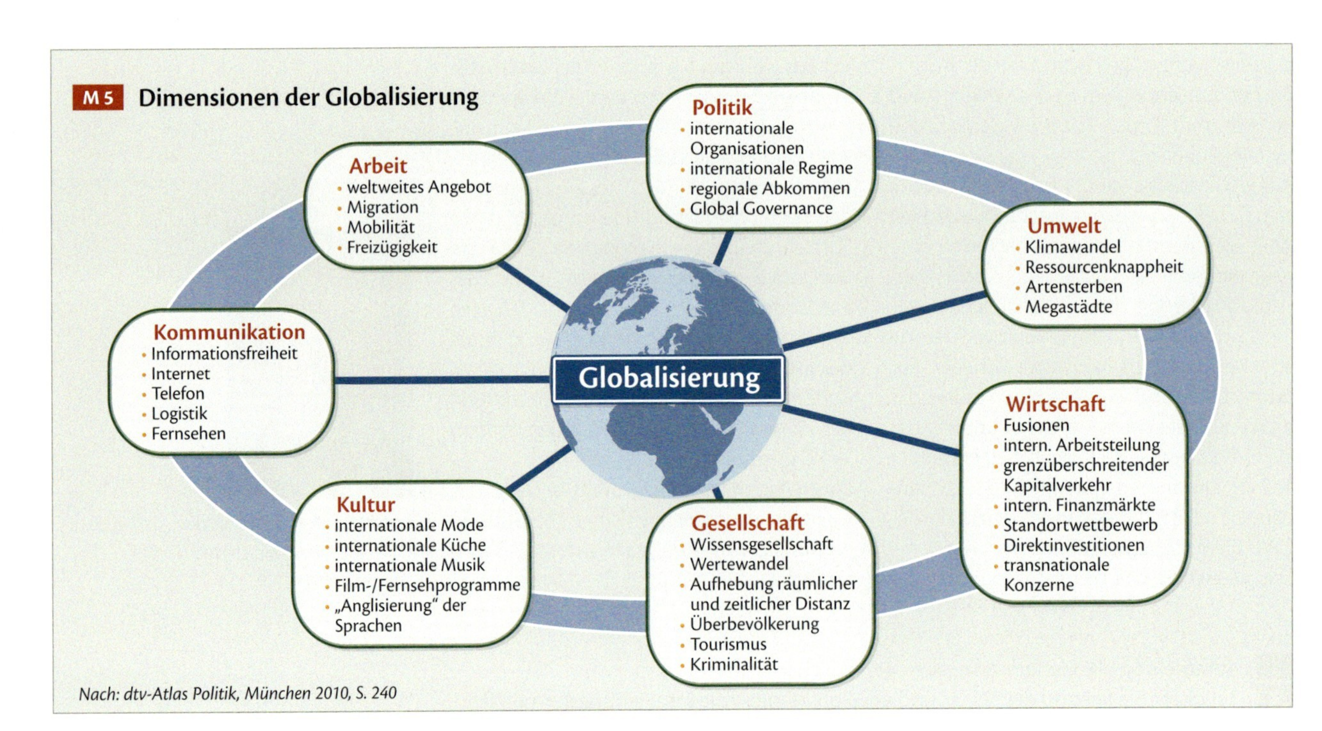

Nach: dtv-Atlas Politik, München 2010, S. 240

1 Ordnen Sie den verschiedenen Definitionen von Globalisierung die Dimensionen der Globalisierung zu.

2 Untersuchen Sie den Begriff der Globalisierung unter Berücksichtigung der methodischen Ausführungen zur Begriffsbildung (s. S. 73).

Methode: Begriffsbildung

M6 Die Bedeutung von Begriffsbildung in den Sozialwissenschaften

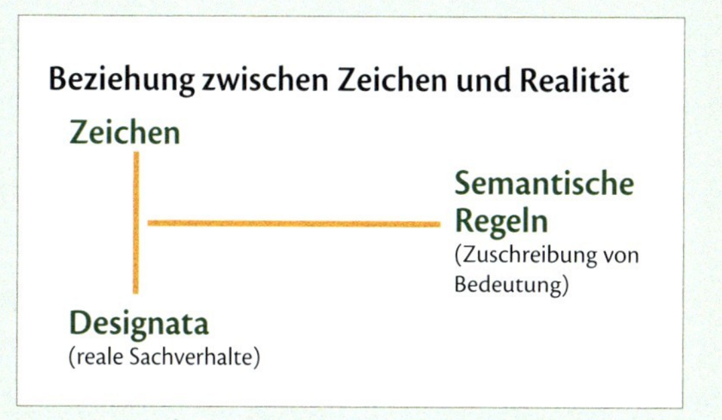

Bei der Formulierung sozialwissenschaftlicher Aussagen entsteht oft die Frage, wie man vorgehen kann, wenn man einzelnen Ausdrücken oder Begriffen einer Aussage eine Bedeutung zuschreiben will. (...)
Fragen wir zunächst, welche Probleme bei der Begriffsbildung in den Sozialwissenschaften auftreten. Die Objekte sozialwissenschaftlicher Aussagen sind u. a. menschliche Individuen oder Gruppen, z. B. Studenten, Städte, Industriegesellschaften usw. Diesen Objekten werden Merkmale zugeschrieben wie Normen, Macht, Mobilität, Nachfrageelastizität usw. Wenn eine Person, die die deutsche Sprache beherrscht, die vorangegangenen Zeilen gelesen hat, dann weiß sie, was mit den meisten der genannten Wörter „gemeint" ist. Wenn sie z. B. das Wort „Studenten" liest, dann weiß sie, dass mit diesem Wort Personen bezeichnet werden, die an einer Hochschule immatrikuliert sind.
Der Grund dafür, dass der Leser die vorangegangenen Wörter „versteht", ist, dass in der deutschen Sprache bzw. in der Sprache der Sozialwissenschaften mit bestimmten *Zeichen* bestimmte Phänomene der Realität, oder, wie wir sagen wollen, bestimmte *Designata*, verbunden sind und dass der Leser diese Verbindungen kennt. (...)
Die erste Frage, die entsteht, wenn ein Sozialwissenschaftler eine Aussage formulieren oder umformulieren möchte, lautet: *Welche Möglichkeiten bestehen, Zeichen und Designata einander zuzuordnen?* Wenn die Möglichkeiten, ein Wort zu definieren, bekannt sind, wird man sich weiter fragen: *Welche der gegebenen Möglichkeiten sind für die Definition eines gegebenen Zeichens adäquat?* Schließlich tritt die Frage auf: *Welche Designata sollte man einem Zeichen zuordnen?* (...)
Wir wollen im Folgenden zuerst die wichtigsten Möglichkeiten beschreiben, sozialwissenschaftliche Begriffe zu definieren. (...) Unter einer *Definition* versteht man die Einführung einer Konvention über die Verwendung von sprachlichen Ausdrücken. (...)
Unter einer Nominaldefinition versteht man eine Festsetzung darüber, dass ein bestimmter Ausdruck A1 gleichbedeutend mit einem anderen Ausdruck A2 sein soll, wobei die Bedeutung des anderen Ausdrucks A2 als bekannt vorausgesetzt wird und A1 die Bedeutung annehmen soll, die A2 hat. (...) Eine Nominaldefinition hat also zwei Bestandteile: Den Ausdruck, dessen Bedeutung als bekannt vorausgesetzt wird – genannt das *Definiens*, also der definierende Ausdruck –, und den Ausdruck, der synonym mit dem Definiens sein soll – genannt das *Definiendum*, also der zu definierende Ausdruck. (...)
Wenn eine Nominaldefinition eine Festsetzung oder Konvention über die Verwendung eines bestimmten Ausdrucks ist, dann folgt: *Eine Nominaldefinition kann weder wahr noch falsch sein.* (...) *Ein Nominaldefinition behauptet nichts über die Realität.* (...)
In der klassischen Logik verstand man unter einer „Realdefinition" die Beschreibung des „Wesens" oder der „Natur" von Tatbeständen. (...) Analysiert man die Ausführungen von Autoren, die das „Wesen" von Sachverhalten zu ergründen suchen, dann zeigt sich, dass Wesensbestimmungen zumindest die folgenden diskutierten Bedeutungen haben:

1. Viele Wesensdefinitionen dürften *Bedeutungsanalysen* sein. Wenn man z. B. fragt, was das Wesen des Staates sei, dann kann man diese Frage so verstehen: Was bedeutet das Wort „Staat"? (...)
2. Häufig sind Wesensbestimmungen *empirische Gesetze*. Man könnte z. B. die Frage nach dem Wesen des Staates so verstehen: Welche Merkmale haben alle Staaten gemeinsam? (...)
3. Zuweilen dürfte eine Wesensbestimmung eine *Begriffsexplikation* sein. Man versucht also, einen Begriff zu präzisieren. (...)
4. Oft hat man den Eindruck, dass Wesensbestimmungen als *Nominaldefinitionen* gemeint sind. (...)
5. Angenommen, jemand äußere folgenden Satz: „Es ist das Wesen von Gesetzen, dass sie Konflikte zwischen Kontrahenten ausgleichen." Hier könnte etwas darüber gesagt werden, wie Gesetze beschaffen sein *sollen*. (...) Wesensbestimmungen sind also zuweilen normative Aussagen.

Karl Dieter Opp: Methodologie der Sozialwissenschaften. Einführung in Probleme ihrer Theorienbildung und praktischen Anwendung, 6. Aufl. Wiesbaden 2005, S. 25

Wie funktioniert der Welthandel? – Die klassische Theorie

Auf der Suche nach Erklärungen für das Phänomen der Globalisierung stoßen viele Wissenschaftler auf Theorien von Ökonomen früherer Zeiten, die schon versucht haben, die Gesetzmäßigkeiten internationaler Wirtschaftsbeziehungen zu erklären.

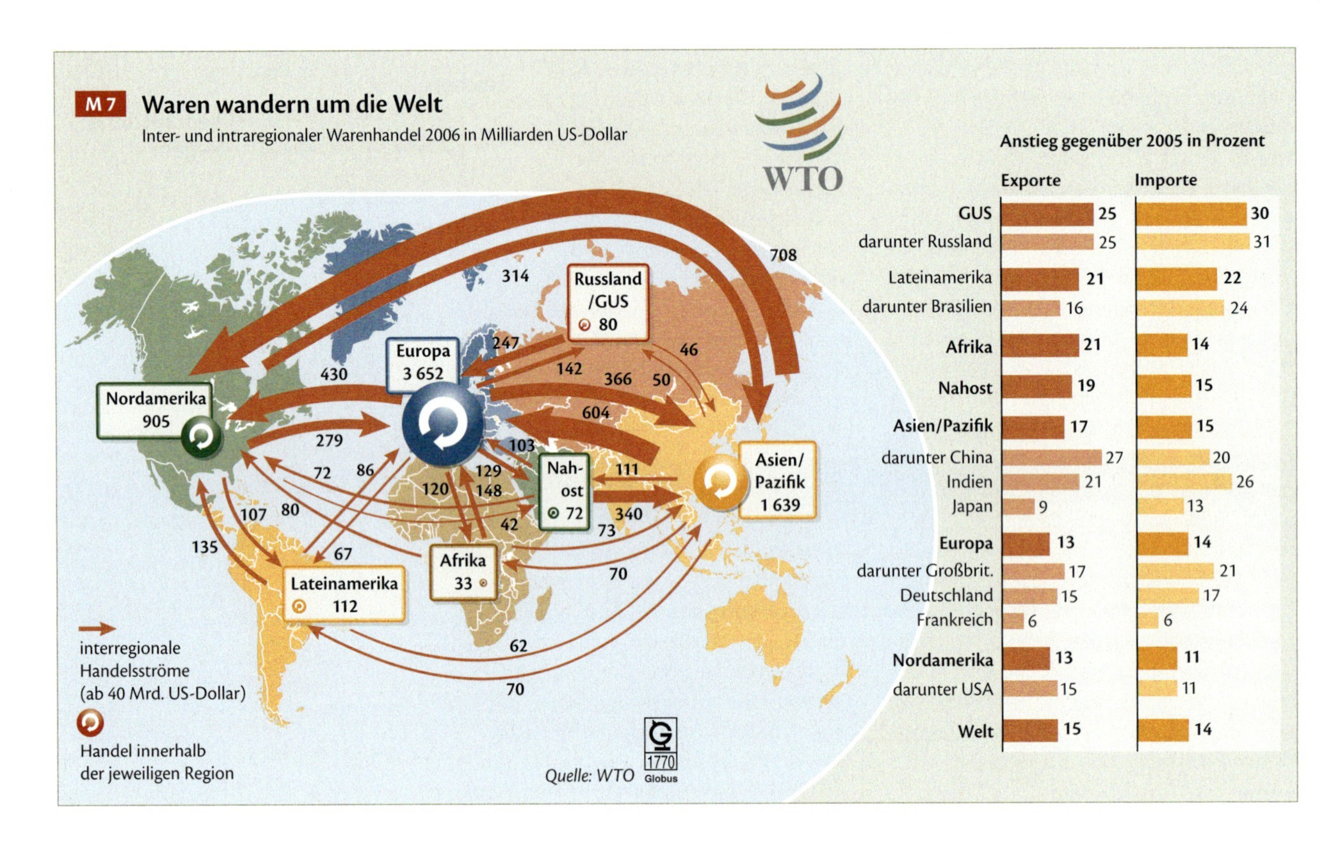

M7 Waren wandern um die Welt

Inter- und intraregionaler Warenhandel 2006 in Milliarden US-Dollar

LDC: Lowest Developed Countries
WTO: World Trade Organization (Welthandelsorganisation)

M8 Wachstum des Welthandels

Seit Jahrzehnten ist ein hohes Wachstum des Welthandels zu beobachten. (...) Zwischen 1948 und 2000 nahm der Warenhandel real jährlich im Durchschnitt um 6,1 Prozent zu und weitete sich damit schneller aus als die Produktion (3,9 Prozent pro Jahr). Die Volkswirtschaften sind heute wahrscheinlich wie nie zuvor in der Geschichte vom Welthandel abhängig (...). Diese Dynamik ist nicht auf den Warenhandel beschränkt. Auch der Dienstleistungshandel weitet sich stark aus. Er expandierte in den beiden letzten Jahrzehnten sogar etwas schneller als der Warenhandel. Nach wie vor ist Westeuropa die führende Exportregion, gefolgt von Nordamerika und Asien. Die regionalen Gewichte verschieben sich jedoch. Nordamerika hat als Exporteur einen spürbaren Anteilsverlust hinnehmen müssen.
Westeuropa hat als führende Exportregion seine Position dagegen ausbauen können. Sprunghaft hat Asien als Exportregion an Bedeutung gewonnen – vorangetrieben vor allem durch Japan und später auch durch die asiatischen Schwellenländer. Deutlich zurückgefallen als Exportregionen sind Lateinamerika und Afrika – und damit ein großer Teil der Gruppe der ärmsten Entwicklungsländer (LDC).
WTO-Daten zeigen auf, dass Entwicklungsländer (ausgenommen Länder im Kriegszustand und die ehemaligen kommunistischen Staaten), die am weltweiten Freihandel teilnehmen, ein Exportwachstum von durchschnittlich 4,3 Prozent in den 80er-Jahren auf 6,4 Prozent jährlich in den 90er-Jahren verzeichnen konnten.

Enquêtekommission des Bundestages: Globalisierung der Weltwirtschaft, Mai 2002, in: http://www.bundestag.de/gremien/welt/glob_end/3.html (Zugriff: 6.10.2010)

M9 Die traditionelle Außenhandelstheorie

Arbeitsteilung ist offensichtlich nicht nur für eine nationale Volkswirtschaft, sondern auch für die internationalen Wirtschaftsbeziehungen kennzeichnend. Warum spezialisieren sich Länder auf die Produktion bestimmter Güter und tauschen diese gegen andere aus? Warum verändert sich die Güterstruktur des Außenhandels im Zeitablauf? Diese Fragen will die Theorie des internationalen Handels, die reale Außenwirtschaftstheorie beantworten. Wie in anderen Bereichen der Ökonomie gibt es auch hier verschiedene Erklärungsansätze, die z. T. miteinander konkurrieren, z. T. sich ergänzen. (...)

Die *traditionelle Außenhandelstheorie* untersucht den auf Preisunterschieden basierenden Außenhandel. Wann kaufen Inländer ausländische Produkte? Wenn sie billiger als vergleichbare inländische Güter sind. Nach der traditionellen Theorie des internationalen Handels entscheidet der Preis darüber, ob ein Produkt ein- oder ausgeführt wird, auch wenn es im Inland und im Ausland verfügbar ist.

Da Preise durch Angebot und Nachfrage bestimmt sind, gehen internationale Preisunterschiede auf Unterschiede in der Nachfrage- und Angebotsstruktur der am Welthandel beteiligten Länder zurück. Wenn die Nachfrage nach einem Gut in einem Land höher ist als in einem anderen, könnten auch die Preise in diesem Land höher sein und internationalen Handel bewirken. Die Gründe für unterschiedliche Nachfragestrukturen liegen in divergierenden Präferenzen. Diese gehen u. a. auf Unterschiede im Pro-Kopf-Einkommen, in der Einkommensverteilung, des Klimas, der Sitten und Werte, der Gewohnheiten, der natürlichen Gegebenheiten, der Kultur zurück.

Preisdivergenzen sind auch durch Unterschiede auf der Angebotsseite bedingt. Dabei spielen vor allem Kostenunterschiede eine Rolle. Bei absoluten Kostenvorteilen eines Landes in der Produktion eines oder mehrerer Güter gegenüber anderen Ländern werden in der Regel auch die Preise niedriger sein und ein internationaler Tausch dieser Produkte stattfinden.

Aber wie verhält sich ein Land, das in der Lage ist, alle Produkte kostengünstiger herzustellen als die übrigen Länder? Wird dieses Land nicht auf den Außenhandel verzichten und alle Güter selbst produzieren? Dieses Problem hat schon die Klassiker der Ökonomie beschäftigt. Der englische Nationalökonom David Ricardo (...) hat gezeigt. dass es unter bestimmten Voraussetzungen auch für ein solches Land vorteilhaft sein kann, mit anderen Ländern Außenhandel zu treiben.

Nach Ricardo sind neben den absoluten vor allem die komparativen Kostenvorteile ein wesentlicher Bestimmungsgrund für den internationalen Handel. Komparative Kostenvorteile bestehen dann, wenn ein Land zur Erzeugung einer zusätzlichen Einheit eines Gutes auf relativ weniger bei der Erzeugung eines anderen Gutes verzichten muss als die übrigen Länder. Ökonomisch ausgedrückt: Wenn die Opportunitätskosten für die Aufgabe dieses Gutes in diesem Land niedriger sind als in den anderen Ländern. Opportunitätskosten eines Gutes für ein Wirtschaftssubjekt oder für eine Gesellschaft bestehen aus der Menge eines anderen Gutes, das aufgegeben werden muss, um eine Einheit von diesem Gut zu erhalten. Komparative Kostenvorteile kann es auch dann geben, wenn ein Land bei der Produktion aller Güter absolute Kostenvorteile hat. Entscheidend sind unterschiedliche Opportunitätskosten zwischen den Ländern.

Spezialisiert sich jedes Land auf die Erzeugung der Güter, bei denen es einen komparativen Kostenvorteil hat, so erhöht sich die gesamte Weltproduktion. Tauscht nun jedes Land nach Aufnahme des internationalen Handels die Waren, bei deren Produktion es relativ kostengünstiger ist, gegen Waren, die es kostenungünstiger produziert, dann hat jedes Land nach erfolgter Spezialisierung und internationalem Handel mehr Güter zur Verfügung als vorher.

Gerd-Jan Krol/Alfons Schmidt: Volkswirtschaftslehre. Eine problemorientierte Einführung, Tübingen 2002, S. 644 ff.

David Ricardo (1772–1823), englischer Ökonom und früher Vertreter der „Klassischen Nationalökonomie"

1 Arbeiten Sie aus den Materialien Gründe heraus, die für internationalen Handel genannt werden.

2 Diskutieren Sie, inwieweit das einzelne Modell den Import bzw. Export bestimmter Güter erklären kann.

Wem bringt der Welthandel Vorteile? – Neuere Theorien

Globalisierung ist kein willkürliches Diktat von Konzernen. Allein die Tatsache, dass sie viele Lebensbereiche betrifft, zeigt schon, dass sie viele Vorteile für alle hat. Es muss also vorteilhaft sein, sich international auch wirtschaftlich auszutauschen. Dies untersuchen neuere Außenhandelstheorien.

M 10 Absolute und komparative Kostenvorteile im internationalen Handel

▸ Opportunitätskosten
Die für die Herstellung eines Gutes (Autos) aufgewendeten knappen Mittel gehen für die Herstellung eines anderen Gutes (Textilien) verloren. Mit dem Konzept der Opportunitätskosten wird damit die Frage beantwortet, auf wie viele Einheiten eines Gutes bei gegebener Faktorausstattung und Produktivität verzichtet werden muss, um eine Einheit des anderen Gutes herzustellen.

	Fall 1: Absolute Kostenvorteile		*Fall 2:* Komparative Kostenvorteile	
	Land 1	Land 2	Land 1	Land 2
Autoproduktion (Output pro Arbeitsstunde)	3	12	3	12
Textilproduktion (Output pro Arbeitsstunde)	6	4	6	8
Opportunitätskosten Autoproduktion/Textilproduktion	**0,5**	3	**0,5**	1,5
Opportunitätskosten Textilproduktion /Autoproduktion	2	**0,33**	2	**0,66**

Im Fall 1 hat jedes Land einen absoluten Kostenvorteil in der Produktion eines Gutes: Land 1 hat einen Vorteil bei der Textilproduktion, Land 2 bei der Autoproduktion. Im Fall 2 hat Land 2 absolute Kostenvorteile in der Produktion beider Güter, kann also von beiden Gütern mehr produzieren als Land 1. Die Opportunitätskosten bei der Textilproduktion sind für Land 2 jedoch geringer als für Land 1, d. h., der Textiloutput ausgedrückt in Autooutputeinheiten ist größer als die Autooutputeinheiten umgerechnet in Textiloutput. In beiden Fällen können beide Länder deshalb einen Wohlfahrtsgewinn erreichen, wenn sich Land 1 auf die Produktion von Autos und Land 2 auf die Produktion von Textilien spezialisiert.
Wirtschaft heute, Berlin 2009, S. 243

M 11 Weiterentwicklungen

Weitere Erklärungsansätze für den internationalen Handel folgten. So wurden neben Kapital und (ungelernter) Arbeit auch qualifizierte (gelernte) Arbeitskräfte als dritter Produktionsfaktor betrachtet. Dabei zeigte sich, dass der Bildungsgrad der Arbeitskräfte eines Landes dessen Faktor Ausstattung und konservative Vorteile im internationalen Handel beeinflusst. Außerdem wurde erkannt, dass nicht alle Länder über dieselbe Technologie verfügen und damit identische Produkte herstellen können, sondern dass technologische Monopole existieren. Länder mit technologischem Vorsprung stellen industrielle Güter mit neuer Technologie her und besitzen daher zunächst einmal einen konservativen Vorteil in Form eines Exportmonopols. Die anderen Länder produzieren und exportieren technologisch vereinfachte, nachgeahmte Produkte erst nach einem gewissen Zeitpunkt.
Wirtschaft heute, Berlin 2006, S. 243

M 12 Verfügbarkeitsmodelle

Eine Erweiterung der traditionellen Außenhandelstheorie betrifft die Verfügbarkeitsmodelle. Danach gibt es einen internationalen Warenaustausch, wenn ein Land wegen seiner Ausstattung mit Ressourcen oder wegen seines technischen Niveaus nicht in der Lage ist, die inländische Nachfrage nach bestimmten Gütern zu befriedigen. Die Nichtverfügbarkeit kann – nach der Zeit strukturiert – dauerhaft, langfristig und kurzfristig sein. Mangelnde Liefermöglichkeiten bestehen auf Dauer vor allem bei Rohstoffen (z. B. Öl). Langfristige Nichtverfügbarkeiten werden u. a. auf wirtschaftliche Unterentwicklungen zurückgeführt. (...) Eine weitere Ursache für langfristige Nichtverfügbarkeiten liegt darin, dass der technische Fortschritt in den Ländern unterschiedlich ausgeprägt ist.
Gerd-Jan Krol/Alfons Schmidt: Volkswirtschaftslehre, Tübingen 2002, S. 657

M 13 Welthandelstheorien

Eine erste Erweiterung des Ricardo-Modells (s. S. 75) bildet die Faktorproportionentheorie der beiden Schweden Eli Heckscher (1879–1952) und Bertil Ohlin (1899–1979). Diese erklärt internationalen Handel nicht durch Produktivitätsunterschiede, sondern durch unterschiedliche Faktorpreisrelationen. Die Produktionskosten eines Landes werden bestimmt durch die Preise der Produktionsfaktoren Arbeit, Boden und Kapital. Die Preisrelationen zwischen Arbeit, Boden und Kapital unterscheiden sich in verschiedenen Ländern. Ob der Preis für Arbeit im Verhältnis zu den Kapitalkosten teuer ist oder nicht, hängt ab von den Faktorproportionen, das heißt davon, ob ein Produktionsfaktor verglichen mit den anderen in einem Land reichlich zur Verfügung steht oder knapp ist. Ist beispielsweise in einem Land E Arbeit im Verhältnis zum Kapital reichlich vorhanden, werden die Kapitalkosten (Zinsen) vergleichsweise zu den Löhnen hoch sein. Ist dagegen in einem Land I Arbeit im Verhältnis zum Kapitalbestand relativ knapp, werden die Löhne in Relation zu den Zinsen beträchtlich sein. Land E kann deshalb arbeitsintensive Produkte wie zum Beispiel Teppiche günstiger herstellen als I und hat bei solchen Gütern einen komparativen Kostenvorteil. In I werden die Arbeitsplätze eine relativ hohe Ausstattung mit Sachkapital aufweisen, und das Land hat komparative Kostenvorteile bei kapitalintensiven Gütern wie Maschinen. (...)

Eine zeitraumbezogene Betrachtung (dynamisches Modell) entwickelte der Amerikaner Raymond Vernon (1913–1999) mit der Produktlebenszyklus-Theorie der internationalen Arbeitsteilung. Ausgangspunkt des Modells ist die Betrachtung des Lebenszyklus eines neuen Produktes. (...)

Die Argumentation lautet vereinfacht wie folgt: Da Innovationen kapital- und know-how-intensiv sind, erfolgen sie hauptsächlich in den hoch entwickelten Industrieländern. In der Innovationsphase ist das technologisch anspruchsvolle neue Produkt zunächst nur auf dem Inlandsmarkt präsent, es wird technisch entwickelt und neue Anwendungen werden erschlossen. In der Ausreifungsphase steigen die Produktions- und Absatzzahlen. Mit zunehmender Standardisierung der Produktion wird es möglich, die Herstellungskosten durch Massenproduktionsvorteile zu senken. Die Forschungs- und Entwicklungsarbeit an dem Produkt verliert an Bedeutung. Durch günstige Preise können neue Käuferschichten erschlossen werden, und die inzwischen entstandenen Kapazitäten stehen für Exporte ins Ausland zur Verfügung. Oft ist es bereits in dieser Phase lohnend, auch Teile der Produktion ins Ausland zu verlagern. Dies geschieht durch Errichtung von eigenen Unternehmen oder die Beteiligung an ausländischen Firmen (Direktinvestitionen). Auf diese Weise oder durch Lizenzvergabe gelangt die Technologie ins Ausland. Auch beginnen Firmen in Importländern, die Technologien zu kopieren und nicht selten, illegal Imitate zu erstellen.

In der letzten Phase des Lebenszyklus sind die Märkte im Wesentlichen gesättigt, die Technologie ist standardisiert und stellt geringe Anforderungen an die Qualifikation von Arbeitskräften. Entwicklungsländer besitzen in dieser Phase komparative Kostenvorteile. Sie produzieren über den eigenen Markt hinaus und beginnen ihrerseits zu exportieren, darunter auch in das ursprüngliche Innovationsland.

Klaus-Peter Kruber Meyer: Theoretische Grundlagen des internationalen Handels, Informationen zur politischen Bildung, Heft 299, in: http://www.bpb.de/publikationen/YDP302,1,0,Theoretische_Grundlagen_des_internationalen_Handels.html (Zugriff: 27.8.2009)

Illegaler Nachbau eines finnischen Markenhandys aus China, das vom Zoll des Frankfurter Flughafens gefunden wurde, März 2008

1 Erläutern Sie an einem von Ihnen gewählten Zahlenbeispiel die Theorie der komparativen Kostenvorteile (**M 10**).

2 Erläutern Sie Struktur und die Entwicklungsrichtungen des internationalen Handels.

3 Erläutern Sie die Vorteile des internationalen Handels.

4 Vergleichen Sie die klassische Theorie des internationalen Handels (S. 74) mit der Produktlebenszyklus-Theorie.

Freiheit weltweit? – Der Freihandel

Die Globalisierung stellt Fragen neu, die schon früher diskutiert wurden. Ein wesentliches Problem ist die Frage nach Freihandel oder Protektionismus. Sollen Staaten sich dem internationalen Handel gänzlich öffnen, um von seinen Vorteilen zu profitieren? Oder ist es doch klüger, zumindest eine Zeit lang die Entwicklung durch Abschottung zu lenken?

Denkmal **Adam Smiths** (1723–1790) in Edinburgh

M14 Der klassische Liberalismus

Der schottische Nationalökonom Adam Smith, 1776:

Derjenige Handel aber, der ohne Zwang oder Beschränkung zwischen zwei beliebigen Orten natürlich und regelmäßig getrieben wird, ist immer für beide vorteilhaft, wenn auch 5 nicht immer für beide gleich vorteilhaft.

Unter Vorteil oder Gewinn verstehe ich nicht die Vergrößerung der Gold- und Silbermenge, sondern die des Tauschwertes des jährlichen Ertrages von Boden und Ar- 10 beit des Landes oder die Zunahme des jährlichen Einkommens seiner Einwohner.

Ist die Bilanz ausgeglichen und besteht der Handel zwischen den zwei Orten ausschließlich im Austausch ihrer jeweiligen heimi- 15 schen Waren, so werden in den meisten Fällen nicht nur beide gewinnen, sondern auch beide gleich oder fast gleich viel gewinnen: Jeder der beiden stellt in diesem Fall einen Markt für den überschüssigen Ertrag des an- 20 deren dar; jeder wird ein Kapital ersetzen, das dazu verwendet worden war, diesen Teil des Ertragsüberschusses des anderen hervorzubringen und marktreif zu machen, und das auf eine bestimmte Zahl von dessen Ein- 25 wohnern verteilt gewesen war und ihnen Einkommen und Unterhalt verschafft hatte. An beiden Orten wird ein Teil der Einwohner daher Einkommen und Lebensunterhalt mittelbar vom anderen beziehen. (...)

30 Der Reichtum eines Nachbarvolkes mag zwar im Krieg und für die Politik gefährlich sein, für den Handel aber ist er sicherlich von Vorteil. In Kriegszeiten kann er unseren Feinden ermöglichen, größere Flotten und Hee- 35 re zu unterhalten als wir; in Friedenszeiten aber und bei aufrechten Handelsbeziehungen muss er ihnen ebenso ermöglichen, mit uns mehr zu tauschen und einen besseren Markt entweder für den unmittelbaren Er- 40 trag unserer eigenen Erwerbstätigkeit oder für das, was mit diesem Ertrag gekauft wurde, abzugeben. So wie ein reicher Mann voraussichtlich ein besserer Kunde für die fleißigen Leute in seiner Umgebung ist als ein 45 armer, ist es auch ein reiches Volk. Freilich ist ein reicher Mann, der selbst ein Gewerbe treibt, ein sehr gefährlicher Nachbar für alle diejenigen, die dasselbe Gewerbe treiben. Alle übrigen Nachbarn jedoch – und das ist 50 die überwiegende Mehrzahl – ziehen Gewinn aus den guten Absatzmöglichkeiten, die sein Aufwand ihnen eröffnet. Sie ziehen sogar daraus Gewinn, dass er die ärmeren Handwerker im selben Gewerbe unterbietet. 55 Ebenso können die Gewerbetreibenden eines reichen Volkes ohne Zweifel für die ihrer Nachbarn sehr gefährliche Konkurrenten sein.

Aber eben dieser Wettbewerb ist vorteilhaft 60 für die große Masse des Volkes, das außerdem erheblich von den guten Absatzmöglichkeiten profitiert, die der bedeutende Aufwand eines solchen Volkes ihm in jeder anderen Hinsicht eröffnet. Privatpersonen, 65 die es zu einem Vermögen bringen wollen, kommt es nie in den Sinn, sich in die entlegenen und armen Provinzen des Landes zurückzuziehen, sondern sie gehen entweder in die Hauptstadt oder in eine der großen 70 Handelsstädte. Sie wissen, dass dort, wo wenig Reichtum im Umlauf ist, auch wenig zu holen ist, dass aber dort, wo viel in Bewegung ist, auch für sie etwas abfallen kann.

Dieselben Verhaltensregeln, die solcherma- 75 ßen den gesunden Verstand eines einzelnen oder von zehn oder zwanzig Personen leiten, sollten auch das Urteil von einer oder von zehn oder zwanzig Millionen leiten und sollten ein ganzes Volk im Reichtum seiner 80 Nachbarn eine wahrscheinliche Ursache und Gelegenheit, selbst zu Reichtum zu kommen, sehen lassen. Ein Volk, das es durch Außenhandel zu Reichtum bringen will, wird das sicherlich am ehesten dann zuwege brin- 85 gen, wenn alle seine Nachbarn reiche, arbeitsame und Handel treibende Völker sind.

Adam Smith: Untersuchung über Wesen und Ursachen des Reichtums der Völker, Düsseldorf 1999, S. 496 ff. (Erstveröffentlichung 1776)

M 15 Neuerer Liberalismus

Der österreichische Ökonom Gottfried Haberler, 1930:

Das zugkräftigste Argument für den Freihandel ist wohl der Hinweis darauf, dass die *freie Einfuhr die Preise der Importwaren senkt.* Das ist natürlich richtig, und das Ausmaß der Preissenkung liefert auch (mit gewissen Einschränkungen) einen Anhaltspunkt für den Nutzen, den die Volkswirtschaft aus dem internationalen Handel zieht, und umgekehrt für den Schaden, den eine Verhinderung der Einfuhr dieser Ware anrichten müsste. (...) Die freie Ein- und Ausfuhr wirkt auch dadurch günstig auf alle beteiligten Länder, dass sie eine schädliche Monopolbildung verhindert oder erschwert. (...) Wir haben schon (...) hervorgehoben, dass in kleinen, durch Zölle abgeschlossenen Wirtschaftsgebieten die Gefahr besteht, dass in vielen Industriezweigen, in denen der Großbetrieb bedeutende Vorteile mit sich bringt, die optimale Betriebsgröße nicht erreicht werden kann, weil dafür der Absatz zu klein ist. Die Kehrseite dieses Zustandes ist die Monopolbildung. Es bringt dies eine dreifache Schädigung mit sich.

Erstens würde bei Freihandel jedes Land sich auf einige wenige Produktionszweige spezialisieren, und es könnte überall die optimale Betriebsgröße erreicht und die Kosten gesenkt werden. (...)

Nicht nur diese Vorteile der Arbeitsteilung gehen verloren, wenn der freie Verkehr unterbunden wird, sondern es können auch *zweitens* die Preise von den sich bildenden Monopolen in Ausnützung ihrer Monopolstellung noch über die infolge der Notwendigkeit, im Kleinen zu produzieren, gestiegenen Kosten gehoben werden.

Drittens bringt die Ausschaltung des freien Wettbewerbs erfahrungsgemäß eine Verschlechterung der Wirtschaftsführung mit sich. Der freie Handel übt eine starke erzieherische Wirkung aus, indem er die inländischen Unternehmungen der ausländischen Konkurrenz aussetzt, sie dadurch zu Höchstleistungen anspornt und zwingt, alle Verbesserungen und Neuerungen im Produktionsprozess, die irgendwo gemacht werden, möglichst schnell einzuführen.

Gottfried Haberler: Der internationale Handel, Berlin/Heidelberg/New York 1970 (Reprint d. Ausg. 1930), S.164, 241 f.

Gottfried Haberler (1900-1995), österreichischer Ökonom

M 16 Freihandel und Frieden

Der österreichische Ökonom Ludwig von Mises, 1927:

Das Ziel der inneren Politik des Liberalismus ist auch das seiner auswärtigen Politik: Frieden. So wie im Innern der Staaten, so strebt der Liberalismus auch im Verkehr zwischen den Staaten friedliches Zusammenwirken an. Der Ausgangspunkt des liberalen Denkens ist die Erkenntnis des Wertes und der Wichtigkeit menschlicher Kooperation, und alles, was der Liberalismus plant und ins Werk setzen will, dient der Erhaltung des gegenwärtig erreichten Standes und dem weiteren Ausbau der wechselseitigen Kooperation der Menschen. Als letztes Ideal schwebt dabei immer der Gedanken einer vollständigen Kooperation der ganzen Menschheit vor, die sich friedlich und ohne Reibungen abwickelt. Das Denken des Liberalen hat immer das Ganze der Menschheit im Auge und nicht nur Teile. (...)

Das entscheidende unwiderlegbare Argument gegen den Krieg holt der Liberalismus aus der Tatsache der internationalen Arbeitsteilung. Die Arbeitsteilung überschreitet schon lange die Grenzen der politischen Gemeinschaft. (...) Alle Völker sind darauf angewiesen, Waren aus dem Ausland zu beziehen und durch die Ausfuhr von eigenen Erzeugnissen zu bezahlen. Die Unterbindung des internationalen Warenaustausches würde die Menschheit kulturell schwer schädigen, würde den Wohlstand, ja die Existenzgrundlage von Millionen und Millionen Menschen untergraben, in einem Zeitalter, in dem die Völker wechselseitig auf die Erzeugnisse ausländischer Produktion angewiesen sind, können Kriege nicht mehr geführt werden.

Ludwig von Mises: Liberalismus, St. Augustin 2001 (Nachdruck d. Erstaufl. 1927), S. 93 ff.

Ludwig Heinrich Edler von Mises (1881–1973), österreichischer Ökonom

1 Fassen Sie die Argumente für den Freihandel zusammen.

2 Beurteilen Sie die Argumentationen der einzelnen Ökonomen.

Oder doch besser kontrolliert? – Der Protektionismus

Der Streit zwischen den Vertretern des Freihandels und denen des Protektionismus ist alt. Da sich – vor allem aufgrund der Finanz- und Wirtschaftskrise – gezeigt hat, dass die Kräfte des freien Marktes gelenkt werden müssen, erhält er im Zeitalter der Globalisierung neue Nahrung.

M 17 Befürworter des Protektionismus

Trotz der vielen Vorteile, die sich für die an der internationalen Arbeitsteilung beteiligten Länder ergeben, neigen immer wieder Staaten oder Wirtschaftsgemeinschaften dazu, mithilfe von unterschiedlichen Maßnahmen den internationalen Handel zu beschränken, um die eigene Wirtschaft zu begünstigen. Ähnlich handelten im Mittelalter die Zünfte und verhinderten damit eine weitergehende Arbeitsteilung. Diesen protektionistischen Bestrebungen steht die Forderung nach einer Liberalisierung des Welthandels bis zum absolut freien Warenaustausch zwischen allen Ländern gegenüber.

Die Befürworter von Freihandel fordern freie zwischenstaatliche Austauschbeziehungen ohne behindernde staatliche Eingriffe. Der Handels- und Zahlungsverkehr soll ausschließlich nach marktwirtschaftlichen Prinzipien, d. h. durch Angebot und Nachfrage gesteuert werden. Freihandel sei von Vorteil, weil bestimmte Produkte (z. B. Bodenschätze) nur in bestimmten Ländern vorkommen bzw. kostengünstig produziert werden können.

Die Befürworter protektionistischer Maßnahmen halten Zölle auf Importe als zusätzliche Staatseinnahmen, als Schutz der einheimischen Wirtschaft vor Billig-Importen (damit Arbeitsplätze erhalten bleiben) sowie als Schutz vor Importabhängigkeit für sinnvoll.

In der Praxis gibt es eine Vielzahl von Möglichkeiten, Importe zu erschweren oder zu verhindern. Grob unterscheiden kann man zwischen tarifären Handelshemmnissen (Zolltarifen) und nicht-tarifären Handelshemmnissen (z. B. Kontingenten, Subventionen, Selbstbeschränkungen, Normen, Sicherheitsbestimmungen, Verwaltungsvorschriften, Genehmigungsvorschriften). Da die Zölle im Rahmen von Abkommen immer weiter abgebaut werden, haben die nicht-tarifären Hemmnisse in den vergangenen Jahren erheblich an Bedeutung gewonnen und dominieren heute in der Diskussion um den Abbau von Handelsschranken.

Dietmar Krafft (Hg.): Handel im Wandel, Köln 1995, S. 10

M 18 Binnenmarktorientierung als Basis wirtschaftlicher Entwicklung

Daniel Friedrich List (1789–1846) war einer der bedeutendsten deutschen Wirtschaftstheoretiker und gilt als Begründer der modernen Volkswirtschaftslehre. List war ein Vorkämpfer für den Deutschen Zollverein und das Eisenbahnwesen und spielte eine wichtige Rolle für die Entwicklung des Liberalismus in Deutschland

Friedrich List (...) sah in der ersten Hälfte des 19. Jahrhunderts gegenüber dem einzigen industriell entwickelten Land, Großbritannien, für die Länder der „zweiten Stufe", Kontinentaleuropa und die USA, eine Chance zur Entwicklung nur darin, dass sie ihre Wirtschaft gegen die britische Konkurrenz durch selektive „Erziehungszölle" so lange schützten, bis sie sich aus eigener Kraft auf dem Weltmarkt behaupten könnten. Dieses Ziel sollte der Staat durch innenpolitische Förderungsmaßnahmen (Agrar-, Rechts- und Verwaltungsreformen, Ausbau der Infrastruktur, Förderung des Humankapitals) zu erreichen suchen. List wurde damit zu einem frühen Vertreter jener Entwicklungstheorien, die auf eine systematische Erschließung des jeweiligen Binnenmarktpotenzials ausgerichtet sind. (...)

Worin besteht die Listsche Problemsicht?

Ausgangspunkt der List'schen Überlegungen ist das Problem „nachholender Entwicklung". Es entsteht, wenn zwischen Ökonomien, die miteinander einen regen Austausch pflegen, ein Kompetenzgefälle besteht. Dann steht einer weniger produktiven Ökonomie eine produktivere gegenüber. Aus dem Gefälle an Fähigkeiten resultiert bei anhaltendem Austausch ein Verdrängungswettbewerb zugunsten der „mehr vorgerückten Ökonomie" und zuungunsten der „minder vorgerückten": Die Vorreitergesellschaft oder Spitzenökonomie – zu Lists Zeiten Großbritannien – wird dann mühelos imstande sein, die mit hoher Produktivität erzeugten Waren preisgünstig auf den nationalen und internationalen Märkten abzusetzen. Gibt es keine Schutzmaßnahmen, werden die andernorts mit geringerer Produktivität erzeugten Waren niederkonkurriert. Und ist überdies das Kompetenzgefälle besonders groß, so werden eventuelle Anstrengungen der Gegensteuerung oft von vornherein entmutigt. Dann droht bei den Nachzüglern die Leistungs- und Innovationsbereitschaft zu versiegen, da die kompetentere Spitzenökonomie in jeder Hinsicht ihre Überlegenheit ausspielen kann: in den Produktionsverfahren, im Hinblick auf die Produkte selbst sowie vor allem hinsichtlich der Fähigkeit zu kontinuierlicher Innovation. Das Gefälle wird zu einem strukturellen Gefälle und dokumentiert sich in dem, was die spätere Entwicklungstheorie als Kluft zwischen „Zentren" und „Peripherien" bezeichnet hat. (...) Denn List war überzeugt, dass es nicht das Schicksal von Entwicklungsländern ist, einfach von den Produkten, dem Knowhow und dem organisatorischen Geschick der Spitzenökonomie überrollt und dadurch in der Weltwirtschaft marginalisiert zu werden. Und keineswegs schicksalhaft war es, bestenfalls einfach zum Lieferanten von unverarbeiteten Rohstoffen und landwirtschaftlichen Gütern für die Spitzenökonomie zu werden. (...)

Lists Entwicklungsprogramm

Gut ernährte und gut bezahlte Arbeiter hielt List für eine der Grundlagen zunehmender Arbeitsproduktivität; die segensreichen Auswirkungen frei schaffender Wissenschaften und Künste kontrastierte er mit den Folgen des überkommenen Fanatismus, wie er sich in Religionskriegen und in der Inquisition dokumentierte; eine geistige und sozial mobile Gesellschaft sah er als Gegenstück zu den versäulten Gesellschaften des *ancien régime*. (...) Freiheit und Freizügigkeit waren für List wichtige Voraussetzungen eines Entwicklungsprozesses. Ein stabiler staatlicher Rahmen war dabei ebenso wichtig wie Rechtssicherheit und die Erweiterung von Selbstverwaltung. Wichtig war auch ein freier Unternehmergeist in allen Schichten der Bevölkerung ebenso wie eine weitsichtig planende öffentliche Verwaltung. Ohne weit verzweigtes Verkehrsnetz (Straßen, Eisenbahnen, Kanäle) würde es keine moderne Entwicklung geben können. Auch ein vielgliedriges Erziehungswesen, angefangen von elementarer Volksbildung bis hin zu den technischen Hochschulen, war für eine gedeihliche Entwicklung unerlässlich. (...)

Kohärente Entwicklung

List wusste, dass Entwicklungsimpulse nicht flächendeckend entstehen und auch nur punktuell sich inszenieren lassen, weshalb ungleichgewichtiges Wachstum nicht zu vermeiden ist. Aber im Kern war er ein Anhänger gleichgewichtigen Wachstums, weil nur über dieses eine kohärente Volkswirtschaft entstehen kann. Wirkliche Kohärenz ist jedoch nur als Endpunkt einer schlüssigen Stufenfolge innerhalb eines Entwicklungsszenarios vorstellbar: List verfocht das Konzept einer sich schrittweise erweiternden und vertiefenden Importersatz-Industrialisierung. Dabei war wichtig, dass die industrielle Wertschöpfung immer stärker ins Inland verlagert würde, einschließlich der von ihr ausgehenden Ausstrahlungseffekte. Auf die frühe Entwicklungsstufe einer Gesellschaft, die Agrargüter und Rohstoffe exportiert und Fertiggüter importiert, sollte eine zweite Stufe folgen, in der es um die nationale Herstellung der Fertiggüter einfacheren Typs geht. In einer weiteren Stufe sollte der eigene Maschinenbau massiv gefördert werden.
So baut sich eine Ökonomie auf, die schrittweise zur Verarbeitung und Veredlung eigener und fremder Agrargüter und Rohstoffe fähig wird, und die immer mehr die dafür erforderlichen Ausrüstungsgüter selbst zu erzeugen imstande ist. Werden in einer späten Stufe auch technologie- und fertigkeitsintensive Produkte international wettbewerbsfähig, ist aus einem Agrarland schließlich und endlich eine für Freihandel reife Industriegesellschaft geworden. Würde List heute leben, er hätte an der Entwicklung Taiwans seine wahre Freude gehabt!

Dieter Senghaas, in: Entwicklung und Zusammenarbeit, 6, Juni 1999, S. 164 ff.

Zeichnung: Adams

Ancien régime: hier: die Zeit vor der Französischen Revolution in Europa

1 Fassen Sie die Argumente für den Protektionismus, wie sie in den Texten wiedergegeben werden, zusammen.

2 Prüfen Sie, ob M 21 auf S. 83 die Position Lists bestätigt.

3 Stellen Sie die Argumente für Freihandel bzw. Protektionismus einander gegenüber.

Nationale Interessen? – Außenpolitik und Außenwirtschaftspolitik

In der Globalisierung scheinen die Nationalstaaten immer unwichtiger zu werden. Haben sie weiterhin Chancen, ihre Interessen zu sichern? Ergibt sich vielleicht sogar die Notwendigkeit nationaler Politik in der Globalisierung?

M 19 Instrumente der Außenwirtschaftspolitik

Zum nationalen Interesse eines Staates und damit zum Aufgabenspektrum seiner Außenpolitik gehört ganz wesentlich die Prosperität seiner Volkswirtschaft (...).
Zu den klassischen Instrumenten der Außenwirtschaftspolitik gehören u. a. bi- oder multilaterale Wirtschaftsverträge (z. B. zur Sicherung der Versorgung der heimischen Wirtschaft mit Rohstoffen), das Belegen der Ein- und/oder Ausfuhr bestimmter Waren mit Zöllen sowie die Förderung der Exportwirtschaft durch gezielte Subventionen.
Der mögliche Aktionsradius einzelstaatlicher Außenwirtschaftspolitik wird heute weitgehend bestimmt durch internationale Verträge und Regime. In der EU haben die Nationalstaaten zudem wesentliche außenwirtschaftspolitische Kompetenzen wie Zölle und Subventionen auf die Institutionen der Union übertragen.
dtv-Atlas Politik, München 2010, S. 191

Schutzzollpolitik – kein neues Mittel. Karikatur „Schutz Deutscher Arbeit" auf die Schutzzollpolitik des Deutschen Zollvereins 1849. Der Reichsadler erhebt vom britischen Löwen und vom gallischen Hahn Zölle, um die deutschen Gewerbe, dargestellt durch Werkzeuge auf einem Tanzplatz, zu schützen.
Holzstich aus „Fliegende Blätter", Bd. 9, München 1849

Tarifäre Handelshemmnisse sind steuerliche handelspolitische Maßnahmen. Dabei werden grenzüberschreitende Gütertransaktionen einer indirekten Steuer unterworfen (Importsteuer, Exportsteuer).

M 20 Außenwirtschaftspolitik

Trotz des Bekenntnisses zum Freihandel gibt es ein reichhaltiges Instrumentarium der Außenhandelspolitik der am Welthandel beteiligten Staaten. Dieses Instrumentarium dient überwiegend dazu, in irgendeiner Weise den internationalen Freihandel zu beschränken. Es reicht von Zöllen, nichttarifären Handelshemmnissen (s. M 22), Währungsabwertungen bis zu Zahlungs- und Kapitalverkehrskontrollen. Das handelspolitische Instrumentarium zielt entweder auf eine Beeinflussung der Preise oder der Mengen oder ist je nach Ausgestaltung preis- oder mengenregulierend.

Außenhandelspolitische Instrumente		
Preisregulierend	**Mengenregulierend**	**Preis- oder mengenregulierend**
– Abschöpfungen – Anti-Dumping-Zölle – Subventionen – Verbrauchsteuern – Zölle	– Exportverbote – Importverbote – Kontingente – Öffentliche Aufträge – Selbstbeschränkungsabkommen	– Devisenbestimmungen – Technische Normen – Verwaltungsverfahren

Beispiel: Die Agrarpolitik der EG/EU
Eine Vielzahl an Beispielen lässt sich anführen, in denen eine Zollerhebung oder ähnlich wirkende Instrumente die angeführten Effekte haben. Erwähnt seien nur der Steinkohlebergbau, die Stahlindustrie und die Werftenindustrie. (...)
Die EU-Agrarpolitik verfolgt das primäre Ziel, den Landwirten in der Europäischen Gemeinschaft ein „angemessenes" Einkommen zu sichern. Dazu dienen zahlreiche Marktordnungen, die eine Abgrenzung des innergemeinschaftlichen Agrarmarktes gegenüber dem Weltmarkt und eine Stabilisierung der Preise bewirken. Daher kann eigentlich von einem Agrarmarkt gar nicht gesprochen werden.
Die Agrarmarktordnung z.B. für Getreide umfasst einen Richtpreis, den der Agrarminister-

rat der EU-Länder jährlich festlegt, und der „angemessene" Erlöse und Einkommen gewährleisten soll. Zusammen mit dem Richtpreis wird ein Mindestpreis festgesetzt. Zu diesem Interventionspreis wird das Überangebot heimischer Anbieter aufgekauft. Die Interventionspreise bilden also einen Mindestpreis und bieten eine unbegrenzte Absatzgarantie. Wenn das Angebot an Getreide in der EU die Nachfrage dauerhaft übersteigt – dies ist die Realität –, muss die EU den Agrarmarkt gegenüber dem Weltmarkt abschirmen, wenn der Weltmarktpreis unter dem in der EU festgesetzten Interventionspreis liegt, da sie sonst alle Überschüsse aufkaufen müsste. Für über zwei Drittel der landwirtschaftlichen Produkte existieren Marktordnungen mit Preisstützung und Außenschutz, für etwa ein Viertel nur ein gemeinsamer Außenschutz. Instrumente sind neben Kontingentierung und Absprachen vor allem Zölle und variable Abschöpfungen. Letztere werden dann genutzt, wenn die Angebotspreise ausländischer Anbieter bestimmte Referenzpreise unterschreiten. (...) Die Agrarpolitik der EU führt also zu einer Umverteilung von den Konsumenten zu den Landwirten. Die Verbraucher zahlen über höhere Preise das „angemessene" Einkommen der Landwirte.

Gerd-Jan Krol/Alfons Schmid: Volkswirtschaftslehre. Eine problemorientierte Einführung, Tübingen 2002, S. 685 ff.

M21 Recht auf Freihandel oder Recht auf Nahrung?

Vor acht Jahren trat das Landwirtschaftsabkommen der Welthandelsorganisation (WTO) in Kraft (1995). Es brachte dem weltweiten Agrarhandel einen starken Liberalisierungsschub.

Heute sind die Folgen absehbar. Die Entwicklungsländer produzieren immer mehr Güter, die sie nicht selber konsumieren, und sie konsumieren immer mehr Produkte, die sie nicht selber herstellen – mit entsprechend höheren Sozial- und Umweltkosten.

Die Verzerrungen im Welthandel haben sich akzentuiert; sie wirken sich negativ auf die Agrarmärkte aus und verschärfen das Nord-Süd-Gefälle. 80 Prozent der Menschen, die weltweit Hunger leiden, leben in Bauernfamilien – Menschen, deren Aufgabe es eigentlich wäre, Nahrung zu produzieren!

Anfang der 90er-Jahre führte die Handelsliberalisierung in Jamaika dazu, dass tonnenweise Milchpulver aus Europa importiert wurde. Es verdrängte die Frischmilch, die bisher von der lokalen Industrie verarbeitet wurde. Von 1990 bis 1993 stieg der Import von europäischem Milchpulver jährlich um 2000 Tonnen an, von 1995 bis 1998 um über 4000 Tonnen. Die europäischen Länder subventionieren diese Exporte jährlich mit über 4 Millionen Euro. Das nach Jamaika ausgeführte Milchpulver macht zwar nur einen Bruchteil des europäischen Milchpulverhandels aus. Aber es reicht, um die lokalen ProduzentInnen – meist Frauen – völlig zu ruinieren. (...)

Mit der Unterzeichnung des WTO-Landwirtschaftsabkommens verpflichteten sich die Philippinen, den Binnenmarkt für Reisimporte zu öffnen: für 1 Prozent des Gesamtkonsums 1995 und für 4 Prozent bis 2004. Auch die Importe anderer Grundnahrungsmittel wie Mais, Zucker, Fleisch und Kartoffeln wurden entsprechend liberalisiert. Obwohl die Öffnung bescheiden war, hat sie sogleich zu einer massiven Überflutung des Binnenmarktes mit Billigprodukten geführt. Die Folgen für die lokale Nahrungsmittelproduktion waren verheerend. 1998 war Reis bereits das am meisten importierte Agrarprodukt. Und schon lange vor 2004 haben die Einfuhrmengen die 4-Prozent-Marke weit überschritten. Das Landwirtschaftsabkommen der WTO ist hauptverantwortlich dafür, dass die Philippinen, die in den 80er-Jahren noch mehr Nahrungsmittel aus- als einführten, Ende der 90er-Jahre zum Nettoimporteur geworden sind.

Arbeitsgemeinschaft swissaid, dokument 2, o. O. 2003

M22 Nicht-tarifäre Handelshemmnisse

Gruppe 1

- Subventionen
- Staatshandel
- Regierungskäufe
- Wettbewerbsbeschränkungen

Gruppe 2

- Konsularformalitäten
- Zollwertbestimmungen
- Anti-Dumping-Zölle

Gruppe 3

- Industrie-, Gesundheits, Sicherheits- und andere Normen
- Verpackung, Etikettierung und Ursprungsangaben

Gruppe 4

- Megenmäßige Beschränkungen
- Embargos und andere Beschränkungen
- Diskriminierung aufgrund bilateraler Verträge
- Devisenkontrolle
- Maßnahmen zur Regulierung inländischer Preise
- Exporteinschränkungen
- Diskriminierung bezüglich Lieferanten
- Zollkontingente
- Andere Beschränkungen

Gruppe 5

- Zusatzabgaben, Hafen- und statistische Gebühren
- Vorherige Einfuhrdepots
- Veränderliche Abschöpfungen
- Diskriminierende Kreditbeschränkungen
- Notstandsmaßnahmen

Wirtschaft heute, Berlin 2009, S. 249

1 Erläutern Sie zu den einzelnen handelspolitischen Instrumenten, in welcher Weise sie protektionistisch wirken können.

2 Erörtern Sie, inwiefern nicht-tarifäre Handelshemmnisse den Freihandel be- bzw. verhindern können.

3 Beurteilen Sie, welche politischen Maßnahmen zum Abbau von nicht-tarifären Handelshemmnissen aus Ihrer Sicht ergriffen werden könnten. Diskutieren Sie einzelne Maßnahmen im Hinblick auf ihre Umsetzbarkeit und Erfolgsaussichten.

Die EU – Antwort auf die Globalisierung?

Der Globalisierung steht die „Fragmentierung" der Welt gegenüber. Darunter ist der Zusammenschluss von Staaten zu regionalen Verbünden zur Sicherung entsprechender Interessen zu verstehen. Die EU ist hierfür ein wichtiges Beispiel.

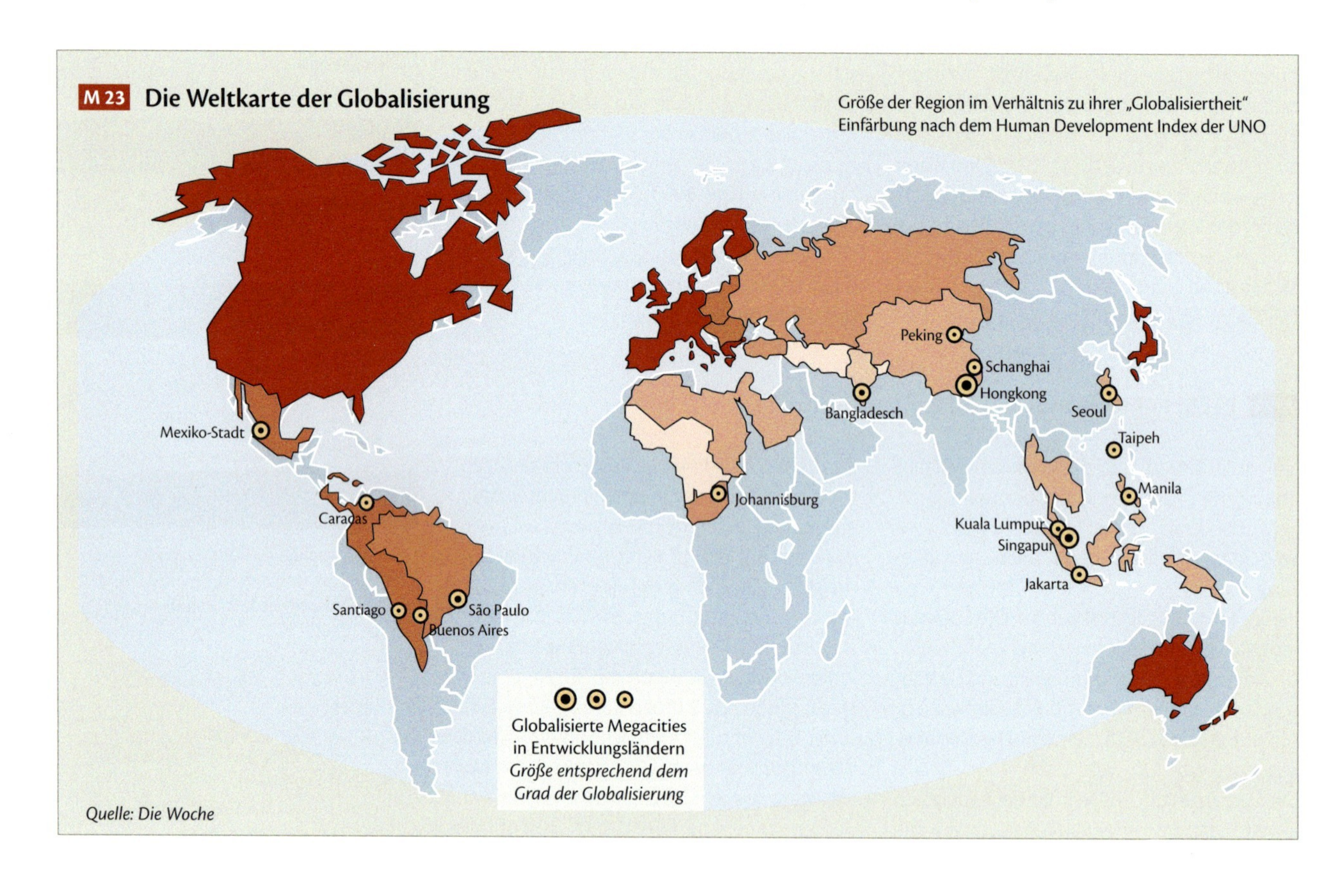

M 24 Globalisierungsindex

(Die Zeitung) „Die Woche" hat einen Index errechnet, der den Grad der Globalisierung eines Landes, einer Region oder eines Kontinents ausdrückt. Je höher der Wert (zwischen 0 und 1), desto stärker nimmt das Gebiet am Prozess der weltweiten wirtschaftlichen und elektronischen Verflechtung teil. In den Globalisierungs-Index (GI) rechnete „Die Woche" jeweils die Im- und Exportraten, die Zahl der Internet-Knotenpunkte (pro 10 000 Einwohner), die Zahl der PCs (pro 1000 Einwohner), die Dauer aller Auslandstelefonate aus dem jeweiligen Land, die Zahl der Airline-Abflüge sowie die ausländischen Direktinvestitionen ein.

Danach führen die USA die Globalisierung mit einem Wert von 0,92 haushoch vor der EU (0,78) und Japan (0,73) an. Im Mittelfeld liegen Osteuropa, Lateinamerika und die südostasiatischen Schwellenländer mit Index-Werten zwischen 0,5 und 0,7. Praktisch abgekoppelt von der Globalisierung sind die Länder des Mittleren Ostens und südlich der Sahara (0,36 bzw. 0,27). (...)

Auf der Karte (*M 23*) ist der GI in der Größenveränderung eines Landes bzw. einer Region ausgedrückt: Je weniger sie an der Globalisierung teilnehmen, desto stärker schrumpfen sie im Vergleich zur geografischen Größe – das südlich der Sahara gelegene Afrika zum Beispiel um fast 80 Prozent. Gemessen an seiner geografischen Größe und seiner Bevölkerungszahl nimmt es weit unterdurchschnittlich an der Globalisierung teil. EU-Europa hat mit seinem hohen Globalisierungsgrad von 0,78 seine maßstabsgetreue Größe behalten, Nordamerika ist wegen seines Spitzen-Wertes sogar noch ein wenig gewachsen.

Die Woche, 9.11.2001

M25 EU und Globalisierung

Die EU strebt eine aktive Mitgestaltung der Globalisierung durch die Steigerung ihrer Wettbewerbsfähigkeit an. Die Kommission konkretisierte dies in ihrem am 24. Oktober 2006 veröffentlichten Legislativ- und Arbeitsprogramm für 2007 sowie in ihrer Mitteilung „Ein wettbewerbsfähiges Europa in einer globalen Welt". (…)

I. Wettbewerbsmärkte

Die Kommission sieht bereits „ausgezeichnete Vorschriften und Standards" durch den Binnenmarkt hervorgebracht, der dadurch nicht nur das globale Regelwerk mitgeprägt, sondern auch Voraussetzungen und Gewährleistung von Berechenbarkeit und Transparenz im Wettbewerb geschaffen habe. Das positive Fazit erstreckt sich insbesondere auf die in vielen Gebieten weltweit führende Dienstleistungswirtschaft, die von qualitativ hochwertigen Waren und Dienstleistungen europäischer Unternehmen profitiere. (…)

II. Marktoffenheit in der EU

Die Kommission warnt vor einem stagnierenden Protektionismus. Handelsschranken, die mit der Begründung, den nationalen Arbeitnehmer und Verbraucher zu schützen, errichtet wurden bzw. werden, würden das Gegenteil bewirken: Die Auswahl auf dem Markt werde verringert, sodass sich die Preise für Unternehmen und Verbraucher erhöhten. (…)

Ein weltweiter Abbau von Marktzugangshindernissen, so die Bundesregierung, sei für die exportorientierte deutsche Wirtschaft eine „wichtige Voraussetzung für wirtschaftliches Wachstum und höhere Beschäftigung". (…)

III. Nicht-tarifäre Schranken

Nach einer – für die Industrie- und Agrarexporte wichtigen – Beseitigung bzw. Senkung von Zöllen erweisen sich die nichttarifären Schranken, deren Abbau nicht vollständig durch das WTO-System gewährleistet werden kann, als Haupthandelshindernis. (…)

IV. Marktzugang in Drittländern

Die Ablehnung des innereuropäischen Protektionismus muss von aktiven Bemühungen um offene Märkte und faire Handelsbedingungen außerhalb der EU begleitet werden.

Barbara Thoma/Heike Baddenhausen: EU und Globalisierung, in: Deutscher Bundestag, Wissenschaftliche Dienste 1/2007

M26 Das soziale Europa ist für die Globalisierung gewappnet

Mehr denn je hat das europäische Sozialmodell seine Gültigkeit; allerdings muss es besser ausgestaltet werden, um die Herausforderungen der Globalisierung bewältigen zu können. (…)

„Bei vielen Europäern löst die Globalisierung Ängste aus", bemerkte Vladimír Špidla, EU-Kommissar für Beschäftigung, soziale Angelegenheiten und Chancengleichheit. „Sie machen sich Sorgen um ihren Arbeitsplatz und ihre Rente. Ein robustes Sozialmodell und Erfolg in der globalen Wirtschaft stehen aber nicht im Widerspruch zueinander; vielmehr ist es unerlässlich, dass beides Hand in Hand geht. Wenn wir uns entsprechend darauf einstellen und ausreichende Mittel einbringen, ergibt sich aus der Globalisierung eine Win-Win-Situation und kein Nullsummenspiel."

Neueren Eurobarometer-Erhebungen zufolge (Stand: Mai 2006) sehen 47 Prozent der Bürger und Bürgerinnen Europas in der Globalisierung eine Bedrohung ihrer Arbeitsplätze und der Unternehmen in ihrem Land (im Vergleich dazu betrachten 37 Prozent sie als Chance für die Unternehmen). Dazu heißt es in der jetzt vorgelegten Studie, die der Frage nachgeht, ob das soziale Europa für die Globalisierung gut aufgestellt ist (…), dass derartige Ängste weitgehend unbegründet sind. (…)

Wie der Studie zu entnehmen ist, gibt es auch keinerlei durch empirische Daten gesicherten Beweis dafür, dass die Globalisierung zu einer Erosion der sozialen Errungenschaften geführt hätte.

Europäische Kommission, 14.4.2008, in: http://openeu.eu/2008 (Zugriff: 5.10.2010)

1. Analysieren Sie die Position der EU in der Globalisierung.
2. Analysieren Sie die Hoffnungen und Ängste, die sich unter EU-Bürgerinnen und -Bürgern mit der Globalisierung verknüpfen.
3. Untersuchen Sie die Umstellungsprobleme der EU in Bezug auf die Globalisierung.
4. Beurteilen Sie die Möglichkeit der Erhaltung europäischer Sozialstandards in der Globalisierung.

Handelsliberalisierung – GATT und WTO

Die Welthandelsorganisation WTO, eine der mächtigsten internationalen Institutionen, spielt eine wichtige Rolle beim Management der Globalisierung. Ihre Prinzipien finden nicht uneingeschränkten Konsens: Liberalisierung erscheint vielen als reiner Liberalismus.

WTO = World Trade Organization

GATT = General Agreement on Tariffs and Trade

M27 Liberalisierung

Liberalisierung meint die Rücknahme oder Abschwächung bisher bestehender gesetzlicher Regelungen oder anderweitiger Verordnungen und Verhaltensvorschriften.
5 Speziell ist gemeint die Rücknahme staatlicher Auflagen, Be- und Einschränkungen in Bezug auf die wirtschaftliche Betätigung, die Herstellung oder den Handel mit Gütern und Dienstleistungen, nach außen z. B. durch den
10 Abbau von Zöllen, Mengen- oder anderen Handelsbeschränkungen.

Nach: Bundeszentrale für politische Bildung, Online-Lexikon

M28 Die Welthandelsorganisation

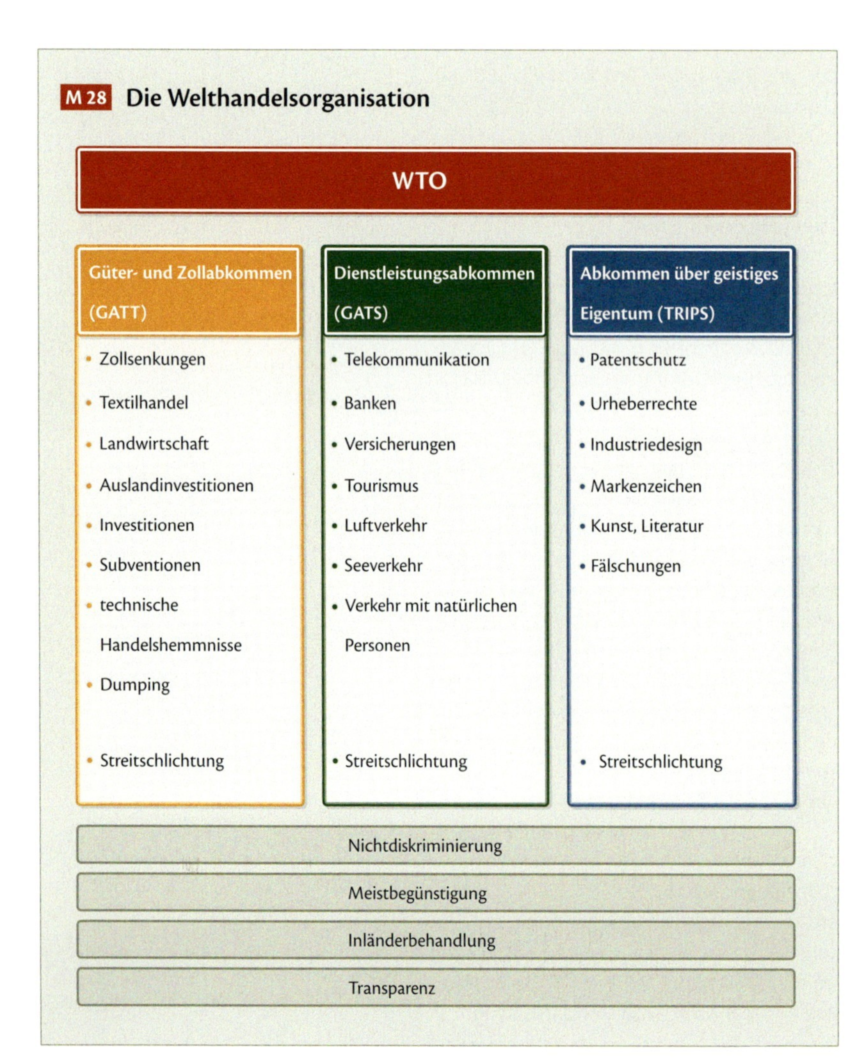

M29 Kernprinzipien der WTO

Angestrebtes Ziel der WTO ist der weltweite Abbau aller Handelsschranken. Zu dessen Verwirklichung bedient sich die machtvolle Organisation verschiedener Abkommen mit
5 folgenden Grundsätzen:
Das *Prinzip der Gleichbehandlung der Handelspartner oder Meistbegünstigung* (most-favoured-nation) verpflichtet ein WTO-Mitglied dazu, alle handelspolitischen Vorteile,
10 insbesondere Zollermäßigungen, die einem WTO-Mitglied gewährt werden, auch allen anderen Mitgliedern einzuräumen.
GATT-Artikel I enthält die Meistbegünstigungsklausel, die es einem WTO-Mitgliedsstaat
15 verbietet, einzelne WTO-Mitglieder besser oder schlechter als andere zu behandeln (Diskriminierungsverbot). Von diesem Prinzip gibt es Abweichungen bzw. Ausnahmen.
20 Das *Prinzip der Gleichbehandlung der Waren oder Inländerbehandlung (national treatment)* verbietet, dass importierte Waren schlechter als einheimische Waren behandelt werden.
25 Die Regeln der Inländerbehandlung bzw. zur Gleichheit der Produkte finden sich im GATT-Artikel III. (...)
Nach dem *„Prinzip der Voraussehbarkeit und Transparenz der Maßnahmen"* sind alle Ein-
30 fuhrbeschränkungen außer Zöllen verboten. Die maximale Zollhöhe für jedes eingeführte Produkt muss im Voraus verbindlich festgelegt und darf nicht einseitig angehoben werden.
35 Von diesem in GATT-Artikel XI festgelegten Verbot der Mengenbeschränkungen (z. B. durch Kontingente, Einfuhr- oder Ausfuhrbewilligungen) gibt es besonders für den Handel mit Agrarprodukten zahlreiche Aus-
40 nahmen.

Greenpeace: Zehn Jahre WTO. Greenpeace unterzieht die Welthandelsorganisation einer kritischen Umweltbilanz, Hamburg o.J. (2004), S. 4 f.

M30 Bedeutung der Handelspolitik

Die Erfahrungen der letzten Jahrzehnte haben für Deutschland gezeigt, dass der florierende Handel mit dem Ausland Wohlstand im Inland bringt. Der freie Welthandel gibt wichtige Impulse für Wirtschaftswachstum und Beschäftigung in unserem Land. Deutschland tritt daher seit langem für offene Märkte und für eine Handelsliberalisierung auf der Grundlage klarer, vorhersehbarer und multilateral abgestimmter Regeln ein. Für die Zukunft des Wirtschaftstandortes Deutschland ist eine weitere Liberalisierung des Welthandels von entscheidender Bedeutung.

Vor diesem Hintergrund ist die Globalisierung der wirtschaftlichen Aktivitäten vor allem eine Chance, den wohlstandsfördernden Charakter des Welthandels zum Wohle aller möglichst auszuweiten. (...)

Im Rahmen der Welthandelsorganisation (WTO) versucht die EU, über multilaterale Verhandlungen im Sinne eines fairen und freien Welthandels bestehende Handelshemmnisse abzubauen und ein stabiles und transparentes Regelwerk zu schaffen.

Bundesministerium für Wirtschaft und Technologie: Bedeutung der Handelspolitik, in: http://www.bmwi.de/BMWi/Navigation/Aussenwirtschaft/handelspolitik-eu-wto,did=192958.html?view=renderPrint (Zugriff: 22.3.2010)

Spielerischer Protest des Welthandels-Aktionstheater WTOpoly vor dem Wirtschaftsministerium in Berlin, September 2006. Die Aktivisten der BUNDjugend und von Attac protestieren mit ihrem Spiel gegen „den Handel ohne Hemmnisse, bei dem der Bevölkerung das Mitspracherecht verwehrt ist"

M31 Der „Liberalisierungsschwindel"

Eigentlich ist längst alles gesagt und geschrieben worden. Eigentlich hätten die Industrieländer längst eine Kehrtwende vollziehen müssen. Sie haben es nicht getan – und wollen es auch in Zukunft nicht tun, wie die gerade beginnende Welthandelsrunde zeigt. (...)

Die wichtigste Frage wird sein, ob die Reformagenda ihrem entwicklungspolitischen Anspruch gerecht wird. Sie wird es nicht. Zwar sollen die Industrieländer ihre Agrarzölle innerhalb von fünf Jahren um bis zu 60 Prozent reduzieren. Mit ihren Exportsubventionen sollen sie in spätestens zehn Jahren Schluss machen. Das klingt gut. Doch nahezu unbehelligt von der WTO sollen die Regierungen des Nordens ihre Bauern weiter mit Zuschüssen beglücken dürfen – wenn sie es geschickt anstellen.

Die WTO einigte sich nämlich einst darauf, die Agrarsubventionen in Gut und Böse einzuteilen und einem gelben, blauen oder grünen Kästchen zuzuordnen. Als besonders schädlich gelten staatliche Preisgarantien und Zahlungen, die für jeden Liter Milch oder für jede produzierte Tonne Weizen geleistet werden. Solche Wohltaten ordnet die WTO ihrer „gelben Box" zu; sie unterliegen strengen Begrenzungen. „Blaue Box"-Subventionen sind mit produktionsbeschränkenden Auflagen verbunden oder werden pro Hektar oder pro Kuh ausgezahlt. Auch sie haben keine Zukunft. Zahlungen indes, die aus der so genannten „grünen Box" geleistet werden, gelten als unschädlich. Hierbei handelt es sich um Transferzahlungen aus dem Staatssäckel, die von der Produktionsmenge oder von der Ausstattung mit Produktionsfaktoren vollkommen losgelöst sind. Viele Industrieländer haben ihre Subventionen bereits in diese grüne Box umgeschichtet oder sind, wie die EU, dabei. Ein Desaster.

Fritz Vorholz: Der Liberalisierungsschwindel, Die Zeit v. 9/2003, in: http://www.zeit.de/2003/09/Argument_09 (Zugriff: 5.10.2010)

1. Erläutern Sie die Zielsetzung von GATT und WTO.
2. Zeigen Sie, mit welchen Mitteln diese Zielsetzung verfolgt wird.
3. Vergleichen Sie die unterschiedlichen Einschätzungen der WTO und der EU in den Verhandlungen um Handelsliberalisierung.

Devisenhandel und Devisenmarkt

Der US-Dollar ($) ist nach wie vor die wichtigste Währung der Welt, v. a., weil ein großer Anteil des internationalen Handels in Dollar abgewickelt wird. Wer international ökonomisch handeln will, braucht deshalb dieses Geld.

M32 Devisenhandel

Als Devisenhandel wird der An- und Verkauf von ausländischem gegen inländisches Buchgeld oder gegen andere Devisen bezeichnet, z. B. Bankguthaben, Wechsel oder Schecks; nicht: Banknoten oder Münzen (Sorten). Am Devisenmarkt (Devisenbörse) kommen Angebot und Nachfrage nach einer Währung zusammen, und es werden Wechselkurse festgestellt, zu denen der Handel stattfindet. Man unterscheidet zwischen Devisenkassahandel, bei dem die Tauschgeschäfte umgehend erfüllt werden, und dem Devisenterminhandel, bei dem beim Geschäftsabschluss zwar ein Wechselkurs festgelegt wird, die Abwicklung des Geschäfts jedoch in der Zukunft erfolgt.

Die Bank für Internationalen Zahlungsausgleich ermittelt regelmäßig die Umsätze an den weltweiten Devisenmärkten (Kassa- und Terminmarkt). Im April 2004 lag der globale Devisenmarktumsatz pro Tag bei rund 1 880 Milliarden US-Dollar. Im Jahr 1992 waren es – bereinigt um Wechselkursveränderungen – noch 840 Milliarden US-Dollar. Hochgerechnet auf ein Jahr (mit 250 Handelstagen) ergibt das einen Umsatz von 470 000 Milliarden US-Dollar. Im Verhältnis zum Wert der jährlichen weltweiten Exporte von Waren und Dienstleistungen von über 11 000 Milliarden US-Dollar im Jahr 2004 erscheint der globale Devisenmarktumsatz sehr hoch.

Die Währungszusammensetzung wird aus der Grafik (M 33) deutlich. Der US-Dollar dominiert mit einem Anteil an allen Währungsgeschäften von gut 44 Prozent. Der Euro kommt auf einen Anteil von knapp 19 Prozent.

Initiative Neue Soziale Marktwirtschaft: Wirtschaft und Schule, 2009, in: http://www.wirtschaftundschule.de/Lexikon/D/Devisenhandel.html (Zugriff: 5.10.2010)

M33 Devisenmarktumsatz

Die Währungsverteilung am weltweiten täglichen Devisenmarktumsatz im April 2004

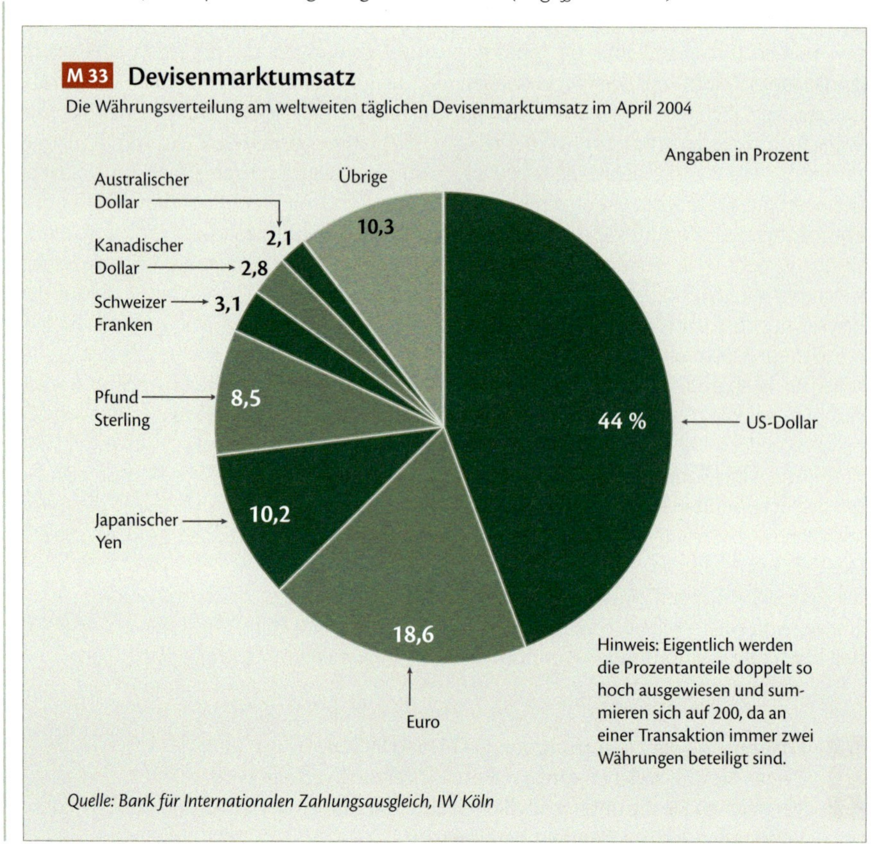

Hinweis: Eigentlich werden die Prozentanteile doppelt so hoch ausgewiesen und summieren sich auf 200, da an einer Transaktion immer zwei Währungen beteiligt sind.

Quelle: Bank für Internationalen Zahlungsausgleich, IW Köln

M34 Wie funktioniert der Devisenhandel?

Der Ausdruck *Forex* ist für sich genommen die Kurzform für den englischen Begriff „Foreign Exchange". Wörtlich übersetzt bedeutet dies „ausländische Börse", tatsächlich sind damit aber *Devisen oder Währungen* gemeint. Der Begriff „Forex" trifft das Wesen dieses Marktes: Hier wird getauscht – keine Waren oder Wertpapiere gegen Geld, sondern *eine Währung gegen die andere*. Dabei ist der Forex-Markt nicht an einen bestimmten Ort gebunden, sondern besteht aus einem elektronischen Netzwerk von Banken, Firmen und Privat-Tradern.

Der Devisenhandel startet jeden Tag in Sydney, dann geht es über Tokio, London und schließlich New York. Während man das Standard-Handelsobjekt (die Aktie) an der Börse vergleichsweise leicht versteht, haben viele Anfänger beim Devisenhandel Probleme zu verstehen, wie der Handel mit Devisen vor sich geht. Was wird da genau gehandelt? Was verkauft und kauft man da? Analog zum Aktienmarkt kann man das etwa so erklären: Kauft man am Aktienmarkt für Geld eine Aktie, so tauscht man am Devisenmarkt zwei Währungen gegeneinander. Also zum Beispiel zehn Euro gegen 10,20 US-Dollar. Der Euro-Stand wird nun um zehn Euro vermindert, dafür werden einem 10,20 US-Dollar auf dem Konto gutgeschrieben. Betrug ein Kontostand zum Beispiel anfänglich 1000 Euro, verfügt man nun nur noch über 990 Euro, aber auch über 10,20 US-Dollar. Das Tauschverhältnis zwischen zwei Währungen heißt Wechselkurs. (...). Um Gewinn zu machen, spekuliert man hierbei auf ein Verändern des Wechselkurses. (...)

Ändert sich beispielsweise der Wechselkurs auf 1,08 US-Dollar, ist jeder Euro nur noch 1,08 US-Dollar wert. Dann bekommt der Händler für seine 10,20 US-Dollar jetzt mehr als zehn Euro. Der Wechselkurs hat sich somit für ihn positiv verändert, weil seine Dollar jetzt mehr Wert sind als der Euro. Tauscht er also seine 10,20 US-Dollar zurück in Euro, *macht er einen Gewinn* und sein Kontostand beläuft sich nun auf über 1000 Euro. (...)

Durch die sogenannte *Hebelwirkung* (Leverage-Effekt) kann man im Devisenhandel mit nur einem geringen Geldeinsatz handeln. Bei einem Hebel von 1:100 kann man mit einem Einsatz von 100 EUR 10 000 EUR handeln.

Beispiel: Der Euro-Dollar notiert zum Handelszeitpunkt bei 1,5250. Sie kaufen 100 000 EUR, was einem Gegenwert von 152 500 US-Dollar entspricht. Sie müssen beim Kauf jedoch nicht den vollen Gegenwert in Dollar zahlen, sondern nur eine Sicherheit (Margin) von 1 Prozent (= 1525,00 $). Sie erzielen damit einen *Hebeleffekt* (*Leverage-Effekt*) von 100 Prozent auf Ihr eingesetztes Kapital. Beachten muss man jedoch, dass der Hebel auch bei einer negativen Kursentwicklung seine Wirkung zeigt. Steigt nun der Euro auf 1,55 US-Dollar, so geht die Spekulation auf und Sie verdienen 250 Pips auf 100 000 Euro Gegenwert, was einem Gewinn von 2500 USD entspricht (0,0250 x 100 000). Fällt der Euro entgegen Ihrer Erwartung auf 1,50 US-Dollar, so erleiden Sie einen Verlust von 250 Pips (= –2.500 $).

Frank Eschmann: Devisenhandel – was ist das? In: http://devisen-handeln.org (Zugriff: 21.2.2011)

M35 Geschätzte durchschnittliche Tagesumsätze

Die Währungsverteilung am weltweiten täglichen Devisenmarktumsatz im April (in Mrd. US-Dollar)

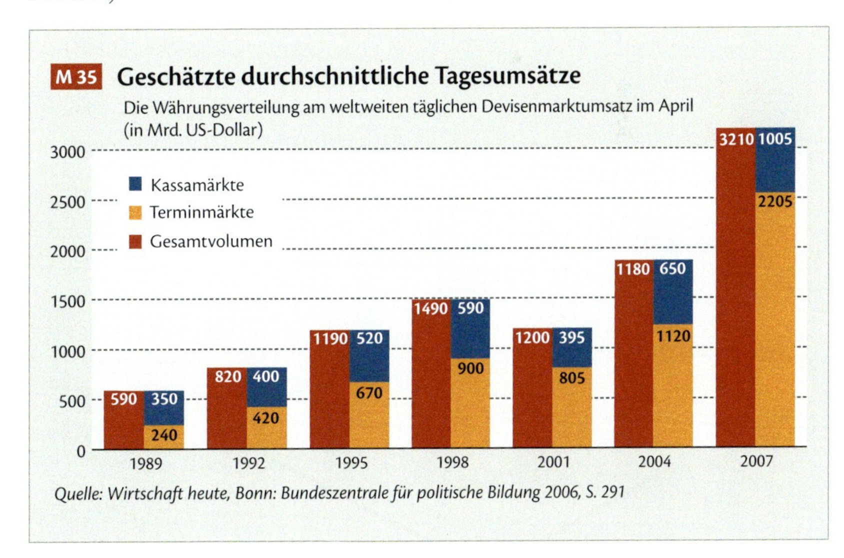

Quelle: Wirtschaft heute, Bonn: Bundeszentrale für politische Bildung 2006, S. 291

1 Stellen Sie den Mechanismus des Devisenhandels in einem Schaubild dar. Recherchieren Sie im Internet, ob Devisenmarkttransaktionen der Risikoabsicherung dienen.

2 Beurteilen Sie die Entwicklung des Devisenhandels im Hinblick auf seine Bedeutung für den Welthandel. Nehmen Sie dazu die Steigerungsraten des Welthandels sowie die des Devisenhandels in den Blick.

3 Diskutieren Sie die Auffassung, dass Devisenhändler unseriös seien, weil einem Gewinn keine Leistung gegenüberstehe und nur auf Spekulation beruhe.

Wer verdient am Devisenhandel? – Wechselkurse und Spekulation

Die Wechselkurse sind ein wichtiges Element des Welthandels und des internationalen Kapitalverkehrs. Immer neue Weltwährungskrisen zeigen jedoch: Der internationale Handel mit Devisen unterliegt eigenen Gesetzen und kann die Gesamtwirtschaft empfindlich stören.

M 36 Was ist der Wechselkurs?

Als Wechselkurs wird das Austauschverhältnis zweier Währungen bezeichnet. Im Euroland wird der Wechselkurs als reziproker Wert gebildet, d. h. die erforderliche Menge an Auslandswährung für einen Euro (Mengennotierung):

$$W = \frac{\$}{1 \text{ Euro}}$$

Eine Aufwertung einer Währung tritt dann ein, wenn der Preis einer Inlandswährung in Auslandswährung steigt, wenn also z. B. für einen Euro 1,5 Dollar bezahlt werden. Entsprechend beinhaltet eine Abwertung einer Währung eine Senkung des Wechselkurses, es müssen weniger Dollar für 1 Euro ausgegeben werden. (...)
Zwischen dem Wechselkurs und dem Devisenangebot besteht ein positiver Zusammenhang, d. h. wenn der Wechselkurs steigt, nimmt das Angebot an Devisen zu und umgekehrt. Steigt der Wechselkurs des Dollar, dann wertet sich die inländische Währung ab. Bei gleichbleibendem Preisniveau im Inland erhöht sich dadurch die Wettbewerbsfähigkeit der inländischen Exporteure, es werden (bei elastischer Exportnachfrage) mehr Produkte im Ausland verkauft: Das Angebot an Dollar steigt. Sinkt der Wechselkurs, wertet sich die inländische Währung auf, nimmt das Devisenangebot ab, da für einen Exporteur aus der EU die Wettbewerbsfähigkeit abnimmt. Die Exporteure bieten, da sie ihren Zahlungsverpflichtungen in inländischer Währung nachkommen müssen, die eingenommenen Dollar auf dem Devisenmarkt an. Im Schnittpunkt der Devisenangebots- und Devisennachfragekurve bildet sich der Gleichgewichtspreis, d. h. der Preis eines Dollar in Euro. Dieser Preis ist der Devisenkurs, wie er z. B. täglich von der Europäischen Zentralbank festgestellt wird. Der Devisenmarkt kommt dem Idealtypus eines vollkommenen Marktes relativ nahe, da dort in der Regel eine hohe Markttransparenz vorherrscht.
Nehmen wir an, in der EU verändern sich die Präferenzen der Konsumenten; diese fragen wegen deren hohen Images vermehrt amerikanische Produkte nach. Wie wirkt sich diese erhöhte Konsumnachfrage auf den Devisenmarkt aus? In der Abbildung (M 37) wird diese veränderte Situation durch die Verschiebung der Nachfragekurve nach amerikanischen Dollars auf N_1 wiedergegeben. Der Gleichge-wichtswechselkurs ist auf w_1 gestiegen, bei dem die erhöhte Dollarmenge x_1 angeboten und nachgefragt wird. Die erhöhte Nachfrage nach amerikanischen Produkten bewirkt eine steigende Nachfrage nach Dollar, um die Importe bezahlen zu können. Diese Nachfragesteigerung erhöht den Preis des Dollars und senkt den Preis des Euro: Der Euro wertet sich ab. Damit treten die oben beschriebenen Wirkungen einer Abwertung des Euro ein: Die amerikanischen Importe werden in der EU teurer, die EU-Exporte in den USA billiger. Es kommt ein Anpassungsprozess auf dem Devisenmarkt in Gang, der zum neuen Wechselkurs w_1 führt, bei dem wieder Gleichgewicht auf dem Devisenmarkt besteht, Angebot an und Nachfrage nach Devisen sind gleich.

Gerd-Jan Krol/Alfons Schmid: Volkswirtschaftslehre. Eine problemorientierte Einführung, Tübingen 2002, S. 608 ff.

M 37 Devisenmarkt

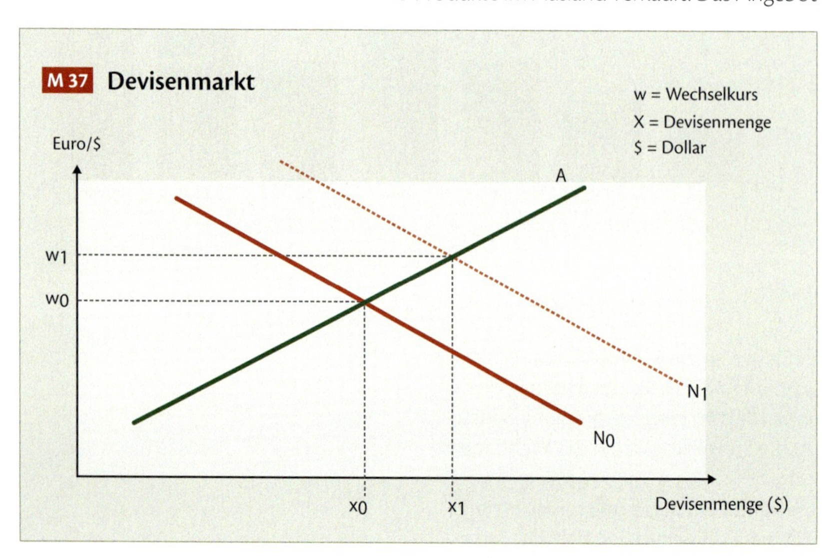

M38 Feste und flexible Wechselkurse

Flexible Wechselkurse sind frei schwankend und bilden sich auf dem Devisenmarkt durch das Zusammenwirken von Angebot und Nachfrage (Floating). (...) Ein solches System wird beispielsweise von den USA seit dem Zusammenbruch des Systems von Bretton Woods Anfang der 1970er-Jahre sowie von den Ländern der Eurozone praktiziert. Seine Nachteile sind die Unsicherheit über die Entwicklung des Wechselkurses (Wechselkursrisiko) – die Entwicklung des internationalen Handels kann dadurch beeinträchtigt werden – und die Gefahr des ruinösen Einsatzes des Wechselkursinstruments zur Verbesserung der eigenen Wettbewerbsfähigkeit.
Fixe Wechselkurse sind administrativ festgelegt und werden durch Eingriffe der Zentralbanken in die Devisenmärkte gestützt. (...)
Neben dem Goldstandard, in dem die beteiligten Länder ihre Währungen in fixen Goldeinheiten ausdrückten und Wechselkursabweichungen durch den freien Goldhandel ausgeglichen wurden, war auch das nach dem Zweiten Weltkrieg errichtete System von Bretton Woods ein Festkurssystem. Durch administrativ bestimmte Wechselkurse wollte man negative Effekte von starken Wechselkursschwankungen unterbinden und eine bessere internationale wirtschaftspolitische Koordination erreichen. Die Wechselkurse waren in einer festen Relation an den Dollar gebunden, der als Leitwährung fungierte. (...)
Da beide Systeme mit Vor- und Nachteilen verbunden sind, wird gelegentlich versucht, Mischformen zu bilden, beispielsweise Systeme fester, aber anpassungsfähiger Kurse und Systeme kontrollierten Floatings.

Bundeszentrale für politische Bildung: Wirtschaft heute, Bonn 2006, S. 456

Bretton-Woods-System: Nach dem Zweiten Weltkrieg neu geordnetes internationales Währungssystem fester Wechselkurse mit der Leitwährung des goldhinterlegten Dollar. Benannt wurde das System nach dem Ort Bretton Woods im US-Bundesstaat New Hampshire, wo die Finanzminister und Notenbankgouverneure von 44 Staaten der späteren Siegermächte im Juli 1944 zur Konferenz zusammenkamen und das Bretton-Woods-Abkommen unterzeichneten. Die Bundesrepublik Deutschland trat dem System fester Wechselkurse 1949 bei. Anfang der 1970er-Jahre wurde das Bretton-Woods-Abkommen aufgegeben, die Institutionen bestanden jedoch mit teils veränderten Zuständigkeiten fort.

M39 Wechselkurstheorien

1. Die Kaufkraftparitätentheorie erklärt die Wechselkursentwicklung für das aus den internationalen Güterströmen sich ergebende Devisenangebot und für die Devisennachfrage. Sie hat daher für solche Zeiten und Länder Erklärungsfähigkeit, wo der überwiegende Teil des Angebots an und der Nachfrage nach Devisen aus dem Export und Import von Gütern und Dienstleistungen stammt. (...)
2. Eine Erklärung des Wechselkurses aus den Kapitalbewegungen liefert die Zinsparitätentheorie. Danach fließt das Kapital dorthin, wo, bei sonst gleichen Bedingungen, die höchsten Zinsen bezahlt werden. (...)
3. Der Portfolioansatz erklärt den Wechselkurs aus dem Vermögen der Wirtschaftssubjekte, also aus Bestandsgrößen. Aus der Struktur von inländischem Geld, inländischen sich verzinsenden Wertpapieren und ausländischen verzinslichen Wertpapieren wird die Nachfrage nach Devisen abgeleitet. (...)
4. Monetäre Wechselkurstheorien betonen die Rolle der in- und ausländischen Geldmärkte. Der Wechselkurs ist danach ein Indikator für die relative Knappheit auf den Geldmärkten in den verschiedenen Ländern. (...)
5. Durch die Einführung rationaler Erwartungen in neuere Wechselkurstheorien werden erwartete Entwicklungen in die Modelle einbezogen. Ein Beispiel dafür ist die „Theorie spekulativer Blasen". Darunter wird eine sich selbst verstärkende Wechselkursentwicklung verstanden, die sich vom Gleichgewichtswechselkurs aus makroökonomischen Bestimmungsfaktoren z. B. zwischen zwei Ländern immer weiter entfernt. (...)
6. Empirische Tests liefern für die kurzfristigen Schwankungen, wie sie vom Euro gegenüber dem Dollar bekannt sind, Anhaltspunkte für eine zufallsbedingte Erklärung der Wechselkurshypothese .

Gerd-Jan Krol/Alfons Schmid: Volkswirtschaftslehre, Tübingen 2002, S. 612 f.

1 Erläutern Sie den Begriff des Wechselkurses.

2 Recherchieren Sie die Entwicklung des Wechselkurses Euro-US$ und ermitteln Sie den historischen Kontext und die gesellschaftlichen Rahmenbedingungen.

3 Nehmen Sie Stellung zum Erklärungswert der Wechselkurstheorien.

4 Erläutern Sie, ob ein funktionierender Devisenhandel immer für einen Ausgleich von Export und Import sorgt.

Wer hat „Schuld"? – Die Globale Wirtschafts- und Finanzkrise

Die Internationalisierung der Kapitalmärkte, eine der ersten Erscheinungen der neuen Globalisierung, hat durch die Finanz- und Wirtschaftskrise auch ihre negativen Seiten offenbart. Ausgelöst durch eine Finanzkrise in den USA kam es zu einer Weltwirtschaftskrise. Diese betraf auch China, das in den Jahren zuvor eine große Rolle bei der Finanzierung des US-Haushaltsdefizits gespielt hatte.

M 40 **Weltindustrieproduktion[1] nach Ländergruppen**

Index 2008 bis 2010; 1. Quartal 2008 = 100

[1] Gewichtet mit Anteilen an der Weltproduktion
[2] OECD-Länder ohne Türkei, Mexiko, Korea und mittelosteuropäische Länder

Nach: Projekt Gemeinschaftsdiagnose, Erholung setzt sich fort – Risiken bleiben groß, Kiel 2010, S. 9

M 41 **Realer Welthandel[1] insgesamt und nach Ländergruppen**

Index 2008 bis 2010; 1. Quartal 2008=100

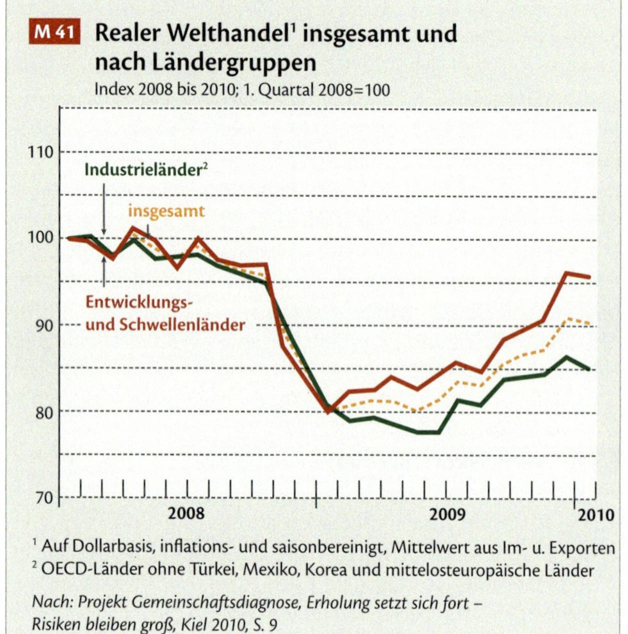

[1] Auf Dollarbasis, inflations- und saisonbereinigt, Mittelwert aus Im- u. Exporten
[2] OECD-Länder ohne Türkei, Mexiko, Korea und mittelosteuropäische Länder

Nach: Projekt Gemeinschaftsdiagnose, Erholung setzt sich fort – Risiken bleiben groß, Kiel 2010, S. 9

M 42 **Verlauf der Krise**

Auslöser der Krise war der Verfall der Immobilienpreise in den USA: Während sich die Häuserpreise in den Vereinigten Staaten von 1989 bis 1997 kaum verändert hatten, stiegen sie von 1998 bis Mitte 2006 auf das 2,6-Fache. Dann drehte sich der Trend, und die Immobilienpreise gaben auf breiter Front nach. Das Platzen der Immobilienblase bedeutete naturgemäß das Ende des Geschäftes mit den Subprime-Krediten: Immobilien, die als Sicherung für die Kredite dienten, waren jetzt als Sicherheiten praktisch wertlos. Als Folge mussten Banken, die solche Kredite in ihren Bilanzen hatten, Abschreibungen vornehmen; die Verluste aus diesen Abschreibungen schmälerten ihr Eigenkapital.
Bedeutender für den Verlauf der Krise war allerdings, dass das Risikobewusstsein vieler Investoren sprunghaft wuchs: Niemand wollte die verbrieften Kredite mehr kaufen. Der Markt für diese Papiere brach zusammen; die Praxis der Auslagerung der Kredite funktionierte nun nicht mehr. Da niemand mehr diese Papiere kaufen wollte, konnte man auch keinen Preis mehr dafür ermitteln, ihr Wert fiel ins Bodenlose. In der Folge mussten Schattenbanken und Banken, die solche Papiere in ihren Bilanzen hatten, dramatische Wertberichtigungen zu Lasten ihres Eigenkapitals vornehmen. (...)
Nun griffen die typischen systemischen Risiken im Finanzsektor: Banken haben sich untereinander in erheblichem Umfang Kredite gewährt und sich gegenseitig strukturierte Wertpapiere verkauft. Die Unsicherheit, ob ein potenzieller Kreditnehmer seine Kredite zurückzahlen kann (*counterpartyrisk*), wuchs in der Krise massiv an. Da niemand genau wusste, wie stark andere Banken bei „faulen Krediten" engagiert waren, bei Krediten also, deren Rückzahlung fraglich bzw. unwahrscheinlich ist, sank die Bereitschaft, sich gegenseitig Kredit zu gewähren oder Wertpapiere abzukaufen erheblich.

Der **Subprime-Markt** ist ein Teil des privaten Hypothekendarlehensmarkts, der überwiegend aus Kreditnehmern mit geringer Bonität besteht.

Mit der Pleite der amerikanischen Investmentbank Lehman Brothers im September wurde eine neue Qualität der Krise erreicht, da jetzt auch die Zuversicht schwand, der Staat würde eine Bank nicht Pleite gehen lassen.
Zusätzlich verminderte der mit der Finanzkrise einhergehende Verfall der Wertpapierpreise das Vermögen der privaten Haushalte, wodurch sich das Konsumklima weiter verschlechterte. Wegen der weltweiten Beteiligung von Finanzinstitutionen am Handel mit strukturierten Produkten waren auch die Auswirkungen des Crashs weltweit zu spüren, der Abschwung der Realwirtschaft erfasste alle wichtigen Wirtschaftsregionen gleichzeitig, was die Abwärtsdynamik verstärkte, da – anders als bei regional begrenzten Einbrüchen – der Export keinen Ausgleich für die schrumpfende Binnennachfrage bewirken konnte. Die Finanzkrise mutierte zu einer weltweiten Wirtschaftskrise.

Hanno Beck/Helmut Wienert: Anatomie der Weltwirtschaftskrise: Ursachen und Schuldige, Aus Politik und Zeitgeschichte 20/2009, S. 10 f.

M 43 Wer ist für die Krise verantwortlich?

Wo liegt die Schuld der Banken? Illegale Handlungen wie beispielsweise Anlegerbetrug kamen wohl vor, waren aber eher Begleitmusik als Hauptursache. Im großen Stil wurden vielmehr Regulierungslücken ausgenutzt; Banken handelten gegen den Geist der bestehenden Regulierung, was sich in der Gründung von außerbilanziellen Zweckgesellschaften klar zeigt. Offensichtlich hat auch das bankinterne Risikomanagement versagt: Risiken, von denen man glaubte, sie ausgelagert zu haben, kamen durch die Hintertür (beispielsweise durch die Kreditlinien an Zweckgesellschaften) wieder in die Bilanz zurück (...). Die starke Beteiligung an Gewinnen ohne entsprechende Beteiligung an Verlusten sowie eine zu kurzfristig orientierte erfolgsabhängige Entlohnung (Bonuszahlungen) haben hochriskante Strategien begünstigt. Hier müssen neue Entlohnungsformen gefunden werden, damit die Vorstände im Interesse der Eigentümer agieren. (...)
Auf den Punkt gebracht waren es Innovationen in der Finanzbranche, gepaart mit menschlicher Schwäche und regulatorischen Lücken, die in die Krise geführt haben. (...)
Nach anfänglicher Begeisterung über die Möglichkeiten der neuen Finanzprodukte kam die Übertreibung, was die Finanzbranche in die Krise stürzte – und mit ihr die Weltwirtschaft. Die Regulierung war mit dieser Entwicklung naturgemäß überfordert, da sie stets nur bestehende Technologien und Methoden berücksichtigen kann, nicht aber Neuerungen – als Regulierer hinkt der Staat den Innovationen stets einen Schritt hinterher. Wenn die aktuelle Krise vorüber sein wird, dürfte die vierte Phase in diesem Zyklus folgen, die Läuterung: Man wird die Gefahren von Finanzinnovationen verstehen und regulatorisch berücksichtigen, sich aber auch der Vorteile solcher Neuerungen bewusst sein und diese nutzen. Sobald dies geschehen ist, werden neue Innovationen kommen, neue Märkte, neue Fortschritte – und mit ihnen die nächste Krise. Die marktwirtschaftlichen Systemen immanenten Tendenzen zu Krisen und Verwerfungen sind der Preis, den wir für die Freiheit und den Wohlstand zahlen, den diese Systeme uns bringen.

Hanno Beck/Helmut Wienert: Anatomie der Weltwirtschaftskrise: a. a. O., S. 10 f.

1. Teilen Sie die Krise in Phasen ein und erstellen Sie eine Zeitschiene.
2. Stellen Sie die Gründe für die globale Wirtschafts- und Finanzkrise zusammen und nehmen Sie zur These Stellung, dass Krisen dieser Art unvermeidbar seien.
3. Stellen Sie aufgrund einer Recherche dar, inwiefern im Zyklus tatsächlich eine Phase der Läuterung eingetreten ist.

Institutionen der Weltwirtschaftsordnung

Die Krise hat noch einmal vor Augen geführt: Eine internationale Steuerung der Globalisierungsprozesse ist nötig. Dazu braucht es internationale Verträge und Institutionen. Reichen die bestehenden aus? Muss man ihnen eine andere Rolle geben?

M 45 Die Organisation der UNO

UNO steht für „United Nations Organization". Die UNO wurde 1945 in San Francisco als Reaktion auf den Zweiten Weltkrieg gegründet. Momentan gehören ihr 191 Nationen auf der ganzen Welt an. Sinn und Ziel der UNO ist es, durch internationale Vereinbarungen den Weltfrieden zu sichern, freundschaftliche Beziehungen zwischen den Mitgliedsländern zu schaffen, internationale Probleme gemeinsam zu lösen und Menschenrechte und Grundfreiheiten für alle zu garantieren. Die UNO ist aus verschiedenen weltweit operierenden Organisationen zusammengesetzt. Sie besteht aber im Wesentlichen aus fünf voneinander unabhängigen Organen. Diese sind u. a. für das Umweltprogramm (UNEP), das Weltkinderhilfswerk (UNICEF) und das Welternährungsprogramm (WFP) zuständig. Die Organisation der Vereinten Nationen ist in folgende Organe unterteilt:

Die Generalversammlung ist das zentrale politische Beratungsorgan aller 191 Mitgliedsstaaten. Sie trifft sich einmal im Jahr von September bis Dezember zu einer ordentlichen Jahrestagung, wobei internationale Probleme erörtert werden. Die von ihr ausgesprochenen Empfehlungen (Resolutionen) sind jedoch unverbindlich, da die Versammlung keine ausführende Gewalt besitzt. Außerordentliche Tagungen finden beispielsweise bei zwischenstaatlichen Konflikten oder humanitären Katastrophen statt.

Das bedeutendste und mächtigste Organ in der UNO ist der Sicherheitsrat. (...)

Der Wirtschafts- und Sozialrat (ECOSOC) ist in der UNO für wirtschaftliche und soziale Fragen zuständig. Er untersteht der Generalversammlung und kann keine eigenen Beschlüsse festlegen, sondern hat lediglich beratende Funktion.

Das Sekretariat organisiert die UN. Das Sekretariat hat u. a. die Aufgabe, Konferenzen zu organisieren und Berichte bzw. Studien zu verfassen.

E-Globalisierung: Vereinte Nationen (UNO), 2005/2006; in: http://www.e-globalisierung.org/kapitel4/7/ (Zugriff: 5.10.2010)

M 46 Weltwirtschaftsordnung: Bereiche und bedeutende Institutionen

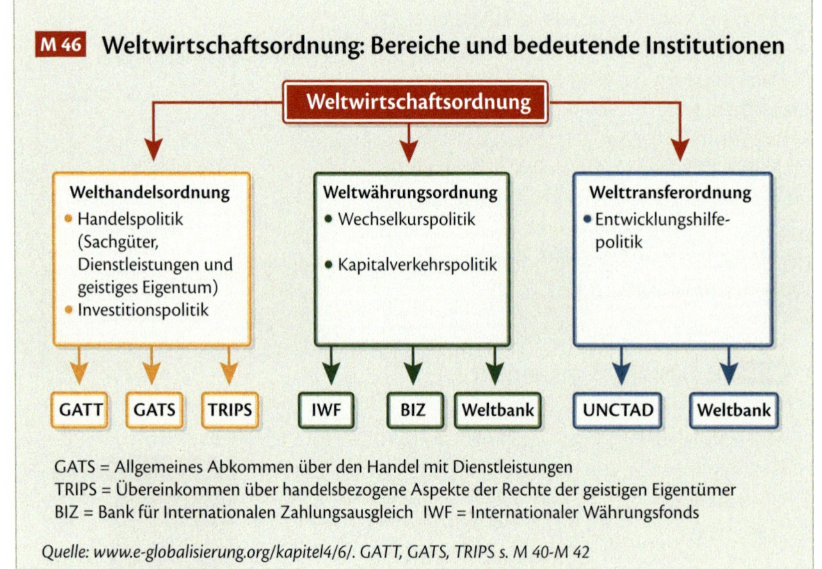

Quelle: www.e-globalisierung.org/kapitel4/6/. GATT, GATS, TRIPS s. M 40-M 42

M 47 Die UNCTAD

UNCTAD: United Nations Conference on Trade and Development

UNCTAD (...), Konferenz der UN für Handel und Entwicklung, Welthandelskonferenz, Spezialorgan der UN-Generalversammlung, gegründet 1964. Hauptziele sind die Förderung des internationalen Handels, v. a. zwischen Industrie- und Entwicklungsländern, Finanz- und Technologietransfer sowie wirtschaftliche Kooperation zwischen den Entwicklungsländern. Im Mittelpunkt der letzten Konferenzen standen v. a. Probleme der Globalisierung und Liberalisierung der Weltwirtschaft sowie eine Umstrukturierung und Neudefinition der UNCTAD als Forum für Analyse, Dialog und Beratung in Fragen der Armutsbekämpfung, technischer Hilfe für die Entwicklungsländer, internationaler Kooperation und wirtschaftliche Entwicklung durch Zusammenwirken von nationaler Entwicklungsstrategie und Globalisierung.

http://lexikon.meyers.de/meyers/UNCTAD (Zugriff: 5.10.2010)

M48 Der IWF

Der Internationale Währungsfond (IWF) (engl.: „International Monetary Fund" – IMF) wurde 1944 in Bretton Woods im US-Bundesstaat New Hampshire gegründet. Er ist eine Sonderorganisation der Vereinten Nationen mit insgesamt 185 Mitgliedsstaaten und hat genau wie die Weltbank (s. M 49) seinen Sitz in Washington, D.C., sollte aber nicht mit ihr verwechselt werden, da er eine Schwesterorganisation der Weltbankgruppe ist. Seit 1946 gab es neun Präsidenten, unter anderem war der *(ehemalige)* Bundespräsident von Deutschland, Horst Köhler, vom 1. Mai 2000 bis zum 4. März 2004 der Vorsitzende des IWF. (...) Wenn ein Amerikaner an der Spitze der Weltbank steht, ist der Präsident des IWF zum Ausgleich immer ein Europäer, da beide Institutionen oft zusammen arbeiten. Die Aufgabe des IWF besteht darin, durch zwischenstaatliche Kooperation der Mitgliedsländer dafür zu sorgen, dass der internationale Markt stabil bleibt. Durch das Mittel der Überwachung soll verhindert werden, dass einzelne Länder den Wechselkurs ihrer jeweiligen Währung in die Höhe treiben und so einem unkomplizierten Ablauf des Handels auf den Weltmärkten im Wege stehen würden. Dies ist sehr wichtig, da jeder Unternehmer, der im Ausland Waren einkauft, sein Geld erst einmal in die ausländische Währung tauschen muss. Wenn zum Beispiel ein Autokonzern in Deutschland bei einem Unternehmen in Russland Bauteile kaufen will, muss er zunächst Euro in Rubel tauschen. Wenn Russland nun den Wechselkurs hochtreiben würde, müsste der deutsche Unternehmer diese anfallenden Gebühren bezahlen. Die Endprodukte, also die Autos, würden dann ebenfalls teurer werden oder der Unternehmer müsste nach einer anderen Firma in einem anderen Land suchen. Dies würde den internationalen Handel beschränken und lähmen. Ebenso würde es den Devisenhandel behindern (Devisenhandel: Kauf ausländischer Währungen, um den ständig wechselnden Kurs zu nutzen, indem man bei gegebener Zeit wieder zurückwechselt. Dies ermöglicht theoretisch unbegrenzten Gewinn). Touristen würden unter einer Anhebung des Wechselkurses ebenfalls leiden, da ein Urlaub im Ausland so für sie zu teuer werden könnte.

E-Globalisierung: Aufgaben des IWF, 2005/2006; in: http://www.e-globalisierung.org/kapitel4/5/ (Zugriff: 5.10.2010)

Der Sitz des Internationalen Währungsfonds (IWF) in Washington

M49 Internationale Bank für Wiederaufbau und Entwicklung (IBRD)

Aufgabe der Weltbank (IBRD, gegründet 1945) ist die Förderung der wirtschaftlichen Entwicklung der Mitgliedsländer und des Lebensstandards der Bevölkerung durch Erleichterung der Kapitalanlagen für produktive Zwecke, durch Förderung privater Direktinvestitionen und des Außenhandels sowie durch Förderung von Maßnahmen zur Armutsbekämpfung. Dazu dienen vor allem die Vergabe von Darlehen (Finanzhilfen), die Gewährung von technischer Hilfe bei Entwicklungsprojekten, Koordinierung von Entwicklungshilfe und Zusammenarbeit mit anderen Entwicklungshilfeorganisationen.

Die Weltbank, die Internationale Entwicklungsorganisation (IDA), die z. B. günstigere Kredite als die Weltbank für ärmere Entwicklungsländer vergibt, die Internationale Finanz-Corporation (IFC), die auch private Direktinvestitionen in Entwicklungsländer fördert, und die Multilaterale Investitions-Garantie-Agentur (MIGA), die Garantien gegen politische Ausfallrisiken von privaten Direktinvestitionen übernimmt, bilden zusammen die Weltbankgruppe.

Bundeszentrale für politische Bildung: Lexikon, Weltbank, in: http://www.bpb.de/popup/popup_lemmata.html?guid=D2XH96 (Zugriff: 5.10.2010)

1. Erstellen Sie ein Schaubild mit den wichtigsten internationalen Organisationen und ihren Aufgaben.
2. Überprüfen Sie, inwieweit diese Institutionen im Falle von Wirtschafts- und Finanzkrisen Einwirkungsmöglichkeiten besitzen.

G7/G8 und die Weltwirtschaftskonferenz

Die wirtschaftlich größten sieben bzw. mit Russland acht Industriestaaten haben sich zusammengeschlossen, um gemeinsam Einfluss auf die Weltwirtschaft auszuüben.

M 50 Staaten der G 8

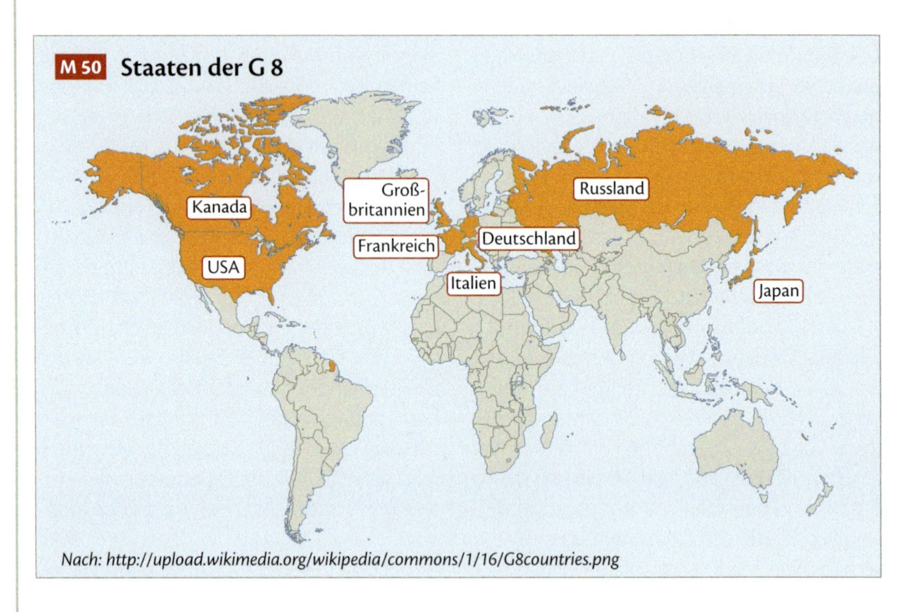

Nach: http://upload.wikimedia.org/wikipedia/commons/1/16/G8countries.png

M 51 Bevölkerung und Wirtschaftsleistung der G8-Staaten

2005	Welt	G8	G8 in %
Bevölkerung (in Mio.)	6438	860	13,3
Wirtschaftsleistung (in Bio. US-$)	44 983	28 667	63,7

Quelle: Statistisches Bundesamt: Press release No. 224, 1.6.2007

M 52 Die Gruppe der 8

Die G8 erwirtschaften etwa zwei Drittel des Weltsozialprodukts, sie bestreiten knapp die Hälfte des Welthandels, sie stellen drei Viertel der weltweiten Entwicklungshilfe, und sie 5 sind die größten Beitragszahler in den internationalen Organisationen. Zudem stellen die USA, Russland, das Vereinigte Königreich und Frankreich vier der fünf ständigen Mitglieder des Weltsicherheitsrates. Das Konsens- 10 prinzip im Kreis der G8 führt dazu, dass ein einmal gefällter Beschluss mit der ganzen Energie der größten Industrienationen der Welt umgesetzt werden kann.
Die Gruppe der Acht ist keine internationale 15 Organisation mit einer eigenen Verwaltung. Es handelt sich um eine informelle Allianz von Nationalstaaten, die auf den gemeinsamen Grundwerten von Freiheit und Demokratie, Menschenrechten und Rechtsstaat- 20 lichkeit, Marktwirtschaft und Freihandel Verantwortung für globale Fragen übernimmt. Aufgrund dieser lockeren Strukturen gewinnt die Rolle des G8-Vorsitzenden eine besondere Bedeutung. (...) Trotz des ursprünglich in- 25 formellen Charakters der Zusammenkünfte haben sich mittlerweile Strukturen herausgebildet, die angesichts der immensen Bedeutung der Gipfel für optimale Vorbereitung und Durchführung sorgen.
30 Eine zentrale Rolle dabei spielen die Sherpas, die persönlichen Beauftragten der Staats- und Regierungschefs. Die G8-Präsidentschaft lädt die Sherpas mehrmals jährlich zu Arbeitstreffen in ihr Land ein, um den Gipfel 35 vor- und nachzubereiten. (...) Den Sherpas arbeiten vier Mitarbeiter eng zu, die sich ebenfalls regelmäßig auf G7- und G8-Ebene treffen. Es handelt sich dabei um die Finanz-Sous-Sherpas, die Außenamts-Sous-Sherpas, 40 die Politischen Direktoren und eine Gruppe hoher Beamter für Fragen der Nichtverbreitung von Massenvernichtungswaffen (Senior

Sherpas sind ein Volk im Himalaya. Da viele von ihnen bei Hochgebirgsexpeditionen mitarbeiten, wird der Name „Sherpa" häufig synonym für Hochgebirgsträger gebraucht.

Group). In der Regel handelt es sich bei den Sous-Sherpas um Abteilungsleiter des Auswärtigen Amtes und des Bundesministeriums für Finanzen.
In ihrer Arbeit unterstützt und beraten werden die Staats- und Regierungschefs darüber hinaus von Expertengruppen: Diese werden mit einem kurz- bis mittelfristigen Arbeitsmandat versehen und lösen sich auf, nachdem sie ihre Aufgaben erfüllt haben. Die Ergebnisse und Empfehlungen der G8-Expertengruppen fließen in die Arbeiten von entsprechenden internationalen Gremien ein. Die G8-Außenminister treffen sich jährlich vor dem Gipfel, um aktuelle außenpolitische Herausforderungen aufzugreifen. (...)
Meist organisieren die G8 einen sogenannten „Outreach", bei dem zu den Weltwirtschaftsgipfeln auch Nichtmitglieder der G8 eingeladen werden.
Bundesministerium für Wirtschaft und Technologie: Die Gruppe der G8. Struktur und Prozess, Berlin 2010, in: http://www.bmwi.de (Zugriff: 6.10.2010)

M 53 Die Struktur des G8-Treffens 2007 in Heiligendamm

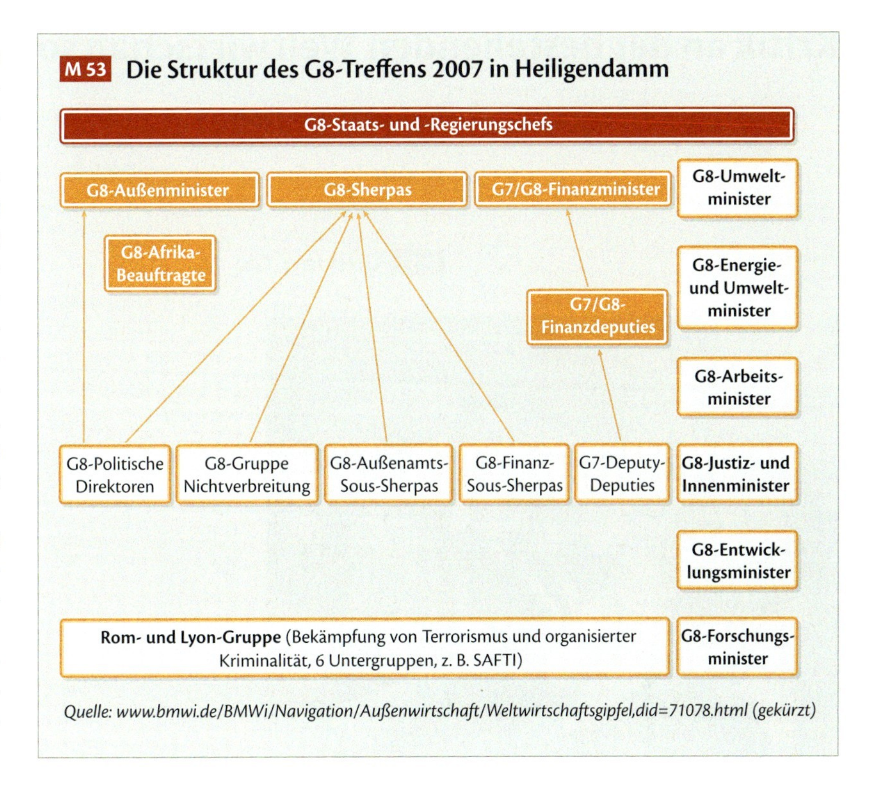

Quelle: www.bmwi.de/BMWi/Navigation/Außenwirtschaft/Weltwirtschaftsgipfel,did=71078.html (gekürzt)

M 54 Weltwirtschaftsgipfel seit 1975

Seit 1975 treffen sich die Staats- und Regierungschefs der sieben führenden westlichen Industrieländer Deutschland, Frankreich, Großbritannien, Italien, Japan, Kanada, USA (G-7-Staaten) sowie der Präsidenten der Europäischen Kommission mit dem Ziel, Probleme der Weltwirtschaft einer Lösung näher zu bringen. Neben globalen wirtschafts-, entwicklungs- und währungspolitischen Fragen werden auch wirtschaftlich relevante Sonderprobleme der Weltpolitik erörtert (z.B. Terrorismus, Drogen- und Waffenhandel, organisierte Kriminalität, Kernenergie, bewaffnete Konflikte, Umweltschutz, Schuldenkrise, Transformationsprozess in Mittel- und Osteuropa). Seit 1994 nimmt auch der Präsident Russlands als gleichberechtigter Partner an den Beratungen zu politischen Fragen teil, seit 1998 als Vollmitglied. Seitdem wird auch von den G8-Staaten gesprochen.
Bereits beim ersten Weltwirtschaftsgipfel im französischen Rambouillet 1975 zeigten sich die Schwierigkeiten aller späteren Treffen exemplarisch: Wichtiges Ziel des Treffens der zu dieser Zeit weltgrößten Volkswirtschaften USA, Großbritannien, Deutschland, Japan, Frankreich und Italien war eine Lösung für die damalige Währungskrise. Zwei Jahre zuvor war das als Bretton-Woods bekannte System fester Wechselkurse (*s. S. 91*) unter Führung des US-Dollars zusammengebrochen.
Dennoch konnten sich die sechs Teilnehmerstaaten des Weltwirtschaftsgipfels nicht einigen, ob wieder feste Wechselkurse eingeführt werden sollten. Frankreich warb dafür, die USA lehnten dies kategorisch ab. Der Gipfel endete in diesem Punkt mit einer Einigung auf den kleinsten gemeinsamen Nenner: Die Schlusserklärung enthielt lediglich einige Sätze, in denen die Teilnehmer ihren Willen bekundeten, etwas gegen die Krise zu tun.
Daniel Schulz in: http://www.eurotopics.net/de/magazin/magazin_archiv/g8_heiligendamm_2007_06/weichenstellungen_schulz_g8/ (Zugriff: 11.12.2010)

1 Analysieren Sie die Zusammensetzung der G8 im Hinblick auf die politische und wirtschaftliche Bedeutung der Mitgliedsländer. Berücksichtigen Sie auch die wirtschaftliche Bedeutung Chinas.

2 Beurteilen Sie, inwiefern die G8 als Krisenbewältigerin taugt.

Kritik an der bestehenden Weltwirtschaftsordnung

Als Gegenentwurf zum Weltwirtschaftsgipfel wird seit vielen Jahren der Weltsozialgipfel bzw. das Weltwirtschaftsforum durchgeführt. Welche Alternativen bietet diese Institution zum Vorgehen der Industrieländer?

M55 Go home, G8!

Rostock: Demonstrationen in Rostock gegen das G8-Treffen in Heiligendamm Anfang Juni 2007

Drei Gründe, weshalb das Gipfeltreffen (der G8) in seiner aktuellen Form abgeschafft werden muss: Der erste Grund heißt „Rostock". G8 und ähnliche Mega-Events üben eine magische Anziehungskraft auf Polit-Kriminelle wie den „Schwarzen Block" aus – genauso wie für die geladenen Teilnehmer, die friedlichen Demonstranten und die Medien. Nicht die Agenda ist der Aufmarschgrund, sondern die Aufmerksamkeit, das knappste politische Gut überhaupt. Wo sonst kann man sich besser in Szene setzen, weltweit und in Echtzeit? (...)

Doch machen wir uns nichts vor: An dieser Inszenierung beteiligen sich nicht nur Autonome und Kapuzenmänner, die ihre klammheimliche Freude daran haben, die ernsthaften und idealistischen Demonstranten zu diskreditieren, indem sie aus ihrer Mitte heraus (übrigens mit hoher taktischer Brillanz, von der die Polizei noch einiges lernen könnte) Gewalt und Chaos säen. Auch für Merkel, Bush und Kollegen ist das Medium die Message – und das ist der zweite Grund, weshalb dieser Aufmarsch der Tausende künftig abgesagt werden sollte.

Denn auf der G8-Bühne, im Brennpunkt globalisierter Aufmerksamkeit, entsteht ein unwiderstehlicher Sog, die anderen Akteure an die Wand zu spielen, ihnen die Show zu stehlen. Auch hier verdrängt das Theater die Thematik. (...)

Was zum dritten Grund führt, weshalb die G8 in dieser Form abgeschafft werden muss: Schon lange ist dieser Auftrieb für die Chefs eine unwiderstehliche Versuchung zum Posieren geworden, weil Regieren (oder wenigstens Konsultieren) in diesem Rahmen unmöglich ist. Seit vielen Jahren steht das Kommuniqué schon fest, bevor sich die Prinzipale überhaupt getroffen habe. Seit vielen Jahren werden in diesem Konklave nicht die Entscheidungen getroffen, für welche die G7, dann G8 geschaffen worden ist. Einst ging es um globale Konjunktursteuerung, dann weitete sich das Themenfeld aus: Globalisierung, Entwicklungshilfe, Klimapolitik.

Lauter richtige Ziele, aber vor allem sollte das Gebot der Vertraulichkeit die Regie führen, der ruhige Gedankenaustausch, die informelle Verständigung. Das ist vorbei und perdu. Der Tross ist immer größer geworden, die Journalistenschar geht in die Tausende. Die sorgfältig inszenierten photo opportunities verstellen die Sache selber – und erst recht sorgt dafür der Kampf um globale Aufmerksamkeit zwischen Regierenden und Protestierenden. Der Zaun ist wichtiger geworden als der Gegenstand, der Protest wichtiger als das Projekt.

Josef Joffe: Go home, G8!, in: Die Zeit, 5.6.2007, in: http://www.zeit.de/online/2007/23/g8-abschaffen (Zugriff: 6.10.2010)

M56 Die mit gutem Beispiel vorangehen

Zeichnung: Sakurai

M57 Das Weltsozialforum – Charta der Prinzipien

1. Das Weltsozialforum ist ein offener Treffpunkt für reflektierendes Denken, demokratische Debatte von Ideen, Formulierung von Anträgen, freien Austausch von Erfahrungen und das Verbinden für wirkungsvolle Tätigkeit, durch und von Gruppen und Bewegungen der Zivilgesellschaft, die sich dem Neoliberalismus und der Herrschaft der Welt durch das Kapital und jeder möglichen Form des Imperialismus widersetzen und sich im Aufbauen einer planetarischen Gesellschaft engagieren, die auf fruchtbare Verhältnisse innerhalb der Menschheit und zwischen dieser und der Erde engagieren. (...)
3. Das Weltsozialforum ist ein Weltprozess. Alle Versammlungen und Konferenzen, die als Teil dieses Prozesses abgehalten werden, haben eine internationale Dimension.
4. Die auf dem Weltsozialforum vorgeschlagenen Alternativen stehen in Opposition zu einem Prozess der Globalisierung, der befohlen wird von den großen multinationalen Konzernen und von den Regierungen und internationalen Institutionen, die den Interessen jener Konzerne zu Diensten sind, unter der Mittäterschaft nationaler Regierungen. Diese Alternativen sind so gestaltet, dass eine Globalisierung in Solidarität als vorherrschendes neues Stadium in der Weltgeschichte sichergestellt wird. (...)
5. Das Weltsozialforum bringt Organisationen und Bewegungen der Zivilgesellschaft aus allen Ländern in der Welt nur zusammen und verbindet sie, aber beabsichtigt nicht, eine Institution zu sein, welche die Weltzivilgesellschaft repräsentiert. (...)
8. Das Weltsozialforum ist ein pluraler, breit gefächerter, nicht-konfessioneller, nichtstaatlicher und nicht-parteiischer Zusammenhang, der auf dezentralisierte Art und Weise die Organisationen und Bewegungen verknüpft, die durch konkrete Aktionen von der lokalen bis zur internationalen Ebene dabei mitwirken, eine andere Welt aufzubauen. (...)
10. Das Weltsozialforum widersetzt sich allen totalitären und reduktionistischen Ansichten der Wirtschaft, der Entwicklung und der Geschichte, und dem Einsatz von Gewalttätigkeit als Mittel der Sozialsteuerung durch den Staat. Es unterstützt Respekt für die Menschenrechte, die Praxis echter Demokratie, partizipatorische Demokratie, friedliche Beziehungen in Gleichheit und Solidarität zwischen Menschen, Ethnien, Geschlechtern und Völkern, und verurteilt alle Formen von Herrschaft und jede Unterdrückung eines Menschen durch einen anderen. (...)
14. Das Weltsozialforum ist ein Prozess, der seine Teilnehmerorganisationen und -bewegungen anregt, ihre Tätigkeiten in die Zusammenhänge von lokalen bis nationalen Ebenen hineinzustellen, und aktive Teilnahme im internationalen Kontext zu suchen, als Anliegen einer planetarischen Staatsbürgerschaft, und in die globale Agenda ihre Veränderung hervorbringenden Praktiken, mit denen sie experimentieren, eine neue Welt in Solidarität aufzubauen, einzubringen.

http://weltsozialforum.org/prinzipien/index.html (Zugriff: 6.10.2010)

M58 Afrikas Agenda ist anders

Zeichnung: Shapiro

1 Arbeiten Sie die Unterschiede zwischen den Argumentationen in **M 55** und **M 57** heraus.

2 Analysieren Sie die Kritik an der G8-Politik und nehmen Sie Stellung dazu.

3 Analysieren Sie vergleichend die Themenlisten der G8-Foren und die Charta des Weltsozialforums.

4 Nehmen Sie Stellung zur Frage, inwiefern das Weltsozialforum ein Ersatz oder eine Ergänzung zum Weltwirtschaftsgipfel sein kann.

Themen und Hinweise

Mögliche Themen für Referate und Themenbereiche von Facharbeiten

Hinweis: Die konkrete Themenstellung der Facharbeit kann nur in engem Kontakt mit der betreuenden Fachlehrerin bzw. dem Fachlehrer festgelegt werden.

- Die DOHA-Runde der WTO – Gründe für ihr Scheitern
- Die Forderungen der Entwicklungsländer an die Institutionen der Weltwirtschaft
- Die Rolle der EU bei Handelsliberalisierungen im Rahmen der WTO
- Handelspolitische Auseinandersetzungen zwischen den USA und der EU
- Der Weltwirtschaftsgipfel auf Hokkaido – Ergebnisse und Kritikpunkte
- Das Weltsozialforum in ... – Ergebnisse und Kritikpunkte
- Was ist „Neoliberalismus"?
- Kritik des „Neoliberalismus" durch die Globalisierungskritiker
- Fairer Handel – der Weg in eine neue Weltwirtschaftsordnung?

Zur Übung und Vertiefung

- Analysieren Sie den Text der Bundesregierung unter ***www.bundesregierung.de/Content/DE/Magazine/emags/economy/2006/036/schwerpunkt-g-8-und-deutschlands-aussenhandel.html***
- Analysieren Sie den Text aus dem Grundsatzprogramm des Deutschen Gewerkschaftsbundes im Hinblick auf die Vorstellungen zu einer Weltwirtschaftsordnung: ***www.dgb.de/dgb/grundsatzprog/gestaltung/index_html#cstart5***
- Analysieren Sie den Text ***www.weltpolitik.net/attachment/0644a930ba1074b5cca2acd4809cbed5/bff7228a3d5b4bfa795c41ecf6ac8778/DGAP_Analyse_30.pdf***
- Analysieren Sie den Text unter ***www.iwp.uni-koeln.de/DE/Publikationen/komment/pdf-Dateien/OK0704.pdf*** und nehmen Sie Stellung zur Position.
- Analysieren Sie den Text der Gewerkschaft ver.di zur Globalisierung: ***http://jugend.verdi.de/interessenvertretung/service/jav/jav-konferenzen/dritte_jav-konferenz/themen/gewerkschaft_und_gesellschaft/#2***
- Analysieren Sie den Text des Wirtschaftswissenschaftlers Johann Eekhoff zur Globalisierung: ***www.buergerimstaat.de/4_99/ende05.htm***
- Analysieren Sie die Rede des Präsidenten des Verbands der Automobilindustrie Gottschalk zur Globalisierung: ***www.ihk-nordwestfalen.de/medienservice/bindata/Rede_Gottschalk.pdf***
- Analysieren Sie den Text von Gert Wagner zur Globalisierung: ***www.das-parlament.de/2006/47/Thema/005.html***
- Analysieren Sie die Position des BDA zur Globalisierung: ***www.bda-online.de/www/bdaonline.nsf/id/B7987861133B5C35C125708B003F81EA/$file/VAD_51.pdf***
- Analysieren Sie den Text unter ***www.iwp.uni-koeln.de/DE/Publikationen/komment/k071003.htm*** und nehmen Sie Stellung zur Position des Autors.
- Analysieren Sie den Text unter ***www.swg-hamburg.de/Wirtschaftspolitik/Notwendige_Nationalokonomie.pdf*** und nehmen Sie Stellung zur Position des Autors.

Hinweise zur Weiterarbeit

- ***www.bpb.de/themen/LOI2D1,0,Neue_globale_%D6konomie.html*** – Schwerpunkt der Bundeszentrale für politische Bildung
- ***http://dip.bundestag.de/btd/14/092/1409200.pdf*** – Schlussbericht der Enquête-Kommission des Deutschen Bundestags zur Globalisierung
- ***www.wupperinst.org/globalisierung*** – Beiträge zu den Verlaufsformen und Folgen der wirtschaftlichen Globalisierung (Wuppertal-Institut)
- ***www.weltsozialforum.org*** – Seite des Weltsozialforums
- ***www.sef-bonn.org/de/indexII.php*** – Stiftung Entwicklung und Frieden

4 Nachhaltige Entwicklung der Einen Welt

Die Globalisierung mischt die Karten neu. Einige ehemalige Entwicklungsländer haben große Chancen, zu Industrieländern zu werden. Eine Dritte Welt scheint es nicht mehr zu geben. Und doch gibt es noch einen Kontinent, der mit Abstand der ärmste und von der Weltwirtschaft am meisten abgekoppelte ist. Er hatte auch am meisten unter dem Kolonialismus zu leiden: Afrika.
Das Kapitel soll es Ihnen ermöglichen, die ungleiche Verteilung auf der Welt anhand einiger Gebiete beispielhaft zu erläutern und mithilfe von Theorien erklären zu können. Sie sollten in der Lage sein, das Modell der Nachhaltigkeit in Bezug auf die ungleiche Entwicklung anwenden und seine Erfolgsaussichten einschätzen zu können.

Eine Welt? – Ungleichheit am Beispiel Afrikas

Afrika ist der Teil der Welt, der die Entwicklungspolitiker vor die größten Herausforderungen stellt: Der Kontinent scheint von der Globalisierung weitgehend abgekoppelt, wird aber von Finanz- und Wirtschaftskrisen am härtesten getroffen. Die Bevölkerung wächst am stärksten von allen Kontinenten, obwohl die Sterblichkeit u. a. an AIDS die höchste ist.

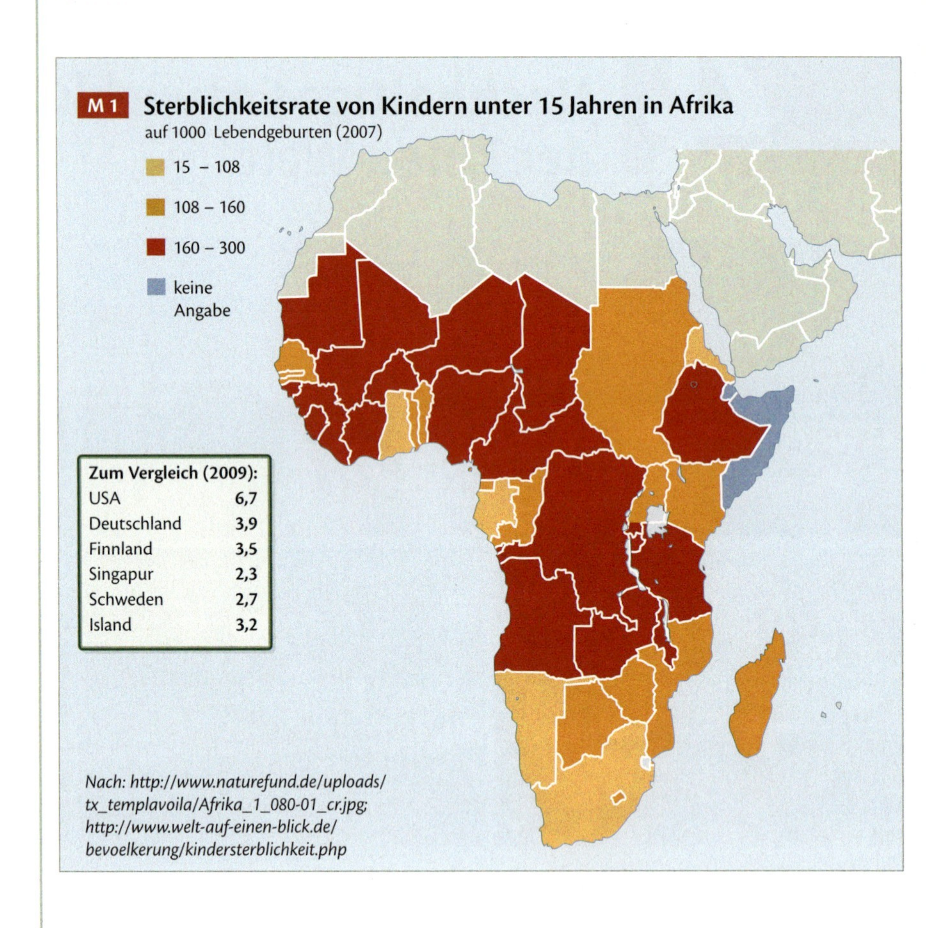

M2 Ungleiche Entwicklung

Zwar hinkte Afrika schon seit der Unabhängigkeit in den 1960er-Jahren im Wachstum etwas hinter anderen Regionen hinterher, doch zeigte beispielsweise Nigeria günstigere Entwicklungs-Indikatoren als Indonesien, der Kongo (das spätere Zaire) bessere als Südkorea und die Elfenbeinküste vergleichbare mit Indonesien. Ghana sowie Uganda schienen in mancher Hinsicht bessere Ausgangsbedingungen aufzuweisen als Südkorea. Dennoch hat sich seit den 1970er-Jahren eine deutliche Wachstumslücke zwischen den afrikanischen und asiatischen Staaten aufgetan: Das afrikanische Durchschnittseinkommen pro Kopf stagniert, der bereits um 1960 geringe Anteil Afrikas am Welthandel ist weiter geschrumpft, und die afrikanischen Exporterlöse beruhen weiterhin vorrangig auf einer sehr begrenzten Zahl von Primärprodukten, bei denen afrikanische Exporteure überdies zunehmend Weltmarktanteile verlieren. Bemerkenswerterweise hat dieser ökonomische Niedergang den Wechsel von hochprotektionistischen zu weitgehend liberalisierten Volkswirtschaften überdauert und konnte auch durch die enormen internationalen Entwicklungshilfeleistungen – die sich seit 1960 auf ca. 500 Milliarden € belaufen – nicht gebremst werden.

Bundesministerium für wirtschaftliche Zusammenarbeit und Entwicklung: Zentrale Herausforderungen für wirtschaftliche Entwicklung in Afrika südlich der Sahara, Bonn 2007, S. 3

M3 Entwicklung in ausgewählten afrikanischen und anderen Ländern

Staat	Unabhängig seit	Bevölkerung in Mio.		Lebenserwartung in Jahren		Entwicklung der Bevölkerung (%)	Entwicklung der Lebenserwartung (%)
		1960	2010	1960	2010		
Angola	1975	5,01	18,99	34	49	379,04	144,12
Äthiopien	keine Kolonie	22,55	84,98	40	57	376,85	142,50
Burkina Faso	1960	4,72	16,29	39	55	345,13	141,03
Elfenbeinküste	1960	3,45	21,57	42	60	625,22	142,86
Ghana	1957	6,79	24,33	47	58	358,32	123,40
Kamerun	1960	5,40	20,00	43	53	370,37	123,26
Kenia	1963	8,10	40,86	48	57	504,44	118,75
Kongo, DR	1960	15,39	67,83	42	49	440,74	116,67
Nigeria	1960	45,15	158,26	39	49	350,52	125,64
Südafrika	1910	17,40	50,49	50	53	290,17	106,00
Uganda	1962	6,79	33,80	45	56	497,79	124,44
USA		186,33	317,64	70	80	170,47	114,29
Deutschland		72,82	82,06	70	81	112,69	115,71
China		649,18	1361,77	50	74	209,77	148,00

Eigene Berechnungen, Datengrundlage: Fischer Weltalmanach 2010. Zahlen – Daten – Fakten, Frankfurt/Main 2009, S. 11 ff.

M4 Afrikas Rohstoffe

Afrikas Rolle in der Weltwirtschaft besteht seit jeher vor allem in seiner Bedeutung als Exporteur von Rohstoffen. Große Teile der bekannten Weltvorkommen strategisch bedeutender Rohstoffe befinden sich in Afrikas Lagerstätten. Metalle und andere Mineralien, Erdöl und Erdgas sowie eine breite Spanne nicht oder wenig verarbeiteter Agrarprodukte machten nach Angaben der Welthandels-Organisation im Jahre 2003 rund zwei Drittel des afrikanischen Exporthandels aus. Der Reichtum an Ressourcen des Kontinents könnte eine Quelle von Entwicklung und Wohlstand sein; in der Realität jedoch ist die Abhängigkeit von Rohstoffexporten gleichermaßen Ursache und Folge von Unterentwicklung.
Obwohl die arbeitsintensive Agrarexport-Produktion von Preisfluktuationen und Protektionismus betroffen ist, schafft sie jedoch zumindest Arbeits- und Einkommensmöglichkeiten für breitere Bevölkerungsschichten. Dagegen hat sich der Reichtum gerade an mineralischen Rohstoffen, dessen Förderung meist kapitalintensiv ist und wenig Arbeitsplätze schafft, in vielen Ländern (nicht nur) Afrikas geradezu in einen „Fluch" verwandelt.

Axel Harneit-Sievers: Rohstoffe für den Export, in: http://www.bpb.de/themen/RQMPAL,0,0, Rohstoffe_f%FCr_den_Export.html (Zugriff: 26.9.2010)

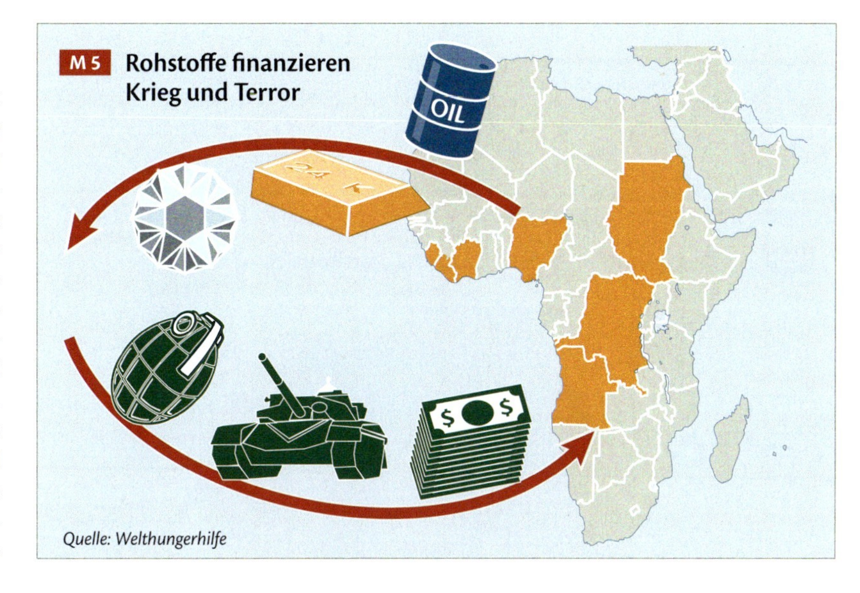

Quelle: Welthungerhilfe

1 Stellen Sie die unterschiedliche Entwicklung in den 50 Jahren zwischen 1960 und 2010 zwischen ausgewählten afrikanischen und ausgewählten anderen Ländern fest.

2 Beurteilen Sie, inwiefern die Entwicklung in Afrika den Begriff der Unterentwicklung rechtfertigt.

Welche Ursachen hat die Unterentwicklung Afrikas?

Die Gründe für die heutige Situation Afrikas werden in exogenen und endogenen Faktoren gesehen, die je nach Sichtweise unterschiedlich gewichtet werden.

Der Begriff **Unterentwicklung** ist umstritten. Kritiker wenden sich vor allem dagegen, dass er davon ausgeht, dass sich die Entwicklung in der „Dritten Welt" am Verlauf der westlichen Modernisierungen auszurichten habe, die vom Wandel der Agrar- zur Industriegesellschaft gekennzeichnet sei. Diese Verallgemeinerung der westlichen Erfahrungen habe dazu geführt, dass eine „Dritte Welt" von Seiten des Westens konstruiert wurde, die gerade nicht dieselben historischen Erfahrungen hatte.

M6 Kolonialismus

Die wirtschaftlichen und politischen Auswirkungen der Kolonialherrschaft auf afrikanische Gesellschaften waren tiefgreifend. Traditionelle politische und administrative Systeme wurden entweder im Rahmen der direkten Herrschaft zerschlagen oder deren Führer durch Einbindung in die indirekte Herrschaft teilweise diskreditiert. Gleichzeitig führte die indirekte Herrschaft häufig zur Verschärfung von Konflikten zwischen Volksgruppen. (...) Außerdem verpflichteten sie vor allem Soldaten der als kriegerisch geltenden Volksgruppen aus dem Norden Ugandas, um das Territorium militärisch unter Kontrolle zu halten. Dieser Fall ist exemplarisch für eine Politik des Prinzips „Teile und Herrsche", die wesentlich zur Vertiefung innenpolitischer Konflikte beitrug und Nährboden für spätere gewaltsame Auseinandersetzungen zwischen Volksgruppen war.Eine weitere Auswirkung der Kolonialherrschaft war das Heranwachsen einer neuen afrikanischen Elite, die sich vor allem aus Verwaltungsbeamten, aus erfolgreichen Unternehmern und Missionsschülern rekrutierte. Sie ging zum Teil aus der traditionellen Elite hervor, versuchte sich aber auch von ihr abzugrenzen und sah sich in Konkurrenz zu ihr. Ein weiterer, negativer politischer Effekt der Kolonialherrschaft bestand darin, dass in ihr der Staat und seine Vertreter als Unterdrücker, Kontrolleure und Ausbeuter auftraten. Dies sollte die Einstellung der meisten afrikanischen Gesellschaften gegenüber dem Zentralstaat für Generationen beeinflussen.

Die Ausrichtung der Infrastrukturnetze auf den an den Interessen der Kolonialmächte ausgerichteten Zweck, landwirtschaftliche sowie mineralische Kerngebiete mit Häfen und Verwaltungszentren zu verbinden, behinderte in der nachkolonialen Phase die Integration der jeweiligen Volkswirtschaften. Sie begünstigt bis heute internationale Wirtschaftsstrukturen, bei der die ehemaligen Kolonialgebiete überwiegend die Rolle des Lieferanten mineralischer und landwirtschaftlicher Rohstoffe spielen. (...)

Ebenfalls in einer späteren Phase trat ein, was gegenwärtig für eine der entscheidenden Auswirkungen der Kolonialherrschaft gehalten wird: die Verbesserung des Gesundheitswesens und damit die einschneidende Senkung der Sterblichkeitsraten. In Verbindung mit gleichbleibend hohen Geburtenraten verursachte sie ein hohes Bevölkerungswachstum in Afrika südlich der Sahara. (...)

Der Streit darüber, ob der Kolonialismus Afrika grundlegend verändert hat oder ob traditionelle Strukturen noch immer das Leben in Afrika so sehr bestimmen, dass die Phase kolonialer Unterwerfung eine Episode war, ist müßig. Kapitalismus, Christentum und Islam, das Konzept des Nationalstaats und westliche Werte erfuhren durch ihren Kontakt mit afrikanischen Kulturen einschneidende Umformungen, wie sie auch diese Kulturen grundlegend modifizierten.

Stefan Mair: Ausbreitung des Kolonialismus, in: Afrika I, Informationen zur politischen Bildung 264

M7 Kolonialismus in Afrika, 15. bis 20. Jahrhundert

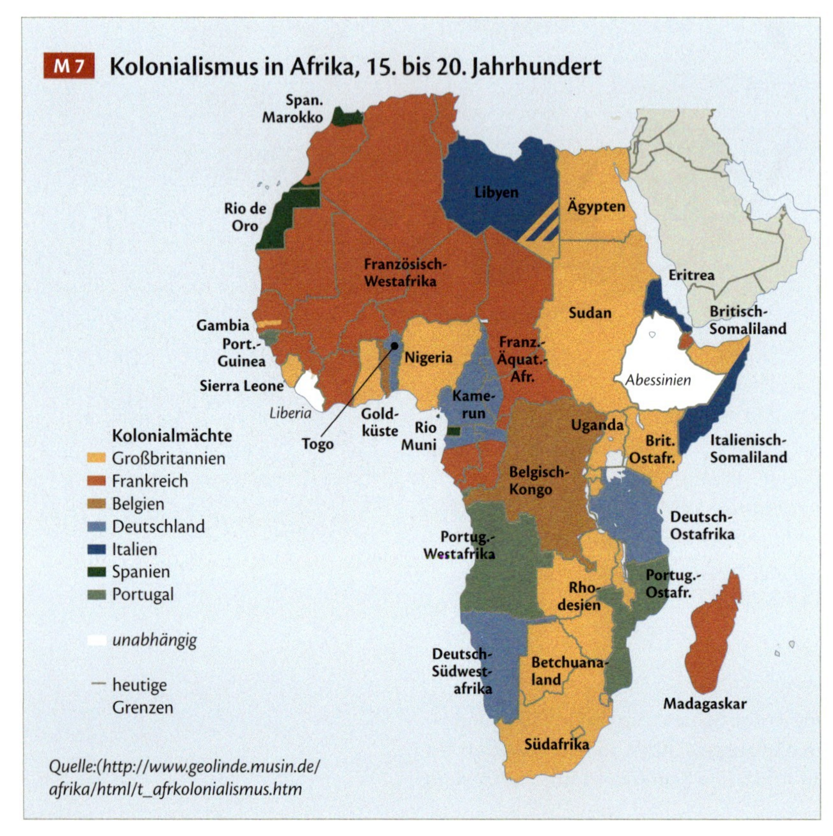

Quelle:(http://www.geolinde.musin.de/afrika/html/t_afrkolonialismus.htm

M8 Endogene Ursachen

In dem Reader „Streit um Werte. Wie Kulturen den Fortschritt prägen" hat ein afrikanischer Sozialwissenschaftler namens Daniel Etounga-Manguelle (...) die alarmierende These aufgestellt und mit mehreren empirisch nachprüfbaren Argumenten erhärtet, dass Afrika bei „einer enormen Zahl von Subkulturen" doch über „ein Fundament von gemeinsamen Werten, Einstellungen und Institutionen" verfüge, das die Nationen verbinden würde. (...)
Als solche kulturellen Verhaltensweisen, die überwunden werden müssten, werden unter anderen die folgenden genannt:
- Hierarchische Distanz zwischen Vorgesetzten und Untergebenen, was Privilegien- und Pfründenwirtschaft begünstigen würde;
- schwache Kontrollen der Ungewissheit; diese bestünden nicht in Technologie oder Recht, sondern in Magie und Religion. „In Afrika lastet die Macht der Religion noch immer auf dem Individuum wie auf dem kollektiven Schicksal", die das menschliche Vermögen zur Änderung der Verhältnisse lähmt;
- die Bevorzugung der Gemeinschaft auf Kosten der Entfaltungschancen des Individuums: „Der Begriff der individuellen Verantwortung kommt in den überzentralisierten traditionellen Strukturen Afrikas nicht vor";
- Hexerei und Irrationalitäten fungieren als Instrumente des sozialen Zwangs, um Individualität und Widerstand im Interesse der sozialen Egalität zu unterbinden;
- Exzessive Geselligkeit und Scheu vor offenen Konflikten: „Differenzen, die sonst die Grundlage des sozialen Lebens sind, werden entweder nicht wahrgenommen oder aber ignoriert, um den Schein eines sozialen Zusammenhalts aufrechtzuerhalten";
- Sparen und wirtschaftlich Planen für die Zukunft gehört nicht zu den afrikanischen Tugenden (unmodernes Zeitempfinden; „ineffizienter Homo oeconomicus").

Rainer Tetzlaff: Kulturelle Globalisierung oder „Does culture matter?", in: Mir A. Ferdowsi (Hg.): Weltprobleme, Bonn: Bundeszentrale für politische Bildung 2008, S. 83 f.

endogen: innerhalb eines Organismus entstehend

M9 Exogene Ursachen

Gemeint sind Einflüsse, die vom Umfeld der Entwicklungsländer, die ja Teil des internationalen Systems sind, ausgehen.
Kolonialismus: Von wenigen Ausnahmen – zum Beispiel Äthiopien und Liberia – abgesehen wurden die Länder der Dritten Welt im Zeitalter des Kolonialismus durch die Kolonialmächte ihrer politischen, ökonomischen und soziokulturellen Selbstständigkeit beraubt. Die „Mutterländer" richteten ihre Kolonien auf ihre Interessen aus und zwangen sie in eine ungleiche internationale Arbeitsteilung hinein. (...)
Außenwirtschaftliche Ausbeutung: (Es) wird die auf Rohstoffe konzentrierte Exportstruktur der Entwicklungsländer als nachteilig hervorgehoben, weil bei den überwiegend von den Industrieländern hergestellten und exportierten Fertigwaren die größeren Lerneffekte, technologischen Fortschritte und Verdienstspannen anfielen. Es handele sich also um ein ungleiches Warenaustauschverhältnis zu Lasten der Dritten Welt.
Strukturelle Abhängigkeit: (...) Auch nach der formalen politischen Unabhängigkeit der ehemaligen Kolonien seien die Entwicklungsländer in ein internationales System eingebunden, dessen Struktur weiterhin durch eine „strukturelle Abhängigkeit" der Dritten Welt (auch als Peripherie bezeichnet) von den industriellen Zentren (auch Metropolen genannt) gekennzeichnet sei. Die Dritte Welt werde mithilfe dieser Strukturen weiter „unterentwickelt gehalten". Das gelte nicht nur für den ökonomischen, sondern auch für den kulturellen Bereich.

Uwe Andersen: Entwicklungsdefizite und mögliche Ursachen, in: Informationen zur politischen Bildung: Entwicklung und Entwicklungspolitik, Bonn 2005

exogen: außerhalb eines Organismus entstehend

Aufbruch zu einer Reise ins Landesinnere, Deutsch-Ostafrika (heute Tansania), um 1905

1 Analysieren Sie die Merkmale von Unterentwicklung in Afrika. Welche haben wahrscheinlich endogene, welche exogene Ursachen?

2 Erörtern Sie anhand der Grenzziehungen in Afrika die Auswirkungen den Kolonialismus.

3 Erläutern Sie, ob der Kolonialismus die Grundlagen der heutigen Unterentwicklung gelegt hat.

Worin besteht die Unterentwicklung?

Wenn von Unterentwicklung oder mangelnder, schwacher bzw. defizitärer Entwicklung die Rede ist, ist immer ein komplexer Zusammenhang von Problemen gemeint. Dennoch lassen sich grundlegende Merkmale bestimmen, die Unterentwicklung ausmachen.

Von der British Navy festgenommene somalische Piraten, April 2010. Somalia gilt als fragiler Staat (failed state, s. M 13)

M 10 Indikatoren von Unterentwicklung

Unterentwicklung ist eine Erscheinung, deren Ausprägung sowohl im wirtschaftlichen als auch im sozialen und politischen Bereich in Erscheinung tritt. Auf dieser Grundannahme basierend müssen nun, um eine differenzierte Aussage über die individuellen Strukturen, Prozesse und Probleme eines Landes erhalten zu können, möglichst alle Merkmale aus Gesellschafts- und Lebensbereichen herangezogen werden. Da naturgemäß eine Auflistung von Merkmalen unvollständig bleibt, sollten diese ausgewählt werden, die möglichst die wichtigsten Aspekte eines Landes (...) erfassen.

Als einer der wichtigsten Indikatoren gilt dabei das Bruttosozialprodukt (BSP) – teilweise umgerechnet auf pro Kopf. Ein solcher Indikator ist im Grunde genommen unbrauchbar, wenn nicht gleichzeitig weitere Faktoren beachtet werden: Der statistische Durchschnittswert sagt nämlich nichts über die Verteilung des Einkommens aus.

Für viele Entwicklungsländer ist jedoch eine stark ausgeprägte regionale Disparität auf wirtschaftlichem, sozialem und infrastrukturellem Sektor typisch. Da das BSP lediglich die ökonomischen Fakten wiedergibt, wird so die Vielschichtigkeit des Sachverhalts „Entwicklungsstand" verschleiert.

Zu den Merkmalen, die den meisten Entwicklungsländern gemeinsam sind, (...), sind folgende zu nennen:

- starkes Bevölkerungswachstum bei Verjüngung des Bevölkerungsaufbaus;
- ein Großteil der Bevölkerung leidet unter Mangel- und/oder Unterernährung;
- unzureichende medizinische Versorgung;
- geringe Lebenserwartung;
- schlecht ausgeprägtes Bildungswesen und als Konsequenz eine hohe Analphabetenquote;
- unausgeglichene und nicht gesicherte Rechtsstellung der Frau;
- ungleiche Besitz- und Einkommensverteilung;
- geringes Pro-Kopf-Einkommen;
- viele Beschäftigte in der Landwirtschaft, wenig Industriebeschäftigte und überbesetzter tertiärer Sektor;
- hoher Anteil der Landwirtschaft am BSP;
- geringe Arbeitsproduktivität;
- unzureichende Infrastruktur;
- hohe Auslandsverschuldung;
- starke regionale Disparitäten;
- unkontrollierter Verstädterungsprozess und/oder Slumbildung.

Einige dieser Merkmale sind wiederum als Folge eines vorangegangenen Problems anzusehen, können aber heute als Indikatoren angesehen werden. Zudem ist in den meisten Entwicklungsländern eine politische Instabilität zu beobachten.

Merkmale der Unterenwicklung; 25.12.2003; in: http://www.entwicklungshilfe.de/modules.php (Zugriff: 10.10.2010)

M 11 Reale Austauschverhältnisse (Terms of Trade)

Die Terms of Trade, genauer die Terms of Trade auf Güterbasis (Commodity Terms of Trade), werden berechnet, indem der Preisindex der Exporte durch den Preisindex der Importe in heimischer Währung geteilt wird. Die Terms of Trade geben Auskunft darüber, wie viel von einem konstruierten, ausländischen Warenkorb gegen einen bestimmten Anteil des eigenen Warenkorbs getauscht werden kann.

An der Entwicklung der Terms of Trade kann abgelesen werden, wie sich die Austauschverhältnisse der exportierten und importierten Waren verändern. Steigen die Terms of Trade eines Staates, durch eine Preissteigerung der eigenen Exportgüter und/oder durch eine Preissenkung der Importgüter, verbessert sich die außenwirtschaftliche Position, da sich die Fähigkeit erhöht, mit dem gleichen Exportvolumen mehr Güter zu importieren.

Bundeszentrale für politische Bildung, 2009, in: http://www1.bpb.de/wissen (Zugriff: 21.2.2010)

M 12 Entwicklung der Terms of Trade 1980–2006

	Terms of Trade, Index (2000 = 100)					
	1980	1990	1995	2000	2005	2006
Ökonomisch entwickelte Staaten	97	103	105	100	102	100
Süd-Osteuropa und GUS*	–	–	–	100	140	150
Ökonomisch sich entwickelnde Staaten	117	101	102	100	105	107
Ökonomisch am wenigsten entwickelte Staaten	152	120	116	100	129	143

** Gemeinschaft Unabhängiger Staaten, Zusammenschluss verschiedener Nachfolgestaaten der Sowjetunion (UdSSR) seit dem 8. Dezember 1991.*
Quelle: United Nations Conference on Trade and Development (UNCTAD): Handbook of Statistics, verschiedene Jahrgänge

M 13 Bad governance und fragile Staatlichkeit

Um Frieden langfristig zu sichern, müssen weltweit die Menschenrechte geachtet, geschützt und aktiv verwirklicht werden. Stabile demokratische Verhältnisse müssen geschaffen und Konflikte konstruktiv und gewaltfrei gelöst werden. Zu den Prinzipien eines gut regierten Staates zählen außerdem eine unabhängige Justiz, eine soziale Grundversorgung, transparente öffentliche Finanzen und ein Wirtschaftssystem, das der Bevölkerung ein ausreichendes Einkommen sichert.
Doch in vielen Ländern sind die staatlichen Akteure nicht willens oder in der Lage, diese Prinzipien umzusetzen. So gibt es autoritäre Regime, die ihr Land rücksichtslos ausbeuten und die Bevölkerung gewaltsam unterdrücken. Und es gibt Regierungen, die zum Beispiel nach kriegerischen Auseinandersetzungen zu schwach sind, um das Land zu befrieden und einen politischen und wirtschaftlichen Neuanfang zu organisieren.
Diese instabilen (fragilen) Staaten stellen ein regionales und globales Sicherheitsrisiko dar. Zudem untergraben sie die internationalen Bemühungen zur Umsetzung der Millenniumsziele. (…)
International gibt es keine einheitliche Definition fragiler Staatlichkeit. Es handelt sich um Länder, in denen die staatlichen Institutionen sehr schwach oder von Zerfall bedroht sind. Die Bevölkerung leidet unter großer Armut, Gewalt und politischer Willkür. Besonders betroffen sind Frauen, Kinder und ethnische oder religiöse Minderheiten. Die Fragilität eines Staates kann aber auch mit einer mangelnden Legitimität zusammenhängen.
Fragile Staatlichkeit hat unterschiedliche Ursachen, die in jedem konkreten Fall analysiert werden müssen. Sie kann auf fehlenden politisch-administrativen Kapazitäten und mangelnden materiellen oder finanziellen Ressourcen beruhen – beispielsweise, wenn sich ein Staat in einer Übergangsphase von einem autoritären zu einem demokratischen System befindet, oder in Ländern, in denen der Staat nur über ein räumlich begrenztes Gewaltmonopol verfügt.
http://www.bmz.de/de/themen/frieden/fragilestaaten/index.html (Zugriff: 23.7.2010)

M 14 Warenaustauschverhältnisse

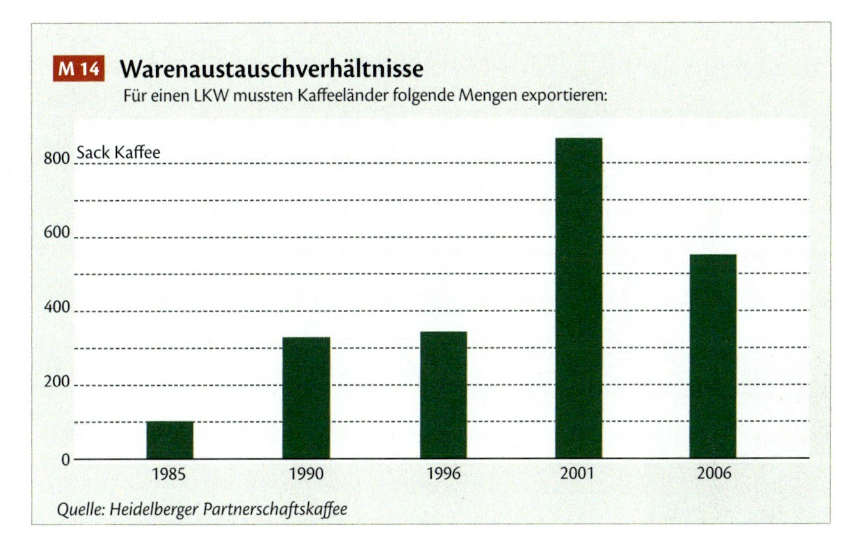

Quelle: Heidelberger Partnerschaftskaffee

Millenniumsziele: Weltweite Entwicklungsziele für das Jahr 2015; im Rahmen des so genannten Millennium-Gipfels von den Vereinten Nationen im Jahr 2000 verabschiedet. Oberstes Ziel ist die globale Zukunftssicherung, mit vier programmatischen Handlungsfeldern: Frieden, Sicherheit und Abrüstung; Entwicklung und Armutsbekämpfung; Schutz der gemeinsamen Umwelt; Menschenrechte, Demokratie und gute Regierungsführung (s. auch S. 126)

1. Erläutern Sie das Konzept der *Terms of Trade*.
2. Untersuchen Sie die Entwicklung der *terms of trade* im Vergleich der einzelnen Staatengruppen.
3. Beurteilen Sie die *Terms of Trade* als Maßstab für die Lage der am wenigsten entwickelten Staaten.
4. Erläutern Sie, wie es durch eine schlechte Regierungsführung und fragile Staatlichkeit zu Entwicklungshemmnissen kommen kann.

Wie ist das zu erklären? – Theorien der Entwicklung I

Von der Definition von Entwicklung und mangelnder Entwicklung hängt ab, welche politischen Maßnahmen ergriffen werden, um Entwicklung zu unterstützen. Vor allem die Modernisierungstheorie hatte hier einen bedeutenden Einfluss.

M15 Entwicklung – eine neuzeitliche Denkfigur

Über Jahrtausende hingen die Menschen der Vorstellung an, die Welt sei als eine göttliche Schöpfung ursprünglich vollkommen gewesen, sie basiere auf einer harmonischen Ordnung, auf einem Einklang von Mensch, Gesellschaft und Natur mit dem göttlichen Schöpfungsakt. In einer Welt der Zyklizität des Zeitablaufes, die in immer wiederkehrenden Kreisläufen dachte, fand die Vorstellung von Entwicklung keinen Platz. Erst mit der neuzeitlichen Erfahrung des sich beschleunigenden gesellschaftlichen Wandels im Gegensatz zu den relativ statischen, vormodernen Gesellschaften vollzog sich ein Perspektivenwechsel in der Geschichtsphilosophie. Die Sicht einer von Gott in gewollter Weise strukturierten und daher unveränderlichen Gesellschaft wurde abgelöst von der Erkenntnis, dass die Menschheitsgeschichte ständigen Veränderungen unterworfen ist. Die Vorstellung von *Entwicklung* ist also eine durch und durch *neuzeitliche Denkfigur.*

Herbert Matis/Karl Bachinger: Entwicklung: Historische und theoretische Perspektiven, in: http://www.wu.ac.at/inst/vw3/telematik/download/wsg1.pdf (Zugriff: 19.10.2010)

Walter Rostow (1916–2003), US-amerikanischer Ökonom und Wirtschaftshistoriker

M16 Modernisierungstheorie von Gesellschaft

Modernisierungstheorien ist die Annahme gemeinsam, Entwicklungshemmnisse würden nicht so sehr wirtschaftlichen Defiziten, sondern Eigenarten und Wertvorstellung traditioneller Gesellschaften entspringen. Die Theorien Walter Rostows Anfang der 1960er-Jahre gelten als neuer Beitrag zur Modernisierungstheorie:

Erstes Stadium: Die traditionale Gesellschaft (Traditional Society)

Eine traditionale Gesellschaft ist in ihrem Wesen eine *Agrargesellschaft*, in der der überwiegende Teil der Menschen in ländlichen Gebieten und von der Landwirtschaft lebt. (...) Es ist ein zentrales Kennzeichen vormoderner Gesellschaften, „dass es eine obere Grenze in der erreichbaren Produktion pro Kopf gibt. Diese Grenze resultiert aus der Tatsache, dass die Anwendungsmöglichkeiten der modernen Wissenschaft und Technik entweder nicht verfügbar sind oder nicht genutzt werden." Dadurch kann *kein permanentes Wirtschaftswachstum* einsetzen. (...) Das Vorherrschen der Landwirtschaft findet in einer *hierarchischen Gesellschaftsstruktur mit geringer sozialer Mobilität* seinen Niederschlag. Der Besitz von oder die Verfügung über Grund und Boden prägten die soziale Schichtung. Das Wertesystem traditionaler Gesellschaften wird durch einen langfristig wirksamen *Fatalismus* bestimmt (...).

Zweites Stadium: Die Voraussetzungen wirtschaftlichen Aufstiegs

Die Voraussetzungen für den wirtschaftlichen Aufstieg werden in einer Übergangsperiode gelegt, „in der sich eine Gesellschaft darauf vorbereitet oder durch äußere Kräfte vorbereitet wird", in den Modernisierungsprozess einzutreten. (...)

Für Rostow sind es *revolutionäre Umwälzungen* in zwei Bereichen, die „eine lebensfähige Basis für die moderne Industriestruktur" herstellen: Produktivitätssteigerungen im *Primärsektor*, also in der Agrarwirtschaft und im Abbau von Rohstoffen, sowie Infrastrukturinvestitionen besonders im *Verkehrssektor*. (...)

Rostow betont aber auch *gesellschaftlich-politische Aspekte*, die für die Übergangsperiode von Relevanz sind. So muss sich eine neue Führungsklasse herausbilden, welche die Autorität der alten grundbesitzenden Elite bricht und den Grundstein für eine moderne industrielle Gesellschaft legt.

Drittes Stadium: Der wirtschaftliche Aufstieg (Take-off)

Mit dem aus der Fliegersprache entlehnten Begriff „*take-off*", mit dem das Abheben eines Flugzeuges bezeichnet wird, charakterisiert Rostow das dritte Stadium seiner Theorie. Diese *Aufstiegsperiode* bringt den „großen Umsturz im Leben moderner Gesellschaften". Die alten Hindernisse und Widerstände sind

M 17 Stadien der Modernisierung nach Rostow

	1. Stadium: Traditionale Gesellschaft	2. Stadium: Voraussetzungen des wirtschaftlichen Aufstiegs	3. Stadium: Wirtschaftlicher Aufstieg	4. Stadium: Entwicklung zur Reife	5. Stadium: Zeitalter des Massenkonsums
Zeitliche Einordnung	Bis spätes 17. Jahrhundert	Spätes 17. bis ausgehendes 18. Jahrhundert	Ab 1783	Ab 1850	Ab 1920
Räumliche Einordnung	Weltweit	Zuerst in Westeuropa	Zuerst in England	Zuerst in England	Zuerst in den USA
Investitionsquote	Niedrig; kein stetiges Wachstum	Langsamer Anstieg auf ca. 5 %	Anstieg auf 10 % und mehr; Einsetzen eines sich selbst tragenden Wachstums	Anstieg auf 10–20 %	Verlagerung der Investitionen auf den Konsumgüterbereich
Leitsektoren	Keine Leitsektoren; Dominanz einer wenig produktiven Landwirtschaft	Intensivierung der Landwirtschaft; Verkehrssektor	Baumwollindustrie, Eisenbahnbau; auch andere Wirtschaftszweige	Elektrizität; Stahl-, Elektro-, Werkzeug-, Maschinen- und chemische Industrie	Dauerhafte Konsumgüter und Dienstleistungen
Gesellschaftliche Implikationen	Hierarchische Gesellschaftsstruktur; geringe soziale Mobilität; langfristig wirksamer Fatalismus	Überwindung feudaler Strukturen; Nationalstaat und Nationalismus	Sieg der Modernisierungskräfte	Abnahme der landwirtschaftl. Erwerbstätigen auf 20 % und weniger; Zunahme der Facharbeiter, Techniker, Angestellten; Urbanisierung	Weitere Abnahme der landwirtschaftlich Erwerbstätigen; überproportionale Zunahme der Facharbeiter und Angestellten; hohe soziale Mobilität

überwunden, der Weg für ein *stetiges Wachstum* ist frei geworden. (…)
Der direkte *Anstoß zum Take-off* kann in den einzelnen Ländern durch unterschiedliche Ereignisse ausgelöst werden. Rostow zählt dazu:

- *Politische Revolutionen*, die das soziale Gefüge aus dem Gleichgewicht bringen und wirtschaftlichen Institutionen, der Investitionstätigkeit etc. neue Bahnen eröffnen. (…)
- *Erfindungen* im Produktions- und Verkehrssektor, die eine Kette von sekundären Expansionseffekten in Bewegung setzen.
- *Günstige internationale Marktkonstellationen.* (…)
- *Herausforderungen* durch ein *ungünstiges internationales Wirtschaftsklima*, wie ein starkes Sinken der terms of trade. (…)

Viertes Stadium: Die Entwicklung zur Reife (Drive to Maturity)
(…) Die Wirtschaft findet ihren Platz im internationalen Markt: Güter, die früher importiert wurden, werden nunmehr zu Hause produziert, neue Importwünsche entstehen und neue Exportgüter stehen ihnen gegenüber. Die Gesellschaft schafft Verhältnisse, die mit den Erfordernissen der modernen, effizienten Produktionsmethoden in Einklang stehen; alte Werte und Institutionen werden gegen neue ausgetauscht oder die alten Einrichtungen so verändert, dass sie den Wachstumsprozess eher unterstützen als aufhalten. (…)
Fünftes Stadium: Das Zeitalter des Massenkonsums (High Mass Consumption)
(…) Das Realeinkommen pro Kopf ist nunmehr bis zu einem Punkt angestiegen, „an dem eine große Anzahl von Menschen sich mehr als nur die elementaren Nahrungsmittel, Unterkunft und Kleidung" leisten kann und danach strebt, „die Früchte der reifen Wirtschaft in Form von Konsumgütern zu genießen". Der Übergang *zum Massenkonsum* ist jedoch nur *eine von drei Wahlmöglichkeiten*, die über das Reifestadium hinauswachsende Gesellschaften vorfinden. Die eine Alternative besteht darin, den gesellschaftlichen Reichtum für die *Hebung der nationalen Macht* und des nationalen Einflusses zu verwenden, d. h. größere Mittel für die Militär- und Außenpolitik bereitzustellen. Die andere ist der *Ausbau des Wohlfahrtsstaates*, um humane und gesellschaftliche Ziele zu realisieren, die „der freie Marktprozess (…) nicht erreicht hatte".
Heike Doll: Kultur und Entwicklung – Modernisierungstheorien im Wandel der Zeit. Studienarbeit, München/Ravensburg 2006, S. 16 ff.

Fatalismus: Haltung der Ergebenheit in ein („gottgewolltes") unabänderliches Schicksal

1 Ordnen Sie die Stadien der Modernisierung für Deutschland konkreten Zeiträumen zu.
2 Ermitteln Sie die Voraussetzungen für ein Take-off.
3 Beurteilen Sie, welche der drei Möglichkeiten gewählt werden sollte (**M 16**).

Wie ist das zu erklären? – Theorien der Entwicklung II

Setzt die Modernisierungstheorie vornehmlich an endogenen Ursachen für Entwicklung und mangelnde Entwicklung an, so zielen andere Theorien mehr auf exogene Faktoren ab.

M18 Dependenztheorie und Zentrum-Peripherie-Modell

Andre Gunder Frank (1929–2005), US-amerikanischer Ökonom

Immanuel Wallerstein (geb. 1930), US-amerikanischer Soziologe

Unterentwicklung wird *nicht* als Folge einer *mangelhaften Integration in die moderne* Welt interpretiert, sondern umgekehrt als Konsequenz einer spezifischen Einbindung der Entwicklungsländer in den von den kapitalistischen Staaten beherrschten Weltmarkt. Anders ausgedrückt: Unterentwicklung wird nicht mehr als eine Art vorgeschichtlicher Naturzustand, als endogen verursachtes Modernisierungsdefizit begriffen, sondern als Resultat eines historischen Prozesses, dessen Determinanten es zu untersuchen gilt.
Die Dependenztheorie vollzieht in ihrer Sicht einen *radikalen entwicklungstheoretischen Perspektivenwechsel*. Während sowohl in den klassischen Imperialismustheorien als auch in den Modernisierungstheorien die Aufmerksamkeit auf die Industriestaaten fokussiert ist, deren Motivstruktur für imperialistisches Handeln bzw. deren Vorbildcharakter herausgestellt wird, gilt das analytische Interesse der Dependenztheoretiker den Entwicklungsländern und ihrer prekären Situation, die als exogen verursacht beschrieben wird. (...)
Das *Zentrum-Peripherie-Modell*, ein Fundament der Dependenztheorie, versucht die *Abhängigkeitsbeziehungen* sowohl auf *internationaler* als auch auf *nationaler Ebene* zu erfassen. Grundannahme ist eine hierarchische Struktur der Weltgesellschaft, die historisch durch den sich entfaltenden kapitalistischen Weltmarkt und die mit ihm sich ausprägende internationale Arbeitsteilung entstanden ist.
Internationale Ebene: Die höchstentwickelten *Industrienationen* bilden das *Zentrum* (die „Metropole" bei Frank; den „Kern" bei Wallerstein), die *Entwicklungsländer* die *Peripherie*. Zwischen beiden vollziehen sich *Interaktionen*, die zu einer *gleichzeitigen Entwicklung der Industrieländer* und zu einer *Unterentwicklung der Entwicklungsländer* führen. Peripherien sind eine wesentliche Voraussetzung für die Entwicklungsdynamik der kapitalistischen Industrieländer. Sie haben eine Bedeutung:
- als Lieferant von billigen landwirtschaftlichen Produkten und Rohstoffen,
- als Anlagesphäre für Kapital,
- als Auslagerungsstätten für die in den Zentren nicht mehr rentabel arbeitenden Branchen (früher Landwirtschaft, heute vor allem Industriebranchen mit Produkten niedrigen Verarbeitungsgrades);
- als Arbeitskräftereservoir (an Ort und Stelle als „Gastarbeiter").

Das Zentrum zieht also aus diesen Interaktionen Entwicklungsvorteile, gleichzeitig werden dadurch die Wachstumsmöglichkeiten der Peripherie begrenzt. *Unterentwicklung* – so die These – ist demgemäß *von außen verursacht*, und das Andauern dieser *externen Abhängigkeit* ist ein wesentlicher Bestimmungsfaktor für Strukturen und Prozesse in der Dritten Welt

http://www.economics.phil.uni-erlangen.de/lehre/vwl/lehrmaterialien/ws0809/v_evwl/kap6s56-61.pdf (Zugriff: 19.12.2009)

M19 Der Entwicklungsbegriff bei Amartya Sen

Amartya Sen (geb. 1933), indischer Wirtschaftswissenschaftler und Wirtschaftsphilosoph, Aufnahme von 2007

Sens entwicklungstheoretische Überlegungen sind repräsentativ für einen Entwicklungsdiskurs, der in den späten 1970er-Jahren einsetzte und *jenseits von Modernisierungs- und Dependenztheorien* angesiedelt ist. (...)
„Der Entwicklungsprozess ist im Wesentlichen identisch mit der Geschichte der Überwindung von Unfreiheiten. Zwar ist diese Geschichte keineswegs vom Prozess des Wirtschaftswachstums und der Akkumulation natürlichen und menschlichen Kapitals loszulösen, doch schließt sie sehr viel mehr ein und geht weit über diese Variablen hinaus."
Zentral ist für Sen in diesem Zusammenhang der Begriff der *„menschlichen Verwirklichungschancen"* (capabilities). Entwicklung soll Bedingungen und Freiheitsräume schaffen, die es dem einzelnen Menschen ermöglichen, seine Fähigkeiten zu realisieren und sein Leben zu gestalten.

Christoph Wagner: Amartya Sen. Entwicklung als Freiheit – Demokratie gegen Hunger, in: http://www.dse.de/zeitschr/ez400-7.htm (Zugriff: 18.11.2010)

M20 Was bewirkt menschliche Entwicklung?

Die Schaffung sozialer Chancen leistet direkt einen Beitrag zur Steigerung der menschlichen Verwirklichungschancen und der Lebensqualität. Die Ausweitung von Gesundheitswesen, Bildung, Sozialversicherung usw. beeinflusst die Lebensqualität unmittelbar positiv. Keinerlei Zweifel besteht daran, dass selbst bei einem relativ niedrigen Einkommensniveau ein Land, das allen medizinische Versorgung und Schulbesuch garantiert, bezogen auf die ganze Bevölkerung sehr gut bei der Lebenserwartung und der Lebensqualität abschneidet. Da Gesundheitsfürsorge und elementarer Schulunterricht ihrer Natur nach sehr arbeitsaufwendig sind, wie übrigens menschliche Entwicklung überhaupt, sind sie in den Anfangsstadien einer Wirtschaftsentwicklung, wo die Arbeitskosten noch niedrig sind, relativ billig zu haben. Der Lohn für menschliche Entwicklung geht über die direkte Steigerung der Lebensqualität deutlich hinaus; er schließt auch deren Wirkung auf die Arbeitsproduktivität der Menschen und insofern auf ein breite Bevölkerungsschichten erfassendes Wirtschaftswachstum ein. Lesen und Rechnen sind Fertigkeiten, die es den Massen ermöglichen, am wirtschaftlichen Fortschritt teilzuhaben.

Amartya Sen: Ökonomie für den Menschen, Wege zu Gerechtigkeit und Solidarität in der Marktwirtschaft, München 2002, S. 337

M21 Der Human Development Index (HDI)

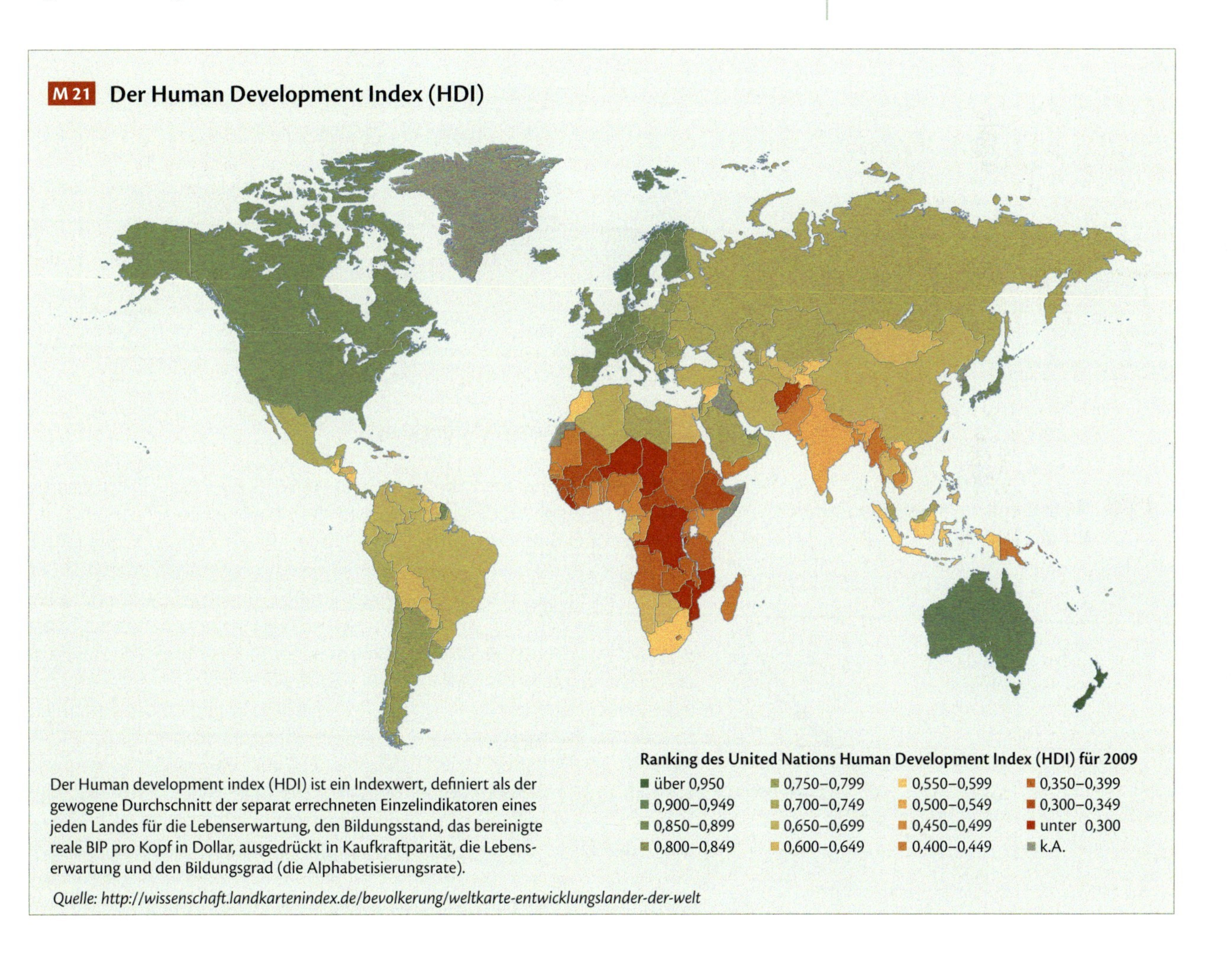

Der Human development index (HDI) ist ein Indexwert, definiert als der gewogene Durchschnitt der separat errechneten Einzelindikatoren eines jeden Landes für die Lebenserwartung, den Bildungsstand, das bereinigte reale BIP pro Kopf in Dollar, ausgedrückt in Kaufkraftparität, die Lebenserwartung und den Bildungsgrad (die Alphabetisierungsrate).

Quelle: http://wissenschaft.landkartenindex.de/bevolkerung/weltkarte-entwicklungslander-der-welt

1 Vergleichen Sie die Entwicklungstheorie Amartya Sens mit der Modernisierungs- und der Dependenztheorie.

2 Ermitteln Sie mögliche Indikatoren, nach denen die einzelne Theorien einen Entwicklungsfortschritt feststellen würden, und vergleichen Sie sie mit dem HDI (s. auch S. 154).

Sind wir zu viele? – Bevölkerungswachstum

Die Bevölkerungszahl ist ein wesentlicher Faktor für Entwicklung und Unterentwicklung. Die Begrenztheit der Ressourcen auf der Erde scheint einem unbegrenzten Wachstum der Weltbevölkerung entgegenzustehen.

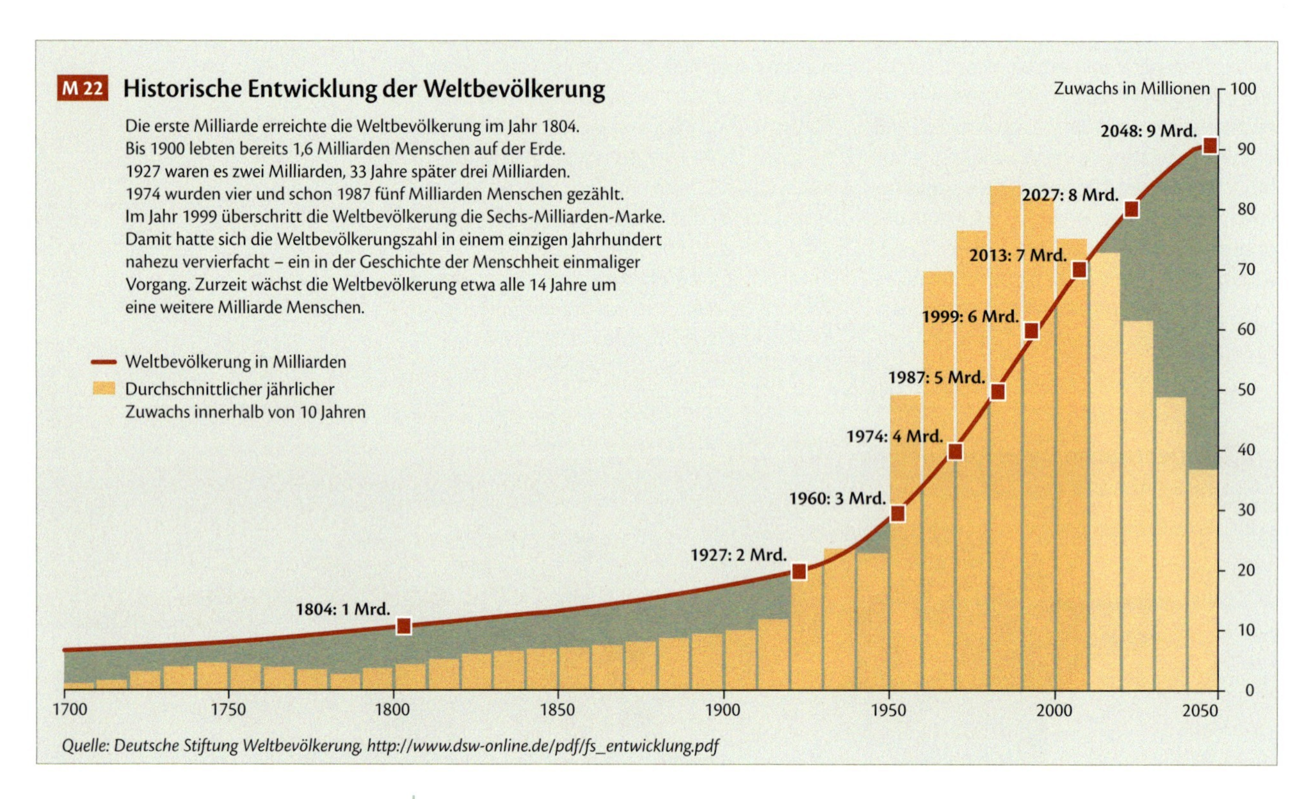

M 22 Historische Entwicklung der Weltbevölkerung

Die erste Milliarde erreichte die Weltbevölkerung im Jahr 1804. Bis 1900 lebten bereits 1,6 Milliarden Menschen auf der Erde. 1927 waren es zwei Milliarden, 33 Jahre später drei Milliarden. 1974 wurden vier und schon 1987 fünf Milliarden Menschen gezählt. Im Jahr 1999 überschritt die Weltbevölkerung die Sechs-Milliarden-Marke. Damit hatte sich die Weltbevölkerungszahl in einem einzigen Jahrhundert nahezu vervierfacht – ein in der Geschichte der Menschheit einmaliger Vorgang. Zurzeit wächst die Weltbevölkerung etwa alle 14 Jahre um eine weitere Milliarde Menschen.

Quelle: Deutsche Stiftung Weltbevölkerung, http://www.dsw-online.de/pdf/fs_entwicklung.pdf

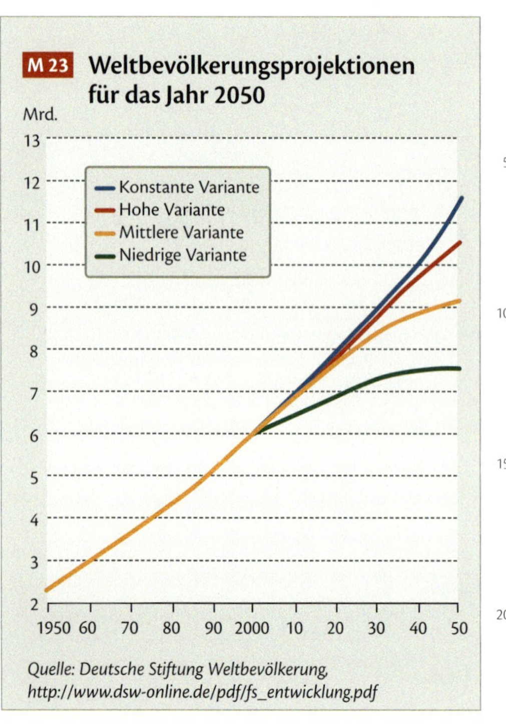

M 23 Weltbevölkerungsprojektionen für das Jahr 2050

Quelle: Deutsche Stiftung Weltbevölkerung, http://www.dsw-online.de/pdf/fs_entwicklung.pdf

M 24 Demografischer Übergang

Die Verbesserung der medizinischen Versorgung und der Anstieg der Nahrungsproduktion – die sogenannte „Grüne Revolution" – verursachten nach dem Zweiten Weltkrieg einen Anstieg der Lebenserwartung und einen Rückgang der Säuglingssterblichkeit.

Im gleichen Zeitraum blieb in vielen Gesellschaften der Wunsch nach großen Familien bestehen, und auch der Zugang zu modernen Methoden der Familienplanung war oft begrenzt. In der Folge beschleunigte sich das Bevölkerungswachstum, wobei der Anteil der Menschen, die in Entwicklungsländern lebten, beständig anstieg. 1950 lag er bei 68 Prozent, 2004 bereits bei 81 Prozent. Im Jahr 2050 werden 86 Prozent der Weltbevölkerung in den weniger entwickelten Regionen der Erde leben. (...)

Drei Faktoren sind im Wesentlichen für die zukünftige Entwicklung der Weltbevölkerung verantwortlich: ungewollte Geburten, der Wunsch nach mehr als zwei Kindern pro Paar sowie die junge Altersstruktur. Alle drei Variabeln sind beeinflussbar: Der Zugang zu adäquater Familienplanung kann Paaren helfen, ungewollte Schwangerschaften zu vermeiden. Maßnahmen zur Senkung der Kinder- und Säuglingssterblichkeit und bessere Bildungs- und Beschäftigungsmöglichkeiten für Frauen können die gewünschte Kinderzahl deutlich beeinflussen. Gezielte Sexualaufklärung und Zugang zu Verhütungsmitteln für Jugendliche, die Verzögerung der ersten Geburt durch mehr Bildungschancen für Mädchen sowie eine Erhöhung des Heiratsalters können den Altersstruktureffekt abschwächen.

DSW-Info Weltbevölkerung. Entwicklung und Projektionen, 2005, in: www.weltbevoelkerung.de/pdf/fs_entwicklung.pdf (Zugriff: 18.11.2010)

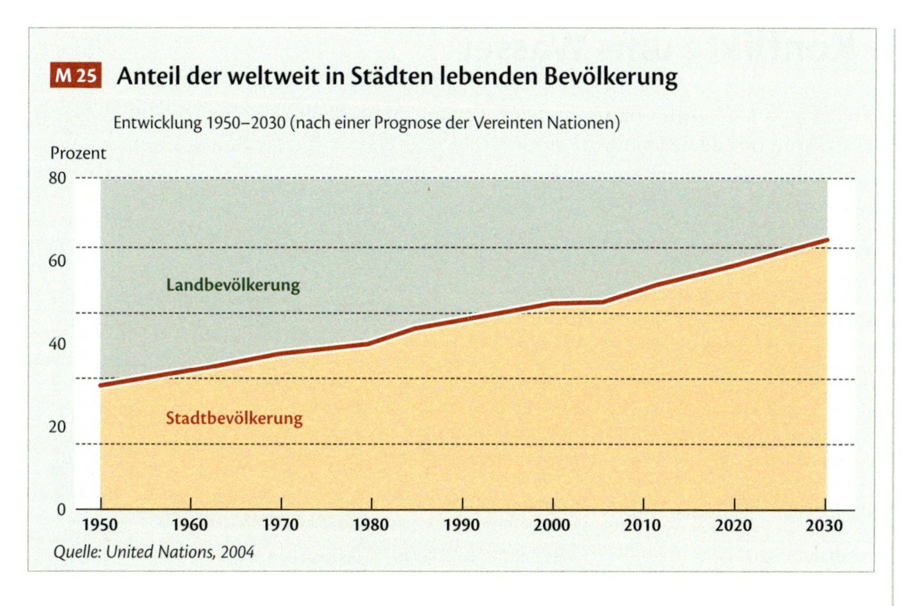

M 26 Ökonomische Dimensionen der Urbanisierung

Nachhaltigkeitsprobleme	Nachhaltigkeitschancen
Rudimentäre, überlastete Infrastruktur	Steigende Einkommen und Wohlstand
Massenarbeitslosigkeit und Unterbeschäftigung	Verbesserte Wohlfahrtssysteme
Niedriges Lohnniveau, Ausbeutung von Arbeitskraft	Wissenschaftliche und technische Innovationen, Kreativitätspotenzial
Breites Spektrum informeller (unregistrierter, unkontrollierter, teils illegaler) Aktivitäten	Erhöhtes Steueraufkommen und Investitionsvolumen für den Staat
Migrations- und Pendlerströme	Übergang zur Dienstleistungs- und Wissensgesellschaft

Nach: Stiftung Entwicklung und Frieden: Globale Trends 2010, Bonn 2010, S. 191

Urbanisierung: Verstädterung

M 27 Soziale Dimensionen der Urbanisierung

Nachhaltigkeitsprobleme	Nachhaltigkeitschancen
Verlust sozialen Zusammenhalts	Bessere Bildungs- und Gesundheitssysteme
Vergrößerung sozioökonomischer Disparitäten	Steigende Lebenserwartung
Verminderter Zugang zu Gesundheitssystemen, Bildungs- und Sicherheitsinfrastruktur	Sozialkapital, Bürgersinn
Informelle, teils illegale Siedlungen	Ausbildung einer „Mittelklasse"
Soziale Desintegration: Konflikte, Kriminalität, Unruhen, rechtsfreie Räume	Sinkende Geburtenraten und Abnehmen des endogenen Bevölkerungsdrucks
Verdrängungsprozesse	Sinkende Durchschnittsarbeitszeit, Freizeit
Wachsende Verwundbarkeit marginalisierter Bevölkerungsgruppen	Interkulturelle Diversität, Interaktion und Austausch
Soziale Ungerechtigkeit, Missbrauch sozialer Macht	Pluralisierung von Lebensstilen

Nach: Stiftung Entwicklung und Frieden: Globale Trends 2010, Bonn 2010, S. 193

Gated Communities sind geschlossene Wohnanlagen, die durch Sicherheitseinrichtungen und Absperrungen von der übrigen Stadt getrennt sind.

1. Erläutern Sie an einem Beispiel die Probleme, die die demografische Entwicklung schafft.
2. Stellen Sie dar, wie der Bevölkerungsdruck zur Urbanisierung führt und wie diese die Gesellschaft verändert.
3. Recherchieren Sie zu den *„gated communities"* und beurteilen Sie, inwiefern diese das Urbanisierungsproblem zu bewältigen imstande sind.

Auf dem Trockenen? – Konflikte ums Wasser

Viele Regionen haben unzureichenden Zugang zu sauberem Wasser. Die Zunahme von Konflikten um den Zugang zu Trinkwasser und Wasser für die Bewässerung landwirtschaftlicher Flächen ist wahrscheinlich.

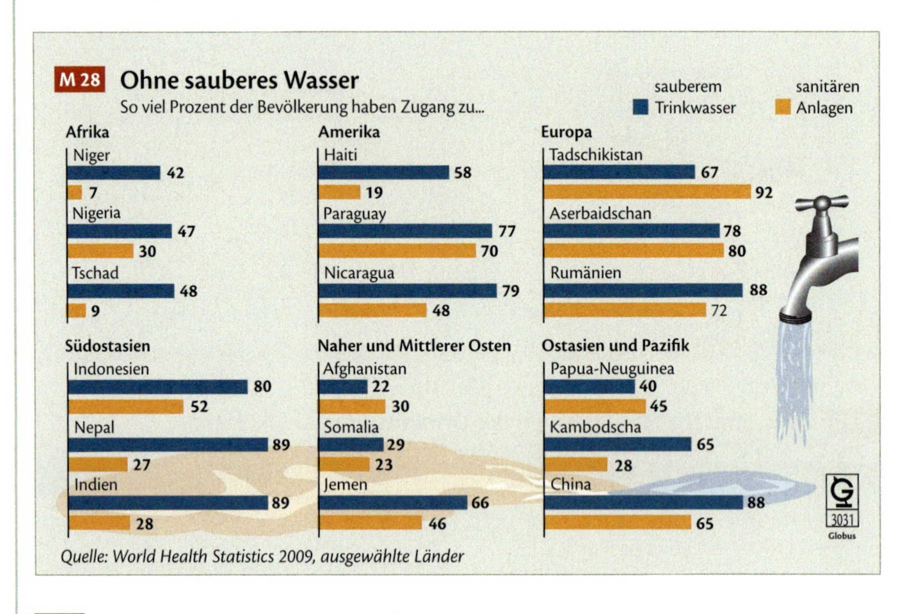

M29 Ursachen des Wassermangels

Die zunehmende Klimaerwärmung wird den Wassermangel in den heute bereits bestehenden Trockenregionen voraussichtlich weiter verschärfen. Beispielsweise gehen Wissenschaftler davon aus, dass die erwarteten Niederschlagsrückgänge im südlichen Afrika und steigende Temperaturen in allen Teilen Afrikas die zum Teil heute schon dramatische Wasserknappheit weiter verschärfen. Auch für den Mittelmeerraum wird mit abnehmenden Niederschlägen gerechnet. Die weltweit zunehmenden Temperaturen werden eine höhere Verdunstungsrate zur Folge haben. Auch das Abschmelzen der Gletscher in vielen Teilen der Welt, u.a. in den Alpen, im Himalaya und in den Rocky Mountains, wird zu einer weiteren Wasserverknappung beitragen. (...).

Die Nachfrage nach Wasser ist in den letzten Jahrzehnten weltweit deutlich gestiegen: Die Nutzung von Süßwasservorkommen durch den Menschen hat sich zwischen 1950 und 1995 mehr als versechsfacht. Das hängt zum einen mit dem Bevölkerungswachstum zusammen, zum anderen mit dem steigenden Wohlstand und dem zunehmenden Konsum. (...)

Probleme mit der Wasserversorgung treten geballt in Megastädten auf, in denen Millionen von Menschen auf einer relativ kleinen Fläche leben. Um die Wasserversorgung sicherzustellen, müssen häufig Grundwasserspeicher oder Flüsse über das verträgliche Maß hinaus genutzt werden. (...)

Die Bewässerungslandwirtschaft hat in den letzten Jahrzehnten stark zugenommen (...). Nutzungskonkurrenz-Situationen treten häufig auch an Flusssystemen oder Seen durch die Entsorgung von Abwässern auf. Beispielsweise, wenn die Anrainer am Oberlauf das Gewässer zur Entsorgung von Industrie- und Haushaltsabwässern nutzen, sodass für die Menschen am Unterlauf des Flusses die Wasserqualität sinkt. (...)

Weitere Probleme an Flusssystemen können sich durch Staudämme ergeben. Staudämme am Oberlauf eines Flusses, die zu Bewässerungszwecken, als Trinkwasserreservoir oder wegen der Stromerzeugung angelegt wurden, verringern die Wasserführung im Unterlauf, sodass hier das Wasser – zumindest zeitweise – knapp wird.

Heinz Gmelch: Wasser – eine knappe Ressource, Textheft zur Wandzeitung „Gesellschaft und Staat" 2/2007, hg. von der Landeszentrale für politische Bildung Bayern, in: http://www.km.bayern.de/blz/web/700207/3.asp (Zugriff: 3.8.2010)

M30 Wasserkrise ist größere Bedrohung als Krieg

Unsauberes Trinkwasser, mangelnde Hygiene und eine ungerechte Verteilung von Wasser bedrohen die Entwicklung in den ärmsten Ländern der Erde stärker als bewaffnete Konflikte. Zu diesem Ergebnis kommen die Vereinten Nationen in ihrem „Bericht über die menschliche Entwicklung 2006", der in Kapstadt in Südafrika vorgestellt wurde.
Jedem sechsten Menschen auf der Welt werde der Zugang zu sauberem Trinkwasser verweigert, sagte der Vizechef des UN-Entwicklungsprogramms (UNDP), Ad Melkert. Trotz eines beispiellosen Reichtums in den Industriestaaten habe diese „Rechtsverletzung" den vermeidbaren Tod von allein 1,8 Millionen Kindern zur Folge, sagte Melkert. (...)
Die Autoren des Berichts forderten angesichts der sich verschärfenden Wasserkrise einen Aktionsplan unter Führung der G-8-Staaten und eine höhere Entwicklungshilfe. Unter anderem solle der Zugang zu sauberem Wasser zu einem Menschenrecht erhoben und jedem Bürger ein Anspruch auf 20 Liter Wasser täglich zugestanden werden. „20 Liter sind die unterste Grenze", sagte Melkert.
In Deutschland verbrauchten die Menschen rund 400 Liter pro Tag und Kopf. (...)
Etwa 1,1 Milliarden Menschen haben dem Bericht zufolge keinen Zugang zu Wasser, 2,6 Milliarden verfügen nicht über ausreichende sanitäre Einrichtungen. Die Autoren kritisieren weiter, dass gerade arme Menschen mehr für Wasser bezahlen müssten als wohlhabende. Die ärmsten Haushalte in Ländern wie Nicaragua oder Jamaika müssten rund zehn Prozent ihres Einkommens für Wasser ausgeben, in Großbritannien seien es gerade einmal drei Prozent.

http://www.tagesschau.de/aktuell/meldungen/0,,OID6081688,00.html (Zugriff: 9.11.2006)

Wassermangel in Mexico City, April 2009

M31 Krieg um Wasser?

Obwohl die zur Verfügung stehende Wassermenge in Euphrat und Tigris bei guter gemeinsamer Planung für die Projekte aller beteiligten Parteien ausreichen würde, gibt es seit Beginn der intensiven Wassernutzung in den siebziger Jahren einen regelrechten „Kalten Krieg" um die Wasserrechte in der Region. Mehrfach, zuletzt 1990, standen militärische Auseinandersetzungen kurz bevor. Bis heute konnten sie in letzter Sekunde immer noch abgewendet werden.
Wer benötigt wie viel Wasser? Welche Projekte haben vorrangige Bedeutung für die gesamte Region? Welche Länder sind in der Lage, das Wasser sinnvoll zu nutzen? Wer verschwendet mit seinen Projekten das kostbare Gut? Über diese Fragen streiten die Anrainerstaaten im Zweistromland. (...)
Spätestens seit dem vollständigen Absperren des Euphrats für fast einen Monat im Jahr 1990 zur Erstbefüllung des türkischen Atatürk-Staudamms sind das Ausmaß des Konfliktpotenzials und die Brisanz der Situation im Zweistromland klar geworden. Die Türkei ist jederzeit in der Lage, Syrien und Irak regelrecht den „Wasserhahn" abzudrehen und das lebensnotwendige Nass vorzuenthalten. Sollte dieses irgendwann für längere Zeit wirklich geschehen, ist ein kriegerischer Konflikt durchaus wahrscheinlich.
Der Grund für diese Streitigkeiten ist aber nicht allein im Wasser selber zu suchen, sondern beruht auf bereits lange existierenden politischen Konflikten in der Region, nicht zuletzt der ungelösten Kurdenproblematik.

Dieter Lohmann: Krieg um Wasser. Die neue Gefahr für den Weltfrieden? In: Scinexx, das Wissensmagazin, 26.5.1999, in: http://www.scinexx.de/dossier-detail-86-6.html (Zugriff: 3.8.2010)

Zweistromland (Mesopotamien): das Land zwischen Euphrat und Tigris

1 Analysieren Sie, inwiefern die westlichen Länder an den Ursachen bzw. an den Folgen des Wassermangels in Ländern des Südens beteiligt sind.

2 Erläutern Sie den Zusammenhang von Wassermangel und kriegerischen Konflikten.

Bleibt uns die Luft weg? – Klimaschutz

Der Wandel des Klimas ist ein weltweites Problem, das erst seit wenigen Jahren allgemein anerkannt ist. Auch dieses Problem ist konfliktträchtig, denn unbewohnbar werdende Landstriche oder Dürren und Hochwasser erzeugen Flüchtlingsströme.

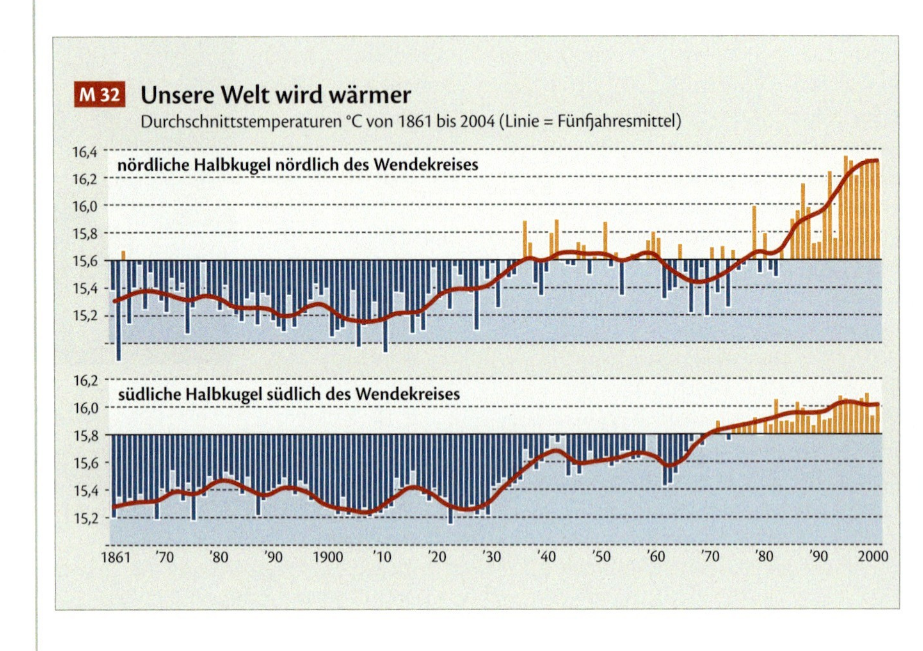

M 32 Unsere Welt wird wärmer
Durchschnittstemperaturen °C von 1861 bis 2004 (Linie = Fünfjahresmittel)

M33 Klimawandel

Das zurzeit wohl größte globale Umweltproblem mit negativen Folgen auch für die Ozonschicht, die Artenvielfalt, die Fläche fruchtbarer Böden und den Wasserhaushalt der Erde stellt die von der Mehrheit der Klimaforscher erwartete rasche Erwärmung der bodennahen Luftschichten durch den sogenannten Treibhauseffekt dar.
Es muss allerdings zwischen zwei Arten von „Treibhauseffekten" unterschieden werden: der natürliche und der zusätzliche, vom Menschen verursachte, anthropogene Treibhauseffekt. Der natürliche Treibhauseffekt ist zunächst durchaus positiv. Er führt zu erträglichen Temperaturen in Bodennähe, die Voraussetzung für die Vielfalt des Lebens auf unserem Planeten sind. Er hat seine Ursache in der Atmosphäre, die die Erde umgibt. Gäbe es diese „Schutzhülle" nicht, so hätten wir eine über den ganzen Planeten und alle Jahreszeiten gemittelte Durchschnittstemperatur von schätzungsweise –11° bis –18° Celsius. Tatsächlich beträgt die globale durchschnittliche Lufttemperatur in Bodennähe aber +15° C. Den Unterschied von 26° bis 33° C bewirkt der wärmende Mantel der Erdatmosphäre.
Für die Erwärmung der bodennahen Luftschichten sind dabei nur einige wenige Spurengase in der Atmosphäre verantwortlich. Nur rund drei Prozent der Masse der Atmosphäre definieren den Strahlungshaushalt der Erde: Den wichtigsten Beitrag zur Erwärmung der bodennahen Luftschichten liefert der Wasserdampf. Er allein bewirkt eine Erwärmung von über 20° C. Am zweitwichtigsten ist das Treibhausgas Kohlendioxid (CO_2). Es bringt eine Erwärmung um weitere 7° C. Obwohl die Konzentrationen der Treibhausgase Ozon, Distickstoffoxid (Lachgas) und Methan weit unter der von Kohlendioxid liegen, beträgt ihr Anteil am natürlichen Treibhauseffekt immer noch 2,4°, 1,4° und 0,8° C.
Alle bisher aufgeführten Treibhausgase sind nicht natürlichen Ursprungs: Kohlendioxid wird durch die Atmung von Tieren und Menschen freigesetzt oder durch natürliche Verbrennungsprozesse. Methan entsteht etwa bei Vergärungsprozessen; Wasser wird von Pflanzen bzw. der Sonne verdunstet usw. Es hat sich ein natürliches Gleichgewicht in der Atmosphäre eingependelt, den Quellen für diese Treibhausgase stehen ausreichende Senken (CO_2-Speicher wie Wälder und Oze-

ane) gegenüber. Dieses Fließgleichgewicht wird durch den Menschen seit einigen Jahrhunderten massiv beeinflusst. Die Konzentration der Treibhausgase in der Atmosphäre nimmt dadurch ständig zu, sodass sich die bodennahen Luftschichten immer stärker erwärmen. Beeinflussten zunächst vor allem Änderungen in der Landnutzung (Rodung der Wälder, Feldbau) das Klima und die Zusammensetzung der Erdatmosphäre, so traten nach der industriellen Revolution Verbrennungsprozesse in den Vordergrund. Auch sind durch die chemische Industrie neue, bis dahin auf der Erde nicht existente Gase (z. B. FCKW, H-FCKW oder FKW) in die Luft gelangt, die ebenfalls als Treibhausgase wirken: Der sogenannte zusätzliche, anthropogene Treibhauseffekt ist entstanden.

Heinz Gmelch: Globale Umweltprobleme – Dimensionen, Ursachen, Lösungsansätze, in: Mir A. Ferdowsi, Weltprobleme, Bonn: Bundeszentrale für politische Bildung 2008, S. 238 f.

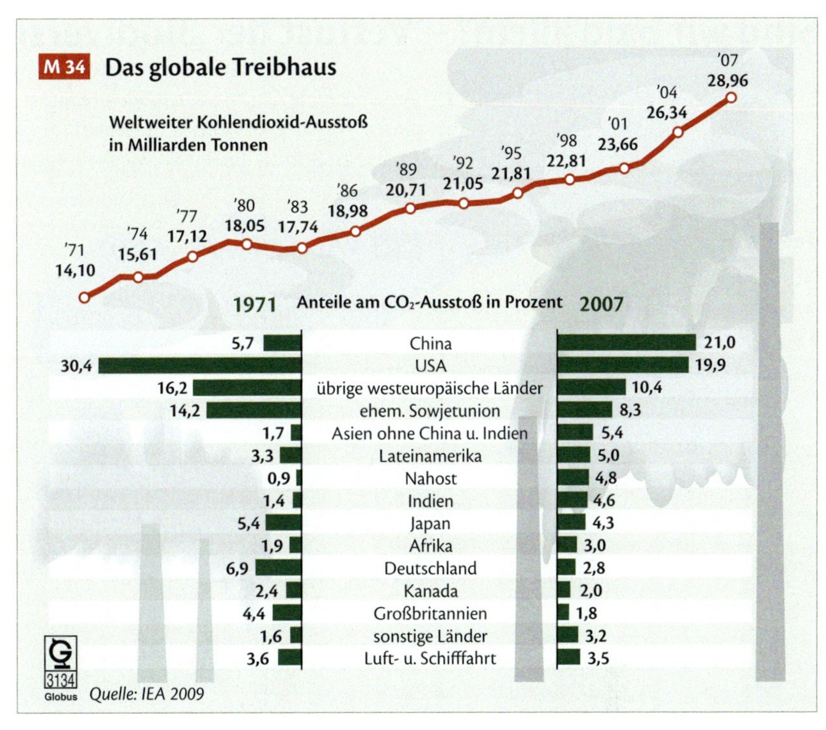

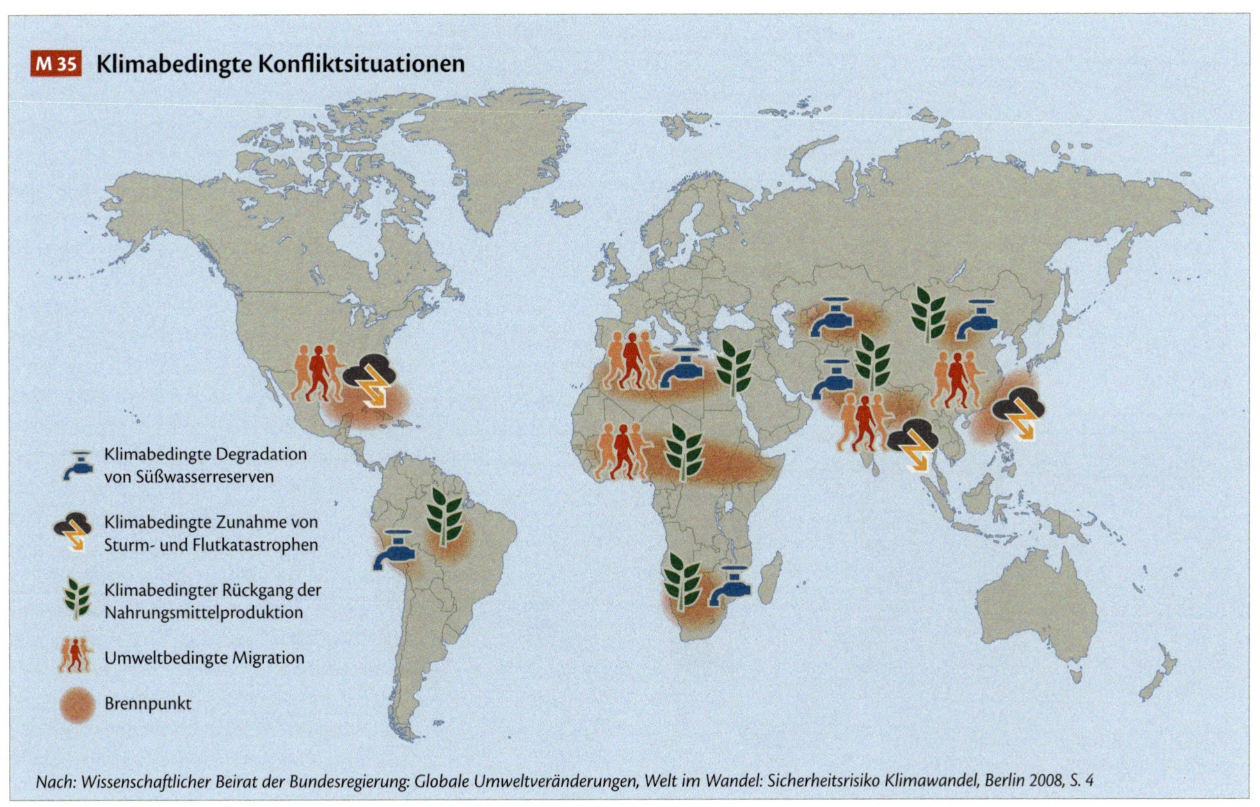

1. Erläutern Sie den Zusammenhang von globaler Erwärmung und Industrialisierung.
2. Benennen Sie die möglichen Folgen globaler Erwärmung für Industrieländer und für ausgewählte Entwicklungsländer.
3. Erörtern Sie, inwiefern durch den Klimawandel eine Gefährdung des Weltfriedens entstehen kann.

Sind wir bald allein? – Verlust der Biodiversität

Der drohende Verlust der Biodiversität ist ebenfalls ein gravierendes Weltproblem. Auch dieser Vorgang, obwohl vom Begriff her noch erklärungsbedürftig, gibt in hohem Maße Anlass zu Konflikten, etwa zwischen Bauern und Agrarkonzernen.

M36 Was heißt Biodiversität?

Biodiversität bedeutet übersetzt „Vielfalt des Lebens"; der Begriff kann jedoch auf verschiedenen Ebenen angewendet werden. Er kann sowohl die genetische Vielfalt innerhalb einer Population bezeichnen als auch den Grad des Artenreichtums in einem bestimmten Habitat (*Lebensraum*). Weiterhin wird damit in einem allgemeinen Zusammenhang der gesamte Artenreichtum auf der Erde bezeichnet, besonders in der Öffentlichkeit und in den Medien, wenn es um die Bedrohung der Artenvielfalt durch den Menschen und den Klimawandel geht (ob nun durch menschliche Einflüsse oder langfristige natürliche Klimaveränderungen). (...)

Nach der letzten Definition ist Biodiversität also die Vielfalt des Lebens auf der Erde, die Variationen, in denen die Millionen von Tieren (es sind allein über 400 000 Käferarten beschrieben...) und Hunderttausende von Pflanzenarten vorkommen. Ein ganzer Forschungszweig beschäftigt sich mit der Untersuchung dieses Fragenkomplexes, vor allem Ökologen, aber auch Taxonomen und Systematiker, die durch die nie enden wollenden Beschreibungen neuer Arten und die Einteilung in verwandtschaftliche Gruppen ihren Lebensunterhalt verdienen. Die Ökologen untersuchen Nahrungsbeziehungen, konstruieren Nahrungsnetze und untersuchen Stoffkreisläufe innerhalb von Lebensgemeinschaften (d.h. in einem Gebiet zusammenlebende und interagierende Lebewesen). Wozu, außer natürlich, um den Forscherdrang zu stillen, sind diese Untersuchungen aber notwendig? Die einfache Antwort: Man kann nur das schützen, was man kennt. Um Konzepte zu entwickeln, wie man die jeweilige Art schützen will, muss man natürlich wissen, wie ihre Ansprüche sind und auch die der Lebewesen, mit denen sie interagieren, sei es nun durch Nahrungs- oder Lebensraumkonkurrenz oder auch einfach Gefressenwerden. (...)

„Die Natur braucht uns nicht, aber wir brauchen die Natur." Dahinter verbirgt sich, dass, sollte die Menschheit einmal aussterben, das vielfältige sonstige tierische und pflanzliche Leben sich wieder erholen wird, wobei der dafür notwendige Zeitraum natürlich davon abhängt, wie viel die Menschen bis dahin zerstört haben werden. Wir Menschen können jedoch ohne diese Umwelt nicht existieren. Das Zusammenleben und -wirken der Arten, das gewiss zum größten Teil aus menschlicher Sicht wenig harmonisch erscheinen mag, ist dennoch ein System, das sich über einen langen Zeitraum eingespielt hat. Dies jedoch als starres Gleichgewicht zu sehen, wäre nicht richtig, denn es gibt immer starke Schwankungen und auch Einbrüche durch verschiedenste Einwirkungen teilweise sehr komplexer Art und viele, die man auch einfach als zufällig bezeichnen kann. Vor allem in mittleren Zeiträumen ist dieses jedoch vereinfacht als fließend-stabiles System zu sehen.

Finn Bastiansen: Was ist Biodiversität?, in: http://www.biologische-diversitaet.de (Zugriff: 11.10.2010)

Zeichnung: Mester

M37 Gefahr für die Biodiversität

Die Biodiversität, die Vielfalt der Pflanzen auf den Äckern und in den Gemüsegärtnereien ist in Gefahr. Jahr für Jahr wurden und werden alte, angeblich zu wenig leistungsstarke Pflanzen aus dem Sortenkatalog gestrichen und gehen womöglich nach einigen Jahren ganz verloren. Auch weltweit nimmt die Agrobiodiversität stetig ab, weil Sorten, die auf Massenertrag gezüchtet werden, immer mehr herkömmliche Sorten verdrängen.
Besonders die „Big player“, die internationalen Saatgutmultis wie Monsanto (s. M 38, M 39) wollen ihre hochgezüchteten und häufig mit biotechnologischen oder gentechnischen Mitteln aufgerüsteten Samen weltweit absetzen. Das geht nur, wenn sie regionale und herkömmliche Sorten verdrängen. Diese globale Saatgutstrategie verschärft noch einmal den Rückgang der Biodiversität. Aber ohne Vielfalt werden die Pflanzen anfälliger, und die Ernten können unter dem Ansturm von Krankheiten oder Schädlingen leichter einbrechen. Der Apfelwickler schädigt nicht alle Apfelbäume gleichermaßen. Aber wenn nur noch zwei oder drei Sorten angebaut werden? Tomaten, die nur von einer Elternlinie abstammen, fallen gleich allesamt einer Krankheit zum Opfer. Wachsen unterschiedliche Tomatenpflanzen auf dem Feld, mit unterschiedlichen Erbsubstanzen und das heißt auch mit vielfältigerem genetischem Widerstandspotenzial, halten etliche dem Ansturm sicher stand. Das weiß jeder Hobbygärtner, der in seiner Parzelle unterschiedliche Sorten einer Art anbaut und merkt, wie unterschiedlich sie mit den Herausforderungen in der freien Natur fertig werden.
In der monokulturell ausgerichteten industriellen Landwirtschaft werden chemische Gifte gegen Schädlinge und Unkräuter eingesetzt, um dieser Herausforderungen Herr zu werden. Aber sie verschärfen das Problem. Denn sie sind, genauso wie diese Art der Landwirtschaft selber, mit verantwortlich für den Rückgang der Biodiversität.

Albrecht Kieser: Saatgutpolitik vor der Entscheidung, br-online 2.4.2009, in: http://www.br-online.de (Zugriff: 11.10.2010)

M39 „Monsanto-Claus“

Erläuterung zur Karikatur:
Der Vietnamkrieg wurde von den USA als Krieg gegen den Kommunismus geführt.
Sustainable self-sufficient agriculture: Nachhaltige Landwirtschaft zur Selbstversorgung

M38 Wer ist Monsanto?

Der amerikanische Lebensmittel-Konzern Monsanto ist besonders in der Kritik, wenn es um die Erhaltung der Biodiversität geht. Monsanto ist früher dadurch hervorgetreten, dass er das Entlaubungsmittel „agent orange“ produziert hat, mit dem im Vietnamkrieg von den USA großflächig Wälder zerstört und Menschen vergiftet wurden. Heute ist Monsanto in der Kritik, weil der Konzern versucht, weltweit Patente auf die Lebensmittelherstellung durchzusetzen, zum Beispiel für Gen-Soja und Schweinefleisch. Monsanto stellt sich auf den Standpunkt, dass entsprechendes Saatgut oder Zuchtschweine Genmerkmale tragen, auf die der Konzern ein Patent besitze. Soja-Anbau oder Schweinezucht würden dann zu einer Angelegenheit, die dem Konzern zu bezahlen wären und die nur mit Erlaubnis von Monsanto erfolgen dürften.

Autorentext

1 Ermitteln Sie den historischen Kontext und die gesellschaftlichen Rahmenbedingungen des Begriffs „Nachhaltigkeit“.

2 Recherchieren Sie zur Rolle großer Nahrungsmittelkonzerne in Bezug auf die Erhaltung der Biodiversität.

3 Recherchieren Sie zum internationalen Patentrecht und legen Sie dar, welche Probleme damit verbunden sind.

Methode: Kriteriengeleitete Urteilsbildung

M 40 Der Prozess der Urteilsbildung

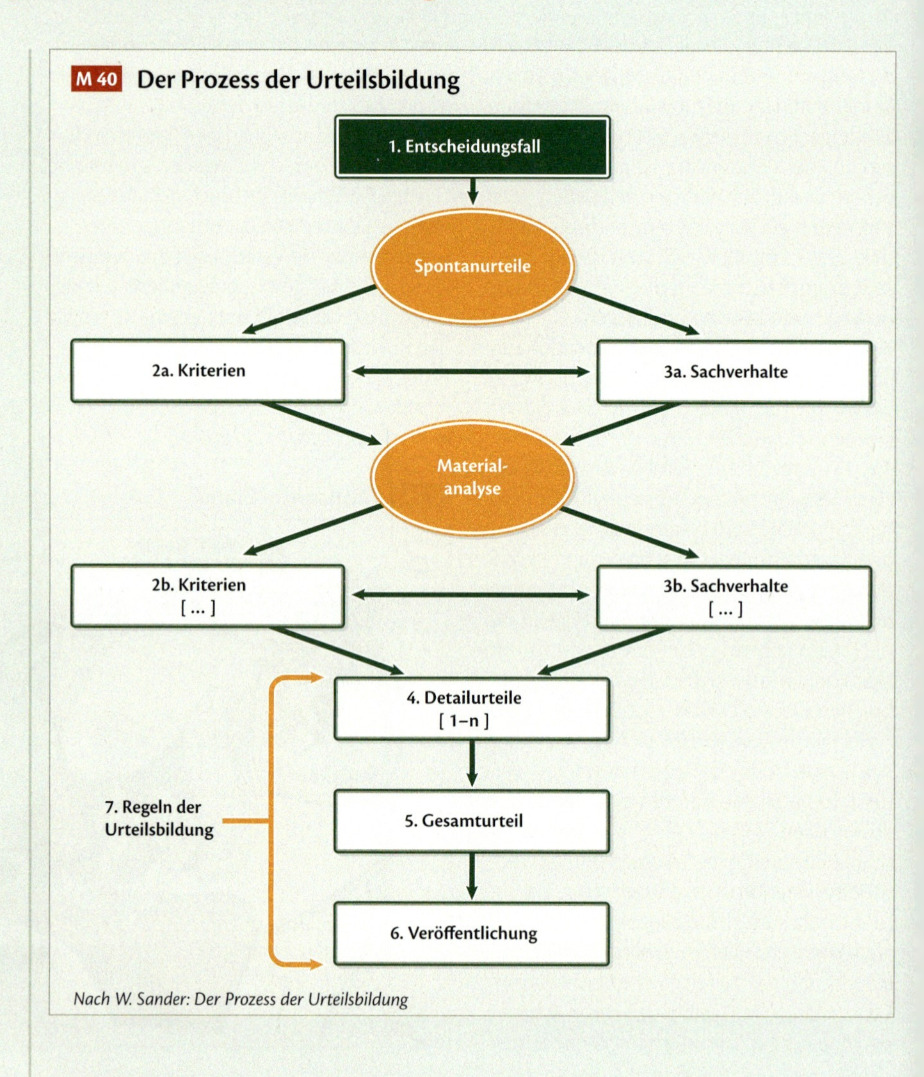

Nach W. Sander: Der Prozess der Urteilsbildung

M 41 Politische Urteilsbildung

Politische Urteilsbildung ist ein alltäglicher Prozess, den jeder (mehr oder weniger gut) beherrscht, häufig allerdings ohne zu wissen, worauf er dabei zu achten hat und welche Fehler zu vermeiden sind. (...) Politische Urteile zeichnen sich dadurch aus, dass sie Regeln der Klugheit beachten, sich durch große Informiertheit auszeichnen, zweckmäßigen Mitteleinsatz beherzigen, Folgen und Nebenfolgen des Handels beachten und dem Kriterium der Verantwortlichkeit genügen wollen. (...)
In den folgenden Abschnitten sind sieben Regeln zur Urteilsbildung aufgeführt (...):

Regel 1: Das Entscheidungsproblem identifizieren
Am Anfang der politischen Urteilsbildung steht ein konkreter, für die Schüler und Schülerinnen interessanter und für sie bearbeitbarer Fall. Die Frage sollte dabei jeweils so zugespitzt werden, dass die Urteilenden zu einem Ja oder Nein, zu einem Pro oder Contra oder zu einer Auswahl unter Alternativen (wie z.B. bei der Bundestagswahl) aufgefordert werden. (...)

Regel 2: Beurteilungskriterien entwickeln
Ohne Kriterien ist die normative Basis für Urteilsbildung nicht gegeben, kann also auch keine Urteilsbildung stattfinden. Von daher ist der expliziten Entwicklung von fallbezogenen Kriterien der Urteilsbildung besondere Aufmerksamkeit zu widmen. Wie funktioniert eine solche Entwicklung von Urteilskriterien? Auch hier ist wiederum darauf zu achten, dass die Erkenntnis von Wirklichkeit

(Was-Ist-Fragen) keine hinreichende Basis für die Inkraftsetzung von Urteilskriterien ist. Urteilskriterien geben immer eine Antwort auf die Frage: Was soll sein, worauf sollen wir achten, wenn faktische Verhältnisse beurteilt werden sollen. Es ist ein folgenschwerer Irrtum, Urteilsbildung als Erkenntnisproblem aufzufassen. (...) Kein Gericht, kein Richter kann ohne eine rechtliche Basis auch nur ein Urteil fällen. Willkürakte lassen sich nur dadurch überwinden, dass der Richter sich an das geltende Recht hält. Die normativen Gesichtspunkte sind zur Erkenntnisgewinnung über die Wirklichkeit unverzichtbar, denn sie steuern gleichsam wie Scheinwerfer die (wissenschaftliche) Erkenntnis der Wirklichkeit und die Wahrnehmung. (...)

Regel 3: Sachverhalte prüfen (Beweisaufnahme)
Aufgabe der Beweisaufnahme ist es, zu den relevanten Beurteilungsgesichtspunkten empirisch gehaltvolle Aussagen über die politische Wirklichkeit zu machen (ob etwas gegeben ist oder nicht). So lässt sich z.B. anhand der von der Regierung durchgeführten Maßnahmen („Erfolgsbilanz") und anhand der von den Parteien in Aussicht gestellten Vorhaben realistisch abschätzen, welche Prioritäten gesetzt und wo welche Veränderungen im politischen Alltag herbeigeführt wurden bzw. werden sollten. (...)

Regel 4: Einzelurteile entwickeln
In diesem Arbeitsschritt sind die normativen Beurteilungskriterien und die Sachverhaltsaussagen zusammenzubringen, d.h. es ist nun schrittweise zu prüfen, wann was der Fall ist. Im Idealfall könnte man die Kriterienliste zu dem ausgesuchten Politikfeld und die tatsächlichen Leistungen der Regierung/Parteien gegenüberstellen und anschließend feststellen, wer am ehesten dem Anforderungsprofil genügt und wer weniger. (...)

Regel 5: Gesamturteil fällen
Unter Berücksichtigung der erarbeiteten Einzelurteile ist nun im konkreten Fall eine Entscheidung (Ja oder Nein, Pro oder Contra) zu fällen oder eine Auswahl vorzunehmen. Dieser Entscheidung ist eine ausführliche Begründung beizufügen. (...)

Regel 6: Gesamturteil veröffentlichen
(...) Angesichts von Zeitknappheit, unzulänglichen Informationen und geringen Erfahrungen ist es keine Schande, wenn Schüler und Schülerinnen vorläufig „nur" relativ gute politische Urteile veröffentlichen und doch mutig ihre Produkte der Kritik stellen, woraus sich die Chance ergibt, andere in den Diskussionsprozess einzubeziehen und noch vorhandene Fehler schrittweise zu eliminieren. (...)

Regel 7: Regeln der Urteilsbildung offenlegen
(...) Dieser Reflexionsvorgang dient zugleich auch dazu, am vorliegenden Fall sich über die Aufgaben und Probleme der Urteilsbildung selbstkritisch zu vergewissern.
Bundeszentrale für politische Bildung: Politische Urteilsbildung; in: http://www.bpb.de/methodik/ETFOVO,0,0,Methoden.html (Zugriff: 17.6.2011)

M 42 Typische Verstöße gegen die Regeln der politischen Urteilsbildung

- Schon bei der Definition des Ausgangsproblems wird der Eindruck erweckt, als wären alle Probleme (auch solche der Zielfindung und Bewertung) nur Probleme der Informationsverarbeitung oder der „Wissenschaft".
- Es wird der Eindruck erweckt, dass es zu moralischen Fragen nur individualistische Lösungen gäbe, dass „Verwaltung von Moral" nach Zweckmäßigkeitsgesichtspunkten erfolgen sollte (könnte), dass Entscheidungen letztlich mit Hilfe der (Computer-) Technik besser bearbeitbar seien als durch den Gebrauch der praktischen Vernunft.
- (...) Berge von Informationen können zu einem konkreten Entscheidungsfall vorliegen, sie können aber alle falsch, unvollständig, irrelevant sein. Sie werden nur dann und dadurch zu Wissen, dass sie Beweiskraft erlangen. Sie müssen also einer eingehenden Qualitätsprüfung unterzogen werden.
- Der Vormarsch des Infotainment in den Medien besonders im Fernsehen führt dazu, dass Sachfragen nur noch oberflächlich behandelt werden, dass auf Effekte bedachte Inszenierungen (Einschaltquoten) mehr geachtet wird, als auf kritisch nachvollziehbare Argumentation und Beweisführungen.

Wolfgang Sander: Sieben Regeln der Urteilsbildung; in: www.pbnetz.de (Zugriff: 17.6.2011)

Wovon leben? – Öl

Das Erdöl ist einer der wichtigsten Rohstoffe der heutigen Weltgesellschaft. Wiederholt war die Verfügungsgewalt über Rohöl in der Vergangenheit Grund für Konflikte. Die Begrenztheit der Ölvorkommen macht weitere Auseinandersetzungen wahrscheinlich. Auch das Öl als Gefahrenquelle für die Umwelt wird immer wichtiger.

M43 Erdöl – eine endliche Energiequelle

Erdöl ist weltweit der *wichtigste Energielieferant* und deckte 2008 rd. 34,8 Prozent des kommerziellen Welt-Energieverbrauchs. 1974 hatte der Anteil noch 48 Prozent betragen 5 (...). Wegen der in den 1980er- und 1990er-Jahren stark gesunkenen Preise für Erdölprodukte und aufgrund der hohen Kosten für Erschließung und Ausbau anderer Energieträger, auch wegen der fehlenden Akzeptanz der 10 Kernenergie, erfolgte die Mineralölsubstitution wesentlich langsamer als ursprünglich geplant. Doch angesichts der rasant steigenden Preise für Rohöl und der Klimaschutzdiskussion spricht vieles für eine Reduzierung der 15 Erdölverbrennung. Für den Kfz-Verkehr dürfte trotz der Zunahme alternativer Treibstoffe das Erdöl in absehbarer Zukunft die wichtigste Energiequelle bleiben.

Der *Mineralöl-Weltverbrauch* steigt seit Mit-20 te der 1980er-Jahre fast jährlich an und erreichte 2008 mit 3,928 Mrd. t einen Wert, der um 0,6 Prozent unter dem Vorjahreswert lag. Die höchsten Anteile daran hatten (*in Prozent*) die USA (22,5), die VR China (9,6), Japan 25 (5,6), Indien (3,4), Russland (3,3) und Deutschland (3,0). Die größten Verbrauchszunahmen gegenüber dem Vorjahr verzeichneten Katar (+16,5), Kuwait (+11,7), Peru (+10,8) und die Vereinigten Arabischen Emi-30 rate (+10,6). Einen stark rückläufigen Verbrauch hatten Aserbaidschan (−25,9) Hongkong (−9,4), und Island (−9,1).

Bei gleichbleibendem Produktionsvolumen schätzt die Bundesanstalt für Geowissen-35 schaften und Rohstoffe, dass die weltweiten Erdölreserven noch rd. 43 Jahre reichen dürften; in Europa acht Jahre, im Nahen Osten dagegen rd. 83 Jahre. Zusammen mit den bekannten, aber geologisch noch nicht erfass-40 ten oder zu gegenwärtigen Preisen nicht wirtschaftlich abbaubaren Ressourcen beträgt die statistische Reichweite von Erdöl 63 Jahre. Die Reserven – die geortet sind und mit der gegenwärtigen Technik wirtschaftlich ge-45 wonnen werden können – nahmen in den letzten Jahren jeweils leicht zu und erreichten um 2003 den höchsten jemals berechneten Stand. 2004 und 2005 lag die Förderung jeweils leicht höher als die Entdeckung neuer 50 Reserven. Etwa 71 Prozent der konventionellen Erdölreserven befinden sich in einem relativ eng begrenzten Gebiet – der sog. Strategischen Ellipse. Sie reicht vom Nahen Osten über den Kaspischen Raum bis nach Nord-55 west-Sibirien. Saudi-Arabien ist nach wie vor das erdölreichste Land und verfügt über ca. 21 Prozent aller bestätigten Reserven der Welt. Auf Irak, Iran und Kuwait entfallen je 8–11 Prozent. Seit Beginn der Erdölförderung 60 1859 wurden bis 2005 rd. 280 Mrd. t Erdöl entdeckt. Davon wurden bis Ende 2005 etwa 145,4 Mrd. t (= 52 Prozent) gefördert und verbraucht.

Nicht-konventionelle Erdöle wie *Schweröl*, 65 Schwerstöl, Ölsande oder Ölschiefer werden in der Zukunft eine immer größere Rolle bei der Energieversorgung spielen, z. B. die Schwerstöle in Venezuela und die Ölsande in Kanada. Ihre wirtschaftliche Gewinnbarkeit 70 hängt jedoch in hohem Maße von der Entwicklung des Ölpreises ab.

Der Fischer Weltalmanach 2010, Frankfurt/M. 2009, S. 698 f.

Ölpest im Golf von Mexiko, Juni 2010

M44 Rohölpreise

Die *Rohölpreise* haben sich 2008 in einem vorher nicht für möglich gehaltenen Ausmaß weiter erhöht und erreichten einen Rekord nach dem anderen. Das Maximum erreichte der Rohölpreis am 11.7.2008 mit 147,50 US-$ pro Barrel der Nordseesorte Brent. (...) Als Ursachen des starken Preisanstiegs 2008 können vier Aspekte genannt werden:

- Der *US-Dollar*, in dem fast alle Erdöllieferungen abgerechnet werden, hat gegenüber anderen Währungen stark an Wert verloren, was die Erdölförderländer durch höhere Preise kompensieren. (...)
- Die *Nachfrage* der VR China und anderer Schwellenländer ist so rasant gestiegen, dass die leicht rückläufige Nachfrage in einigen Industriestaaten nicht ins Gewicht fällt.
- Das *Angebot* konnte mit der kräftig zunehmenden Nachfrage wegen begrenzter Förderkapazitäten und mangelnder Raffineriekapazitäten nicht Schritt halten. In den vergangenen Jahren mit relativ niedrigen Preisen war seitens der Erdölgesellschaften kaum in neue Förderanlagen und in Erweiterungen der Raffinerien investiert worden, sodass eine Ausweitung der Förderung (...) nicht möglich war.
- Zusätzlich wirkten *spekulative Elemente* (Rohstofffonds) und die politische Unsicherheit in wichtigen Förderländern in Nahost (Irak, Iran), Lateinamerika (Venezuela) und Westafrika (Nigeria) preistreibend.

Der Fischer-Weltalmanach 2010, Frankfurt/M. 2009, S. 698 f.

M45 Peak-Oil-Theorie

Nach wie vor ist es offensichtlich sehr schwer abzuschätzen, wie lange die Erdölvorräte noch ausreichen werden. Dabei ändern sich die Rahmenbedingungen ständig: Weltweit verändert sich die Nachfrage, Erdölfelder werden – wenn auch in immer geringerer Zahl – neu erschlossen, Abbaumethoden verändern sich und machen die Förderung vorher unrentabler Vorkommen möglich. Zumindest ist sicher, dass das Erdöl in den nächsten Jahrzehnten noch nicht ausgehen wird. Viel kritischer ist allerdings die Frage nach dem Zeitpunkt, an dem das Fördermaximum erreicht wird, d. h. an dem mehr Erdöl gefördert wurde als in allen Erdöllagerstätten der Welt noch vorhanden ist. Dieser Zeitpunkt wird auch Peak Oil genannt. Einige Experten sind der Ansicht, dass 2006/2007 das weltweite Erdölfördermaximum bereits erreicht wurde. Andere erwarten das Maximum erst 2020 oder 2040. Das Erreichen des Peak Oil kann weitreichende Konsequenzen für das Leben der Menschen besitzen. So hängen weite Teile des Wirtschaftslebens, die Mobilität und die Erzeugung von Nahrungsmitteln in bedeutendem Maße von Erdöl ab. Die Erdölförderung großer Erdölkonzerne ist in den letzten Jahren leicht zurückgegangen.

Der Fischer-Weltalmanach 2010, Frankfurt/M. 2009, S. 698 f.

1. Recherchieren Sie und schreiben Sie die Daten der Grafiken fort.
2. Beurteilen Sie auf dieser Grundlage den Stand der Peak-Oil-These.
3. Recherchieren Sie zur Abhängigkeit Deutschlands von Erdöllieferungen. Beurteilen Sie, inwiefern es gelungen ist, durch Förderung erneuerbarer Energien die Abhängigkeit vom Öl zu verringern.
4. Recherchieren Sie zur Ölkatastrophe der Deep Water Horizon und zum Stand der verursachten Umweltverschmutzung an der amerikanischen Küste.
5. Ermitteln Sie, ob die politischen Vorgänge in den islamischen Ländern 2011 Auswirkungen auf den Rohölpreis hatten.

M46 Deutschlands Rohöllieferanten 2008

Rohölimporte in Prozent

7,3 Sonstige
1,7 Venezuela
2,5 Saudi-Arabien
2,6 Syrien
2,9 Nigeria
2,9 Algerien
3,2 Aserbaidschan
6,7 Kasachstan
9,9 Libyen
13,2 Großbritannien
15,2 Norwegen
31,9 Russland

Gesamt: 105,097 Mio. Tonnen

Quelle: Bundesamt für Wirtschaft und Ausfuhrkontrolle

M47 Deutschlands Energieträger 2008

Anteile am Primärenergieverbrauch in Prozent

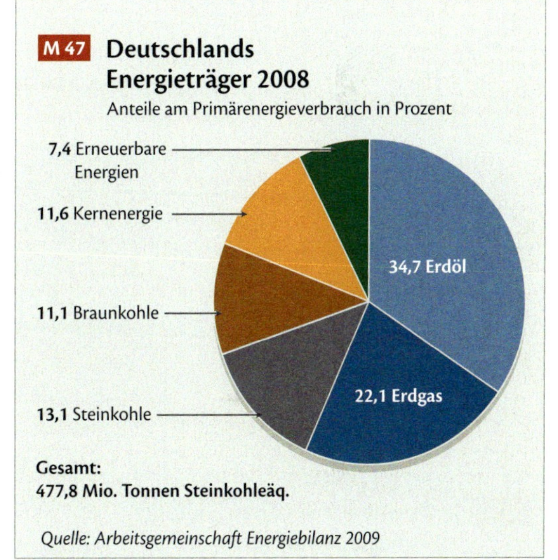

Gesamt: 477,8 Mio. Tonnen Steinkohleäq.

Quelle: Arbeitsgemeinschaft Energiebilanz 2009

M48 Erdölförderung großer Konzerne 2004–2008

in Mio. Barrel pro Tag

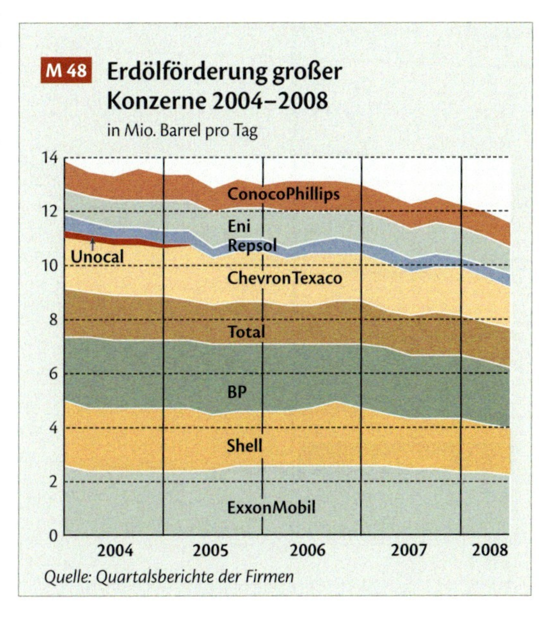

Quelle: Quartalsberichte der Firmen

Was kann man tun? – Entwicklungspolitik

Alle Industrieländer betreiben Entwicklungspolitik, um die Lage auf der Welt und besonders in Krisenregionen zu stabilisieren, um humanitäre Hilfe zu leisten und Märkte für die eigenen Produkte zu fördern.

M49 Was ist Entwicklungszusammenarbeit?

Entwicklungszusammenarbeit (EZA) soll Veränderungen und Strukturverbesserungen für die Bevölkerung von ärmeren Ländern mit schwacher Industrialisierung und Infrastruktur schaffen. Ziel ist eine globale Annäherung von Lebensbedingungen, Infrastruktur, medizinischer Versorgung und Möglichkeit zu Ausbildung und Arbeit. Geht es nach den ehrgeizigen Plänen der Organisation für wirtschaftliche Zusammenarbeit und Entwicklung (OECD), soll bis zum Jahr 2015 der Anteil der in Armut lebenden Bevölkerung in Entwicklungsländern zumindest auf die Hälfte reduziert werden. Um dies zu erreichen, müssen die industrialisierten Nationen der Welt gemeinsam in multilaterale Programme und Projekte zur Armutsbekämpfung investieren. Als Zielgröße für die öffentliche Entwicklungsunterstützung haben die Vereinten Nationen einen Anteil von 0,7 Prozent des Bruttoinlandsproduktes festgelegt – diese Zahl wurde bis jetzt nur in seltenen Fällen erreicht. EZA hat viele Tätigkeitsbereiche – im technischen, medizinischen, finanziellen und personellen Bereich. So versucht etwa die technische Zusammenarbeit, das Leistungsvermögen von Menschen, Organisationen und institutionellen Strukturen in Entwicklungsländern zu erhöhen. Dabei sind Teamgeist sowie politische und wirtschaftliche Unabhängigkeit zugrundeliegend für jeden Erfolg. Ziel von EZA im Gesundheits- und Medizinbereich ist, die Gesundheit der Bevölkerung von ärmeren Ländern zu fördern und die Basis-Gesundheitsversorgung vor allem in ländlichen Gegenden und urbanen Randgebieten und Slums zu verbessern. Medizin in Entwicklungsländern ist jedoch nicht als westliche Apparatemedizin auf niedrigerem Niveau einzustufen – sie basiert auf eigenen Grundsätzen und erfordert eine besondere Einstellung.

http://www.goinginternational.org/deutsch/eza/leitbild1_2.html (Zugriff: 12.10.2010)

M50 Instrumente der Entwicklungszusammenarbeit (EZ)

staatliche EZ	nichtstaatliche EZ
Materiallieferungen	Materiallieferungen
Fortbildung, Fachkräfteentsendung und Beratung	Fortbildung, Fachkräfteentsendung und Beratung
Zuschüsse	Zuschüsse
zinsgünstige Kredite	
bilaterale / multilaterale Zusammenarbeit	Förderung nichtstaatlicher Träger

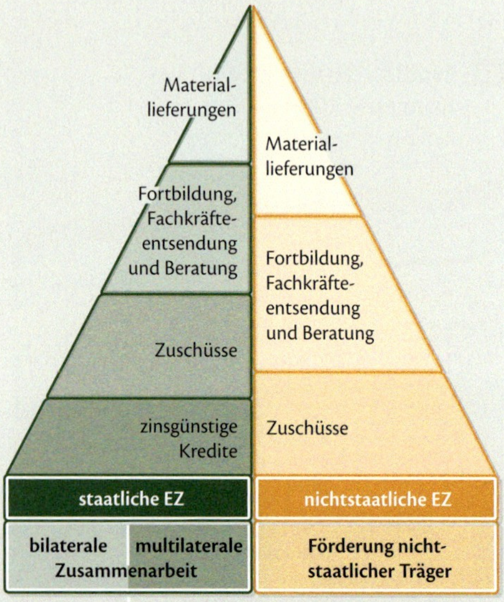

Nach: http://www.omnia-verlag.de/weltimwandel/php (2004)

M51 „Was geht uns die Entwicklung anderer Länder an?"

Gewalt und Kriege haben viele Ursachen. Zu den wichtigsten gehören Armut, soziale Ungerechtigkeit und Perspektivlosigkeit. „Wo Hunger herrscht, kann Friede nicht Bestand haben", fasste der frühere Bundeskanzler Willy Brandt einmal zusammen.

Konflikte in anderen Teilen der Welt gefährden auch unsere Sicherheit. Entwicklungspolitik hilft, Krisen zu verhindern und Konflikte zu bewältigen. So leistet sie einen Beitrag zur Sicherung unserer Zukunft. Auch Umweltprobleme kennen keine Grenzen. Der weltweite Klimawandel hat rund um den Globus Ursachen und Folgen. Wenn wir in unseren Partnerländern umweltfreundliche Produktionsweisen und den Einsatz erneuerbarer Energien fördern, trägt das zum globalen Umweltschutz bei.

Deutschlands Wirtschaftskraft und Wohlstand beruhen auf dem Export von Waren und Dienstleistungen.

Ökonomische Krisen in anderen Weltregionen schaden deshalb auch unserer Wirtschaft. Entwicklungszusammenarbeit, die darauf zielt, die Volkswirtschaften in den Partnerländern zu stabilisieren und zu stärken, hilft also auch uns. Nicht zuletzt ist Hilfe für Benachteiligte die Basis unserer Zivilisation. Sie basiert auf der Verpflichtung, dass die Starken die Schwachen unterstützen. Dies ist ein entscheidendes Grundprinzip für unser Zusammenleben als Menschheit.

Bundesministerium für wirtschaftliche Zusammenarbeit und Entwicklung: Warum Entwicklungspolitik?, Berlin 2008, S. 5

M52 Warum Afrika dank Entwicklungshilfe im Elend verharrt

Die meisten Kriege, die am schlimmsten wütenden Krankheiten, die wildwuchernde Korruption. Kaum eine Schreckenstabelle, in der es die Afrikaner nicht zu traurigen Rekorden bringen würden. Wo sagenhafte Bodenschatzreserven und günstiges Klima (Kongo, Nigeria, Sierra Leone) ein angenehmes Leben und Wohlstand für alle hätten bringen können, toben oder tobten verheerende Kriege und bereichern sich Kleptokraten auf geradezu unverschämte Weise. Ganz zu schweigen von Ländern wie Simbabwe, die einmal eine wahre Kornkammer gewesen sind, und wo jetzt starrsinnige Diktatoren alles in Grund und Boden wirtschaften.

Dies alles, obwohl die Geldhähne des Westens stets weit geöffnet waren und manche Länder geradezu mit Entwicklungshilfe fluteten. Oder vielleicht gerade deswegen. Der Verdacht liegt nahe. Nahezu alle ehemaligen Drittweltländer, denen es heute besser geht, haben es ohne oder nur mit wenig fremder Hilfe geschafft (Singapur, China, Thailand). Die am meisten bekamen hingegen, denen geht es heute am schlechtesten.

Unlogisch ist das nicht. Hilfe kann lethargisch machen. Hilfe fließt in Systeme, die jetzt schon nicht funktionieren und dringend reformbedürftig sind. Von Hilfe profitieren hauptsächlich die Schurken, die jetzt schon für das größte Elend die Verantwortung tragen. (...)

Die afrikanischen Länder sind die korruptesten und undemokratischsten Länder der Erde. Einträgliche Geschäfte, wie Bergbau oder Telefongesellschaften, sind verstaatlicht, Grund und Boden nur selten privatisiert. *Darum* sind die Afrikaner arm.

Thilo Thielke: Warum Afrika dank Entwicklungshilfe im Elend verharrt, Spiegel.online 11.6.2007, in: http://www.spiegel.de (Zugriff: 8.11.2009)

Kleptokratie: Herrschaft der Plünderer und Diebe

M53 Geld allein hilft nicht

Interview der ZEIT mit dem Politikwissenschaftler Franz Nuscheler 2005:

ZEIT: Die reichen Länder haben beschlossen, die Hilfe für Afrika bis 2010 zu verdoppeln. Warum sind Sie trotzdem so pessimistisch?

Nuscheler: Weil es nichts bringt, allein mehr Geld dahin zu schieben. Jedenfalls nicht, solange die Strukturen fehlen, um das Geld vernünftig einzusetzen. Wenn eine grundlegende Gesundheitsversorgung fehlt, wenn es nicht einmal gelingt, Grundschulen zu organisieren, dann ist mehr Geld einfach nutzlos. Dann müssen erst einmal Strukturen geschaffen und Organisationen aufgebaut werden. Das aber braucht Zeit. Deshalb bin ich in puncto Afrika so skeptisch. (...)

ZEIT: Trotzdem, mehr Geld wäre doch willkommen, um die von Ihnen geforderten Basisdienste im Gesundheits- und Bildungswesen aufzubauen.

Nuscheler: Das ist zugleich richtig und falsch. Afrika braucht nicht einfach mehr Geld, sondern eine zielgerechte Verwendung der heutigen Mittel. Wie viel deutsches Entwicklungsgeld geht denn in die Grundbildung? 1,5 Prozent der Gesamtsumme. Wie viel geht denn in die Grundversorgung im Gesundheitswesen? 1,1 Prozent. Bei den anderen Gebern sieht es kaum besser aus. Das ist der eigentliche Mangel der Entwicklungspolitik. Ausgerechnet für die Schlüsselsektoren fehlt ihr das Geld. (...)

ZEIT: Jedes Entwicklungsland trägt die Hauptverantwortung für seine Entwicklung selbst, sagt der UN-Generalsekretär Kofi Annan.

Nuscheler: Annan hat Recht. Die Entwicklungsländer selbst tragen die Hauptverantwortung für ihre Entwicklung. Sie müssten erst einmal selbst alles in ihrer Macht Stehende tun, und danach erst kommt die Hilfe von außen. Nur: Diese Eigenverantwortung ist durch die jahrzehntelange Praxis der Entwicklungshilfe regelrecht verschüttet worden. Viele Länder konnten gar keine Eigenverantwortung entwickeln, weil ihnen alles von außen diktiert wurde. Wir haben das Warten auf äußere Hilfe regelrecht gezüchtet.

Interview mit Franz Nuscheler, in: DIE ZEIT v. 15.9.2005

Franz Nuscheler (geb. 1938), deutscher Politikwissenschaftler

1 Analysieren Sie die Gründe und Instrumente der Entwicklungspolitik, wie sie die Bundesregierung betreibt.

2 Nehmen Sie Stellung zur Kritik an der Entwicklungspolitik.

Helfen klare Ziele? – Millenniumsziele der UNO

Mit der Jahrtausendwende gelangte die ungleiche Verteilung der Reichtümer auf der Erde noch einmal in den Blick der Weltöffentlichkeit. Die Vereinten Nationen stellten acht internationale Entwicklungsziele auf, die die größte Not bis 2015 beseitigen sollen.

M 54 Anteil der Unterernährten an der Bevölkerung

in Prozent

	1990–1992	2000–2002	2005–2007
Afrika südlich der Sahara	31	30	26
Südasien ohne Indien	26	23	23
Südasien	21	20	21
Südostasien	24	17	14
Ozeanien	12	16	13
Ostasien ohne China	8	13	12
Ostasien	18	10	10
Lateinamerika und Karibik	12	10	9
Westasien	5	8	7
Nordafrika	<5	<5	<5
Entwicklungsregionen	20	16	16

Zielwert 2015 (im Diagramm als Markierung eingezeichnet); Achse: 5, 10, 15, 20, 25, 30, 35

M 55 Die Millenniumsziele – Herausforderungen für die Zukunft

Im September 2000 kamen hochrangige Vertreter von 189 Ländern, die meisten von ihnen Staats- und Regierungschefs, zu dem bis dahin größten Gipfeltreffen der Vereinten Nationen in New York zusammen. Als Ergebnis des Treffens verabschiedeten sie die so genannte Millenniumserklärung. Sie beschreibt die Agenda für die internationale Politik im 21. Jahrhundert und definiert vier programmatische, sich wechselseitig beeinflussende und bedingende Handlungsfelder für die internationale Politik:

- Frieden, Sicherheit und Abrüstung,
- Entwicklung und Armutsbekämpfung,
- Schutz der gemeinsamen Umwelt,
- Menschenrechte, Demokratie und gute Regierungsführung.

In der Millenniumserklärung legt die Staatengemeinschaft dar, wie sie den zentralen Herausforderungen zu Beginn des neuen Jahrtausends begegnen will. Die Erklärung leitet eine neue globale Partnerschaft für Entwicklung ein.

Die Millenniumsentwicklungsziele

Aus der Erklärung wurden später acht internationale Entwicklungsziele abgeleitet, die Millenniumsentwicklungsziele („Millennium Development Goals", MDGs):

- MDG 1: den Anteil der Weltbevölkerung, der unter extremer Armut und Hunger leidet, halbieren;
- MDG 2: allen Kindern eine Grundschulausbildung ermöglichen;
- MDG 3: die Gleichstellung der Geschlechter fördern und die Rechte von Frauen stärken;
- MDG 4: die Kindersterblichkeit verringern;
- MDG 5: die Gesundheit der Mütter verbessern;
- MDG 6: HIV/AIDS, Malaria und andere übertragbare Krankheiten bekämpfen;
- MDG 7: den Schutz der Umwelt verbessern;
- MDG 8: eine weltweite Entwicklungspartnerschaft aufbauen.

Mit vereinten Kräften will die internationale Gemeinschaft diese Ziele bis zum Jahr 2015 erreichen. Die verschiedenen Themenbereiche der Millenniumsentwicklungsziele wurden durch insgesamt 21 Zielvorgaben und 60 Indikatoren konkretisiert. Sie helfen, die Fortschritte auf dem Weg zur Verwirklichung der MDGs messbar zu machen.

Die ersten sechs Millenniumsziele enthalten Vorgaben, die mit Unterstützung der Geber vor allem vor Ort in den Entwicklungsländern umgesetzt werden müssen. Millenniumsziel 7 und 8 wenden sich darüber hinaus besonders an die Industrieländer: Sie sind aufgefordert, Rahmenbedingungen zu schaffen, die es den Entwicklungsländern ermöglichen, ihre Verpflichtungen aus der Millenniumserklärung umzusetzen. MDG 8 sieht im Wesentlichen die Erhöhung der öffentlichen Entwicklungszusammenarbeit vor, um die Bemühungen der Entwicklungsländer zu unterstützen. Außerdem strebt es Handels- und Schuldenerleichterungen an.

Die Staatengemeinschaft hat verabredet, die Umsetzung der Millenniumserklärung regelmäßig zu überprüfen.

M 57 und M 58: Bundesministerium für wirtschaftliche Zusammenarbeit und Entwicklung: Die Millenniumsziele – Herausforderungen für die Zukunft; in: http://www.bmz.de (Zugriff: 12.10.2010)

Zeichnung: Mester

M 56 Ergebnisse bis 2010

Die gemeinsamen Anstrengungen zur Erreichung der Millenniumsziele haben zu Fortschritten in vielen Bereichen geführt. (...)
Die Armutsminderung schreitet, trotz erheblicher Rückschläge aufgrund des Wirtschaftsabschwungs 2008-2009 sowie der Nahrungsmittel- und der Energiekrise, weiter voran. Die Entwicklungsländer in ihrer Gesamtheit sind weiter auf dem rechten Weg, um das Armutsminderungsziel bis 2015 zu erreichen. Es wird nach wie vor erwartet, dass die Armutsquote insgesamt bis 2015 auf 15 Prozent fallen wird und somit etwa 920 Millionen Menschen, also halb so viele wie 1990, unter der internationalen Armutsgrenze leben werden.

- In vielen der ärmsten Länder, zumeist in Afrika südlich der Sahara, wurden erhebliche Fortschritte dabei erzielt, Kinder in die Schulen zu bringen.
- Durch bemerkenswerte Verbesserungen bei wichtigen Interventionen, beispielsweise bei der Eindämmung von Malaria und HIV und bei der Masernimpfung, gingen die Sterbefälle bei Kindern von 12,5 Millionen im Jahr 1990 auf 8,8 Millionen im Jahr 2008 zurück.
- Zwischen 2003 und 2008 verzehnfachte sich die Zahl der mit antiretroviralen Medikamenten behandelten Menschen von 400 000 auf 4 Millionen, womit 42 Prozent der 8,8 Millionen Menschen, die eine HIV-Behandlung benötigten, diese auch erhielten.
- Die Maßnahmen zur Malariabekämpfung wurden durch die Bereitstellung von wesentlich mehr Finanzmitteln und durch stärkeres Engagement beschleunigt. In ganz Afrika steigt die Zahl der Gemeinwesen, in denen Moskitonetze Schutz bieten, und mehr Kinder werden mit wirksamen Medikamenten behandelt.
- Die Entwaldungsrate ist zwar weiter bestürzend hoch, doch scheint sie durch Baumpflanzungsmaßnahmen in Verbindung mit dem natürlichen Waldzuwachs langsam anzusteigen.
- Durch die stärkere Nutzung verbesserter Wasserquellen in ländlichen Gebieten ist der große Abstand zu den städtischen Gebieten geschrumpft, wo die Versorgungsrate seit 1990 beinahe unverändert bei 94 Prozent liegt. Die Sicherheit der Wasserversorgung ist jedoch weiterhin problematisch und muss dringend angegangen werden.
- Mobiltelefone finden in den Entwicklungsländern immer weitere Verbreitung und kommen verstärkt bei mobilen Bankgeschäften, im Katastrophenmanagement und in anderen entwicklungsfördernden Nichtsprach-Anwendungen zum Einsatz. Ende 2009 waren 50 von 100 Menschen Mobilfunkteilnehmer.

Obwohl Fortschritte verzeichnet wurden, waren sie ungleichmäßig.
Ohne einen großen Vorstoß werden viele der Millenniums-Zielvorgaben in den meisten Regionen wohl verfehlt werden. Alte und neue Herausforderungen drohen die Fortschritte auf einigen Gebieten weiter zu verlangsamen oder sogar bereits Erreichtes wieder zunichte zu machen.
Die Auswirkungen des Klimawandels treffen gefährdete Bevölkerungsgruppen, die am wenigsten zu dem Problem beigetragen haben, am schwersten. Das Risiko, durch Naturkatastrophen ums Leben zu kommen, Behinderungen oder wirtschaftliche Verluste zu erleiden, steigt weltweit an und liegt in ärmeren Ländern am höchsten. Bewaffnete Konflikte sind weiter eine Hauptbedrohung der menschlichen Sicherheit und der hart erkämpften Fortschritte im Hinblick auf die Millenniumsziele. Immer noch leben große Flüchtlingspopulationen in Lagern und haben kaum Chancen auf eine Verbesserung ihrer Lebenssituation. 2009 waren 42 Millionen Menschen durch Konflikte oder Verfolgung vertrieben, vier Fünftel von ihnen in den Entwicklungsländern.
Die Zahl der Unterernährten steigt weiter an, und bei der Senkung der Hungerprävalenz sind zwischen 2000–2002 und 2005–2007 die schleppenden Fortschritte in einigen Regionen zum Erliegen gekommen oder sogar Rückschritte eingetreten. (...)
Die Millenniums-Erklärung ist das wichtigste Versprechen, das den verletzlichsten Menschen der Welt je gegeben wurde. Die Millenniumsziele können noch immer erreicht werden.

Vereinte Nationen: Millennium-Entwicklungsziele. Bericht 2010, New York 2010, S. 4 f.

Millenium: Jahrtausend

Prävalenz: das Vorherrschen

1 Beurteilen Sie die Millenniumsziele vor dem Hintergrund der Weltprobleme.
2 Beurteilen Sie die Zielerreichung, indem Sie neben den Angaben in **M 56** auf der Grundlage einer Recherche den aktuellen Stand feststellen und beurteilen.

Retten wir die Welt? – Klimaschutzvereinbarungen

Auf welche Weise die Weltprobleme gelöst werden können, dafür steht beispielhaft die Klimapolitik. Hier kam es auf Betreiben einiger Staaten zu Vereinbarungen, die erst nach und nach Gemeingut wurden und deren Einhaltung fraglich ist.

M 58 Internationale Klimaschutzpolitik

Generell kann festgestellt werden, dass die internationalen Vereinbarungen zum Schutz der Ozonschicht sehr erfolgreich waren. Die flexible Ausgestaltung des Regimes trug dazu ebenso bei wie die Berücksichtigung der Interessen der Entwicklungsländer. Auch das Verifikationssystem, also die Vereinbarungen zur Überprüfung der Einhaltung der Abkommen, sind vorbildlich. Allerdings bot der Problemkomplex Ozonabbau auch gute Voraussetzungen für eine Lösung: Die Wissenschaft konnte das Bestehen des Problems stringent nachweisen und auch die Ursachen schnell ermitteln. Und die Stoffgruppen, die zum Rückgang der Ozonschicht beitrugen, waren begrenzt und leicht durch andere Stoffe oder Techniken ersetzbar (Ersatz von FCKW in Spraydosen durch Pumpmechanik, in Kühlschränken durch andere Kältemittel etc.). Genau dies stellt sich aber im Falle der Bemühungen zum Klimaschutz anders dar.

Heinz Gmelch: Globale Umweltprobleme – Dimensionen, Ursachen, Lösungsansätze, in: Mir A. Ferdowsi, Weltprobleme, Bonn 2008, S. 266

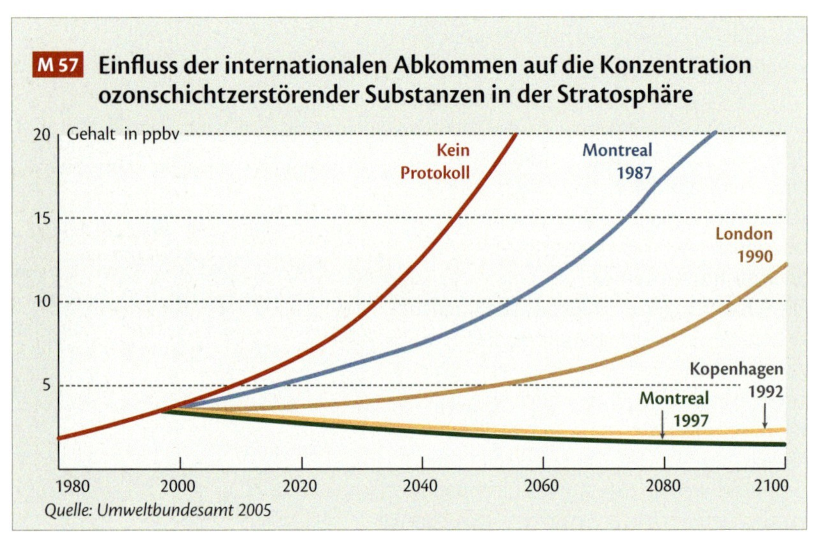

M 59 Den Temperaturanstieg bremsen!

2-Grad-Ziel: Begrenzung der Erderwärmung auf +2 Grad Celsius weltweit gegenüber der Zeit vor der Industrialisierung

Um unter der kritischen Temperaturerhöhung von zwei Grad (...) zu bleiben, muss der Ausstoß an klimaschädlichen Treibhausgasen global um 80 Prozent gegenüber 1990 sinken. Die Industrieländer müssen ihre Treibhausgase bis 2050 sogar um 95 Prozent reduzieren. Ohne diese drastische Verminderung der Treibhausgase steuern die Menschen in rasantem Tempo auf eine globale Erderwärmung von bis zu sieben Grad Celsius zu. (...) Um die globale Klimaerwärmung auf einen Wert von unter 2°C im Vergleich zum vorindustriellen Niveau zu begrenzen, sind bis 2050 weltweit drastische Reduktionen der anthropogenen Emissionen an Treibhausgasen notwendig. Ein international abgestimmter Pfad wird nur möglich sein, wenn die Industrieländer ihre Emissionen so weit reduzieren, dass den Schwellenländern etwas „Luft auf dem Treibhausgaskonto" für die weitere Entwicklung von Wirtschaft und Wohlstand bleibt.

Ein so eingebettetes Ziel für 2050 bedeutet für Deutschland eine Reduktion der Treibhausgase um ca. 95 Prozent gegenüber dem Emissionsniveau von 1990.

wwf: Modell Deutschland, Klimaschutz bis 2050, Frankfurt/M. 2009, S. 2, 4

M 60 Produktion von FCKW 1970–1990

Mio. Tonnen pro Jahr; 1,2 – 1,0 – 0,8 – 0,6 – 0,4 – 0,2

FCKW-113, FCKW-12, FCKW-11

1970, 1973, 1976, 1979, 1982, 1985, 1988, 1994, 1997, 1999

Quelle: Weder, 2003

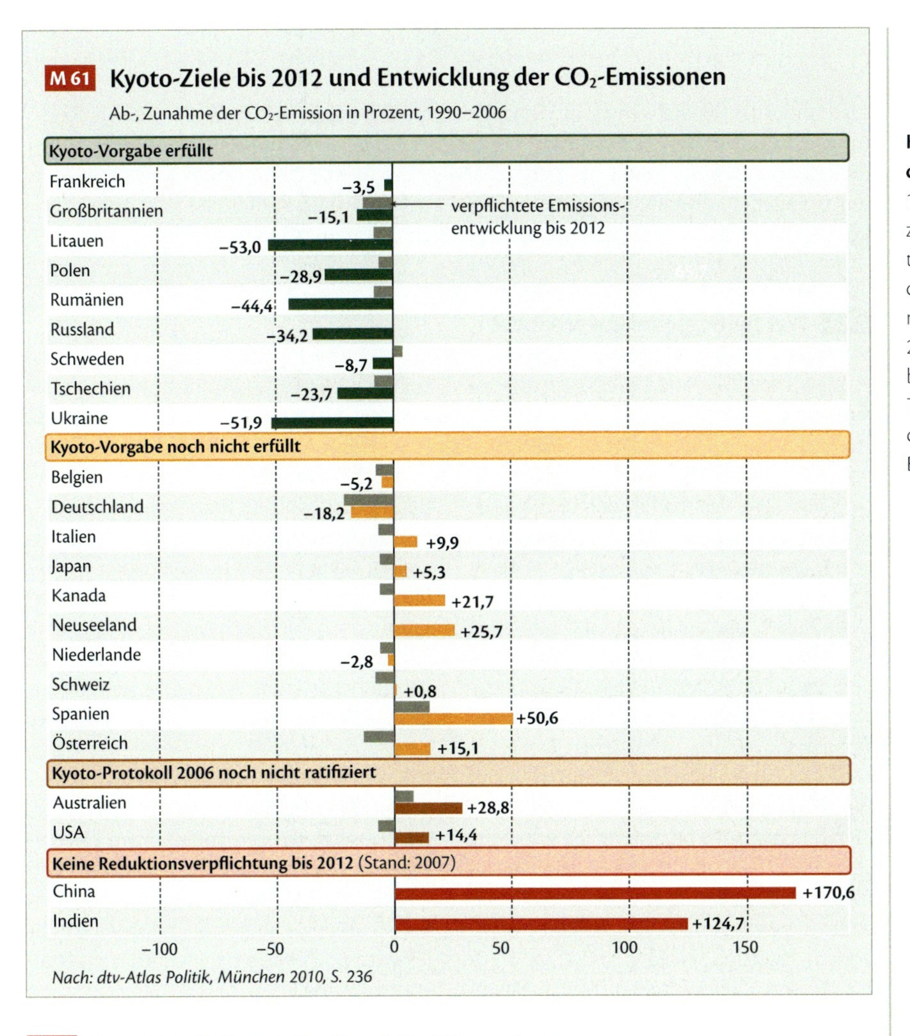

Nach: dtv-Atlas Politik, München 2010, S. 236

Kyoto-Protokoll (benannt nach dem Ort der Konferenz Kyoto in in Japan): Am 11.12.1997 beschlossenes Zusatzprotokoll zur Ausgestaltung der Klimarahmenkonvention der Vereinten Nationen (UNFCC) mit dem Ziel des Klimaschutzes. Das Abkommen trat am 16.2.2005 in Kraft und läuft bis 2012. Es legt erstmals völkerrechtlich verbindliche Zielwerte für den Ausstoß von Treibhausgasen in den Industrieländern fest, die die hauptsächliche Ursache der globalen Erwärmung sind

M 62 Energiepolitik entscheidend für Klimaschutz

Eine nachhaltige Energiepolitik ist entscheidend für das Gelingen der internationalen Klimaschutzbemühungen. (...) Eine nachhaltige Energiepolitik muss daher versuchen, den Energiebedarf der Menschheit unter Freisetzung von möglichst wenig CO_2 zu decken. Dazu gibt es grundsätzlich drei Strategien:

- Senkung des Energieverbrauchs: Der Energiebedarf kann durch Energieeinsparungsmaßnahmen (...) deutlich verringert werden.
- Dekarbonisierung der Energieproduktion: Die Verwendung von fossilen Energieträgern sollte für die Produktion von Energie, wo immer es geht, vermieden werden. (...)
- Rückhaltung von CO_2 nach der Entstehung: Die Option, das Entweichen von CO_2 in großen Anlagen zur Energiegewinnung wie Kohle- oder Gaskraftwerken zu verhindern, indem es „eingefangen" und beispielsweise in unterirdische Kavernen gepumpt wird, stellt sich als immer realistischer dar und scheint auch bezahlbar.

Heinz Gmelch: Globale Umweltprobleme – Dimensionen, Ursachen, Lösungsansätze, in: Mir A. Ferdowsi, Weltprobleme, Bonn 2008, S. 270 f.

Dekarbonisierung: Entkohlung; Vermeidung von fossilen Energieträgern bei der Energieproduktion.

1. Fassen Sie Erfolge und Misserfolge in der Weltklimapolitik anhand der Beispiele zusammen. Worin sehen Sie die Ursachen für die Schwierigkeiten im Klimaschutz?
2. Recherchieren Sie dazu in den internationalen Veröffentlichungen z. B. zur Weltklimakonferenz in Kopenhagen 2009 sowie weitere Entwicklungen.
3. Überprüfen Sie die Einschätzung Heinz Gmelchs anhand der Faktenlage.
4. Beurteilen Sie, inwiefern die Rettung des Weltklimas (2-Grad-Ziel) möglich ist.

Global governance

Als Hindernis für die weltweite Entwicklungspolitik wird vielfach eine schlechte Regierungsführung in den Entwicklungsländern angesehen. Darum wurde die Vorstellung entwickelt, weltweite Probleme mehr und mehr durch ein gemeinsames weltweites Agieren anzugehen, durch global governance (s. auch S. 66). Darunter ist ein in erster Linie informelles Regelsystem privater und öffentlicher Organisationen zu verstehen,

BIZ: Bank für internationalen Zahlungsausgleich

IOK: Internationales Olympisches Komitee

WWF: World Wildlife Fund

M63 Was heißt global governance?

Politikwissenschaft und Gesellschaftstheorie reden ganz selbstverständlich von global governance (deutsch: globale Governanz), obwohl es keine Weltregierung, keine Weltparteien, kein Weltparlament und keinen Weltsouverän gibt. Ob es einen Weltstaat in einem institutionellen Sinne geben sollte, ist eher zweifelhaft.
Denn bislang und auf längere Sicht scheinen alle Voraussetzungen dafür zu fehlen, um aus der Idee eines Weltstaates eine funktionsfähige Praxis zu machen. Was ist dann unter globaler Governanz zu verstehen, wenn alle Merkmale traditioneller demokratischer Herrschaft fehlen?
Globale Governanz bezeichnet die Steuerung globaler Kontexte durch Organisationen, Institutionen, Regelsysteme, Vertragswerke und andere Vereinbarungen. Beispielhafte Institutionen globaler Governanz sind etwa WTO, BIZ, Weltbank, die Weltgesundheitsorganisation WHO, das IOK oder die UN, aber auch weltweit agierende private Organisationen und NGOs wie etwa „Amnesty International" oder der WWF. Institutionen und Organisationen dieser Art sind die Kristallisationskerne von Governanz-Regimen, die in verschiedenen Feldern globaler Problembehandlung – in lateralen Weltsystemen – Steuerungsmodelle in Gang bringen und betreiben.
Durch die sich entwickelnden Formen von Governanz steuern sich laterale Weltsysteme wie Weltwirtschaft, Weltfinanzsystem, Weltgesundheitssystem, Weltmediensystem, das globale Wissenschaftssystem etc. selbst. Dies ist erforderlich, weil es keine Weltregierung gibt, also klassische politische Steuerung (Regieren durch „government") durch Governanz ersetzt werden muss: „from government to governance". Damit etablieren sich Formen der Selbststeuerung und der Kontextsteuerung von globalen Arenen (Problemzusammenhängen) jenseits der nationalstaatlichen Politik.

Helmut Willke: Global Governance, Bielefeld (transcript) 2006, S. 5

M64 Good governance – bad governance

Derzeit gibt es gerade in der westlichen Hemisphäre ein großes wissenschaftliches wie politisches Interesse am Thema Governance. In den letzten Jahren entwickelte sich aus einem zunächst vagen Begriff von Governance ein differenziertes Verständnis, über dessen zentrale Inhalte es einen international anerkannten Konsens gibt, weshalb man bei Governance inzwischen von einem Leitbild oder Paradigma sprechen kann. (…) Kaum ein außen- oder entwicklungspolitisches Dokument unterlässt es, auf die Notwendigkeit von Good governance und auf das Problem schlechter Regierungsführung hinzuweisen. (…)
Die besondere Relevanz des Themas wird dadurch unterstrichen, dass in Ländern mit schwierigen bzw. fragilen Rahmenbedingungen etwa 30 Prozent jener Menschen leben, die weniger als einen US-Dollar pro Tag zur Verfügung haben, dass die Hälfte aller Kinder dort vor dem fünften Lebensjahr stirbt, die Müttersterblichkeit bei über 30 Prozent liegt, dass 30 Prozent der Menschen dort kein sauberes Trinkwasser zur Verfügung haben und dass über 30 Prozent der Menschen dort an HIV/Aids leiden. Neben diese humanitären Gründen, die für eine intensivere Beschäftigung mit schwierigen Partnern und/oder fragilen Staaten sprechen, treten gerade seit den Terroranschlägen des 11. September 2001 sicherheitspolitische Erwägungen, da diese Staaten als Rückzugsräume für Terroristen dienten und so noch stärker ins Blickfeld der Außen- und Sicherheitspolitik gerieten.

Anton Bösl: Good Governance als Paradigma moderner Entwicklungspolitik, kas-Auslandsinformationen 2/2007, S. 10 ff.

M 65 Governance, Global Governance und die internationale Finanzkrise

Gibt es im internationalen Finanzsystem Möglichkeiten, die Entstehung von Marktexzessen zu verhindern? Welche Governance-Leistung hätte vom internationalen System erbracht werden müssen, um auf die Problemlage zu antworten?

Am besten lässt sich diese Herausforderung wohl über Zeitinkonsistenzen beschreiben: Notwendig wäre im Gesamtsystem wohl die Aufgabe kurzfristiger Gewinne gewesen, um mittel- bis langfristig Verluste zu vermeiden. Hierzu sind nur unabhängige Instanzen in der Lage. Da die internationalen Finanzbeziehungen kurzfristig stark einem Nullsummenspiel ähneln, jeglicher Eingriff in die nationale Wirtschaftspolitik zudem eine direkte Einschränkung nationaler Souveränität bedeutet, sind die Grundlagen für den Aufbau von Institutionen oder Instanzen, die ein solches Problem hätten lösen können, nur schwer vorstellbar. Dieses besondere Charakteristikum der internationalen Finanzbeziehungen ist nicht neu. Robert Keohane hat schon 1984 darauf hingewiesen, dass der Aufbau eines „Regimes" im Bereich der internationalen Finanz- und Währungskoordinierung ungleich schwieriger erscheint als im Bereich der globalen Handelsbeziehungen. (...)

Kann ein rein marktbasiertes internationales Finanzsystem in ähnlicher Form seine eigene Stabilität sichern und Blasenbildungen oder übermäßige Instabilität vermeiden, wenn alle Akteure ihrer eigenen Rationalität folgen? Oder sind für die Erbringung des Kollektivguts internationale Finanzmarktstabilität intentionale Eingriffe notwendig? Die oben skizzierte Ursachenanalyse der Krise weist darauf hin, dass gerade diese intentionalen Eingriffe gefehlt haben. Und so mag die Zeit für eine Neustrukturierung der Regelsysteme im internationalen Finanzsystem in der Tat gekommen sein. Doch niemand sollte unterschätzen, wie schwierig Global Governance gerade in diesem Bereich ist. Denn die Entstehung von Strukturen von Global Governance ist gemeinhin durch ein oft opakes (*undurchsichtiges*) Zusammenspiel von staatlichen, privaten, internationalen und regionalen Akteuren charakterisiert, das erfolgreiche Formen der Handlungskoordinierung hervorbringen kann – aber eben nicht zwingend hervorbringen muss.

Die Erwartungen an die zu erbringende Handlungskoordinierung sind hoch. Eine künftige Weltwirtschaftsordnung müsste auf zwei Dinge zielen: a) ein Frühwarnsystem, das Krisen erkennt und Handlungsoptionen für die beteiligten Akteure aufzeigt, und b) eine unabhängige Instanz, die von betroffenen Ländern die Anpassung nationaler Wirtschaftspolitik einfordern kann. Es gibt drei zentrale Lösungswege, eine solche Weltwirtschaftsordnung umzusetzen. Der erste Weg führt zurück zur „Governance durch den Markt" – also eine reine Marktanpassung. Der zweite Weg setzt auf eine multilateral ausgehandelte Strategie, die kurzfristige nationale Interessen im Sinne einer langfristigen Stabilität zurückstellt (...). Der dritte Weg setzt auf langsame, durch die Politik initiierte und inkrementelle (*schrittweise*) Anpassungsprozesse.(...) Zudem fehlt eine internationale Instanz, die als Nukleus eines Systems von Global Governance dienen kann. (...)

Die globalen Finanzbeziehungen drohen also neben der klassisch nationalstaatlich verankerten Verteidigungspolitik ihren Status als staatszentrierte und realistisch zu interpretierende Interessenpolitik zu behalten, in der Global Governance letztlich nur eine untergeordnete Rolle spielt.

Hendrik Enderlein: Global Governance der internationalen Finanzmärkte, in: Aus Politik und Zeitgeschichte 8/2009

Zeichnung: Plantureux

1 Definieren Sie den Begriff der „Global Governance" und erläutern Sie die Kritik daran.

2 Grenzen Sie Governance, Global Governance sowie Good und Bad Governance voneinander ab.

3 Analysieren Sie die Schwierigkeiten einer global governance zur Bewältigung beziehungsweise Verhütung von Finanzkrisen.

Themen und Hinweise

Mögliche Themen für Referate und Themenbereiche von Facharbeiten

Hinweis: Die konkrete Themenstellung der Facharbeit kann nur in engem Kontakt mit der betreuenden Fachlehrerin bzw. dem Fachlehrer festgelegt werden.

- Deutsche Kolonien – ein Überblick über die deutsche Kolonialgeschichte
- Das AIDS-Problem in Afrika
- Failed States – eine Untersuchung am Beispiel Somalias (Haitis, des Sudans …)
- Entwicklungspolitische Projekte des Bundesministeriums für wirtschaftliche Zusammenarbeit
- Internationale Finanzarchitektur – ein Fortschritt in Richtung global governance?
- Die Ölstaaten und die Krise
- Entwicklung des internationalen Warenhandels in der Weltwirtschaftskrise
- Deutschlands Außenhandel in der Weltwirtschaftskrise

Zur Übung und Vertiefung

- Analysieren Sie den Text: ***www.uni-kassel.de/fb5/frieden/themen/Armut/hunger5.html***
- Analysieren Sie den Text: ***www.uni-kassel.de/fb5/frieden/themen/Entwicklungspolitik/pinger.html***
- Analysieren Sie den Text: ***www.uni-kassel.de/fb5/frieden/themen/oel/krise.html***

Hinweise zur Weiterarbeit

– ***www.un.org***	Vereinte Nationen
– ***www.dgvn.de***	Deutsche Gesellschaft für die Vereinten Nationen
– ***www.bmz.de***	Bundesministerium für wirtschaftliche Zusammenarbeit
– ***www.unep.org***	UNEP
– ***www.ipcc.ch***	IPCC
– ***www.unfcc.de***	Sekretariat der Klimarahmenkonvention
– ***www.wbgu.de***	Wissenschaftlicher Beirat der Bundesregierung Globale Umweltveränderungen
– ***www.unmilleniumproject.org***	Millenniumsziele
– ***www.worldbank.org***	Weltbank
– ***www.imf.org***	IWF
– ***www.economicforum.org***	Weltwirtschaftsforum
– ***www.clubofrome.org***	Seite des Club of Rome
– ***www.attac.de/index.php***	Deutsche Seite von attac
– ***www.venro.org***	Seite des Verbands der Nichtregierungsorganisationen
– ***www.oxfam.de/a_start.asp***	Oxfam Deutschland
– ***www.greenpeace.de***	Greenpeace Deutschland

5 Analyse gesamtwirtschaftlicher Prozesse

Ob volkswirtschaftliche Wachstumsdaten, die Entwicklung der Verbraucherpreise oder aktuelle Zahlen vom Arbeitsmarkt – wann immer Sie Nachrichten lesen, sehen oder hören, stoßen Sie auf makroökonomische Daten. Informationen über die gesamtwirtschaftliche Situation oder über gesellschaftlich bedeutsame Auswirkungen wirtschaftlicher Aktivität sind für Politik und Wirtschaft unverzichtbar, um angemessene Entscheidungen treffen zu können.
Gleichzeitig ist eine kritische Distanz gegenüber ökonomischen Kennziffern und den daraus gezogenen Schlussfolgerungen angebracht. Sagen die Daten tatsächlich das aus, was ihnen unterstellt wird? Werden mit ihrer Veröffentlichung bestimmte subjektive Interessen verfolgt? Sollten andere Maßstäbe handlungsleitend sein?
Nach Bearbeitung des Kapitels sollten Sie die Grundzüge der Marktwirtschaft erläutern und einige Auswirkungen und Probleme dieser Wirtschaftsordnung beurteilen können.

Immer noch mehr? – Wachstum

Quantitatives Wachstum galt lange Zeit unangefochten als wichtigstes gesamtwirtschaftliches Ziel. Inzwischen wird von immer mehr Experten in Politik und Wirtschaft gefordert, dass das Ziel quantitativen Wachstums durch andere gleichberechtigte Zielsetzungen ergänzt, anders als bisher realisiert oder gar ganz aufgegeben wird.

M1 Stimmen zum Wirtschaftswachstum

Angela Merkel (CDU), Bundeskanzlerin (geb. 1954):
Wachstum zu schaffen, das ist das Ziel unserer Regierung. (...) Ohne Wachstum keine Investitionen, ohne Wachstum keine Arbeitsplätze, ohne Wachstum keine Gelder für die Bildung, ohne Wachstum keine Hilfe für die Schwachen.
Regierungserklärung vom 10.11.2009, in: http://www.bundesregierung.de (Zugriff: 31.12.2010)

Dennis L. Meadows, Ökonom (geb. 1942):
Die Erdrinde enthält riesige Mengen von Rohstoffen (...). Riesig ist aber nicht gleich unendlich. (...) Kein vernünftiger Mensch (*wird*) ernsthaft behaupten wollen, dass das materielle Wachstum auf diesem Planeten endlos fortgesetzt werden könne.
Dennis Meadows: Die Grenzen des Wachstums, Stuttgart 1972, S. 74, 137

Sebastian Dullien, Ökonom (geb. 1975):
Auch heute gibt es auf dieser Welt immer noch viele drängende Probleme, die sich am besten mit einem Mehr an Wirtschaftsleistung – also durch Wachstum – lösen lassen. Dafür muss man nicht in die armen Länder blicken. (...) Es gibt auch bei uns Armut, auch bei uns muss das materielle Wohlergehen vieler Menschen verbessert werden. Das geht am leichtesten durch eine Wirtschaft, die wächst.
Sebastian Dullien: Wir müssen wachsen, in: Die Zeit Nr. 40/2010, S. 24

Ludwig Erhard (CDU), Politiker und Ökonom (1897–1977):
Wir werden (...) mit Sicherheit dahin gelangen, dass zu recht die Frage gestellt wird, ob es noch immer richtig und nützlich ist, mehr Güter, mehr materiellen Wohlstand zu erzeugen, oder ob es nicht sinnvoller ist, unter Verzichtleistung auf diesen „Fortschritt" mehr Freizeit, mehr Besinnung, mehr Muße und mehr Erholung zu gewinnen. (...) Niemand dürfte dann so dogmatisch sein, allein in der fortdauernden Expansion, d. h. im Materiellen, noch länger das Heil erblicken zu wollen.
Ludwig Erhard: Wohlstand für alle, Köln 1964, S. 96 f., 269 f.

M2 Definition: Wirtschaftswachstum

Im weiteren Sinn beschreibt Wachstum die Zunahme einer wirtschaftlichen Größe im Zeitablauf, z. B. bezogen auf Unternehmen (Unternehmenswachstum, gemessen an Eigenkapital, Wertschöpfung oder Umsatz) oder auf private Haushalte (z. B. Wachstum des verfügbaren Einkommens, der Konsumausgaben, des Geldvermögens). Wirtschaftliches Wachstum wird meist angegeben als prozentuale Veränderung im Zeitablauf (...) im Sinne von monatlichen, vierteljährlichen oder jährlichen Wachstumsraten. Da Wachstum grundsätzlich als Normalfall angesehen wird, spricht man bei Konstanz wirtschaftlicher Größen auch von Nullwachstum (Stagnation), schrumpft die wirtschaftliche Größe, von „Minuswachstum". (...)
Wirtschaftswachstum kann unter mengenmäßigen, materiellen Gesichtspunkten betrachtet werden (quantitatives Wachstum) oder unter qualitativen Aspekten (qualitatives Wachstum). Quantitatives Wachstum zielt auf die rein mengenmäßige Zunahme der gesamtwirtschaftlichen Produktion im Sinne der Zunahme einer Sozialproduktgröße (z. B. BIP) ab. Qualitatives Wachstum beinhaltet neben der reinen Steigerung der gesamtwirtschaftlichen Produktionsmenge die Verbesserung der Lebensqualität der Menschen, die Schonung der Umwelt oder die gerechte Einkommensverteilung.
Bibliographisches Institut (Hg.): Duden Wirtschaft von A bis Z. Mannheim 2007, Internetpräsenz der Bundeszentrale für politische Bildung, in: www.bpb.de (Zugriff: 28.12.2010)

M3 Die vier Triebfedern des Wirtschaftswachstums

Die Wachstumsforschung ist zu dem Schluss gelangt, dass der Motor wirtschaftlichen Fortschritts (...) immer auf denselben vier (...) Antriebskräften ruht. Diese (...) Wachstumsfaktoren sind:

- die menschlichen Ressourcen (Arbeitsangebot, Ausbildung, Arbeitsdisziplin, Motivation);
- die natürlichen Ressourcen (Grund und Boden, Bodenschätze, Brennstoffe, Umweltqualität);
- die Kapitalbildung (Maschinen, Fabriken, Straßen);
- die Technologie (Wissenschaft, Technik, Management, Unternehmertum). (...)

Menschliche Ressourcen: Der Faktor Arbeit wird bestimmt von der Anzahl der Arbeitenden und den Fähigkeiten der Beschäftigten. Viele Ökonomen sind der Ansicht, die Qualität des Faktors Arbeit – Fertigkeiten, Wissen und Disziplin der Arbeitnehmer – sei die wichtigste Triebkraft für das Wirtschaftswachstum. (...)

Natürliche Ressourcen: Natürliche Ressourcen sind der zweite klassische Produktionsfaktor. Dazu gehören insbesondere kultivierter Boden, Erdöl und Erdgas, Wälder, Wasser und Mineralien. (...)

Kapitalbildung: (...) Wenn wir von Kapital sprechen, sollten wir nicht nur an Computer und Fabriken denken. Viele Investitionen tätigt ausschließlich der Staat, und sie bilden die Grundlage für einen blühenden privaten Sektor. Diese Investitionen werden als Infrastruktur bezeichnet und bestehen aus Großprojekten, die Handel und Warenverkehr vorausgehen. Straßen, Bewässerungssysteme und Wasserprojekte (...) sind wichtige Beispiele.

Technischer Wandel und Innovation: (...) Ein unendlicher Strom von Erfindungen und technischen Neuerungen hat zu den beträchtlichen Verbesserungen der Produktionsmöglichkeiten (...) geführt. Heute sind wir Zeugen einer geradezu explosiven technischen Entwicklung, besonders im Bereich Computer und Kommunikation (beispielsweise Internet) sowie in Medizin, Pharmazie und Biologie.

Paul A. Samuelson, William D. Nordhaus: Volkswirtschaftslehre, Regensburg 2007, S. 780 ff.

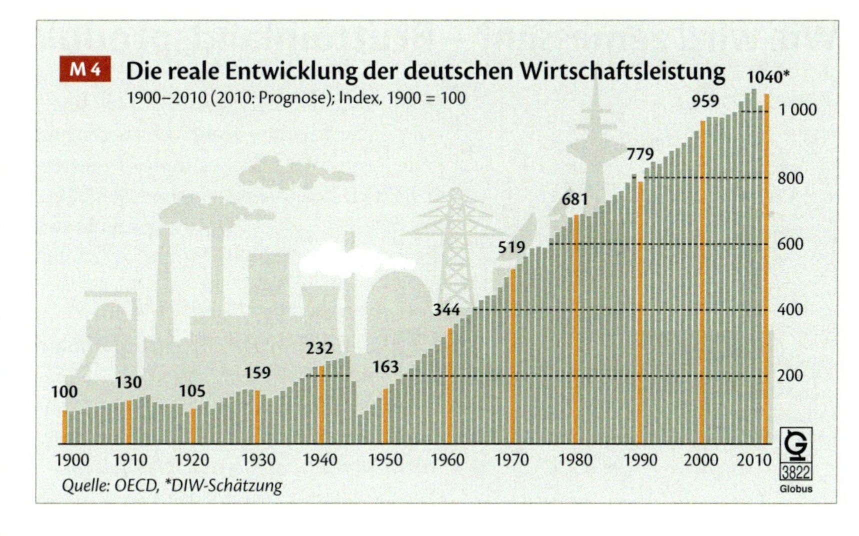

M4 Die reale Entwicklung der deutschen Wirtschaftsleistung

Es lassen sich zwei Arten von **natürlichen Ressourcen** unterscheiden: regenerierbare und nicht regenerierbare. Nicht regenerierbare natürliche Ressourcen wie z. B. die fossilen Energieträger stehen im Unterschied zu regenerierbaren Ressourcen nur begrenzt zur Verfügung

Kapital bzw. Realkapital: Bestand an Produktionsmitteln

1 Erklären Sie in wenigen Worten, was man unter wirtschaftlichem Wachstum versteht. Versuchen Sie eine erste Stellungnahme, wie das wirtschaftspolitische Ziel Wachstum zu beurteilen ist.

2 Beschreiben Sie, wie sich die deutsche Wirtschaft seit 1900 quantitativ entwickelt hat.

3 Simulieren Sie eine Talkshow zum Thema „Reicht es jetzt? Wirtschaftswachstum in der Diskussion". Recherchieren Sie zum Thema Wirtschaftswachstum und arbeiten Sie dafür zunächst im Unterrichtsgespräch die grundsätzlichen Positionen heraus, die zum Thema vertreten werden können. Anschließend sollen diese Positionen in Kleingruppen argumentativ weiterentwickelt werden. Mindestens eine Kleingruppe hat die Aufgabe, ein Gruppenmitglied auf die Moderation der Talkshow vorzubereiten (diese kann auch durch zwei Moderatoren im Tandem durchgeführt werden). Die weiteren Gruppen bereiten ein Gruppenmitglied darauf vor, die gewählte Position zum Wirtschaftswachstum in der Talkshow zu vertreten. Die nicht unmittelbar an der Durchführung der Talkshow mitwirkenden Gruppenmitglieder bilden das Publikum und können als solches vom Moderator aktiv in die Diskussion eingebunden werden (z. B. indem das Publikum regelmäßig gebeten wird, seine Meinung zu äußern) oder mit der Aufgabe betraut werden, die Diskussion zu dokumentieren (dafür können Beobachtungsbögen vorbereitet werden).

Wie wird gemessen? – Bruttoinlandsprodukt

Das Bruttoinlandsprodukt (BIP) gilt international als wichtigster Maßstab, um die wirtschaftliche Leistung einer Volkswirtschaft darzustellen. Als wichtige gesamtwirtschaftliche Kennziffer bildet es in der Regel auch die Bezugsgröße, um andere monetär darstellbare Daten international vergleichbar zu machen – z. B. Höhe der Bildungsausgaben, der Investitionen in Forschung und Entwicklung, der Militärausgaben oder der Aufwendungen für humanitäre Hilfen in Relation zum BIP des jeweiligen Staates.

M5 Definition: Das Bruttoinlandsprodukt (BIP)

Das Wirtschaftswachstum eines Staates wird an der Veränderungsrate des BIP innerhalb eines Quartals oder eines Jahres gemessen. (*Das BIP ist der*) Zusammengefasste Wert aller Waren und Dienstleistungen, die innerhalb einer abgeschlossenen Periode (z. B. Jahr, Quartal) in einer Volkswirtschaft produziert wurden. Dabei wird das sogenannte Inlandskonzept zugrunde gelegt, d. h. erfasst wird die (gesamte) im Inland erbrachte Wirtschaftsleistung, unabhängig davon, ob die Leistungserstellung durch Inländer oder Ausländer erfolgte. Das BIP gibt gleichzeitig die inländischen Einkommen wieder, die im Zuge der Produktion entstanden sind. Die Berechnung des BIP erfolgt in der volkswirtschaftlichen Gesamtrechnung. (...) Das BIP (...) kann über die Entstehungs-, Verwendungs- und Verteilungsseite berechnet werden.

Zeitverlag (Hg.): Das Lexikon in 20 Bänden, Bd. 7, Hamburg 2005, S. 71 ff.

M6 Real oder nominell?

Beim Bruttoinlandsprodukt ist die Unterscheidung zwischen nominellem BIP und realem BIP zentral.

Die Aussagekraft des nominellen BIP, das zu laufenden Preisen, also zu Preisen der aktuellen Periode berechnet wird, ist deshalb äußerst beschränkt, weil die Höhe des BIP (...) vom Preisniveau (*abhängt*) und ein höheres BIP (*daher*) auch durch ein höheres Preisniveau, also durch Inflation, zustande kommen kann. Damit wird aber nichts über die Wirtschaftskraft bzw. deren Veränderung ausgesagt. Das reale BIP hingegen wird zu konstanten Preisen, d. h. zu Preisen einer Basisperiode, berechnet, und seine Veränderung zeigt damit die Veränderung der realen Produktion – also das, worauf es (...) wirklich ankommt.

Ferry Stocker: Moderne Volkswirtschaftslehre, München 2009, S. 256

M7 Die Leistung der deutschen Wirtschaft

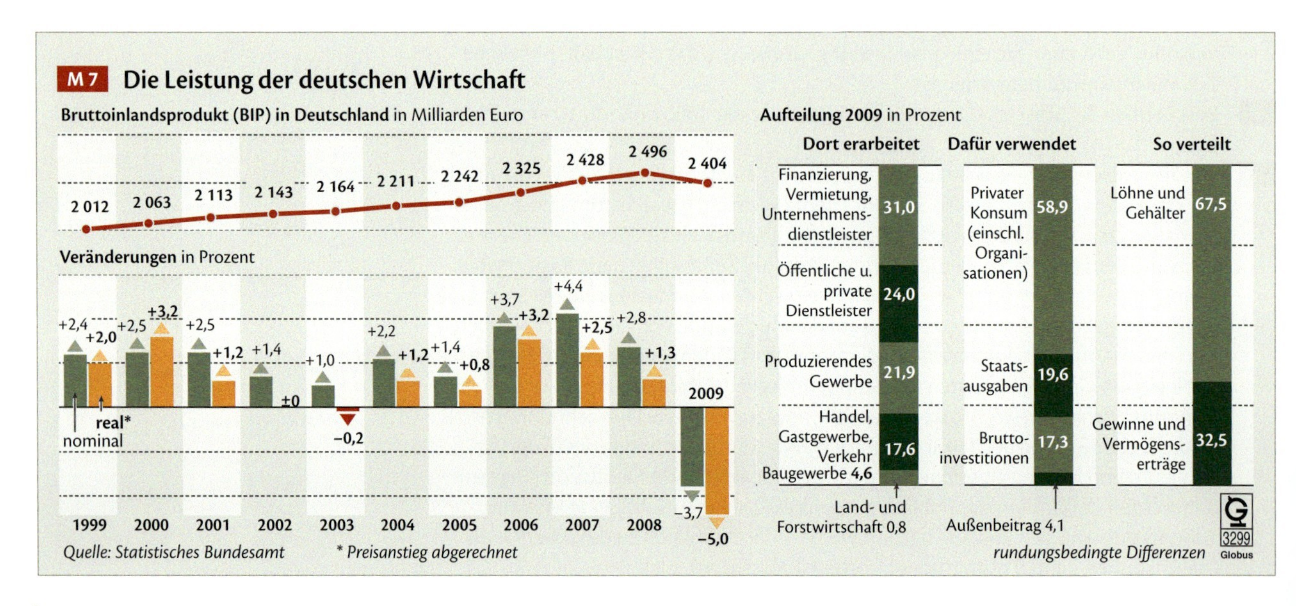

Quelle: Statistisches Bundesamt   * Preisanstieg abgerechnet

M8 Das Bruttonationaleinkommen (BNE)

Das BNE (bis 1999 als Bruttosozialprodukt – BSP – bezeichnet) dient der Erfassung des gesamten von Inländern innerhalb einer Periode erwirtschafteten Einkommens. Im Gegensatz zu dem Inlandskonzept des BIP, das sich auf die Summe der innerhalb einer Volkswirtschaft realisierten Wertschöpfung bezieht und dabei z. B. auch die Leistungserstellung von ausländischen Unternehmen innerhalb der Volkswirtschaft berücksichtigt, bezieht sich das BNE auf die wirtschaftliche Leistungserstellung aller Inländer – unabhängig davon, ob diese nun innerhalb oder außerhalb des Wirtschaftsraums erfolgt. Da es die gesamtwirtschaftliche Leistung anhand der Erwerbs- und Vermögenseinkommen der Inländer erfasst, gilt das BNE als wichtiger Einkommensindikator. *Autorentext*

M9 Das Bruttoinlandsprodukt (BIP) als Vergleichsmaßstab

Auch das reale BIP (ist) „nur" eine Outputgröße. Stellt man diese der Bevölkerung gegenüber, so ergibt sich das BIP pro Kopf, stellt man das BIP den geleisteten Arbeitsstunden gegenüber, so hat man mit dem BIP pro Arbeitsstunde eine der wichtigsten Kennzahlen einer Ökonomie, nämlich deren gesamtwirtschaftliche Produktivität. (...) Diese Kennzahlen gelten als Indikatoren für das Wohlstandsniveau bzw. die Leistungskraft einer Ökonomie.

Ferry Stocker: Moderne Volkswirtschaftslehre, München 2009, S. 256

M10 Kritik am Bruttoinlandsprodukt (BIP)

Die Messung der wirtschaftlichen Leistung durch das Bruttoinlandsprodukt ist äußert umstritten. Denn der Teufel steckt im Detail. So misst das Bruttoinlandsprodukt nicht alle Leistungen, die in einer Volkswirtschaft erbracht werden, sondern nur jene, die (*statistisch erfasst werden*). Dieser Einwand klingt zunächst nicht sehr bedeutend, doch eine Studie (...) hat vor Jahren errechnet, dass das Bruttoinlandsprodukt um rund 70 Prozent höher angelegt werden müsste, wenn auch jene wichtigen Leistungen berücksichtigt würden, die nicht bezahlt werden: häusliche Pflege, Nachbarschaftshilfe, ehrenamtliches Engagement.

Auch der keineswegs unwesentliche Sektor der Schwarzarbeit (auch: „Schattenwirtschaft") geht allenfalls indirekt in das Bruttoinlandsprodukt ein, wenn die Schwarzarbeiter ihr Einkommen zum Kauf von Waren (oder Dienstleistungen) nutzen (...).

Doch damit nicht genug: Umstritten ist auch, ob das Bruttoinlandsprodukt überhaupt ein Maßstab für den Lebensstandard einer Bevölkerung sein kann, denn es bilanziert sowohl positive Leistungen wie auch negative (...) Leistungen. Zum Beispiel erhöhen Autounfälle das BIP, weil (*dann*) Autos repariert, neue Autos gekauft, Kranke behandelt und Tote bestattet werden müssen. (...) Natur, Landschaft, Gesundheit, menschliche Beziehungen, Solidarität oder Psyche – um nur einige wichtige Bestandteile von Lebensqualität zu nennen – schlagen im Bruttoinlandsprodukt erst dann zu Buche, wenn sie Kosten verursachen und anderweitig Geld einbringen. Dagegen lassen sich Umweltverschmutzung und Krankheiten als wachstumsfördernd einstufen, weil ihre Beseitigung Geld kostet und so Eingang in die Statistik findet.

Wolfgang Kessler: Wirtschaft für alle, 2. Aufl. Konstanz 2004, S. 54–57

1 Erklären Sie, inwiefern das Bruttoinlandsprodukt ein Maßstab zur Beschreibung des Wohlstandsniveaus bzw. der Leistungsfähigkeit einer Volkswirtschaft ist. Erläutern Sie in diesem Zusammenhang, wo die Grenzen des Bruttoinlandsprodukts liegen.

2 Erläutern Sie den Unterschied zwischen realem und nominellem BIP. Erklären Sie auf dieser Grundlage, warum sich die in der Statistik aufgeführten Veränderungsraten des realen und nominellen BIP unterscheiden. Erläutern Sie die Entwicklung im Jahr 2009.

Alljährliche Bilanz? – Volkswirtschaftliche Gesamtrechnungen

Anhand der Volkswirtschaftlichen Gesamtrechnungen (VGR) wird Bilanz für eine Volkswirtschaft gezogen. Aufgabe der VGR ist es, ein zutreffendes quantitatives Gesamtbild über die untersuchte Volkswirtschaft zu zeichnen, an dem sich Politik und Wirtschaft orientieren können.

M11 Die VGR – wichtige Datensammlungen für Politik, Wirtschaft und Verwaltung

Aufgabe der Wirtschaftsstatistiken ist es, wirtschaftliche Vorgänge und Ergebnisse in einzelnen Bereichen und in der Volkswirtschaft insgesamt zu erfassen, aufzuarbeiten 5 und die Daten der Öffentlichkeit zugänglich zu machen. Diese Daten werden für Analyse- und Prognosezwecke genutzt und sind die Grundlage für wirtschaftspolitische und unternehmerische Entscheidungen.

10 Das wichtigste statistische Instrumentarium für die Wirtschaftsbeobachtung sind die Volkswirtschaftlichen Gesamtrechungen (VGR). Sie haben die Aufgabe, für einen bestimmten, abgelaufenen Zeitraum – das sind 15 typischerweise Jahre und Quartale – ein möglichst umfassendes, übersichtliches und hinreichend gegliedertes, quantitatives Gesamtbild des wirtschaftlichen Geschehens in einer Volkswirtschaft zu geben.

20 Auf die Angaben der VGR stützen sich Politik, Wirtschaft und Verwaltung. Sie dienen unter anderem als Grundlage für Gutachten, Wachstumsprognosen, Steuerschätzungen, Rentenanpassungen und Tarifverhandlun- 25 gen. Nationale Nutzer sind in erster Linie das Bundesministerium für Wirtschaft und Technologie, das Bundesministerium der Finanzen, die Deutsche Bundesbank, der Sachverständigenrat zur Begutachtung der gesamt- 30 wirtschaftlichen Entwicklung, die Wirtschaftsforschungsinstitute sowie Wirtschaftsverbände und Gewerkschaften.

International werden VGR-Ergebnisse von der Europäischen Kommission, der Europäischen 35 Zentralbank, der Organisation für wirtschaftliche Zusammenarbeit (OECD) und vom internationalen Währungsfonds (IWF) genutzt.

Thomas Luh: Volkswirtschaftliche Gesamtrechnungen, in: Statistisches Bundesamt (Hg.): Datenreport 2008, Wiesbaden 2009, S. 81

François Quesnay (1694–1774), Leibarzt von Ludwig XV.

M12 Vom Blutkreislauf zum Modell des Wirtschaftskreislaufs

François Quesnay (...) war der Erste, der eine Volkswirtschaft systematisch untersuchte und ein Gesamtmodell davon entwarf. (...) (*Er entwickelte*) 1758 in seinem Hauptwerk 5 „Tableau économique" ein grafisches Modell der Volkswirtschaft, angelehnt an den Blutkreislauf des Menschen, der 1628 entdeckt worden war. Es war die erste Abbildung eines geschlossenen Wirtschaftskreislaufes und 10 zeigte erstmals die wechselseitigen Abhängigkeiten der Geld- und Güterströme auf. Es enthielt die Komponenten Entstehung, Verwendung und Verteilung. Quesnay unterschied darin drei Klassen von Akteuren: (...) 15 die in der Landwirtschaft Tätigen, (...) die Eigentümer und alle übrigen Berufe. (...) Er unternahm bereits Schätzungen der Ströme. Damit konnte Quesnay zeigen, welche Auswirkungen Störungen in der Ökonomie hat- 20 ten. (...) Sein Kreislaufmodell wird als Vorläufer einer volkswirtschaftlichen Gesamtrechnung angesehen.

Vera Linß: Die wichtigsten Wirtschaftsdenker, Wiesbaden 2007, S. 19–22

M13 Grundzüge der VGR

a) Zielsetzung und Bezugspunkt der VGR

(*Ziel der Volkswirtschaftlichen Gesamtrechnungen ist es*), die wirtschaftliche Betätigung aller Wirtschaftseinheiten (...) (*zu erfassen*), 5 die ihren ständigen Sitz bzw. Wohnsitz im Wirtschaftsgebiet haben (Inlandskonzept). Ein Wirtschaftsgebiet kann die gesamte Volkswirtschaft (zum Beispiel Deutschland) oder ein Teil davon (zum Beispiel ein Bundes- 10 land) sein. Die Region außerhalb des jeweili-

M 14 Entstehung, Verwendung und Verteilung des BIP (2009, in Mrd. Euro)

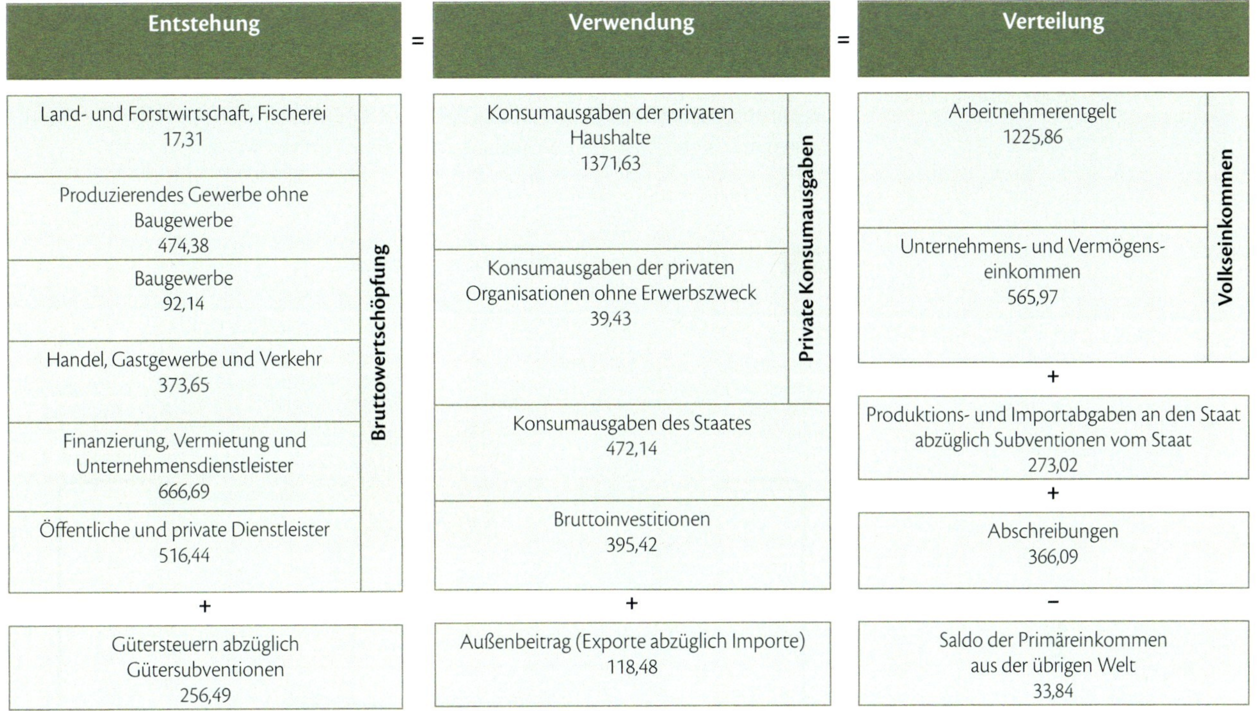

Nach: Statistisches Bundesamt (Hg.): Volkswirtschaftliche Gesamtrechnungen. Wichtige Zusammenhänge im Überblick. Wiesbaden 2010, S.10

gen Wirtschaftsgebiets wird nicht als Ausland, sondern als „Übrige Welt" bezeichnet. (...) Die wichtigste Größe ist dabei die Veränderungsrate des preisbereinigten Bruttoinlandsprodukts, die die wirtschaftliche Entwicklung ausdrückt und auch als Wirtschaftswachstum bezeichnet wird.

Statistisches Bundesamt (Hg.): Volkswirtschaftliche Gesamtrechnungen, Wiesbaden 2010, S. 3

b) Grundlagen der Ermittlung der VGR

Der Darstellung der volkswirtschaftlichen Zusammenhänge liegt der Kreislaufgedanke zugrunde. Damit das Bild überschaubar bleibt, wird in den VGR die Vielzahl der Wirtschaftseinheiten und der wirtschaftlichen Vorgänge zu Gruppen zusammengefasst. Die Gruppen sind so gebildet, dass die vielschichtigen Zusammenhänge im Wirtschaftsleben möglichst klar erkennbar werden. Die Wirtschaftseinheiten werden in erster Linie nach der Art ihres wirtschaftlichen Verhaltens gruppiert. (...) Auf diese Weise lassen sich die drei Sektoren Private Haushalte, Unternehmen und Staat sowie der Sektor „übrige Welt" bzw. Ausland unterscheiden.

Die Abgrenzung und Zusammenfassung der wirtschaftlichen Vorgänge wird so vorgenommen, dass ein möglichst aussagefähiges Bild über die

- Produktion, Verteilung und Verwendung der Güter,
- Entstehung, Verteilung, Umverteilung und Verwendung der Einkommen und die
- Vermögensbildung und ihre Finanzierung

entsteht. (...)

Die VGR sind als ein geschlossenes Kontensystem mit doppelter Verbuchung aller Vorgänge angelegt.

Statistisches Bundesamt (Hg.): Datenreport 2006, Wiesbaden 2006, S. 241 f.

1 Erläutern Sie, worum es sich bei den VGR handelt und für welche Institutionen die Daten der VGR wichtig sind.

2 Erklären Sie, nach welchen Kriterien Wirtschaftssubjekte für das Modell des Wirtschaftskreislaufs zu Gruppen aggregiert werden.

3 Erklären Sie die Unterschiede zwischen der Entstehungs-, Verteilungs- und Verwendungsrechnung des BIP.

Und die Ökologie? – Umweltökonomische Gesamtrechnungen

Wirtschaften wirkt sich durch die Entnahme von Rohstoffen und durch die Abgabe der im Produktionsprozess oder bei der Nutzung der produzierten Güter entstandenen Abfälle und Schadstoffe in die Umwelt unmittelbar auf den Zustand des ökologischen Systems aus. Mittels der Umweltökonomischen Gesamtrechnungen (UGR) sollen die Wechselwirkungen zwischen Wirtschaft und Umwelt erfasst werden.

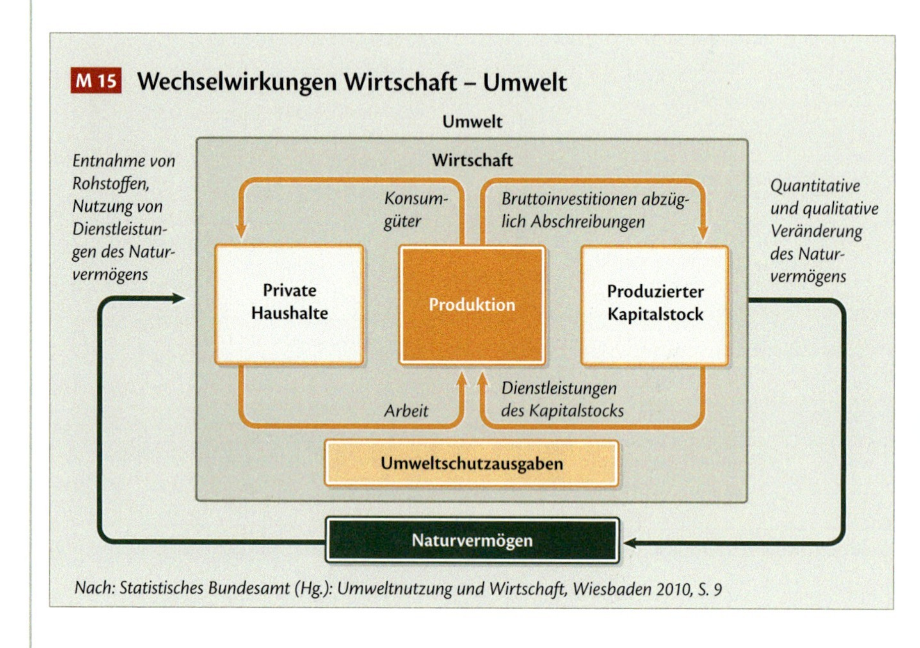

Nach: Statistisches Bundesamt (Hg.): Umweltnutzung und Wirtschaft, Wiesbaden 2010, S. 9

M 16 Grundzüge der Umweltökonomischen Gesamtrechnungen (UGR)

Zeichnung: Mester

Die Nutzung des Naturvermögens geht (...) i. d. R. mit einer „Abnutzung" einher, das heißt, die Belastungen oder Einwirkungen auf die Umwelt führen zu Änderungen des Umweltzustands bzw. des Naturvermögens. Diese Veränderungen sind einerseits quantitativer Natur (z. B. verringert sich der Bestand an nicht erneuerbaren Rohstoffen), haben andererseits aber auch viele qualitative Aspekte (die Luftqualität verschlechtert sich aufgrund von Schadstoffemissionen, die Artenvielfalt in Ökosystemen nimmt ab usw.).
Diesen negativen Veränderungen versucht man gezielt durch geeignete Umweltschutzmaßnahmen zu begegnen: etwa indem von vornherein Belastungen vermieden werden (z. B. Rauchgasentschwefelung) oder indem bereits entstandene Schäden nachträglich behoben werden (z. B. Altlastensanierung).
Die Wechselwirkungen zwischen Wirtschaft und Umwelt beschränken sich also nicht auf Darstellung der Umweltbelastungen, vielmehr umfasst das Beziehungsgefüge auch die durch die Umweltbelastungen hervorgerufenen Veränderungen des Umweltzustandes sowie die Maßnahmen zu deren Vermeidung oder zur Behebung von Schäden.
Die UGR haben das Ziel, alle drei Formen der Wechselwirkungen zwischen Wirtschaft und Umwelt – Umweltbelastungen, Umweltzustand und Umweltschutzmaßnahmen – zu beschreiben. Die Form der Beschreibung setzt an der eingangs erwähnten Erkenntnis an, dass eine Volkswirtschaft nicht nur Arbeit und Kapital einsetzt, sondern auch die Natur nutzt. Die Grundidee ist daher, von der üblichen Beschreibung der Volkswirtschaft auszugehen und diese Beschreibung um den „Faktor Naturvermögen" zu erweitern.
Die Volkswirtschaftlichen Gesamtrechnungen (VGR) liefern eine umfassende und systematische Beschreibung des wirtschaftlichen Geschehens. Dargestellt werden prinzipiell monetäre Transaktionen (Ströme) und Bestände (...). Die UGR wurden als

(*Ergänzung*) (...) zu den VGR konzipiert, mit dem Ziel, die Darstellung des Wirtschaftsprozesses um die Abbildung der Beziehungen zwischen dem wirtschaftlichen System und der Umwelt zu erweitern. Die umweltbezogenen Ströme und Bestände werden überwiegend in physischen Einheiten dargestellt. So werden Luftemissionen in Tonnen, der Energieverbrauch in Terajoule, die Nutzung der Siedlungs- und Verkehrsfläche in Quadratkilometern beschrieben.
Ein wesentliches Merkmal ist die volle Kompatibilität der beiden Systeme – VGR und UGR. (...) Die Kompatibilität mit den VGR gestattet es zum Beispiel, die zumeist in physischen Einheiten (z. B. in Tonnen) dargestellten Umweltgrößen zu den ökonomischen Kennziffern (in EUR) in Beziehung zu setzen. Besonders bedeutsam sind hier Daten zur Effizienz der Umweltnutzung, die als rechnerische Verhältniszahl der jeweils interessierenden Größe (z. B. Rohstoffverbrauch) (*beispielsweise*) zum Bruttoinlandsprodukt (BIP) ausgedrückt werden.

Statistisches Bundesamt (Hg.): Umweltnutzung und Wirtschaft, Wiesbaden 2010, S. 9 f.

M 17 Entwicklung wichtiger umweltbezogener Daten 1990–2009

Indikator	Maßeinheit	1990	1994	1999	2000	2007	2008	2009	Ziel/e	Zieljahr/e
Energieproduktivität	1990=100	100,0	112,0	120,9	124,1	138,3	138,8	140,4	200	2020
Rohstoffproduktivität	1994=100	–	100,0	116,1	120,6	138,0	141,2	146,8	200	2020
Treibhausgasemissionen	BJ=100	99,7	89,4	83,2	82,9	77,6	77,6	–	79	2010
Anteil erneuerbarer Energie am (Brutto-)Stromverbrauch	%	3,1	4,2	5,4	6,4	14,2	15,2	16,3	12,5/ 25–20	2010/2020
Anteil erneuerbarer Energie am Primärenergieverbrauch	%	1,3	1,8	2,8	2,9	7,9	8,1	8,7	4,2/10	2010/2020
Anstieg der Siedlungs- und Verkehrsfläche (4)	ha pro Tag	–	120	131	131	97	95	–	30	2020
Artenvielfalt und Landschaftsqualität	2015=100	76,8	77,0	74,1	71,6	68,6	69,1	–	100	2015
Gütertransportintensität	1999=100	–	–	100,0	99,7	118,7	118,4	–	98/95	2010/2020
Personentransportintensität	1999=100	–	–	100,0	95,8	92,9	90,9	–	90/80	2010/2020
Anteil des Schienenverkehrs an der Güterbeförderungsleistung	%	–	–	16,5	17,2	18,1	18,1	–	25	2015
Anteil der Binnenschifffahrt an der Güterbeförderungsleistung	%	–	–	13,5	13,8	10,2	10,0	–	14	2015
Stickstoffüberschuss	kg/ha	132,4	114,5	115,5	114,6	104,6	–	–	80	2010
Ökologischer Landbau	%	–	1,6	2,6	3,2	5,1	5,4	5,6	20	
Schadstoffbelastung der Luft	1990=100	100,0	67,0	54,3	51,7	45,1	44,7	–	30	2010

Nach: Statistisches Bundesamt (Hg.): Umweltnutzung und Wirtschaft, Wiesbaden 2010, S. 16

1 Klären Sie zunächst aus allgemeiner Sicht die Wechselwirkungen zwischen Wirtschaft und Umwelt. Suchen Sie dann für verschiedene Bereiche Beispiele.

2 Skizzieren Sie die Grundzüge der UGR.

3 Werten Sie die in **M 17** dargestellte Entwicklung umweltbezogener Daten aus (ggf. in arbeitsteiligen Kleingruppen). Klären Sie dafür zunächst, was hinter den genannten Indikatoren steckt und warum diese in den UGR berücksichtigt werden. Überlegen Sie dann, ob aus umweltpolitischer Sicht eine Abnahme oder Zunahme der jeweiligen Werte intendiert wird (dabei helfen Ihnen die Rubriken „Ziele" und „Zieljahre"). Erläutern Sie abschließend, ob die Entwicklung des Indikators aus ökologischer Sicht positiv oder negativ zu bewerten ist.

Gerecht? – Gerechte Verteilung

Sinn jeglichen Wirtschaftens ist die Überwindung von Knappheit durch eine effiziente Kombination der Produktionsfaktoren. An der Frage, wie der so erzielte wirtschaftliche Ertrag zwischen den Produktionsfaktoren „Arbeit" und „Kapital" generell oder in der Gesellschaft insgesamt verteilt wird, entzünden sich regelmäßig Konflikte.

M 18 Einkommen und Vermögen

Unter Einkommen versteht man alle Einnahmen (z. B. Löhne, Gehälter, Einkommen aus selbstständiger Arbeit, Transfereinkommen, Mieteinnahmen, Zinsen, Dividenden), die einer natürlichen oder juristischen Person während einer Periode zufließen. Die Summe aller von Inländern während einer Periode erzielten Einkommen wird als Volkseinkommen bezeichnet. Das Volkseinkommen wird im Rahmen der Volkswirtschaftlichen Gesamtrechnungen (VGR) ermittelt (s. S. 138) und gilt als zentraler Maßstab der Verteilung des Bruttoinlandsprodukts. Beim Volkseinkommen wird lediglich zwischen zwei Einkommensarten unterschieden:

1. Dem aus unselbstständiger Tätigkeit erzielten Einkommen (Löhnen und Gehältern). Dieser Anteil des Volkseinkommens wird als Lohnquote bezeichnet. Wenn von „Bruttolohnquote" gesprochen wird, wurden die Arbeitnehmereinkommen vor Abzug der Steuern und Sozialabgaben erfasst. Die „Nettolohnquote" bezieht sich auf die Größe der Erwerbseinkommen nach Abzug der Steuern und Abgaben.
2. Dem aus Unternehmertätigkeit und Vermögen erzielten Einkommen. Dieser Anteil des Volkseinkommens wird als Gewinnquote (auch: Profitquote) bezeichnet. Auch bei der Gewinnquote wird zwischen Bruttogewinnquote (vor Abzug von Steuern und Abgaben) und Nettogewinnquote (nach Abzug von Steuern und Abgaben) unterschieden.

Die Höhe der Lohn- bzw. der Gewinnquote gibt Auskunft über die Verteilung des Volkseinkommens auf die Produktionsfaktoren „Arbeit" und „Kapital", was als funktionelle (auch: funktionale) Einkommensverteilung bezeichnet wird.

Eine sinkende Lohnquote (bzw. steigende Gewinnquote) wird zumeist – als Ausdruck der Umverteilung zwischen den Produktionsfaktoren „Arbeit" und „Kapital" – als ein Zeugnis steigender sozialer Ungleichheit angesehen. In diesem Zusammenhang ist allerdings zu berücksichtigen, dass auch viele Arbeitnehmer Kapitaleinkommen (z. B. in Form von Zinsen, Mieten oder Dividenden) beziehen.

Während sich der Begriff des Einkommens auf die Einnahmen bezieht, die ein Wirtschaftssubjekt in einer bestimmten Periode erzielt hat, beschreibt der Begriff des Vermögens die Gesamtheit aller in Geld bewerteten Güter, die eine natürliche oder juristische Person (nach Abzug aller Verbindlichkeiten) zu einem bestimmten Zeitpunkt besitzt bzw. auf die sie juristisch gesehen Anspruch hat (Reinvermögen, Eigenkapital).

Die Summe der Reinvermögen aller inländischen Wirtschaftssubjekte wird als Volksvermögen bezeichnet.

Autorentext

M 19 Entwicklung der Verteilung des Volkseinkommens

in Deutschland, 1960–1990 Westdeutschland, ab 2007 vorläufig, in Prozent

Nach: Hans-Böckler-Stiftung: Böckler Impuls Nr. 11/2010, S. 1; in: http://www.boeckler.de/pdf/impuls_2010_19_1.pdf

M20 Individuelles Vermögen und individuelles Einkommen

Die größten Ungleichheiten im Einkommen ergeben sich aus Unterschieden des Einkommens aus Vermögen, das unter anderem die Einkommen aus Aktien, Anleihen und Immobilien umfasst. Mit wenigen Ausnahmen beziehen die Personen, die auf der Einkommenspyramide ganz oben stehen, den Großteil ihres Einkommens aus Vermögen. Die Armen hingegen besitzen nur wenig Finanzvermögen und können deshalb aus ihrem nicht existenten Vermögen auch kein Einkommen beziehen.

Paul A. Samuelson, William D. Nordhaus: Volkswirtschaftslehre, Regensburg 2007, S. 550

M21 Vermögensverteilung in Deutschland laut SOEP

Der folgende Bericht der Wochenzeitung „Die Zeit" widmet sich den Ergebnissen des Soziooekonomischen Panels (SOEP) zur Vermögensverteilung in Deutschland:

Nach einer Untersuchung des Deutschen Instituts für Wirtschaftsforschung (DIW) driften (...) die Vermögen der verschiedenen Bevölkerungsgruppen auseinander. Diese Ungleichheit halten viele Ökonomen für wichtiger als die stärker beachteten Unterschiede bei Löhnen und Gehältern. An den Vermögen, so empfehlen beispielsweise die Wirtschaftsweisen, sollte der Staat etwas verändern, wenn er eine gerechtere Verteilung zwischen Arm und Reich bewirken wolle. (...)

Nicht alle Vermögensunterschiede seien ein sozialer Missstand (betont Peter Westerheide, Verteilungsexperte am Zentrum für Europäische Wirtschaftsforschung in Mannheim). So sei es normal, dass Jüngere wenig oder gar kein Vermögen besäßen, während die meisten Älteren etwas angespart hätten. (...)

Schließlich erscheint die Verteilung in den DIW-Daten auch deshalb als besonders ungleich, weil die Forscher in Berlin nicht, wie bisher üblich, Haushalte betrachten, sondern einzelne Personen. „Wenn etwa das Haus oder das Aktiendepot auf den Namen des Ehemannes registriert ist", sagt Richard Hauser, emeritierter Professor an der Universität Frankfurt, „dann erscheint er bei dieser Erhebungsmethode als vermögend, seine Frau dagegen als arm." Dadurch erkläre sich zum Beispiel, dass die reichsten zehn Prozent nach früheren Studien nur etwa 47 Prozent des gesamten Vermögens in Deutschland auf sich konzentrierten, nach der DIW-Zählung dagegen 58 Prozent (Angaben für 2003 und 2002).

Trotz dieser Einschränkungen sehen auch Experten wie Hauser Handlungsbedarf. „Dass die Erbschaftsteuer wichtig ist, um der schleichenden Konzentration von Vermögen entgegenzuwirken, scheint in Vergessenheit geraten zu sein", beklagt er. Nach den zum 1. Januar (2009) in Kraft getretenen Regeln können Erben ganze Konzerne steuerfrei erhalten, wenn sie sie über einen bestimmten Zeitraum bei konstantem Personalbestand weiterführen. Ähnliches gilt für Villen, wenn sie von den Erben selbst genutzt werden. Von ihnen wird es in Zukunft immer mehr geben. Eine höhere Erbschaft- oder Vermögensteuer wäre daher nach Einschätzung vieler Experten sinnvoll, dürfte aber vorerst (politisch) kaum durchzusetzen sein.

Elisabeth Niejahr, Kolja Rudzio: Die andere soziale Kluft, in: Die Zeit Nr. 5/2009, S. 27

Das Sozioeokonomische Panel (SOEP):
Das Deutsche Institut für Wirtschaftsforschung (DIW) – das größte Wirtschaftsforschungsinstitut in Deutschland – führt mit dem Sozioeokonomischen Panel (SOEP) im jährlichen Rhythmus eine aufwändige Studie zu sozioökonomischen Fragen durch. Das SOEP gilt als die wichtigste und aussagekräftigste Untersuchung über die soziale und wirtschaftliche Situation der Bevölkerung Deutschlands

M22 Verteilung des Privatvermögens in Deutschland 2007

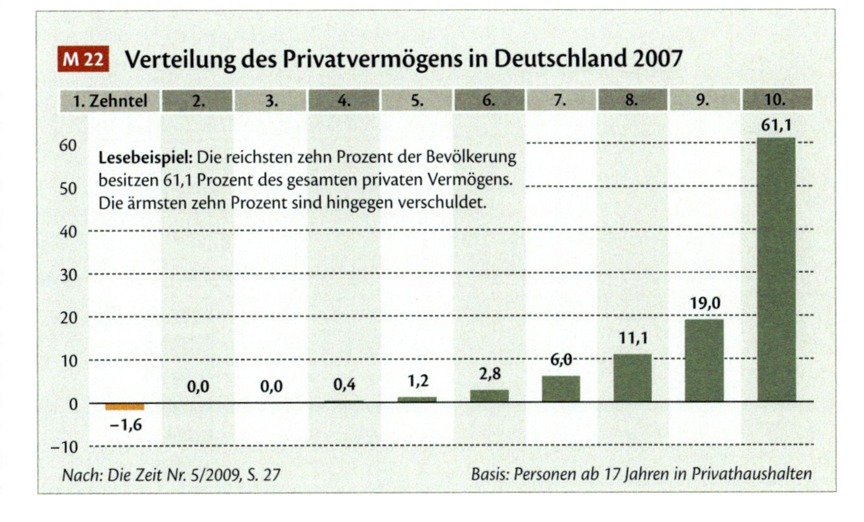

Nach: Die Zeit Nr. 5/2009, S. 27 — *Basis: Personen ab 17 Jahren in Privathaushalten*

1 Erläutern Sie den Unterschied zwischen Einkommen und Vermögen.

2 Beurteilen Sie, ob die Entwicklung des Volkseinkommens in Deutschland gerecht ist. Wenden Sie dabei das Vorgehen der Kriterien geleiteten Urteilsbildung (s. S. 120/121).

3 Beschreiben Sie die durch das SOEP ermittelte Vermögensverteilung in Deutschland. Erklären Sie, warum manche Ökonomen die Ungleichverteilung von Vermögen für relevanter als die Ungleichverteilung von Einkommen halten, manche nicht.

Immer teurer? – Preisniveau

Das Preisniveau ist der Durchschnitt aller statistisch erfassten und nach der wirtschaftlichen Bedeutung der dazugehörigen Ware gewichteten Preise für die verschiedenen Güter und Dienstleistungen einer Volkswirtschaft. Weil die allgemeine Preisentwicklung sowohl für die Gesamtwirtschaft als auch für die einzelnen Wirtschaftssubjekte höchst bedeutsam sein kann, kommt der Erfassung des gesamtwirtschaftlichen Preisniveaus und seiner Entwicklung im zeitlichen Verlauf große Bedeutung zu.

M23 Preisniveaustabilität, Deflation und Inflation

Kaufkraft: Gütermenge, die für eine Geldeinheit gekauft werden kann. Die Kaufkraft bleibt bei stabilen Preisen unverändert und sinkt bei steigenden Preisen (Inflation). Die Stabilisierung der Kaufkraft ist das oberste Ziel der Geldpolitik

In einer Marktwirtschaft sind die Preise flexibel und richten sich nach Angebot und Nachfrage. So kann es kein sinnvolles Ziel sein, stabile Einzelpreise anzustreben. Nicht die Preise einzelner Güter, sondern der Geldwert soll stabil gehalten werden. Preis(niveau)stabilität zeichnet eine zeitliche Phase (…) aus, in welcher sich der Geldwert nur in relativ geringem Umfang verringert. Von Inflation (Deflation) sprechen wird dann, wenn sich der Geldwert deutlich verringert (erhöht).
Die Messung der Veränderung des Wertes, also der Kaufkraft eines Euro (oder einer anderen Währung), geschieht mit Hilfe eines Preisindex. (Die auf Grundlage eines Preisindexes zwischen zwei Zeitpunkten – z. B. innerhalb eines Jahres – ermittelte prozentuale Veränderung des Geldwerts wird als Inflationsrate bezeichnet.)

Klaus Schaper: Geld und Währung in wirtschaftswissenschaftlicher Perspektive, in: Jörg Althammer u. a. (Hg.): Handbuch ökonomisch-politische Bildung. Schwalbach/Ts. 2007, S. 142–161, hier: S. 142

M24 Der Verbraucherpreisindex (VPI) als Maßstab zur Messung des Preisniveaus

Der Verbraucherpreisindex (VPI) wird fast überall auf der Welt als Synonym für die Messung von Inflation verwendet. Das statistische Grundgerüst dazu lieferte vor allem der deutsche Ökonom Érienne Laspeyres. Er entwickelte 1871 eine Formel, um Preisänderungen eines festen Warenkorbes verfolgen zu können.
In Deutschland gehen die amtlichen Daten zur Inflation bis auf das Jahr 1871 zurück. Und nach dem Ersten Weltkrieg, als mit dem Ende des internationalen Goldstandards zunehmend Zentralbanken die Kontrolle der umlaufenden Geldmenge übernahmen, bekam die Messung von Geldwertstabilität besondere Relevanz. Seither wird die Inflation von den meisten Ökonomen mit der Messung eines Preisindex gleichgesetzt. „Es geht dabei um die Erfassung von Preisveränderungen aus Sicht der Konsumenten", erklärt Hans Wolfgang Brachinger, Professor für Wirtschaftsstatistik an der schweizerischen Universität Fribourg, das in praktisch allen Industriestaaten vorherrschende Konzept. (…) „In den (Verbraucherpreis-)Index einbezogen werden alle verbraucherrelevanten Transaktionen, bei denen Ware gegen Geld fließt", so Brachinger. (…)
Die (*Inflationsrate*) (…), die meist monatlich veröffentlicht wird, gehört zu den wichtigsten Statistiken für Wirtschaft und Politik gleichermaßen. Sie geht in geldpolitische Entscheidungen der Zentralbank genauso ein wie in Lohnverhandlungen zwischen Arbeitgebern und Arbeitnehmern.

Simone Boehringer: Das Brötchen bleibt länger im Gedächtnis. In: Süddeutsche Zeitung v. 16.4.2008, S. 21

M25 Die Inflationsrate 1992–2009

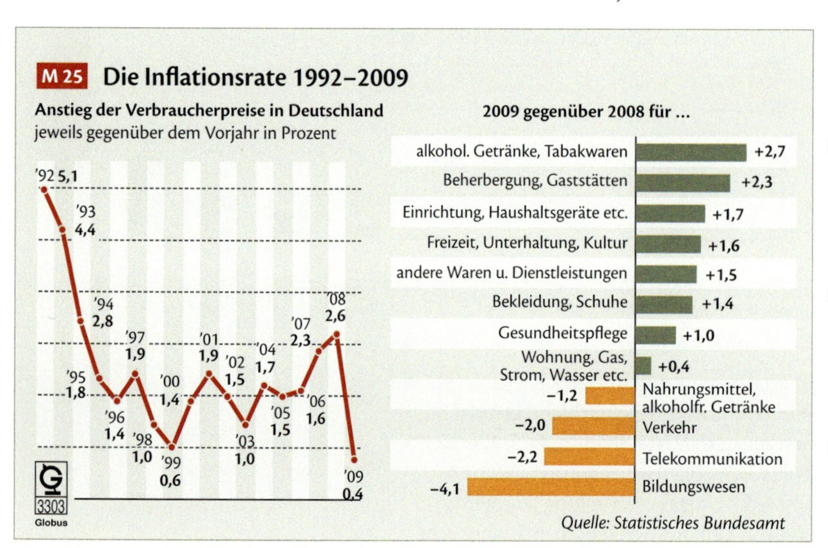

Quelle: Statistisches Bundesamt

M26 Die Ermittlung der Inflationsrate durch das Statistische Bundesamt

Die Inflationsrate (*für Deutschland*) (...) wird vom Statistischen Bundesamt in Wiesbaden berechnet und heißt offiziell „Verbraucherpreisindex für Deutschland". Der Index gibt an, wie sich ein repräsentativ für den privaten Verbrauch zusammengestellter „Warenkorb" preislich entwickelt. Dieser Warenkorb enthält rund 750 verschiedene Produkte und Dienstleistungen vom Rollmops bis zum Haarschnitt. Fast noch wichtiger ist das so genannte Wägungsschema. Es legt fest, mit welchem Anteil die verschiedenen Produkte im Warenkorb gewichtet werden.
Das Wägungsschema versucht möglichst genau abzubilden, wie die Deutschen im Schnitt ihr Geld ausgeben: (*z. B.*) 0,991 Prozent für Bier, 0,039 Prozent für die Schuhreparatur, 3,323 Prozent für den Autokauf und so weiter. Natürlich trinkt nicht jeder Bier, lässt nicht jeder seine Schuhe reparieren oder besitzt ein Auto. Aber statistisch sind das die Konsumgewohnheiten. Ermittelt werden sie alle fünf Jahre aus den Ergebnissen der Einkommens- und Verbrauchsstichprobe, bei der ausgewählte Konsumenten ein Jahr lang exakt Buch über ihre Ausgaben führen. Der Warenkorb verändert sich nur langsam. So ersetzte bei der (...) Änderung im Jahr 2000 die Druckerpatrone das Farbband für die Schreibmaschine.
Mit dem Warenkorb im Gepäck besuchen die Preiserheber der Statistischen Landesämter in 190 Gemeinden rund 40 000 Verkaufsstellen. Sie dürfen die Marken der verschiedenen Produkte selbst auswählen, müssen aber bei ihren monatlichen Besuchen bei den einmal ausgesuchten Waren bleiben. Die Preisveränderungen melden sie dann nach Wiesbaden, wo daraus die Inflationsrate berechnet wird.

Stern.de: Beruhigende Zahlen aus Wiesbaden, in: http://www.stern.de (Zugriff: 2.12.2010)

Das Statistische Bundesamt in Wiesbaden

Gefühlte Inflationsrate: Im Gegensatz zur offiziell ermittelten Inflationsrate (s. M 26) gibt die „gefühlte Inflationsrate" Auskunft darüber, wie Konsumenten die Preisentwicklung wahrnehmen. Sie wird durch entsprechende Verbraucherbefragungen ermittelt und weicht häufig stark von der ermittelten Inflationsrate ab.

M27 Der Durchschnittsbürger der Gegenwart – reicher als Rockefeller?

Nach den Berechnungen (*eines US-amerikanischen Magazins*) entspricht sein (*Rockefellers*) Vermögen einem heutigen Wert von 200 Mrd. US-Dollar (...). Ungeachtet seines riesigen Vermögens konnte Rockefeller viele Annehmlichkeiten nicht genießen, die wir heute für selbstverständlich halten. Er konnte nicht vor dem Fernseher sitzen, nicht an der Playstation spielen, nicht im Internet surfen, und er konnte auch keine E-Mails versenden. An heißen Sommertagen kühlte keine Klimaanlage sein Haus. Für den größten Teil seines Lebens konnte Rockefeller nicht mit dem Auto fahren oder mit dem Flugzeug fliegen, er konnte nicht mit seinen Freunden und seiner Familie telefonieren. (...) Nun stellt sich folgende Frage: Wie viel Geld müsste Ihnen jemand geben, damit Sie für den Rest Ihres Lebens all die modernen Errungenschaften aufgeben, auf die auch Rockefeller verzichten musste? Würden Sie dies für 200 Mrd. US-Dollar tun? Möglicherweise nicht. Und wenn Sie nicht dazu bereit sind, wäre es dann nicht fair zu behaupten, dass es Ihnen besser geht als dem angeblich reichsten US-Amerikaner aller Zeiten? (...) Standardisierte Preisindizes, die zum Vergleich von Geldbeträgen zu unterschiedlichen Zeitpunkten genutzt werden, (*sind*) nicht in der Lage (...), die Einführung von neuen Gütern in der Volkswirtschaft vollständig abzubilden. Der Anstieg der Lebenshaltungskosten wird dadurch überschätzt. Gleichzeitig wird damit (...) das reale Wachstum der Volkswirtschaft unterschätzt. (...) Aufgrund der gewaltigen technischen Fortschritte ist der durchschnittliche US-Amerikaner heute eigentlich „reicher" als der reichste US-Amerikaner vor einem Jahrhundert, auch wenn sich diese Tatsache nicht in den ökonomischen Statistiken wiederfindet.

N. Greorgy Mankiw: Grundzüge der Volkswirtschaftslehre, Stuttgart 2004, S. 582 f.

John D. Rockefeller (1839–1937) gilt als reichster Mensch aller Zeiten, Aufnahme 1930

1 Erläutern Sie die Begriffe „Deflation", „Preisniveaustabilität" und „Inflation". Beschreiben Sie, wie in Deutschland die Inflationsrate ermittelt wird.

2 Stellen Sie Überlegungen darüber an, welche Aussagekraft die offiziell ermittelte Inflationsrate für den einzelnen Haushalt hat. Recherchieren Sie auf der Internetseite des Statistischen Bundesamts, inwiefern die aktuelle Berechnung des VPI Ihrer persönlichen Ausgabensituation gerecht wird.

3 Diskutieren Sie die in **M 27** thematisierten Grenzen von Preisindizes.

Arbeit für alle? – Beschäftigung und Arbeitslosigkeit

Die monatliche Veröffentlichung der Arbeitsmarktdaten durch die Bundesagentur für Arbeit (BA) stößt regelmäßig auf großes Medieninteresse. Arbeitslosenquote und Erwerbsquote sind von großer Bedeutung, um eine adäquate Beschäftigungs- und Gesellschaftspolitik durchführen und die Erfolge dieser Politik beurteilen zu können.

M28 Arbeitslosenquote und Erwerbsquote

Die Abbildung der gesamtwirtschaftlichen Beschäftigungssituation erfolgt einerseits durch die Zahl der selbstständig und unselbstständig Beschäftigten und deren Veränderung sowie andererseits anhand der Arbeitslosenrate (...) und ihrer Veränderung. Die Arbeitslosenrate (*einer Volkswirtschaft*) ergibt sich generell aus dem Verhältnis der Anzahl der Arbeitslosen (...) (*zur Anzahl der Erwerbspersonen*). Darunter versteht man die Gesamtheit aller Erwerbsfähigen einer Volkswirtschaft im Alter zwischen 15 und 65 (abhängig Beschäftigte, Selbstständige und registrierte Arbeitslose) (...). Die Arbeitslosenrate sagt also aus, welcher (*Anteil der Erwerbspersonen*) (...) ohne Beschäftigung ist. (...)
Da die Arbeitslosenrate von besonderer politischer Relevanz ist und die Definition von Arbeitslosigkeit wie auch des Arbeitskräftepotenzials einigen Spielraum lässt, ist bei den veröffentlichten Arbeitslosenraten (...) auf deren genauen Erfassungs- und Berechnungsmodus zu achten. Die Arbeitslosenrate ist schließlich als das zu nehmen, was sie ist: Ein Hinweis auf die Beschäftigungssituation, nicht deren exaktes Abbild.
Vor allem die Erwerbs- bzw. Beschäftigungsquote sollte bei der Beurteilung der Beschäftigungssituation einer Ökonomie nicht fehlen. Darunter versteht man das Verhältnis der Anzahl der tatsächlich (selbstständig oder unselbstständig) Beschäftigten zum Arbeitskräftepotenzial. Die Erwerbsquote schwankt nicht nur von Ökonomie zu Ökonomie, sondern ist auch geschlechts- und altersspezifisch ganz unterschiedlich ausgeprägt.
Ferry Stocker: Moderne Volkswirtschaftslehre, München 2009, S. 257 f.

Arbeitslosenrate und -quote: Gebräuchlicher als der Begriff der Arbeitslosenrate ist der Begriff der Arbeitslosenquote. Beide bezeichnen dabei denselben Sachverhalt: den Anteil der Erwerbslosen an der Gesamtzahl der zivilen Erwerbspersonen

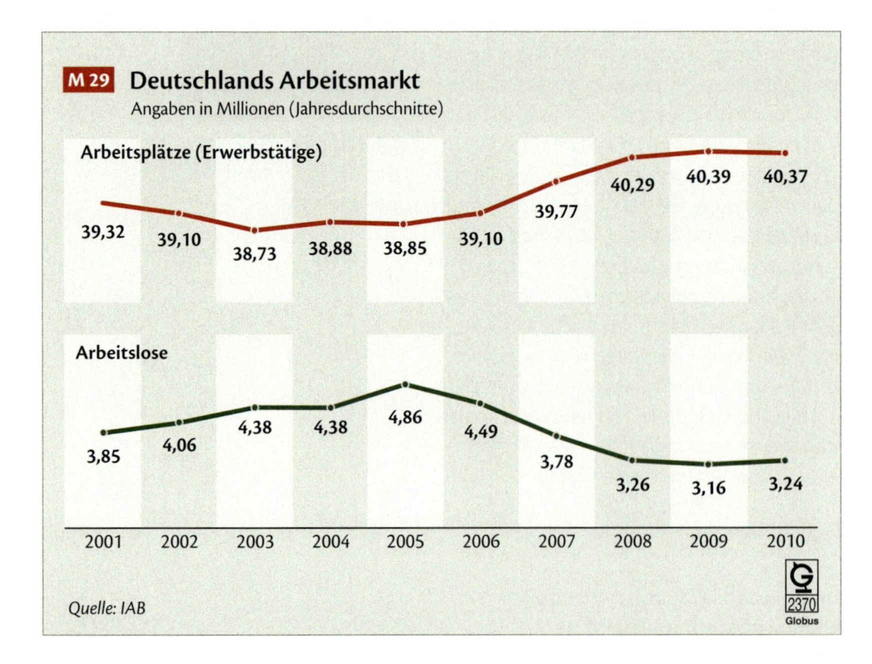

M30 Entwicklung der deutschen Gesamtbevölkerung

Jahr	Personen (in Mio.)
2001	82,26
2002	82,44
2003	82,54
2004	82,53
2005	82,50
2006	82,44
2007	82,32
2008	82,22
2009	82,00

Quelle: Statistisches Bundesamt

M31 Berechnung der Arbeitslosenquote und der Erwerbsquote

$$\text{Arbeitslosenquote} = \frac{\text{registrierte Arbeitslose}}{\text{Erwerbspersonen}} \times 100$$

$$\text{Erwerbsquote} = \frac{\text{Anzahl der Erwerbstätigen}}{\text{Gesamtbevölkerung}} \times 100$$

M32 Täuscht die Statistik?

Als arbeitslos gelten (...) nur diejenigen (*Erwerbslosen*), die 15 bis 65 Jahre alt sind. Außerdem müssen Arbeitslose (*um in der Arbeitslosenstatistik berücksichtigt zu werden*) auf der Suche nach einer sozialversicherungspflichtigen Beschäftigung sein, die mindestens 15 Wochenstunden umfasst. Um in der Statistik aufzutauchen, müssen die Menschen bereit sein, sich von der Arbeitsagentur vermitteln zu lassen, und sie dürfen nicht arbeitsunfähig erkrankt sein. Denn arbeitslos im Sinne des Sozialgesetzbuches (SGB) ist nur, wer dem Arbeitsmarkt zur Verfügung steht und jederzeit ein Jobangebot annehmen könnte. Dieser Mangel an Verfügbarkeit sei es, warum alleinerziehende Mütter und Väter nicht arbeitslos gezählt würden, sagte eine Sprecherin der Bundesagentur. „Wenn die Kinderbetreuung nicht gesichert ist, sind Alleinerziehende oft nicht in der Lage, ein Arbeitsangebot anzunehmen," erklärte sie.

Neben den offiziell arbeitslos gemeldeten Menschen gibt es solche, die in so genannten arbeitsmarkpolitischen Maßnahmen stecken. Sie gelten nicht als arbeitslos (Paragraf 16, Absatz 2 SGB III). Denn wer eine berufliche Weiterbildung macht oder einen Gründungszuschuss für den Schritt in die Selbstständigkeit erhalten hat, steht dem Arbeitsmarkt momentan nicht zur Verfügung.

Damit ist das wirkliche Ausmaß der so genannten Unterbeschäftigung viel höher als die offizielle Arbeitslosenzahl. Ein-Euro-Jobber und Teilnehmer an staatlich finanzierten Trainingsmaßnahmen sind offiziell nicht arbeitslos. Auch Menschen, die Grünanlagen säubern (Arbeitsbeschaffung) fallen mitunter nicht in die offizielle Statistik. Wer (...) als Zeitarbeitnehmer bei einer Personal-Service-Agentur (PSA) eingestellt wird, fällt (ebenso) aus der Statistik raus. Denn die PSAs sind zweckgebundene Zeitarbeitsfirmen, die im Auftrag der Bundesagentur für Arbeit Arbeitslose einstellen und entleihen mit dem Ziel, sie in feste Jobs zu bringen. Alle diese Menschen gehören zur Gruppe derer, die – wenn man so will – den Arbeitsmarkt entlasten. Dazurechnen muss man zudem die sogenannte stille Reserve. Das sind Menschen, die keine Arbeit haben, sich in keiner arbeitsmarktpolitischen Maßnahme befinden und dennoch nicht arbeitslos gemeldet sind. Das sind Leute, die den Gang aufs Arbeitsamt scheuen oder die resigniert haben, die aber sagen, dass sie jederzeit eine Arbeit annehmen würden.

Sibylle Haas: Die Statistik täuscht, in: Süddeutsche Zeitung v. 21.2.2008, S. 18

M33 Die „wahre" Arbeitslosigkeit

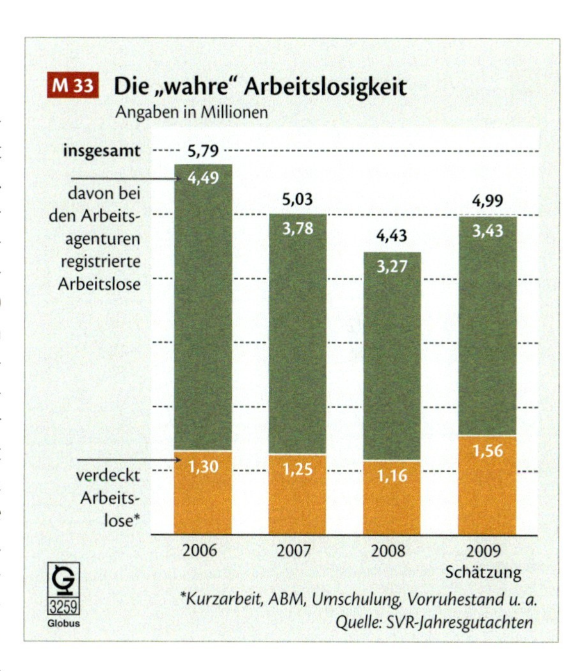

M34 „Und was machst du so als Ein-Euro-Jobber?"

Zeichnung: Stuttmann

1 Definieren Sie die Begriffe „Arbeitslosenquote" und „Erwerbsquote". Berechnen Sie anschließend auf Grundlage des statistischen Materials a) die Arbeitslosenquote und b) die Erwerbsquote für die Jahre 2001 bis 2010. Stellen Sie die Daten grafisch dar.

2 Klären Sie den Begriff der „verdeckten Arbeitslosigkeit". Stellen Sie Überlegungen an, warum diese Arbeitslosigkeit in der offiziellen Arbeitslosenquote nicht berücksichtigt wird.

Nachhaltig? – Ökologische Stabilität

Ökologische Nachhaltigkeit setzt voraus, dass die wirtschaftliche Tätigkeit des Menschen dem langfristigen Erhalt der natürlichen Lebensgrundlagen verpflichtet wird. Das bedeutet, dass in einer Periode nicht mehr natürliche Ressourcen verbraucht werden dürfen, als die Biosphäre in diesem Zeitraum regenerieren kann.
Obwohl es sich bei der Erhaltung der natürlichen Lebensgrundlagen um eine Überlebensfrage der Menschheit handelt, wurde das Leitbild der ökologischen Nachhaltigkeit in der Vergangenheit nicht hinreichend beachtet.

M 35 Leben auf Pump

„So leben wir, so leben wir alle Tage ..."

Zeichnung: Wolter

M 36 So viele „Erden" verbraucht die Menschheit pro Jahr

Quelle: Greenpeace Magazin Nr. 1/2011, S. 16

M 37 Der Preis des Wachstums

Harald Rossol, 48 Jahre, sitzt in seinem Büro in einem sanierten Kaffee- und Kakaospeicher im Europahafen von Bremen. Von hier aus leitet er eine IT-Beratungsfirma, er kümmert sich um die Computersysteme von Anwaltskanzleien und Gebäudereinigungsfirmen. Ein durchaus erfolgreicher Unternehmer ist dieser Harald Rossol. Nur dass er eben nicht wie ein typischer Unternehmer agiert. Seine Firma soll nicht wachsen. (...) „Wachstum ist doch nicht mehr zeitgemäß", sagt er. (...)
Schon 1972 prophezeite eine Gruppe um den amerikanischen Ökonomen Dennis Meadows anhand von Computermodellen (...) eine (*andere*) Welt. Verbrauchte die Wirtschaft weiter so viele Ressourcen und wüchse die Weltbevölkerung weiter so rasch, dann würde die Menschheit noch vor dem Jahr 2100 ohne Rohstoffe dastehen und ihre Wirtschaft kollabieren sehen. Damals schickte die Studie eine Schockwelle um den Erdball. Der folgte die noch stärkere Welle der Ablehnung. Alle Probleme der modernen Gesellschaft ließen sich überwinden, beschieden führende Wirtschaftsforscher dem abtrünnigen Kollegen Meadows – eben gerade durch mehr Technik und mehr Wachstum.
Viele von ihnen sahen sich seither bestätigt. Mehr als 200 Millionen Menschen entkamen dem Hunger, vor allem in China ist fast ein Wunder geschehen. In vielen anderen Ländern haben mehr Menschen mehr denn je zu essen und zu trinken, sind gesünder und gebildeter. (...) Doch der Preis des Wohlstands ist hoch: Obwohl Plastik erst seit rund 60 Jahren produziert wird, haben sich in den Weltmeeren riesige Müllstrudel gebildet, der größte davon im Pazifik. Er hat die Ausmaße Mitteleuropas. Der giftige Wirbel im Ozean lässt in hoher Konzentration Partikel von Einkaufstüten, CD-Hüllen, Zahnbürsten, Flaschen, Joghurtbechern, Legosteinen, Turn-

schuhen und Feuerzeugen zirkulieren. Längst ist der Wohlstandsmüll auch in den Mägen von Fischen gelandet und damit, guten Appetit, in der Nahrungskette.
Zugleich werden Öl und manche Metalle schon sehr knapp. Die Aufsteigernationen rund um China und eine neue globale Mittelschicht konkurrieren mit dem Westen um die Ressourcen. Milliarden Menschen wollen besser essen und irgendwann Fernseher, Autos und Computer kaufen. Die Kollateralschäden sind immens: Täglich sterben 100 Arten aus, werden 20 000 Hektar Ackerland zerstört und 50 000 Hektar Wald abgeholzt. Wasser ist vielerorts knapp, die Meere sind überfischt, die Erde erwärmt sich mit wachsendem Tempo. (...)
(*Dem Wirtschaftswachstum*) zu entsagen heißt aber, eine zentrale politische Philosophie aufzugeben, die da sagt: Wachstum schafft Wohlstand und Jobs. Westliche Politiker haben das umso mehr betont, je niedriger die Wachstumsraten wurden. Ökonomen auch. Immer war das nicht so. Noch der große britische Vorkriegsökonom John Maynard Keynes war sicher, dass in absehbarer Zeit eine „gesättigte Wirtschaft" kaum mehr wachsen würde, ohne daran zugrunde zu gehen. (...).
Heute sagen so etwas nur noch wenige Ökonomen. (...) Kein Verzicht – nur ein anderes Wachstum, so lautet die (...) Hoffnung, ein umweltverträglicheres und gerechteres. Der Planet werde sich durch kluge, neue Technik, durch klügere Konsumenten und bessere Politiker retten lassen. (...) Inzwischen kümmert sich eine ganze Armada von Fachleuten darum, das Wachstum vom Umweltverbrauch zu „entkoppeln". (...) (*Die Botschaft der Fachleute*): Wohlstand ließe sich auch mit einem Fünftel, womöglich sogar mit nur einem Zehntel des gegenwärtigen Verbrauchs produzieren. (...) Wie schwer eine solche Wende ist, hat Rot-Grün schon vor zehn Jahren erfahren. Um ein paar Cent hat die damalige Regierung den Sprit verteuert – und sich dafür den Zorn des Landes zugezogen.
Global gesehen hilft das der Natur zudem kaum. Weltweit wird sie stärker denn je strapaziert. In Deutschland stagniert der Naturverbrauch zwar bei jährlich rund 50 Tonnen pro Kopf; die heimische Umwelt wird weniger malträtiert als früher. Allerdings sind viele umweltschädliche Fabriken ins arme Ausland verlagert worden – ein Trend, der in sämtlichen Industrienationen zu beobachten ist. Belastende Güter würden sie zunehmend aus dem Ausland importieren, heißt es in einer Studie des Umweltbundesamtes. Kein Wunder, dass der Rohstoffverbrauch weltweit seit 1980 um 62 Prozent gestiegen ist. Aller neuen Technik zum Trotz.
Tatsächlich ist im Wettlauf zwischen Effizienz und Wachstum, bisher jedenfalls, die Effizienz allzu oft nur zweiter Sieger: Autos sind sparsamer geworden, aber auch schwerer und stärker. Häuser brauchen pro Quadratmeter weniger Heizenergie, aber die Wohnfläche pro Kopf ist gewachsen. Dem sagenhaften Erfolg von Wind- und Sonnenkraft zum Trotz stieß die deutsche Energiewirtschaft im Jahr 2008 fast so viel Klimagas aus wie 1995. Qualitatives Wachstum? Der Oldenburger Ökonom Niko Paech hält das für „eine Utopie".
An der Stelle wird es kritisch für die Politiker, die sich in der Idee des „neuen Wachstums" sonnen wollen. (...) Sollen sie sich doch auf die „Nullwachstum-Debatte" einlassen? Und wie lösen sie dann Probleme, die sie bisher durch Wachstum in Schach hielten: die Finanzierung der sozialen Sicherung, den Abbau der Staatsschulden, die Bekämpfung der Arbeitslosigkeit?
Der Bremer Unternehmer Harald Rossol kennt diese Fragen. Trotzdem glaubt er, dass der Verzicht auf Wachstum „der einzige Weg ist, unsere Welt noch zu retten". Was aber, wenn sich viele, wenn sich am Ende tatsächlich alle so verhielten wie er? Wenn die Wirtschaft ohne Wachstum plötzlich da wäre?
Fritz Vorholz: Sind das Spinner?, in: Die Zeit Nr. 39/2010 v. 23.9.2010, S. 23 f.

Zeichnung: Mester

1 Deuten Sie die Karikaturen.
2 Erklären Sie mithilfe von **M 37**, warum ein in der UGR ausgewiesener sinkender Ressourcenverbrauch (**M 17**, S. 141) nicht unbedingt die volle Wahrheit wiedergibt.
3 Diskutieren Sie anhand von Text **M 37**, ob für quantitatives Wachstum ein zu hoher ökologischer Preis gezahlt wird.

Geben und Nehmen? – Export und Import

Volkswirtschaften sind keine geschlossenen Systeme, sondern stark mit anderen Volkswirtschaften vernetzt. Grenzübergreifender Handel hat Auswirkungen auf den inländischen Wirtschaftsprozess. Für die stark exportorientierte deutsche Volkswirtschaft spielt der Außenhandel eine besondere Rolle.

M38 Außenhandel

(*Außenhandel*) umfasst die Einfuhr (Import) und Ausfuhr (Export) von Sachgütern und Dienstleistungen – z. B. (...) im Finanz-, Versicherungs- und Transportbereich und in Bezug auf Patente und Lizenzen. Zum Außenhandel gehört auch (...) die Veredelung von Gütern im Ausland, wobei das Produkt – aus Sicht des Ursprungslands – zunächst exportiert und später wieder importiert wird. (...) Die Verflechtungen zwischen Volkswirtschaften (...) nimmt zu. Diese Entwicklung ist unter anderem auf den Abbau von Handelshemmnissen und auf weltweit sinkende Transport- und Kommunikationskosten zurückzuführen. Zum anderen ist das Kapital mobiler geworden. (...) Die internationalen Kapitalströme wuchsen sogar noch weitaus schneller als die Handelsbeziehungen. (...) Durch Außenhandel lassen sich Güter eintauschen, die im Inland (...) nicht hergestellt werden können. Somit können Nichtverfügbarkeiten (z. B. bei Bodenschätzen wie Öl oder bei „Südfrüchten") überwunden (...) werden. Außenhandel lohnt sich aber auch bei Gütern, die in verschiedenen Ländern verfügbar sind, aber zu unterschiedlichen Preisen. Güter können dann dort gekauft werden, wo sie besonders günstig angeboten werden. (...) Die zwischen verschiedenen Ländern bestehenden Kostenunterschiede (...) lassen sich (idealtypisch) auf Unterschiede in Bezug auf die Produktionsfaktoren zurückführen. Faktorausstattung und Faktorpreise verschiedener Länder unterscheiden sich. Beispielsweise ist in Entwicklungsländern der Faktor Arbeit oft reichlich und zu geringen Löhnen vorhanden. Arbeitsintensiv herzustellende Produkte lassen sich hier kostengünstig produzieren. In Industrieländern, in denen die Arbeit knapp, Kapital aber reichlich vorhanden ist, lassen sich dagegen kapitalintensiv zu produzierende Güter gut herstellen. Hier ist oft auch produktionstechnisches Wissen reichlich vorhanden. Viele Produktionsverfahren werden technisch beherrscht, die in Entwicklungsländen nicht zur Verfügung stehen (technologische Lücke). (...) Vor diesem Hintergrund scheint es vorteilhaft, Güter in Ländern herzustellen, die mit den dazu benötigten Faktoren besonders reichlich ausgestattet sind. Diese als Faktorproportionen bekannt gewordene Überlegung kann internationale Kosten- und Preisunterschiede und damit den Außenhandel teilweise erklären. (...) (*Allerdings kann mit*) diesen Überlegungen (...) nicht der wechselseitige intraindustrielle Handel erklärt werden. Hier spielen qualitative Aspekte eine Rolle: Technische, funktionelle oder ästhetische Qualitätsunterschiede bzw. Produktdifferenzierungen der in den verschiedenen Ländern angebotenen Güter führen zu Präferenzen. So können z. B. französische Nachfrager besonders an den Qualitätsmerkmalen deutscher Autos interessiert sein (und bereit sein, dafür einen höheren Preis zu zahlen), während es zugleich deutsche Käufer geben kann, die besonders die französische Qualität nachfragen.

Ricarda Kampmann, Johann Walter: Makroökonomie, München 2010, S. 213 ff.

Handel mit China: Der Vize-Gouverneur der chinesischen Zentralbank, Li Dongrong, vor der Handelskammer in Hamburg während der Eröffnung der Konferenz „The Hamburg Summit: China meets Europe", November 2010

M 39 Exportnation Deutschland

Für Deutschland sind die internationalen Handelsverflechtungen von zentralem Interesse: Die Exportquote, d.h. der Anteil der Exporte am Bruttoinlandsprodukt, liegt für die deutsche Volkswirtschaft im internationalen Vergleich besonders hoch, selbst in den Krisenjahren 2008/2009, in denen der internationale Handel einbrach, wurde in Deutschland über ein Drittel der durch das BIP erfassten Wertschöpfung durch die Produktion von Exportgütern realisiert. Die hohe Exportquote führt dazu, dass der deutsche Arbeitsmarkt stark vom Außenhandel abhängig ist: Etwa ein Fünftel der Erwerbstätigen hängt direkt oder indirekt von der Exportaktivität ab. Erstmals in Zusammenhang mit den Erdölkrisen der Jahre 1973/74 und 1979/80 ist deutlich geworden, dass Deutschland auf Energie- und Rohstoffimporte stark angewiesen ist. So decken wir etwa 50 Prozent unseres Primärenergiebedarfs durch Importe. Bei wichtigen metallischen Rohstoffen wie Bauxit, Blei, Chrom, Kupfer oder Eisen liegt die Importquote, also der Anteil der Einfuhren am Gesamtverbrauch bei 100 Prozent, weil Deutschland nicht über entsprechende Vorkommen verfügt.
Bei einer Betrachtung der einzelnen Wirtschaftszweige (Wirtschaftsbranchen) wird die Außenhandelsabhängigkeit der deutschen Wirtschaft noch deutlicher. So lag die Exportquote vor der Wirtschaftskrise 2008/2009 für den Maschinenbau und die Automobilindustrie bei etwa 75, und für die chemische Industrie sogar bei fast 90 Prozent.

Nach: Horst Siebert, Oliver Lorz: Einführung in die Volkswirtschaftslehre, Stuttgart 2007, S. 413 (aktualisiert und ergänzt)

M 40 Der deutsche Außenhandel

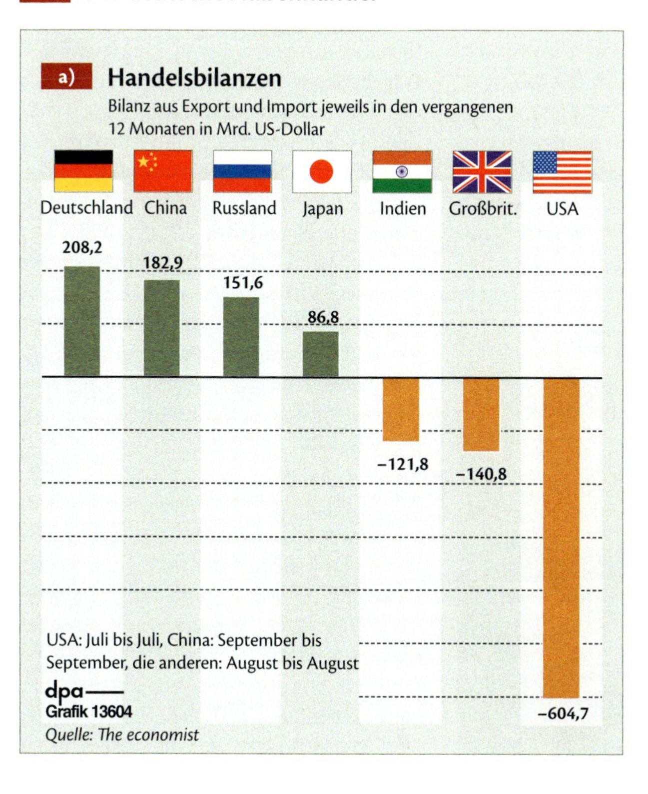

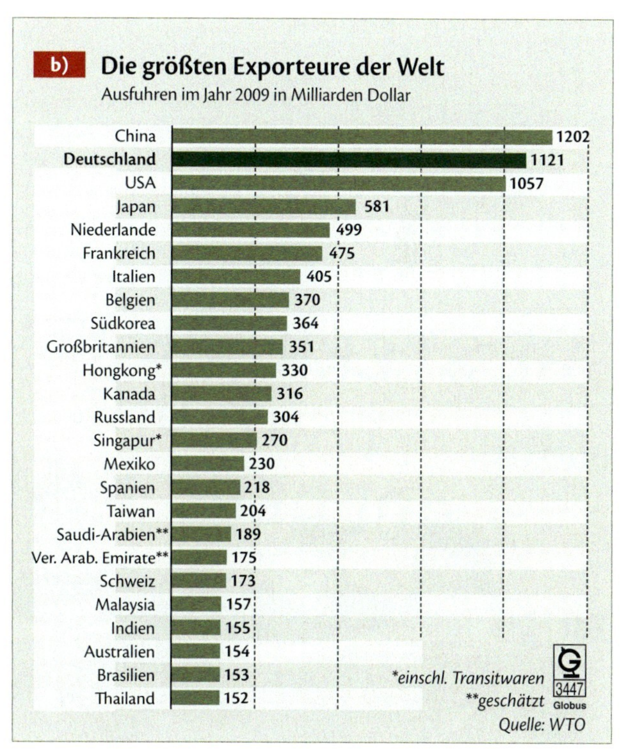

1 Beschreiben Sie, warum es zum Außenhandel kommt.

2 Erklären Sie anhand des Textes **M 39**, warum der Außenhandel für die deutsche Volkswirtschaft von zentraler Bedeutung ist.

3 Werten Sie die Statistiken **M 40** aus. Erörtern Sie, inwiefern die Statistiken die besondere Bedeutung des Außenhandels für die deutsche Volkswirtschaft dokumentieren.

Wohlstand anders messen? – Alternativen zum BIP

In der Vergangenheit galt das Bruttoinlandsprodukt (BIP) vielen Politikern und Ökonomen als hinreichender Maßstab, um den Wohlstand einer Gesellschaft zu erfassen. Inzwischen ist weithin anerkannt, dass die Daten des Bruttoinlandsprodukts nur sehr bedingt etwas über den Reichtum einer Gesellschaft und ihrer Mitglieder aussagen. Viele Experten halten die Orientierung am BIP sogar für gefährlich. Sie fordern eine grundlegende Umorientierung in der Messung gesellschaftlichen Wohlstands.

M41 Das BIP: Kein Maßstab für Glück?

Dass in den USA die Zahl der Selbstmörder ähnlich hoch sei wie 1900, obwohl sich das durchschnittliche Einkommen versechsfacht habe, unterstütze nicht gerade die These, dass ein starkes Wirtschaftswachstum das Glück einer Nation mehre, schrieb vor kurzem Andrew Oswald von der University of Warwick. Diese Annahme verdeutlicht jetzt eine Studie, die ein Team um den Ökonomen Richard Easterlin von der University of Southern California in Los Angeles (...) veröffentlicht hat. Deren Kernaussage lautet: „Das Glück wächst nicht, wenn das Einkommen eines Landes steigt." Das folgern die Autoren aus der Analyse von Daten aus 37 Ländern, die zum Teil über mehrere Jahrzehnte erhoben wurden. (...)
Bereits 1974 hatte Easterlin erstmals dieses nach ihm benannte Paradox formuliert, wonach mehr Geld nur kurzfristig die Stimmung hebt, vorausgesetzt, die Grundbedürfnisse nach einer anständigen Unterkunft, Nahrung und Arbeit sind befriedigt. Allerdings hatte der Forscher in dieser ersten Studie zum Thema nur Daten aus den relativ saturierten USA verwendet, wo Einkommenszuwächse womöglich weniger relevant sein könnten. (...)
Die neue Studie beseitigt diese Mängel. Erstmals berücksichtigten die Ökonomen auch neun Entwicklungsländer aus Asien, Afrika und Lateinamerika sowie elf osteuropäische Staaten, die sich im Übergang zur Marktwirtschaft befinden. In all diesen Ländern wurde im Durchschnitt 22 Jahre lang das Bruttosozialprodukt pro Kopf verfolgt. Gleichzeitig wurde die Lebenszufriedenheit der Studienteilnehmer regelmäßig mit standardisierten Fragebögen erhoben.
Das Ergebnis war erstaunlich: Egal, ob man sich reiche oder arme Länder anschaut, exkommunistische oder spätkapitalistische Gesellschaften – nirgendwo wächst die Lebenszufriedenheit dauerhaft mit der Wirtschaft. Lediglich in Übergangsgesellschaften wie Südkorea oder Russland war das subjektive Wohlergehen der Menschen vorübergehend an Wachstum oder Niedergang der Wirtschaft gekoppelt, doch spätestens nach zehn Jahren habe sich dieser Zusammenhang wieder aufgelöst.
In China, wo sich das durchschnittliche Pro-Kopf-Einkommen in weniger als zehn Jahren verdoppelt hat, zeigte sich sogar ein leichter, wenn auch nicht statistisch signifikanter Rückgang der Lebenszufriedenheit. Offensichtlich sei es so, spekulieren die Forscher, dass die materiellen Bedürfnisse mühelos mit dem Einkommenswachstum mithalten. Hinzu komme, dass Menschen ihr materielles Wohlergehen nicht absolut wahrnehmen, sondern sich beständig mit ihrem sozialen Umfeld vergleichen: Jeder kleine Milliardär, der mit seiner Yacht in den Hafen von Saint-Tropez einfährt, muss die Erkenntnis verarbeiten, dass es fast immer noch reichere Milliardäre mit noch schickeren Yachten gibt.

Christian Weber: Irgendwann ist es genug, in: Süddeutsche Zeitung v. 14.12.2010, S. 16

Demonstration von Mitgliedern der Umweltorganisation „David gegen Goliath" im Oktober 2003 auf dem Münchener Marienplatz. Die Aktion am Weltspartag richtete sich unter anderem gegen die Kommerzialisierung in fast allen Lebensbereichen. Der „Tanz um das goldene Kalb" ist Sinnbild für die Verehrung von Reichtum. Er geht zurück auf das alte Testament, in dem berichtet wird, dass das Volk aus seinem Goldschmuck ein Götzenbild erschuf und es an Stelle des wahren Gottes verehrte

M 42 Auf der Suche nach neuen Wohlstandsindikatoren

Der Ökonom Jon Hall arbeitet für die OECD an neuen, alternativen Wohlstandsindikatoren.

a) Zur Rolle des BIP. Aus einem Bericht der Luxemburger Tageszeitung „Tageblatt" über Jon Hall:

„Das Bruttoinlandsprodukt (BIP) wird zu oft als Messlatte für die Lebensqualität genutzt. (...) Zu diesem Zweck war das BIP aber nie gedacht." Viele Regierungen messen ihre Erfolgsbilanz am BIP, aber auch „das ist problematisch", so Jon Hall.

So ist die Wirtschaft in den meisten Industrienationen seit den 70er-Jahren konstant gewachsen – die Arbeitslosigkeit aber auch. Ein weiteres Beispiel ist die Freizeit: Durch weniger Urlaubstage lässt sich ein höheres BIP erwirtschaften, das bedeutet aber keinesfalls, dass die Lebensqualität der Bürger parallel mit dem BIP-Wachstum ansteigt. Im BIP werden alle Transaktionen als positiv bilanziert, egal ob es sich um gesellschaftlich oder ökologisch nützliche Aktivitäten handelt oder nicht. Es wird bilanziert, was in Geldwert erfasst wird. Alternative Indikatoren versuchen, die realen sozialen und ökologischen Kosten der Wirtschaftstätigkeiten mit einzubeziehen, zum Beispiel Umweltverschmutzung, Freizeit, Gesundheit oder die Arbeitslosigkeit. (...) „Ziel dieser neuen Indikatoren soll es sein, die gesunde Diskussion in einer Demokratie mit ordentlichen Daten zu fördern", so Jon Hall.

b) Zur Messung von Lebensqualität. Aus einem Interview der Luxemburger Tageszeitung „Tageblatt" mit Jon Hall:

Wie kann man (...) die Lebensqualität messen?

Jedes Land hat unterschiedliche Ansichten, was die Definition des Begriffs „Lebensqualität" angeht. Einige Bereiche aber wie Gesundheit, Erziehung, Kriminalität und die Wirtschaft sind für jedes Land wichtig. Wie hoch die Wichtigkeit der einzelnen Bereiche ist, variiert von Land zu Land. Im Bereich der Umwelt kann z. B. gemessen werden, wie sich die Artenvielfalt entwickelt oder ob die bewaldete Fläche eines Landes steigt oder zurückgeht. (...)

Gibt es eine Verbindung zwischen den klassischen Wohlstandsindikatoren wie dem Bruttoinlandsprodukt und den (neuen) Indizes (...)?

Wir stellten fest, dass es eine klare Verbindung zwischen dem Bruttoinlandsprodukt und einer Reihe von unseren Indikatoren gibt. So schneiden die meisten Länder, die ein hohes Bruttoinlandsprodukt haben, auch in den Bereichen Gesundheit, Erziehung oder Arbeit gut ab. Dennoch ist die Beziehung zwischen dem Reichtum und der Lebensqualität relativ schwach. Die sozialen Indikatoren verbessern sich nicht im Gleichschritt mit dem Wachstum der Wirtschaft in einem Land. Zudem haben wir festgestellt, dass es keine Beziehung zwischen dem Reichtum eines Landes und dem sozialen Zusammenhang (Kriminalität, Arbeit) seiner Bevölkerung gibt.

Beide Texte aus: Christian Muller: 3 Fragen an Jon Hall. In. Tageblatt (Luxemburg) v. 13.7.2006, S. 42, in: http://www.oecd.org (Zugriff: 21.12.2010)

Zeichnung: Mester

1 Erklären Sie, was das Easterlin-Paradox aussagt (**M 41**). Berichten Sie über Erfahrungen auf mikroökonomischer Ebene, die dieser Theorie entsprechen.

2 Stellen Sie dar, warum neue Indikatoren zur Messung des gesellschaftlichen Wohlstands gesucht werden und mit welchen Schwierigkeiten sich die Wissenschaftler dabei konfrontiert sehen.

3 Halten Sie es für realistisch, dass das BIP langfristig durch einen oder mehrere alternative Indikatoren zur Wohlstandsmessung ersetzt wird?

4 Stellen Sie begründet dar, wie für Sie der ideale Wohlstandsindikator aussehen müsste.

Gesundheit, Bildung, Einkommen? – Der HDI

Mit dem Index für menschliche Entwicklung („Human Development Index" – HDI) hat sich international ein Wohlstandsindikator etabliert, der zur Messung des Lebensstandards in einem Land weitere Größen als nur das Pro-Kopf-Einkommen heranzieht. Ebenso wie das BIP wird auch der HDI häufig genutzt, um Vergleiche zwischen einzelnen Ländern anzustellen (s. auch S. 111).

Der **HDI** wurde im Zusammenhang mit dem Bericht über die menschliche Entwicklung („Human Development Report" – HDR) entwickelt – einer Studie der Vereinten Nationen über den Stand und den Fortschritt menschlicher Entwicklung.
Der HDI bezieht sich auf eine Skala von 0 bis 1 und zeigt, wie weit ein Land noch von der Erreichung des theoretisch möglichen Höchstwerts von 1 entfernt ist.

M43 Der Bericht über die menschliche Entwicklung (HDR)

Anlässlich des 20. Erscheinens des Berichts im Jahr 2010 nahmen die Autoren der HDR-Studie Stellung zu den Zielsetzungen, den methodischen Grundlagen sowie den Herausforderungen und Erfolgen der in der Regel jährlich veröffentlichten Studie:

„Die Menschen sind der wahre Wohlstand einer Nation." Mit diesen Worten begann der Bericht über die menschliche Entwicklung (HDR) 1990, sich mit Nachdruck für einen neuen entwicklungspolitischen Denkansatz einzusetzen. Heute mag es selbstverständlich erscheinen, dass das Ziel von Entwicklung darin bestehen sollte, ein günstiges Umfeld zu schaffen, in dem die Menschen ein langes, gesundes und kreatives Leben führen können. (...)

Im Bericht über die menschliche Entwicklung von 1990 wurde das Konzept der menschlichen Entwicklung deutlich formuliert. Das erste Kapitel, „Menschliche Entwicklung definieren und messen", begann mit der klaren Aussage, dass Menschen der wahre Wohlstand einer Nation sind. Die wichtigste Zielsetzung von Entwicklung ist, ein Umfeld zu schaffen, das es den Menschen ermöglicht, ein langes, gesundes und kreatives Leben zu führen. Diese Zielsetzung klingt wie eine einfache Wahrheit. Sie gerät jedoch angesichts des unmittelbaren Hauptinteresses, Waren und finanziellen Reichtum anzuhäufen, oft in Vergessenheit.

Diese Zielsetzung war nicht neu. Seit Aristoteles haben Denker immer wieder ähnliche Positionen vertreten. (...) Der knappe Abschnitt „Menschliche Entwicklung definieren" begann mit einer Aussage, die zu einer Standardformulierung werden sollte: „Menschliche Entwicklung ist ein Prozess, der die Wahl- und Entscheidungsmöglichkeiten der Menschen erweitert. Die wichtigsten sind, ein langes, gesundes Leben zu führen, Bildung zu erhalten und einen angemessenen Lebensstandard zu genießen. Zu den zusätzlichen (*Kriterien*) (...) zählen politische Freiheit sowie eine Garantie der Menschenrechte und -würde (...)." Der Bericht über die menschliche Entwicklung 1990 betonte, dass es bei Entwicklung um Freiheit geht (...). Er unterstrich die Tatsache, dass sich menschliche Entwicklung aufgrund ihrer Bandbreite und ihrer Allgemeingültigkeit auf alle Länder bezieht. (...)

Der Index für menschliche Entwicklung (Human Development Index, HDI) (...) als ein Maß, das sich aus Gesundheit, Bildung und Einkommen zusammensetzt, bewertet (...) den aktuellen Stand und die Fortschritte (*in diesen drei Bereichen*) und bedient sich dabei eines Entwicklungskonzepts, das sehr viel breiter angelegt ist als ein Modell, das Entwicklung nur anhand von Einkommen misst. Und wie es bei jedem Gesamtmesswert und bei internationalen Vergleichen der Fall ist, simplifiziert auch der HDI und erfasst nur einen Teil dessen, was menschliche Entwicklung ausmacht.

In den vergangenen 20 Jahren hat der HDI seinen Teil der Kritik abbekommen. Einige stoßen sich an seinem Aufbau und seiner Zusammensetzung. Andere schlagen vor, dass er erweitert werden sollte und noch mehr Dimensionen einbeziehen sollte, angefangen bei der Chancengleichheit zwischen den Geschlechtern bis hin zur Biodiversität (*s. M 44*). Viele Anliegen sind berechtigt. Das Ziel ist jedoch nicht, einen unangreifbaren Indikator des Wohlergehens zu schaffen – es besteht eher darin, die Aufmerksamkeit wieder auf eine Entwicklung zu lenken, bei der der Mensch im Mittelpunkt steht (...). Je mehr wir darüber diskutieren, was noch in den HDI aufgenommen werden sollte und was nicht – ob es Sinn macht, verschiedene Kategorien in einen Topf zu werfen, wie viel Bedeutung wir jeder Kategorie beimessen sollen, wie wir an mehr und bessere Daten gelangen –, desto weiter entfernt sich die Debatte von der ausschließlichen Fixierung auf Wachstum, von der das entwicklungspolitische Denken geprägt war.

Deutsche Gesellschaft für die Vereinten Nationen (Hg.): Der wahre Wohlstand der Nationen: Wege zur menschlichen Entwicklung, Bericht über die menschliche Entwicklung 2010, Bonn 2010, S. 1, 14 f. v

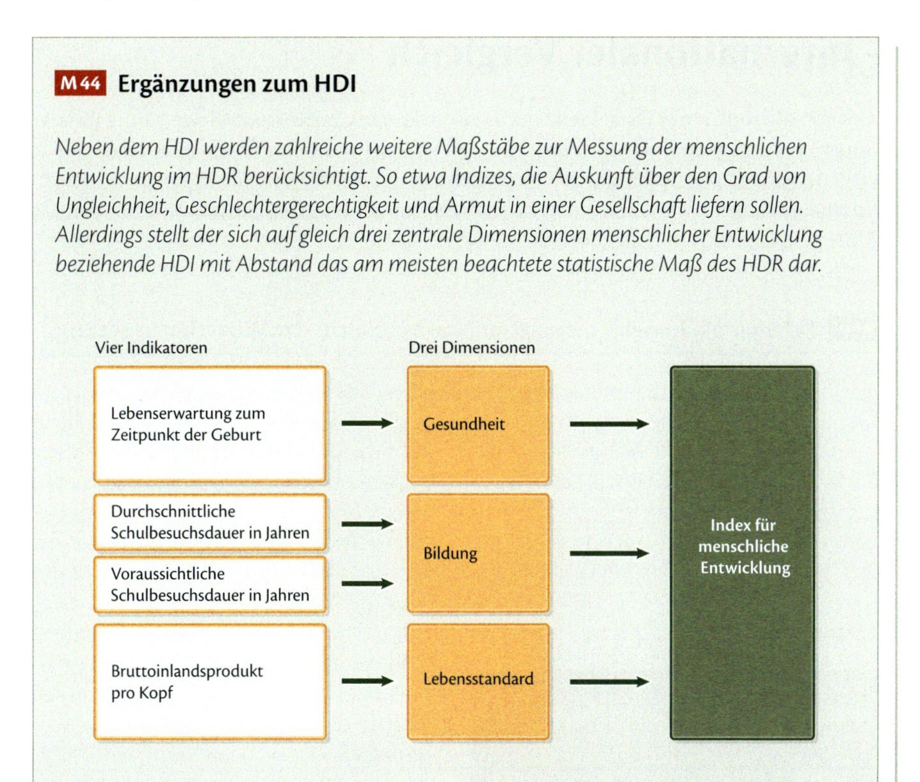

M 44 Ergänzungen zum HDI

Neben dem HDI werden zahlreiche weitere Maßstäbe zur Messung der menschlichen Entwicklung im HDR berücksichtigt. So etwa Indizes, die Auskunft über den Grad von Ungleichheit, Geschlechtergerechtigkeit und Armut in einer Gesellschaft liefern sollen. Allerdings stellt der sich auf gleich drei zentrale Dimensionen menschlicher Entwicklung beziehende HDI mit Abstand das am meisten beachtete statistische Maß des HDR dar.

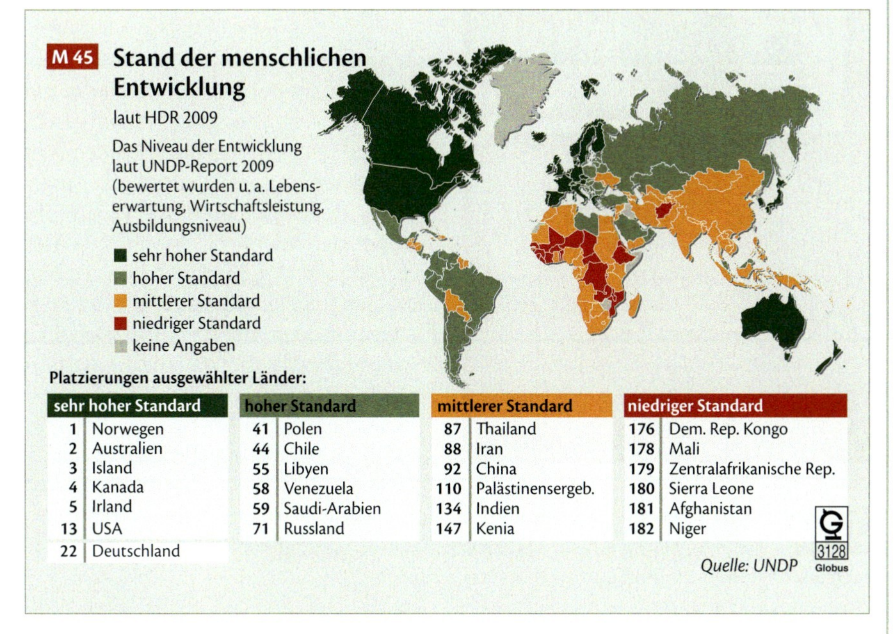

M 45 Stand der menschlichen Entwicklung

Platzierungen ausgewählter Länder:

sehr hoher Standard		hoher Standard		mittlerer Standard		niedriger Standard	
1	Norwegen	41	Polen	87	Thailand	176	Dem. Rep. Kongo
2	Australien	44	Chile	88	Iran	178	Mali
3	Island	55	Libyen	92	China	179	Zentralafrikanische Rep.
4	Kanada	58	Venezuela	110	Palästinensergeb.	180	Sierra Leone
5	Irland	59	Saudi-Arabien	134	Indien	181	Afghanistan
13	USA	71	Russland	147	Kenia	182	Niger
22	Deutschland						

Quelle: UNDP

Lesehinweise: Die Abkürzung UNDP steht für das United Nations Development Programme. Mit dem UNDP-Report ist der HDR gemeint. Ein „sehr hoher Standard“ der menschlichen Entwicklung entsprach laut HDR 2009 einem HDI von 0,900–1,000 wobei Norwegen mit 0,971 den höchsten gemessenen Wert erzielte. Ein „hoher Standard“ entsprach einem HDI von 0,800–0,899, ein mittlerer Standard einem Wert von 0,500–0,799 (< 0,500 = „niedriger Standard“)

1 Stellen Sie dar, wodurch das von den Vereinten Nationen formulierte Konzept menschlicher Entwicklung charakterisiert wird.

2 Diskutieren Sie im Klassenplenum: Erscheint Ihnen das HDI-Konzept brauchbar, um menschliche Entwicklung zu beurteilen?

3 Stellen Sie dar, auf welche Größen sich der HDI bezieht. Kann er als Indikator das UN-Konzept über menschliche Entwicklung hinreichend wiedergeben?

Wie wird verglichen? – Internationaler Vergleich

Um die Situation eines Einzelnen beurteilen zu können, wird dessen Lage häufig mit der Situation anderer Individuen verglichen. Bei Volkswirtschaften ist das nicht anders. Für Organisationen der EU und der Weltwirtschaft sind internationale Vergleiche der Wirtschaftsleistung und anderer volkswirtschaftlicher Daten unverzichtbar, um adäquate Entscheidungen treffen zu können.

M46 Schwierigkeiten des internationalen Vergleichs der Wirtschaftsleistung

Wie groß ist die Welt? (...) Für Geographen und Politologen ist die Antwort einfach. Geographen messen den Erdumfang, die Entfernung zwischen den Polen, die Tiefe der 5 Ozeane und die Höhe der Berge und können dann eine überzeugende Antwort geben. Politologen zählen die Staaten, die Regierungen (oder die Bevölkerung) und finden so ihre (*Antwort*) (...).

Wechselkurs: Starker Euro – schwacher Dollar oder umgekehrt?

10 Ökonomen aber fallen (...) die Antworten auf diese Fragen schwer, obwohl sie doch einfach erscheinen (...). Eigentlich bräuchte man doch nur die Wirtschaftsleistung der Staaten der Welt zusammenzuzählen, und man hät- 15 te das Bruttoinlandsprodukt der Welt. Ganz so simpel ist die Sache nicht.

Die Schwierigkeiten beginnen schon mit dem Ausgangsmaterial. Tausende Statistiker auf der Welt berechnen zwar die Wirtschafts- 20 leistung einzelner Länder. Hinter diesen volkswirtschaftlichen Gesamtrechnungen stehen indes viele Fragen. In (einigen) Ländern (...) ist es angebracht, die Statistik eher als politisches Wunschdenken denn als Realität zu 25 verstehen. Für viele Entwicklungsländer (...) darf man vermuten, dass die staatliche Bürokratie mit (*ihrem Etat*) (...) Besseres, zumindest anderes anzustellen weiß, als Statistiker durchs Land zu schicken. In allen Staaten der 30 Welt gilt, dass die Flucht der Bürger vor dem Fiskus die Berechnung der Wirtschaftsleistung erschwert. Das Ausmaß der Heimarbeit kann naturgemäß nur indirekt erfasst werden, etwa durch die Plausibilitätsprüfung, ob 35 die Zahl der verkauften Tapetenrollen und Zementrollen zum offiziell ermittelten Bauvolumen passt. Folglich ist jeder Ökonom gut beraten, die Ermittlung der nationalen Wirtschaftsgrößen in monetären Größen 40 nicht zur Gänze für bare Münze zu halten.

Als wahre Petitessen entpuppen sich diese Zweifel an der Datenqualität, wenn es um den entscheidenden Schritt in der Berechnung des Bruttoinlandsprodukts der Welt 45 geht. Schließlich kommt bei der Zusammenfassung der Länderdaten eine Variable ins Spiel, die auf nationaler Ebene nicht existiert: die Währung. Wie vergleicht man das Einkommen eines Redakteurs, der in Tokio Yen 50 verdient, mit dem Schreiberlohn eines Amerikaners, den dieser in Washington in Dollar erhält?

Der simple Weg geht über die Wechselkurse. Währungen werden an offiziellen oder inof- 55 fiziellen Märkten getauscht, und mit dem dort ermittelten nominalen Wechselkurs lässt sich das Yen-Einkommen in Dollar umrechnen.

Die Weltbank und der Internationale Wäh- 60 rungsfonds gehen freilich einen anderen Weg, wenn sie die Wirtschaftsleistung oder das Wirtschaftswachstum in der Welt ausrechnen. Sie vergleichen die nationalen Wirtschaftsleistungen mittels eines künstlichen 65 Wechselkurses, der Kaufkraftparität. Auch diese Methode hat einiges für sich, denn der Wert der Wirtschaftsleistung eines Menschen und eines Landes richtet sich vor allem danach, welche Güter mit den Verdiensten gekauft werden können. Auf dem Gehaltszettel unseres Journalisten in Washington könnte deshalb auch stehen: ein Zehntel Ford Mercury, 100 Haarschnitte oder 1000 Laib Brot. Die Kaufkraft der erwirtschafteten Dollar, Yen oder Euro kann so als Maßstab dienen, mit dem die Wirtschaftsleistung von Ländern vergleichbar gemacht wird. Wie groß aber ist denn nun die Welt? „Es kommt darauf an", lautet die Antwort des Ökonomen. Die Ergebnisse beider Rechenmethoden jedenfalls unterscheiden sich deutlich. Gemessen an den Marktpreisen, also dem Wechselkurs, betrug das Bruttoinlandsprodukt der Welt im vergangenen Jahr (2007) gut 53 Billionen Dollar. Gemessen an Kaufkraftparitäten war die Wirtschaftsleistung der Welt fast 40 Prozent größer. Dieser Unterschied ist enorm. Die Wahl der Rechenmethode hat zudem großen Einfluss auf den beliebten Größenvergleich der Länder. Nach beiden Methoden führen die Vereinigten Staaten die Weltrangliste der größten Länder an. Nimmt man zur Umrechnung wie üblich den Wechselkurs, folgen Japan, Deutschland und ganz knapp dahinter China (Vergleichsjahr 2007). In Kaufkraftparitäten gemessen aber ist China seit Jahren die Nummer zwei in der Welt, vor Japan und Indien, und wirtschaftlich fast halb so groß wie die Vereinigten Staaten. Deutschland ist nach dieser Rechenmethode nur der fünftgrößte Staat der Welt und erwirtschaftet noch nicht einmal die Hälfte der chinesischen Wirtschaftsleistung. Auf dieser Kaufkraftreihung beruhen die Angaben und Prognosen des Weltwirtschaftswachstums, mit denen der Internationale Währungsfonds Aufmerksamkeit genießt.

Klarere, eindeutigere Ergebnisse als diese Doppeldeutigkeit zwischen Wechselkurs und Kaufkraftparität sind von Ökonomen nicht zu erwarten. (...) Steht die Entwicklung des Wohlstands der Menschen in einem Land im Mittelpunkt des Interesses, ist es vorteilhaft, die Wirtschaftsleistung über Kaufkraftparitäten zu bestimmen und zu vergleichen. Weil das Preisniveau vor Ort berücksichtigt wird, gibt diese Methode ein besseres Bild des Lebensstandards. Deshalb gründen sinnvolle Vergleiche der Wirtschaftsleistung je Kopf üblicherweise in einer Umrechnung über Kaufkraftparitäten.

Patrick Welter: Wie groß ist der Wohlstand der Welt?, in: Frankfurter Allgemeine Sonntagszeitung v. 9.3.2008, S. 38

Kaufkraftparität: Die Kaufkraftparität drückt aus, wie viele inländische Geldeinheiten im Inland die gleiche Kaufkraft haben wie eine ausländische Geldeinheit im Ausland (z. B. der US-Dollar in den USA). Bei internationalen Vergleichen werden monetäre Daten wie das BIP pro Kopf in Kaufkraftparitäten angegeben, um eine möglichst unverzerrte Vergleichbarkeit der Daten zu ermöglichen.

Quelle: DVNG

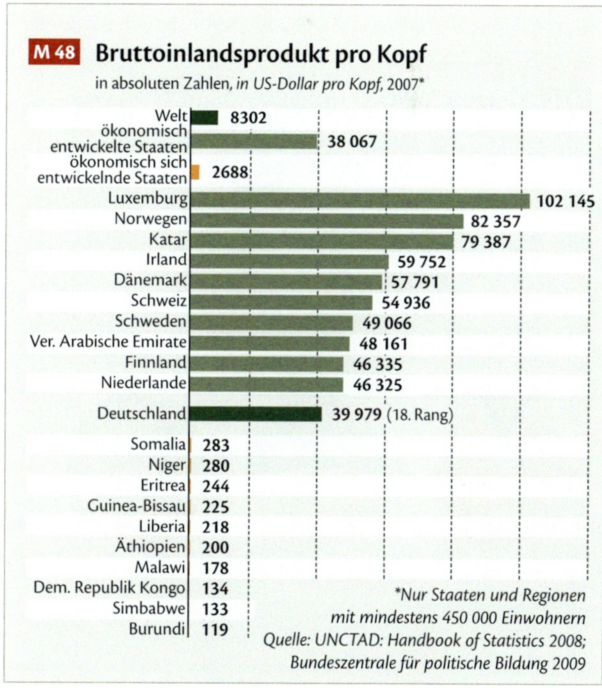

*Nur Staaten und Regionen mit mindestens 450 000 Einwohnern
Quelle: UNCTAD: Handbook of Statistics 2008; Bundeszentrale für politische Bildung 2009

1 Erklären Sie, welche Schwierigkeiten sich beim internationalen Vergleich von Wirtschaftsdaten ergeben und mit welchen Instrumenten auf diese Schwierigkeiten reagiert wird.

Gerechtigkeit weltweit? – Globale Verteilung

Eine Welt, vollkommen unterschiedliche ökonomische Lebensbedingungen. Armut und Reichtum sind nicht nur national, sondern auch international sehr ungleich verteilt. Wieweit einzelne Staaten am weltweiten Wohlstand partizipieren, kann mittels eines Vergleichs entsprechender volkswirtschaftlicher Daten erfasst werden.

M49 Die Globale Ungleichheit wächst

Soziale Ungleichheit spiegelt die Macht-, Herrschafts- und Besitzverhältnisse sowohl innerhalb einer Gesellschaft als auch zwischen den nationalstaatlich verfassten Gesellschaften wider. (...) (*Der Weltbank-Ökonom Branko*) Milanovic hat im Jahr 2009 die überschaubare Anzahl an weltweiten Langzeituntersuchungen zur Entwicklung von Einkommensungleichheiten verglichen und erneut überarbeitet. Er kommt zum Schluss, dass die (...) Ungleichheit (*zwischen den Staaten*) bzw. der weltweite Gini-Koeffizient (s. S. 254) kontinuierlich zugenommen haben. (...)

War globale Ungleichheit lange durch (...) Unterschiede innerhalb der Länder gekennzeichnet, werde sie heute vor allem von dem Wohlstandsgefälle zwischen den Ländern bestimmt. Letzteres wird von anderen Untersuchungen bestätigt. So hat sich, obwohl das durchschnittliche Pro-Kopf-Einkommen der Weltbevölkerung kontinuierlich gestiegen ist, das Wohlstandsgefälle innerhalb – aber vor allem zwischen den armen und den reichen Ländern – beständig vergrößert. Die große Mehrheit der Untersuchungen nimmt zudem eine deutliche Verschärfung der zwischenstaatlichen sowie innerstaatlichen Ungleichverteilung von Einkommen und Vermögen an. (...) Die neueren Untersuchungen (gehen) davon aus, dass ca. 75 Prozent der weltweiten Ungleichheit international und nur 25 Prozent national erklärbar seien.

Tanja Ernst/Ana Maria Isidoro Losada: Nord-Süd-Beziehungen: Globale Ungleichheit im Wandel?, in: Aus Politik und Zeitgeschichte Nr. 10/2010, S.11 u. 13

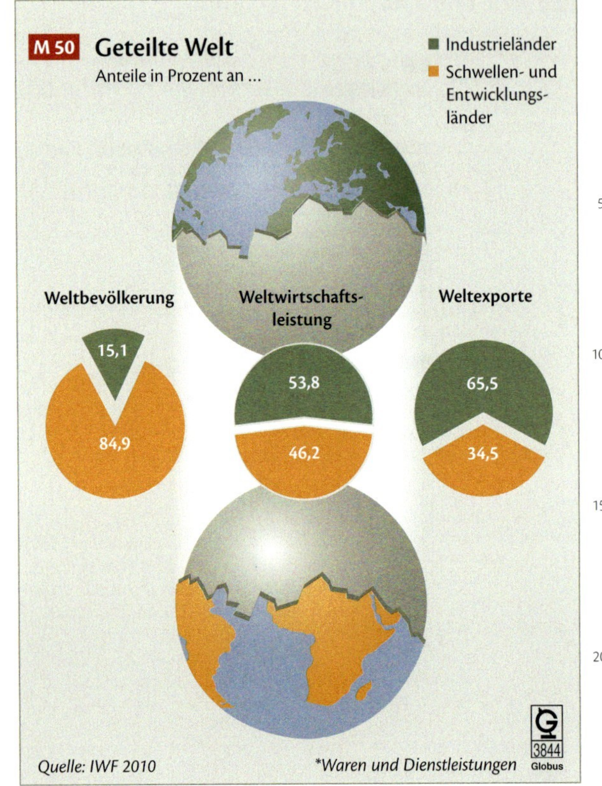

M51 Ermutigende Signale

Das BSP pro Kopf liegt Anfang des 21. Jahrhunderts in den OECD-Ländern bei etwa 21 000 US-Dollar. Die Transformationsländer in Mittel- und Osteuropa erreichen gerade zehn Prozent dieser Summe, die Entwicklungsländer sechs Prozent und die ärmsten Entwicklungsländer gar nur ein Prozent dieses Wertes. Etwas weniger drastisch fallen die Einkommensvergleiche aus, wenn die reale Kaufkraft in den Ländern berücksichtigt wird (das BSP nach Kaufkraftparitäten berücksichtigt die oft verzerrenden Wechselkurse zwischen den Landeswährungen sowie die relativen Preise in den verschiedenen Ländern). Gemessen in Kaufkraftparitäten erreichen die Transformationsländer etwa 30 Prozent des Einkommens der Industrieländer, die Entwicklungsländer 16 Prozent und die ärmsten Länder fünf Prozent. (...)

Ermutigend ist, dass sich in den vergangenen drei Dekaden auch in den ärmsten Ländern und den am stärksten benachteiligten Bevölkerungsgruppen weltweit soziale Fortschritte abzeichnen. In allen Weltregionen und Bevölkerungsschichten ist die Lebenserwartung gestiegen, die Kindersterblichkeitsraten sind gesunken, die Ernährungs- und Gesundheitssituation hat sich verbessert, die Einschulungsquoten erhöhten sich und die Zahl der Analphabeten sank.

Dirk Messner: Armut und Reichtum in der Welt, Informationen zur politischen Bildung 274, in: http://www.bpb.de (Zugriff: 28.12.2010)

M 52 **Wohlstandsverteilung nach dem „Atlas der wirklichen Welt"**

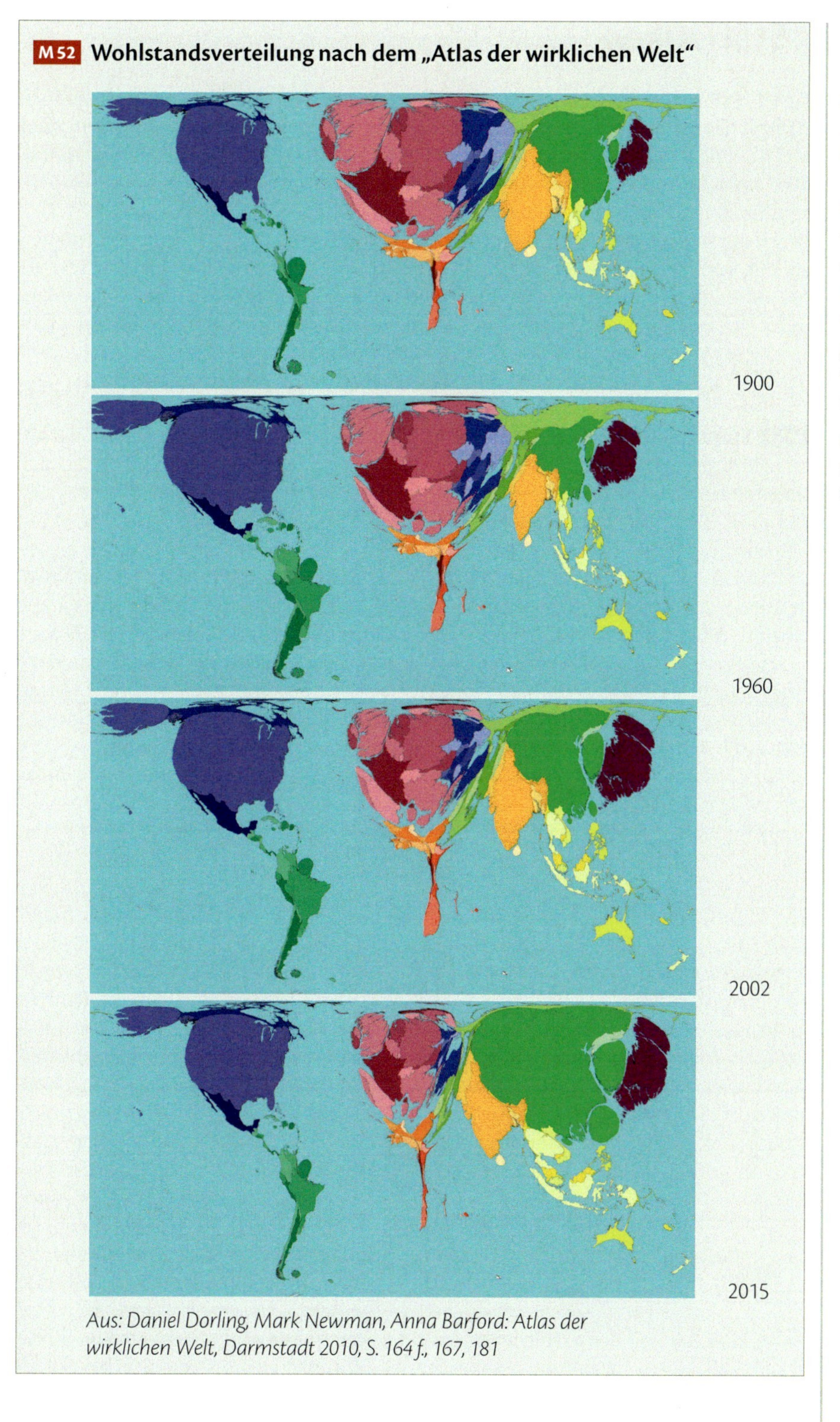

Aus: Daniel Dorling, Mark Newman, Anna Barford: Atlas der wirklichen Welt, Darmstadt 2010, S. 164 f., 167, 181

Atlas der wirklichen Welt: Eine Gruppe britischer und amerikanischer Wissenschaftler hat einen Atlas entwickelt, der Karten enthält, die sich nicht auf geografische Gegebenheiten beschränken. Stattdessen werden die Flächen der Länder proportional zur Größe einer bestimmten statistischen Kennziffer (z. B. des BIP pro Kopf) neu berechnet und in Abhängigkeit der für das jeweilige Land unterstellten Größe der statistischen Kennziffer vergrößert oder verkleinert dargestellt

(BIP pro Kopf nach Kaufkraftparität; Darstellung für 2015 anhand prognostizierter Daten)

1 Fassen Sie die Kernaussagen von **M 49** und **M 51** zusammen. Beziehen Sie anschließend Stellung zur Grafik **M 50**: Inwiefern leben wir in einer „geteilten Welt"? Gibt es „ermutigende Signale"?

2 Erklären Sie die Darstellungen **M 52**. Schildern Sie die Entwicklung, die sich a) im Zeitraum von 1900 bis 1960 und b) im Zeitraum von 1960 bis 2002 vollzogen hat. Erläutern Sie, welche allgemeinen Trends sich dabei erkennen lassen.

3 Stellen Sie dar, welche Entwicklung für die laufende Periode prognostiziert wird.

Methode: Umgang mit Statistiken

Unter „Statistik“ versteht man die Lehre vom Umgang mit quantitativen Informationen (Daten). Sie ermöglicht, eine systematische Verbindung zwischen Erfahrung (Empirie) und Theorie herzustellen. Statistik ist somit die Zusammenfassung bestimmter Methoden, um empirische Daten zu analysieren. Angeordnet sind Statistiken als Tabellen, Diagramme, Grafiken oder Schaubilder.
Es scheint kaum etwas zu geben, mit dem Politiker und Ökonomen lieber argumentieren als mit Statistiken. Weil Zahlen exakte Größen sind, erscheinen Statistiken häufig als besonders objektiv. Doch wie jede Quelle muss auch eine Statistik darauf geprüft werden, unter welchen Voraussetzungen ihre Aussagen zustande kamen und ob bzw. unter welchen Einschränkungen die präsentierten Daten gültig sind.

M53 Statistik – die Erhebung, Aufbereitung und Darstellung von Daten

Mittels statistischer Verfahren können Informationen über (quantitativ erfassbare) Phänomene der sozialen, politischen oder wirtschaftlichen Umwelt gewonnen werden. Dabei werden zunächst anhand bestimmter Kriterien und Kategorien Einzeldaten erhoben. Anschließend wird das Datenmaterial aufbereitet und analysiert. Das Endprodukt dieses Arbeitsprozesses – eine geordnete Sammlung von Informationen in Form von Zahlen – bezeichnet man dann (ebenso wie die gesamte Disziplin) als eine Statistik. Statistiken können grafisch (als Diagramme) oder in Form von Kreuztabellen dargestellt werden. Welcher Stellenwert Statistiken in der modernen Informationsgesellschaft zukommt, wird jedem deutlich, der die Nachrichten verfolgt. Ohne das Sammeln von Informationen über die soziale Welt (sogenannte empirische Erkenntnisse) ist heute tatsächlich kein Staat mehr zu machen. Größen wie z. B. Arbeitsmarktzahlen, Konjunkturdaten, Steuerschätzungen, Bildungsstudien, Berechnungen zum Klimawandel oder die Entwicklung demografischer Kennziffern stellen wichtige politische Entscheidungsgrundlagen dar. Nicht zuletzt fördern Statistiken bei den Wählerinnen und Wählern bestimmte Erwartungshaltungen gegenüber ihren politischen Vertretern, die – werden sie enttäuscht – sich dann zumeist in sinkenden Zustimmungswerten ausdrücken (die wiederum statistisch erhoben und dokumentiert werden). Auch außerhalb der Politik liefern empirisch gewonnene Daten die Grundlage für weitreichende Entscheidungen – denn immer gilt: Ohne Kenntnis der Wirklichkeit ist keine Orientierung in der Wirklichkeit möglich. Die Inflationsrate etwa ist für die Geldpolitik der Europäischen Zentralbank unverzichtbar, während sie für die Gewerkschaften einen wichtigen Orientierungspunkt für Lohnforderungen bildet.

„Schon immer ein komplexer Job: Wirtschaftsauguren“
Zeichnung: Sakurai

Können Statistiken also als Spiegel der Realität verstanden werden? Das ist nicht der Fall, denn bereits der komplexe Prozess der Datengewinnung und -auswertung ist mit zahlreichen möglichen Fehlerquellen behaftet:

- So kann eine Statistik das Ziel, die Grundgesamtheit, also die Gesamtheit der Einheiten, auf die sich eine Statistik bezieht, vollständig zu erfassen, zumeist nur näherungsweise erreichen. Größere Populationen können ohnehin nur dann vollständig erfasst werden, wenn z. B. aus verwaltungstechnischen Gründen entsprechende Datensätze vorliegen, ansonsten müssen Stichproben untersucht werden.
- Häufig beziehen sich Statistiken nicht bzw. nicht ausschließlich auf Daten, die durch die Erforschung der Gegenwart (bzw. jüngsten Vergangenheit) gewonnen wurden, sondern auf Daten, die (unter ganz bestimmten Annahmen) für die Zukunft prognostiziert wurden. Solche Daten sind mit besonders vielen Unsicherheiten behaftet.
- Auch liegen Statistiken häufig bestimmte Intentionen zugrunde. Während in westlichen Demokratien zumindest bei amtlichen Statistiken Manipulationen am statistischen Material selbst nahezu ausgeschlossen werden können, täuschen die durch eine amtliche Statistik vermit-

telten Eindrücke oftmals. So wird von der Politik z. B. regelmäßig neu definiert, wann eine Person als „arbeitslos" zu klassifizieren ist. Um mit niedrigen Arbeitslosenquoten glänzen zu können, wurde der Begriff der Arbeitslosigkeit häufig verändert (s. S. 146/147).
- Nicht zuletzt lassen sich technische Fehler nie völlig ausschließen.

Wie jede Quelle muss daher auch eine Statistik darauf geprüft werden, unter welchen Voraussetzungen ihre Aussagen zustande kamen und ob bzw. unter welchen Einschränkungen die präsentierten Daten gültig sind. Eine Statistik ist stets nur so aussagekräftig, wie das Datenmaterial, das ihr zugrunde liegt.
Autorentext

M54 Checkliste zur Analyse von Statistiken und Diagrammen

1. Statistiken werden oft als Faktenmunition für Auseinandersetzungen in Politik und Wirtschaft genutzt, und besonders grafisch aufbereitete Daten sollen immer etwas „zeigen". Nicht immer ist der erweckte Eindruck den tatsächlichen Verhältnissen angemessen, und manchmal muss man selbst den Verdacht der Manipulation hegen. Es ist daher bei Statistiken zunächst wichtig zu wissen:
- Wer ist der Auftraggeber für die jeweilige Erhebung?
- Wer hat die Erhebung durchgeführt?
- Wie wurden die Werte ermittelt?
- Auf welche Quellen bezieht sich die Statistik oder Grafik?
- Von wem stammen die Werte? Ist die Erhebung repräsentativ?
- Wann und wo wurde die Statistik oder Infografik veröffentlicht?
- An welche Adressaten ist die Statistik oder Infografik gerichtet?

2. Versuchen Sie zunächst Klarheit über die Sache und damit auch über die Begriffe zu gewinnen, über die die Statistik Auskunft geben soll.
- Wie lautet das Thema, die Tabellenüber- oder -Unterschrift?
- Was wird miteinander in Beziehung gesetzt? Welche Kriterien werden dabei verwendet?
- Welche Aussagen werden visualisiert?

3. Überprüfen Sie den formalen Aufbau der Statistik:
- Wie ist das Schaubild grafisch aufgebaut (Zeichnungen, Diagramme, Texte)?
- Um welche Materialart handelt es sich (Säulendiagramm, Indexkurve ...)?
- Welche Zahlenarten werden verwendet (absolute, relative Zahlen), Prozentangaben oder Beziehungszahlen (t/ha) und/ oder Indexzahlen? Werden Veränderungen auf diese umgerechnet?
- Wie genau sind die Zahlenwerte (gerundet, geschätzt oder vorläufig; „k. A." [keine Angabe] = Daten sind nicht verfügbar)?
- Ermitteln Sie den Bezugsraum und die zeitlichen Komponenten der Statistik; achten Sie auch auf die Zeit, in der die Statistik selbst erstellt wurde.
- Prüfen Sie die Maßeinheiten der Achsen (gibt es Zeitsprünge oder Verzerrungen?).
- Sind die verwendeten Begriffe und die Art der Gruppenbildung eindeutig?

4. Analysieren Sie die Aussage der Statistik:
- Benennen Sie Minimal- und Maximalwerte.
- Benennen Sie Häufigkeitsverteilungen.
- Beschreiben Sie zeitliche Entwicklungen (gleichmäßig, sprunghaft?) und unterschiedliche Verlaufsphasen (Zunahme, Abnahme, Stagnation?). Wie laufen Veränderungen ab (stetig, wechselhaft, auf-, abwärts, Hoch-, Tiefpunkte, Mittelwerte, Anfangs- und Endpunkte ...)?
- Prüfen Sie beim Vergleich von Zahlen, was verglichen wird. Es gibt Sachverhalte, die grundsätzlich oder zumindest mit bestimmten statistischen Methoden nicht vergleichbar sind.
- Vergleichen Sie Daten untereinander und zeigen Sie Zusammenhänge auf; formulieren und belegen Sie mögliche Tendenzen und Arbeitshypothesen.

5. Bewertung und Kritik
- Ist die gewählte grafische Darstellung geeignet?
- Sind bei relativen Zahlenangaben die Grund- bzw. Bezugswerte angegeben?
- Sind die gewonnenen Aussagen aufgrund des Zeitraums, der Zeitpunkte, des Bezugsraumes oder der Aufarbeitung mit zusätzlichem Material vergleichbar?
- Überlegen Sie stets, ob das vorgelegte statistische Material dem Aussagewert entspricht, den man ihm unterstellt.

Bernd Kolossa: Methodentrainer Gesellschaftswissenschaften, Sekundarstufe II, Berlin 2010, S. 76

Themen und Hinweise

Mögliche Themen für Referate und Themenbereiche von Facharbeiten

Hinweis: Die konkrete Themenstellung der Facharbeit kann nur in engem Kontakt mit der betreuenden Fachlehrerin bzw. dem Fachlehrer festgelegt werden.

- Grenzenloses Wirtschaftswachstum?
- Nachhaltiges Wirtschaftswachstum
- Das Bruttoinlandsprodukt – (k)ein geeigneter Indikator für gesellschaftlichen Wohlstand?
- Warenkorb und Wägungsschema (VPI für Deutschland) im Wandel der Zeit
- Die Folgen von Inflation für die Volkswirtschaft
- Die Entwicklung von Beschäftigung und Arbeitslosigkeit in unserer Region
- Die Messung von Arbeitslosigkeit im internationalen Vergleich
- Der demografische Wandel und seine Auswirkungen auf den Arbeitsmarkt
- Ergebnisse des aktuellen Berichts über die menschliche Entwicklung

Zur Übung und Vertiefung

- Analysieren Sie in Partnerarbeit den Text von Meinhard Miegel: ***http://pdf.zeit.de/2010/18/oped-Wirtschaftswachstum.pdf.*** Erläutern Sie, wie Miegel die Potenziale für künftiges Wirtschaftswachstum einschätzt und nehmen Sie Stellung zu dieser Einschätzung.
- Bearbeiten Sie arbeitsteilig den Text von Wolfgang Uchatius: ***http://pdf.zeit.de/2009/22/DOS-Wachstum.pdf.*** Verfassen Sie auf dieser Grundlage ein Plädoyer (a.) für und (b.) gegen quantitatives Wirtschaftswachstum als wirtschaftspolitisches Ziel.
- Recherchieren Sie auf der Internetpräsenz des Statistischen Bundesamts (***http://www.destatis.de***) aktuelle Daten zum Bruttoinlandsprodukt.
- Stellen Sie auf Grundlage der Informationen unter ***http://statistik.arbeitsagentur.de*** (Datenbank regionaler Arbeitsmarktstatistiken der Bundesagentur für Arbeit) aktuelle Informationen über den Arbeitsmarkt in Nordrhein-Westfalen zusammen. Stellen Sie diese Daten den Arbeitsmarktdaten aus anderen Bundesländern gegenüber.
- Stellen Sie arbeitsteilig zentrale Ergebnisse des auf der Internetpräsenz des Statistischen Bundesamts (***http://www.destatis.de***) einsehbaren aktuellen Indikatorenberichts über Nachhaltige Entwicklung in Deutschland dar.
- Schlüsseln Sie anhand des Artikels von Wolfgang Uchatius auf, wie sich die Wertschöpfung an einem T-Shirt der Modekette H&M international verteilt (qualitativ und quantitativ): ***http://www.zeit.de/2010/51/Billige-T-Shirts***

Hinweise zur Weiterarbeit

- ***www.destatis.de*** – Internetauftritt des Statistischen Bundesamts, auf dem sich statistische Daten zu fast allen Fragen von öffentlichem Interesse finden
- ***www.dgvn.de/un-berichte.html*** – Internetpräsenz der Deutschen Gesellschaft der Vereinten Nationen, auf der unter anderem jährlich der UN-Bericht über menschliche Entwicklung veröffentlicht wird (HDR)

6 Wirtschaftspolitische Konzeptionen

Das System der Marktwirtschaft vertraut auf das Zusammenspiel von Angebot und Nachfrage als zentrales Ordnungsprinzip. Wichtigste Zielperspektive ist hierbei die möglichst effiziente Organisation wirtschaftlicher Prozesse. Das freie Spiel der Marktkräfte führt jedoch nicht zwangsläufig und nicht in allen Bereichen zu optimalen Ergebnissen. Zudem ist das wirtschaftliche Geschehen in seiner Komplexität Schwankungen und Gefährdungen unterworfen. Es besteht somit einiger Bedarf an unterstützenden und regelnden Maßnahmen. Dies ist Aufgabe der Wirtschaftspolitik. Was muss Wirtschaftspolitik leisten und wo liegen ihre Grenzen? Welche unterschiedlichen Sichtweisen auf wirtschaftspolitisches Handeln liegen vor? Und wie ist Wirtschaftspolitik schließlich im Zeitalter international vernetzter Volkswirtschaften zu denken?
Das Kapitel ermöglicht Ihnen, die Notwendigkeit staatlicher Wirtschaftspolitik sowie deren Möglichkeiten und Grenzen einschätzen und begründen zu können.

Was muss getan werden? – Ziele der Wirtschaftspolitik

Die Grundidee der sozialen Marktwirtschaft besteht darin, im freien Spiel der Marktkräfte die effizienteste Form der Organisation von Wirtschaftsprozessen zu sehen und die negativen Folgen der Marktprozesse durch staatliches Handeln zu korrigieren. Das erfordert einen handlungsfähigen Staat. Nicht nur das wirtschaftliche Handeln selbst, sondern auch die staatliche Wirtschaftspolitik ist deshalb in der Marktwirtschaft von hoher Bedeutung.

M1 Kluft zwischen Arm und Reich wächst – Handlungsbedarf für Wirtschaftspolitik?

Die Schere zwischen Bedürftigen und Wohlhabenden öffnet sich in Deutschland immer weiter. Nach einer (...) Studie des Deutschen Instituts für Wirtschaftsforschung (DIW) gibt es zum Einen mehr Arme. Sie haben – und das verschärft die Lage – zugleich immer weniger Geld zur Verfügung. Auf der anderen Seite nehmen die Einkommen der bereits Wohlhabenden zu. Auch deren Anteil an der Gesamtbevölkerung wird größer. Dazwischen schrumpft die Mittelschicht. (...)

Die Studie bildet den Zeitraum zwischen den Jahren 2000 und 2009 ab. Demnach stieg der Anteil der Armen in dieser Zeit von 18 auf annähernd 22 Prozent. Ihr durchschnittliches Nettoeinkommen sank inflationsbereinigt von 680 Euro auf 677 Euro. Der Abstand zu den wachsenden Einkommen der Reichen und der Mittelschicht wurde größer. Daraus folgern die Forscher: „Das heißt nichts anderes, als dass die Ärmeren nicht nur immer mehr geworden sind, sondern dass sie im Durchschnitt auch immer ärmer werden."

Am anderen Ende der Skala legte der Durchschnittsverdienst bei den Reichen von 2569 auf 2672 Euro zu. Ihr Anteil an der Gesamtbevölkerung stieg leicht von 15,6 auf 16,8 Prozent. Im Jahr 2008 hatte die Quote sogar bei 18,8 Prozent gelegen, erst durch die Wirtschafts- und Finanzkrise sank der Anteil wieder um zwei Prozentpunkte.

Zu dem Bereich dazwischen – zur Mittelschicht – werden Nettoeinkommen zwischen 860 und 1844 Euro gerechnet. Der Anteil dieser Einkommensbezieher sank von 64 auf 60 Prozent. Der Trend sei langfristig besorgniserregend, befanden die Forscher. Immerhin stieg das Durchschnittseinkommen dieser Gruppe seit 2000 im Durchschnitt von 1287 auf 1311 Euro. In der Mittelschicht wurden aber starke Ängste festgestellt, im Status abzurutschen.

Herbert Peckmann: Kluft zwischen Arm und Reich wächst, Deutsche Welle v. 15.6.2010, in: http://www.dw-world.de/dw/article/0,,5686427,00.html (Zugriff: 12.1.2011)

Besucher des Konzerts „Deine Stimme gegen Armut", Rostock 2007

M2 Wirtschaftspolitik in der Praxis: SPD-Vorsitzender fordert höheren Spitzensteuersatz

Der SPD-Vorsitzende Sigmar Gabriel hat sich für einen höheren Spitzensteuersatz ausgesprochen. Der höchste Satz innerhalb des normalen Steuersystems, also ohne die sogenannte Reichensteuer, müsse von derzeit 42 Prozent „Richtung 50 Prozent gehen, aber später anfangen", sagte Gabriel am Samstag bei einem Landesparteitag der Berliner SPD. Wohlhabende forderte Gabriel zu einem „sozialen Patriotismus" auf. Mehreinnahmen sollten ausschließlich in die Bildung gesteckt werden. (...)

In diesem Zusammenhang merkte Gabriel selbstkritisch als „größten Fehler" der SPD an, dass dieses auch nicht in ihrer Regierungszeit gelungen sei. „Wir haben das Auseinanderdriften von Arm und Reich auch nicht stoppen können." Mit einer Ausweitung der Leih- und Zeitarbeit sei diese Entwicklung sogar „rasant vorangebracht" worden.

dpa: Spitzensteuer „Richtung 50 Prozent", fr-online v. 26.6.2010, in: http://www.fr-online.de/ (Zugriff: 28.8.2010)

M3 Staat und Marktwirtschaft

Um einen funktionsfähigen Marktprozess zu gewährleisten, muss der Staat einen entsprechenden Rahmen bereitstellen. Hierzu gehört die Konstituierung und Überwachung einer funktionierenden Rechtsordnung sowie die Sicherung des eigenen Landes gegenüber seinen Nachbarn. Neben der Gewährleistung von innerer und äußerer Sicherheit ist auch eine staatliche Währungsordnung für einen funktionierenden Güteraustausch essenziell. Neben diesen grundlegenden Aufgaben nimmt der Staat eine Reihe von Funktionen wahr, welche sich in drei große Bereiche unterteilen lassen. Mit der *Distributionsfunktion* greift der Staat in die Verteilung der Einkommen ein und ermöglicht so auch den Leistungsschwächeren der Gesellschaft einen erträglichen Lebensstandard. Mit der *Allokationsfunktion* begegnet der Staat möglichen Störungen und Defekten des Marktprozesses. Wettbewerbspolitik, Umweltpolitik und soziale Sicherung sind wichtige Teilbereiche der Allokationsfunktion. Die *Stabilisierungsfunktion* sorgt schließlich für eine Glättung konjunktureller Schwankungen durch gezieltes Einsetzen von Geld- und Fiskalpolitik.

Wie intensiv der Staat in die Wirtschaft eingreifen sollte, wird kontrovers diskutiert. Der Anteil der Staatsausgaben am Bruttoinlandsprodukt, die Staatsquote, fällt zwischen den verschiedenen Staaten sehr unterschiedlich aus. Während die angelsächsischen Länder auf einen schlanken Staat setzen, weisen die nordeuropäischen und auch einige mitteleuropäische Länder deutlich höhere Staatsquoten auf. In Deutschland ist das Grundprinzip der Wirtschaftsordnung die soziale Marktwirtschaft. Hierbei werden Produktionsprozesse durch den Markt gesteuert, während der Staat durch Distributions- und Allokationsfunktion eine umfassende soziale Absicherung gewährleistet.

Peter Bofinger/Eric Mayer: Grundzüge der Volkswirtschaftslehre. Das Übungsbuch, München 2009, S. 112

Allokation: Zuordnung von beschränkten Ressourcen zu potenziellen Verwendern

Geldpolitik: Steuerung des Geldumlaufs sowie der Geld- und Kreditversorgung mit dem Ziel einer Stabilisierung des Geldwertes

Fiskalpolitik: Staatliche Maßnahmen zur Veränderung der Staatseinnahmen und/ oder -ausgaben mit dem Ziel des Ausgleichs konjunktureller Schwankungen

Eigene Darstellung

1 Stellen Sie dar, welche Ziele welche Arten von Wirtschaftspolitik in der Marktwirtschaft erforderlich machen.

2 Analysieren Sie **M 1** und **M 2** und arbeiten Sie heraus, wie Wirtschaftspolitik hier eingreifen kann.

Was soll (nicht) getan werden? – Marktkonformität

Wirtschaftspolitische Eingriffe im Rahmen der sozialen Marktwirtschaft sollen das marktwirtschaftliche Geschehen möglichst stabilisieren sowie problematische Marktergebnisse – manchmal auch gegen die „Marktkräfte“ – korrigieren. Sie greifen dazu notwendig in die Marktprozesse ein. Von entscheidender Bedeutung sind dabei die Fragen, wie das freie Spiel der Marktkräfte beeinflusst wird und wie dieser Einfluss jeweils zu bewerten ist. Dies wird am Beispiel der Energiepolitik verdeutlicht.

MWp: Abkürzung für Megawatt Peak (Spitzenleistung); Einheit der maximalen Leistung eines Photovoltaik-Kraftwerks

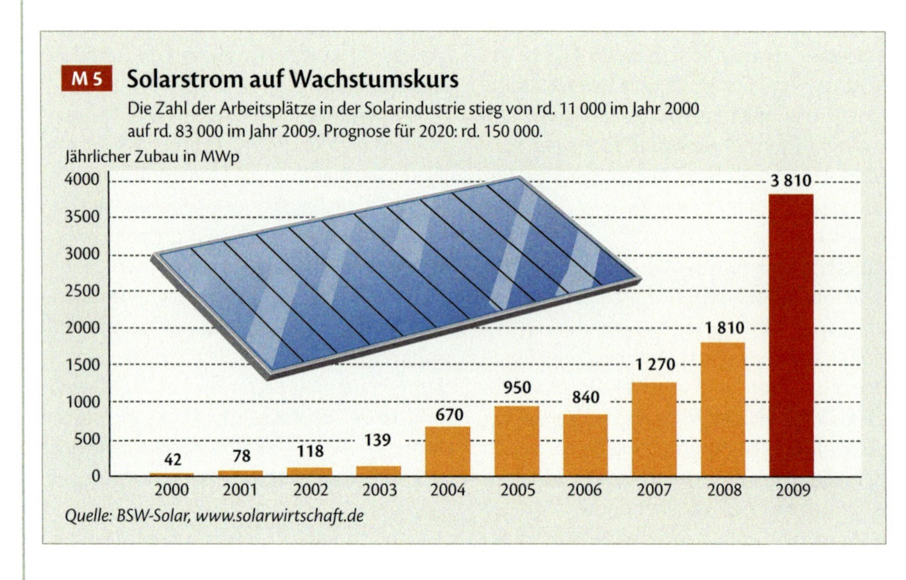

M6 Subventionierung der Solarindustrie

Marktkonformität: Staatliche Maßnahmen gelten dann als marktkonform, wenn sie mit der marktwirtschaftlichen Ordnung vereinbar sind und das Zusammenwirken von Angebot und Nachfrage am Markt nicht behindern, sondern begünstigen, z. B. Gesetze, die den Wettbewerb sichern sollen. Nicht marktkonform sind staatliche Maßnahmen, die den Markt- und Preismechanismus stören, wie Höchst- oder Mindestpreise.

Einspeisevergütung: Festgelegte Vergütung, die Anlagenbetreiber für die Erzeugung von Strom aus erneuerbaren Energien erhalten. Zugleich sind Betreiber von Stromnetzen zu einer vorrangigen Abnahme dieses Stroms verpflichtet

Anton Milner zählte zu den Pionieren. Vor zehn Jahren gründete der Brite den zeitweise weltgrößten Solarzellenhersteller Q-Cells (…). Heute zählt Milner zu den Opfern des tiefen Abschwungs, in den die erfolgsverwöhnte Branche geraten ist. Mitte März trat er zurück. „Die Branche kommt langsam ins Erwachsenenalter“, sagt Artur Meinzolt, Strategieexperte der Unternehmensberatung Accenture. Anders ausgedrückt: Die Ära der Gründer ist vorbei. Nicht nur bei Q-Cells rücken jetzt ausgewiesene Sanierer an die Spitze deutscher Solarunternehmen, die vor allem Kosten senken, interne Prozesse verbessern und die Unternehmen stärker auf bestimmte Produkte konzentrieren. (…)
Für die erfolgsverwöhnte Branche sind harte Zeiten angebrochen. Massive Überkapazitäten, ein starker Preisverfall und zunehmende Konkurrenz aus Asien und den USA machen den Unternehmen zu schaffen. Die einstigen Traumrenditen sind perdu, 2009 mussten viele Unternehmen schmerzliche Umsatz- und Ergebniseinbrüche verkraften, bisweilen sogar herbe Verluste.
Und jetzt will die Politik auch noch die üppigen Fördermittel kappen, die maßgeblich den zurückliegenden Aufschwung alimentiert haben. (…) Von derzeit etwa 50 deutschen Firmen werde in den nächsten zwei Jahren nur etwa eine Handvoll überleben.
Seit Monaten läuft die Branche Sturm gegen die Kürzungspläne, und offenbar war die Lobbyarbeit der Sonnenkönige nicht umsonst: Der Bundesrat hat sich in der Woche vor Ostern gegen eine Kürzung der Förderung um mehr als zehn Prozent ausgesprochen. Die Bundesregierung dagegen will die Einspeisevergütungen um 16 Prozent bei Solarstrom von Dachanlagen kappen, um 15 Prozent bei Sonnenstrom von Freiflächen. Die Länderkammer hat zwar kaum Möglichkeiten, die geplante Änderung im Erneuerbare-Energien-Gesetz (EEG) zu stoppen, da sie nicht zustimmungspflichtig ist. Eine Abmilderung im Sinne der Industrie ist aber nicht ausgeschlossen: Schließlich stehen besonders in ostdeutschen Bundesländern Tausende Arbeitsplätze auf der Kippe.

Markus Hennes/Susanne Metzger/Georg Weishaupt: Subventionsfall deutsche Solarindustrie, in: Handelsblatt v. 6.4.2010

M7 Subventionierung konventioneller Energieträger

Energiesubventionen haben Tradition in Deutschland. Lange vor der Diskussion, ob und wie stark erneuerbare Energieträger im Sinne des Klimaschutzes gefördert werden, hat Deutschland schon viele Milliarden Euro in die Atomenergie und die Kohle gesteckt. Der Bund hat die Atomenergie allein von der Mitte der fünfziger Jahre bis in die achtziger Jahre hinein mit umgerechnet rund 15 Milliarden Euro subventioniert. Mitte der achtziger Jahre entschloss sich die Regierung Kohl unter dem Eindruck der kontroversen gesellschaftlichen Debatte über die Kernenergie, die Subventionen und Fördermittel schrittweise zu verringern. Aber bis zum Jahr 2002 flossen die staatlichen Forschungsgelder für die Atomenergie in gedrosseltem Umfang weiter. Erst die neue Koalitionsvereinbarung sieht vor, kein Geld mehr in diesen Bereich zu stecken. (...)

Aus Sicht von Ökonomen waren diese Subventionen nicht zu rechtfertigen, denn ohne diese Hilfe des Staates hat die Atomenergie in anderen Ländern die Marktreife gar nicht erreicht. „In Großbritannien, wo keine Subventionen geflossen sind, war die Atomenergie nicht rentabel", sagt Gernot Klepper, Leiter der Abteilung Umwelt- und Ressourcenökonomie am Kieler Institut für Weltwirtschaft.

ht.: Subventionen für Kohle dreimal so hoch wie für Wind, faznet 18.9.2003, in: http://www.faz.net/s.html (Zugriff: 18.11.2010)

Subvention: Finanzielle Hilfen und/oder Steuernachlässe, die der Staat einzelnen Unternehmen oder bestimmten Branchen gewährt, ohne hierfür eine direkte Gegenleistung zu erhalten

M8 Windkraft stärker fördern – zu Lasten der Solarenergie

Das alte Credo, wonach die Ökoenergien per se als förderungswürdig galten, scheint passé. „Wir müssen uns das sehr differenziert anschauen", sagt Marie-Luise Dött, die umweltpolitische Sprecherin der Unionsfraktion. (...) Solarstrom ist derzeit die teuerste Ökoenergie. Die im Erneuerbare-Energien-Gesetz (EEG) festgelegte Vergütung liegt bei rund 50 Cent je Kilowattstunde. Zum Vergleich: Konventioneller Strom an der Leipziger Energiebörse kostet rund fünf Cent. Die Differenz bezahlen die Verbraucher über ihre Stromrechnung.

Wesentlich wirtschaftlicher ist da Strom aus Windkraft: Er wird mit rund sieben Cent je Kilowattstunde vergütet – also nur knapp über dem Marktpreis. Auch mengenmäßig spielt die Windkraft eine wesentlich wichtigere Rolle. An der gesamten Stromerzeugung in Deutschland macht sie rund fünf Prozent aus – Solarstrom hingegen bringt es gerade einmal auf 0,5 Prozent.

Aus diesen Zahlen leiten die Gutachter des Wirtschaftsministeriums klare Konsequenzen ab: Solarstrom muss billiger werden. Bisher sinkt die Vergütung Jahr für Jahr um fünf Prozent. Diese Regelung haben die rot-grünen Erfinder des EEG von Anfang an im Gesetz verankert. Nun fordern die Gutachter jedoch eine stärkere Degression.

Anders ist es bei Windrädern. Für sie könnten „aus heutiger Sicht nur noch geringe Kostenreduktionen erwartet werden". Deshalb sollten die Vergütungssätze für Windstrom langsamer sinken als bisher vorgesehen.

Noch deutlicher werden die Gutachter, wenn es um Offshore-Windparks im Meer geht. Hier sollte man die Vergütungssätze vorerst gar nicht senken, „bis mehrjährige Betriebserfahrungen" vorliegen. Die Forderung der Autoren macht durchaus Sinn, denn bisher ist in deutschen Gewässern kein einziger Offshore-Windpark ans Netz gegangen. Dabei sieht die Bundesregierung gerade hier das größte Wachstumspotenzial: Sie wünscht sich bis zum Jahr 2030 Offshore-Windräder mit einer Gesamtleistung von 20 000 Megawatt – so viel wie zwanzig Kernkraftwerke.

Anselm Waldermann: Koalition will Windkraft stärker fördern – zu Lasten der Solarenergie, Spiegel-Online v. 12.4.2007, in: http://www.spiegel.de (Zugriff: 2.11.2010)

Degression: Rückgang, Senkung

1. Zeigen Sie, wie einzelne Wirtschaftszweige wirtschaftspolitisch gezielt unterstützt werden. Beurteilen Sie, welche unterschiedlichen Folgen diese Unterstützung jeweils hat.
2. Verknüpfen Sie Ihre bisherigen Einschätzungen mit dem Konzept der Marktkonformität und beurteilen Sie, inwieweit hier marktkonforme Wirtschaftspolitik vorliegt.
3. Schätzen Sie zusammenfassend ein, inwieweit das wirtschaftspolitische Instrument der Subventionierung marktkonform ausgestaltet werden könnte.

Die Angebotsbedingungen verbessern? – Angebotsorientierung

Wirtschaftspolitische Konzepte und Maßnahmen können unterschiedlich ausgestaltet werden. Sie stehen dabei in engem Zusammenhang mit unterschiedlichen ökonomischen Grundüberzeugungen und setzen an verschiedenen Stellen im Wirtschaftsprozess an. Das Konzept der angebotsorientierten Wirtschaftspolitik hat dabei insbesondere die Angebotsseite des wirtschaftlichen Geschehens, also die Unternehmen, im Blick.

Makroökonomie: Analyse gesamtwirtschaftlicher Phänomene (im Unterschied zur Mikroökonomie = Analyse des wirtschaftlichen Verhaltens einzelner Haushalte und Unternehmen)

Rentabilität: Verhältnis des erzielten Gewinns zum eingesetzten Kapital

M9 Angebotsorientierung aus makroökonomischer Sicht

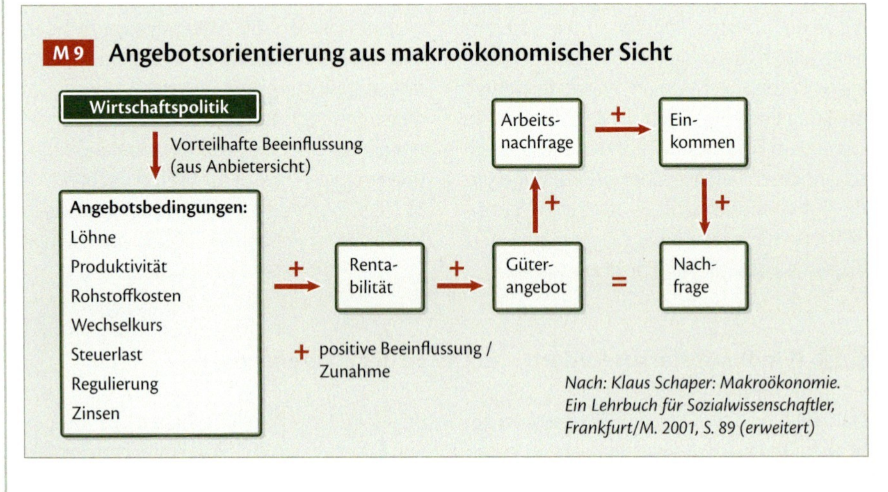

Nach: Klaus Schaper: Makroökonomie. Ein Lehrbuch für Sozialwissenschaftler, Frankfurt/M. 2001, S. 89 (erweitert)

Jean-Baptiste Say, (1767–1832), französischer Ökonom

M10 Theoretischer Hintergrund: Das Say'sche Theorem

Das Say'sche Theorem besagt: Das Angebot schafft sich seine Nachfrage! Grundlage des Say'schen Theorems ist der einfache Wirtschaftskreislauf, wonach jede Produktion zu einem Einkommen in gleicher Höhe führt. Und mithilfe des Einkommens werden die produzierten Güter erworben und konsumiert. Aber auch eine Ersparnis ändert nach Ansicht der Klassiker nichts daran, dass die Nachfrage in Höhe des gesamten Einkommens erhalten bleibt. Denn die ersparte Geldmenge wird auf den Kreditmärkten angeboten und von den Unternehmen zum Kauf von Investitionsgütern verwendet. Die Gleichheit von Sparen und Investieren wird hierbei durch den Zinssatz bewirkt. Wird beispielsweise vermehrt gespart, so würde aufgrund des gestiegenen Kapitalangebots der Zinssatz sinken, wodurch die Investitionstätigkeit zunähme. Das Say'sche Theorem ist jedoch nicht ohne Widerspruch. Zum einen konnte bislang kein signifikanter Zusammenhang zwischen Ersparnis und Zinshöhe nachgewiesen werden. Zum anderen hängt die Investitionsnachfrage nicht allein von Zinshöhe, sondern auch von Umsatz- und Gewinnerwartungen ab.

Hans Putnoki/Bodo Hilgers: Große Ökonomen und ihre Theorien, Weinheim 2007, S. 31

Klassiker: stark am klassischen Liberalismus orientierte ökonomische Denkschule

Produktionsfaktoren: alle Faktoren, die an der Produktion eines Gutes beteiligt sind, also auch die Arbeit

M11 Das Say'sche Theorem heute

Wenn Opel in Bochum Autos baut, dann werden Löhne und Zinsen an die Produktionsfaktoren gezahlt. Dieses Einkommen reicht potenziell aus, die Autos auch zu kaufen. Aber natürlich richtet sich die Nachfrage der Opel-Arbeiter und der anderen Einkommensbezieher aus der Wertschöpfung bei Opel nur zum Teil auf die selbst produzierten Autos, der größte Teil wird für andere Produkte zur Lebenshaltung ausgegeben. Das (*Say'sche*) Theorem gilt also nur makroökonomisch. Insgesamt reichen die Einkommen der Produktionsfaktoren einer Volkswirtschaft aus, um die gesamte Wertschöpfung auch zu kaufen.
Man könnte auch denken, eine Firmen- oder gar Branchenpleite sei mit dem Say'schen Theorem unvereinbar, und damit wäre es leicht widerlegbar. Auch das trifft nicht zu. Wenn ein Unternehmen an der Marktnachfrage vorbeiproduziert, dann geht es bald in den Konkurs. (...) Andere Unternehmen ver-

dienen umso besser. Das führt dann dazu, dass die Arbeitnehmer, die entlassen werden, 25 (...) schnell wieder eine Beschäftigung finden. Das Say'sche Theorem unterstellt also tendenziell Vollbeschäftigung. (...)
Entscheidend für einen hohen Beschäftigungsstand sind die Angebotsbedingungen 30 (...). Zu hohe Lohnstückkosten oder Zinsen, ungünstige Wechselkursentwicklungen, hohe Steuerlasten und bürokratische Regulierungszwänge wirken sich ungünstig auf die Rentabilität der Unternehmen aus. Im Zeitalter 35 der Globalisierung der Märkte (*vergleichen die Investoren*) die Bedingungen international, und daraus erwächst ein hoher Anpassungsdruck auf die nationale Lohn- und Steuerpolitik, die Rentabilitätsbedingungen 40 im Inland zu verbessern.

Klaus Schaper: Makroökonomie, Frankfurt/M. 2001, S. 88f.

M 12 Maßnahmen angebotsorientierter Wirtschaftspolitik

Angebotsorientierte Wirtschaftspolitik zielt darauf ab, die Angebotsbedingungen im wirtschaftlichen Prozess zu verbessern. Politische Maßnahmen sind deshalb vor allem an der Frage orientiert, wie die Rahmenbedingungen für unternehmerisches Handeln verbessert werden könnten.

Maßnahme	Kritik
Minderung der öffentlichen Staatsausgaben: Die Staatsausgaben (z. B. die Personalausgaben oder Transferzahlungen) sollen gesenkt werden, um so die Kreditaufnahme des Staates und damit die Zinsen zu senken. In der Folge würden die Investitionen steigen.	– Kann zu einer abwärtsgerichteten Spirale (Depression) führen. – Notwendige Umstrukturierung der Staatsausgaben (zugunsten Bildung, Forschung, ökologischer Modernisierung) ist gefährdet. – Sinkende nationale Zinsen begünstigen nicht zwangsläufig Investitionen.
Die Senkung der Personalkosten (Löhne und Sozialversicherungs-Beiträge) soll die Nachfrage der Unternehmen nach Arbeitnehmern erhöhen und die Wettbewerbsfähigkeit der Unternehmen im Ausland verbessern.	– Senkung der Löhne kann zu einer sinkenden gesamtwirtschaftlichen Nachfrage führen. – Senkung der Sozialversicherungsbeiträge kann zu einem höheren öffentlichen Defizit führen. – Gefahr internationaler Lohnsenkungswettläufe.
Steuersenkungen und Einführung eines leistungssteigernden Steuersystems (z. B. Senkung der Höchststeuersätze sowie der Einkommens-, Erbschafts- und Kapitalsteuern) sollen den Leistungswillen bei den Leistungsfähigen (Unternehmer und Arbeitnehmer) erhöhen und so Wachstumsimpulse erzeugen.	– Sinkende Steuern führen nicht zwangsläufig zu mehr unternehmerischen Investitionen. – Sinkende Staatseinnahmen bedingen einen Rückgang öffentlicher Investitionen bzw. können die Staatsverschuldung fördern. – Gefahr internationaler Steuersenkungswettläufe.
Rückführung der Sozialtransfers und der öffentlichen Beschäftigung sollen den Anreiz für die Arbeitnehmer erhöhen, auch geringer bezahlte und unbeliebte Tätigkeiten auszuüben.	– Risiko einer Verarmung weiter Bevölkerungskreise statt Vollbeschäftigung. – Gefahr eines entsprechenden Nachfragerückgangs.
Eine Deregulierung (z. B. die Abschaffung von Umwelt-, Arbeits- und Kündigungsvorschriften) soll die Kosten senken und Planungsprozesse beschleunigen. In der Folge könnten Unternehmen flexibler reagieren und Investitionen schneller durchführen.	– Risiko einer umfassenden Senkung sozialer und umweltrelevanter Standards. Einschränkung von Lebensqualität und Rechtssicherheit. – Risiko einer Verschärfung von Machtsymmetrien insbesondere zwischen Arbeitnehmern und Arbeitgebern.

Nach: Holger Rogall: Volkswirtschaftslehre für Sozialwissenschaftler. Eine Einführung, Wiesbaden 2006, S. 393–396

Deregulierung: Abbau von staatlichen Regelungen (Gesetzen, Verordnungen, Richtlinien)

1 Erläutern Sie **M 9**.
2 Stellen Sie das Say'sche Theorem in einem Schaubild dar.
3 Recherchieren Sie wirtschaftspolitische Maßnahmen, die aus ihrer Sicht mit dem Konzept der angebotsorientierten Wirtschaftspolitik in einen Zusammenhang zu bringen sind. Begründen Sie ihre Zuordnung.
4 Arbeiten Sie heraus, von welchen Wirkungen angebotspolitischer Maßnahmen die Befürworter dieser Wirtschaftspolitik ausgehen (**M 12**).

Wie funktioniert die Angebotsorientierung?

Die angebotsorientierte Wirtschaftspolitik favorisiert bestimmte Maßnahmen, um das wirtschaftliche Geschehen zu unterstützen und zu fördern. Entsprechende Ansätze bestehen nicht nur in der Theorie, sondern sind auch in der täglichen (wirtschafts-)politischen Diskussion von großer Bedeutung.

Initiative Neue Soziale Marktwirtschaft: von den Arbeitgeberverbänden der Metall- und Elektroindustrie finanzierte, wirtschaftsliberal orientierte Organisation zur Förderung marktwirtschaftlicher Reformen

M 13 Ziel: Hürden weg!

Aktion der „Initiative Neue Soziale Marktwirtschaft" vor dem Reichstag in Berlin, April 2008

M 14 „Hohe Hürden auf dem Arbeitsmarkt"

Aus einer Kampagne der „Initiative Neue Soziale Marktwirtschaft":

Millionen Menschen in Deutschland suchen Arbeit. Doch hohe Hürden am Arbeitsmarkt hindern sie daran, sich neue Lebenschancen durch eine neue Beschäftigung zu eröffnen. (...)

Kündigungsschutz schafft Komfort für Jobbesitzer – auf Kosten der Arbeitsuchenden.

Der starre Kündigungsschutz in Deutschland hilft Arbeitsplatzbesitzern, ihren Job zu behalten. Er schadet aber den Arbeitslosen – den Outsidern –, die keinen Einstieg in Beschäftigung finden, weil Unternehmen Neueinstellungen fürchten – aus Angst, dass sie einmal eingestellte Arbeitskräfte bei einem Auftragsloch nicht mehr abbauen können. (...)

Mindestlohn – was nützt er wirklich?

Immer massiver werden die Rufe nach einem flächendeckenden gesetzlichen Mindestlohn. Doch was die Befürworter nicht auf Ihrer Rechnung haben, ist die Frage, wer die Mitarbeiter einstellen oder im Job halten soll, wenn ihre Produktivität geringer ist als der angestrebte Mindestlohn von 7,50 Euro. Dieses Problem betrifft vor allem geringer Qualifizierte, die bereits jetzt Sorgenkinder des Arbeitsmarktes sind.

Die Bürokratie kostet deutsche Unternehmen pro Jahr rund 46 Milliarden Euro.

46 Milliarden Euro jährlich kostet die staatliche Bürokratie die Unternehmen. Könnten wir in Deutschland den Paragrafen-Dschungel lichten und die Vorschriften auf das Niveau Großbritanniens senken, so hätten wir die Chance, eine halbe Million neue offizielle Jobs zu gewinnen.

Lohnzusatzkosten: Was Arbeitskosten mit Beschäftigung zu tun haben.

33 Euro pro Stunde zahlt ein Unternehmen nach jüngsten Zahlen des Statistischen Bundesamtes im Durchschnitt für einen Arbeitnehmer im verarbeitenden Gewerbe. Und das liegt nicht in erster Linie an dem, was ein Arbeitnehmer ausgezahlt bekommt, sondern an den Lohnzusatzkosten – dem sogenannten zweiten Lohn. Diese Kosten müssen sinken, damit Deutschland im internationalen Vergleich der Personalkosten punkten kann.

Initiative Neue Soziale Marktwirtschaft: Kampagne „Einstieg in Arbeit", in: http://www.einstieg-in-arbeit.de/eia/Einstieg-in-Arbeit/Huerden.html (Zugriff: 6.9.2010)

M 15 Stichwort: Leiharbeit

Patrick Bredy sieht sich als Opfer der Zeitarbeit. Vor dem Arbeitsgericht kämpft er gegen seinen ehemaligen Arbeitgeber, eine Zeitarbeitsfirma. Es geht um die Bezahlung von Überstunden, Urlaub und vieles mehr. Und doch hat der 23-Jährige wieder einen Job als Leiharbeiter angenommen: „Man ist froh, dass man Arbeit hat." Der gebürtige Thüringer fährt im blauen Dress einen Gabelstapler der Firma Pipp Papierverarbeitung durch die nagelneue Fabrikhalle in Essenbach bei Landshut. Für 8,22 Euro brutto pro Stunde. „Es gibt die Chance, übernommen zu werden", sagt der gelernte Facharbeiter für Lagerlogistik. Und so fährt er seine Runden, hebt Paletten auf Lkw.

Jürgen Pipp (...) ist Inhaber und Geschäftsführer des Betriebs, in dem Bredy arbeitet. Ihm gehe es nicht so sehr um billige Arbeitskräfte, sondern darum, die Schranken des Arbeitsrechts zu umgehen. „Die Probezeit kann ich durch die Leiharbeit auf unbestimmte Zeit verlängern", bekennt er offen. (...)

Wie wichtig Flexibilität für sein Unternehmen ist, hat Pipp im Krisenjahr 2009 gelernt. Für alle 50 festangestellten Mitarbeiter hat er Kurzarbeit angemeldet, die Aushilfen waren nur im Betrieb, wenn es Aufträge gab. „Ich wäre fast hopsgegangen", sagt Pipp. Jetzt ist die Firma ausgelastet, der Unternehmer muss sogar Aufträge ablehnen. Erwartetes Umsatzplus: 25 Prozent.

Erst die Kurzarbeit, jetzt die Leiharbeit. Trägt das flexible deutsche Arbeitsrecht zur rasanten Konjunktur-Erholung bei? Oder missbrauchen die Unternehmer die gesetzlichen Möglichkeiten?

Auch Marcus Schulz, Deutschland-Chef der Zeitarbeitsfirma USG People, freut sich über einen rasant wachsenden Personalbestand. 40 Prozent Zuwachs in nur fünf Monaten. (...) Der smarte Manager kämpft aber nicht nur um Personal. Das schlechte Ansehen der Branche macht ihm ebenfalls zu schaffen.

„Schlecker war unser Alptraum", sagt Schulz. Der Drogeriemarkt stand lange Zeit in der Kritik, weil er festangestellte Mitarbeiter in eine Zeitarbeitsfirma auslagern wollte. Dies seien zwar Machenschaften dubioser Konkurrenten, sagt Schulz. Doch sie hätten den Ruf der gesamten Zeitarbeitsbranche ruiniert. (...)

Tatsächlich wird immer wieder systematisch gegen Arbeits- und Tarifverträge verstoßen. Die Arbeitnehmer – froh über den neuen Job – merken das meist zu spät. Es gebe neben vielen seriösen Anbietern Firmen, „die versuchen, den Ertrag auf dem Rücken der Mitarbeiter zu optimieren", beklagt Schulz. „Es raubt mir den Schlaf."

Die Mitarbeiter würden etwa nicht korrekt in die Entgeltgruppen der Tarifverträge eingruppiert, erläutert Schulz. In manchen Fällen weigerten sich Zeitarbeitsfirmen, ihren Leuten Gehalt zu zahlen, wenn es für sie gerade keinen Einsatz gebe. Und bisweilen werde das Entgelt im Krankheitsfall ebenfalls nicht korrekt gewährt. (...)

Eigentlich soll das Arbeitnehmerüberlassungsgesetz solche Fehler verhindern. Das Regelwerk ist wahrscheinlich das meistreformierte Gesetz im deutschen Arbeitsrecht. Auch im Herbst 2010 werden Politik und Interessengruppen über Änderungen streiten.

Martin Heller: Wenn die Probezeit ewig dauert. Spiegel Online v. 9.9.2010, in: http://www.spiegel.de/wirtschaft/unternehmen/0,1518,715879,00.html (Zugriff: 9.9.2010)

1. Analysieren Sie **M13** und **M14** und erläutern Sie, aus welcher Perspektive hier das Problem Arbeitslosigkeit betrachtet wird?
2. Erörtern Sie, inwieweit hierbei mögliche Überlegungen aus Sicht von Arbeitsuchenden Berücksichtigung finden.
3. Erläutern Sie **mögliche** Vor- und Nachteile einer zunehmenden Deregulierung des Arbeitsmarktes.

Die Nachfragebedingungen verbessern? – Nachfrageorientierung

Wirtschaftspolitik muss sich nicht zwangsläufig hauptsächlich an der Angebotsseite orientieren. Das Konzept der nachfrageorientierten Wirtschaftspolitik nimmt vor allem die Nachfrageseite von Wirtschaftsprozessen, also die Konsumenten, in den Blick.

M 17 Antizyklische Konjunkturpolitik

Was lässt sich gegen Konjunkturschwankungen, konjunkturelle Arbeitslosigkeit und Inflation tun? Wie schon bei den anderen Marktversagen ruft man auch hier nach dem Staat. Er soll Konjunkturpolitik betreiben und dafür sorgen, dass die Gesamtnachfrage möglichst gleichauf mit dem potenziellen BIP (Bruttoinlandsprodukt) wächst.

In einem *Aufschwung* besteht die Gefahr, dass die Gesamtnachfrage über das Gesamtangebot hinauswächst und die Inflationsrate steigt. Dann soll der Staat die Gesamtnachfrage drosseln, d. h., er soll eine restriktive Konjunkturpolitik verfolgen.

In einem *Abschwung* sind die Kapazitäten einer Volkswirtschaft nicht voll ausgelastet. Der Staat soll dann mit einer expansiven Konjunkturpolitik die Gesamtnachfrage ausweiten.

Verfolgt der Staat in der Hochkonjunktur eine restriktive und in einer Rezession eine expansive Konjunkturpolitik, spricht man von einer antizyklischen Konjunkturpolitik. Dabei hat der Staat hauptsächlich zwei Möglichkeiten, das BIP-Wachstum zu stabilisieren:

- *Antizyklische Fiskalpolitik:* Darunter versteht man das Bestreben der Regierung, durch Veränderung ihrer Ausgaben und Einnahmen die Gesamtnachfrage gleichmäßiger ansteigen zu lassen.
- *Antizyklische Geldpolitik:* Mit ihrem Einfluss auf Zinsniveau und Wechselkurse eröffnen sich der Notenbank auch Möglichkeiten zur Einflussnahme auf Konsum, Investitionen, Exporte und Importe.

Bernhard Beck: Volkswirtschaft verstehen, Zürich 2008, S. 349

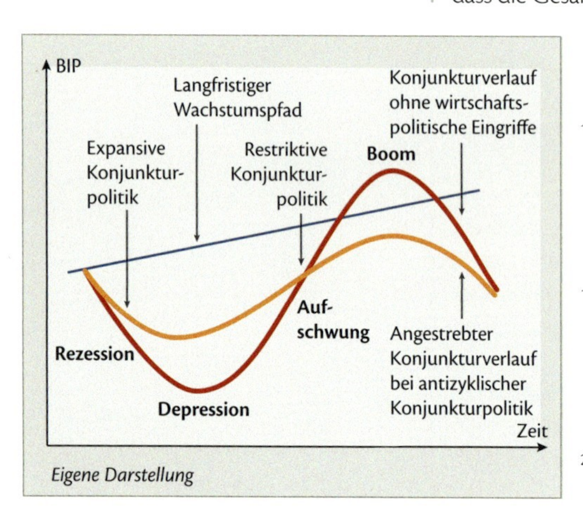

Eigene Darstellung

M 18 Theoretische Grundlage: Keynes'sche Theorie

John Maynard Keynes (1883 – 1946), britischer Ökonom

Liquidität: unmittelbare Verfügbarkeit von Finanzmitteln

Der englische Nationalökonom John Maynard Keynes (1883–1946) hat in den 30er-Jahren die klassische Harmonielehre bzgl. der Stabilität des Gesamtwirtschaftlichen Gleichgewichts nachhaltig erschüttert. Er kritisierte vor allem die Annahme eines regelmäßigen Ausgleichs von Investitions- und Sparplänen über den Zinsmechanismus. Dagegen sprechen nach seiner Auffassung folgende Gründe:

1. Zum einen bezweifelt Keynes, dass alle Sparentscheidungen notwendig zur Kapitalanlage führen. Viele Vermögensbesitzer entschieden sich vielmehr für eine hochliquide Vermögenshaltung, also in Geld oder geldähnlicher Form. (…) Wachsender Pessimismus der Sparer bzgl. der wirtschaftlichen Zukunft erhöhe ihre Liquiditätspräferenz, verhindere die langfristige Anlage am Kapitalmarkt und damit die Zinsniveausenkung, die für den Ausgleich erforderlich ist.
2. Selbst wenn das Zinsniveau sinkt, glaubt Keynes nicht daran, dass dies regelmäßig die Investitionspläne stimuliert. Da diese nicht nur vom Zinsniveau, sondern auch von den zukünftigen Ertragserwartungen abhängen, könnten schlechte Zukunftsaussichten die Investoren selbst dann noch von der Kapitalnachfrage abhalten, wenn das Zinsniveau extrem niedrig liegt. (…)

Keynes stellt daher dem Say'schen Theorem (s. S. 168) seine These entgegen, wonach ständig sich abwechselnder Optimismus und Pessimismus bei Geldvermögensbesitzern und Investoren (…) zu permanenten Divergenzen zwischen Investitions- und Sparplänen führen. Weil er auch dem Wechselkursmechanismus skeptisch gegenübersteht, sieht er als einzigen Ausweg, dass der Staat bei zu schwacher privater Güternachfrage die öffentliche Nachfrage kompensatorisch über die Steuereinnahmen erhöht (sog. deficit spending) und umgekehrt. Im Gegensatz zur Klassik fordert Keynes nicht den Haushaltsausgleich, sondern ein ständiges Gegensteuern mit Haushaltsdefiziten und -überschüssen.

Klaus F. Dreyhaupt/Stefan Frechen: Volkswirtschaftslehre. Theorie und Politik, Stuttgart 2005, S. 196

M19 Das Multiplikator-Theorem

Wenn die Bundesregierung für € 20 Mrd. LKW bei MAN kauft, dann hat diese Anschaffung Rück- und Fernwirkungen. Die unmittelbare Wirkung der erhöhten Nachfrage durch die 5 Bundesregierung besteht in einem Anstieg von Beschäftigung, Löhnen und Gewinnen bei MAN. Wenn die Arbeitskräfte ein höheres Einkommen erzielen und die Unternehmenseigner einen größeren Gewinn realisieren, dann werden 10 sie auf den Einkommensanstieg mit einem Anstieg ihrer Konsumausgaben reagieren. Als Ergebnis des Staatsauftrags an die Firma MAN wird sich ebenso die Nachfrage nach Gütern vieler anderer Unternehmungen erhöhen. Da 15 jeder einzelne Euro an Staatsausgaben die aggregierte Güternachfrage um mehr als einen Euro steigern kann, sagt man auch, die Staatsausgaben haben eine Multiplikatorwirkung auf die aggregierte Nachfrage. (...)
20 Wenn die Konsumausgaben steigen, dann beschäftigen die Produzenten der Konsumgüter mehr Leute. Höhere Arbeits- und Unternehmereinkommen stimulieren die Konsumausgaben erneut und so weiter und sofort.

N. Gregory Mankiw/Mark P. Taylor: Grundzüge der Volkswirtschaftslehre, Stuttgart 2008, S. 871

aggregieren: anhäufen

M20 Maßnahmen nachfrageorientierter Wirtschaftspolitik

Maßnahme	Kritik
Nachfrageprogramme der öffentlichen Hand finanziert durch zusätzliche Kredite, sollen die gesamtwirtschaftlichen Wachstumskräfte stärken (Konsumnachfrage und Investitionen). Es würden wieder Neuanstellungen vorgenommen werden und die steigenden Einkommen für eine steigende Nachfrage sorgen, was wiederum zu Neuinvestitionen und Neueinstellungen, höheren Einkommen und höheren Staatseinnahmen führt.	– Vermehrte Kreditnachfrage des Staates kann zu Zinsanstieg führen, der private Investitionen behindert. – Staatsverschuldung schränkt staatliche Handlungsspielräume ein.
Zinssenkung durch Geldpolitik des Staates: Durch eine keynesianische Geldpolitik sollen die Zinsen gesenkt werden, um so Investitionen und Nachfrage nach Konsumgütern zu stimulieren.	– Zinssenkung könnte zu einer „Kapitalflucht" in Hochzinsländer führen.
Erhöhung der verfügbaren Realeinkommen: Durch Steuersenkungen und höhere Löhne sollen die Realeinkommen der Konsumenten erhöht werden, um so die Nachfrage zu stimulieren.	– Erhöhung der Kosten für Unternehmen (Lohnerhöhungen). – Erhöhung der Staatsverschuldung (Steuersenkungen). – Keine Garantie, dass höhere Löhne die Nachfrage nach inländischen Gütern fördern.
Ausweitung der öffentlichen Beschäftigung, der Sozialtransfers und der Arbeitsmarktpolitik würde eine Steigerung der Haushaltseinkommen und Nachfrage unterer und mittlerer Einkommensbezieher bewirken.	– Risiko von Verzerrungen auf dem Arbeitsmarkt (z. B. nur geringe Bereitschaft zur Aufnahme gering bezahlter Arbeit).
Förderprogramme des Staates: z. B. Investitionszulagen, sollen Anreiz für Investitionen schaffen.	– Risiko von Mitnahmeeffekten.
Restriktive Maßnahmen: Strategien zur Dämpfung gesamtwirtschaftlicher Nachfrage (im Aufschwung). Z. B.: Steuererhöhungen.	– Risiko einer zu starken Dämpfung des Aufschwungs.

Nach: Holger Rogall: Volkswirtschaftslehre für Sozialwissenschaftler, Wiesbaden 2006, S. 399–402

1 Stellen Sie die Kritik Keynes' an der klassischen Wirtschaftstheorie dar.
2 Entwickeln Sie eine Infografik, die die theoretischen Hintergründe und Annahmen der Nachfrageorientierung veranschaulicht.
3 Analysieren Sie in Gruppen die Wirkungsweise der nachfragepolitischen Maßnahmen.
4 Recherchieren Sie Fallbeispiele nachfrageorientierter Wirtschaftspolitik und beurteilen Sie deren Wirkung.

Wie funktioniert die Nachfrageorientierung?

Nachfrageorientierte Wirtschaftspolitik folgt der Maßgabe, steuernd auf die gesamtwirtschaftliche Nachfrage einzuwirken, um hierüber ein gleichmäßiges Wirtschaftswachstum zu erreichen. Die hierzu notwendigen Maßnahmen sind auch in der wirtschaftspolitischen Praxis von großer Bedeutung – wie das Beispiel USA zeigt.

M21 Wirtschaftsentwicklung in den USA

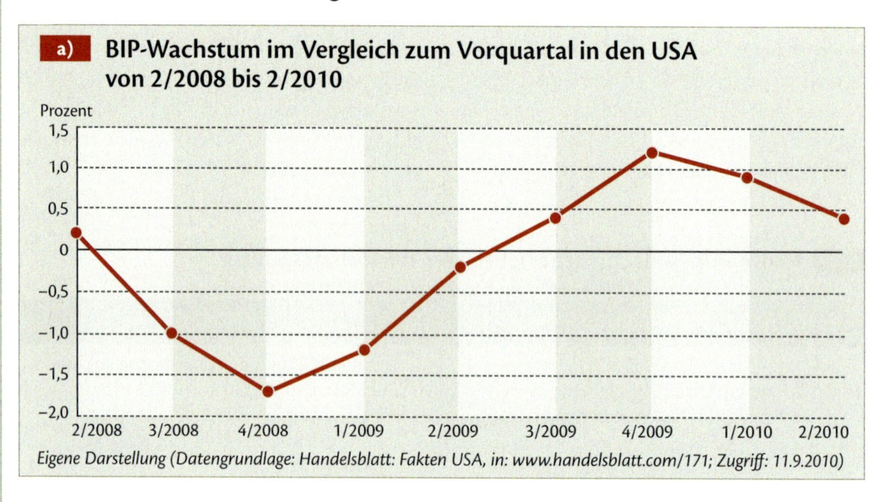

Eigene Darstellung (Datengrundlage: Handelsblatt: Fakten USA, in: www.handelsblatt.com/171; Zugriff: 11.9.2010)

b) Konjunkturpolitische Maßnahmen der US-Regierung 2008–2009:

- Februar 2008: Im Angesicht der globalen Finanz- und Wirtschaftskrise bringt die US-Regierung ein Konjunkturprogramm (Steuernachlässe und Investitionsanreize) in Höhe von rund 150 Mrd. US-$ auf den Weg.
- Dezember 2008: Die US-Notenbank senkt den Leitzins auf 0,25 bis 0 Prozent.
- Februar 2009: Die US-Regierung unter dem neu gewählten Präsidenten Barack Obama bringt ein erneutes Konjunkturprogramm in Höhe von 789 Mrd. US-$ auf den Weg.
- März 2009: Die US-Notenbank pumpt über den Kauf von Wertpapieren und Staatsanleihen knapp eine Billion US-$ in den Wirtschaftskreislauf.

M22 Obama kündigt neues Konjunkturprogramm an

Bessere Straßen, neue Schienen, modernere Flughäfen: US-Präsident Obama will mit einem milliardenschweren Infrastrukturprogramm die Wirtschaft ankurbeln und für Jobs sorgen. Damit hat auch der Kongresswahlkampf begonnen.

US-Präsident Barack Obama hat den traditionellen Labor-Day, den „Tag der Arbeit", als Signal zum Angriff genutzt. Vor Arbeitern in Milwaukee im Bundesstaat Wisconsin kündigte er am Montag (*6.9.2010*) ein 50-Milliarden-Dollar-Infrastrukturprogramm an, um die flaue US-Konjunktur anzukurbeln. Zudem sprach er der Opposition den Anspruch auf politische Führung ab. Die Republikaner seien für den Ausbruch der Finanzkrise 2008 verantwortlich. Sie hätten die Wirtschaft „in den Graben gefahren". (...)

Entscheidend sei, der Wirtschaft neuen Aufwind zu geben. Das Konjunkturprogramm schaffe nicht nur neue Jobs, sondern modernisiere auch das Straßennetz, Eisenbahnlinien und Flughäfen. Die veraltete amerikanische Infrastruktur müsse erneuert werden. „Ich möchte, dass Amerika die beste Infrastruktur in der Welt hat", sagte Obama. 240 000 Kilometer Straßen sollen erneuert werden, erklärte er. „Genug, um die Erde sechsmal zu umrunden." 6400 Kilometer Schienen sollen verlegt oder instand gehalten werden – das entspricht der Entfernung zwischen Ost- und West-Küste in den USA. Obama will zudem Flughäfen und Flugkontrollsysteme modernisieren. (...)

Obamas Ankündigung bildet auch den Auftakt zum Wahlkampf für die wichtigen Kongresswahlen im November. Die Wirtschaft und vor allem die anhaltende hohe Arbeitslosigkeit von 9,6 Prozent zeichnen sich bereits klar als Hauptthemen dieses Wahlkampfes ab. „Wir können unsere Mittelklasse stärken und die Wirtschaft wieder auf die Beine stellen", versprach Obama. Die Republikaner werfen Obama dagegen vor, seine Politik staatlicher Konjunkturankurbelung funktioniere nicht und sei eine Verschwendung von Steuermilliarden.

Die Menschen warteten noch immer auf die Jobs, die ihnen vor über einem Jahr mit dem mehr als 800 Milliarden Dollar umfassenden Konjunkturprogramm von Obamas Regierung versprochen worden seien, sagte der Mehrheitsführer der Republikaner im Senat, Mitch McConnell. Das neue Infrastruktur-Programm sei dagegen lediglich mit einer weiteren Steuererhöhung verbunden.

Der Präsident betonte, dass das Vorhaben das Haushaltsdefizit nicht noch weiter in die Höhe treiben werde. Regierungskreisen zufolge will Obama zur Finanzierung des Konjunkturprogrammes Steuerschlupflöcher für Öl- und Erdgas-Konzerne schließen. Außerdem kündigte Obama die Gründung einer Infrastrukturbank an, die sich auf die Finanzierung landesweiter und regionaler Infrastruktur-Projekte konzentrieren soll.

Marion Linnenbrink: Obama kündigt neues Konjunkturprogramm an. DW-World v. 7.9.2010, in: http://www.dw-world.de (Zugriff: 10.9.2010)

US-Präsident Obama bei seiner Rede in Milwaukee, Wisconsin, 6.9.2010

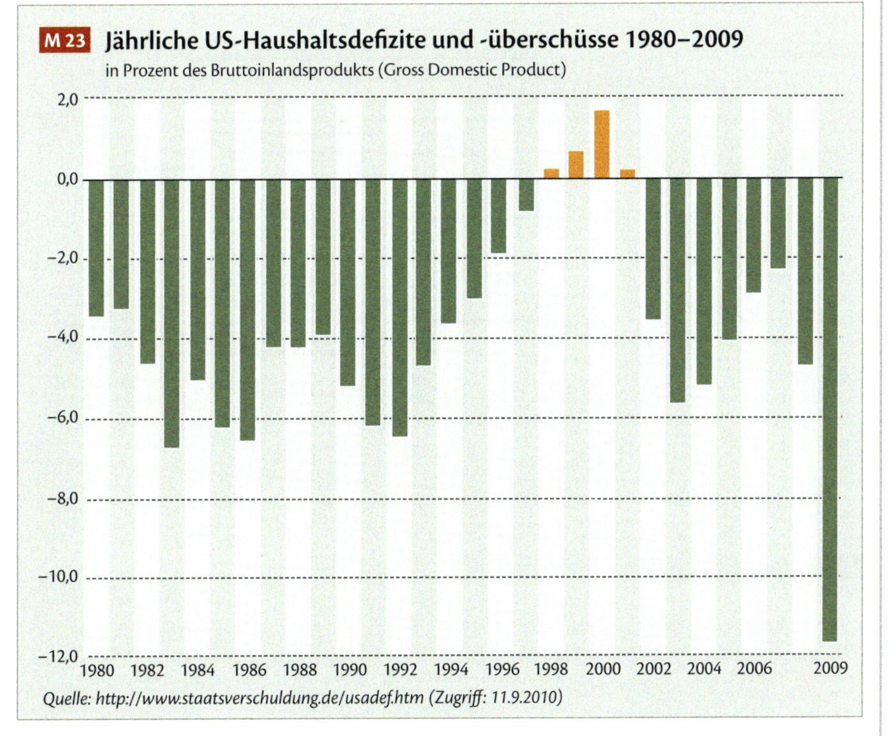

Quelle: http://www.staatsverschuldung.de/usadef.htm (Zugriff: 11.9.2010)

Phasen ausgeprägter Rezession in den USA 1980 bis 2009:

1980
1981–1982
1990–1991
2001–2002
2007–2009

1 Ermitteln Sie Informationen zur wirtschaftlichen Situation der USA für das Jahr 2010. Welche ökonomischen Probleme haben die US-Regierung zu einem Infrastrukturprogramm veranlasst?

2 Erörtern Sie: Inwiefern wird hier ein nachfrageorientierter wirtschaftspolitischer Ansatz verfolgt?

3 Beurteilen Sie die Informationen aus **M 23** vor dem Hintergrund Ihrer Kenntnisse über das Konzept der antizyklischen Konjunkturpolitik.

Welche Alternativen gibt es? – Grundkonzepte im Vergleich

Sowohl die angebots- als auch die nachfrageorientierte Wirtschaftspolitik strebt die Förderung ökonomischen Wachstums an. Trotz dieser gemeinsamen Zielsetzung verfolgen beide wirtschaftspolitischen Denkrichtungen sehr unterschiedliche politische Handlungsprogramme, die jedoch Schwächen haben und begrenzt sind. Die Frage nach ergänzenden, alternativen Konzepten ist deshalb von hoher Bedeutung.

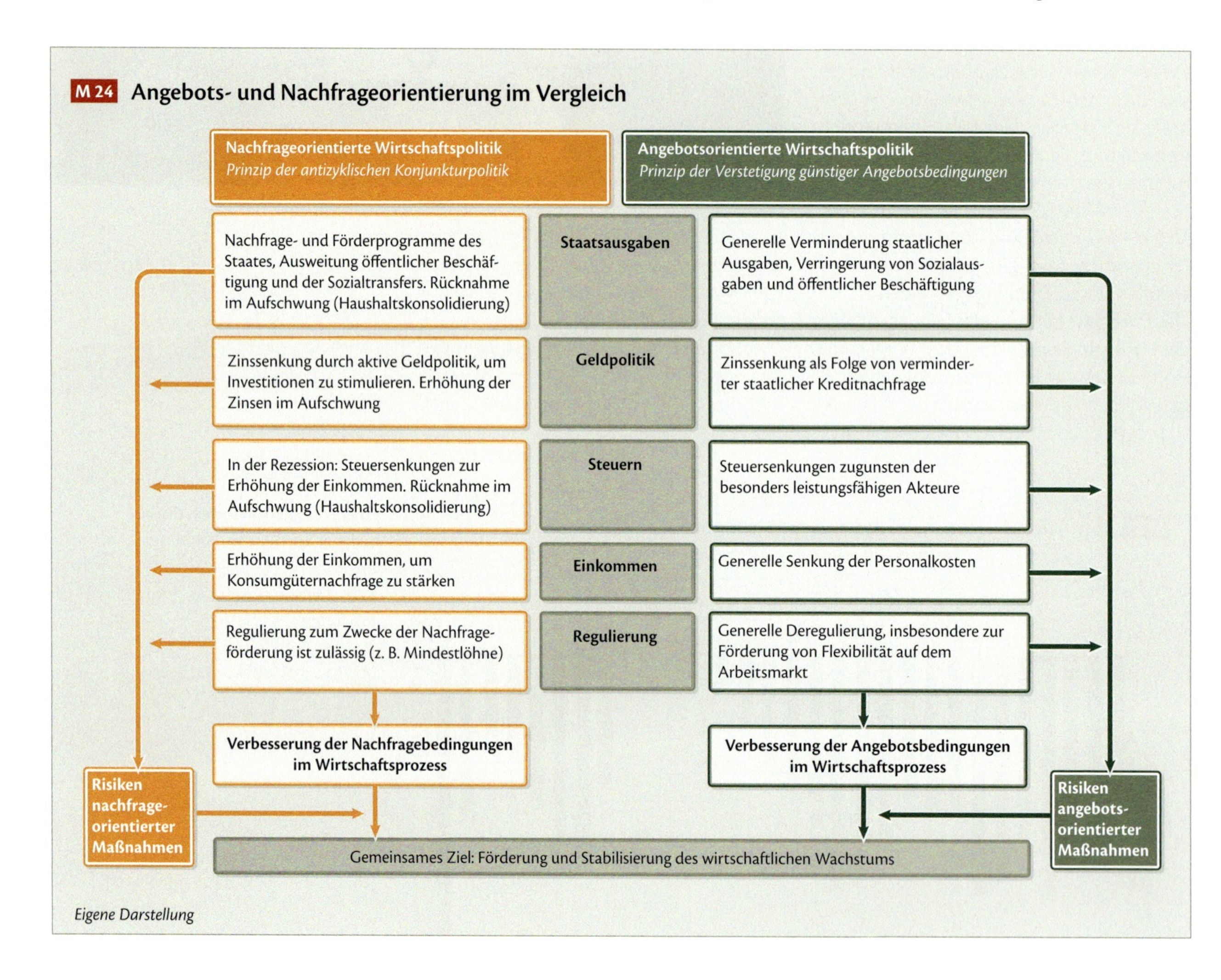

Eigene Darstellung

M25 Nachhaltige Wirtschaftspolitik als Alternative

Eine nachhaltige Wirtschaftspolitik folgt der Leitidee einer Wirtschaft, die marktwirtschaftliche Prinzipien mit sozialer und ökologischer Verantwortung verknüpft (...). Hier werden die folgenden Strategieansätze der Wirtschaftspolitk als nachhaltig angesehen: (...)

Programm zur ökologischen Modernisierung der Volkswirtschaft (selektives Wachstum)

Durch die moderne Umweltschutzgesetzgebung ist der Umweltschutzsektor zu einem der wichtigsten Beschäftigungsfelder in Deutschland geworden. (...) An dieser „Erfolgsstory" gilt es anzuknüpfen und durch ein Programm der ökologischen Modernisierung wirtschaftliche Entwicklungskräfte und Innovationspotenziale freizusetzen. Dabei geht es weniger um den weiteren Ausbau der nachsorgeorientierten Umweltschutztechnikindustrie als um die systematische ökologische Umstrukturierung der Wirtschaft mit dem Ziel, neue ressourceneffiziente Produkte und Verfahren zu entwickeln, deren Einsatz sich durch den geringeren Ressourcenverbrauch langfristig selbst finanziert. (...)

Verteilung der vorhandenen Arbeit
Wenn die Produktivitätssteigerungen einer Volkswirtschaft tendenziell über den wirtschaftlichen Wachstumsraten liegen, kann bei einem etwa gleichbleibenden Erwerbspersonenpotenzial eine zunehmende Arbeitslosigkeit nur durch eine andere Verteilung der Arbeit verhindert werden. Die Verteilung der vorhandenen Erwerbsarbeit stellt eine Strategie einer nachhaltigen Wirtschaftspolitik dar, weil hierdurch die Erreichung mehrerer Ziele des Zieldreiecks gefördert werden kann: Es wird nicht nur ein Beitrag zur Vollbeschäftigung bei hoher Arbeitsqualität geleistet (...), sondern auch die Wandlung der Lebensstile im Sinne einer Suffizienzstrategie unterstützt. (...)
Finanzierung von Arbeit statt von Arbeitslosigkeit
(...) Ob bei der Pflege älterer Menschen, der Pflege von Parks und Stadtquartieren, überall fehlen Menschen, die diese Arbeit leisten. Aufgrund der engen Finanzspielräume der öffentlichen Hand können diese gesellschaftlich nützlichen Arbeiten zu den üblichen Tarifen des öffentlichen Dienstes nicht mehr finanziert werden. Daher sollten sich die europäischen Länder an dem Skandinavischen Modell orientieren, das u.a. auf dem Prinzip der Finanzierung von Arbeit statt Arbeitslosigkeit beruht. Zu prüfen wäre ein Modell, nach dem jeder Arbeitslose nach einem halben Jahr Arbeitslosigkeit eine Umschulung bzw. Weiterqualifizierung und einen Arbeitsplatz im gemeinnützigen Sektor erhält. (...)
Langfristig mindestens ebenso wichtig ist der Ausbau des Bildungswesens (inkl. der Kinderbetreuung und der beruflichen Weiterbildung). Wenn in zehn Jahren das Erwerbspersonenpotenzial in den westeuropäischen Ländern allmählich zurückgeht, kann der Lebensstandard nur gesichert werden, wenn es gelingt, einen beträchtlichen Anteil der heute wenig qualifizierten Personen im Erwerbsfähigenalter (...) für qualifizierte Tätigkeiten auszubilden. (...)
Förderung der regionalen Wirtschaft
Die Forderung nachhaltigkeitsorientierter Wirtschaftspolitiker nach einer Regionalisierung der Wirtschaft ist ohne Frage am wenigsten ausformuliert und bedarf noch erheblicher Diskussionsprozesse. (...) Dass alle Güter international ausgetauscht werden müssen, ist nur ein Dogma einiger Interessenträger, dem weder US-amerikanische noch japanische Wirtschaftspolitiker folgen, wenn die Interessen ihrer Staaten auf dem Spiel stehen.
Holger Rogall: Ökonomie der Nachhaltigkeit, Wiesbaden 2004, S. 192 ff.

M26 „Nur zum Bezahlen!"

Zeichnung: Plaßmann

M27 „Wir brauchen nichts!"

Zeichnung: Stuttmann

1. Beziehen Sie auf der Basis von **M 24** begründet Position: Inwieweit können Sie einer der beiden wirtschaftspolitischen Konzeptionen zustimmen?
2. Interpretieren Sie die Karikaturen und setzen Sie die Ergebnisse zueinander in Bezug.
3. Diskutieren Sie: Inwiefern stellt das Konzept einer nachhaltigen Wirtschaftspolitik eine tragfähige Basis für eine wirksame und zukunftsorientierte Wirtschaftspolitik dar? Wo übernimmt es Aspekte der Angebots- oder der Nachfragetheorie? Wo sehen Sie mögliche Kritikpunkte? Ließen sich diese aus Ihrer Sicht entkräften?

Keynesianismus pur? – Maßnahmen in der Wirtschaftskrise

Die Finanz- und Wirtschaftskrise seit 2007 hat die Politik vor tief greifende Herausforderungen gestellt. Ausgehend von schweren Erschütterungen auf den internationalen Finanzmärkten griff die Krise auch auf die Realwirtschaft über. Eine schwere weltweite Rezession war die Folge. Auch Deutschland war davon betroffen: So schrumpfte das BIP 2009 im Vergleich zum Vorjahr um 4,7 Prozent. Angesichts der Krise waren dementsprechend wirtschaftspolitische Reaktionen gefragt.

M28 Entwicklung der Finanz- und Wirtschaftskrise

- Ende 2006: Der Boom ist vorbei. In den USA bricht der Immobilienmarkt zusammen, immer mehr Menschen, die sich mit günstigen Krediten ein Haus gekauft haben, können ihre Kredite nicht mehr bedienen. Amerikanische Banken vermelden erstmals Zahlungsausfälle in Rekordhöhe (...).
- Juni/Juli 2007: Die Lage spitzt sich zu: Banken und Hypothekenfinanzierer haben in großem Stil untereinander gehandelt und mit Immobilien besicherte Papiere weiterverkauft. Im Sommer 2007 kommt es zu einer wirklichen Hypothekenkrise, zahlreiche Hedgefonds müssen geschlossen und liquidiert werden. Der Markt für Wertpapiere, die auf Immobiliendarlehen beruhen, kommt weitgehend zum Erliegen. (...)
- Juli/August 2007: Die amerikanische Immobilienkrise erreicht Deutschland: Es wird bekannt, dass sich auch zahlreiche deutsche Banken am US-Hypothekenmarkt verspekuliert haben. (...)
- 15. September 2008: Als „schwarzer Montag" geht der 15. September 2008 in die Finanzgeschichte ein. Die amerikanische Investmentbank Lehman Brothers meldet Insolvenz an und löst damit eine beispiellose Panikwelle auf den internationalen Finanzmärkten aus, der Geldfluss kommt nahezu zum Erliegen, die Kreditinstitute leihen sich kaum noch Geld.
- 13. Oktober 2008: Die Bundesregierung beschließt ein Rettungspaket für die angeschlagene Finanzbranche. Das Paket umfasst insgesamt bis zu 500 Milliarden Euro (...). Das Paket besteht aus zwei zentralen Elementen: Zum einen aus Hilfen, die Banken durch Garantien gewährt werden (400 Mrd. Euro). Zum anderen gibt es für kriselnde Finanzinstitute Hilfe durch Eigenkapital, das gewährt wird, um die Banken zu stützen (100 Mrd. Euro).
- 27. Januar 2009: Die Bundesregierung beschließt das Konjunkturpaket 2 (*s. M 31*). Es soll das größte Konjunkturpaket in der Geschichte der Bundesrepublik werden. Zusammen mit dem ersten Konjunkturpaket erhält Deutschland damit einen Impuls mit einem Gesamtvolumen von 80 Mrd. Euro. (...) Zur Finanzierung beschließt die Bundesregierung den (ersten) Nachtragshaushalt 2009. Die antizyklische Finanzpolitik erfordert eine höhere Neuverschuldung, um in der Krise handlungsfähig zu sein.
- 5. Februar 2009: Die Mitglieder der Föderalismus-Kommission II verständigen sich auf wichtige Eckpfeiler einer neuen Schuldenbegrenzungsregel, auch Schuldenbremse genannt.

Bundesministerium der Finanzen: Entwicklung der Finanzmarktkrise, in: http://www.bundesfinanzministerium.de (Zugriff: 13.9.2010)

Hedgefonds: Investmentfonds, die i. d. R. einer riskanten, sehr spekulativen Anlagestrategie folgen

Nachtragshaushalt: nachträgliche Veränderung eines bereits vom Parlament beschlossenen Haushalts

M29 Industrie im Jammertal

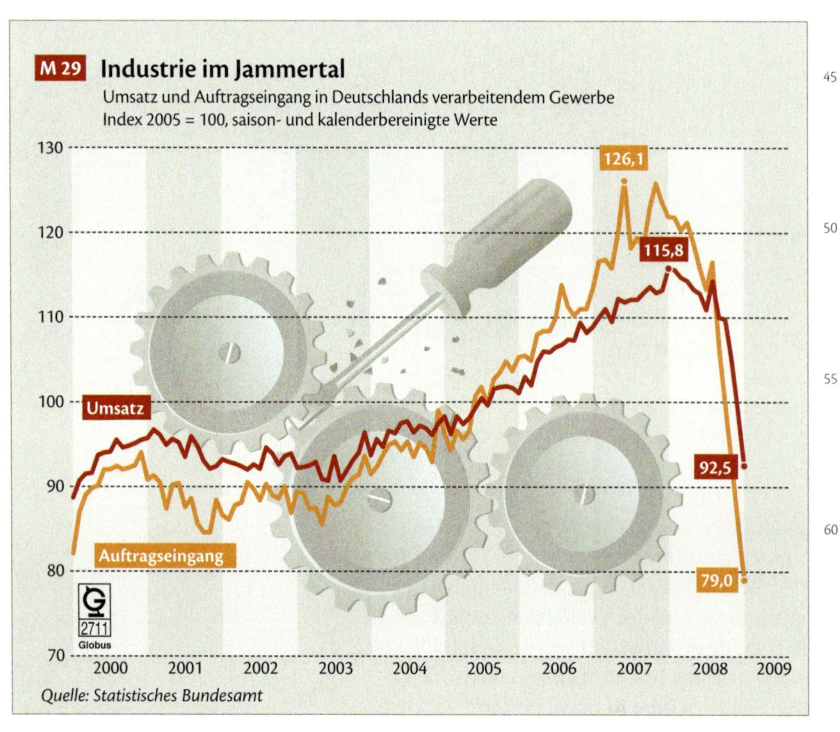

Quelle: Statistisches Bundesamt

M30 Kritik am Konjunkturpaket

Aus einem Interview mit DGB-Chef Michael Sommer:

Was ist schlecht am Konjunkturpaket?

Sommer: Die Steuer- und Abgabensenkungen sind überflüssig wie ein Kropf. Sie sind konjunkturpolitisch kaum wirksam und verteuern somit unnötig das Konjunkturpaket. Rund die Hälfte dieser Entlastungen landet auf Sparbüchern. Die daraus resultierenden Steuerausfälle der Kommunen belaufen sich 2009 auf 30 Prozent und 2010 auf 80 Prozent der im Konjunkturpaket II geplanten zusätzlichen öffentlichen Investitionen. (...)

Was fehlt Ihnen?

Wir hätten die öffentlichen Investitionen in Bildung, Gesundheit und Umwelt auf jährlich 30 Milliarden Euro für 2009 und 2010 aufgestockt. Darüber hinaus sind weitere kurzfristige Konsumanreize für geringe und mittlere Einkommen geboten. Wir haben in diesem Zusammenhang Konsumschecks von 250 Euro und die Erhöhung der Hartz-IV-Sätze auf 420 Euro vorgeschlagen. Ein solches Konjunkturpaket mit einem Gesamtvolumen von 100 Milliarden Euro für zwei Jahre hätte den Abschwung beim Wirtschaftswachstum und am Arbeitsmarkt sicher wirkungsvoller verringern können.

„Rechtzeitig und genug" – „zu spät und zu wenig", tagesschau.de v. 13.2.2009, Interview: Eckart Aretz, in: http://www.tagesschau.de/wirtschaft/konjunkturpaket268.html (Zugriff: 3.11.2010)

M31 Wirtschaftspolitik zur Überwindung der Krise

Konjunkturpaket I (verabschiedet im November 2008): **11,0 Mrd. Euro**
Konjunkturpaket II (verabschiedet im Januar 2009): **49,2 Mrd. Euro**

davon für:	Mrd. Euro
Investitionen	
in Bildungseinrichtungen (Kindergärten, Schulen, Hochschulen, Forschung) und in Infrastruktur (Verkehr, Städtebau, Kliniken, Lärmschutz)	14,00 (Bund); 3,33 (Länder u. Gemeinden)
Entlastung privater Haushalte	
Senkung des GKV*-Beitragssatzes auf 14,9 % zum 1. Juli 2009	9,00
Senkung der Einkommensteuer (höherer Grundfreibetrag u. niedrigerer Eingangssteuersatz)	8,94
einmaliger Kinderbonus i. H. v. 100 Euro	1,80
Erhöhung des Kinderregelsatzes ALG II zum 1. Juli 2009	0,52
Automobilindustrie	
Pkw-Abwrackprämie i. H. v. 2 500 Euro bei Neuwagenkauf	1,50
Förderung innovativer Auto-Antriebstechnologien	0,50
Neuregelung der Kfz-Steuer zum 1. Juli 2009	0,34
Arbeitsmarkt	
hälftige Übernahme der Sozialversicherungsbeiträge für Kurzarbeiter	2,10
Bewerbungstrainings, Umschulungen, Weiterbildungen	1,97
Bundesdarlehen an Bundesagentur für Arbeit zur Stabilisierung des Beitragssatzes der Arbeitslosenversicherung bis Ende 2010	1,00
5 000 zusätzliche Vermittlerstellen bei der Bundesagentur für Arbeit	0,80
Wiedereinstellung von Arbeitnehmern zur Qualifizierung	0,40
mehr Weiterbildung für Ältere u. Geringqualifizierte	0,14
Bundesgarantien über 100 Mrd. Euro für Unternehmenskredite	2,00
Ausdehnung Innovationsprogramm Mittelstand auf alte Bundesländer	0,90

Globus 2606

Quelle: Bundesregierung

**GKV: Gesetzliche Krankenversicherung*

M32 Keynes und die Krise

Die Politiker haben jene Überzeugung über Bord geworfen, dass ein sparsamer, möglichst ausgeglichener Etat die entscheidende Voraussetzung ist für mehr Wachstum und mehr Jobs. (...) Und so pumpt die Politik nun Summen in die Wirtschaft, die vor kurzem als unvorstellbar galten (...). Denn wenn sich überall Angst breitmacht, wenn Unternehmen, Banken und Verbraucher ihr Geld horten, muss der letzte verbliebene Spieler in der Wirtschaft einspringen – der Staat.

Doch anders als in den 60er- und 70er-Jahren folgen die Regierungen den Lehren von Keynes nicht aus Überzeugung, sondern aus der Not heraus. Sie haben keine Wahl, weil alle anderen Versuche, die Wirtschaft wieder in Gang zu bringen, gescheitert sind. Die gigantischen Rettungspakete für die Banken haben wenig bewirkt. Die historischen Zinssenkungen der Notenbanken sind verpufft. (...)

Eines darf bei der momentanen Begeisterung für Konjunkturpakete allerdings nicht vergessen werden: Die dafür notwendigen Schulden müssen im nächsten Aufschwung wieder abgetragen werden. So hat es Keynes gefordert, und so hat es Karl Schiller (s. S. 192) vorgemacht: Als die deutsche Wirtschaft wieder florierte, hob der SPD-Minister die Steuern an – und verlangte einen „Konjunkturzuschlag". (...) Erst wenn die Schulden des Jahres 2009 wieder abgetragen sind, ist die jetzige Krise wirklich ausgestanden.

Ulrich Schäfer: Keynes und die Krise. Der letzte Schuss, Süddeutsche Zeitung v. 12.1.2009

1 Analysieren Sie die Krisensignale und die wirtschaftspolitischen Maßnahmen der Bundesregierung. Ordnen Sie diese Maßnahmen begründet einer der wirtschaftspolitischen Grundrichtungen zu.

2 Analysieren Sie **M 32** und nehmen Sie zu den Positionen des Autors Stellung.

Wer hat „Schuld“? – Streit über Krisenbewältigung

Wie konnte es zur größten Finanz- und Wirtschaftskrise seit den 1930er-Jahren kommen? Und welche Konsequenzen sind daraus zu ziehen? Die Antwort darauf hängt stark davon ab, wo die Verantwortung gesehen wird und welche Maßnahmen dementsprechend geboten sind.

M33 Krisenursachen Umverteilung und Spekulation

In vielen Volkswirtschaften hat die zunehmende Umverteilung von unten nach oben zu einem enormen Rückgang der gesamtwirtschaftlichen Lohnquote geführt. Dadurch wurde der Massenkonsum geschwächt. Der parallele Anstieg der Gewinnquote führte (...) nicht zu vermehrten realwirtschaftlichen Investitionen und damit auch nicht zu einem Anstieg der Beschäftigung. Insbesondere in Deutschland lahmt die Binnenwirtschaft aufgrund der hier vollzogenen extremen Umverteilung seit Jahren. Auch eine boomende deutsche Exportwirtschaft konnte die schwache Binnennachfrage nicht ausreichend kompensieren. Deshalb kam es in Deutschland zu einer „gespaltenen Konjunktur“ mit einer Wachstums- und Beschäftigungsschwäche auf der einen Seite und zu enorm hohen Leistungsbilanzüberschüssen auf der anderen Seite. (...)

Die Umverteilungspolitik zugunsten der Unternehmens- und Vermögenseinkommen, die durch eine völlig verfehlte staatliche Steuer- und Abgabenpolitik noch verschärft wurde, (*hat*) die Finanzmärkte mit reichlich Ersparnissen versorgt (...). Das sich hierdurch in Relation zur produzierenden Wirtschaft aufbauende (...) Vermögen fand immer geringere Verwertungsmöglichkeiten. Weitere Krisenursachen waren die verstärkte Privatisierung der Alterssicherungssysteme („Riester-Rente“) und eine entstaatlichte bzw. liberalisierte Finanzwelt, welche die Kreierung von unseriösen „Finanzprodukten“ ermöglichte.

Die vor diesem Hintergrund entstandene Wirtschafts- und Finanzkrise hat tiefe Spuren hinterlassen. (...) (Eine) Stabilisierung konnte nur mit einer fundamentalen Abkehr von allen bis dato gepredigten wirtschaftspolitischen Glaubenssätzen erreicht werden (...): Dazu gehören z. B. die Aussagen, Konjunkturprogramme seien nutzlos und entfachten lediglich „Strohfeuer“, die Verstaatlichung von Banken sei ein ordnungspolitisch nicht zu vertretender Sündenfall, und Arbeitszeitverkürzung sei als Instrument zur Bekämpfung von Arbeitslosigkeit untauglich. (...)

(*Inzwischen*) speisen die Finanzmarktakteure mit neuen Spekulationswellen bereits die nächste Blase. Das Umfeld hierzu haben sowohl rot-grüne als auch schwarz-rote deutsche Regierungen geschaffen. Das vierte Finanzmarktförderungsgesetz, das Investmentmodernisierungsgesetz (...), der massiv geförderte Verbriefungsmarkt oder auch die Steuerbefreiung der den Verbriefungen zwischengeschalteten Zweckgesellschaften waren nationale Maßnahmen und müssen auch national korrigiert werden. Das ist bisher nicht geschehen.

So dringend notwendig die staatliche Kontrolle und Regulierung der Finanzmärkte ist, so wichtig ist es zu erkennen, dass die realwirtschaftliche Krise nicht bloß eine Folge der Finanzmarktkrise ist. Sie ist auch nicht lediglich eine konjunkturelle Erscheinung, sondern Resultat langfristiger Ungleichgewichte zwischen hohen Gewinnen und hoher Ersparnis bei zugleich relativ knapper werdenden Möglichkeiten, die Ersparnisse in der Realwirtschaft rentabel anzulegen. Die Ungleichheit der Einkommens- und Vermögensverteilung nimmt zu.

Arbeitsgruppe Alternative Wirtschaftspolitik: Memorandum 2010, Bremen 2010, S. 1–3

Die **Riester-Rente**, benannt nach dem ehemaligen Bundesminister für Arbeit und Sozialordnung, Walter Riester (geb. 1943), ist eine vom Staat durch Zulagen und andere Vergünstigungen geförderte private Rente

Zeichnung: Plaßmann

M34 Krisenursache Geldpolitik

Wer heute nach mehr Regulierung oder nach der ordnenden Hand des Staates ruft, verkennt Ursache und Wirkung der Krise an den Finanzmärkten. Versagt hat nicht der Markt, sondern der Staat.

Sehen wir etwas genauer hin: Es gibt national wie international keinen Markt, der so stark reglementiert ist wie der Bankenmarkt. (…) Trotz dieses hohen Maßes an Regulierung konnten weder die Internet-Blase um die Jahrtausendwende noch die aktuelle Finanzmarktkrise von der Aufsicht vorhergesagt, geschweige denn verhindert werden. (…)

Angesichts dieser und weiterer Katastrophen ist der Ruf nach stärkerer Regulierung höchst populär. Er führt aber zu nichts, solange die eigentliche Ursache von Krisen nicht hinterfragt wird: Wie konnte es zu den Erschütterungen der letzten Wochen mit immer stärkeren Einschlägen eigentlich kommen? Liegen die Gründe vielleicht doch woanders als bei einer vermeintlich zu laxen Regulierung? Ich meine: Die Verursacher der jüngsten Entwicklungen sitzen nicht in den Konzernzentralen der Banken, sondern in den Regierungen und Notenbanken dieser Welt. Der eigentliche Grund für die gegenwärtige Finanzkrise ist die ungezügelte Geldvermehrung. Allein seit dem Jahr 2000 wurde die Geldmenge in den USA um über 9 Prozent pro Jahr (seit März 2006 wird sie nicht mehr veröffentlicht) erhöht. Die Europäische Zentralbank (EZB) hat im gleichen Zeitraum diese Geldmenge um über 10 Prozent pro Jahr ansteigen lassen. Die EZB konnte sich trotz ihrer Unabhängigkeit und ihres Ziels der Geldwertstabilität der Entwicklung in Amerika nicht entziehen. Zwar brüsten sich beide Notenbanken, sie hätten ihr Inflationsziel stets eingehalten. Die Frage ist nur: Hat die relativ geringe Inflationsentwicklung in den USA und in Europa etwas mit der vermeintlich klugen Geldmengensteuerung der Notenbanken zu tun, oder war sie reiner Zufall? Fakt ist, die gesamtwirtschaftlichen Wachstumsraten lagen in den Jahren 2000 bis 2007 in den USA bei 2,5 Prozent pro Jahr, im Euro-Währungsgebiet bei 2,1 Prozent pro Jahr.

Die das gesamtwirtschaftliche Wachstum überschießende Geldmenge führte zum Immobilienboom in Amerika und zu einer Liquiditätsblase in Europa. Es wird derzeit viel über verantwortungslose Bankmanager geklagt – teilweise auch mit Recht. Dennoch: Wenn man die Krise an Personen festmachen will, dann steht an erster Stelle der ehemalige Chef der US-Zentralbank, Alan Greenspan. Er hat nach dem Zusammenbrechen der Internet-Blase im Jahr 2000 durch eine drastische Zinssenkung von über 6 auf 1 Prozent die Grundlage für ein Wirtschaftswachstum in Amerika und in der Welt gelegt, das lediglich auf Kredit finanziert war. Jetzt konnte sich jeder eine Immobilie leisten. Jetzt lohnten sich Fremdfinanzierungshebel bei Investitionen erst richtig. Diese Fehlallokation war und ist die Ursache für die Finanzkrise. (…)

Die USA und im Gefolge die Europäische Währungsunion müssen ihre Geldpolitik fundamental verändern. Die Stabilität der Währung ist die notwendige Voraussetzung für ein organisches Wachstum von Volkswirtschaften. Die internationale Staatengemeinschaft muss Druck auf die US-Regierung ausüben, damit die Federal Reserve auf das alleinige Ziel der Preisniveaustabilität ausgerichtet wird.

Frank Schäffler: Und täglich grüßt das Staatsversagen, The House of Public Affairs 2010, in: http://www.hbpa.eu/de/debates/finanzschaeff.html (Zugriff: 3.11.2010)

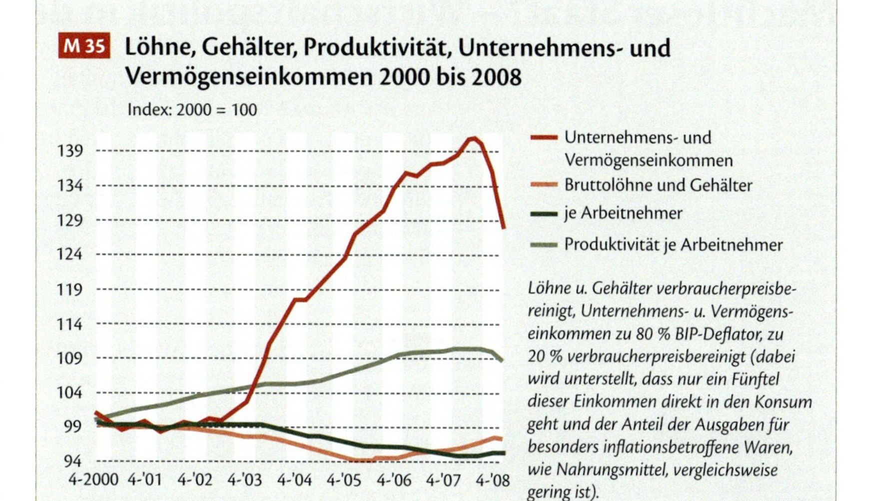

M35 Löhne, Gehälter, Produktivität, Unternehmens- und Vermögenseinkommen 2000 bis 2008

Löhne u. Gehälter verbraucherpreisbereinigt, Unternehmens- u. Vermögenseinkommen zu 80 % BIP-Deflator, zu 20 % verbraucherpreisbereinigt (dabei wird unterstellt, dass nur ein Fünftel dieser Einkommen direkt in den Konsum geht und der Anteil der Ausgaben für besonders inflationsbetroffene Waren, wie Nahrungsmittel, vergleichsweise gering ist).

Quelle: Statistisches Bundesamt

1 Vergleichen Sie die Argumentationen beider Texte und arbeiten Sie die Aspekte heraus, die als Gründe/Auslöser der Finanz- und Wirtschaftskrise benannt werden.

2 Erlutern Sie, inwiefern sich die beiden Erklärungen hinsichtlich der jeweils genannten Ursachen vereinbaren lassen.

Machtloser Staat? – Wirtschaftspolitik in der Globalisierung

Wirtschaftliche Prozesse überschreiten nationale Grenzen: Zunehmende Vernetzung und der Abbau nationaler Handelshemmnisse ermöglichen den weltweiten Austausch von Gütern und Dienstleistungen. Dadurch stehen neben den Unternehmen auch ganze Wirtschaftsstandorte und letztlich auch die Arbeitnehmer in globalen Konkurrenzbeziehungen. Wirtschaftspolitik wird hier tätig, ist zugleich jedoch nach wie vor an den Nationalstaat gebunden. Inwieweit ist wirksame Wirtschaftspolitik im Zeichen der Globalisierung möglich?

M 36 Ministerpräsident will Nokia-Werk retten

Der damalige nordrhein-westfälische Ministerpräsident Jürgen Rüttgers spricht im Januar 2008 zu Nokia-Beschäftigten

Aus einem Zeitungsbericht über den Umgang des damaligen nordrhein-westfälischen Ministerpräsidenten Jürgen Rüttgers mit der Schließung des Bochumer Nokia-Werkes im Jahr 2008:

Nordrhein-Westfalens Ministerpräsident Jürgen Rüttgers (CDU) will die angekündigte Schließung des Nokia-Werks in Bochum durch direkte Gespräche mit der Konzernleitung abwenden. Dem finnischen Mobilfunkunternehmen sollten Vorschläge zur Senkung der Herstellungskosten gemacht werden, sagte Rüttgers am Mittwochabend im ZDF. Zudem warnte er Nokia vor Einbußen im Deutschland-Geschäft im Fall einer Schließung des Bochumer Werks.

Um die geplante Schließung des Bochumer Werks zu verhindern, wollten Landesregierung, Vertreter der Landtagsparteien, die Stadt Bochum sowie der Betriebsrat in den kommenden Tagen eng zusammenarbeiten, sagte Rüttgers im ZDF. Der Geschäftsleitung des finnischen Mobilfunkunternehmens sollten notwendige Veränderungen im Betrieb, bei der Produktion und bei der Arbeitsweise der Mitarbeiter vorgeschlagen werden. Zugleich betonte der Ministerpräsident: „Bisher hat es keinen nachvollziehbaren Grund gegeben, warum diese Schließung erforderlich ist." Die Löhne machten nach Angaben von Nokia gerade mal fünf Prozent der Kosten eines Mobiltelefons aus (*s. auch S. 232*).

Bislang hat es allerdings noch keine direkten Gespräche mit der Spitze des finnischen Handy-Herstellers Nokia gegeben.

Faz.net: Rüttgers will Nokia retten, 17.1.2008, in: http://www.faz.net (Zugriff: 13.9.2010)

M 37 Globalisierung und staatliche Souveränität

Die internationale Verflechtung nimmt ständig zu. Das Ende des Ost-West-Konflikts hat den Prozess der Globalisierung zusätzlich dynamisiert und bezieht Staaten und Regionen ein, die unter den Bedingungen der militärischen und ideologischen Konfrontation gegenüber ihrer Außenwelt abgeschottet waren. Indem Staaten den global handelnden Unternehmen und internationalen Finanzströmen den Weg ebnen, verringern sie ihre eigenen Einflussmöglichkeiten und schwächen ihre traditionellen wirtschafts- und finanzpolitischen Instrumente wie etwa Steuern und Zinsen. Außenwirtschaftliche Liberalisierung, innerstaatliche Deregulierung und die Mechanismen eines globalen Marktes berühren die staatliche Souveränität. Viele Aufgaben, die vormals jede Regierung für sich lösen musste, können nur noch im Verbund mit anderen wahrgenommen werden. (…)

Internationale Institutionen wie die Weltbank, der Internationale Währungsfonds (IWF) und die Welthandelsorganisation (World Trade Organization – WTO) gelten vielfach nur als Motor der Globalisierung und werden damit zur bevorzugten Zielscheibe der Antiglobalisierungsbewegungen. Doch inwieweit ist das berechtigt? „Wenn Probleme global werden, dann muss auch die Politik global handeln", so Bundespräsident Johannes Rau in einer Rede im Mai 2002. „Da geht es um Klimaschutz und um das internationale Finanzsystem, um Standortwettbewerb und Sozialdumping, um Wirtschaftskrisen und Fluchtursachen." Wodurch, wenn nicht durch Vereinbarungen internationaler Organisationen, kann Globalisierung in für alle erträgliche Bahnen gelenkt werden? Global Governance lautet eine Antwort, die die vielen Probleme, die ein Staat allein nicht lösen kann, im Blick hat (*s. M 38*). Bei manchen Aufgaben leuchtet es auf Anhieb ein, dass sie nur gemeinsam bewältigt werden können. Ein vergebliches

Unterfangen ist es, den „sauren Regen" in nur einem Staat zu bekämpfen. So wie ein Land nicht allein für bessere Luftwerte sorgen kann, ist auch kein Anrainer der Nord- oder der Ostsee allein in der Lage, die Wasserqualität in beiden Meeren dauerhaft zu verbessern.

Bernard von Plate: Grundzüge der Globalisierung. In: Informationen zur politischen Bildung, Heft 280: Globalisierung, Bonn 2003

M 38 Lösung „Global Governance"?

Governance ist die Gesamtheit der zahlreichen Wege, auf denen Individuen sowie öffentliche und private Institutionen ihre gemeinsamen Angelegenheiten regeln. Es handelt sich um einen kontinuierlichen Prozess, durch den kontroverse oder unterschiedliche Interessen ausgeglichen werden und kooperatives Handeln initiiert werden kann. Der Begriff umfasst sowohl formelle Institutionen und mit Durchsetzungsmacht versehene Herrschaftssysteme als auch informelle Regelungen, die von Menschen und Institutionen vereinbart oder als im eigenen Interesse angesehen werden. (...) Auf globaler Ebene hat man unter Ordnungspolitik bisher vorwiegend das System der zwischenstaatlichen Beziehungen verstanden, doch heute müssen auch Nichtregierungsorganisationen, Bürgerbewegungen, Multinationale Konzerne und der globale Finanzmarkt miteinbezogen werden. Mit diesen Gruppen und Institutionen interagieren globale Massenmedien, deren Einfluss dramatisch gewachsen ist. (...) Es gibt weder ein einziges Modell oder eine einzige Form der Weltordnungspolitik, noch existiert eine einzige Ordnungsstruktur oder eine Gruppe solcher Strukturen. Es handelt sich um einen breit angelegten, dynamischen und komplexen Prozess interaktiver Entscheidungsfindung, der sich ständig weiterentwickelt und sich ändernden Bedingungen anpasst. (...) Eine wirksame globale Entscheidungsfindung muss daher auf lokal, national und regional getroffenen Entscheidungen aufbauen und diese ihrerseits beeinflussen und muss auf die Fähigkeiten und Ressourcen unterschiedlichster Menschen und Institutionen auf vielen Ebenen zurückgreifen.

„Global Governance" im Bericht der Commission on Global Governance. Zit. nach: Deutscher Bundestag: Schlussbericht der Enquête-Kommission Globalisierung der Weltwirtschaft – Herausforderungen und Antworten, Berlin, Deutscher Bundestag, 2002, S. 415

M 39 Kritik an derzeitigen Global-Governance-Strukturen

An den derzeitigen politischen Strukturen der Global Governance wird vor allem kritisiert, sie hätten sich nicht in dem Maße weiterentwickelt, wie es nötig sei, um den Notwendigkeiten einer (insbesondere ökonomisch) stark globalisierten Welt gerecht zu werden.

- Mangelnde Verbindlichkeit internationaler Normen und geringe Durchsetzung (z. B. 0,7 Prozent des BIP als Zielwert für die Entwicklungshilfe wird von den meisten entwickelten Staaten nach wie vor nicht umgesetzt).
- Mangelnde Abstimmung der nationalen und internationalen Politiken (z. B. nationale Alleingänge im Bereich der Agrarsubventionen trotz Willensbekundungen zur Förderung des internationalen Handels).
- Demokratiedefizit der bestehenden internationalen Organisationen (z. B. strukturelle Benachteiligung von Entwicklungsländern im Rahmen von IWF und Weltbank).
- Mangelndes „Fair Play" im internationalen Handel (z. B. Tendenz zur Benachteiligung gering entwickelter Volkswirtschaften im Rahmen freier Handelsbeziehungen).

Team Global: Kritikpunkte an Global Governance Strukturen, in: http://www.bpb.de (Zugriff: 5.11.2010)

1 Analysieren Sie das Fallbeispiel **M 36** und beurteilen Sie das dort vorliegende Verhältnis von Politik und Wirtschaft.

2 Erläutern Sie, inwiefern der Prozess der Globalisierung die Handlungsfähigkeit der Nationalstaaten beeinflusst.

3 Beurteilen Sie, inwieweit „Global Governance" einen tragfähigen Rahmen für zukünftige Wirtschaftspolitik darstellen kann (s. auch S. 130/131).

Gibt es eine EU-Wirtschaftspolitik?

Die Mitgliedsstaaten der Europäischen Union sind nicht nur politisch, sondern auch wirtschaftlich eng miteinander verbunden. Mit dem Europäischen Binnenmarkt sowie der Wirtschafts- und Währungsunion wurden hierbei Rahmenbedingungen geschaffen, die die wirtschaftliche Entwicklung der EU-Mitglieder in der Vergangenheit entscheidend gefördert haben. Es ist strittig, ob die nationalstaatlich verankerte Wirtschaftspolitik der einzelnen Mitgliedsstaaten mit dieser Entwicklung Schritt halten kann.

Der **Euro** ist inzwischen auch in Zypern (1.1.2008), Malta (1.1.2008), in der Slowakei (1.1.2009) und in Estland (1.1.2011) eingeführt

M41 Europäische Wirtschafts- und Währungsunion

Bei der Wirtschafts- und Währungsunion (WWU) handelt es sich um einen Prozess der Harmonisierung der Wirtschafts- und Währungspolitik der EU-Mitgliedsstaaten, die die Einführung des Euro als gemeinsame Währung ermöglichen soll. Sie war Gegenstand einer Regierungskonferenz 1991 in Maastricht. Die WWU entwickelte sich in drei Stufen:

- Stufe I (1. Juli 1990 bis 31. Dezember 1993): Liberalisierung des Kapitalverkehrs zwischen den Mitgliedsstaaten, engere wirtschaftspolitische Abstimmung der Regierungen, verstärkte Zusammenarbeit der Zentralbanken;
- Stufe II (1. Januar 1994 bis 31. Dezember 1998): Konvergenz der innerstaatlichen Wirtschafts- und Währungspolitiken (Ziele: Preisstabilität und Vermeidung übermäßiger öffentlicher Defizite), Errichtung des Europäischen Währungsinstituts (EWI) und danach der Europäischen Zentralbank (EZB) im Jahr 1998;
- Stufe III (seit 1. Januar 1999): Unwiderrufliche Festlegung der Wechselkurse, Einführung der einheitlichen Währung an den Devisenmärkten und im elektronischen Zahlungsverkehr. Einführung des Euro-Bargelds.

Mit Beginn der dritten Stufe der WWU wurde der Euro in elf Mitgliedsstaaten eingeführt. Zwei Jahre später (2001) kam Griechenland hinzu, und am 1. Januar 2007 trat Slowenien der Eurozone bei. (...)

Um den langfristigen Erfolg der WWU zu sichern, müssen die Haushaltskonsolidierung fortgesetzt und die Wirtschaftspolitik der Mitgliedsstaaten besser koordiniert werden.

Europäische Union: Europa-Glossar, in: http://europa.eu (Zugriff: 14.9.2010)

M40 Der Europäische Binnenmarkt

Freier Personenverkehr	Freier Dienstleistungsverkehr
– Wegfall von Grenzkontrollen – Harmonisierung der Einreise-, Asyl-, Waffen-, Drogengesetze – Niederlassungs- und Beschäftigungsfreiheit für EU-Bürger – Verstärkte Außenkontrolle	– Liberalisierung der Finanzdienste – Harmonisierung der Banken- und Versicherungsaufsicht – Öffnung der Transport- und Telekommunikationsmärkte
Freier Warenverkehr	**Freier Kapitalverkehr**
– Wegfall der Grenzkontrollen – Harmonisierung oder gegenseitige Anerkennung von Normen und Vorschriften – Steuerharmonisierung	– Größere Freizügigkeit für Geld- und Kapitalbewegungen – Schritte zu einem gemeinsamen Markt für Finanzdienstleistungen – Liberalisierung des Wertpapierverkehrs

Nach: Bundeszentrale für politische Bildung: Wirtschaft heute, Bonn 2009, S. 279

M42 Herausforderung für die EU-Wirtschaftspolitik: Die Griechenland-Krise

Im November 2009 wurde Europa von einer beunruhigenden Nachricht aufgeschreckt: Der neu gewählte Ministerpräsident Griechenlands, Giorgos Papandreou, musste nach Übernahme der Amtsgeschäfte verkünden, dass sein Land – entgegen bisheriger Annahmen – im laufenden Jahr ein Staatsdefizit von 12,7 Prozent des BIP zu verzeichnen habe. Die Gesamtschulden Griechenlands beliefen sich zu diesem Zeitpunkt auf über 300 Mrd. US-$.

Als Gründe für die Entstehung eines so enormen Haushaltsdefizits wurden verschiedene Faktoren identifiziert: Neben sehr hohen Ausgaben für einen vergleichsweise überdimensionierten staatlichen Verwaltungsapparat, verbreiteter Steuerhinterziehung sowie Korruption, wird in diesem Zusammenhang vielfach auf eine ausgeprägte wirtschaftliche Leistungsschwäche verwiesen, die sich in einer geringen internationalen Konkurrenzfähigkeit der griechischen Wirtschaft ausdrückt und hohe Leistungsbilanzdefizite (Importe übersteigen die Exporte) bedingt.

Ob allerdings die griechische Haushaltskrise tatsächlich vollkommen plötzlich und unvorhersehbar ausbrach, ist umstritten. So wurde bereits im Jahr 2004 bekannt, dass Griechenland nur durch manipulierte Angaben zum eigenen Staatshaushalt die Verschuldungsgrenze zur Einführung des Euro unterschritten hatte. Auch ist mittlerweile aufgedeckt worden, dass sich die US-Investmentbank Goldman Sachs lange vor Ausbruch der aktuellen Krise über sog. Währungstauschgeschäfte an der Manipulation des griechischen Staatshaushalts beteiligte. Die Bank verdiente hieran, und die griechische Regierung erhielt verdeckte Kredite. Schließlich machen die hohen Rüstungsausgaben seit Jahren einen wesentlichen (und im europäischen Vergleich überproportionalen) Posten im griechischen Staatshaushalt aus: Nutznießer dieser Ausgaben ist u. a. aber auch die deutsche Rüstungsindustrie, deren Geschäfte in der Vergangenheit z.T. durch die deutsche Regierung gefördert wurden. Die Haushaltskrise Griechenlands ging mit sehr problematischen Folgen einher: Aufgrund der bereits enorm hohen Staatsverschuldung verteuerte sich die Beschaffung neuer Kreditmittel (die wiederum für die Begleichung bestehender Forderungen dringend benötigt wurden) für Griechenland massiv. Die Konsequenz hieraus: Griechenland geriet an den Rand der Zahlungsunfähigkeit, es drohte der Staatsbankrott. Dies wiederum rief Befürchtungen der anderen Mitgliedsländer der Europäischen Währungsunion hervor: Denn die Zahlungsunfähigkeit eines Euro-Staates hätte unabsehbare Folgen für die Stabilität der gemeinsamen Währung. Dringend gefragt waren deshalb (wirtschafts-)politische Antworten auf die Griechenland-Krise: Nachdem es den Partnerländern innerhalb der EU zunächst schwer fiel, eine gemeinsame Linie zu finden (was zu einer Zunahme von Spekulationen und einer Zuspitzung der Lage beitrug), wurde schließlich ein gemeinsames Rettungspaket der EU und des IWF beschlossen, das Griechenland einen Kreditrahmen von insgesamt 750 Mrd. Euro sicherte. Verknüpft wurden diese Rettungsmaßnahmen mit strikten Spar- und Reform(selbst)verpflichtungen der griechischen Regierung. *Autorentext*

M43 Griechenland-Krise und gemeinsame EU-Wirtschaftspolitik

Da aktuell noch kein umfassender Ansatz einer gemeinsamen Wirtschaftspolitik der EU besteht, überwiegt nationalstaatliche Wirtschaftspolitik. Im Zusammenhang mit der Griechenland-Krise wird die Notwendigkeit einer gemeinsamen Wirtschaftspolitik jedoch verstärkt diskutiert. Insbesondere werden dabei die folgenden (potenziellen) Aufgabenfelder in den Blick genommen:

- Wirksame Überwachung der Haushaltspolitik (Staatseinnahmen und -ausgaben, Verschuldung) der Mitgliedsstaaten, inkl. wirksamer und automatisch eintretender Sanktionen (z.B. befristete Streichung von EU-Mitteln) im Falle dauerhaft hoher Defizite (Ausgaben übersteigen die Einnahmen), um Überschuldungen zu vermeiden;
- tendenzielle Angleichung der Löhne im Euroraum, um eine einheitliche Wettbewerbsfähigkeit zu gewährleisten;
- Abstimmung der Strukturpolitik der Mitgliedsländer, um regionale wirtschaftliche Unterschiede gezielt und koordiniert ausgleichen zu können;
- Angleichung der sozialen Sicherungssysteme, um einheitliche Wettbewerbsbedingungen sowie eine einheitliche Ausgabenbasis für die Mitgliedsstaaten zu schaffen;
- Angleichung Steuerpolitik, um einheitliche Wettbewerbsbedingungen sowie eine einheitliche Einnahmenbasis für die Mitgliedsstaaten zu schaffen;
- Abbau von Handelsbilanzunterschieden (Volkswirtschaften mit hohen Exportüberschüssen gegenüber Volkswirtschaften mit hohen Importüberschüssen), um Überschuldungen und Rezessionen in den importlastigen Volkswirtschaften zu vermeiden.

Autorentext

M44 „Unter schwarzen Wolken"

Zeichnung: Plaßmann

1 Ermitteln Sie die Bedeutung, die die wirtschaftliche Integration der Europäischen Union für Sie selbst hat.

2 Diskutieren Sie, ob die Umsetzung einer gemeinsamen EU-Wirtschaftspolitik einen zweiten „Fall Griechenland" verhindern würde.

3 Erörtern Sie: Wo liegen zentrale Erfordernisse für eine EU-Wirtschaftspolitik und wodurch wird deren Umsetzung behindert?

4 Analysieren und interpretieren Sie die Karikatur.

Internationale Zusammenarbeit – die OECD

Vor dem Hintergrund der zunehmenden weltwirtschaftlichen Vernetzung kommt der internationalen wirtschaftspolitischen Zusammenarbeit eine hohe Bedeutung zu. Die BRD ist in diesem Zusammenhang in unterschiedliche Organisationen eingebunden. Hierzu gehört auch die Mitgliedschaft in der Organisation für wirtschaftliche Zusammenarbeit und Entwicklung (OECD).

Die 34 OECD-Mitgliedsstaaten:
Australien
Belgien
Chile
Dänemark
Deutschland
Estland
Finnland
Frankreich
Griechenland
Irland
Island
Israel
Italien
Japan
Kanada
Korea
Luxemburg
Mexiko
Neuseeland
Niederlande
Norwegen
Österreich
Polen
Portugal
Schweden
Schweiz
Slowakei
Slowenien
Spanien
Tschechien
Türkei
Ungarn
Vereinigtes Königreich
Vereinigte Staaten

M45 Aus dem Übereinkommen über die OECD, Dezember 1960

Artikel 1
Ziel der Organisation für Wirtschaftliche Zusammenarbeit und Entwicklung (...) ist es, eine Politik zu fördern, die darauf gerichtet ist,
5 a) in den Mitgliedsstaaten unter Wahrung der finanziellen Stabilität eine optimale Wirtschaftsentwicklung und Beschäftigung sowie einen steigenden Lebensstandard zu erreichen und dadurch zur Ent-
10 wicklung der Weltwirtschaft beizutragen,
b) in den Mitglieds- und Nichtmitgliedsstaaten, die in wirtschaftlicher Entwicklung begriffen sind, zu einem gesunden wirtschaftlichen Wachstum beizutragen, und
15 c) im Einklang mit internationalen Verpflichtungen auf multilateraler und nichtdiskriminierender Grundlage zur Ausweitung des Welthandels beizutragen. (...)

Artikel 3
20 Um die in Artikel 1 niedergelegten Ziele zu erreichen (...), kommen die Mitglieder überein,
a) einander fortlaufend zu unterrichten und der Organisation die zur Bewältigung ihrer Aufgaben erforderlichen Informatio-
25 nen zu liefern,
b) einander fortlaufend zu konsultieren, Untersuchungen durchzuführen und an vereinbarten Vorhaben teilzunehmen sowie
c) eng zusammenzuarbeiten und, soweit an-
30 gebracht, ihr Vorgehen zu koordinieren. (...)

Artikel 5
Um ihre Ziele zu erreichen, kann die Organisation
35 a) Beschlüsse fassen; diese sind für alle Mitglieder bindend, soweit nichts anderes vorgesehen,
b) Empfehlungen an die Mitglieder richten, sowie
40 c) mit Mitgliedern, Nichtmitgliedstaaten und internationalen Organisationen Vereinbarungen abschließen.

http://www.oecd.org/document/25/0,3343,de_34968570_35009030_40215897_1_1_1_1,00.html (Zugriff: 18.9.2010)

M46 OECD-Wirtschaftsbericht: Kritik am deutschen Schulsystem

Die größten Wirtschaftsnationen der Welt haben ihr OECD-Partnerland Deutschland zu umfassenden Bildungsreformen aufgefordert. Zur Verbesserung des Fachkräftenachwuch-
5 ses sollten künftig alle Haupt- und Realschulen zusammengelegt werden. Auch sollte Deutschland davon Abstand nehmen, Kinder schon im Alter von zehn Jahren auf verschiedene Schulformen aufzuteilen. Dies geht aus
10 dem „Wirtschaftsbericht für Deutschland" der Organisation für Wirtschaftliche Zusammenarbeit und Entwicklung hervor (...).
Empfohlen wird zudem die Einführung von Studiengebühren mit einkommensabhängi-
15 ger Rückzahlung, mehr Qualität der Lehrerausbildung und eine Berufsvorbereitung für die Erzieher in Kindergärten auf Hochschulniveau. (...)
Bei dem Wirtschaftsbericht handelt es sich
20 um abgestimmte Empfehlungen der anderen 29 OECD-Mitgliedsstaaten an Deutschland.

Faz.net/dpa: Kritik am deutschen Schulsystem, FAZ.net v. 9.4.2008, in: http://www.faz.net (Zugriff: 15.9.2010)

1 Analysieren Sie die zentralen Vorstellungen über Wirtschaft und Wirtschaftspolitik, denen die OECD verpflichtet ist.

2 Beurteilen Sie am Beispiel von **M 46**: Was haben die OECD-Empfehlungen mit Wirtschaft/Wirtschaftspolitik zu tun?

Methode: Funktionale und intentionale Aussagen

Sozialwissenschaftliches Erkennen und Erklären bezieht sich auf unterschiedlichste Phänomene aus den Bereichen Politik, Gesellschaft und Wirtschaft. Politische, soziale und ökonomische Realität kann dabei zum Gegenstand unterschiedlicher Arten sozialwissenschaftlicher Aussagen bzw. Erklärungen werden. Unter anderem werden dabei funktionale von intentionalen Aussagen unterschieden.

M47 Sozialwissenschaftliche Hermeneutik

Jeder Sozialwissenschaftler hat es, bevor er sich an Prognosen wagt, zunächst einmal mit der Beschreibung und Analyse jener Konstruktionen zu tun, auf die sich Handeln und Planen von Gesellschaftsmitgliedern in alltäglicher, pragmatischer Perspektive beziehen: der Konstruktionen „erster Ordnung" (...) – der alltäglichen, soziohistorisch verankerten Typen, Modelle, Routinen, Plausibilitäten, Wissensformen, Wissensbestände und (oft impliziten) Schlussverfahren. Indem er sich damit beschäftigt, verdoppelt er in seinen Rekonstruktionen nicht einfach die jeweiligen Konstrukte alltäglichen Handelns. Vielmehr überzieht er in den Prozessen des Beschreibens, Verstehens und Erklärens die alltäglichen Konstruktionen mit einem Netz von Kategorisierungen, idealtypischen Annahmen, Modellen, Ex-post-Schlüssen (*Beurteilung aus nachträglicher Sicht*) und Kausalisierungen oder Finalisierungen.
Der wissenschaftliche Interpret macht also nichts prinzipiell anderes als das, was Menschen im Alltag auch tun: Er deutet Wahrnehmungen als Verweise auf einen ihnen zugrunde liegenden Sinn hin. Aber anders als der Alltagsmensch versucht der wissenschaftliche Interpret, sofern er hermeneutisch reflektiert arbeitet, sich über die Voraussetzungen und die Methoden seines Verstehens Klarheit zu verschaffen. Denn dadurch, und nur dadurch, wird Verstehen zu einer wissenschaftlichen Methode.

Hans-Georg-Soeffner/Ronald Hitzler: Hermeneutik als Haltung und Handlung, 1994, in: www.hitzler-soziologie.de/pdf/hitzler_1994a.pdf (Zugriff: 16.9.2010)

M48 Funktionale und intentionale Aussagen:

Sozialwissenschaftliche Hermeneutik umfasst die interpretative Erschließung wahrgenommener Aspekte der sozialen Realität. Von besonderer Bedeutung ist hierbei eine reflektierte Vorgehensweise, die die jeweilige Prägung gewonnener Aussagen vergegenwärtigt und offenlegt. In diesem Zusammenhang können verschiedene Aussagetypen unterschieden werden. Eine wichtige Unterscheidung findet dabei zwischen funktionalen und intentionalen Aussagen statt:

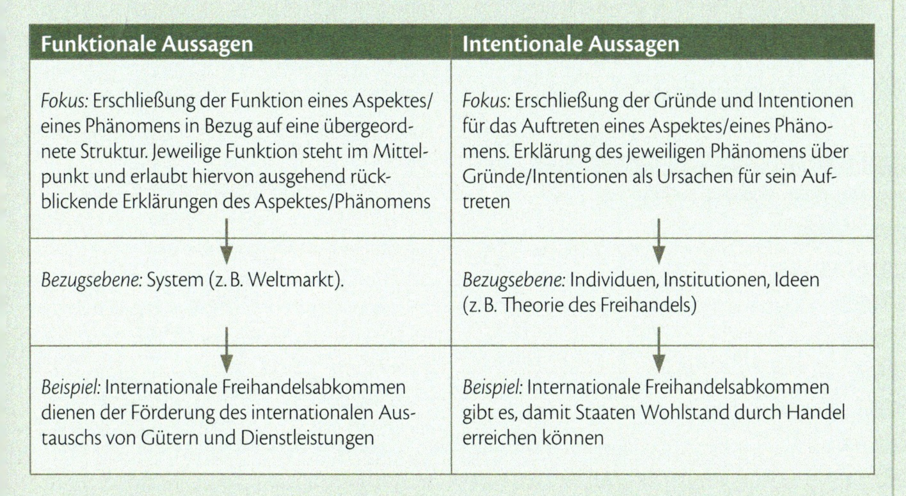

Funktionale Aussagen	Intentionale Aussagen
Fokus: Erschließung der Funktion eines Aspektes/eines Phänomens in Bezug auf eine übergeordnete Struktur. Jeweilige Funktion steht im Mittelpunkt und erlaubt hiervon ausgehend rückblickende Erklärungen des Aspektes/Phänomens	*Fokus:* Erschließung der Gründe und Intentionen für das Auftreten eines Aspektes/eines Phänomens. Erklärung des jeweiligen Phänomens über Gründe/Intentionen als Ursachen für sein Auftreten
↓ *Bezugsebene:* System (z. B. Weltmarkt).	↓ *Bezugsebene:* Individuen, Institutionen, Ideen (z. B. Theorie des Freihandels)
↓ *Beispiel:* Internationale Freihandelsabkommen dienen der Förderung des internationalen Austauschs von Gütern und Dienstleistungen	↓ *Beispiel:* Internationale Freihandelsabkommen gibt es, damit Staaten Wohlstand durch Handel erreichen können

Eigene Darstellung, nach: www.politikwissenschaft.tu-darmstadt.de/fileadmin/pg/lehrveranstaltungen/SS06/ATT00014.pdf (Zugriff: 28.9.2010)

Wie soll das System weltweit gestaltet werden? – Die WTO

Der grenzüberschreitende freie Handel von Gütern und Dienstleistungen gilt als Fundament des Wohlstands in einer globalisierten Welt. Um die positiven Auswirkungen des freien Handels umfassend nutzbar zu machen, stellt sich die Frage, wie dieser optimal gefördert werden kann. Zudem ist es erforderlich, Handelskonflikte schnell und effizient zu lösen. Eine wichtige Institution im Welthandel stellt dabei die Welthandelsorganisation (WTO) dar.

M 49 Streitfall: Agrarabkommen der WTO

Seit langem kritisieren Nichtregierungsorganisationen (*NGOs*, *s. S. 52*) die Bestimmungen der WTO: Sie verschafften den Industrieländern Vorteile, Entwicklungsländer würden ausgebeutet. Oberstes Ziel der WTO sind Handelsliberalisierungen wie der Abbau von protektionistischen Maßnahmen zum Schutz der Produktion eines Landes. „Freihandel" heißt das Zauberwort, wonach jeder Akteur zu gleichen Chancen und Bedingungen den globalen Markt ohne Beschränkungen und Hürden nutzen kann – zumindest in der Theorie.
Leider bringt das globale Dorf keineswegs nur Gewinner, sondern auch etliche Verlierer hervor. Das Agrarabkommen der WTO ist ein solches Beispiel: In vielen Entwicklungsländern hat die Öffnung der Märkte zu einer Flut von billigen Importprodukten geführt und die heimische Produktion zerstört. Zwar sind vor der WTO alle gleich, doch haben die wohlhabenden Länder des Nordens einen deutlichen Vorteil: Sie können ihre Waren so stark subventionieren, dass die Kleinbauern die Dumpingpreise nicht unterbieten können.
NGOs schätzen, dass reiche Industrieländer wie Frankreich, England, Deutschland und die USA ihre eigene Landwirtschaft mit einer Milliarde Dollar pro Tag subventionieren. Die Hilfsorganisation Oxfam International hat errechnet, dass die Preise infolgedessen mehr als ein Drittel unter den eigentlichen Produktionskosten liegen, wodurch kleine Produzenten nicht mehr konkurrenzfähig sind.
Oxfam verdeutlicht das Ungleichgewicht am Beispiel der Milchpulverexporte: Jede Kuh in Europa würde täglich mit zwei US-Dollar bezuschusst, zusätzlich zu den Subventionen der Milchexporte. Die Folge sei, dass Milchpulver viele Märkte Afrikas überschwemmt. (...)
Ein besonderer Streitpunkt zwischen der WTO und der EU ist die Subvention von Zucker. Vergangenes Jahr (*2004*) hatten Brasilien, Australien und Thailand gegen die Subventionspolitik der EU geklagt. Ende April bestätigte die WTO nun ihr Urteil vom Januar, das den Klägern Recht gab: Die EU habe eine zu große Menge Zucker widerrechtlich exportiert und damit wettbewerbsfähige Produzenten in Übersee unterboten. Internationale Entwicklungsorganisationen begrüßten das Urteil und hoffen nun, dass die EU Reformen einleitet, die einen gerechteren Handel ermöglichen. „Das Urteil bestätigt, dass die EU WTO-Recht bricht und dabei Entwicklungsländern ernsthaften Schaden zufügt," kommentierte der Leiter der Oxfam-Kampagne „Make Trade Fair", Phil Bloomer, den Schiedsspruch. Die EU-Kommission lenkte ein und versprach, die Bedingungen in die Verhandlungen der Agrarverträge mit aufzunehmen.
Während einer Organisation wie Oxfam die Reformpläne der EU nicht weit genug gehen und sie ein sofortiges Ende des Exportdumpings und einen besseren Zugang zum europäischen Markt fordert, bewerten Bauernverbände das Urteil anders: Die Wirtschaftliche Vereinigung Zucker (WVZ), die 48 000 Zuckerrübenbauern und Zuckerfabriken vereinigt, forderte die EU auf, den Schiedsspruch nicht tatenlos hinzunehmen.
Ariane Moos: Welthandel – Hoffnung für Entwicklungsländer? Zeit.de v. 17.5.2005, in: http://www.zeit.de/2005/20/wto (Zugriff: 12.9.2010)

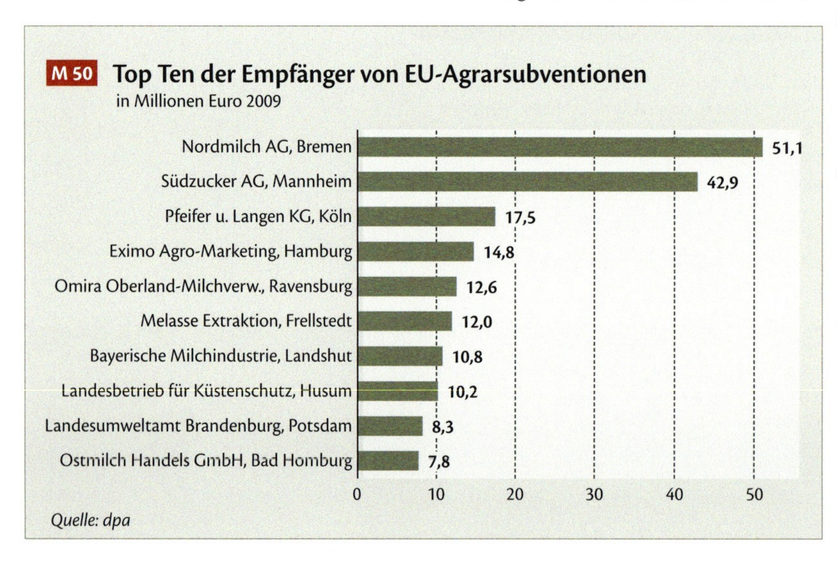

M51 Die Welthandelsorganisation

Die WTO wurde 1995 als Nachfolgeorganisation des Allgemeinen Zoll- und Handelsabkommens (GATT) gegründet; Sitz ist Genf. Die WTO ist eine Sonderorganisation der Vereinten Nationen, hat 153 Mitglieder (2010) und ist neben dem Internationalen Währungsfonds (IWF) und der Weltbank die wichtigste Institution zur Behandlung internationaler Wirtschaftsprobleme. Im Mittelpunkt der handelspolitischen Vereinbarungen steht die Meistbegünstigung (d.h. Zollvergünstigungen eines Landes müssen gegenüber allen Handelspartnern gelten) und die Nichtdiskriminierung (d.h., erlaubte Ausnahmen vom Verbot der Mengenbeschränkung) müssen für alle Teilnehmer gelten. (...) Die wichtigsten Organe der WTO sind: 1) die zweijährig tagende Ministerkonferenz, die 2) den Generalsekretär wählt; zwischen den Ministerkonferenzen führt 3) der Allgemeine Rat die Geschäfte. Darüber hinaus bildet die Streitschlichtungsvereinbarung (DSU) eine zentrale Neuerung, durch die etwaige Vertragsbrüche von einem von den beteiligten Staaten unabhängigen Gremium (DSB) in einem Schiedsgerichtsverfahren entschieden werden.

Klaus Schubert/Martina Klein: Das Politiklexikon, Bonn, Dietz, 2006, in: http://www.bpb.de (Zugriff: 15.9.2010, eig. Ergänzung)

M52 Die World Trade Organization (WTO)

Quelle: Bundeszentrale für politische Bildung 2009

M53 WTO und Liberalisierung des Welthandels

Das General Agreement on Tariffs and Trade (GATT) sowie die World Trade Organization (WTO) als seine Nachfolgerin haben durch ihr multilaterales Management maßgeblich zur Liberalisierung des Welthandels seit dem Ende des Zweiten Weltkriegs beigetragen (...). Bei der Entstehung des GATT 1948 betrugen die Warenzölle der Mitgliedsstaaten im Durchschnitt 40 Prozent; mit dem Abschluss der Uruguay-Runde von 1994 waren sie auf einen Satz von 2,9 Prozent gesenkt worden. (...) Neben dem Abbau von tarifären (Zölle) und nicht-tarifären Handelshemmnissen (Subventionen, Quoten, Standards etc.) gelang im Rahmen von GATT/WTO der Aufbau einer umfassenden Welthandelsordnung. Sie setzt sich aus Abkommen über den Handel mit Waren (GATT), Dienstleistungen (General Agreement on Trade in Services, GATS) sowie über geistige Eigentumsrechte (Agreement on Trade-Related Aspects of Intellectual Property Rights, TRIPS) zusammen. (...) Diese Erfolge haben maßgeblich dazu beigetragen, dass der Handel mit Waren und Dienstleistungen in den vergangenen 50 Jahren stärker angestiegen ist als jemals zuvor.

Stefan A. Schirm: Internationale Politische Ökonomie, Baden-Baden 2004, S. 25

Die **Uruguay-Runde** war die achte im Rahmen des GATT durchgeführte Welthandelsrunde. Sie begann im Jahr 1986 und endete 1994.

1 Stellen Sie die wesentlichen Zielsetzungen der WTO dar (s. auch S. 86/87). Recherchieren Sie zu den Inhalten der „Uruguay-Runde“.

2 Analysieren Sie das Beispiel **M 49** und legen Sie dar: Welche unterschiedlichen Interessen treffen hier aufeinander und welchen Beitrag kann die WTO zur Problembewältigung leisten?

3 Erörtern Sie danach Regelungen, die aus Ihrer Sicht zu ergreifen wären.

Themen und Hinweise

Mögliche Themen für Referate und Themenbereiche von Facharbeiten

Hinweis: Die konkrete Themenstellung der Facharbeit kann nur in engem Kontakt mit der betreuenden Fachlehrerin bzw. dem Fachlehrer festgelegt werden.

- Braucht Marktwirtschaft Wirtschaftspolitik? Möglichkeiten und Grenzen politischer Eingriffe in das Wirtschaftsgeschehen
- Theorie und Praxis angebotsorientierter Wirtschaftspolitik
- Theorie und Praxis nachfrageorientierter Wirtschaftspolitik
- Alternative Wirtschaftspolitik – ein Zukunftsmodell?
- Wirtschaftspolitik in der Krise – wirtschaftspolitische Antworten auf die Finanz- und Wirtschaftskrise
- Der Prozess der Globalisierung – Ende oder Neubeginn wirkungsvoller Wirtschaftspolitik?
- Zwischen wirtschaftlicher Integration und wirtschaftspolitischer Machtlosigkeit – die EU am Scheideweg
- Die Rolle der BRD in grenzübergreifenden wirtschaftspolitischen Organisationen und Prozessen am Beispiel von OECD und WTO
- Die WTO als Institution zur Regelung der Weltwirtschaft?

Zur Übung und Vertiefung

- Analysieren Sie arbeitsteilig den Text von Hans-Jürgen Schlösser und informieren Sie sich gegenseitig über unterschiedliche wirtschaftspolitische Handlungsfelder und Konzepte: ***www.bpb.de/publikationen/77XYMK,0,0,Staatliche_Handlungsfelder_in_einer_Marktwirtschaft.html***
- Analysieren Sie die Kurzfassung des Memorandums 2010 der Arbeitsgruppe alternative Wirtschaftspolitik unter besonderer Berücksichtigung wirtschaftspolitischer Handlungsempfehlungen: ***www.alternative-wirtschaftspolitik.de/veroeffentlichungen_der_arbeitsgruppe/memorandum_2010/index.html***
- Ermitteln Sie die Vorhaben und Fortschritte der Bundesregierung in Bezug auf die Regulierung der Finanzmärkte und bewerten Sie diese aus wirtschaftspolitischer Sicht: ***www.bundesfinanzministerium.de/nn_69116/DE/Buergerinnen__und__Buerger/Gesellschaft__und__Zukunft/finanzkrise/20100730-Finanzmarktregulierung.html?__nnn=true***
- Analysieren Sie den Text von Gustav Horn zur Wirtschaftspolitik in Zeiten der Globalisierung: ***www.fes-online-akademie.de/download.php?d=gustav_horn.pdf***
- Analysieren Sie den Text zur EU-Wirtschaftspolitik: ***http://www.euractiv.de/finanzplatz-europa/artikel/eu-wirtschaftspolitik-mehr-ueberwachung-mehr-sanktionen-003107***

Hinweise zur Weiterarbeit

– ***www.bpb.de/publikationen/V9HHCO,0,0,Wirtschafts politik.html***	Publikation zum Thema Wirtschaftspolitk
– ***www.alternative-wirtschaftspolitik.de***	Internetpräsenz der Arbeitsgruppe alternative Wirtschaftspolitik
– ***www.bundesfinanzministerium.de/nn_54/DE/Buergerinnen__und__Buerger/Gesellschaft__und__Zukunft/finanzkrise/node.html?__nnn=true***	Themenschwerpunkt Finanzmarktkrise des Bundesfinanzministeriums
– ***www.konjunkturpaket.de/Webs/KP/DE/Homepage/home.html***	Informationsportal über die Konjunkturpakete der Bundesregierung
– ***www.dgb.de/themen?k:list=Politik%20%26%20Gesellschaft***	Themenschwerpunkt Politik auf den Internetseiten des Deutschen Gewerkschaftsbundes
– ***www.oecd.org/pages/0,3417,de_34968570_34968795_1_1_1_1_1,00.html***	Deutschsprachige Internetseiten der OECD
– ***www.wto.org/***	Internetseiten der WTO

7 Wirtschaftspolitische Instrumentarien

In der Marktwirtschaft regelt sich das Wirtschaftsleben über die Mechanismen des Marktes – so die Vertreter des klassischen Liberalismus. In der Praxis des Wirtschaftslebens hat es jedoch kaum ein Staat vermocht, sich gänzlich herauszuhalten. So gibt es in allen westlichen Industriestaaten einen großen Bereich der Wirtschaft, der direkt vom Staat abhängt bzw. vom Staat reguliert wird, in dem der Staat Wirtschaftspolitik betreibt. In Deutschland orientiert sich diese an den Zielen des so genannten magischen Vier- bzw. Sechsecks. Um diese Ziele zu erreichen, stehen der Wirtschaftspolitik und deren Akteuren unterschiedliche Instrumentarien zur Verfügung, die in den jeweiligen Teilbereichen der Wirtschaftspolitik zur Anwendung kommen – etwa in der Wettbewerbs-, Arbeitsmarkt-, Fiskal-, Geld-, Konjunktur- und Sozialpolitik.
Nach Bearbeitung des Kapitels sollten Sie wichtige Instrumentarien staatlicher Wirtschaftspolitik kennen und in Ihrer Wirkung beurteilen können.

Was kann man tun? – Wirtschaftspolitische Möglichkeiten

Das System der Marktwirtschaft vertraut darauf, dass ein möglichst freies Spiel der Marktkräfte zu optimalen Ergebnissen führen kann. Gleichwohl zeigt ein Blick in die Realität, dass Marktwirtschaft in einem gewissen Maß auch auf wirtschaftspolitische Begleitung angewiesen ist.

Karl Schiller (SPD, links, Bundeswirtschaftsminister 1966–1972) und Franz Josef Strauß (CSU, Bundesfinanzminister 1966–1969) waren maßgeblich an der Entwicklung des Stabilitäts- und Wachstumsgesetzes von 1967 beteiligt. Aufnahme von 1967

M1 Gesamtwirtschaftliches Gleichgewicht und Wirtschaftspolitik

Das „Gesetz zur Förderung der Stabilität und des Wachstums der Wirtschaft" von 1967 entstand als Folge der ersten Wirtschaftskrise nach dem Zweiten Weltkrieg im Jahr 1966/1967. Auszug:

§ 1: Bund und Länder haben bei ihren wirtschafts- und finanzpolitischen Maßnahmen die Erfordernisse des gesamtwirtschaftlichen Gleichgewichts zu beachten. Die Maßnahmen sind so zu treffen, dass sie im Rahmen der marktwirtschaftlichen Ordnung gleichzeitig zur Stabilität des Preisniveaus, zu einem hohen Beschäftigungsstand und außenwirtschaftlichem Gleichgewicht bei stetigem und angemessenem Wirtschaftswachstum beitragen.

Gesetz zur Förderung der Stabilität und des Wachstums der Wirtschaft, in: http://bundesrecht.juris.de/stabg/index.html (Zugriff: 3.9.2010)

M2 Dimensionen des gesamtwirtschaftlichen Gleichgewichts

Die Wirtschaftspolitik in der BRD ist dem gesamtwirtschaftlichen Gleichgewicht verpflichtet. Hauptanliegen ist dabei, das aktuelle und zukünftige marktwirtschaftliche Geschehen zu sichern und zu stabilisieren. Die einzelnen Dimensionen des marktwirtschaftlichen Gleichgewichts werden in einem vernetzten, sich einander beeinflussenden Verhältnis gesehen. Eine gleichzeitige Erreichung dieser Dimensionen ist der höchste Anspruch einer marktwirtschaftlich orientierten Wirtschaftspolitik. Da zwischen den einzelnen Dimensionen jedoch Zielkonflikte bestehen, wird eine vollkommene Umsetzung dieses Anspruchs als mit normalen Mitteln kaum erreichbar angesehen. In diesem Zusammenhang wurde deshalb der Begriff des „magischen Vierecks" geprägt (s. M 3).

Autorentext

Inflation: allgemeiner Anstieg der Preise für Waren und Dienstleistungen über einen längeren Zeitraum, der zu einem Wertfall des Geldes und damit zu einem Verlust seiner Kaufkraft führt

Strukturelle Arbeitslosigkeit: Form der Arbeitslosigkeit, die aus deutlichen Unterschieden der Struktur von Arbeitsangebot und -nachfrage resultiert, zumeist lang anhaltend ist und nur durch aufwändige Qualifikationsmaßnahmen – zum Teil – bewältigt werden kann

M3 Das „magische Viereck" der Wirtschaftspolitik

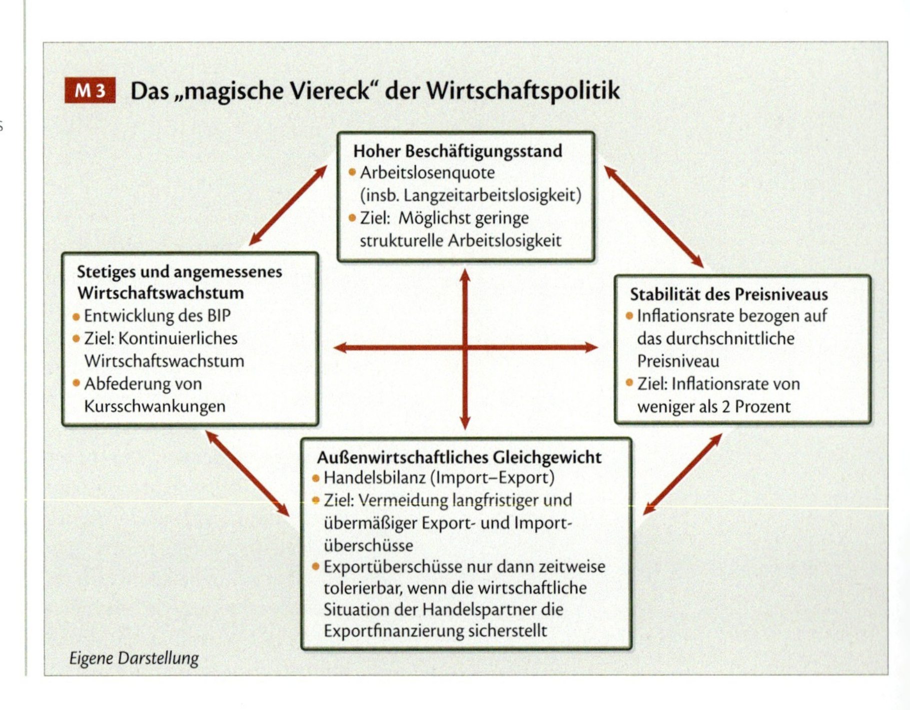

Eigene Darstellung

M4 Vom „magischen Viereck" zum „magischen Sechseck"?

Die im „magischen Viereck" zusammengefassten wirtschaftspolitischen Zieldimensionen (M3) beschreiben den Kernbereich marktwirtschaftlich orientierter Wirtschafts-[5] politik. Zugleich werden andere wesentliche Aspekte nicht ausdrücklich berücksichtigt. Deshalb besteht mit dem „magischen Sechseck" ein entsprechender Erweiterungsvorschlag. Neben den vier genannten Dimensio-[10] nen werden dabei zusätzlich die Dimensionen „soziales Gleichgewicht" (soziale Abfederung von Marktergebnissen, gerechte Einkommens- und Vermögensverteilung) sowie „ökologisches Gleichgewicht" (nachhaltiges, [15] ressourcenschonendes Wirtschaftswachstum) integriert (s. M5). Diese Erweiterung steht in engem Bezug zum Konzept der sozialen Marktwirtschaft sowie zur verstärkten Wahrnehmung der Zusammenhänge zwi-[20] schen Ökonomie und Ökologie.

Autorentext

M5 Ziele und Handlungsmöglichkeiten der Wirtschaftspolitik

Wirtschaftspolitik in der Marktwirtschaft kann zur Erreichung ihrer Ziele auf unterschiedliche Strategien und Instrumente zurückgreifen. Von grundsätzlicher Bedeutung ist dabei jeweils die Orientierung am gesamtwirtschaftlichen Gleichgewicht.

Stabilität des Preisniveaus:	Hoher Beschäftigungsstand:
Geldpolitik ➔ Regulierung der Geldmenge bzw. des Geldumlaufs über Maßnahmen der Zentralbank (z. B. Leitzins-Änderungen).	**Strukturpolitik, Arbeitsmarktpolitik** ➔ Förderung der Rahmenbedingungen bestimmter Wirtschaftszweige, Anpassungen der Qualifikationsstruktur (z. B. Subventionen, Qualifizierungsprogramme).
Außenwirtschaftliches Gleichgewicht:	**Stetiges und angemessenes Wirtschaftswachstum:**
Handelspolitik, Außenwirtschaftspolitik ➔ Regelung des Zugangs ausländischer Anbieter zu den heimischen Märkten (z. B. über Zölle, Produktstandards), Erschließung internationaler Absatzmärkte (z. B. über Handelsabkommen).	**Fiskalpolitik, Wachstumspolitik, Wettbewerbspolitik** ➔ Konjunktur- und Infrastrukturförderung, Sicherung marktwirtschaftlicher Rahmenbedingungen.
Soziales Gleichgewicht:	**Ökologisches Gleichgewicht:**
Sozialpolitik ➔ Ausgleich von in sozialer Hinsicht unzureichenden Marktergebnissen (z. B. über eine überproportional ansteigende steuerliche Belastung hoher Einkommen).	**Umweltpolitik** ➔ Verringerung bzw. Vermeidung umweltschädlicher Auswirkungen wirtschaftlichen Handelns (z. B. über Umweltvorschriften, Verbrauchssteuern).

Eigene Darstellung

1 Beschreiben Sie die Ziele der Wirtschaftspolitik in der BRD in Bezug auf ihre je spezifische sowie ihre gemeinsame Ausrichtung (**M5**). Nennen Sie weitere mögliche Ziele und beschreiben Sie, zu welchen Zielkonflikten es kommen kann.

2 Erarbeiten Sie in Arbeitsgruppen Kurzreferate zu unterschiedlichen Zielen und Strategien der Wirtschaftspolitik. Integrieren Sie nach Möglichkeit aktuelle Fallbeispiele und stellen Sie einen Bezug zum Konzept des gesamtwirtschaftlichen Gleichgewichts her.

Was ist erlaubt? – Der Handlungsrahmen der Gesetze

Wirtschaftspolitik folgt stets bestimmten Zielsetzungen und bezieht sich auf bestimmte Bereiche des Wirtschaftslebens. Die konkrete Ausgestaltung der Wirtschaftspolitik in der BRD erfolgt jedoch nicht beliebig, sondern ist an die gegebene Gesetzeslage gebunden. Die Auslegung der gesetzlichen Vorgaben ist dabei oftmals Gegenstand kontroverser politischer Auseinandersetzungen um die „richtige“ Wirtschaftspolitik.

Nominales BIP: BIP in aktuellen Marktpreisen

0,35 vom Hundert im Verhältnis zum nominalen BIP: 0,35 % des nominalen BIP

1,5 vom Hundert im Verhältnis zum nominalen BIP: 1,5 % des nominalen BIP

M6 Der Rahmen des Grundgesetzes

Das Grundgesetz der Bundesrepublik Deutschland enthält mehrere Regelungen für die Ausgestaltung von Wirtschaftspolitik:

Artikel 9:
(3) Das Recht, zur Wahrung und Förderung der Arbeits- und Wirtschaftsbedingungen Vereinigungen zu bilden, ist für jedermann und für alle Berufe gewährleistet. (...)

Artikel 12:
(1) Alle Deutschen haben das Recht, Beruf, Arbeitsplatz und Ausbildungsstätte frei zu wählen. Die Berufsausübung kann durch Gesetz oder auf Grund eines Gesetzes geregelt werden.
(2) Niemand darf zu einer bestimmten Arbeit gezwungen werden, außer im Rahmen einer herkömmlichen allgemeinen, für alle gleichen öffentlichen Dienstleistungspflicht. (...)

Artikel 14:
(1) Das Eigentum und das Erbrecht werden gewährleistet. Inhalt und Schranken werden durch die Gesetze bestimmt.
(2) Eigentum verpflichtet. Sein Gebrauch soll zugleich dem Wohle der Allgemeinheit dienen.
(3) Eine Enteignung ist nur zum Wohle der Allgemeinheit zulässig. Sie darf nur durch Gesetz oder auf Grund eines Gesetzes erfolgen, das Art und Ausmaß der Entschädigung regelt. (...)

Artikel 15:
Grund und Boden, Naturschätze und Produktionsmittel können zum Zwecke der Vergesellschaftung durch ein Gesetz, das Art und Ausmaß der Entschädigung regelt, in Gemeineigentum oder in andere Formen der Gemeinwirtschaft überführt werden. (...)

Artikel 20:
(1) Die Bundesrepublik Deutschland ist ein demokratischer und sozialer Bundesstaat. (...)

Artikel 104 b:
(1) Der Bund kann, soweit dieses Grundgesetz ihm Gesetzgebungsbefugnisse verleiht, den Ländern Finanzhilfen für besonders bedeutsame Investitionen der Länder und der Gemeinden (Gemeindeverbände) gewähren, die
1. zur Abwehr einer Störung des gesamtwirtschaftlichen Gleichgewichts oder
2. zum Ausgleich unterschiedlicher Wirtschaftskraft im Bundesgebiet oder
3. zur Förderung des wirtschaftlichen Wachstums erforderlich sind. (...)

Artikel 109:
(3) Die Haushalte von Bund und Ländern sind grundsätzlich ohne Einnahmen aus Krediten auszugleichen. Bund und Länder können Regelungen zur im Auf- und Abschwung symmetrischen Berücksichtigung der Auswirkungen einer von der Normallage abweichenden konjunkturellen Entwicklung (...) vorsehen. Für die Ausnahmeregelung ist eine entsprechende Tilgungsregelung vorzusehen. (...)

Artikel 115:
(2) Einnahmen und Ausgaben sind grundsätzlich ohne Einnahmen aus Krediten auszugleichen. Diesem Grundsatz ist entsprochen, wenn die Einnahmen aus Krediten 0,35 vom Hundert im Verhältnis zum nominalen Bruttoinlandsprodukt nicht überschreiten. Zusätzlich sind bei einer von der Normallage abweichenden konjunkturellen Entwicklung die Auswirkungen auf den Haushalt im Auf- und Abschwung symmetrisch zu berücksichtigen. (...) Belastungen, die den Schwellenwert von 1,5 vom Hundert im Verhältnis zum nominalen Bruttoinlandsprodukt (BIP) überschreiten, sind konjunkturgerecht zurückzuführen.

Grundgesetz der Bundesrepublik Deutschland in der Fassung v. 21. Juli 2010, in: http://www.bundestag.de (Zugriff: 10.12.2010)

M7 Rechtliche Rahmenbedingungen der Wirtschaftspolitik

Wirtschaftspolitik ist in Deutschland eingebettet in einen institutionellen Kontext, den vor allem drei Aspekte prägen:

- Die gemeinsame Verantwortung von Bund und Ländern für unterschiedliche Aspekte der Wirtschaftspolitik, mitunter auch in gemeinsamer Zuständigkeit für einzelne Felder.
- Die Begrenzung staatlich-politischer Handlungsspielräume durch starke, zum Teil verfassungsrechtlich verbürgte, Institute des Privateigentums, der Koalitionsfreiheit, der Tarifautonomie und einer Tradition signifikanter Selbstverwaltung und Selbstregulierung durch die Wirtschaft.
- Die Europäisierung des Politikfeldes Wirtschaftspolitik in zentralen Bereichen, insbesondere der Wettbewerbs- und der Währungspolitik, Letztere mit fiskalpolitischen Konsequenzen als Folge des Stabilitäts- und Wachstumspaktes von 1996 und nachfolgender Regelungen. Darüber hinaus werden von der Kompetenzübertragung an die EU sowohl wichtige Aspekte der Regulierung in der Wirtschaft (z.B. im Energie- und Telekommunikationssektor) als auch wirtschaftsförderpolitische Belange (z.B. Subventionen) berührt. (...)

Die gesetzgeberischen Zuständigkeiten für die verschiedenen Materien der Wirtschaftspolitik sind auf Bund und Länder verteilt, das Schwergewicht liegt beim Bund. Um es gleich vorwegzunehmen: Aufgrund der umfänglichen europarechtlichen Vorgaben, die sich aus den rechtsetzenden Aktivitäten von EU-Kommission, Ministerrat und Parlament ergeben, wäre es irreführend zu unterstellen, es bestünden zumindest auf Bundesebene noch vollständige Souveränitätsräume.

Markus M. Müller/Roland Sturm: Wirtschaftspolitik kompakt, Wiesbaden 2010, S. 35 f.

Der **Stabilitäts- und Wachstumspakt von 1996** („Euro-Stabilitätspakt") sollte im Rahmen der Europäischen Wirtschafts- und Währungsunion für einen stabilen Euro sorgen, indem vor allem die Neuverschuldung der Mitgliedsstaaten begrenzt werden sollte

M8 Das Grundgesetz lässt die Wirtschaftsordnung offen

Hans-Jürgen Papier (geb. 1943), Staatsrechtswissenschaftler und ehemaliger Präsident des Bundesverfassungsgerichts:

Das Bundesverfassungsgericht (*macht sich*) die Grundannahme wirtschaftspolitischer Neutralität des Grundgesetzes zu eigen (...). „Das Grundgesetz", heißt es im Mitbestimmungs-Urteil vom 1. März 1979, enthalte „keine unmittelbare Festlegung und Gewährleistung einer bestimmten Wirtschaftsordnung". Diese Grundannahme bedeutet jedoch nicht, dass sich Regierung und Gesetzgebung in jedem Fall wirtschaftspolitisch neutral verhalten müssten. Schon in seinem Urteil über die Verfassungsmäßigkeit des Investitionshilfegesetzes vom 20. Juli 1954 hat das Bundesverfassungsgericht vielmehr klargestellt, dass die „wirtschaftspolitische Neutralität" des Grundgesetzes lediglich darin bestehe, dass sich der Verfassungsgeber nicht ausdrücklich für ein bestimmtes Wirtschaftssystem entschieden habe. Dies ermögliche dem Gesetzgeber, die ihm jeweils sachgemäß erscheinende Wirtschaftspolitik zu verfolgen, sofern er dabei das Grundgesetz beachte. Das Bundesverfassungsgericht ist damit dem Versuch entgegengetreten, dem Grundgesetz eine für das Wirtschaftssystem konstituierende Entscheidung zu entnehmen, die den Staat auf ein bestimmtes ökonomisches Ordnungsmodell verpflichtet. Maßnahmen staatlicher Wirtschaftspolitik sind deshalb vom Bundesverfassungsgericht auch nicht etwa unter dem Gesichtspunkt der Marktkonformität oder hinsichtlich ihrer „Prinzipientreue" zur Wettbewerbsordnung überprüft worden.

Hans-Jürgen Papier: Wirtschaftsordnung und Grundgesetz, Aus Politik und Zeitgeschichte 13/2007, S. 4 f.

Held(in) der Schuldenbremse (zur „Schuldenbremse" s. S. 206)
Zeichnung: Sakurai

1. Ermitteln Sie die rechtlichen Rahmenbedingungen der Wirtschaftspolitik in der BRD.
2. Erarbeiten Sie aus den Materialien die wirtschaftspolitisch relevanten Aussagen des Grundgesetzes. Diskutieren Sie, ob sich damit nur eine bestimmte Wirtschaftsordnung rechtfertigen lässt.
3. Interpretieren Sie die Karikatur.

Wer kann etwas tun? – Akteure der Wirtschaftspolitik

Wirtschaftspolitik wird mit bestimmten Zielsetzungen und in einem bestimmten gesetzlichen Rahmen betrieben. Für die Auseinandersetzung mit Wirtschaftspolitik ist jedoch eine weitere Frage von hoher Bedeutung: Welche Akteure sind an der Planung und Umsetzung wirtschaftspolitischer Maßnahmen beteiligt?

M9 Unkooperative Wirtschaftspolitik

Euro-Länder: EU-Länder, die den Euro als Gemeinschaftswährung eingeführt haben

Der neue EU-Ratspräsident Van Rompuy will gegen „makroökonomische Ungleichgewichte" in der Eurozone vorgehen und rügt Deutschlands „unkooperative Wirtschaftspolitik" – ein Frontalangriff auf den deutschen Exportüberschuss. (...)
Künftig werde man sich nicht nur – wie von Deutschland gewünscht – um die Wettbewerbsfähigkeit der Euro-Länder kümmern. Vielmehr wolle er auch „makroökonomische Ungleichgewichte" ansprechen, schreibt Van Rompuy in einem Strategiepapier für den EU-Gipfel am Donnerstag in Brüssel, der dem Handelsblatt vorliegt.
Damit rücken erstmals die deutschen Export-Erfolge und der deutsche Leistungsbilanzüberschuss ins Visier der EU. Weniger wettbewerbsfähige Länder wie Griechenland oder Spanien hatten ihre Probleme auch auf die exportorientierte deutsche Wirtschaftspolitik zurückgeführt. Ihre Budgetdefizite seien unter anderem auf die unkooperative Wirtschaftspolitik Deutschlands zurückzuführen, argumentieren Ökonomen.
Künftig soll der Rat, dem Van Rompuy vorsteht, „spezifische Maßnahmen" für alle Euro-Länder beschließen und überwachen, schreibt der Belgier. Dabei werde man darauf achten, dass die Wirtschaftspolitik jedes Landes „kompatibel mit den Richtlinien für die gesamte EU" ist. Dies sei nach Artikel 136 des Lissabon-Vertrages möglich.
„Die Empfehlungen für die Eurozone und ihre Mitglieder sollen strenger gefasst werden, mit größerem Augenmerk auf Wettbewerbsfähigkeit und makroökonomischen Ungleichgewichten", heißt es in dem Text. Es gehe darum, „wirtschaftliche Spill-Over-Effekte in der Währungsunion" zu berücksichtigen. Um die Umsetzung solle sich vor allem die Eurogruppe kümmern. In Brüsseler EU-Kreisen hieß es ergänzend, Van Rompuy werde sich um die „frühzeitige Erkennung von Ungleichgewichten" kümmern. Es gehe darum, eine straffere „Gouvernance" der Eurozone zu erreichen, sagte ein Diplomat. In Frankreich werde dies auch „Wirtschaftsregierung" genannt, fügte er hinzu.
In Berlin gibt es erhebliche Vorbehalte gegen Van Rompuys neue Wirtschaftsstrategie. Vor allem der Begriff „Wirtschaftsregierung" stößt auf Widerstand.

Eric Bonse: EU-Ratspräsident Van Rompuy attackiert Bundesregierung, in: Handelsblatt v. 10.2.2010

M10 EU-Finanzminister verhätscheln Gewerkschaften

Die EU-Finanzminister bei ihrem Treffen im slowenischen Brdo, 2008

Bei ihrem Treffen im slowenischen Brdo äußerten die Finanzminister Verständnis dafür, dass die Arbeitnehmer an der noch immer günstigen Wirtschaftsentwicklung fair beteiligt werden sollen. Doch Zentralbanker warnten vor überzogenen Lohnabschlüssen, die die Teuerungsrate noch mehr in die Höhe treiben und sie zu Zinserhöhungen zwingen könnten. (...)
EZB-Präsident Jean-Claude Trichet sagte, der deutsche öffentliche Dienst dürfe keinen Vorbildcharakter für andere Länder haben. Er mahnte, die Lohnentwicklung müsse sich nach Wettbewerbsfähigkeit und Produktivität eines Landes richten. Deutschland hatte

hier in den letzten Jahren die Nase in der Euro-Zone vorn. (...)
Der Chef der Euro-Finanzminister, der Luxemburger Jean-Claude Juncker, gestand den 20 Gewerkschaften zu, bei ihren Forderungen auch die Teuerungsrate ins Kalkül zu ziehen. Mit 3,5 Prozent im Jahresabstand war diese im März so hoch wie seit 16 Jahren nicht mehr. Der Preisanstieg treffe die sozial Schwä- 25 cheren hart. Derweil formierte sich in der slowenischen Hauptstadt Ljubljana eine Demonstration des Europäischen Gewerkschaftsbunds (EGB) für höhere Löhne. EGB-Generalsekretär John Monks sagte, die Fi- 30 nanzminister und Zentralbanken müssten die Sorgen der Beschäftigten verstehen: „Die Arbeitnehmer brauchen eine Lohnerhöhung und einen ordentlichen Teil an den Früchten des Reichtums und an den Früchten der Ar- 35 beit."

Reuters/ras: EU-Finanzminister verhätscheln Gewerkschaften, Welt-Online v. 5.4.2008, in: http://www.welt.de (Zugriff: 15.10.2010)

EZB: Europäische Zentralbank (Notenbank der Eurozone)

EGB: Europäischer Gewerkschaftsbund (Dachverband der europäischen Gewerkschaften)

Supranationale Ebene: Politikebene, die durch die dauerhafte und verbindliche Verlagerung bestimmter nationalstaatlicher Kompetenzen auf eine zwischenstaatliche Ebene entsteht

M11 Akteure der Wirtschaftspolitik

Bei der Analyse wirtschaftspolitischer Entscheidungsprozesse fällt auf: Die Diskussion, Entwicklung und Umsetzung wirtschaftspolitischer Maßnahmen ist nicht etwa allein der Bundesregierung vorbehalten, sondern findet in der Regel unter Beteiligung sehr unterschiedlicher Akteure statt. Unterscheiden lassen sich in diesem Zusammenhang politische, private und wissenschaftliche Akteure. Insbesondere die politischen Akteure lassen sich wiederum unterschiedlichen Ebenen zuordnen (kommunal, regional, national, supranational, international).

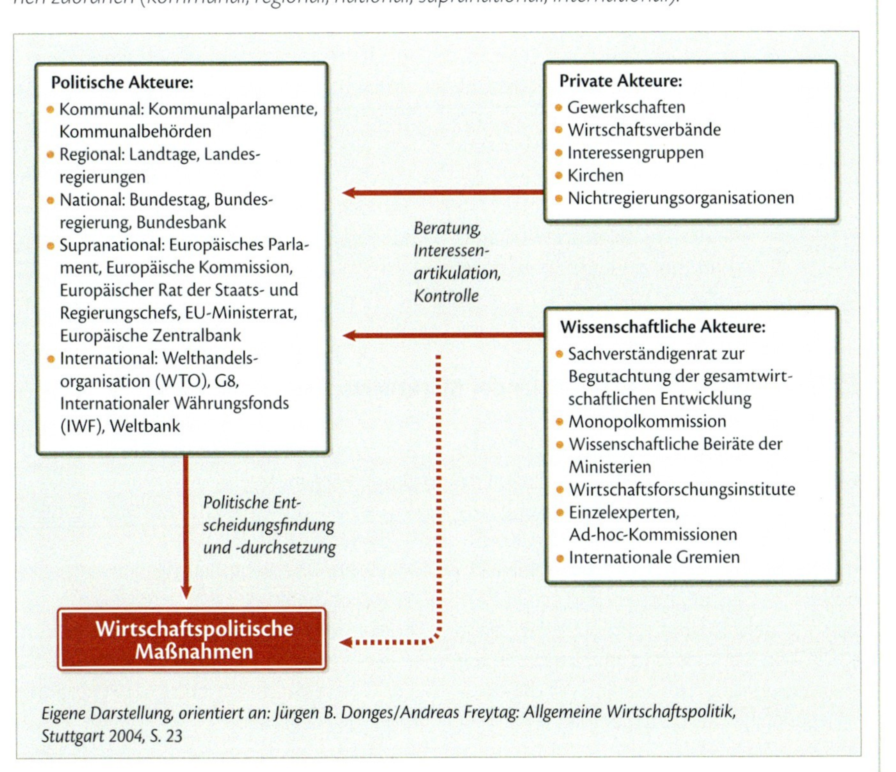

Eigene Darstellung, orientiert an: Jürgen B. Donges/Andreas Freytag: Allgemeine Wirtschaftspolitik, Stuttgart 2004, S. 23

1 Analysieren Sie **M9** und **M10** unter Berücksichtigung der folgenden Leitfragen:
- Was ist die Problemstellung?
- Welche Akteure sind beteiligt?
- Wie positionieren sich die einzelnen Akteure?
- Welche Interessen verfolgen die Akteure hiermit?

2 Erklären Sie, welche Akteure in welcher Art und Weise an der Entstehung und Umsetzung von Wirtschaftspolitik mitwirken. Schätzen Sie deren Einflusschancen ein.

Wie kann sich der Wettbewerb entfalten? – Wettbewerbspolitik

Eine Marktwirtschaft ist zwingend auf funktionierenden Wettbewerb angewiesen: Nur so kann das freie Spiel von Angebot und Nachfrage seine volle Leistungsfähigkeit entfalten. Um dies aber zu ermöglichen, sind bestimmte wirtschaftspolitische Eingriffe unverzichtbar. Man spricht in diesem Zusammenhang deshalb von Wettbewerbspolitik.

M12 EU will Marktmacht der Stromriesen bekämpfen

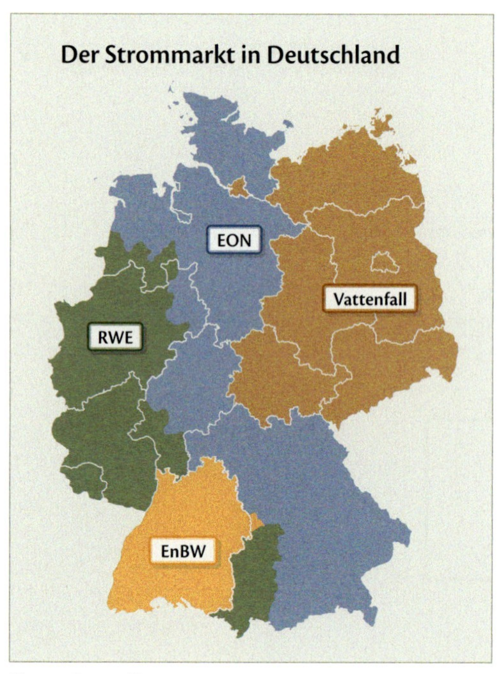

Eigene Darstellung

Gegen die Marktmacht der großen deutschen Energieversorger bildet sich eine mächtige Allianz: Politiker in Brüssel und Berlin wollen den Wettbewerb beim Strom deutlich verstärken. Ziel ist ein funktionierender europäischer Binnenmarkt für Elektrizität.

Die vier großen Energiekonzerne Eon, RWE, EnBW und Vattenfall Europe müssen sich laut einem Zeitungsbericht auf massiven Druck der EU-Kommission, der Bundesregierung und des Bundeskartellamts einstellen. Grund sei die Marktmacht der Unternehmen, berichtete das „Handelsblatt".

Nach Ansicht von EU-Energiekommissar Günther Oettinger gebe es „längst noch nicht die technische, rechtliche und wirtschaftliche Grundlage für Wettbewerb" im Stromsektor. Europa sei von einem Strom-Binnenmarkt weit entfernt, weil es an Möglichkeiten für den Stromaustausch über Landesgrenzen hinweg mangele, sagte der Kommissar. Einzelne Unternehmen hätten daher in ihren „Stammgebieten" noch immer eine sehr starke Stellung.

Die Argumentation der Stromkonzerne, Preise bildeten sich längst über Landesgrenzen hinweg, ist auch aus Sicht der Kartellbehörden nicht überzeugend: „Da bin ich sehr zurückhaltend. Wir haben den Eindruck gewonnen, dass der grenzüberschreitende Stromhandel allenfalls mit Österreich wirklich reibungslos funktioniert", sagte Bundeskartellamtspräsident Andreas Mundt dem „Handelsblatt".

mik/ddp/dpa: EU will Marktmacht der Stromriesen bekämpfen, Spiegel-Online v. 29.3.2010, in: http://www.spiegel.de (Zugriff: 18.10.2010)

M13 Wettbewerb: Lebenselixier der Marktwirtschaft

Wettbewerb ist das Lebenselixier der Marktwirtschaft. (...) Konkurrenz zwingt die Produzenten zu fortwährender Anpassung ihrer Produktion an die sich ändernden Konsumentenwünsche und an sich ändernde technologische Gegebenheiten. Gelingt diese Anpassung dem einzelnen Produzenten nicht, so drohen Verluste und im Extremfall das Ausscheiden aus dem Markt. Es ist daher naheliegend, dass die Unternehmen versuchen, sich der „Peitsche der Konkurrenz" zu entziehen und den „Wettbewerb zu ordnen". (...)

Dem Staat kommt daher in der Marktwirtschaft die Aufgabe zu, die Funktionsfähigkeit des Wettbewerbsmechanismus zu sichern; der Staat übernimmt also eine Systemerhaltungsfunktion. Aufgabe der Wettbewerbspolitik ist es, den Wettbewerb vor Beschränkungen zu schützen (Wettbewerbsschutzpolitik) und ihn durch geeignete Maßnahmen zu fördern (Wettbewerbsförderungspolitik).

Zur Wettbewerbsschutzpolitik zählen folgende Aufgaben:

- Verbot von Kartellen und abgestimmtem Verhalten,
- Verbot von Behinderungen anderer Unternehmen,
- Kontrolle von Ausbeutungsverhalten, Kontrolle des Konzentrationsprozesses. (...)

Zur Wettbewerbsförderungspolitik zählen folgende Aufgaben:

- Beseitigung von internationalen Handelshemmnissen,
- Beseitigung künstlicher Wettbewerbsbeschränkungen,
- Beseitigung derjenigen steuerlichen und administrativen Regelungen, die sich wettbewerbsverzerrend auswirken,
- Entflechtung marktbeherrschender Stellungen und
- Privatisierung öffentlicher Aufgaben und Deregulierung.

Kartell: Zusammenschluss von selbstständig bleibenden Unternehmen mit dem Ziel der Wettbewerbsbeschränkung

Ausbeutungsverhalten: Tendenz zur stetigen Benachteiligung („Ausbeutung") der Nachfrageseite aufgrund fehlenden Wettbewerbs

Konzentrationsprozess: Prozess der zunehmenden Verringerung der Anzahl der Marktteilnehmer auf der Angebotsseite (v. a. über Unternehmenszusammenschlüsse)

Diese Maßnahmen sind im Einzelnen umstritten. Unumstritten ist, dass dem Staat in einer gestalteten Marktwirtschaft eine wettbewerbspolitische Systemerhaltungsaufgabe zukommt.

Jürgen Pätzold: Soziale Marktwirtschaft. Konzeption – Entwicklung – Zukunftsaufgaben, in: http://www.juergen-paetzold.de (Zugriff: 18.10.2010)

M14 Wettbewerbspolitik in der BRD und in der EU: Zentrale Institutionen

Sitz des Bundeskartellamts in Bonn

Bei der Wettbewerbspolitik handelt es sich um einen der wichtigsten wirtschaftspolitischen Aufgabenbereiche in der Marktwirtschaft. In der Bundesrepublik Deutschland gibt es für diesen Politikbereich spezielle Institutionen. Zudem wird der marktwirtschaftliche Wettbewerb auch durch politische Maßnahmen auf Ebene der Europäischen Union geschützt.

Bundeskartellamt: Unabhängige Bundesbehörde. Die Hauptaufgabe des Bundeskartellamts besteht darin, das Gesetz gegen Wettbewerbsbeschränkungen (GWB) durchzusetzen und somit den marktwirtschaftlichen Wettbewerb in Deutschland zu schützen. Hierzu werden drei zentrale Funktionen erbracht:

- Kartellverbot: Aufspürung und Bekämpfung (Geldbußen, Auflagen) von Kartellen (insbesondere in Form verdeckter Preisabsprachen) in unterschiedlichen Bereichen der Gesamtwirtschaft.
- Missbrauchsaufsicht: Gezielte Überwachung von Anbietern auf Märkten mit gering ausgeprägter Konkurrenz. Überprüfung und ggf. Sanktion von missbräuchlicher Ausnutzung einer marktbeherrschenden Stellung (Geldbußen, Auflagen).
- Fusionskontrolle: Überprüfung geplanter Unternehmenszusammenschlüsse hinsichtlich ihrer Auswirkungen auf den Wettbewerb. Ggf. Unterbindung geplanter Zusammenschlüsse.

Monopolkommission: Unabhängiges Expertengremium zur Beratung der Bundesregierung in Fragen der Wettbewerbspolitik. Aufgabe der Monopolkommission ist die Analyse des Standes und der Perspektiven der Unternehmenskonzentration sowie der Wettbewerbspolitik in der BRD. Alle zwei Jahre wird hierüber ein Gutachten für die Bundesregierung erstellt. Zudem kann die Monopolkommission Sondergutachten aus aktuellem Anlass erstellen.

Bundesministerium für Wirtschaft und Technologie: Wird ein Unternehmenszusammenschluss durch das Bundeskartellamt untersagt, bleibt den betroffenen Unternehmen die Möglichkeit, eine Erlaubnis direkt beim Bundeswirtschaftsminister zu beantragen. Die/der jeweils amtierende Minister(in) hat einen entsprechenden Antrag zu prüfen und dabei neben Fragen des Wettbewerbsschutzes auch evtl. absehbare gesamtwirtschaftliche Vorteile des Zusammenschlusses in Betracht zu ziehen. Möglich ist daraufhin eine Aufhebung des Fusionsverbots (mit oder ohne Auflagen) oder eine Bestätigung der Entscheidung des Bundeskartellamts.

Europäische Kommission: Im Zuge der Umsetzung eines gemeinsamen Binnenmarktes in der Europäischen Union wird auch durch die Europäische Kommission aktive Wettbewerbspolitik betrieben. Das zentrale Aufgabenfeld besteht auch hier in Kontrolle und ggf. Sanktion (Geldbußen, Auflagen, Untersagungen) von Unternehmenszusammenschlüssen sowie in der Überwachung eventuellen Missbrauchs marktbeherrschender Stellungen. Für die Umsetzung der europäischen Wettbewerbspolitik verfügt die Europäische Kommission über einen eigenen Wettbewerbskommissar (mit unterstellter Behörde). Dis Kommission ist zuständig, sobald die zu untersuchenden Sachverhalte eine gemeinschaftsweite Bedeutung aufweisen, arbeitet aber in enger Kooperation mit den jeweiligen nationalen Institutionen.

Autorentext

1 Charakterisieren Sie die Lage auf dem Strommarkt in Deutschland.

2 Legen Sie dar, welche Bedeutung funktionierendem Wettbewerb im Rahmen der Marktwirtschaft zukommt.

3 Beschreiben Sie, welche unterschiedlichen Institutionen an der Wettbewerbspolitik in der BRD beteiligt sind.

Der Handlungsrahmen – Internationale Ordnungspolitik

Der Gesamtumfang des Welthandels mit Waren stieg von 1948 (59 Mrd. US-Dollar) bis 2006 (11783 Mrd. US-Dollar) auf das knapp 200-Fache (s. auch S. 74). Angesichts dieser Entwicklung rückt die politische Gestaltung von Rahmenbedingungen für die internationalen Wirtschaftsbeziehungen in den Blickpunkt der Diskussion. Entsprechende Fragestellungen sind Gegenstand internationaler Ordnungspolitik.

M 15 Der „Bananenstreit" wird beigelegt

AKP-Staaten: 79 Staaten umfassende Gruppe von afrikanischen, karibischen und pazifischen Staaten. Unter den AKP-Staaten befinden sich zahlreiche ehemalige Kolonien europäischer Staaten

Die EU und die lateinamerikanische Länder legen ihren jahrelangen Handelsstreit bei. (...) Nach 15 Jahren soll der erbittert geführte Bananenstreit jetzt mit der Vereinbarung enden, die Einfuhrzölle auf Bananen aus Costa Rica, Kolumbien und Co. bis zum Jahr 2017 stufenweise kräftig zu senken. (...) Im Detail sieht die Vereinbarung vor, die EU-Zölle auf Bananen aus Lateinamerika in Schritten über sieben Jahre hinweg von 176 Euro pro Tonne auf 114 Euro zu senken. Gleich mit dem Inkrafttreten des Abkommens soll der Zoll auf 148 Euro sinken. Im Gegenzug ziehen die lateinamerikanischen Staaten ihre Klagen gegen die EU vor der Welthandelsorganisation (WTO) zurück. Die WTO hatte die EU bereits mehrfach wegen ihrer Bananen-Zölle verurteilt. Auch die USA sicherten zu, ihren Streit mit der EU beizulegen. Die Vereinigten Staaten, die selber keine Bananen exportieren, waren an dem Kompromiss beteiligt, weil große Exporteure US-Konzerne sind. Bestandteil des Deals ist zudem, dass Bananen aus Staaten Afrikas, des Karibischen Raumes und des Pazifischen Ozeans (AKP) ihre Bananen weiterhin zollfrei in die EU einführen können. Für diese Länder sieht der Kompromiss darüber hinaus Entschädigungszahlungen vor. (...) Die Zahlungen sollen den Bananenexporteuren aus dem AKP-Raum helfen, sich auf den härteren Wettbewerb einzustellen. Die Staaten – oft ehemalige europäische Kolonien – fürchten, dass der Absatz ihrer eigenen Bananen wegen sinkender Zölle für die Konkurrenz aus Lateinamerika leiden könnte. Freuen dürften sich die Verbraucher hierzulande. Handelsexperten erwarten wegen der deutlich reduzierten Einfuhrtarife auf Dauer günstigere Preise für Bananen.

Tobias Schwab: Handelsstreit beigelegt. Alles Banane, fr-online v. 17.12.2009, in: http://www.fr-online.de (Zugriff: 13.12.2010)

Zur Erklärung: Die rot bzw. grau hinterlegten Zahlen geben jeweils Auskunft über die prozentuale Steigerung innerhalb einer Dekade. Die schwarzen Zahlen geben jeweils den Faktor an, um den sich Warenproduktion bzw. Warenexport in der Folge dieser prozentualen Steigerung im Vergleich zum Basisjahr erhöht haben

M 17 Internationale Ordnungspolitik

Zunächst gilt, dass die Grundprinzipien der internationalen Ordnungspolitik nicht anders sind als die der nationalen Ordnungspolitik auch. Ganz explizit ist dies zum Beispiel im Postulat freier Märkte (…), das sowohl auf den Binnenmarkt angewendet werden muss, wo z. B. Kartelle und Monopole die Freiheit des Marktes bedrohen, als auch im Außenhandel. (…) Drei große Teilordnungen sind für die internationale Ordnungspolitik besonders wichtig: die Währungsordnung, die Handelsordnung sowie die Ordnung von grenzüberschreitenden Faktorbewegungen, d.h. Investitionen und Migration.

- *Internationale Währungsordnung:* Die internationale Währungsordnung besteht aus der Summe der am internationalen Austausch teilnehmenden Währungssysteme sowie ihren internationalen Verbindungen und Institutionen. (…) Nach dem Zweiten Weltkrieg bildete sich mit dem Internationalen Währungsfonds (IWF) und den anderen internationalen Finanzinstitutionen, insbesondere der Weltbank, eine differenzierte internationale Währungsordnung heraus, die sich nach dem Ende des Kalten Krieges fast über die ganze Welt erstreckt. Bis 1973 waren die Staaten, die dieser Währungsordnung angehörten, in einem System fester Wechselkurse mit der Ankerwährung Dollar miteinander verbunden, danach herrscht ein Mischsystem flexibler, quasifixer und regional fester Wechselkurse. Ob das normative Ziel der internationalen Währungsordnung, weltweit für Geldwertstabilität und Konvertibilität zu sorgen und damit für einen ungehinderten Austausch von Waren, Dienstleistungen und Produktionsfaktoren zu sorgen, erreicht wird, ist umstritten. (…)
- *Internationale Handelsordnung:* Die internationale Handelsordnung umfasst die bilateralen und multilateralen Handelsbeziehungen zwischen Staaten. (…) Nach dem Zweiten Weltkrieg war, parallel zum Internationalen Währungsfonds und zur Weltbank, auch an die Gründung einer Welthandelsorganisation gedacht. Im beginnenden kalten Krieg konnte diese Organisation zwar nicht gegründet worden, allerdings übernahm das General Agreement on Tariffs and Trade (GATT) seit 1947 diese Aufgabe, bis im Jahr 1995 formell doch noch die Welthandelsorganisation (WTO) gegründet werden konnte. Im Rahmen des GATT standen lange Zeit Zollsenkungen und die Tarifizierung (d.h. die Umwandlung von nichttarifären Handelshemmnissen wie Quoten in Zölle) im Vordergrund. (…) Neue, nichttarifäre und häufig versteckte Handelshemmnisse, wie etwa „freiwillige" Selbstbeschränkungen, und neue Forderungen, z. B. nach Sozial- und Umweltstandards in Handelsabkommen, stellen neue Herausforderungen für den Welthandel dar. (…)
- *Ordnung von Grenzüberschreitenden Faktorbewegungen:* Die dritte wichtige Teilordnung der internationalen Ordnungspolitik ist die Ordnung von internationalen Faktorbewegungen, d. h. von Kapital und Arbeit. Grenzüberschreitende Direktinvestitionen waren schon vor über 100 Jahren eine wichtige Kapitalquelle für sich entwickelnde Volkswirtschaften. Durch sinkende Transport- und Kommunikationskosten haben sich technisch die Möglichkeiten für Faktorwanderungen nochmals erheblich vereinfacht (Globalisierung). Dadurch wurde auch die Nachfrage nach einer internationalen Ordnung für Faktorwanderungen stärker. Dem stehen allerdings wirtschaftliche, politische und kulturelle Vorbehalte in vielen Staaten gegenüber. Die Abhängigkeit von ausländischem Kapital gehört dabei ebenso wie die Konkurrenz durch zugewanderte Arbeiter zu den gefürchteten Folgen der Globalisierung.

Bernhard Seliger/Michael Wrobel: Ordnungspolitisches Portal: Internationale Perspektive, in: www.ordnungspolitisches-portal.com/02_06_Perspektive.htm (Zugriff: 19.10.2010)

Ordnungspolitik: Setzung langfristiger Regeln, die Handlungsspielräume von Individuen, Unternehmen und Institutionen im wirtschaftlichen Kontext markieren

Konvertibilität: Möglichkeit, eine Währung gegen jede beliebige andere Währung einzutauschen

1 Erklären Sie am Fallbeispiel, wie hier internationale Ordnungspolitik betrieben wird.

2 Charakterisieren Sie die wesentlichen Aufgabenfelder und den aktuellen Stand internationaler Ordnungspolitik.

3 Arbeiten Sie die Ziele der internationalen Ordnungspolitik heraus und klären Sie, ob bzw. inwieweit auch unerwünschte Wirkungen mit deren Verfolgung verbunden sind.

Job, Jobs, Jobs? – Arbeitsmarktpolitik I

Die Erreichung und Sicherung eines möglichst hohen Beschäftigungsstands ist eine der zentralen wirtschaftspolitischen Zielsetzungen in der BRD. Dementsprechend beziehen sich zahlreiche wirtschaftspolitische Maßnahmen direkt oder indirekt auf den Arbeitsmarkt. Ein mögliches wirtschaftspolitisches Handlungsprogramm besteht hierbei darin, die Entstehung von Arbeitsplätzen in bestimmten Wirtschaftsbereichen bzw. für bestimmte Beschäftigungsgruppen zu fördern. Dementsprechend handelt es sich hierbei um eine Stimulation der Nachfrage auf dem Arbeitsmarkt.

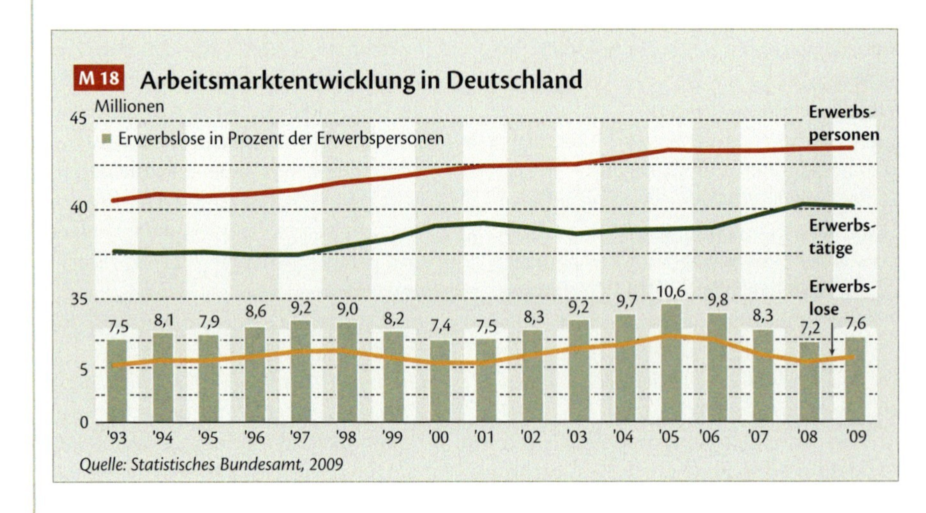

M 19 Wirtschaftsminister will mit Steuersenkungen Jobs schaffen

Bundeswirtschaftsminister Brüderle (FDP) will das Wirtschaftswachstum in Deutschland ankurbeln – mittels Steuerentlastungen. (...) In einer Regierungserklärung im Bundestag sagte Brüderle, eine Steuerreform mit Stufentarif und 16 bis 17 Milliarden Euro Entlastung könne bis zu 130 000 neue Arbeitsplätze schaffen. Es gehe zum einen um die Entlastung der unteren und mittleren Einkommen, zum anderen um Entlastungen für 80 Prozent der deutschen Betriebe. „Wir wollen den Mittelstand entlasten", sagte Brüderle. Deutschland sei gut durch die Krise gekommen. Der Minister sprach von einem „Jobwunder". Die aktuelle wirtschaftliche Lage schätzte er optimistisch ein: „Wir sind gut aufgestellt." Neuen staatlichen Unterstützungsmaßnahmen erteilte Brüderle eine Absage. „Angesichts der schwersten Wirtschaftskrise der Nachkriegszeit brauchte die Wirtschaft Impulse", sagte er.

dpa/cn: Brüderle will mit Steuersenkungen Jobs schaffen, Welt-Online v. 23.4.2010, in: http://www.welt.de (Zugriff: 22.10.2010)

Wahlplakat der FDP, Bundestagswahl 2009

M 20 „Steuersenkungen zulasten von Wachstum und Beschäftigung"

Heftige Kritik an den Steuersenkungen von Schwarz-Gelb: Der Wirtschaftsforscher Peter Bofinger hat vor drastischen Kürzungen gewarnt. (...) Die Steuergeschenke könnten Deutschland teuer zu stehen kommen: Der Wirtschaftsforscher Peter Bofinger rechnet mit einem „brutalen Sparkurs" als Folge der schwarz-gelben Steuerpläne. Denn der Staat habe sich mit der Schuldenbremse zum Abbau des strukturellen Staatsdefizits verpflichtet. Ab dem Jahr 2011 müssen die Schulden runter. Von diesem Zeitpunkt an werde „das Brecheisen an staatliche Aufgaben angesetzt", sagte Bofinger der „Passauer Neuen Presse". (...) Die Einsparungen würden vor allem zulasten von Investitionen „und damit zulasten von Wachstum und Beschäftigung" gehen. Die Bundesregierung betreibe „keine verantwortliche Politik".

ore/dpa: Wirtschaftsweiser erwartet „brutalen Sparkurs", Spiegel-Online v. 19.11.2009, in: http://www.spiegel.de (Zugriff: 20.10.2010)

Steuerentlastungen 2010–2013: Im Koalitionsvertrag der seit Ende 2009 regierenden Koalition aus CDU/CSU und FDP sind Steuerentlastungen in Höhe von insgesamt 24 Mrd. Euro (2010–2013) vorgesehen.

M21 Stichwort: Arbeitsmarktpolitik

Gesamtheit aller Maßnahmen, die das Angebot und die Nachfrage auf dem Arbeitsmarkt beeinflussen sollen. Unterschieden wird zwischen aktiver und passiver Arbeitsmarktpolitik. Aktive Arbeitsmarktpolitik hat als Ziel die Wiedereingliederung von Arbeitslosen in den Arbeitsmarkt. Passive Arbeitsmarktpolitik hat insbesondere die Linderung der wirtschaftlichen Folgen von Arbeitslosigkeit durch Lohnersatzleistungen wie Arbeitslosengeld oder Arbeitslosengeld II, Kurzarbeitergeld oder Insolvenzgeld im Blick.
Im Rahmen der aktiven Arbeitsmarktpolitik soll die Wiedereingliederung in den Arbeitsmarkt z. B. durch Arbeitsvermittlung und Berufsberatung, Maßnahmen zur beruflichen Fort- und Weiterbildung, Arbeitsbeschaffungsmaßnahmen, Maßnahmen zur Förderung der beruflichen Mobilität wie die Finanzierung von Umzugskosten, Eingliederungs- und Gründungszuschüsse oder Arbeitsgelegenheiten (Ein-Euro-Jobs) erreicht werden. Mit aktiver Arbeitsmarktpolitik soll die Arbeitslosigkeit insgesamt bekämpft werden. (...)
Arbeitsmarktpolitik ist nach heutiger Auffassung nicht mehr nur auf die Bekämpfung oder Linderung von Arbeitslosigkeit ausgerichtet, sondern verfolgt z. B. durch (...) den Abbau staatlicher Regulierungsmaßnahmen auf dem Arbeitsmarkt das Ziel, die Voraussetzungen für die Schaffung von Arbeitsplätzen durch die Unternehmen zu verbessern.

Bundeszentrale für politische Bildung (Hg.): Das Lexikon der Wirtschaft. Grundlegendes Wissen von A bis Z, Bonn 2009, S. 125 f.

Arbeitsmarktregulierungen: Gesetzliche Regelungen, die verbindliche Rahmenbedingungen auf dem Arbeitsmarkt vorschreiben. *Beispiele:* Kündigungsschutz, Mindestlöhne, Befristungsregelungen

M22 Problembereich Arbeitslosigkeit

Am Arbeitsmarkt treffen das Angebot von und die Nachfrage nach Arbeitskraft aufeinander. Übertrifft das Arbeitsangebot die Nachfrage, ist Arbeitslosigkeit die Folge. Diese geht sowohl gesamtwirtschaftlich als auch individuell mit problematischen Auswirkungen einher:

Gesamtwirtschaftliche Ebene	Individuelle Ebene
Nicht-Nutzung eigentlich vorhandener Produktionsfaktoren. Das volkswirtschaftliche Potenzial zur Steigerung des Wohlstands wird nicht ausgenutzt.	In der Regel deutliche Einkommenssenkung. Ursprünglicher Lebensstandard kann nicht mehr aufrechterhalten werden.
Zur Sicherung der Funktion der sozialen Sicherungssysteme wird bei hoher Arbeitslosigkeit eine Erhöhung der Sozialversicherungsbeiträge unumgänglich. Die hiermit einhergehende Verteuerung der Arbeit kann zu steigender Arbeitslosigkeit führen.	Negative Auswirkungen auf Selbstbild und Selbstwertgefühl der Betroffenen.
Ausfall von Steuereinnahmen. Staatliche Investitionen werden tendenziell zurückgestellt, wodurch die gesamtwirtschaftliche Nachfrage zusätzlich sinkt (mit entsprechenden Folgen für den Arbeitsmarkt).	Erhöhte Stressbelastung sowie erhöhte physische und psychische Anfälligkeit der Betroffenen.
Tendenz zur gesamtwirtschaftlichen Einkommenssenkung mit entsprechenden Auswirkungen auf die gesamtwirtschaftliche Nachfrage.	Gefahr gesellschaftlicher Isolierung und Perspektivlosigkeit, ggf. mit negativen Rückwirkungen auf die Gesamtgesellschaft.
Entwicklung eines negativen wirtschaftlichen Klimas. Negative Erwartungshaltung bedingt Zurückhaltung von Konsum und Investitionen.	

Nach: Holger Rogall: Volkswirtschaftslehre für Sozialwissenschaftler, Wiesbaden, 2006, S. 206 f.

1. Vergleichen Sie die Einschätzungen in **M 19** und **M 20** und nehmen Sie selbst zum Thema Stellung. Erklären Sie, auf welcher wirtschaftspolitischen Konzeption die Positionen jeweils beruhen (s. S. 168-175).
2. Erläutern Sie, inwieweit es sich beim Phänomen der Arbeitslosigkeit um ein ökonomisches, aber auch um ein soziales Problem handelt.
3. Begründen Sie, warum Arbeitsmarktpolitik notwendig ist.
4. Beschreiben Sie unterschiedliche Ansätze der Arbeitsmarktpolitik.

Wie kommen Menschen in Arbeit? – Arbeitsmarktpolitik II

Arbeitsmarktpolitik kann neben der Nachfrageseite auch die Angebotsseite des Arbeitsmarktes in den Blick nehmen. Hierbei geht es vor allem darum, den Arbeitsuchenden ihren Weg in den Arbeitsmarkt zu erleichtern.

M23 Erwerbssuchende als Adressaten von Arbeitsmarktpolitik

Ein zentrales arbeitsmarktpolitisches Aufgabenfeld besteht darin, gestaltend und unterstützend auf den Übergang aus der Arbeitslosigkeit in das Erwerbsleben einzuwirken. Übergeordnete Zielsetzung ist hierbei, Erwerbssuchende schnell und gezielt in neue Arbeitsverhältnisse zu vermitteln und somit Phasen der Arbeitslosigkeit und die damit einhergehenden individuellen und gesamtwirtschaftlichen negativen Auswirkungen möglichst kurz bzw. gering zu halten.
Eine entsprechende Arbeitsmarktpolitik setzt also direkt bei den Arbeitsuchenden an. Diskutiert werden Maßnahmen auf drei Ebenen:
- Verbesserung der Arbeitsvermittlung durch Reformen in der Arbeitsverwaltung.
- Gezielte Förderung Arbeitsuchender durch Qualifikations- und Unterstützungsmaßnahmen, um Arbeitsmarktchancen zu erhöhen.
- Gestaltung der Sozialleistungen für Arbeitssuchende zwischen der Sicherung des verfassungsrechtlich garantierten Lebensstandards bzw. des Existenzminimums einerseits sowie der Setzung von Anreizen zur Arbeitsaufnahme andererseits.

Eine besondere Herausforderung besteht darin, auch Langzeitarbeitslose (Personen, die länger als zwölf Monate arbeitslos gemeldet sind) in dauerhafte Arbeitsverhältnisse zu bringen. Gerade auf den Umgang mit dieser Personengruppe beziehen sich maßgebliche arbeitsmarktpolitische Kontroversen.
Autorentext

M24 Stichwort: Langzeitarbeitslosigkeit

Die Langzeitarbeitslosigkeit in Deutschland liegt trotz der insgesamt sehr günstigen Entwicklung des Arbeitsmarktes und der stabilen Situation während der Finanz- und Wirtschaftskrise weiterhin auf einem hohen Niveau. (...) Die Verfestigung des deutschen Arbeitsmarktes aufzulösen und Beschäftigungschancen für alle zu schaffen, bleibt ein wichtiges Ziel der Arbeitsmarktpolitik. Die Unterbeschäftigung wird im Zeitraum bis zum Jahr 2025 nur dann zurückgehen, wenn es gelingt, die Langzeitarbeitslosigkeit deutlich zu reduzieren und auch den Menschen in dieser Gruppe bessere Beschäftigungschancen zu eröffnen. (...) Daher sind arbeitsmarkt- und sozialpolitische Maßnahmen zur Verbesserung der Erwerbsaussichten von Langzeitarbeitslosen (...) genauso wichtig wie die Investitionen in die Bildungs- und Forschungspolitik. Ansonsten besteht die Gefahr, dass es zu einem sozialpolitisch unheilvollen Zusammenwirken von Fachkräftemangel bei gleichzeitig hoher Arbeitslosigkeit kommt.
Die Debatte muss begleitet werden von (einer) positiven Botschaft(...). Die Botschaft „Fördern und Fordern" (...) kann ein Ansatz für die Debatte sein.
Abbau der Langzeitarbeitslosigkeit in Deutschland. Thesen- und Themenpapier zum Expertenworkshop der Konrad-Adenauer-Stiftung am 1. Juli 2010, in: www.kas.de/upload/dokumente/2010/07/Thesenpapier.pdf (Zugriff: 9.10.2010)

M25 Langzeitarbeitslose* 1993–2009

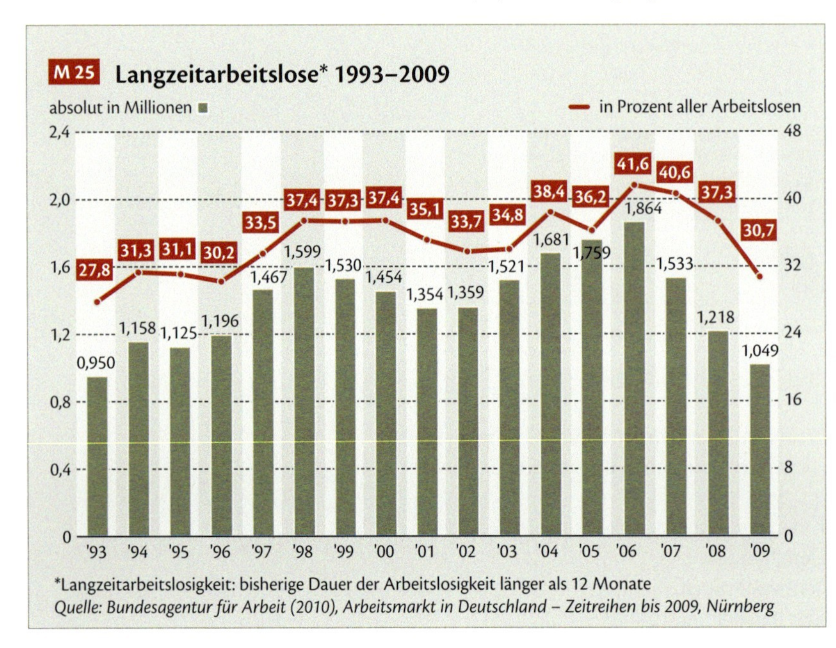

*Langzeitarbeitslosigkeit: bisherige Dauer der Arbeitslosigkeit länger als 12 Monate
Quelle: Bundesagentur für Arbeit (2010), Arbeitsmarkt in Deutschland – Zeitreihen bis 2009, Nürnberg

M 26 „Beschäftigungsaufnahme nicht unattraktiv machen"

Aus einer Stellungnahme des Arbeitgeberverbandes BDA:

Ein richtig ausgestaltetes Arbeitslosengeld II mit seinen Förderinstrumenten und Aktivierungsmöglichkeiten insbesondere für Menschen, die schon lange nicht mehr oder noch nie beschäftigt waren, ist ein Schlüsselelement für die Bekämpfung der in Deutschland viel zu hohen Langzeitarbeitslosigkeit. Hierzu muss der Gesetzgeber das Fürsorgesystem auf die für eine menschenwürdige Existenz notwendigen Leistungen konzentrieren (und) alle Blockaden für eine schnelle Beschäftigungsaufnahme abbauen (...).

Um eine Beschäftigungsaufnahme aus dem Arbeitslosengeld-II-Bezug heraus nicht unattraktiv zu machen, muss seine Höhe nach objektiven Kriterien festgelegt und gegebenenfalls auch regional differenziert werden. Die richtige Bezugsgruppe sind dafür Haushalte mit unteren Einkommen, die keine Fürsorgeleistungen erhalten. Wegfallen müssen die anreizfeindlichen Zuschläge nach dem Bezug von Arbeitslosengeld, weil sie über den Bedarf hinaus gewährt werden. Sie widersprechen dem richtigen Grundanliegen des Gesetzgebers, dass Langzeitarbeitslose jede rechtmäßige, gegebenenfalls auch einfache und entsprechend niedrig entlohnte Beschäftigung aufnehmen müssen, um die Hilfeleistung durch die Gesellschaft so schnell wie möglich auf das unbedingt Notwendige zu begrenzen. (...)

Jugendliche und junge Erwachsene dürfen bei den ersten Schritten in ein selbstständiges Leben nicht die Erfahrung machen, umfassend von der Gesellschaft versorgt zu werden, ohne dass ihre eigenen Anstrengungen eingefordert werden. Jedem jungen Menschen unter 25 Jahren, der Arbeitslosengeld II beantragt, muss deshalb umgehend ein Angebot in Form von Ausbildung, Arbeit, Qualifizierung oder notfalls auch einer Arbeitsgelegenheit gemacht werden. Im Gegenzug sollte – um positive Arbeitsanreize zu setzen – die Regelleistung des Arbeitslosengeldes II für nicht erwerbstätige junge Menschen abgesenkt werden (...). Sinnvoll (...) ist eine gesetzliche Absenkung um 50 Prozent.

BDA: Wichtigstes Ziel bleibt die Rückkehr in den Arbeitsmarkt, in: http://www.bda-online.de (Zugriff: 22.10.2010)

Anzeige der „Initiative Neue Soziale Marktwirtschaft"

Arbeitslosengeld II: Grundsicherungsleistung für erwerbsfähige Hilfebedürftige

M 27 „Zwang zur Arbeit um jeden Preis"

Der Sozialethiker Prof. Dr. Franz Segbers zur Arbeitsmarktpolitik:

Hartz IV und Agenda 2010 stehen für eine Pfadverschiebung des Sozialstaates in Richtung angelsächsisches System. Diese „Reformen" haben erstens die bisherige sozialstaatliche Logik der Bedarfsdeckung in eine Logik der Grundversorgung umgepolt. Zweitens wurde der bisherige sozial aktive Sozialstaat in einen aktivierenden Sozialstaat umgeformt, in dem das Grundrecht auf sinnvolle Arbeit in einen Zwang zur Arbeit verkehrt wurde und jede Arbeit als zumutbar gilt. (...)

Kernbereich aktivierender Sozialstaatsstrategien ist die Arbeitsmarktpolitik, die den Zwang zur Arbeit um jeden Preis in den Mittelpunkt der Bemühungen stellt. (...) Die Arbeitsverwaltung übt durch die sogenannten Eingliederungsvereinbarungen eine patriarchalische Funktion aus, um das Verhalten der Bürgerinnen und Bürger zu beeinflussen und zu steuern. Die Vereinbarungen kommen nicht freiwillig zustande, sondern werden durch Druck und strukturelle Gewalt erzwungen. (...)

Der aktivierende Sozialstaat versteht sich als ein Staat, der strafend eingreift. (...) Ethisch lässt es sich nicht rechtfertigen, dass eine reiche Gesellschaft Menschen das vorenthält, was diese zu einem menschenwürdigen Leben benötigen.

Franz Segbers: Fünf Jahre Fördern und Fordern, Neue Rheinsche Zeitung Online Flyer, 11.2.2009, in: http://www.nrhz.de (Zugriff: 22.10.2010)

1 Legen Sie dar, inwiefern sich Arbeitsmarktpolitik direkt auf die Erwerbssuchenden beziehen kann.

2 Ermitteln Sie, inwiefern insbesondere vom Problem der Langzeitarbeitslosigkeit arbeitsmarktpolitischer Handlungsbedarf ausgeht.

3 Analysieren und vergleichen Sie **M 26** und **M 27**. Bennen Sie die jeweiligen Grundannahmen und diskutieren Sie: Ist eine aktivierende Arbeitsmarktpolitik sinnvoll?

Konsolidierung oder Ausgabenpolitik? – Finanz- und Fiskalpolitik

Die Fiskalpolitik in Deutschland hat dafür Sorge zu tragen, dass die Ausgaben des Staates die Staatseinnahmen möglichst nicht überschreiten. Politiker und Ökonomen diskutieren trotz hoher Staatsverschuldung kontrovers, ob intensive Sparmaßnahmen oder doch eine Ausgabenpolitik betrieben werden soll.

Nettokreditaufnahme meint die zusätzliche Neuverschuldung zur Deckung der laufenden Staatsausgaben

Als **Schuldenbremse** wird eine Regelung bezeichnet, die die Föderalismuskommission Anfang 2009 beschlossen hat, um die Staatsverschuldung Deutschlands zu begrenzen. Danach soll die strukturelle, also nicht konjunkturbedingte Nettokreditaufnahme des Bundes maximal 0,35 Prozent des Bruttoinlandsproduktes betragen

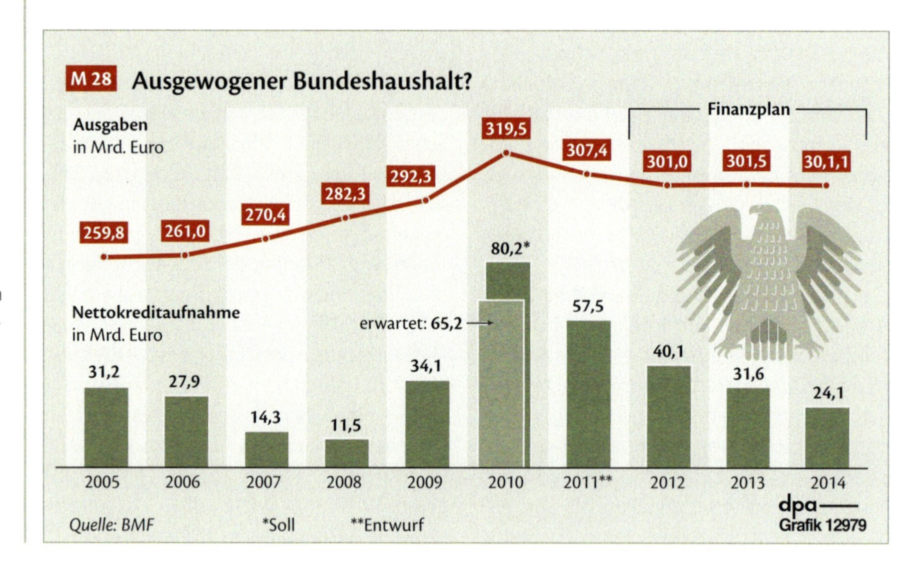

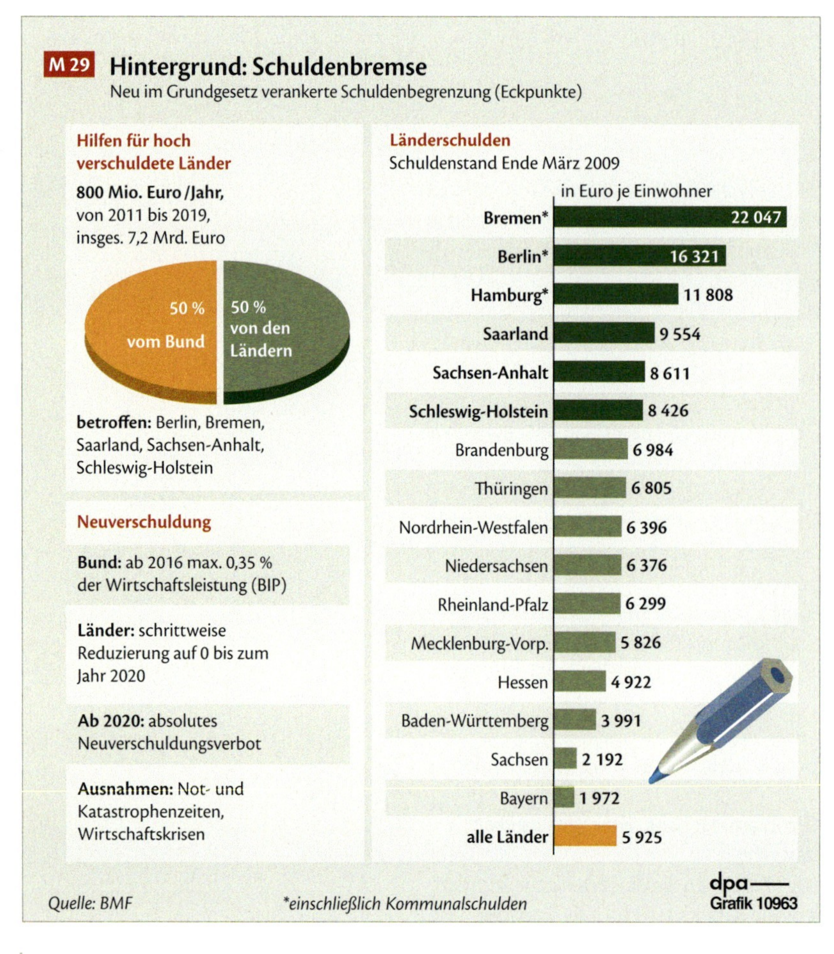

M 30 Große Fehler in guten Zeiten

Nur Irre können glauben, das aktuelle Verschuldungstempo könne so noch lange weiterlaufen. (...) Die offiziell ausgewiesene Gesamtverschuldung liegt inzwischen bei 80 Prozent unserer Wirtschaftsleistung, Pensionen und andere ungedeckte Verpflichtungen nicht mitgerechnet. 1990 waren es „nur“ 40 Prozent.

Die wichtigste Erkenntnis bei Analyse der Schuldenpolitik ist: Die größten Fehler haben Deutschlands Regierungen in guten Zeiten gemacht. So konnten sie sich in den vergangenen 47 Jahren 39-mal über steigende Steuereinnahmen freuen. Einen echten Schuldenabbau hat damit aber bislang niemand finanziert. (...) Vom „Sparen“ sind wir selbst bei sinkenden Defiziten noch weit entfernt, wie Schäuble an guten Tagen gerne einräumt. Denn eigentlich bedeutet Sparen, dass man Geld zurücklegt, das man hat. „Wir aber“, so der Finanzminister, „geben lediglich weniger vom dem Geld aus, das wir nicht haben.“

Frank Thewes: Warum Schäuble gerade jetzt massiv sparen muss, Focus Online v. 14.9.2010, in: http://www.focus.de (Zugriff: 27.10.2010)

M31 Ausgabenpolitik statt Schuldenbremse?

Erschreckend ist, wie wenig ökonomischer Sachverstand in die Debatte (*um die Schuldenbremse*) eingeflossen ist. Tatsächlich nämlich ist die Schuldenbremse nicht nur gesamtwirtschaftlich fragwürdig. Selbst aus einzelwirtschaftlicher Sicht ist nicht nachzuvollziehen, wie man solche Regeln festschreiben kann. (...). Tatsächlich ist es sogar für Firmen sinnvoll und im Sinne der Eigentümer, dass ein Betrieb für neue Investitionen Kredite aufnimmt. Nämlich dann, wenn er mit den Neuanschaffungen mehr Geld erwirtschaften kann, als er für den Zinsdienst aufwenden muss. (...) Die Schuldenbremse soll aber nun gerade dem Staat das verbieten, was für Unternehmen und Privathaushalte vernünftig ist: Die Bundesländer sollen grundsätzlich gar keine Schulden mehr machen. Für den Bund gilt die 0,35-Prozent-Hürde. (...).
Für den Staat ist das besonders dramatisch, weil es durchaus eine Vielzahl potenzieller öffentlicher Ausgaben gibt, die eine gesamtwirtschaftliche Rendite weit über den Zinskosten erreichen. (...) Selbst der Bau von Schienen oder Autobahnen kann enorme gesamtwirtschaftliche Renditen bringen, weil die Bürger enorme Zeitgewinne haben (...).

Sebastian Dullien: Wieso die Schuldenbremse Wahnsinn ist, Spiegel-Online v. 9.2.2009, in: www.Spiegel.de (Zugriff: 26.10.2010)

Rendite bezeichnet den Ertrag einer Geld- und Vermögensanlage als Verhältnis des jährlichen Ertrags bezogen auf den Kapitaleinsatz

M32 Begriffsbestimmung: Finanz- und Fiskalpolitik

Das durch Ein- und Ausgabenpolitik stattfindende Eingreifen des Staates in die gesamtwirtschaftliche Entwicklung wird *Finanzpolitik* genannt. Als Teilbereich dieser Finanzpolitik gilt in der Regel die *Fiskalpolitik*, die im herkömmlichen Sinne dem Zweck des Haushaltsausgleichs dient. Hiermit ist gemeint, dass bei der Planung des Bundeshaushalts die geplanten Ausgaben durch entsprechende Einnahmen gedeckt werden müssen.
Fiskalpolitische Maßnahmen sollten daher auf eine Minderung der Staatsverschuldung sowie auf eine langfristig stabile Ein- und Ausgabenpolitik zielen. Da bei dieser Ausrichtung nicht die volkswirtschaftliche Wirkung maßgeblich ist, kann Fiskalpolitik als tendenziell kassenorientiertes und buchhalterisches Aufgabenfeld begriffen werden.
Die Entscheidung des Staates, das Budgetdefizit abzubauen, wird *kontraktive* bzw. *restriktive Fiskalpolitik* oder auch *Haushaltskonsolidierung* genannt. Die Entscheidung zur Ausweitung des Haushaltsdefizits – wird hingegen *expansive Fiskalpolitik* oder auch *Ausgabenpolitik* genannt.

Autorentext

Fiscus (lat.): Geldkorb

M33 Aufbau des Staatshaushaltes (vereinfacht)

Staatseinnahmen	Staatsausgaben
Direkte Steuern (z. B. Einkommensteuer)	Konsumausgaben des Staates (Ausgaben für Personal und Güter für die Verwaltung)
Indirekte Steuern (z. B. Mehrwertsteuer)	Investitionsausgaben (z. B. öffentliche Baumaßnahmen wie Straßen)
Öffentliche Erwerbseinkünfte (z. B. aus staatlicher Unternehmensbeteiligung)	Subventionen an Unternehmen (z. B. für Umweltschutzinvestitionen)
Gebühren/Beiträge aus dem Verkauf öffentlicher Dienstleistungen (z. B. Müllabfuhrgebühren)	Transferzahlungen an private Haushalte (z. B. Renten und Sozialleistungen)
	Schuldendienst (Zins- und Tilgungszahlungen)

Bei **direkten Steuern** werden individuelle Merkmale der steuerpflichtigen Person berücksichtigt, andernfalls handelt es sich um **indirekte Steuern**

1. Analysieren Sie den Bundeshaushalt Deutschlands. Wodurch ist er maßgeblich gekennzeichnet?
2. Erörtern Sie mögliche (politische) Gründe für Defizite im Bundeshaushalt.
3. Recherchieren Sie weiter zur Schuldenbremse und formulieren Sie die Begründung hierfür. Diskutieren Sie die These über deren Fragwürdigkeit und beziehen Sie begründet Stellung.
4. Nennen Sie exemplarische Maßnahmen der staatlichen Ausgabenpolitik und Haushaltskonsolidierung.

Welche Rolle hat die Europäische Zentralbank? – Geldpolitik

Inflation und Deflation sind wichtige wirtschaftliche Phänomene, die negative Auswirkungen auf die Volkswirtschaft haben können. Sofern die Preise im Durchschnitt weder steigen noch sinken, ist von Preisniveaustabilität die Rede. Ein stabiles Preisniveau trägt auf verschiedenste Weise zum wirtschaftlichen Wohlstand bei und ist daher Hauptziel des Europäischen Systems der Zentralbanken (ESZB).

M34 Der Glaubenskrieg der Notenbanken

In einem (...) Glaubenskampf befinden sich gerade die beiden wichtigsten Notenbanken der Welt: Die Europäische Zentralbank (EZB) und die Federal Reserve (Fed) der USA. Die Währungshüter streiten darüber, ob die Notenbanken ihre extrem lockere Geldpolitik bald beenden oder ob sie diese fortführen und sogar noch eine Schippe drauflegen sollten. Wegen der Finanzkrise hatten die Notenbanken die Leitzinsen auf historisch niedrige Stände gesenkt. Außerdem kauften sie Wertpapiere auf, um Geld in die Märkte zu leiten. Und nach wie vor leihen sie Banken so viel Geld, wie diese benötigen. Die EZB tendiert nun, zwei Jahre nach dem Höhepunkt der Finanzkrise, zum Ausstieg aus dieser Politik. Die Fed dagegen scheint entschlossen, den Weg des billigen und überreichlichen Geldes weiterzugehen. (...)

Das Schreckensszenario ist ein „verlorenes Jahrzehnt" wie in Japan, wo die Wirtschaft trotz expansivster Geldpolitik seit langem stagniert. (...)

Das Problem: Notenbanken können die Wirtschaft nicht direkt mit Investitionen ankurbeln, sie können nur den Banken Geld zur Verfügung zu stellen, damit diese es in Form von Krediten an Haushalte und Unternehmen weiterreichen. Dort wird es dann idealerweise ausgegeben oder investiert. Doch dieser Kreislauf funktioniert derzeit nicht richtig. Zwar können sich Banken bei EZB und Fed Geld zu historisch niedrigen Zinsen leihen (...). Doch das Geld kommt längst nicht in dem Maß in Umlauf, wie sich die Zentralbanker das wünschen. (...)

Gefährlich sind beide Kurse. (...) Und die expansive Geldpolitik ist noch mit anderen Risiken verbunden: Die Banken könnten sich an die Medizin des billigen Gelds gewöhnen. Das würde den Markt verzerren und wenig leistungsfähige Institute künstlich am Leben erhalten. Zudem könnte der Geldmarkt austrocknen, weil sich alle Banken nur noch Geld bei den Zentralbanken leihen, wo es am billigsten ist. Das Ergebnis wäre eine „Lethargie der Marktteilnehmer", sagt Ökonom Schubert. Daneben hat ein dauerhaftes Überangebot an Geld meist Inflation zur Folge. Diese Gefahr besteht derzeit zwar nicht akut – perspektivisch aber sehr wohl. (...)

Die EZB hingegen riskiert, zu früh aus der ungewöhnlichen Geldpolitik aussteigen. Ein zu schneller Entzug könnte zu Schocks führen, im schlimmsten Fall zu Bankenpleiten samt Dominoeffekt und einer erneuten Finanzkrise.

Simon Che Berberich: Der Glaubenskrieg der Notenbanken, Focus Online v. 7.10.2010, in: www.focus.de/finanzen (Zugriff: 23.10.2010)

USA: zu expansive Geldpolitik?

Inflation s. S. 192: Gegenläufig verhalten sich die Prozesse bei einer **Deflation**

Expansive Geldpolitik: Maßnahmen, die auf eine Ausdehnung der Geldmenge oder des Geldangebots zielen

Historisch niedrige Stände der Leitzinsen: In den Jahren 1999 bis 2008 pendelte der Leitzins der EZB zwischen 2,00 und 4,75 Prozent

Lethargie: Teilnahmslosigkeit

M35 Die Geldpolitik der Europäischen Zentralbank

Am Anfang der Geldpolitik steht immer ein Zinsbeschluss, der im Falle des Rats der Europäischen Zentralbank (EZB) nach Analyse realwirtschaftlicher Faktoren wie dem Wirtschaftswachstum und monetärer Faktoren wie der Geldmenge getroffen wird. (...)

Zum Leitzins können sich Geschäftsbanken wöchentlich bei der Zentralbank Geld leihen. Ein höherer Leitzins bedeutet, dass sich die Geldaufnahme der Geschäftsbanken verteuert. Sie geben die Verteuerung an ihre Kunden weiter, indem sie höhere Zinsen für Bankkredite verlangen. Das wiederum verteuert die Güterherstellung und die Dienstleistungen.

15 Mancher Bauherr verschiebt bei hohen Zinsen den geplanten Hausbau und mancher Autofahrer den Kauf eines neuen Fahrzeugs auf später. Wer liquide ist, legt nun sein Geld zu guten Zinsen langfristig an. Die Geldmen-20 ge wächst langsamer. Gleichzeitig lässt die Nachfrage nach Waren und Dienstleistungen in der Wirtschaft nach, was wiederum eine Verlangsamung des Preisanstiegs zur Folge hat. Hohe Zinsen führen also nicht zu einer 25 Verstärkung, sondern im Gegenteil zu einer Abschwächung des Preisauftriebs. (...)
Dieser so genannte Zinskanal ist eine der Wirkungen des Leitzinses. Weiterer Effekt: Wenn die Zentralbank durch die Signalfunktion des 30 Leitzinses die Inflationserwartungen auf einem niedrigen Niveau stabilisieren kann, dann dürften die langfristigen Zinsen niedrig sein. Beide Wirkungsketten tragen im Eurosystem dazu bei, das vorrangige Ziel der Preis-35 stabilität im Euro-Währungsgebiet zu erreichen. (...)
Eine wichtige Voraussetzung für die Wirkungskette ist, dass die Zentralbank Monopolanbieter von Zentralbankgeld ist, d.h. 40 Banknoten können nur über sie beschafft werden. Im Kern besteht die Geldpolitik der Zentralbanken also darin, den Geschäftsbanken Zentralbankguthaben zu bestimmten Preis- und/oder Mengenkonditionen zeitwei-45 se zur Verfügung zu stellen. Der Leitzins stellt in der Regel die Untergrenze für den Zinssatz dar, den die Banken an die Zentralbank für ihre Geldaufnahme, d.h. die Zentralbankguthaben, zahlen.
Carsten Hartkopf: Geldpolitik in der Praxis, bpb Online v. 19.2.2007, in: http://www.bpb.de (Zugriff: 24.10.2010)

Bei **Hauptrefinanzierungsgeschäften** tauschen Geschäftsbanken zeitlich begrenzt Wertpapiere in Zentralbankgeld um. Der zu zahlende Zinssatz heißt Hauptrefinanzierungssatz/Leitzins

Eine **Fazilität** ist die Möglichkeit, innerhalb festgelegter Grenzen kurzfristig Kredite in Anspruch zu nehmen oder Guthaben anzulegen

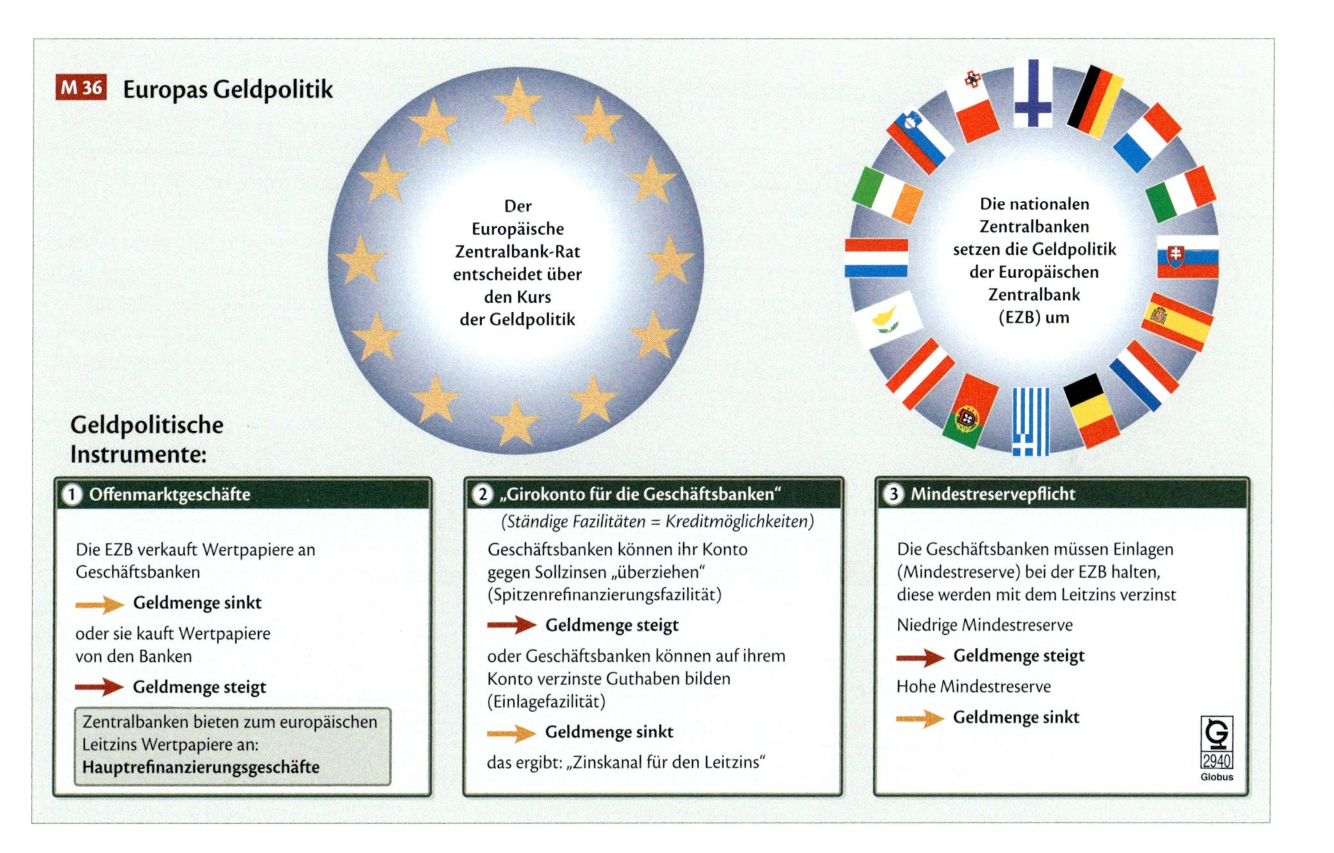

1 Beschreiben Sie die durch die Finanzkrise beeinflusste Geldpolitik von EZB und Fed. Warum ist von einem „Glaubenskrieg der Notenbanken" die Rede?

2 Nehmen Sie an, im Euroland besteht die Gefahr der Inflation und die EZB entscheidet, dem Anstieg der Preise entgegenzuwirken. Wie würde sie ihre geldpolitischen Instrumente einsetzen müssen? Stellen Sie die entsprechende Wirkungskette auch grafisch dar.

3 Recherchieren Sie arbeitsteilig Entstehung, Aufbau und Struktur des ESZB und präsentieren Sie Ihre Ergebnisse z.B. mithilfe eines Posters.

Methode: Hypothesenbildung

Empirische Forschung ist häufig Voraussetzung für wissenschaftliche Aussagen. Empirische Daten werden zum Beispiel durch Umfragen, Experimente, Inhaltsanalysen usw. gesammelt. Es können aber auch bereits gesammelte Daten unter veränderten Gesichtspunkten neu untersucht werden. Auf jeden Fall ist für eine wissenschaftliche Analyse eine (Forschungs-)Hypothese nötig, um einen Zugang zu den Daten zu gewinnen bzw. um ein Untersuchungsdesign zu entwerfen.

M37 Wissenschaft und Hypothese

Wissenschaft beginnt nicht mit den Fakten, sondern mit den Problemen. Bevor man Daten erhebt, muss man wissen, was man erheben soll. Aus der Fülle der möglichen Variablen muss man einige auswählen. Insofern gibt es keine theoriefreie Forschung. Denkbar ist jedoch eine wenig explizierte, unklare, eher implizite Vorstellung über potenzielle Einflussfaktoren auf mögliche Wirkungen, die einen veranlassen könnte, mehr oder weniger unsystematisch Erhebungen durchzuführen oder Versuche anzustellen.
Nicht alle Fragen sind wissenschaftlich beantwortbar und im erfahrungswissenschaftlichen Sinne zu entscheiden. Dazu gehören vornehmlich ethische und ästhetische Fragen, sowie solche Fragen, die sich der Wahrnehmung gänzlich entziehen. Beispiele dafür wären etwa:

- Gibt es ein Leben nach dem Tode? (Entzieht sich jeder Wahrnehmung.)
- Ist jemand ein besserer Mensch, wenn er ehrlich seine Steuern zahlt? (Ethische Frage); eine ähnliche, aber wissenschaftlich beantwortbare Frage lautete: Sind Menschen, die ehrlich ihre Steuern zahlen, dümmer als solche, die dies nicht tun?
- Ist es gut für unsere Kinder, wenn sie in der Schule dem ständigen Notenstress ausgeliefert sind? (Was gut oder schlecht ist, ist eine ethische Frage.)
- Sollte man statt einer Brille nicht besser Kontaktlinsen tragen? (Ästhetische Frage)

Wissenschaft kann zu einigen der obigen Fragen nähere Argumentationshilfen liefern, jedoch die Fragen nicht im Sinne eines definitiven *Trifft zu* bzw. *Ist falsch* entscheiden oder etwa Versuche anstellen, die diesbzgl. eine derartige Klärung erbringen könnten.
Erstes Ziel der Wissenschaft ist es, das Problem in einer angemessenen Weise zu formulieren, um so das Forschungsvorgehen zu explizieren und den ersten Schritt zu einer potenziellen Überprüfung zu ebnen.

Bernhard Jacobs: Probleme, Fragen und Hypothesen; in: http://www.phil.uni-sb.de/~jakobs/seminar/vpl/theorie/hypothesen.htm (Zugriff: 28.6.2011)

M38 Alltagsvermutungen und wissenschaftliche Hypothesen

Die Alltagssprache verwendet den Begriff „Hypothese" (aus dem Griechischen: „Unterstellung, Vermutung") häufig synonym für Vermutungen oder Meinungen über unsichere oder singuläre Sachverhalte: „Ich vermute (habe die Hypothese), dass Hans die Prüfung nicht bestehen wird" oder „Ich meine (vertrete die Hypothese), dass meine Tochter weniger fernsehen sollte." Dies sind Aussagen, die nach wissenschaftlichem Verständnis keine Hypothesen darstellen.
Wir sprechen von einer wissenschaftlichen Hypothese, wenn eine Aussage oder Behauptung die folgenden vier Kriterien erfüllt:
1. Eine wissenschaftliche Hypothese bezieht sich auf reale Sachverhalte, die empirisch untersuchbar sind.
2. Eine wissenschaftliche Hypothese ist eine allgemein gültige, über den Einzelfall oder ein singuläres Ereignis hinausgehende Behauptung („All-Satz").
3. Einer wissenschaftlichen Hypothese muss zumindest implizit die Formalstruktur eines Konditionalsatzes („Wenn-dann-Satz" bzw. „Je-desto-Satz) zugrunde liegen.
4. Der Konditionalsatz muss potenziell falsifizierbar sein, d.h. es müssen Ereignisse denkbar sein, die dem Konditionalsatz widersprechen.

Wissenschaftliche Hypothesen sind Annahmen über reale Sachverhalte (empirischer Gehalt, empirische Untersuchbarkeit) in Form von Konditionalsätzen. Sie weisen über den Einzelfall hinaus (Generalisierbarkeit, All-

gemeinheitsgrad) und sind durch Erfahrungsdaten widerlegbar (Falsifizierbarkeit).
Nach diesen Aussagen wären die folgenden Aussagen als wissenschaftliche Hypothesen zu bezeichnen:
- „Frustrierte Menschen reagieren aggressiv." Der Konditionalsatz hierzu lautet: „Wenn Menschen frustriert sind, dann reagieren sie aggressiv." Diese Aussage bezieht sich auf einen realen, empirisch überprüfbaren Sachverhalt, sie beansprucht Allgemeingültigkeit und ist falsifizierbar.
- „Frauen sind kreativer als Männer." Hierzu können wir formulieren: „Wenn eine Person eine Frau ist, dann ist sie kreativer als eine Person, die ein Mann ist." Diese Hypothese wäre durch einen Mann, der kreativer ist als eine Frau, falsifizierbar.
- „Mit zunehmender Müdigkeit sinkt die Konzentrationsfähigkeit" oder „Je stärker die Müdigkeit, desto schwächer die Konzentrationsfähigkeit." Auch dieser Konditionalsatz ist allgemein gültig und empirisch falsifizierbar.
- „Frau Müller leidet bei schwülem Wetter unter Migräne." Anders formuliert: „Wenn das Wetter schwül ist, dann leidet Frau Müller unter Migräne." Auch wenn sich diese Aussage nur auf eine einzelne Person bezieht, handelt es sich um eine (Einzelfall-)Hypothese, denn die geforderte Allgemeingültigkeit ist hier durch beliebige Tage mit schwülem Wetter erfüllt.

Jürgen Bortz/Nicola Döring: Forschungsmethoden und Evaluation für Human- und Sozialwissenschaftler, 4. Aufl. Heidelberg 2006, S. 4f.

M39 Hypothesenbildung – ein Beispiel

Eine Studentin möchte eine empirische Arbeit zum Thema „Frauenfeindlichkeit" anfertigen. Sie weiß aus eigener Erfahrung, dass sich Männer unterschiedlich frauenfeindlich verhalten. Und will dieses Phänomen (...) erklären.
Ausgangspunkt ihrer Überlegungen ist ein Zeitungsartikel über „Frauenfeindlichkeit im Fernsehen", der nach ihrer Auffassung zu Recht darauf hinweist, dass die meisten Sendungen ein falsches Frauenbild vermitteln. Dieses falsche Bild – so ihre Vermutung – könne dazu beitragen, dass Männer auf Frauen unangemessen bzw. sogar feindlich reagieren. Ihre Behauptung lautet also verkürzt: „Fernsehende Männer sind frauenfeindlich." Sie möchte nun anhand der (...) genannten Kriterien feststellen, ob es sich bei dieser Behauptung um eine wissenschaftliche Hypothese handelt.
- Das erste Kriterium (empirische Untersuchbarkeit) trifft zu. Frauenfeindlichkeit ist nach ihrer Auffassung ein realer Sachverhalt, der sich empirisch untersuchen lässt.
- Auch das zweite Kriterium (Allgemeingültigkeit) hält sie für erfüllt, denn bei ihrer Behauptung dachte sie nicht an bestimmte Männer, sondern an alle fernsehenden Männer oder doch zumindest an die fernsehenden Männer, die sich im Prinzip in ihrem sozialen Umfeld befinden könnten.
- Das dritte Kriterium verlangt einen Konditionalsatz. Der vielleicht naheliegende Satz: „Wenn eine Person ein Mann ist, dann ist die Person frauenfeindlich" entspricht nicht ihrem Forschungsinteresse, denn die dem Wenn-Teil zugeordnete Variable wäre in diesem Fall das Geschlecht., d h. sie müsste – abweichend von ihrer Fragestellung – Männer und Frauen kontrastieren. Die Formulierung: „Wenn Männer fernsehen, dann sind sie frauenfeindlich" hingegen trifft eher ihre Intention, weil hier im Wenn-Teil implizit fernsehende Männer und nicht fernsehende Männer kontrastiert werden. Allerdings befürchtet sie, dass es schwierig sein könnte, Männer zu finden, die nicht fernsehen, und entscheidet sich deshalb für eine Hypothese mit einem Je-desto-Konditionalsatz: „Je häufiger Männer fernsehen, desto frauenfeindlicher sind sie."
- Das vierte Kriterium verlangt die prinzipielle Falsifizierbarkeit der Hypothese, die ihr gedanklich keine Probleme bereitet, da die Untersuchung durchaus zeigen könnte, dass männliche Vielseher verglichen mit Wenigsehern genauso (oder sogar weniger) frauenfeindlich sind.

Die Aussage „Je häufiger Männer fernsehen, desto frauenfeindlicher sind sie" hat damit den Status einer wissenschaftlichen Hypothese.

Jürgen Bortz/Nicola Döring: Forschungsmethoden und Evaluation für Human- und Sozialwissenschaftler, 4. Aufl. Heidelberg 2006, S. 14

Brauchen wir einen starken Euro? – Währungspolitik

Währungspolitik meint die Gesamtheit staatlicher Maßnahmen zur Gestaltung der Währungsordnung, d. h. des Geld- und Kreditwesens sowie des internationalen Währungssystems. Im Euro-Raum stellt sich die Frage, ob ein starker oder doch eher ein schwacher Euro zu fördern sei und welche Vor- und Nachteile damit jeweils verbunden wären.

M40 Im internationalen Währungskrieg?

„Die deutsche Wirtschaft könnte zum großen Verlierer eines Währungskriegs werden", sagte Andreas Rees, Volkswirt bei Unicredit. Bereits jetzt hat die Investmentbank Goldman Sachs ihre Wachstumsprognose für das kommende Jahr (2011) von 2,6 auf 2,4 Prozent gesenkt – wegen des starken Euro. „Eine weitere Aufwertung wird das Wachstum hierzulande zusätzlich belasten", so Dirk Schumacher, Deutschland-Chefökonom bei Goldman Sachs. Der Euro hat sich seit Anfang Juni zum Dollar kräftig verteuert. (...) Verschärft hatte sich der Dollar-Verfall, als im Sommer immer klarer wurde, dass die US-Notenbank auf weitere Geldspritzen zusteuert.
Da im Gegenzug viele Währungen von Industrie- und Schwellenländern aufwerten, versuchen dort die Regierungen und Notenbanker gegen die Aufwertung (...) vorzugehen. Eine massive Abwertungsspirale – ein sogenannter Währungskrieg – droht.
Das wäre vor allem für die exportabhängige deutsche Wirtschaft schmerzhaft: Neben einer wachsenden Abschottung wichtiger Absatzmärkte wären weitere Kurssprünge ein Problem. (...)
Nicht bei allen Ökonomen läuten aber schon die Alarmglocken. Entscheidend sei die Veränderung des Euro-Außenwerts über einen längeren Zeitraum, sagte Jörg Krämer, Chefvolkswirt der Commerzbank. Hier sehe das Bild noch entspannt aus. Erst wenn der Euro nachhaltig über 1,50 Dollar steigt, sieht Krämer Handlungsbedarf für seine Prognose für 2011.

Martin Kaelbe/André Kühnlenz: Starker Euro beunruhigt Ökonomen, Financial Times Deutschland v. 19.10.2010, in: http://www.ftd.de (Zugriff: 20.10.2010)

M42 Stichwort: Wechselkurs

Genauso wie der Preis auf einem beliebigen inländischen Markt die wichtige Aufgabe übernimmt, für eine Koordination der Käufer und Verkäufer auf diesem Markt zu sorgen, so dienen internationale Preise dazu, die Entscheidungen von Konsumenten und Produzenten in deren Interaktion auf den Weltmärkten zu koordinieren. (...)
Der nominale Wechselkurs ist das Verhältnis, zu dem die Währung eines Landes gegen die Währung eines anderen Landes getauscht werden kann. Wenn Sie zur Bank gehen und Geld wechseln, so kann beispielsweise der ausgewiesene Wechselkurs zum Dollar bei € 0,87 liegen. Wenn Sie also € 0,87 hingeben, so erhalten Sie einen Dollar; und wenn Sie einen Dollar hingeben, so erhalten Sie € 0,87. (...)
Seit der Einführung des Euro wird (...) die Mengennotierung (als Ausdruck des Wechselkurses) verwendet – diese gibt an, wie viele ausländische Geldeinheiten man für eine inländische Geldeinheit erhält (...).

Verändert sich der Wechselkurs so, dass für den Erwerb einer Einheit ausländischer Währung weniger Einheiten inländischer Währung vonnöten sind als zuvor (steigt also der Wechselkurs in Mengennotierung), so wird diese Veränderung Aufwertung der inländischen Währung genannt. Verändert sich der Wechselkurs so, dass für den Erwerb einer Einheit ausländischer Währung mehr Einheiten inländischer Währung vonnöten sind als zuvor (sinkt also der Wechselkurs in Mengennotierung), so wird diese Veränderung Abwertung der inländischen Währung genannt. Steigt also beispielsweise der Wechselkurs des Dollar zum Euro (in Mengennotierung) von $ 1,40 auf $ 1,45, so wurde der Euro aufgewertet. Zugleich bedeutet dies, dass der Dollar abgewertet wurde, da mit dem Dollar nun weniger Euro erworben werden können. (...)

Manchmal hört oder liest man in den Medien von einer „starken" oder „schwachen" Währung. Diese Beschreibungen beziehen sich in der Regel auf Veränderungen der nominalen Wechselkurse in der nahen Vergangenheit. Wird eine Währung aufgewertet, so spricht man davon, dass sie „stärker" wird (...). Analog spricht man im Fall einer Abwertung davon, dass die Währung „schwächer" wird.

N. Gregory Mankiw/Mark P. Taylor: Grundzüge der Volkswirtschaftslehre, Stuttgart 2008, S. 775 f.

Wechselstube

M43 Vor- und Nachteile von Abwertungen

Beispiel: (...) Die deutschen Exporte in die USA, in Dollar gerechnet, (*werden*) um 20 Prozent billiger (...). Die deutschen Exporteure können daraufhin eine größere Menge absetzen, eventuell zu einem höheren Preis in Euro, sodass der Exportwert (Menge mal Preis) zunimmt. Andererseits werden die amerikanischen Waren, in Euro gerechnet, um 25 Prozent teurer. (...) Dadurch sinken die deutschen Importe. (...) Alles in allem verbessert sich der deutsche Außenbeitrag infolge der Euroabwertung. Man nennt dies (...) eine normale Reaktion.

Abwertungen werden aus Sicht der Exportwirtschaft begrüßt, da sie die internationale Wettbewerbsfähigkeit (zunächst) verbessern. Staaten greifen gelegentlich auf Abwertungen als konjunkturfördernde Maßnahmen zurück. Allerdings sind Abwertungen mit gravierenden Nachteilen verbunden:

- Eine Abwertung bedeutet für das betreffende Land eine Erhöhung der Importpreise. Dadurch sinkt das kaufkraftmäßige Volkseinkommen der Bevölkerung.
- Wenn außerdem die Importeure ihre Nachfrage nicht sofort einschränken – etwa aufgrund langfristiger Lieferverträge –, so nimmt der Importwert zu. Im Ergebnis kann es vorübergehend zu einer weiteren Verschlechterung des Außenbeitrags kommen (anormale Reaktion).
- Des Weiteren ist zu bedenken, dass die abwertungsbedingte Verteuerung der importierten Güter einen Anstieg des gesamten inländischen Preisniveaus in Gang setzen kann. Dadurch wird die internationale Wettbewerbsposition des Landes nachhaltig geschwächt.
- (...) Eine Förderung der inländischen Wettbewerbsfähigkeit geht immer auf Kosten der ausländischen Handelspartner. Man bezeichnet dies als Beggar my Neighbour-Policy (Politik, die meinen Nachbarn zum Bettler macht).

Herbert Sperber: Wirtschaft verstehen, Stuttgart 2009, S. 317 f.

1. Analysieren Sie den Euro-Wechselkurs 2009–2010 (**M41**). Wann würden Sie den Euro als stark, wann als eher schwach bezeichnen?
2. Beurteilen Sie, ob ein so genannter internationaler Währungskrieg droht.
3. Recherchieren Sie im Internet zu den Faktoren der Wechselkursbildung.
4. Erschließen Sie sich Gewinner und Verlierer einer Abwertung des Euro. Zeigen Sie zudem die Auswirkungen dieser Abschwächung anhand einiger konkreter lebensweltnaher Beispiele (z. B. Reisen) auf.
5. Brauchen wir einen starken Euro? Begründen Sie Ihre Position.

Ankurbeln oder dämpfen? – Konjunkturpolitik

Konjunkturpolitik bezieht sich auf alle Maßnahmen zur Regulierung der Konjunktur und zur Erreichung bzw. Sicherung der wirtschaftspolitischen Ziele. So kann beispielsweise sowohl die Fiskal- und Währungspolitik als auch die Strukturpolitik konjunkturpolitisch wirken. In Deutschland basiert die Ausrichtung der Konjunkturpolitik primär auf der wirtschaftspolitischen Theorie der keynesianischen Nachfrageorientierung. Unterschiedliche Konjunkturtheorien haben zudem versucht, die tatsächlich zu beobachtenden Konjunkturentwicklungen zu erklären.

M44 Zeitverzögerung konjunkturpolitischer Maßnahmen

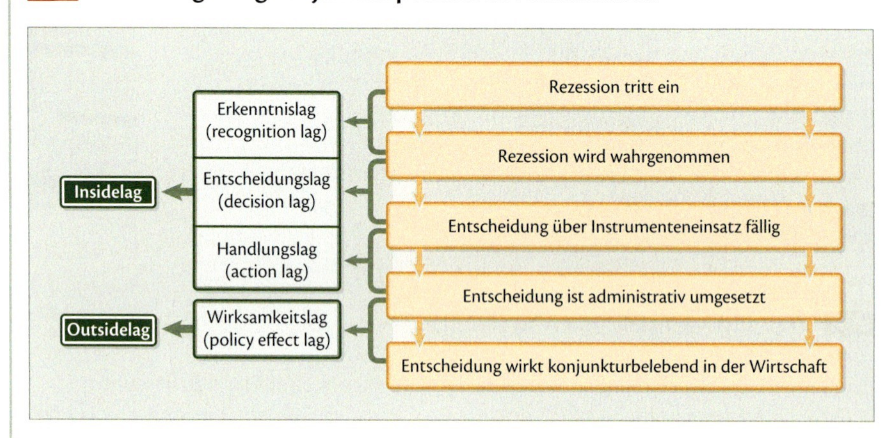

Das „Insidelag" (lag = Verzögerung) beschreibt die Verzögerungen, für welche die Träger der Fiskalpolitik die Verantwortung tragen. Das „Outsidelag" hingegen wird 5 durch die Reaktionsgeschwindigkeit der privatwirtschaftlichen Akteure auf veränderte fiskalpolitische Daten bestimmt. Das erhebliche Ausmaß dieser Verzögerungen insgesamt kann dazu führen, dass eine eigentlich 10 antizyklisch motivierte Politik schließlich prozyklisch wirkt und die Wirtschaft stabilisiert.

Bundeszentrale für politische Bildung (Hg.): Wirtschaft heute, Bonn 2009, S. 155

M45 Restriktive Konjunkturpolitik? Doch nicht jetzt!

Zeichnung: Stuttmann

M46 Wenn der politische Konjunkturzyklus den ökonomischen ersetzt

Eine Vielzahl von Ökonomen und Politikwissenschaftlern weist darauf hin, dass eine aktive ökonomische Konjunkturpolitik sich der politischen Manipulation ausliefert. So legen 5 statistische Befunde nahe, dass Wahlergebnisse stark mit dem volkswirtschaftlichen Zustand der Vormonate zusammenhängen. Dies bringt die Versuchung mit sich, Konjunkturpolitik missbräuchlich anzuwenden: in einem 10 Wahljahr die Wirtschaft „aufzupumpen" und den Preis höherer Inflationsraten und/oder höherer Arbeitslosenquoten später zu bezahlen. Das Ergebnis kann eine eigentlich vermeidbare Instabilität der Volkswirtschaft sein, 15 ein politischer Konjunkturzyklus.

Nach: Paul Krugman/Robin Wells: Volkswirtschaftslehre, Stuttgart 2010, S. 33 f.

M47 Handgemachte Konjunktur durch selbsterfüllende Prophezeiung

Allgemein kann man sagen, dass die konjunkturelle Abhängigkeit einer Volkswirtschaft vom finanziellen Sektor mit der Größe und Bedeutung des Finanzmarkts zunimmt. (...) Diese Überlegungen weisen bereits auf die konjunkturbestimmende Rolle der Erwartungen hin. Beispielsweise werden die Wirtschaftssubjekte, wenn sie einen Preisanstieg erwarten, schon heute verstärkt Güter kaufen, um dem vermeintlichen Preisanstieg zuvorzukommen. Dadurch nimmt die Nachfrage zu, und die Preise steigen tatsächlich. Das geschieht auch, wenn die Erwartung objektiv vollkommen unbegründet ist. Man spricht von einer „Selffulfilling Prophecy".

Herbert Sperber: Wirtschaft verstehen. Stuttgart 2009, S. 132

M48 Stichwort: Konjunktur und Konjunkturzyklus

Kaum eine Wirtschaftsnachricht kommt ohne einen Bezug auf die Konjunktur aus. Generell scheint sie den Zustand der Wirtschaft zu beschreiben: Läuft die Konjunktur gut, so gibt es mehr Jobs, höhere Gehälter, und der allgemeine Wohlstand erhöht sich. Läuft die Konjunktur nicht gut, ist es umgekehrt.

In der Wirtschaftswissenschaft ist die Konjunktur enger gefasst: Hier zeigt sie den kurzfristigen Zustand der Wirtschaftsleistung, also die Summe all dessen, was neu produziert wird, an; den langfristigen Trend hingegen erfasst der Begriff des Wachstums, welches positiv und negativ sein kann. Wirtschaftsdaten sind konstantem Wandel unterworfen. Dies liegt an der Natur der Sache: Wirtschaft, Konjunktur und Wachstum sind das Ergebnis von weltweit Milliarden individuellen menschlichen Entscheidungen. Es wäre also ein reiner Zufall, wenn alles sich immer stetig entwickeln würde. Daher gibt es den langfristigen Trend, auch der Wachstumspfad genannt, die Schwankungen hingegen bezeichnet die Konjunktur.

Wissenschaftler haben in der bisherigen Wirtschaftsentwicklung unterschiedliche Frequenzen von Zyklen in der Wirtschaft ausgemacht, doch der Konjunkturzyklus bezeichnet zwei je einige Jahre andauernde, sich abwechselnde Phasen, und zwar Aufschwung (= Beschleunigung des Wachstums der jährlichen Wirtschaftsleistung) und Rezession (= Absinken des Wachstums der jährlichen Wirtschaftsleistung, aber immer noch positive Wachstumsraten). In extremen Fällen kommt es sogar zu einem Boom (sehr hohe Zuwachsraten in der Wirtschaft) oder einer Depression (die Wirtschaft schrumpft, also negative Wachstumsraten).

Philipp Paulus: Konjunktur und Konjunkturprognosen, bpb-online 2.4.2007 in: http://www.bpb.de/themen/WMTEI3,0,0,Konjunktur_und_Wachstum.html (Zugriff: 30.10.2010)

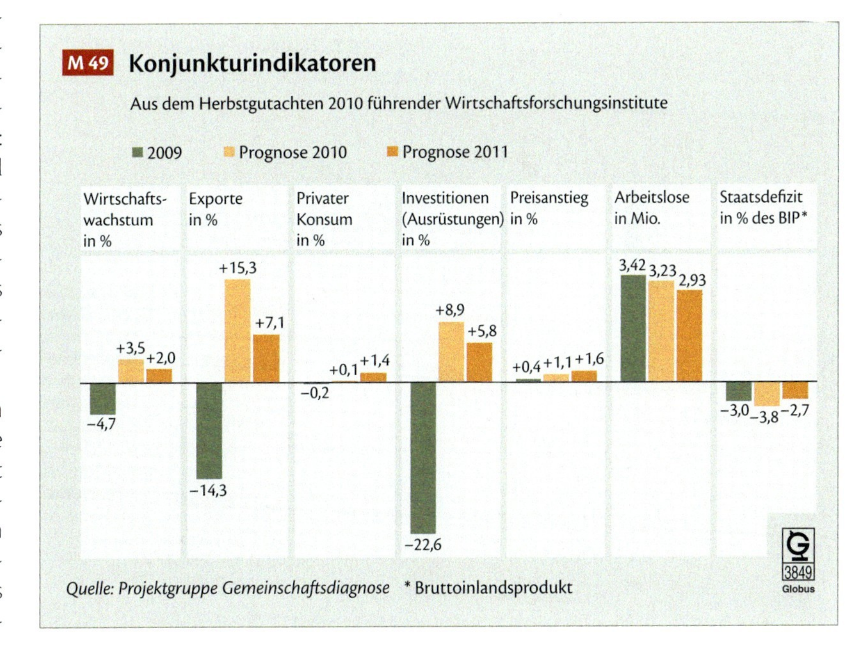

1 Interpretieren und diskutieren Sie die Karikatur.

2 Erklären Sie: Warum können trotz Festlegung einer antizyklischen Konjunkturpolitik dennoch gegenteilige Effekte auftreten? Nehmen Sie ausgehend von dieser Frage anschließend Stellung zu den Grenzen konjunkturpolitischer Steuerung.

3 Ermitteln Sie auf Basis ausgewählter Konjunkturprognosen, in welcher Phase des Konjunkturzyklus sich Deutschland befindet. Beurteilen Sie im Anschluss die Aussagekraft von Konjunkturprognosen.

Wo ist ein Ausgleich nötig? – Strukturpolitik

Ziel der Strukturpolitik ist die Vermeidung bzw. Überwindung von Strukturkrisen, die das gesamtwirtschaftliche Gleichgewicht stören. Strukturpolitik erstreckt sich dabei sowohl auf einzelne Regionen als auch auf ausgewählte Sektoren. Aufgrund der damit zusammenhängenden Eingriffe in die Wirtschaft ist sie umstritten.

M 50 Bereiche und Ziele der Strukturpolitik in Deutschland

Sektorale Strukturpolitik (St.) hat das Ziel, das Wachstum einzelner Sektoren der Volkswirtschaft oder, innerhalb eines Sektors, das einzelner Branchen zu fördern bzw. Schrumpfungsprozesse zu verlangsamen. (...) Regionale St. will das wirtschaftliche Wachstum in bestimmten Regionen beeinflussen. (...) Wichtigste Instrumente der St. sind, abgesehen von Infrastrukturmaßnahmen, Subventionen (Finanzhilfen und Steuerermäßigungen) an Unternehmen. (...)
Folgende Ziele der St. werden heute angegeben:

- Sozialverträgliche Gestaltung: Der Staat dürfe den Strukturwandel nicht behindern, müsse aber „bruchartige Entwicklungen mit unzumutbaren sozialen Härten“ vermeiden helfen, er fördere daher die Anpassung an veränderte Wettbewerbsbedingungen. (...)
- Forschungs- und Technologieförderung durch „direkte Projektförderung“ bei „risikoreichen, aufwendigen, die Privatwirtschaft überfordernden längerfristigen Forschungsvorhaben und Entwicklungen oder in besonders wichtigen branchenübergreifenden Schlüsseltechnologien sowie in Bereichen der staatlichen Daseins- und Zukunftsvorsorge“. Hinzu kommt die „Stärkung der technischen Leistungskraft der Unternehmen durch Produktivitäts- und Wachstumshilfen (...)“.
- Die Erhaltung existenzbedrohter, aber sanierungsfähiger Unternehmen oder ganzer Wirtschaftsbereiche in Ausnahmefällen.

Dieter Grosser: Strukturpolitik, in: Uwe Andersen/Wichard Woyke (Hg.): Handwörterbuch des politischen Systems der Bundesrepublik Deutschland, Lizenzausgabe Bonn: Bundeszentrale für politische Bildung 2003, nach: http://www.bpb.de/wissen (Zugriff: 30.10.2010)

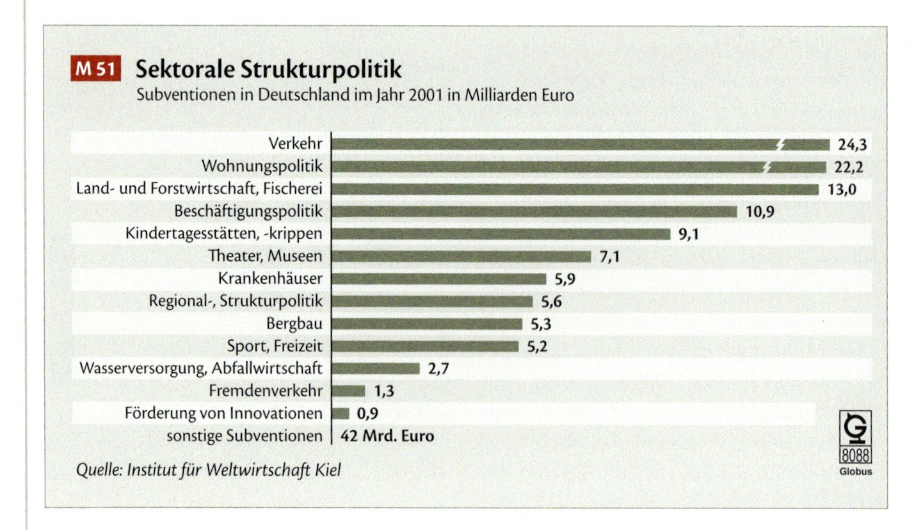

M 51 Sektorale Strukturpolitik
Subventionen in Deutschland im Jahr 2001 in Milliarden Euro
Quelle: Institut für Weltwirtschaft Kiel

1 Problematisieren Sie, inwiefern Strukturpolitik in Widerspruch zur so genannten schöpferischen Zerstörung (s. S. 324/325) stehen kann.

2 Ermitteln Sie strukturschwache Regionen sowie Sektoren in Deutschland und setzen Sie sich mithilfe einer Internetrecherche mit möglichen Gründen für dieses Schwäche auseinander. Gehen Sie hierzu arbeitsteilig vor und präsentieren Sie Ihre Ergebnisse mediengestützt.

Methode: Historische und systematische Aussagen

Wissenschaftliche Aussagen und Fragestellungen können sich in vielfältiger Weise auf politische, soziale und ökonomische Aspekte und Phänomene beziehen. Dabei ist insbesondere bei der Analyse und Auswertung von Informationen die Unterscheidung zwischen historischen und systematischen Ansätzen von hoher Relevanz.

M52 Historische und systematische Ansätze im Vergleich

Historische und systematische Fragestellung

Das Begriffspaar „historisch/systematisch" ist erst anwendbar, seitdem es das historische Bewusstsein und die historische Methode gibt. Erst seit diesem Augenblick gibt es die Möglichkeit, etwas „historisch" zu sehen und dadurch das „Systematische" vom „Historischen" als etwas Besonderes abzusetzen.

Vor dem Beginn des historischen Bewusstseins war das ganze Denken unbewusst und – ohne, dass man es korrekterweise so nennen dürfte – gewissermaßen „systematisch". Man hatte nicht die Möglichkeit, einen Gegenstand „historisch" vor sich hinzustellen, sondern massierte ihn gewissermaßen gleich in das eigene Denken ein. Hierfür nur zwei Beispiele:

– Bereits die griechischen Philosophen kannten natürlich die Lehren ihrer Vorgänger und behandelten sie in ihren Schriften, so etwa Platon und Aristoteles. Aber der Zweck solcher Erörterungen war nicht die philologisch getreue Wiedergabe der Lehrmeinungen der älteren Philosophen. Sie wurden vielmehr lediglich in „systematischer" Absicht zitiert, das heißt: im Zusammenhang der eigenen Argumentationen der zitierenden Autoren. Der Philosophiehistoriker, der wissen will, was die vorplatonischen Philosophen wirklich gedacht und gesagt haben, muss dies also mehr scharfsinnig rekonstruieren, als dass er einfach aus den Schriften der Großen ablesen könnte.

– Die Geschichtswissenschaft entstand als Hof-Historiographie der Fürstenhäuser. Deshalb darf man nicht annehmen, dass das Prinzip oder zumindest das Ergebnis eine „objektive" Darstellung der Geschichte gewesen sei: Natürlich musste die Geschichte so dargestellt werden, dass das auftraggebende Fürstenhaus möglichst gut wegkam.

Historische und systematische Disziplinen

(...) Die Praxis des Wissenschaftsbetriebes jedoch gibt uns sehr bald zu erkennen, dass die einzelnen Wissenschaftsdiziplinen zur Geschichte ihres jeweiligen Gegenstandes offenbar ein ganz verschiedenes Verhältnis haben. In einigen Disziplinen nämlich spielt die Betrachtung und die Interpretation der Geschichte dieses Gegenstandes offenbar eine große Rolle – in anderen wieder nicht. (...) Voran die im engeren Sinne so genannte „Geschichtswissenschaft", deren Gegenstand vor allem die politischen, sozialen, wirtschaftlichen und rechtlichen Hervorbringungen des Menschen im Laufe seiner Geschichte sind. (...)

Nun gibt es aber an unseren Hochschulen auch Wissenschaften, die ganz anders arbeiten als die historischen Wissenschaften (...). Das sind die systematischen Wissenschaften. Diese Wissenschaften verfolgen eine völlig andere Fragestellung. Sie gehen nicht von zu interpretierenden historischen Zeugnissen aus, sondern von einem jeweils aktuellen Problemzusammenhang (...).

Wie unterscheiden sich historisches und systematisches Denken?

(...) In einer wissenschaftlichen Darstellung vertreten Zitate und Referate dessen, was andere Autoren zu einem Thema gesagt haben, die historische Wahrheit. Indem der Autor andere Autoren zitiert oder referiert, sieht er von seiner Ansicht zu dem Gegenstand ab. Er kann an solchen Stellen nicht einfach sagen, was er für richtig hält, sondern muss das wiedergeben, was andere tatsächlich gesagt haben – (...) auch wenn der Referierende es für systematisch falsch hält, da er sich sonst eines Verstoßes gegen die historische Wahrheit schuldig machen würde.

Die eigenen Ausführungen des Autors hingegen vertreten die systematische Wahrheit – nämlich das, was er selbst nach besten Wissen und Gewissen, nach eigenem Dafürhalten, über eine Sache zu sagen weiß.

Helmut Seiffert: Einführung in die Wissenschaftstheorie 2: Geisteswissenschaftliche Methoden. Phänomenologie, Hermeneutik und historische Methode, Dialektik. München 2006, S. 234–237, 256 f.

Themen und Hinweise

Mögliche Themen für Referate und Themenbereiche von Facharbeiten

Hinweis: Die konkrete Themenstellung der Facharbeit kann nur in engem Kontakt mit der betreuenden Fachlehrerin bzw. dem Fachlehrer festgelegt werden.

- Ziele, Rahmenbedingungen und Akteure der Wirtschaftspolitik in der BRD – ein systematischer Überblick
- Wie funktioniert die Wettbewerbspolitik in Deutschland?
- Von der unterstützenden zur aktivierenden Arbeitsmarktpolitik – Konzepte und Kritik
- Fiskalpolitik und Verschuldung am Beispiel der Kommune ...
- Die Bedeutung von Preisstabilität für Einzelperson und Volkswirtschaft
- Gemeinsamkeiten und Unterschiede der Zentralbanken Fed (USA) und EZB (EU)
- Erscheinungsformen, Bedeutung und Funktionen des Geldes
- Der Prozess der Geldschöpfung
- Der Euro – eine Erfolgsgeschichte?
- Konjunkturelle Entwicklung in Deutschland seit der Nachkriegszeit – ein Auf und Ab?
- Wirtschaftspolitische Maßnahmen im Kontext der Finanz- und Wirtschaftskrise
- Die Bedeutung der Strukturpolitik der EU für Deutschland
- Strukturpolitik am Beispiel Nordrhein-Westfalen

Zur Übung und Vertiefung

- Analysieren Sie das Wahlprogramm der Parteien zum Thema Arbeitsmarktpolitik: ***www.etracker.de/lnkcnt.php?et=lKbSM9&url=http://www.iwkoeln.de/Portals/0/grafiken/iwd/2009/39/02_09_39_arbeitsmarktpolitik.gif***
- Nehmen Sie Stellung zu der kritischen Einschätzung der Arbeitsmarktpolitik im folgenden Beitrag: ***www.nrhz.de/flyer/beitrag.php?id=11421***
- Führen Sie das geldpolitische Simulationsspiel MoPoS durch: ***www.snb.ch/de/ifor/research/id/research_mopos***
- Charakterisieren und problematisieren Sie die Konjunktur- und Geldpolitik der Fed: ***www.focus.de/finanzen/news/geldpolitik-wie-weit-reisst-bernanke-die-geldschleuse-auf_aid_567514.html***
- Analysieren Sie die Lage der japanischen Staatsfinanzen: ***www.wiwo.de/finanzen/japan-stoesst-bei-den-schulden-an-seine-grenzen-430948/***
- Vergleichen Sie die Statements zum Thema Währungskrieg: ***www.boerse-online.de/devisen/meinung/:Waehrungskrieg-Teil-IV-%26%23x201e%3BDie-Rueckkehr-des-Egoismus%26%23x201c%3B/617993.html***
- Werten Sie den Konjunkturausblick ***www.ftd.de/politik/konjunktur/:konjunkturprognose-eu-erwartet-europaweites-wachstum/50199940.html*** unter Berücksichtigung der folgenden kritischen Stellungnahme aus: ***www.sahra-wagenknecht.de/de/article/856.eu-konjunkturprognose-geht-an-realitaeten-vorbei.html***

Hinweise zur Weiterarbeit

– ***www.sozialpolitik-aktuell.de/kontrovers-das-aktuelle-thema-umsetzung-auswirkungen-weiterentwicklung-von-hartz-ivsgb-ii.html***	Onlineportal „Sozialpolitik aktuell" des Instituts für Soziologie der Universität Duisburg-Essen mit Informationen zur Kontroverse um Hartz IV
– ***www.ecb.int/ecb/educational/facts/html/index.de.html***	Seite der EZB mit Lehr- und Lernmaterialien zur Geldpolitik
– ***www.bundesfinanzministerium.de/nn_4312/DE/Wirtschaft__und__Verwaltung/Finanz__und__Wirtschaftspolitik/node.html?__nnn=true***	Informationen des Bundesministeriums der Finanzen über Finanz-, Haushalts- und Wirtschaftspolitik
– ***www.bpb.de/publikationen/IXJNWG,0,0,Staat_und_Wirtschaft.html***	Online-Heft der Bundeszentrale für politische Bildung zum Thema „Staat und Wirtschaft"
– ***www.konjunkturpaket.de/Webs/KP/DE/Homepage/home.html***	Informationsportal über die Konjunkturpakete der Bundesregierung

Wirtschaftsstandort Deutschland

Der Austausch von Gütern und Dienstleistungen findet längst in einer international stark vernetzten Weltwirtschaft statt. Für die Unternehmen erschließen sich dabei enorme Absatzmöglichkeiten. Zugleich stehen sie aber auch in weltweiten Konkurrenzbeziehungen, die stetig hohe Anforderungen an die Wettbewerbsfähigkeit und Innovationskraft stellen. Von besonderer Bedeutung ist auch der Wettbewerb zwischen einzelnen Wirtschaftsräumen als potenzielle Standorte für unternehmerische Investitionen. Man spricht hierbei vom sog. Standortwettbewerb.
Der „Standort Deutschland" ist insbesondere durch eine starke Exportorientierung gekennzeichnet. Während dies einerseits als Ausdruck der Stärke gesehen wird, gibt es auch Stimmen, die auf negative Begleiterscheinungen dieser Exportorientierung hinweisen.
Das Kapitel erlaubt Ihnen eine Einschätzung wichtiger Indikatoren, Theorien und gesellschaftspolitischer Argumentationen sozialer Ungleichheit.

Was heißt Standort? – Standortfragen für Unternehmen

In Zeiten globalisierter Wirtschaftsbeziehungen ist es selbstverständlich, dass unternehmerische Investitionen unabhängig von nationalen Grenzen erfolgen. Die einzelnen Volkswirtschaften konkurrieren deshalb stets als potenzielle Unternehmensstandorte. Das jeweilige Profil eines Standortes definiert sich dabei über sogenannte Standortfaktoren.

Frachtflugzeug am DHL-Stützpunkt Leipzig/Halle

M1 Leipzig wird neues DHL-Drehkreuz

Der Flughafen Leipzig wird das neue Europadrehkreuz der Posttochter DHL. (...) Nach Angaben der Post sollen bis zum Jahr 2012 direkt rund 3500 Arbeitsplätze entstehen – weitere 7000 Arbeitsplätze seien im Umfeld zu erwarten. In Leipzig/Halle solle es einen Flugbetrieb rund um die Uhr geben.
Leipzig/Halle konnte sich bei der für die Region wichtigen Standortentscheidung der Post gegen den französischen Flughafen Vatry nordöstlich von Paris durchsetzen. Das bisherige europäische DHL-Luftdrehkreuz Brüssel, dessen Kapazitäten nicht mehr ausreichen, war bereits aus dem Rennen ausgeschieden und soll künftig als regionaler Umschlagplatz weitergeführt werden. Verhandlungen mit der belgischen Seite für einen Ausbau hatten sich wegen Streits um Nachtflüge und Lärmbelästigungen zerschlagen.
Entscheidendes Argument für Leipzig sei die große Kapazität bezüglich der Flugbewegungen und der sonstigen Infrastruktur gewesen (...).

wiw/dpa: Deutsche Post: Leipzig wird neues Drehkreuz, wiwo.de, 9.11.2004; in: http://www.wiwo.de (Zugriff: 17.11.2010)

M2 Im Fokus: Der Wirtschaftsstandort Deutschland

Rahmenbedingungen für ausländische Investoren	
Absatzmarkt	– Europas größter Markt: über 80 Mio. Konsumenten (20 Prozent des europäischen Marktes) mit hohem Pro-Kopf-Einkommen – Europäischer Kaufkraftvergleich: Deutschland ist unter den Top 10 mit 18 904 EUR pro Kopf
Infrastruktur	– Weltweit qualitativ beste Infrastruktur – Leistungsstarkes Straßen-, Schienen- (ICE) und Telekommunikationsnetz
Rechtssystem	– Transparente, unabhängige Judikative – Rechtssicherheit, effizientes Rechtssystem
Arbeitskräfte	– Hohes Qualifikationsniveau: Mehr als 80 Prozent aller Arbeitskräfte verfügen über Berufsausbildung (duales System) oder Universitätsabschluss – Im internationalen Vergleich hohe Arbeitsmotivation – Geringe Betriebsbeeinträchtigungen durch Streiktage (drei Streiktage jährlich pro 1000 Einwohner) – Geringes Lohnkostenwachstum Europas: zwei Prozent jährlich – (Frühere) Schwachpunkte Arbeitskosten und mangelnde Flexibilität des Arbeitsrechts verlieren an Bedeutung: Qualität der Arbeit ist für Unternehmen entscheidend
Forschung und Entwicklung (FuE)	– Hohe Ausgaben für FuE: jährlich 2,54 Prozent des BIP (entspricht etwa 53,5 Mrd. EUR) – Deutschland stellt 20 Prozent aller europäischen Wissenschaftler
Ausblick	
Nachhaltigkeit	– Nachhaltigkeit als langfristiges wirtschaftspolitisches Ziel – Laut Studien wird Deutschland weltweit führend im Bereich Umwelttechnik und als Standort für Forschung und Entwicklung – Deutschland weltweit führend in der Entwicklung sparsamer Motoren/alternativer Antriebe, Nutzung erneuerbarer Energie, Wärmedämmung/Energieeffizienz

Germany Trade & Invest, Gesellschaft für Außenwirtschaft und Standortmarketing der Bundesrepublik Deutschland: Kurzüberblick Wirtschaftsstandort Deutschland, in: www.gtai.com (Zugriff: 17.11.2010)

M3 Stichwort: Standortfaktoren

Maßgebliche Determinante der Standortwahl. Standortfaktoren sind die variablen standortspezifischen Bedingungen, Kräfte, Einflüsse etc., die sich positiv oder negativ auf die Anlage und Entwicklung eines Betriebs auswirken; sie sind als wirtschaftliche Vor- und Nachteile zu begreifen, die aus dem Niederlassen eines Unternehmens an einem bestimmten Standort resultieren.
Dimensionen: Standortfaktoren stellen sich zum einen als Standortbedürfnis dar, d. h. aus Sicht der Anforderungen, die ein Unternehmen an einen potenziellen Standort stellt. Daneben charakterisieren Standortfaktoren die Standortqualität (...).
Systematisierung: Standortfaktoren lassen sich nach mehreren Kriterien systematisieren, wobei Überschneidungen auftreten können:
1. Zugehörigkeit zur Leistungserstellung: Beschaffungs-, produktions- und absatzbezogene Standortfaktoren.
2. Grad der monetären Quantifizierbarkeit: Harte Standortfaktoren schlagen sich unmittelbar in Kosten nieder; weiche Standortfaktoren lassen sich nicht unmittelbar in Kosten-Nutzen-Analysen quantifizieren, sondern stellen eine selektive Clusterung (*Bündelung*) all der Faktoren dar, die auf dem individuellen Raumempfinden der Menschen in ihrer Lebens- und Arbeitswelt basieren.
3. Maßstabsebene: Geht man von einer internationalen Standortwahl aus, muss zunächst ein Land bestimmt werden, in welchem die Ansiedlung erfolgt (Makroebene), dann die Region (Mesoebene) und innerhalb dieser eine Gemeinde (Mikroebene).
4. Grad der Spezifität: Allg. Standortfaktoren mit branchenübergreifender Bedeutung, spezielle Standortfaktoren mit sektorspezifischer Bedeutung.

Gabler-Wirtschaftslexikon, in: http://wirtschaftslexikon.gabler.de (Zugriff: 17.11.2010)

M4 Standortfaktoren im Überblick

Geht es um die Frage, wo beispielsweise eine Produktionsstätte für ein Unternehmen errichtet werden soll, spielen die jeweils vorzufindenden Standortfaktoren eine wichtige Rolle. Zur Systematisierung der Standortfaktoren (s. M 3) hat sich die Unterscheidung zwischen „harten" und „weichen" Standortfaktoren herausgebildet. Je nach Investitionsvorhaben und Branche sind dabei die einzelnen Standortfaktoren für die unternehmerische Entscheidung unterschiedlich bedeutsam.

Harte Standortfaktoren	Weiche Standortfaktoren
Verwaltungshandeln (Flexibilität und Schnelligkeit)	Unternehmensfreundlichkeit der Verwaltung
Verfügbarkeit qualifizierter Arbeitnehmer	Image als Wirtschaftsstandort
Berufliche Ausbildungseinrichtungen	Schulen, Betreuungs- und Bildungseinrichtungen
Forschungseinrichtungen (wissenschaftliche Kooperationsmöglichkeiten)	Mentalität der Bevölkerung/Arbeitseinstellung
Regionaler Absatzmarkt	Soziales Klima
Nähe zu Zulieferern	Freizeitwert
Verkehrsanbindung	Stadtbild/ Innenstadtattraktivität
Steuern, Abgaben, Subventionen	Wohnwert
Lohnniveau	Kulturangebot
Flächenverfügbarkeit	

Nach: Thomas Salmen: Standortwahl der Unternehmen. Ein Überblick über empirische Gründe, Prozesse und Kriterien der unternehmerischen Entscheidungsfindung. Marburg 2001, S. 30

1 Arbeiten Sie aus dem Fallbeispiel **M 1** heraus, welche Art von ökonomischer Entscheidung hier getroffen wurde.

2 Erläutern Sie die Bedeutung von Standortfaktoren für das Wirtschaftsleben.

3 Die Standortfaktoren haben nicht für jedes Unternehmen das gleiche Gewicht. Wählen Sie zwei zum Nachweis dieser Feststellung geeignete Unternehmen aus Ihrer Region aus und stellen Sie bei dem Vergleich die Faktoren heraus, bei denen die Unterschiede klar hervortreten.

Was ist ein Standort? – Bestimmungsgröße Infrastruktur

Produktion und Handel von Gütern und Dienstleistungen sind maßgeblich von den infrastrukturellen Rahmenbedingungen beeinflusst, die am jeweiligen Standort vorliegen. Hierzu zählt nicht nur eine gute Verkehrsanbindung, sondern die Energieversorgung und der Zugang zu Kommunikationsnetzen.

M5 Investitionsstau im Bahnsystem

Die Bahn muss den Ausbau des Schienennetzes drastisch drosseln. Aus einer Übersicht, die der Süddeutschen Zeitung vorliegt, geht hervor, dass 46 „vordringliche" Aus- und Neubau-5 projekte vorerst nicht realisiert werden können. Viele hätten bis 2015 fertig sein sollen, doch wie sich nun zeigt, ist ihre Finanzierung nicht einmal bis 2025 gesichert. Nach Ansicht der Opposition droht „ein Verkehrsinfarkt".
10 Betroffen sind laut dem Papier vor allem Ausbauten, aber auch mehrere Neubaustrecken, darunter die als besonders wichtig geltenden Trassen von Karlsruhe nach Basel, von Frankfurt nach Mannheim sowie von Fulda nach
15 Frankfurt. (...)
Bahn-Chef Rüdiger Grube hatte das Papier vor einigen Tagen im Verkehrsausschuss des Bundestags präsentiert. Daraus geht hervor, dass die Bahn bis 2025 jährlich 1,8 Milliarden
20 Euro für Investitionen in die Infrastruktur benötigen würde, um die wichtigsten Projekte zu realisieren. Nach den derzeitigen Haushaltsplanungen stehen ihr jedoch ab 2011 – nach Auslaufen der Konjunkturprogramme –
25 jährlich nur 1,16 Milliarden Euro zur Verfügung.
Selbst wenn noch EU-Mittel eingerechnet werden, „würden in den nächsten Jahren mindestens 500 Millionen Euro jährlich fehlen",
30 sagte der Vorsitzende des Verkehrsausschusses, Winfried Hermann (Grüne), am Donnerstag. Alles in allem summiere sich die Finanzlücke für die Schienenprojekte der Bahn – darunter auch bereits begonnene Bauten – auf
35 23 Milliarden Euro, hat er errechnet.
Verkehrsminister Peter Ramsauer (CSU) müsse dringend die Prioritäten neu setzen und sich von „Prestigeprojekten" wie dem Umbau des Stuttgarter Hauptbahnhofs verabschie-
40 den. Zudem solle er bei der Haushaltsanmeldung für die Jahre 2011 bis 2015 jährlich eineinhalb Milliarden Euro mehr für die Schiene durchsetzen. „Erst dann gibt es keine Streichliste mehr", sagte Hermann. Auch der SPD-Po-
45 litiker Uwe Beckmeyer forderte „eine deutliche Aufstockung der Infrastrukturmittel". Sonst drohe „in ein paar Jahren ein Verkehrsinfarkt", sagte er.

M. Kuhr/D. Bauchmüller: Deutsche Bahn – kein Geld zum Bau wichtiger Strecken. In: Süddeutsche Zeitung v. 5.3.2010

M6 Belastung des Schienennetzes

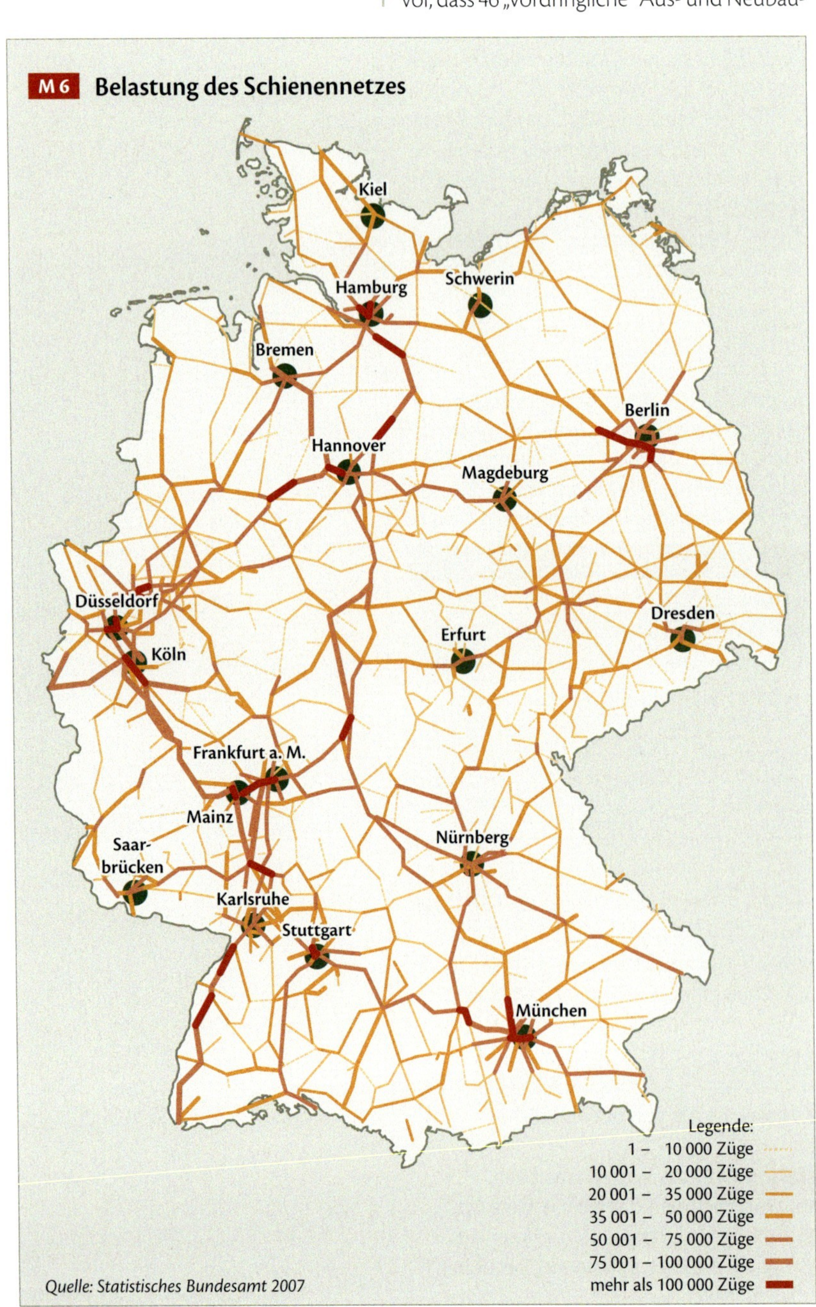

Quelle: Statistisches Bundesamt 2007

M7 Infrastruktur in Deutschland

a) Verkehrsinfrastruktur (1000 km)	Tag/Monat	2007	2008	2009	2010
Überörtliches Straßennetz, davon	01.01.	231,4	231,2	231,0	231,0
Autobahnen	01.01.	12,5	12,6	12,6	12,8
Bundesstraßen	01.01.	40,7	40,4	40,2	39,9
Landesstraßen	01.01.	86,6	86,6	86,5	86,6
Kreisstraßen	01.01.	91,5	91,6	91,6	91,7
Schienennetz (Betriebsstreckenlänge)	31.12.	38,0	37,8	37,9	—
Wasserstraßen	31.12.	7,5	7,5	—	—
Rohölleitungen	31.12.	2,4	2,4	2,4	—

— = Angabe fällt später an *Quelle: Statistisches Bundesamt*

a) Breitbandverfügbarkeit

Region (Gemeinden)	Haushalte insgesamt	Kerntechnik	DSL	Kabel	Funk	UMTS
städtisch (870 Gemeinden)	21 335 034 100,00 %	21 331 224 99,98 %	21 169 830 99,23 %	17 735 917 83,13 %	7 944 624 37,24 %	21 294 383 99,81 %
halbstädtisch (4782 Gemeinden)	13 330 861 100,00 %	13 068 110 98,03 %	12 733 165 95,52 %	4 478 326 33,59 %	1 806 649 13,55 %	10 701 468 80,28 %
ländlich (6892 Gemeinden)	4 063 633 100,00 %	3 699 074 91,03 %	3 585 286 88,23 %	290 643 7,15 %	323 154 7,95 %	1 346 320 33,13 %

Quelle: Bundesministerium für Wirtschaft und Technologie: Breitbandatlas 2009, S. 4

M8 Standortfaktor Infrastruktur

Aus einer Mitteilung des Deutschen Städte- und Gemeindebundes:

Infrastruktur umfasst die beiden Teilbereiche der technischen Infrastruktur (Verkehr, Versorgung, Energie, Telekommunikation) sowie die soziale Infrastruktur (Bildung, Gesundheitssystem, Rechtssystem u.a.). Viele Infrastrukturen haben Vorleistungscharakter, das heißt, sie gehen als Vorprodukt in den Produktionsprozess der Unternehmen ein. (...) Im internationalen Standortwettbewerb erweist sich die Infrastruktur einer Volkswirtschaft als zentraler Standortfaktor. (...) Verkehrsinfrastruktur ermöglicht den kostengünstigen Austausch von Produkten und macht die Produktionsfaktoren regional mobil. Eine gute Verkehrsinfrastruktur erhöht die Möglichkeit der Arbeitsteilung und Spezialisierung, was wiederum zu mehr Wachstum und Wohlstand führt. Die Verkehrsinfrastruktur hilft, neue Märkte zu erschließen, und ermöglicht eine verbesserte Güterverteilung. Es werden bessere Wahlmöglichkeiten insbesondere in ländlichen und strukturschwachen Regionen geschaffen, nicht nur beim privaten Konsum, sondern auch bei der Arbeitsplatzsuche. (...)

Auch der Energieinfrastruktur kommt für den unternehmerischen Erfolg und für den allgemeinen Wohlstand große Bedeutung zu. (...) Im Stromnetz kommt es – anders als im Verkehr – nicht auf Schnelligkeit des Netzdurchflusses an, sondern auf eine hinreichende Kapazität, um Netzzusammenbrüche (Blackouts) durch Überlastung zu vermeiden. (...) Auch die Telekommunikationsinfrastruktur ist für die Zukunft des Standortes Deutschland von zentraler Bedeutung, und zwar speziell die flächendeckende Versorgung mit breitbandigem Internet.

Deutscher Städte- und Gemeindebund: Infrastruktur im internationalen Standortwettbewerb, S. 2 f., in: www.netzwerk-zukunftsstaedte.de (Zugriff: 16.9.2010)

1 Erläutern Sie, worin die Bedeutung des Standortfaktors Infrastruktur besteht.
2 Nennen Sie Gründe für die Stärke der Infrastruktur des Standortes Deutschland.
3 Bewerten Sie die Rolle des Schienennetzes für den Wirtschaftsstandort Deutschland.
4 Beurteilen Sie die Gefahr eines Verkehrsinfarkts für den Wirtschaftsstandort Deutschland.

Was ist ein Standort? – Bestimmungsfaktor Arbeitskräfte

Für die Produktion und den Handel von Gütern und Dienstleistungen benötigen die Unternehmen qualifiziertes Personal. Das jeweilige Profil des Angebots an Arbeitskräften stellt somit einen ganz wesentlichen Faktor dar, der über die Qualität eines Wirtschaftsstandortes mitentscheidet.

M9 Standort Silicon Valley: das Erfolgsgeheimnis

Fast 5000 Unternehmen wurden bislang von Absolventen der amerikanischen Stanford University gegründet, darunter IT-Giganten wie Google, Cisco oder Hewlett-Packard. (...)
5 Das Erfolgsgeheimnis des Silicon Valley sind seine Universitäten, allen voran die Eliteschmiede Stanford. Wie ein Magnet zieht sie Wissenschaftler und Unternehmer aus aller Welt an – und wirkt zugleich als überaus 10 fruchtbarer Nährboden für Gründer.
Auf dem Campus, der an die Innenstadt von Palo Alto grenzt, fanden sich nicht nur Googles Gründer, deren Professor für sie den Kontakt zu Andreas Bechtolsheim knüpfte. Der 15 Deutsche, einst selbst in Stanford Mitgründer der soeben an Oracle verkauften Computerfirma Sun Microsystems, schrieb ihnen den ersten 100 000-Dollar-Scheck aus. Auch der Netzwerkgigant Cisco wurde auf dem Cam20 pus begründet. Die Schöpfer von Yahoo fanden – dank Stanford-Verbindungen – in der nahe gelegenen Wagniskapitalfirma Sequoia Capital ihren ersten Finanzier.
Stanfords Wirkung als Katalysator für erfolg25 reiche Geschäftsideen reicht weit zurück. Bis in die Vierzigerjahre des vergangenen Jahrhunderts, als William Hewlett und David Packard sich in Stanfords Elektroniklabor kennenlernten. (...)
30 Das ist das Ergebnis konsequenter Arbeit: Unter anderem hat die Universität eine eigene Abteilung eingerichtet, die Wissenschaftler beim Einreichen von Patenten und bei deren Lizenzieren unterstützt.
35 Und so setzen Studenten und Absolventen selbst in der schlimmsten Arbeitslosigkeit seit dem Bestehen des Silicon Valley – fast zwölf Prozent – auf die inspirierende Wirkung der Uni. Wie Fabian Heilemann. Der 40 Absolvent der Hamburger Bucerius Law School ergatterte als einziger Deutscher unter rund 600 Konkurrenten einen von 70 Plätzen am renommierten Sommerlehrgang der Stanford Graduate School of Business. 45 Er vermittelt Akademikern ohne betriebswirtschaftliche Ausbildung das Rüstzeug für das Gründen und den Aufbau von Unternehmen.
Vier Wochen lang studierte Heilemann Dut50 zende von Geschäftsplänen, knüpfte Kontakte mit Wagnisfinanzierern und sprach mit Silicon-Valley-Unternehmern. Der Crashkurs kostete 9400 Dollar – und brachte doch „unbezahlbare Erfahrungen", schwärmt der 55 26-Jährige.
Gemeinsam mit vier Mitstudenten präsentierte er am Ende die Idee, ein Handybezahlsystem für Restaurantbestellungen zu entwickeln. Nach Zuspruch von Wagnisfinanzieren 60 will Heilemann deshalb nach der Promotion zum Doktor der Rechtswissenschaft nun seine Anwaltskarriere sausen lassen und das Vorhaben ab September mit zwei Kurskollegen, den Ingenieuren James Chen und Logan 65 Wait, umsetzen. Wo? Natürlich im Valley.

Matthias Hohensee: Uni Stanford – die Ideenschmiede des Silicon Valley, wiwo.de v. 27.7. 2009, in: http://www.wiwo.de/unternehmen-maerkte/die-ideenschmiede-des-silicon-valley-403931 (Zugriff: 2.9.2010)

M 10 Das Silicon Valley

Quelle: faz.net

M 11 Qualifikationsstruktur als Standortfaktor

Betrachtet man ausschließlich die Produktionskosten, erscheint es zunächst unlogisch, dass in hoch entwickelten Volkswirtschaften überhaupt Güter in einem nennenswerten Umfang produziert werden. Wäre es angesichts der ohnehin gegebenen globalen Vernetzung der Märkte nicht sinnvoller, Unternehmensaktivitäten in denjenigen Volkswirtschaften zu konzentrieren, in denen weitaus geringere Personalkosten anfallen?
Auch wenn ökonomisches Denken grundsätzlich die Frage der Kosten im Blick hat, trifft diese Logik nicht in allen Fällen zu. So gibt es zahlreiche Güter und Dienstleistungen, für deren Produktion bzw. Bereitstellung Arbeitskräfte benötigt werden, die über spezielle und zum Teil sehr hoch entwickelte Fähigkeiten verfügen.
Man spricht im Zusammenhang mit diesen Fähigkeiten von Qualifikationen bzw. von der in einer Volkswirtschaft vorfindbaren Qualifikationsstruktur der Bevölkerung. So ist leicht nachvollziehbar, dass etwa im Zusammenhang mit der Produktion wissensintensiver Hochtechnologie-Güter (z. B. in der Computer- und Softwarebranche oder der Medizin- und Umwelttechnik) weniger die Frage möglichst geringer Personalkosten im Vordergrund steht als das hierzu benötigte Qualifikationsprofil der potenziellen Arbeitskräfte. Die Qualifikationsstruktur der erwerbsfähigen Bevölkerung innerhalb einer Volkswirtschaft stellt somit einen wesentlichen Standortfaktor dar, der die Eignung als Standort für bestimmte wirtschaftliche Investitionen maßgeblich mit beeinflusst. Die Entwicklung einer möglichst hoch entwickelten Qualifikationsstruktur wird dabei als zentraler volkswirtschaftlicher Wachstumsfaktor angesehen.

Autorentext

M 12 Stichwort: Humankapital

Unter Humankapital werden das Wissen, die Kenntnisse und Fähigkeiten jeder einzelnen Person verstanden, die für wirtschaftliche Aktivitäten genutzt werden können. Da Humankapital untrennbar mit einer Person verbunden ist, kann es auch als das „an Menschen gebundene Wissen" bezeichnet werden (...). Eine gute Ausstattung mit Humankapital ist zunächst einmal für jede einzelne Person von besonderer Bedeutung, da sie Einfluss auf die Arbeitsmarktchancen und die Einkommenshöhe haben kann (...). Der Zusammenhang zwischen einem höheren Bildungsstand und einem geringeren Arbeitslosigkeitsrisiko oder einem höheren Einkommen hat sich in den letzten Jahren verstärkt. (...) Die relative Nachfrage der Unternehmen nach qualifizierten Arbeitskräften (*hat sich*) zuungunsten Geringqualifizierter und Ungelernter erhöht (...).

IWD Köln: IW-Trends 3/2007: Deutschlands Ausstattung mit Humankapital, S. 25

M 13 Humankapital im Überblick

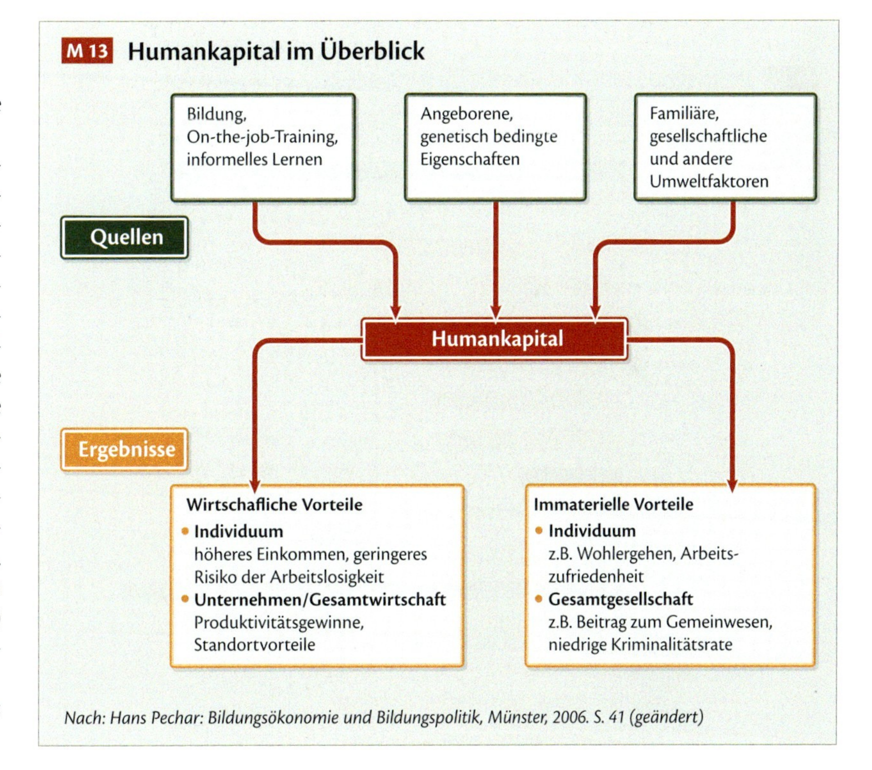

Nach: Hans Pechar: Bildungsökonomie und Bildungspolitik, Münster, 2006. S. 41 (geändert)

1. Arbeiten Sie heraus, welche Bedeutung der Standortfaktor Qualifikation hat.
2. Analysieren Sie am Beispiel des „Silicon Valley": Inwieweit spielt der Standortfaktor Qualifikation eine Rolle für Investitionen?
3. Diskutieren Sie, welche (wirtschafts-)politischen Folgen dies haben kann.
4. Das sogenannte Humankapital hat im bisherigen Verlauf der Globalisierung immer größere Bedeutung erfahren und wird auch künftig von besonderer Bedeutung sein. Begründen Sie diesen Befund.

Was ist ein Standort? – Bestimmungsgröße Stabilität

Neben der Qualifikationsstruktur heimischer Arbeitskräfte und der Leistungsfähigkeit der Infrastruktur kommt auch der politischen und rechtlichen Stabilität eines Landes entscheidende Bedeutung im internationalen Standortwettbewerb zu.

M 14 Stabilität als Standortfaktor

Stabilität ist zunächst ein Zustand der Festigkeit, der Geordnetheit. Die Strukturen des politischen Systems sollen stabil, die politischen und rechtlichen Verfahren verlässlich und die staatlichen Entscheidungen vorhersehbar oder zumindest nachvollziehbar sein. Die wirtschaftliche Stabilität eines Staates ist von der politischen Stabilität abhängig, denn ohne Vertrauen in die Stabilität der politischen Verhältnisse – und damit implizit in die Sicherheit des materiellen wie des geistigen privaten Eigentums – werden Wirtschaftssubjekte kaum Geld investieren oder anlegen, und ohne Sicherheit fehlt ein wesentlicher Ansporn für unternehmerische Leistungen. Sind die politischen Strukturen nicht stabil, so sind auch die politischen Prozesse weniger verlässlich und deren Ergebnisse eher volatil (*flüchtig*). Politische Stabilität umfasst mehr als die Stabilität der Rechtsordnung, denn stabile Rechtsnormen nützen nichts, wenn deren Umsetzung instabil ist, bspw. durch Korruption unterlaufen wird. In der Demokratie sind rechtliche Rahmenbedingungen sowohl die Korridore als auch die Ergebnisse politischer Prozesse. Politische Stabilität heißt freilich nicht Starrheit und Unabänderbarkeit. Ganz im Gegenteil. Sie beinhaltet auch die Fähigkeit des politischen Systems, von innen oder von außen kommende Veränderungen und Störungen – auch abrupte – verarbeiten zu können, ohne dass es instabil wird. Nach einer Veränderung soll eine Rückkehr in den Ausgangszustand oder in einen neuen Zustand der Stabilität erreicht werden können. Dies gilt auch für die Rechtsordnung. Sie muss stabil und verlässlich sein, verlässlich auch in der rechtlichen Verarbeitung neu auftauchender Probleme. (...)

Damit ein politisches System stabil ist, muss es also beständig bzw. anpassungsfähig in seiner Struktur, seinen Verfahren und seinen Ergebnissen sein. Es muss über Legitimation (*Anerkennungswürdigkeit*) sowohl auf der Input- wie auch auf der Outputseite des politischen Prozesses verfügen. Die Inputlegitimation wird in der Demokratie durch Wahlen gewährleistet (...). Die Outputlegitimation ergibt sich durch einen leistungsfähigen Staat, der in der Lage ist, Sicherheit zu gewährleisten, die Infrastruktur bereitzustellen, Interessenkonflikte auszugleichen und den Wohlstand zu fördern. (...)

Ohne politische Stabilität kann ein Wirtschaftsstandort auf längere Frist nicht attraktiv sein (...). Am attraktivsten ist ein Wirtschaftsstandort, wenn Stabilität gekoppelt ist mit Demokratie, denn die Stabilität der Demokratie basiert auf dauerhaften Institutionen, während die Stabilität von autoritären Staaten meist an einzelne Personen oder Personengruppen gebunden ist.

M 15 Politische Stabilität und Rechtssicherheit

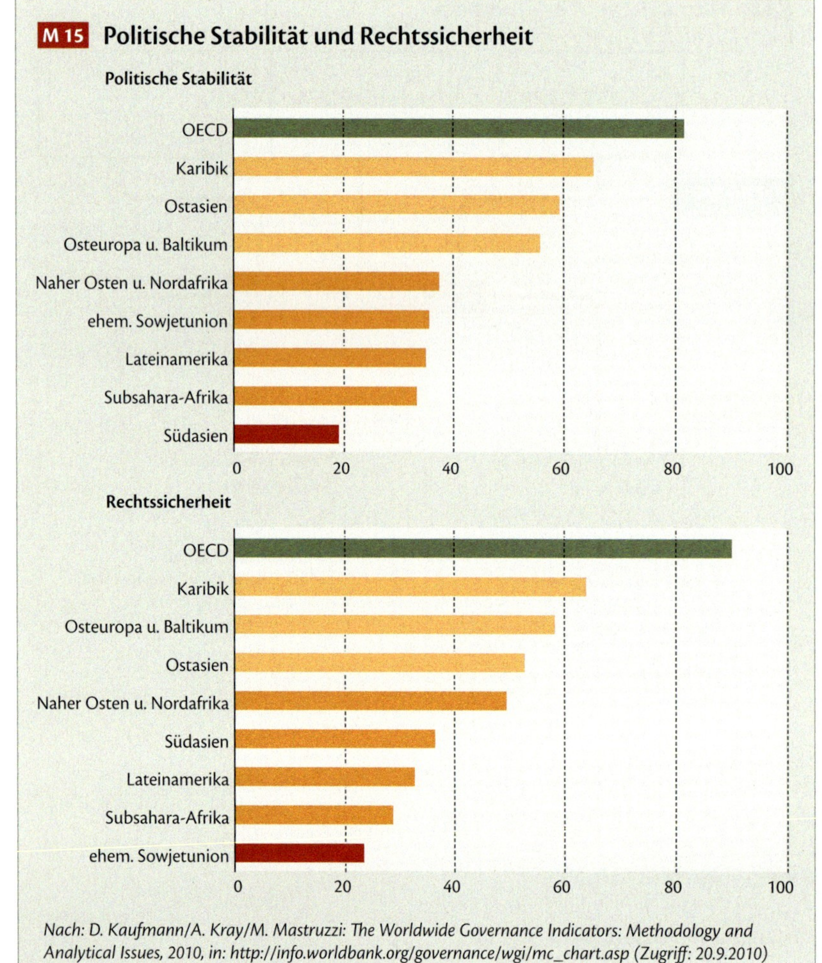

Nach: D. Kaufmann/A. Kray/M. Mastruzzi: The Worldwide Governance Indicators: Methodology and Analytical Issues, 2010, in: http://info.worldbank.org/governance/wgi/mc_chart.asp (Zugriff: 20.9.2010)

Stabilität erfordert auch Rechtssicherheit. Für die Wirtschaftssubjekte und damit auch für die Wirtschaftsstandorte sind Stabilität und Verlässlichkeit der rechtlichen Rahmenbedingungen unabdingbare Voraussetzungen für planmäßige Wirtschaftsaktivitäten. Ohne einen starken und verlässlichen Staat und ohne gute Regierungsführung gibt es keinen prosperierenden Wirtschaftsstandort (...).

Silvano Moeckli: Politische Stabilität als Rahmenbedingung für den Wirtschaftsstandort Schweiz, in: Rechtswissenschaftliche Abteilung der Universität St. Gallen (Hg.): Rechtliche Rahmenbedingungen des Wirtschaftens in der Schweiz, Zürich 2007, S. 7–16

M 16 Stabilität durch marktwirtschaftliche Öffnung?

Die fortschreitende Integration der Volkswirtschaften der Welt hat eine ausufernde Diskussion darüber entfacht, ob diese Dimension der „Globalisierung" Frieden schafft, Konflikte schürt oder weder einen direkten noch einen indirekten Einfluss auf das Risiko politischer Gewalt ausübt. Zu den am heftigsten diskutierten indirekten Effekten gehören die Konsequenzen der außenwirtschaftlichen Öffnung auf den inneren Zusammenhalt von Gesellschaften. Globalisierungsskeptiker schreiben dem Abbau von Handelshemmnissen und Kapitalverkehrskontrollen negative Wirkungen zu; umgekehrt lässt die These des „Freihändlerischen Friedens" erwarten, dass sich Gesellschaften angesichts der vergrößerten Wohlfahrt, einer direkten Wirkung der Öffnung, durch außenwirtschaftliche Öffnung befrieden lassen. (...)

Globaluntersuchungen der Gruppe der Entwicklungsländer bzw. sämtlicher Nationalstaaten seit den 1960er-Jahren zeigen zunächst, dass sich besonders für die optimistische Einschätzung einige Evidenz finden lässt. So ist besonders in wirtschaftlich geschlossenen Ländern die Wahrscheinlichkeit größer als in wirtschaftlich offenen Staaten, dass staatliche Institutionen versagen, Gewalt zur Lösung politischer Konflikte eingesetzt wird oder Bürgerkriege ausbrechen. Andererseits finden wir auch Belege dafür, dass in Zeiten des außenwirtschaftspolitischen Wandels politische Akteure eher zu den Waffen greifen als in Perioden ohne wirtschaftspolitische Reformen. Dies ließ sich zum Beispiel für die afrikanischen Staaten südlich der Sahara zeigen. Regierungen können durch außenwirtschaftliche Liberalisierung auftretende sozialpolitische Spannungen durch geeignete Kompensationsmaßnahmen entschärfen, was sich vor allem beim Ländervergleich von Guinea und Guinea-Bissau zeigte. In Schwellen- und Industrieländern führt außenwirtschaftliche Öffnung nur begrenzt zu politischer Gewalt; in diesen oft demokratisch organisierten Staaten sollten Liberalisierungsmaßnahmen kurzfristig eher das Streikaufkommen anwachsen lassen. Diese Erwartung haben wir vor allem für Lateinamerika untersucht. So ist in Argentinien in den Monaten nach zentralen handelspolitischen Initiativen mit einem erhöhten Streikniveau durch Angehörige des importkonkurrierenden Sektors zu rechnen, während diese Reformen das generelle Streikniveau nicht verändern.

Unsere bisherige empirische Evidenz bestätigt in Einklang mit den politökonomischen Modellen, dass sich die Verlierer der Globalisierung zunächst gegen außenwirtschaftliche Liberalisierung stemmen können, langfristig jedoch führt wirtschaftliche Offenheit zu mehr Stabilität eines Staates. Diese entgegengesetzten Auswirkungen zeigen, dass wirtschaftliche Integration nicht automatisch zu mehr Frieden führt, wie es Befürworter von Globalisierung häufig darstellen. Stattdessen können die friedensstiftenden, langfristigen Effekte zunächst von kurzfristigen Risiken der Instabilität überschattet werden. Deswegen ist es umso wichtiger, dass Politiker und internationale Institutionen Liberalisierungsmaßnahmen vorsichtig entwerfen und die Umverteilungswirkungen der Globalisierung nicht ignorieren.

Gerald Schneider/Margit Bussmann: Globalisierung und innenpolitische Stabilität: Der Einfluss außenwirtschaftlicher Öffnung auf das innenpolitische Konfliktpotenzial, Osnabrück 2005, S. 4, 21

Empirische Evidenz: Bestätigung einer Aussage/Einschätzung durch empirisch vorzufindende Daten

1 Arbeiten Sie heraus, welche Bedeutung der Standortfaktor Stabilität hat.

2 Diskutieren Sie die Bedeutung politischer Stabilität und wirtschaftlicher Öffnung für die Entwicklung von Volkswirtschaften unter den Bedingungen der Globalisierung (**M 16**).

Benchmarking und Rating

Einzelne Wirtschaftsstandorte bringen unterschiedliche Vor- und Nachteile in den Standortwettbewerb ein. Eine genaue Kenntnis des eigenen Standortprofils sowie insbesondere der Stärken der Mitbewerber kann deshalb von Vorteil sein. Für die systematisch-vergleichende Analyse von Wirtschaftsstandorten wurde deshalb in den vergangenen Jahren verstärkt auf die Methoden des Benchmarkings sowie des Ratings zurückgegriffen.

Benchmarking (= Maßstäbe setzen): vergleichende Analyse mit einem festgelegten Referenzwert

Rating (= Bewertung) Einschätzung der Bonität (Kreditwürdigkeit) eines Schuldners

M17 Negatives Rating für Griechenland und Portugal

Die Staatspleite Griechenlands rückt gefährlich nahe: Die Rating-Agentur Standard & Poor's (S&P) hat Athens Kreditwürdigkeit auf Ramschstatus heruntergestuft. Das hochverschuldete Land werde nun nur noch mit BB+/B bewertet, teilte S&P am Dienstag mit. Damit wurde die Einstufung um drei Noten verringert. Auch der Ausblick sei negativ. Dem Land drohe somit eine weitere Herabstufung.

Die neue Einschätzung reflektiere die politischen, wirtschaftlichen und haushaltspolitischen Herausforderungen für die griechische Regierung, sagte der zuständige Analyst Marko Mrsnik. Diese erschwerten es, die Schuldenlast wieder auf ein tragbares Niveau zu bringen. Für die Regierung in Athen hat die Aussage von S&P fatale Folgen, denn Kredite werden für das Land dadurch unerschwinglich.

Und damit nicht genug: S & P stufte auch die Kreditwürdigkeit Portugals herab. Das Rating werde von „A+" auf „A-" reduziert, teilte die Agentur mit. Der Ausblick für das Rating bleibt auch hier negativ.

yes/Reuters/dpa-AFX: Rating-Riese verramcht Griechenland, Spiegel Online v. 27.4.2010, in: http://www.spiegel.de/ (Zugriff: 18.11.2010)

M18 Benchmarking und Rating von Wirtschaftsstandorten

Im Interesse des systematischen Standortvergleichs wird die Methode des Benchmarking aus dem betriebswirtschaftlichen Bereich auf die Untersuchung ganzer Wirtschaftsräume übertragen. Im Mittelpunkt steht dabei die vergleichende Analyse einzelner Aspekte und Faktoren unterschiedlicher Wirtschaftsstandorte (anhand zuvor festgelegter einheitlicher Indikatoren) und die Identifikation von erfolgreichen Faktoren und Strategien mit Vorbildcharakter (Best-Practice-Beispiele). Auf dieser Basis kann eine Rangliste (Ranking) erstellt werden, in die einzelne Standorte eingeordnet werden können (Rating). Hieraus wird schließlich ersichtlich, welche Standorte (auf der Grundlage der ausgewählten Indikatoren und ihrer Gewichtung) als besonders leistungsstark gelten.

Autorentext

M19 Internationales Standort-Ranking 2007

a) Die Indikatoren: Erfolgs- und Aktivitätsindex

Erfolgsindex	
Zielbereich Arbeitsmarkt (50 Prozent) – Arbeitslosenquote – Erwerbstätigenzuwachs	**Zielbereich Wachstum** (50 Prozent) – Bruttoinlandsprodukt pro Kopf – Potenzialwachstum

Erfolgsindex: Potenzialwachstum = Anstieg des Produktionspotenzials der jeweiligen Volkswirtschaft.

Aktivitätsindex: Partizipationsrate = Anteil der arbeitenden oder arbeitsuchenden Personen im erwerbsfähigen Alter an der Gesamtbevölkerung im erwerbsfähigen Alter.

Aktivitätsindex	
Arbeitsmarkt	– Langzeitarbeitslosigkeit (–) – Jugendarbeitslosigkeit (–) – Beschäftigung älterer Arbeitnehmer (+) – Partizipationsrate (+)
Konjunktur und Staat	– Staatsanteil am BIP (–) – Staatsverschuldung (–) – Grenzabgabenbelastung (–) – Konjunktur (+)
Wirtschaft und Tarifparteien	– Investitionsanteil am BIP (+) – Teilzeitbeschäftigung (+) – Lohnzurückhaltung (+) – Streikquote (–)

Erklärungsgrößen mit negativem Einfluss sind mit (–) gekennzeichnet.

b) Die Ergebnisse im Überblick

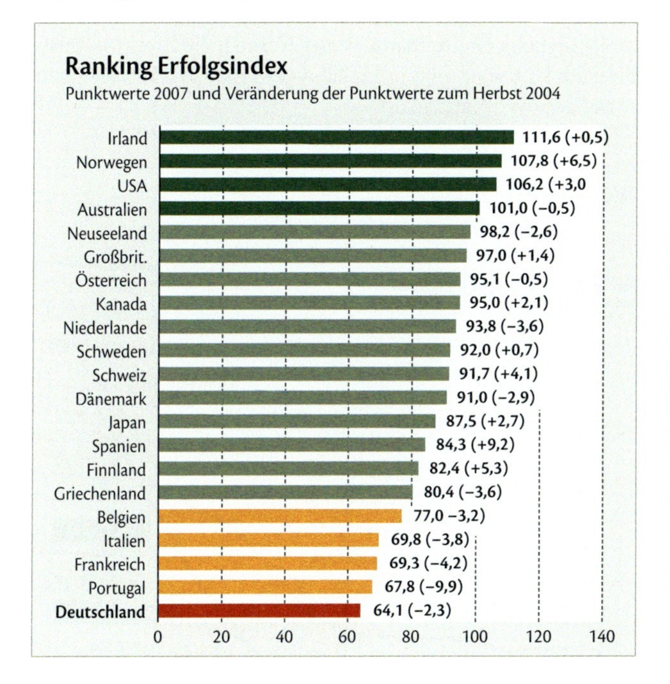

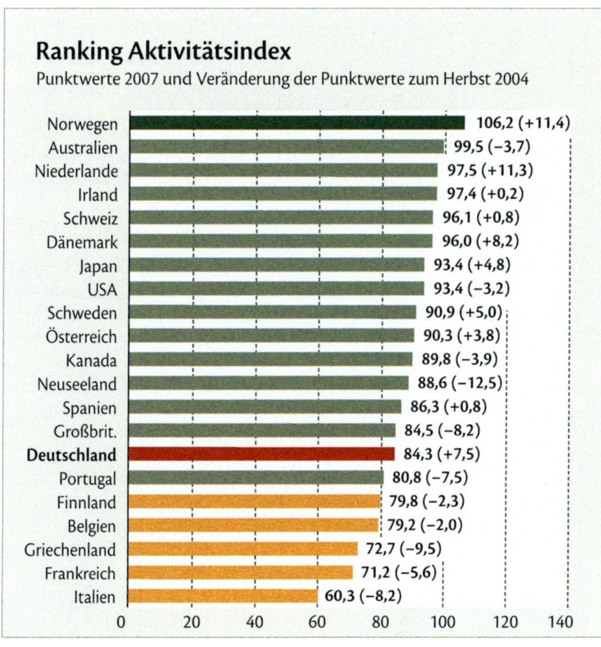

c) Handlungsempfehlungen

Aktivitätssindex	
Bereich	**Empfehlungen**
Arbeitsmarkt	– Erschließung bisher ungenutzter Beschäftigungspotenziale (insbesondere ältere und geringqualifizierte Arbeitnehmer), v. a. über Vermeidung/Abbau von Hürden für den Eintritt in den Arbeitsmarkt (Ablehnung eines Mindestlohns, Befürwortung einer geringen staatlichen Grundsicherung bei Arbeitslosigkeit). – Allgemeine Flexibilisierung der Arbeitsverhältnisse. – Förderung von Bildung und Weiterbildung.
Lohnpolitik	– Fortführung der moderaten Lohnentwicklung. – Flexibilisierung der Lohnstrukturen (Orientierung am tatsächlich vorliegenden Produktivitätsgrad).
Politik/Verwaltung	– Senkung der Staatsausgaben zum Abbau vorhandener Haushaltsdefizite. – Konzentration der Staatsausgaben auf die Sicherung günstiger wirtschaftlicher Bedingungen. – Allgemeine Verringerung der Abgabenbelastung. – Entflechtung und Abgrenzung der Zuständigkeiten von Bund und Ländern.

Bertelsmann-Stiftung (Hg.): Internationales Standort-Ranking 2007, Gütersloh 2007, S. 14, 16, 19 ff., 29 ff., 140, 142

M20 Probleme beim Benchmarking/Rating

- Vergleichsradius: Problem der Entscheidung zwischen einem engen Vergleichsradius (tendenziell ähnliche Strukturen, höhere Vergleichbarkeit) und einem weiteren Vergleichsradius (tendenziell höheres Innovationspotenzial).
- Datenqualität: Problem der evtl. mangelnden Vergleichbarkeit der erhobenen Daten. (…)
- Handlungsstrategien: Gefahr des bloßen Kopierens der Handlungsstrategien des Besten (…).

Nach: Michael Gebel: Monitoring und Benchmarking bei arbeitsmarktpolitischen Maßnahmen. Dokumentation Nr. 06-01. Mannheim, Zentrum für Europäische Wirtschaftsforschung 2006, S. 17

1 Diskutieren Sie die These, dass die Umsetzung der Handlungsempfehlungen (**M 19c**) nicht zwangsläufig zu ausschließlich positiven Ergebnissen führen würde.

2 Diskutieren Sie: Benchmarking und Rating – sinnvolle und zielgerichtete Instrumente zur Standortbestimmung und Verbesserung im Standortwettbewerb?

Warum Standort Deutschland? – Made in Germany

Die Volkswirtschaft der Bundesrepublik Deutschland ist durch eine hohe Exportorientierung gekennzeichnet. Zahlreiche Unternehmen produzieren am Standort Deutschland ihre Güter und bieten diese auf den Weltmärkten an.

M21 Exportstandort Deutschland

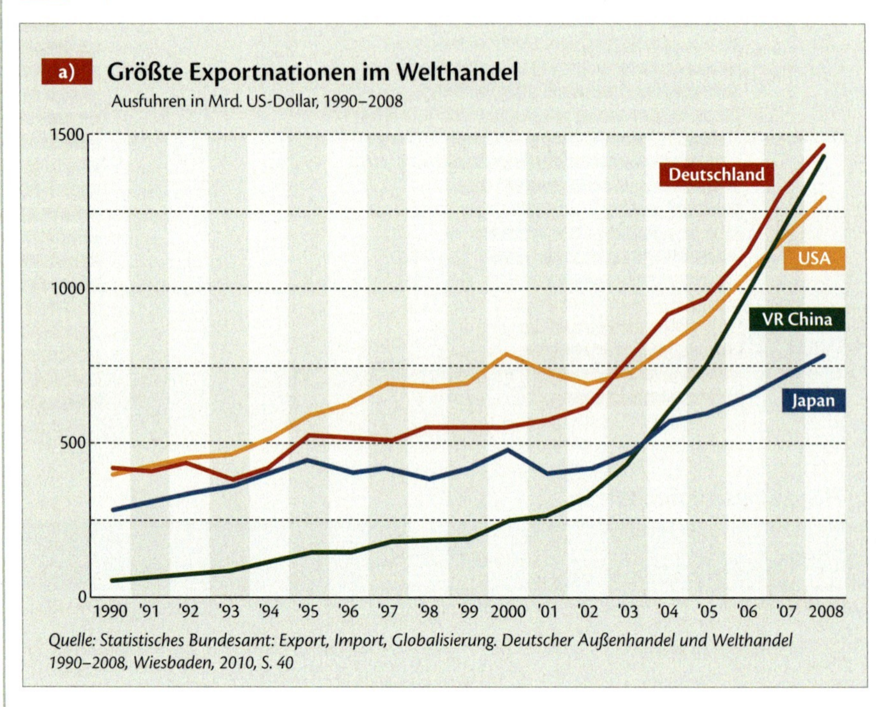

Quelle: Statistisches Bundesamt: Export, Import, Globalisierung. Deutscher Außenhandel und Welthandel 1990–2008, Wiesbaden, 2010, S. 40

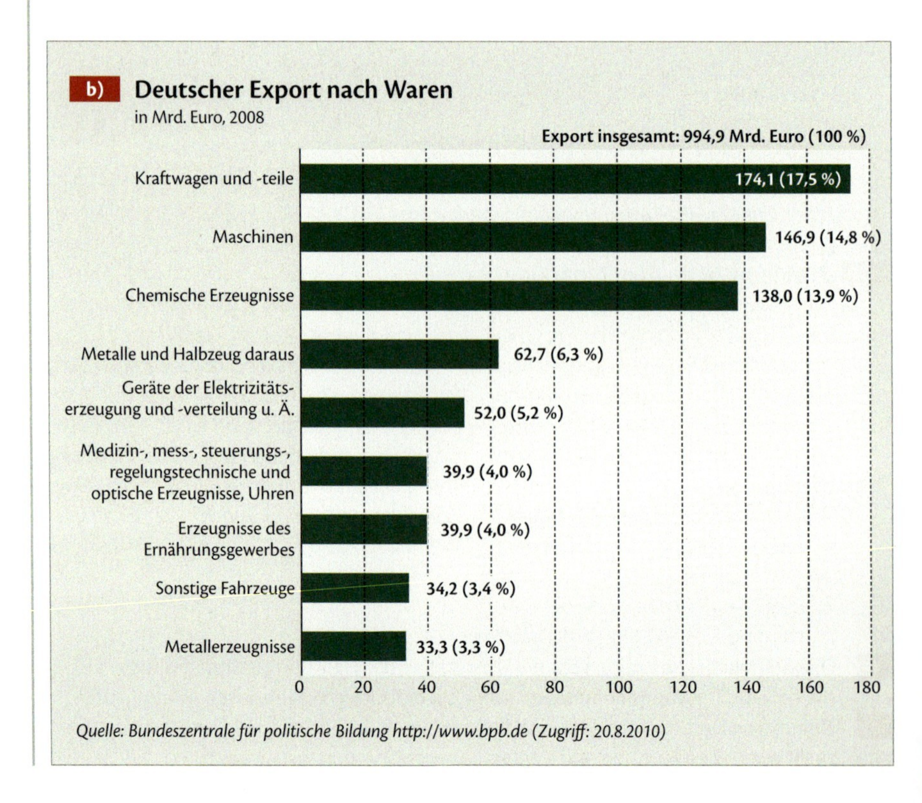

Quelle: Bundeszentrale für politische Bildung http://www.bpb.de (Zugriff: 20.8.2010)

M22 Es gibt zwei Exportweltmeister!

Nun ist es also amtlich: China ist im vergangenen Jahr (2009) zum neuen Exportweltmeister aufgestiegen. Die Volksrepublik hat vom Januar bis November Waren im Wert von 1070 Milliarden Dollar ausgeführt – diese Zahl hatte die chinesische Zollverwaltung schon vor einigen Tagen bekannt gegeben. Und nun meldet das Statistische Bundesamt in Wiesbaden, die deutschen Ausfuhren hätten im gleichen Zeitraum nach vorläufigen Berechnungen einen Wert von 734,6 Milliarden Euro oder umgerechnet 1050 Milliarden Dollar gehabt. Deutschland, das sich über Jahrzehnte mit dem Titel des Exportweltmeisters geschmückt hat, ist also um 20 Milliarden Dollar geschlagen worden.

Nur: Wird sich deswegen irgendein Wirtschaftsvertreter in Deutschland ein Schwert besorgen, um sich in selbiges zu stürzen? Vermutlich nicht. (...)

Denn in Wirklichkeit gibt es nämlich zwei Weltmeister. Und die heißen Deutschland und China. Beide versorgen die Welt mit ihren Exportprodukten – und tun sich gegenseitig überhaupt nicht weh. Im Gegenteil. Sie beherrschen die Kunst der internationalen Arbeitsteilung nahezu perfekt, sie ergänzen sich, ohne sich sonderlich Konkurrenz zu machen. Was damit gemeint ist, wird schnell klar, wenn man sich die Struktur und die Richtung der deutschen und der chinesischen Exportströme anschaut. Deutschland versorgt die Welt hauptsächlich mit Investitionsgütern – Maschinen, Anlagen, Kraftfahrzeugen –, China versorgt die Welt mit Konsumgütern, sprich: Unterhaltungselektronik, Textilien, Bekleidung, Spielzeug. Und was die Richtung der Warenströme angeht, so kann man überspitzt behaupten: Deutschland liefert an China die Maschinen und Anlagen, mit denen die Chinesen die Konsumgüter produzieren, die die Amerikaner dann auf Pump kaufen.

Rolf Wenkel: Es gibt zwei Weltmeister! dw-world.de, v. 8.1.2010, in: http://www.dw-world.de/dw/article/0,,5099816,00.html (Zugriff: 20.8.2010)

M23 Qualitätsmerkmal „Made in Germany"?

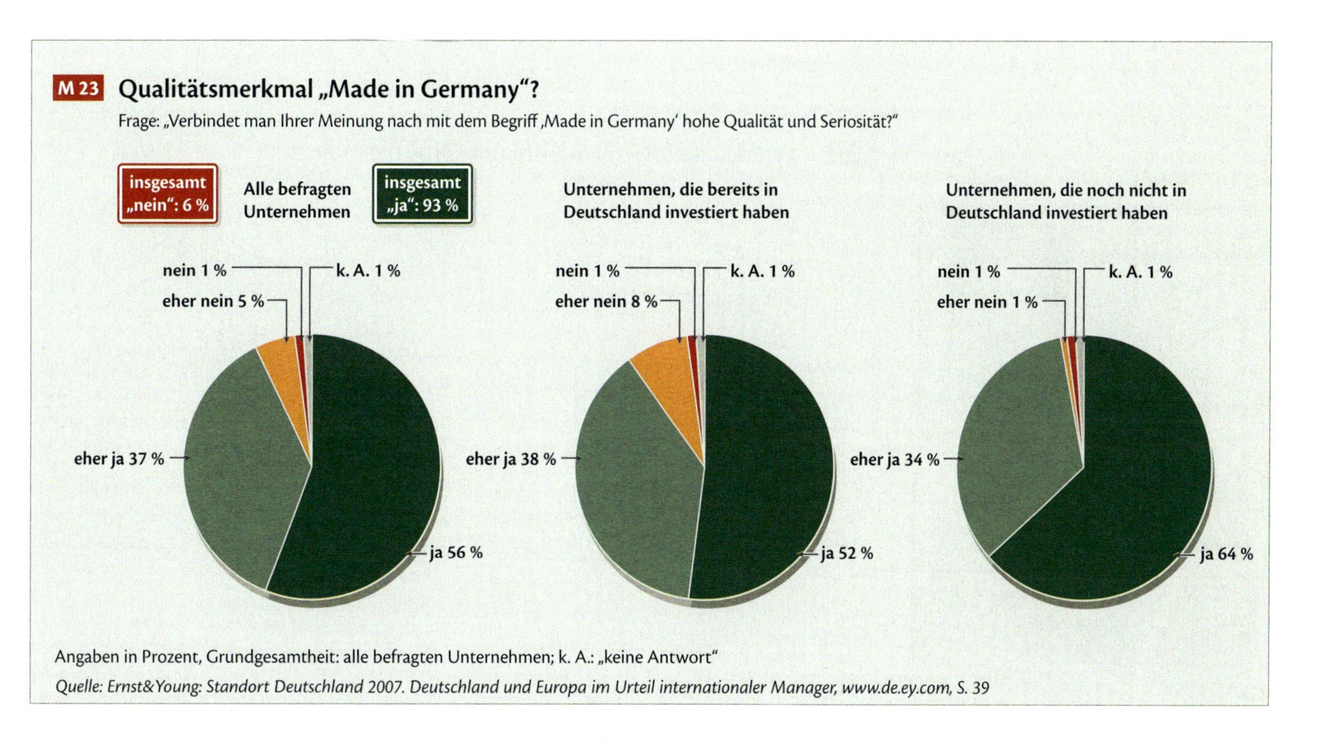

Quelle: Ernst&Young: Standort Deutschland 2007. Deutschland und Europa im Urteil internationaler Manager, www.de.ey.com, S. 39

1. Erläutern Sie die Bedeutung des Exports für den Wirtschaftsstandort Deutschland.
2. Erörtern Sie die in **M 22** vertretene These. Legen Sie dar, worin zentrale Unterschiede zwischen den Exportstandorten China und Deutschland bestehen und schätzen Sie die wirtschaftliche Bedeutung dieser Unterschiede ein.
3. Analysieren Sie **M 23** im Hinblick auf mögliche Rückschlüsse, die für den Wirtschaftsstandort Deutschland gezogen werden können.

Arbeitet hier niemand mehr? – Abwanderung von Arbeitsplätzen

Eine wesentliche Folge des internationalen Standortwettbewerbs besteht darin, dass Unternehmen ihre Aktivitäten dorthin verlagern, wo sie möglichst günstige Rahmenbedingungen vorfinden. Die Verlagerung von Unternehmensstandorten ist deshalb längst keine Besonderheit mehr. Eine problematische Folge, die damit einhergehen kann, besteht allerdings in der zunehmenden Abwanderung von Arbeitsplätzen (s. auch S. 182).

M24 Nokia schließt sein Werk in Bochum

Nokia plant, die Produktion mobiler Endgeräte in Deutschland einzustellen und den Standort Bochum bis Mitte 2008 zu schließen. Das Unternehmen plant, die Produktion in andere, wettbewerbsfähigere Nokia-Werke in Europa zu verlagern. (...)
Die geplante Schließung des Standorts Bochum wird voraussichtlich etwa 2300 Nokia-Beschäftigte betreffen.
Die Entscheidung von Nokia (...) ist auf die fehlende Wettbewerbsfähigkeit des Standortes zurückzuführen. Eine Erneuerung des Standorts würde zusätzliche Investitionen erfordern, doch selbst diese würden nicht dazu führen, die Produktion in Bochum weltweit wettbewerbsfähig zu machen.
„Die geplante Schließung des Werkes Bochum ist notwendig, um die Wettbewerbsfähigkeit von Nokia langfristig zu sichern," sagte Veli Sundbäck, Executive Vice President von Nokia und Vorsitzender des Aufsichtsrates der Nokia GmbH. „Aufgrund der Marktentwicklung und der steigenden Anforderungen hinsichtlich der Kostenstruktur ist die Produktion mobiler Endgeräte in Deutschland für Nokia nicht länger darstellbar. Es kann hier nicht so produziert werden, dass die globalen Anforderungen hinsichtlich Effizienz und flexiblem Kapazitätswachstum erfüllt werden. Daher mussten wir diese harte Entscheidung treffen."

Nokia plant den Standort Bochum zu schließen, nokia.de v. 15.1.2008, in: http://www.nokia.de (Zugriff: 23.9.2010)

M25 Gewerkschaft wirft Nokia blanke Profitgier vor

Protest gegen die Schließung des Bochumer Nokia-Werkes, Mai 2008

Der Gesamtbetriebsratsvorsitzende Werner Hammer nennt es einen „K.o.-Schlag", die IG-Metall-Bevollmächtigte Ulrike Kleinebrahm findet es „ungeheuerlich". (...) „Das ist eine absolute Sauerei", ereifert sich Barbara Wisniewski vor den Werkstoren. Geahnt habe sie nichts von den Plänen der Konzernführung. Wie viele ihrer Kollegen hat sie erst aus dem Radio von der geplanten Stilllegung der Handy-Produktion erfahren.
Das Nokia-Werk ist nach Opel der größte industrielle Arbeitgeber in Bochum. Das Unternehmen will die Produktion nach Ungarn, Rumänien und Finnland verlegen. Damit fallen auf einen Schlag zwei Drittel der Nokia-Stellen in Deutschland weg. Zu den von der Entlassung bedrohten 2300 Beschäftigten im Werk kommen der Gewerkschaft IG Metall zufolge auch noch bis zu 1000 Leiharbeitnehmer.
In den vergangenen Jahren sei versucht worden, die Produktion in Bochum effizienter zu gestalten, rechtfertigt der Aufsichtsratsvorsitzende Veli Sundbäck die Schließung. Trotzdem sei es nicht gelungen, Bochum im internationalen Vergleich wettbewerbsfähig zu machen. Allein die Arbeitskosten seien in Deutschland zehn Mal höher als in Rumänien, der Standort im internationalen Vergleich nicht mehr rentabel. (...)
Die IG Metall vermutet hinter Nokias Maßnahmen blanke Profitgier. „Das Werk in Bochum soll nicht geschlossen werden, weil es defizitär ist, sondern weil es der Gewinnsucht des Nokia-Managements nicht genügt", sagt Oliver Burkhard, Bezirksleiter für Nordrhein-Westfalen. Er kündigte an, die Arbeitsplätze nicht kampflos aufzugeben – und hofft auf politische Unterstützung. (...)
In den vergangenen Jahren baute der Telekommunikations-Gigant seine Fertigung in Niedriglohnländern immer weiter aus, vor allem in China und Indien. Neben Kostenersparnissen verspricht sich Nokia davon einen besseren Marktzugang zu den schnell wachsenden Volkswirtschaften Asiens.

ssu/AFP/AP/dpa/ddp/Reuters: Gewerkschaft wirft Nokia blanke Profitgier vor, Spiegel Online v. 15.1.2008, in: http://www.spiegel.de (Zugriff: 20.9.2010)

M26 Stichwort: Standortverlagerungen

Standortverlagerungen deutscher Unternehmen (2001–2006):	Unternehmen	Unternehmen mit Verlagerungen bis 2006	Verlagerungen planende Unternehmen
	Anzahl	Prozent	Prozent
Insgesamt	19 787	16,5	10,4
Nach Wirtschaftszweigen			
Bergbau/Steine und Erden	60	11,7	6,7
Verarbeitendes Gewerbe	9573	24,5	16,1
Energie- und Wasserversorgung	389	5,1	0,0
Baugewerbe	861	6,3	5,7
Gastgewerbe und Handel	4017	8,5	4,2
Verkehr und Nachrichtenübermittlung	1195	10,7	4,4
Immobilienwesen und Sonstige Dienste	3690	9,7	6,2
Nach Technologiebereichen			
Technologieintensives verarbeitendes Gewerbe	4029	31,0	21,8
Übriges Verarbeitendes Gewerbe	5544	19,9	12,0
Wissensintensive Dienstleistungen	1599	15,4	10,7
Übrige Bereiche	8615	7,7	3,9
Nach Beschäftigungsgrößenklassen			
100 bis unter 250	13 486	13,5	8,2
250 bis unter 500	4148	18,4	12,0
500 bis unter 1000	1808	20,6	14,3
1000 und mehr	1270	24,5	15,2

Prozentuale Angaben beziehen sich auf die Gesamtzahl der befragten Unternehmen. Quelle: Statistisches Bundesamt: Verlagerung wirtschaftlicher Aktivitäten. Ergebnisse der Piloterhebung, Wiesbaden 2008, S. 11

M27 Geringqualifizierte leiden unter der Globalisierung

Unter der Globalisierung haben in Deutschland vor allem Arbeitnehmer mit geringer Qualifikation zu leiden. Verlagern Unternehmen Arbeitsplätze für Geringqualifizierte ins Ausland, schaffen sie nur zu gut einem Drittel neue vergleichbare Stellen im Inland, wie das Statistische Bundesamt am Montag in Wiesbaden mitteilte. So seien zwischen 2001 und 2006 in der gesamten Wirtschaft 125 000 Arbeitsplätze für Geringqualifizierte im Zuge von Auslagerungen abgebaut worden, lediglich 37 Prozent seien als neue Stellen mit vergleichbarer Qualifikation am bisherigen Standort eingerichtet worden.
Anders sieht es demnach bei Jobs von Höherqualifizierten aus: Für 94 Prozent der ins Ausland verlagerten Stellen wurden von 2001 bis 2006 an deutschen Standorten neue Jobs mit vergleichbarer Qualifikation geschaffen. (...)
Bei wissensintensiven Dienstleistungen schufen die Firmen sogar 20 Prozent mehr Arbeitsplätze, als sie ins Ausland verlagerten. Deutliche Unterschiede zeigen sich auch in den Branchen: Die meisten Stellen verlagerten klassische Industrieunternehmen ins Ausland. Deutlich weniger betroffen war indes der Hochtechnologiebereich.
AFP/AP/jkr/hgn: Geringqualifizierte leiden unter Globalisierung, süddeutsche.de v. 21.4.2008, in: http://www.sueddeutsche.de/wirtschaft (Zugriff: 20.9.2010)

Motive für Standortverlagerungen:
Deutsche Unternehmen, die Standortverlagerungen durchgeführt haben, geben als wichtige Motive an:
- Zugang zu neuen Märkten,
- Lohn- und andere Kosten,
- Steuer- und Förderanreize

1 Vergleichen Sie **M 24** und **M 25** und charakterisieren Sie die unterschiedlichen Blickwinkel auf den geschilderten Sachverhalt. Ziehen Sie die Materialien auf S. 182 hinzu.

2 Analysieren Sie, in welchem Ausmaß, in welchen Bereichen und aus welchen Gründen der Standort Deutschland von Unternehmensverlagerungen betroffen ist.

3 Diskutieren Sie den in **M 27** geschilderten Sachverhalt. Ergibt sich hieraus (wirtschafts-) politischer Handlungsbedarf?

Wie ist Deutschland vorbereitet? – Qualifikation

Die Qualifikationsstruktur der Arbeitnehmer wird gemeinhin als Wettbewerbsvorteil des Standortes Deutschland angesehen. Fraglich ist aber, ob dieser Vorteil auch künftig noch vollständig genutzt werden kann.

DIHK (Deutscher Industrie- und Handelskammertag): Dachorganisation der 80 deutschen Industrie- und Handelskammern und Interessenvertretung der gesamten gewerblichen deutschen Wirtschaft gegenüber der Bundespolitik und den europäischen Institutionen

M28 Warnung vor dem Fachkräftemangel

Mehr als zwei Drittel der deutschen Unternehmen können offene Stellen nicht besetzen. Sie finden keine qualifizierten Fachkräfte. Die gute Entwicklung der Konjunktur verschärft das Problem zusätzlich. Arbeitsministerin Ursula von der Leyen versucht die Nöte der Unternehmen als Chance zu deuten: „Diese Entwicklung wird sich angesichts der derzeit gut laufenden Konjunktur und der Einstellungsabsichten der Unternehmen schon bald verschärfen", sagte DIHK-Präsident Hans Driftmann am Dienstag in Berlin. Dies zu verhindern, sei eine zentrale Herausforderung für Wirtschaft und Politik. (...)

Bundesarbeitsministerin Ursula von der Leyen (CDU) sagte, die gute Nachricht sei, dass die Entwicklung gestaltbar sei. Die „ignorierten Potenziale" müssten ausgeschöpft werden. Es handele sich dabei um drei Gruppen: ältere Menschen, Eltern – insbesondere Mütter mit Kindern – sowie wenig qualifizierte junge Menschen. (...)

Die unter 1600 Unternehmen erhobene Umfrage ergab, dass es nicht nur an Akademikern fehle. Auch Arbeitskräfte, die einen Fachwirt, einen Meister oder einen anderen Weiterbildungsabschluss vorweisen können, würden gesucht. Eine hohe Nachfrage bestünde auch nach dual ausgebildeten Bewerbern wie IT-Fachleuten, aber auch im Handel und in der Gastronomie, erklärte Driftmann. Jedes zweite betroffene Unternehmen könne Arbeitsplätze in diesem Segment nicht durchgängig besetzen.

Unternehmen suchen händeringend gutes Personal, rp-online v. 24.8.2010, in: http://www.rp-online.de (Zugriff: 17.9.2010)

M29 Die Qualifikationsstruktur in Deutschland

Bevölkerung nach Altersgruppe und beruflichem Bildungsabschluss (2009, in Prozent)							
Alter von ... bis ...	Lehre/Berufsausbildung	Fachschulabschluss	Fachhochschulabschluss	Hochschulabschluss	Promotion	Ohne Angabe	Ohne beruflichen Abschluss
15–20	2,8	–	–	–	–	–	97
20–25	38,8	2,2	1,2	1,1	–	0,2	56,3
25–30	52,9	5,5	6,0	10,1	0,3	0,2	24,7
30–35	53,0	6,7	7,9	13,3	1,4	0,3	17,1
35–40	55,9	8,2	7,2	11,0	1,5	0,3	15,4
40–45	58,4	9,5	6,9	9,5	1,5	0,3	13,4
45–50	58,6	9,7	6,4	8,4	1,5	0,3	14,7
50–55	58,1	9,6	6,5	9,0	1,3	0,4	14,6
55–60	57,6	9,1	6,2	9,4	1,3	0,3	15,6
60–65	56,7	8,7	5,7	8,2	1,4	0,2	18,7
65 und mehr	50,0	7,6	3,7	4,8	1,1	0,2	31,1
Insgesamt	**50,4**	**7,4**	**5,1**	**7,4**	**1,1**	**0,3**	**27,8**

Nach: Statistisches Bundesamt: Bildungsstand der Bevölkerung. Ausgabe 2010, Wiesbaden 2010, S. 11

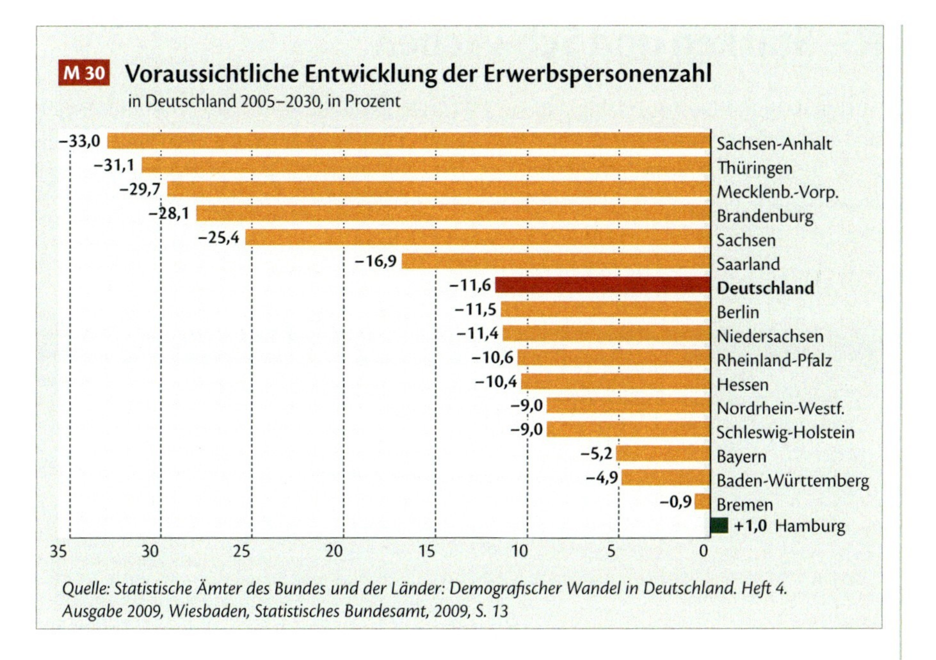

Quelle: Statistische Ämter des Bundes und der Länder: Demografischer Wandel in Deutschland. Heft 4. Ausgabe 2009, Wiesbaden, Statistisches Bundesamt, 2009, S. 13

M31 Maßnahmen gegen den Fachkräftemangel

Die CSU lehnte (*Ende Juli 2010*) Vorschläge der FDP ab, auch mit Sonderzahlungen ausländische Experten nach Deutschland zu holen. „Lockprämie ist ein Signal in die falsche Richtung", sagte CSU-Generalsekretär Alexander Dobrindt. Wirtschaftsminister Rainer Brüderle (FDP) hatte zuvor erklärt, es sei denkbar, dass einige Unternehmen mit dringendem Bedarf an Experten eine Art Begrüßungsgeld zahlten. Arbeitgeber forderten erneut Erleichterungen beim Zuzug von Facharbeitern. Gewerkschaften pochen dagegen auf Fortbildung von Arbeitslosen.

„Man kann nicht ausländische Arbeitskräfte mit einer Prämie ins Land locken wollen, während in Deutschland Langzeitarbeitslose mit einer Qualifizierung in Beschäftigung gebracht werden können", sagte Dobrindt. Die FDP setze einseitig auf Zuwanderung, anstatt mehr für die Qualifizierung von Jobsuchenden zu tun. Brüderle hatte dagegen dem „Handelsblatt" gesagt: „Das Thema, wie Deutschland für ausländische Facharbeiter endlich attraktiv wird, steht ganz oben auf der Agenda." Er plane deswegen in den nächsten Monaten eine Fachkräfteinitiative mit Wirtschaft und Wissenschaftlern. (...)

Der Arbeitgeberverband BDA bekräftigte die Forderung nach einer an den Bedürfnissen des Arbeitsmarktes orientierten Zuwanderung. Deutschland sei schon aufgrund der demografischen Entwicklung auf qualifizierte Zuwanderer angewiesen. Ein Punktesystem (...) sei am besten zur Steuerung der Immigration geeignet.

Von Seiten der Gewerkschaften kam energischer Widerspruch. Der Zuzug ausländischer Fachkräfte sei völlig abwegig, sagte ein IG-Metall-Sprecher. In Deutschland gebe es genügend Potenziale an Fachkräften bis hoch zum Ingenieur. Sie müssten nur genutzt werden. Verdi-Vorstandsmitglied Elke Hannack sprach von einer Gespensterdebatte. „Wenn ein Fachkräftemangel absehbar ist, dann müssen die Unternehmen gefälligst ausbilden." Nach IG-Metall-Angaben sind in Deutschland rund anderthalb Millionen Menschen zwischen 20 und 29 Jahren ohne Berufsausbildung.

Reuters Deutschland v. 30.7.2010 in: http://de.reuters.com (Zugriff: 18.9.2010)

BDA: Bundesvereinigung der deutschen Arbeitgeberverbände.

1. Erklären Sie, was der Fachkräftemangel mit dem Standortwettbewerb zu tun hat.
2. Fassen Sie die statistischen Befunde zur Qualifikationsstruktur in Deutschland zusammen.
3. Diskutieren Sie: Welche (wirtschafts-)politischen Maßnahmen sind in Bezug auf den Standortfaktor Qualifikation notwendig?

Wo steht Deutschland? – Stärken und Schwächen

Attraktivität und Leistungsfähigkeit eines Wirtschaftsstandortes hängen von zahlreichen und zum Teil sehr unterschiedlichen Faktoren ab. Jeweiligen Stärken stehen dabei immer auch bestimmte Schwächen gegenüber. Dies gilt auch für den Wirtschaftsstandort Deutschland

M32 Wirtschaftsstandort Deutschland: Standortfaktoren aus Unternehmersicht

Stärken	Schwächen
– Gute Infrastruktur	– Hohe Arbeitskosten
– Gut entwickeltes Ausbildungssystem	– Hohe Sozialabgaben
– Erfolgreiche Forschung und Entwicklung	– Kurze Arbeits- und Maschinenlaufzeiten
– Wertschätzung von Termintreue und Qualität	– Langwierige Genehmigungsverfahren (Bürokratie, „Einspruchskultur")
– Leistungsfähige Unternehmen	– Umfangreiche Umweltschutzauflagen
– Zentrale Lage	– Hohe Energiekosten
– Hohe Arbeitsproduktivität	– Umfangreiches Arbeits-, Tarif- und Sozialrecht
– Hohe Lebensqualität und kulturelle Vielfalt	– Geringe Mobilität der Arbeitnehmer
– Liberaler Außenhandel	– Innovationsskepsis
– Erstklassige Kreditwürdigkeit	– Kündigungsschutz
– Sozialer Friede und soziale Sicherheit	– Lohnfindung
– Hohe Kaufkraft	
– Rechtssicherheit	
– Innere Stabilität	

Nach: Helmut Schmalen/Hans Pechtl: Grundlagen und Probleme der Betriebswirtschaft, Stuttgart, 2009, S. 30

M33 Standortfaktor Arbeitskosten

Arbeitskosten: Kosten, die für die Erbringung einer bestimmten Arbeit anfallen. Das Maß Arbeitskosten gibt keine Auskunft über die geleistete Quantität oder Qualität der Arbeit

Direktentgelte: Lohn, der direkt für die geleistete Arbeit gezahlt wird

Personalzusatzkosten: Kosten, die der Arbeitgeber zusätzlich zum Arbeitslohn zu entrichten hat (insbesondere: Arbeitgeberbeiträge zur Sozialversicherung)

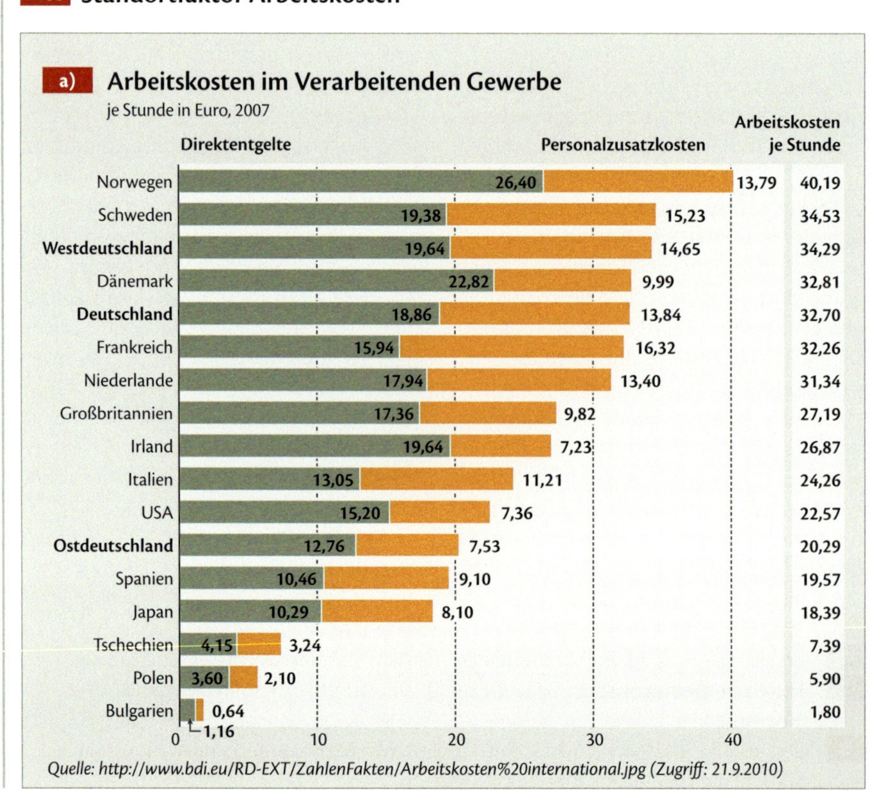

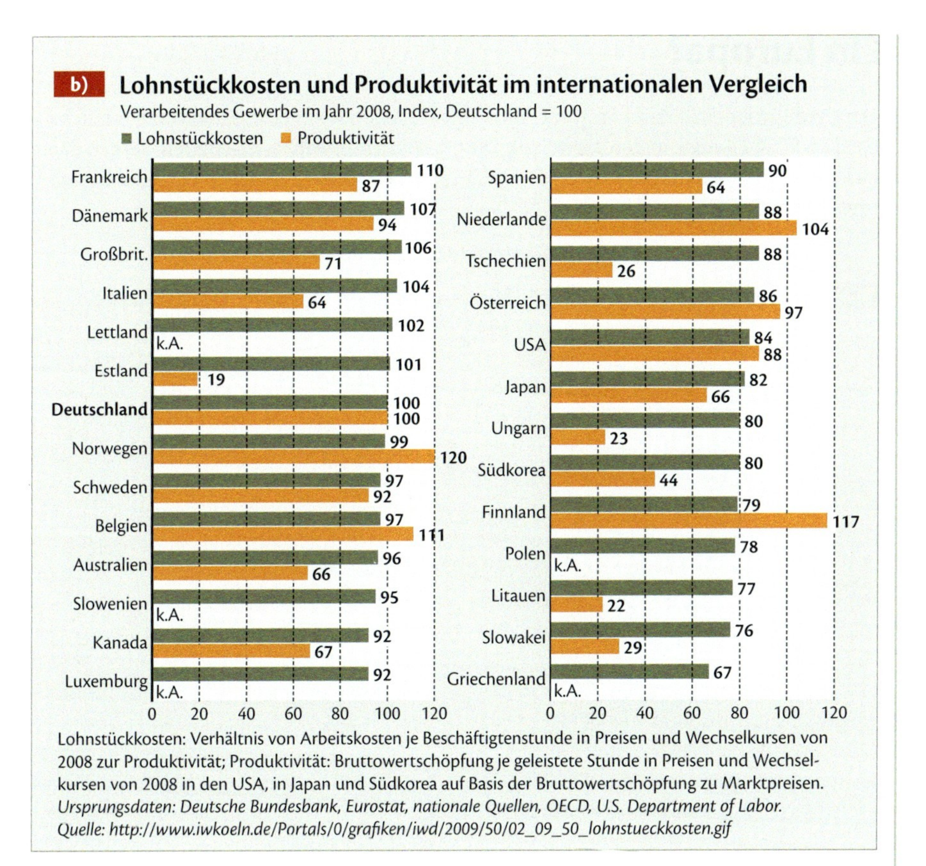

Lohnstückkosten: Verhältnis von Arbeitskosten je Beschäftigtenstunde in Preisen und Wechselkursen von 2008 zur Produktivität; Produktivität: Bruttowertschöpfung je geleistete Stunde in Preisen und Wechselkursen von 2008 in den USA, in Japan und Südkorea auf Basis der Bruttowertschöpfung zu Marktpreisen.
Ursprungsdaten: Deutsche Bundesbank, Eurostat, nationale Quellen, OECD, U.S. Department of Labor.
Quelle: http://www.iwkoeln.de/Portals/0/grafiken/iwd/2009/50/02_09_50_lohnstueckkosten.gif

M34 Die Wettbewerbsfähigkeit Deutschlands

Nicht zuletzt lehrt die Realität, dass das Wettbewerbsgeschehen weitaus komplexer ist als alle theoretischen Modelle und Diskussionen und nicht mithilfe simpler Indikatoren zu erfassen ist. Wie anders wäre sonst zu erklären, dass ganz offensichtlich nicht die Länder mit den geringsten Arbeitskosten (z. B. Portugal, Italien und Spanien) die Rangliste der Wettbewerbsfähigkeit anführen. Und ebenso ganz offensichtlich investieren Unternehmen, die aus den führenden Volkswirtschaften stammen, nicht vorzugsweise in Niedriglohn-Ländern. (...) Auch ist der indirekte Einfluss der Arbeitskosten nicht negativ, sondern positiv; denn: je höher der Lohn,

- desto motivierter die Arbeitnehmer,
- desto besser die Preis/Qualitäts-Relation der erbrachten Leistung,
- desto weniger soziale Konflikte am Arbeitsplatz. (...)

Weit bedeutsamer sind vielfach die so genannten weichen Faktoren, z. B. kulturelle Offenheit von Politik, Wirtschaft und Bevölkerung („Leitkultur!"); Funktion und Leistungsfähigkeit des Mittelstands; Qualifikation und Motivation der Mitarbeiter; Verlässlichkeit und Leistungsfähigkeit des Rechtssystems; Zugang zu den bedeutenden Märkten (z. B. Beschaffenheit der Infrastruktur); Akzeptanz des Unternehmertums; Staatsquote und Subsidiarität; Zukunftsorientierung und Leistungsbereitschaft.

Stefan Müller/Martin Kornmeier: Globalisierung als Herausforderung für den Standort Deutschland, in: Aus Politik und Zeitgeschichte 9/2001, S. 31

1 Arbeiten Sie heraus, durch welche Stärken und Schwächen der Wirtschaftsstandort Deutschland gekennzeichnet ist.

2 Analysieren Sie die statistischen Angaben in **M 33**: Diskutieren Sie die vielfach vertretene These, am Standort Deutschland gäbe es zu hohe Arbeitskosten.

3 Diskutieren Sie die Bedeutung des Standortfaktors Arbeitskosten im Rahmen der in **M 32** genannten Standortfaktoren.

Wo steht Deutschland in Europa?

Der Prozess der europäischen Integration findet nicht nur auf politischer Ebene statt, sondern auch und gerade in der Wirtschaft. Die europäischen Volkswirtschaften werden dabei zunehmend miteinander vernetzt. Sie stehen jedoch auch als potenzielle Wirtschaftsstandorte in Wettbewerb zueinander.

M35 Investitionen in Europa: US-Firmen schätzen Standort Deutschland

Im europäischen Standort-Ranking der US-Handelskammer AmCham und der Unternehmensberatung Boston Consulting Group (BCG), erhoben unter 61 US-Firmen mit insgesamt 110 Milliarden Euro Umsatz, steht die Bundesrepublik in diesem Jahr auf Platz eins. Für den Präsidenten der AmCham, Fred Irvin, liegt das vor allem an Deutschlands besonderen Qualitäten. (...) Denn die US-Unternehmen schätzten vor allem Deutschlands Produktqualität.

Eine weitere Kernkompetenz liege in den Menschen, sagt Irvin, genauer gesagt in ihrer Qualifikation und in ihrer Leistung, in ihrer Begeisterungsfähigkeit und natürlich in den Fachkräften. Hochqualifizierte Fachkräfte seien in den Augen der US-Unternehmen essentiell, um ihre Geschäftsaktivitäten nachhaltig zu sichern.

71 Prozent der befragten US-Unternehmen sagen, dass Deutschland als Investitionsstandort im Krisenjahr 2008 nichts an Attraktivität im Vergleich zum Vorjahr eingebüßt habe. Zehn Prozent sehen sogar eine Steigerung. (...) Weitere Pluspunkte sind die geringe Verschuldung deutscher Konsumenten, der relativ stabile Immobilienmarkt und die gute Infrastruktur. Das macht Deutschland für amerikanische Investoren mittlerweile nicht nur interessanter als Großbritannien, Frankreich und Spanien, sondern auch attraktiver als Osteuropa. (...)

Allerdings: Mit den deutschen Arbeitskosten sind die Amerikaner nicht so ganz einverstanden. Im Gegenteil. AmCham-Präsident Irvin zählt sie zu den, wie er sagt, vier deutschen Schwächen. Zu diesen wird nach Ansicht der Unternehmen in Zukunft allerdings noch eine weitere hinzukommen: „(...) Zu wenig Nachwuchskräfte in der Zukunft."

Sabine Kinkartz: Deutschland in Europa an der Spitze, DW-World.de v. 12.02.2009, in: http://www.dw-world.de (Zugriff: 24.9.2010)

M36 Standortfaktoren im europäischen Vergleich

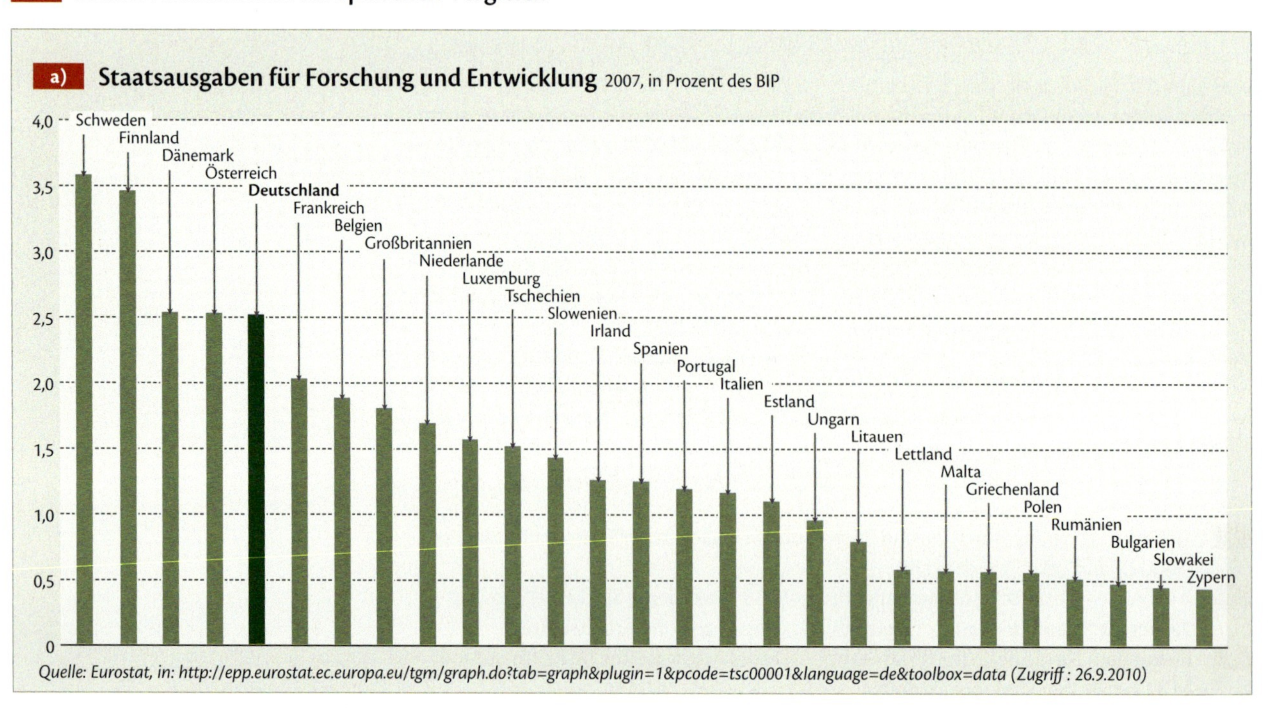

Quelle: Eurostat, in: http://epp.eurostat.ec.europa.eu/tgm/graph.do?tab=graph&plugin=1&pcode=tsc00001&language=de&toolbox=data (Zugriff: 26.9.2010)

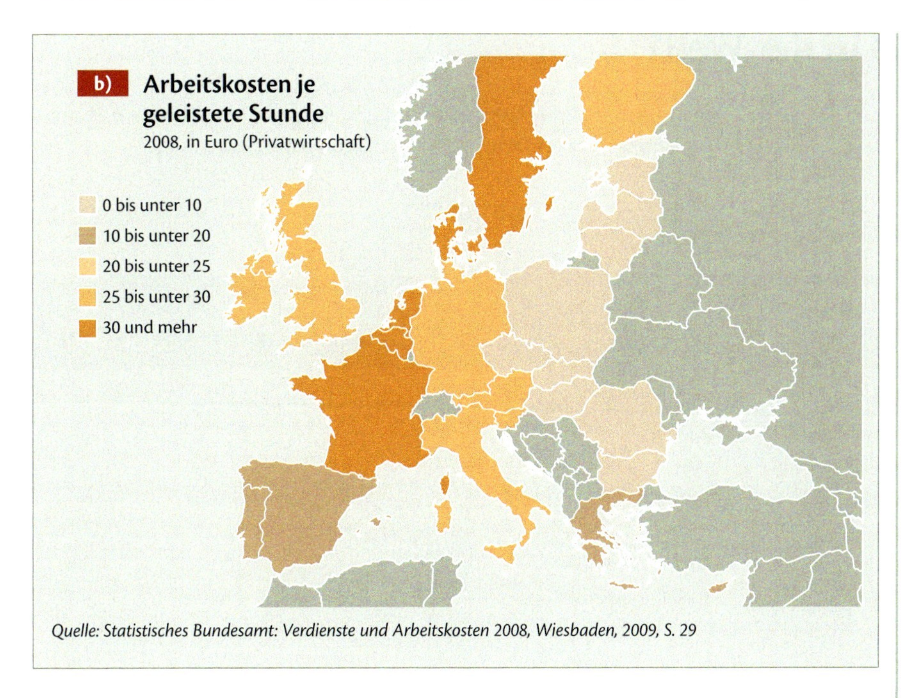

Quelle: Statistisches Bundesamt: Verdienste und Arbeitskosten 2008, Wiesbaden, 2009, S. 29

M 37 „Subventionsheuschrecken"

Reinhard Boest spricht nicht gern über den Fall. „Irgendwo bei Rostock" sei das gewesen, erinnert sich der Leiter des Verbindungsbüros von Mecklenburg-Vorpommern in Brüssel. Ein britischer Investor habe eine Fahrradfabrik gebaut, fünf Jahre lang EU-Beihilfen kassiert und sei anschließend weiter „Richtung Osten" gezogen. „Nokia steht nicht allein da", sagt Boest mit Blick auf den Beschluss der Finnen, das mit 88 Millionen Euro von Bund und Land NRW geförderte Handywerk in Bochum zu schließen (s. S. 182).

Glaubt man Fachleuten für europäische Wirtschaftsförderung, tummeln sich Tausende Unternehmer in der EU, die ihre Standortentscheidungen vor allem von der Höhe der öffentlichen Zuschüsse abhängig machen und ihre Produktionshallen abreißen, wenn die Brüsseler Kuh gemolken ist. Das Problem: „Subventionsheuschrecken" werden statistisch nicht erfasst. Bislang mussten die EU-Mitgliedsstaaten nämlich nicht nach Brüssel melden, welche Firmen über welchen Zeitraum wie viel Geld aus den Töpfen der milliardenschweren EU-Strukturfonds erhalten haben. Es galt mit Rücksicht auf die Subventionsempfänger eine Anonymisierungspflicht. „Welcher Unternehmer will schon öffentlich zu Protokoll geben, dass er am EU-Tropf hängt", sagt der CDU-Europaabgeordnete Markus Pieper, Experte für die Strukturpolitik der Gemeinschaft. (…)

Besonders ausgeprägt dürfte das Subventions-Hopping in Ostdeutschland und in den osteuropäischen Nachbarstaaten sein. Denn dort winken die fettesten Prämien für die Ansiedlung neuer Unternehmen. „Ziel-1-Gebiete" heißen diese wirtschaftlich besonders rückständigen Regionen im Brüsseler Amtsdeutsch. Sie sind in den „Förderkarten" der EU-Kommission rot eingezeichnet. Rot ist in der EU-Strukturpolitik die Farbe der üppigsten Beihilfe-Kategorie. Bis zu 60 Prozent der Investitionssumme können aus Mitteln der EU und der nationalen Haushalte finanziert werden. Der Anreiz, Mitnahmeeffekte auszunutzen, ist groß. Denn nur bei umfangreichen Investitionsprojekten jenseits von 50 Millionen Euro wacht die EU-Kommission darüber, dass die Spielregeln eingehalten werden.

Michael Scheerer: Viele Töpfe, wenig Skrupel, Handelsblatt.com v. 18.1.2008, in: http://www.handelsblatt.com/politik/international/viele-toepfe-wenig-skrupel;1379078 (Zugriff: 25.9.2010)

1 Analysieren Sie die Position des Standortes Deutschland im europäischen Vergleich.
2 Nehmen Sie zur Frage Stellung, inwieweit bei Aufrechterhaltung der Wirtschaftsförderung die in **M 37** dargestellte Problematik vermeidbar erscheint.

Wo steht Deutschland in der Welt?

In Zeiten der Globalisierung stehen Wirtschaftsstandorte in einem weltweiten Wettbewerb. Auch der Wirtschaftsstandort Deutschland ist davon betroffen.

M38 Der Standort Deutschland im globalen Vergleich

a) Internationale Wettbewerbsfähigkeit 2010–2011

Land/Wirtschaft	Rank	Punkte
Schweiz	1	5.63
Schweden	2	5.56
Singapur	3	5.48
Vereinigte Staaten	4	5.43
Deutschland	5	5.39
Japan	6	5.37
Finnland	7	5.37
Niederlande	8	5.33
Dänemark	9	5.32
Kanada	10	5.30

World Economic Forum: Global Competitiveness Report 2010–2011, S. 15 (Ausschnitt)

b) Entwicklungsgrad 2010

Rang	Land	HDI-Wert
1.	Norwegen	0,938
2.	Australien	0,937
3.	Neuseeland	0,907
4.	USA	0,902
5.	Irland	0,895
6.	Liechtenstein	0,891
7.	Niederlande	0,890
8.	Kanada	0,888
9.	Schweden	0,885
10.	Deutschland	0,885

Deutsche Gesellschaft für die Vereinten Nationen: Bericht über die menschliche Entwicklung 2010, S. 187 (Ausschnitt)

Global Competitiveness Index (GCI): Messung der ökonomischen Wettbewerbsfähigkeit von Standorten anhand verschiedener Indikatoren (u. a. BIP, Institutionen, Infrastruktur, Bildung, Arbeitsmarkt)

Human Development Index (HDI): Umfassende Messung des Entwicklungsstandes von Ländern anhand verschiedener Indikatoren (u. a. Lebenserwartung, Schulbesuch, Ungleichheit) (s. S. 111, 154)

Enquête-Kommission: vom Deutschen Bundestag eingesetzte überfraktionelle Arbeitsgruppe zur Bearbeitung (idealerweise: Lösung) langfristiger Fragestellungen

M39 Globaler Standortwettbewerb: Produktive oder ruinöse Konkurrenz?

Die Enquête-Kommission „Globalisierung der Weltwirtschaft – Herausforderungen und Antworten" des Deutschen Bundestages:

1. In der Fachwelt herrscht weitgehende Übereinstimmung, dass infolge des Standortwettbewerbs die arbeits- und sozialpolitische Autonomie der einzelnen Staaten wesentlich eingeschränkt ist (...).
2. Inmitten des gesellschaftspolitischen Konfliktes führt die Frage, ob die Standortkonkurrenz als letztlich produktiv oder als tendenziell ruinös zu bewerten ist.
3. Alles in allem überwiegt die Befürchtung, dass die Standortkonkurrenz zwischen den Staaten – anders als die Konkurrenz zwischen Unternehmen – weniger einen produktivitätssteigernden Effekt hat als zu einem unproduktiven Quasi-Subventionswettlauf führt, der nicht nur die arbeits- und sozialpolitischen Handlungsspielräume der Staaten immer mehr einschränkt, sondern auf lange Sicht auch zur Erosion des Sozialstaates führen könnte. Es gibt wenig Gründe für die optimistische Erwartung, in der Standortkonkurrenz werde eine Art Gleichgewicht eintreten, das ein angemessenes Maß an sozialem Ausgleich und Schutz, die Bereitstellung der erforderlichen Infrastruktur und die Verteilung der Abgabenbelastung nach Leistungsfähigkeit garantieren würde. (...)
4. Es reicht demnach nicht aus, wenn die staatliche Politik sich an die Interessen der Eigentümer mobiler Produktionsfaktoren anpasst. Erforderlich ist vielmehr eine Strategie gegen einen Deregulierungswettlauf, die sich auf internationale Koordination und/oder auf Reformen stützt, die das institutionelle Gefüge des Sozialstaates unabhängiger von möglichen Wanderungen der mobilen Produktionsfaktoren zu machen versuchen.

Deutscher Bundestag: Abschlussbericht der Enquête-Kommission „Globalisierung der Weltwirtschaft – Herausforderungen und Antworten", Berlin, 2002, S. 228

1 Legen Sie begründet dar: Welche Faktoren könnten zu den Rankingergebnissen des Standortes Deutschland beigetragen haben?

2 Diskutieren und bewerten Sie die Hauptthesen aus **M 39**. Analysieren Sie **M 39** hinsichtlich der darin enthaltenen sozialwissenschaftlichen Aussagen (s. S. 241).

Methode: Unterschiedliche Aussagentypen bewerten

Sozialwissenschaftliche Aussagen können sich in unterschiedlicher Art und Weise auf politische, soziale und ökonomische Aspekte und Phänomene beziehen. Von zentraler Bedeutung ist dabei die Unterscheidung zwischen deskriptiven, normativen und präskriptiven Aussagen.

M40 Deskriptive, normative und präskriptive Aussagen

Aussagetyp	Zweck	Erläuterung	Beispiel
Empirisch bzw. deskriptiv	Beschreibt das, was man vorfindet oder vorfinden wird.	Empirische Information kann gewiss oder ungewiss sein; deskriptive Information ist gewiss, sofern sie auf empirischen Erhebungen beruht; prognostische Information ist ebenfalls empirische Information, aber sehr ungewiss, nur unter Wahrscheinlichkeit richtig.	„Das Wirtschaftswachstum der Gemeinde hat sich verlangsamt."
Normativ	Enthält ein Werturteil über das Vorgefundene.	Streng genommen kann normative Information in deutende und urteilende Information unterteilt werden: Deutende Information ordnet die empirische Information ein und sagt etwas über ihre Relevanz aus. Urteilende Information sagt etwas über die Wertigkeit von Variablen, Phänomenen etc. für einen bestimmten Akteur aus.	„Das Wirtschaftswachstum der Gemeinde sollte sich erhöhen."
Präskriptiv	Soll einen Adressaten zu einem bestimmten Handeln bewegen; gibt Handlungsanweisungen.	Spielt in Plänen naturgemäß eine große Rolle.	„Die Gemeinde soll ein Technologiezentrum einrichten, um Klein- und Mittelunternehmen den Technologietransfer zu erleichtern."

Nach: Dietrich Fürst/Frank Scholles: Wirtschafts- und kommunikationstheoretische Grundlagen der Planung (2000), in: http://www.laum.uni-hannover.de (Zugriff: 16.1.2009)

M41 Wissenschaftstheoretische Unterschiede in den Sozialwissenschaften

Die Geister scheiden sich, wenn es um das Ziel der Sozialwissenschaften, den methodologischen Unterschied zwischen Naturwissenschaften und Human- einschließlich Sozialwissenschaften sowie um den Stellenwert empirischer Forschung geht. Die Vertreter der „empirisch-nomologischen" Richtung sehen als strenge Erfahrungswissenschaftler (gelegentlich auch als Positivisten oder Neopositivisten bezeichnet) in der Beschreibung und Erklärung sozialer Erscheinungen das entscheidende wissenschaftliche Ziel, um Gesetzmäßigkeiten aufzudecken. Sie sind von der grundsätzlichen Einheit sämtlicher Real-, d. h. Wirklichkeitswissenschaften überzeugt und weisen der empirischen Forschung als Erkenntnisquelle eine zentrale Position zu. Für die Vertreter der „philosophisch-kritischen" Richtung („Dialektische Wissenschaft" bzw. „Dialektische Soziologie") ist vorherrschendes Ziel der Sozialwissenschaften eine dialektische Kritik der gegenwärtigen Gesellschaft und ihrer Strukturen sowie eine Befreiung des Menschen durch „handlungsanweisende Aufklärung" (Kritische Theorie). Sie sehen unüberbrückbare, aus Zielsetzung, Objekten, menschlichem Erkenntnisvermögen und der Stellung des Forschers im Forschungsprozess sich ergebende methodologische Unterschiede zwischen Natur- und Humanwissenschaften. Ihnen erscheint empirische Forschung an sich und als solche nicht so bedeutsam, wenngleich auch sie nicht darauf verzichten wollen und können.

Reinhard Wittenberg: Einführung in die sozialwissenschaftlichen Methoden und ihre Anwendung in empirischen Untersuchungen I, Skript II, 2001, S. 2, in: http://www.soziologie.wiso.uni-erlangen.de (Zugriff: 29.9.2010)

Dialektik: Darunter wird zumeist eine Methode verstanden, in deren Rahmen kontrovers gesehene Sachverhalte durch Aussagen und Gegenaussagen (These und Antithese) erschlossen und schließlich durch die Zusammenführung der einzelnen Aussagen (Synthese) gelöst werden sollen

Wirtschaftsförderung? – Standortpolitik

Wirtschaftsstandorte können ihre Attraktivität für unternehmerische Investitionen steigern. Im Rahmen einer gezielten Standortpolitik kann dabei auf bestimmte Standortfaktoren Einfluss genommen werden, um die eigene Position im regionalen, nationalen bzw. internationalen Wettbewerb zu verbessern.

M 42 Wirtschaftsförderung und Standortpolitik

Wirtschaftsförderung und Standortpolitik richten sich auf die gezielte Förderung günstiger Bedingungen für die Umsetzung unternehmerischer Investitionsvorhaben in bestimmten Wirtschaftsräumen. Sie können dabei die Weiterentwicklung des Potenzials von bereits sehr leistungsstarken Wirtschaftsstandorten im Blick haben. Von hoher Bedeutung sind aber auch politische Strategien und Maßnahmen, die die gezielte Förderung eher strukturschwacher Gebiete bevorzugen.
Unabhängig vom primären Ansatzpunkt besteht die übergeordnete Zielsetzung der Standortpolitik letztlich darin, die Wettbewerbsfähigkeit des Wirtschaftsstandortes Deutschland insgesamt zu fördern. Direkt vor Ort werden zudem hohe Erwartungen in Bezug auf die Schaffung bzw. Sicherung von Arbeitsplätzen mit der Standortpolitik verknüpft.
Hauptakteure der Standortpolitik sind die Länder und Kommunen. Der Bund wird etwa über die Bereitstellung von Investitionsprogrammen aktiv, die in der Regel vor Ort von Ländern und Kommunen umgesetzt werden.
Autorentext

M 43 Gemeinschaftsaufgabe „Verbesserung der regionalen Wirtschaftsstruktur“ (GRW)

Die GRW-Förderung ist bewusst auf ausgewählte, strukturschwache Regionen beschränkt. Ziel ist es, im Sinne von Hilfe zur Selbsthilfe über die Stärkung der regionalen Investitionstätigkeit dauerhaft wettbewerbsfähige Arbeitsplätze in der Region zu schaffen. Auf die Förderung strukturstarker Regionen wird dagegen bewusst verzichtet. Die strukturstarken Regionen sind gefordert, aus eigener Kraft den Anschluss an die Wettbewerbsfähigkeit zu halten und notwendige Umstrukturierungsprozesse zu vollziehen. Während strukturstarke Regionen vor allem günstige allgemeine Rahmenbedingungen brauchen, unterstützt die gezielte Förderung strukturschwache Regionen dabei, dass die Menschen auch in strukturschwachen Regionen eine Perspektive haben. (...)
Die Förderung gewerblicher Investitionen dient unmittelbar der Schaffung und Sicherung dauerhaft wettbewerbsfähiger Arbeitsplätze und einer Verbesserung der Einkommenslage in strukturschwachen Regionen.
Der Ausbau einer leistungsfähigen wirtschaftsnahen Infrastruktur schafft die Voraussetzungen für die Ansiedlung von Unternehmen und stärkt die Wettbewerbsfähigkeit strukturschwacher Regionen. (...)
Ein neuer Ansatz in der regionalen Wirtschaftspolitik ist die Stärkung einer Entwicklung „von unten“. Dahinter steht die Idee, lokale Entscheidungsträger stärker in den Förder- und Entwicklungsprozess einzubinden und diesen Eigenverantwortung zu übertragen, da diese die Stärken und Schwächen der Region und damit auch die Wachstums- und Entwicklungspotenziale besser erkennen und fördern können. Weiterhin sollen stärker regional getragene Ansätze die interkommunale Zusammenarbeit und dadurch regionale Kooperationsprozesse nachhaltig ökonomisch unterstützen. (...)
Im Zeitraum 1991 bis 2009 wurden für Investitionen der gewerblichen Wirtschaft in Höhe von über 218 Milliarden Euro rund 40,8 Milliarden Euro GRW-Mittel bewilligt mit dem Ziel, über eine Million neue Arbeitsplätze zu schaffen sowie über 1,8 Millionen Arbeitsplätze zu sichern.
An Investitionsvorhaben im Bereich der wirtschaftsnahen Infrastruktur mit einem Gesamtvolumen von über 32 Milliarden Euro war die GRW im Zeitraum von 1991 bis 2009 mit über 21 Milliarden Euro beteiligt.
Bundesministerium für Wirtschaft und Technologie: Gemeinschaftsaufgabe „Verbesserung der regionalen Wirtschaftsstruktur“, in: http://www.bmwi.de (Zugriff: 18.11.2010)

M44 GRW-Förderungsarten (alle Förderländer, Bewilligungen 1991–2009)

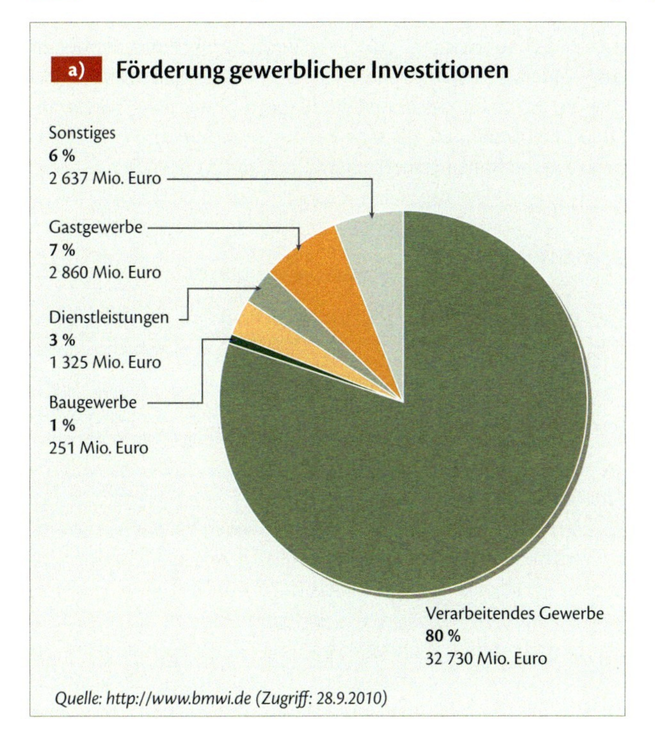

Quelle: http://www.bmwi.de (Zugriff: 28.9.2010)

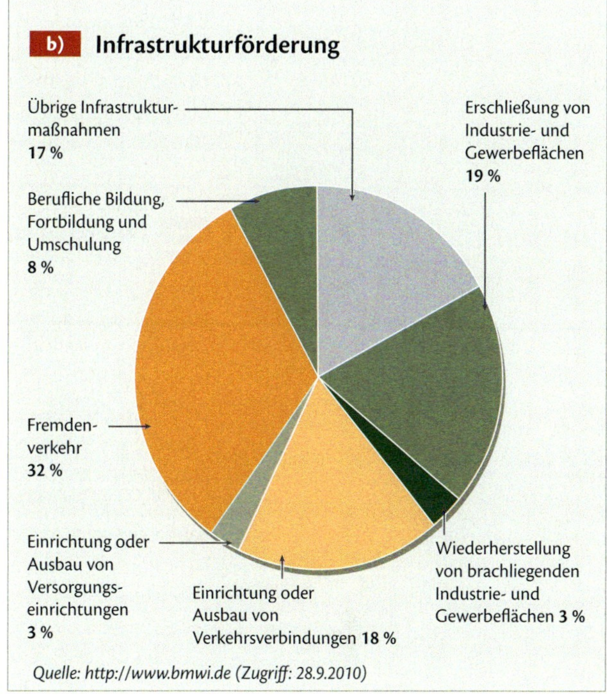

Quelle: http://www.bmwi.de (Zugriff: 28.9.2010)

M45 Probleme des Standortwettbewerbs und der Standortpolitik

Grundsätzlich ist (...) zu beachten, dass das marktliche Wettbewerbsprinzip nicht ohne Einschränkungen auf den öffentlichen Sektor übertragbar ist, weil zwischen den jeweils beteiligten Akteuren (Unternehmen am Markt vs. Gebietskörperschaften im öffentlichen Sektor) signifikante Unterschiede bestehen. Hierzu zählt insbesondere die Tatsache, dass sich Unternehmen über Verkaufserlöse und Fremdkapital finanzieren, während Kommunen bei der Leistungserstellung nicht allein auf eigene Einnahmen (Realsteuern, Gebühren usw.) angewiesen sind. Während Unternehmen also das volle (Insolvenz-)Risiko tragen und somit zu einem disziplinierten Umgang mit den eigenen Ressourcen gezwungen sind, droht den politischen Entscheidungsträgern in Kommunen lediglich das Abwahlrisiko. (...) Mit anderen Worten: Anders als bei Unternehmen besteht bei Kommunen (aus einer rein marktwirtschaftlichen Sichtweise) prinzipiell die Gefahr, dass Ressourcen aufgrund eines übertriebenen Konkurrenzdenkens verschwendet werden.

Darüber hinaus sollen noch zwei weitere Nachteile benannt werden, die durch Wettbewerb entstehen können (...):

1. Wettbewerb kann „Kirchturmpolitik" befördern. Diese Gefahr besteht v. a. dann, wenn das Konkurrenzdenken in den betreffenden Kommunen zu stark wird und sich auf das Handeln der politischen Verantwortungsträger auswirkt.
2. Wettbewerb kann die Handlungsspielräume von Kommunen einengen. Dies wird v. a. dann wahrscheinlich, wenn Kommunen sich zu stark auf die Anforderungen des Wettbewerbs konzentrieren und andere Bereiche in den Hintergrund treten.

Robert Bartsch: Kooperation und Wettbewerb, Jena 2005, in: www.impulsregion.de (Zugriff: 28.9.2010)

Aufgaben der Kommunen: Die Kommunen in Deutschland sind maßgeblich an der Erbringung von Aufgaben der öffentlichen Daseinsfürsorge (z. B. öffentlicher Nahverkehr, Finanzierung von Kindergärten) beteiligt. Diese Leistungen sollen allen Bürgern – auch wenn sie den Marktpreis hierfür nicht bezahlen können – zur Verfügung stehen

1 Analysieren Sie **M 43** mithilfe der Hintergrundinformationen aus **M 42**: Inwiefern und mit welchen Zielsetzungen und Mitteln wird hier Standortpolitik betrieben?

2 Erörtern Sie die in **M 45** geschilderten Problematiken und entwickeln Sie unter deren Berücksichtigung Ideen für eine wirkungsvolle Standortpolitik.

Streit um den Wirtschaftsstandort Deutschland

Exportweltmeister Deutschland! Schaut man auf die starke Bedeutung Deutschlands im Rahmen des internationalen Handels, scheint es um den hiesigen Wirtschaftsstandort gut bestellt zu sein. Insbesondere an der Frage der deutschen Exportorientierung setzen andererseits aber auch zentrale Kontroversen an, die sich auf die Situation am Wirtschaftsstandort Deutschland sowie auf seine Rolle im internationalen Kontext beziehen.

M46 Exportmodell erstrebenswert?

Der Journalist und Ökonom Robert von Heusinger (geb. 1967):

Höchste Zeit (...), folgende Frage zu stellen: Ist das (*deutsche*) Exportmodell überhaupt stabil und erstrebenswert?

Stabil kann es nicht sein, weil nie alle Länder gleichzeitig Überschüsse aufweisen können. Und der Weg dorthin, der scheitern muss, ist gepflastert mit Abwertungswettläufen und Lohnsenkungsrunden. Es ist eine Spirale ins Weniger, die politisch höchst heikel ist. Aber selbst, wenn das gelingen sollte, bleibt die Frage, ob es die USA Euroland erlauben werden, den Rest der Welt auszubeuten und als Block mehr zu produzieren als zu konsumieren?

Ob das Exportmodell erstrebenswert ist, sollen Zahlen beantworten: Nehmen wir das Wirtschaftswachstum als Inbegriff von Wohlstand und Leistungsfähigkeit einer Volkswirtschaft. Hier ist die Sache eindeutig: Frankreich wuchs in den vergangenen zehn Jahren im Schnitt um 1,5 Prozent, Deutschland dagegen nur um mickrige 0,8 Prozent.

Und auch bei der Beschäftigung als Inbegriff von Teilhabe und Selbstwertgefühl der Menschen schnitt das Land jenseits des Rheins besser ab: Während Frankreichs Beschäftigung im Schnitt um 0,8 Prozent pro Jahr zunahm, kletterte sie in Deutschland nur um 0,5 Prozent.

Wo kommt der französische Erfolg her? Aus der Binnennachfrage, dem privaten Konsum. Er lag im Schnitt bei plus 2,2 Prozent und damit viermal so hoch wie hierzulande (0,5 Prozent). Wie hat Frankreich das hinbekommen – trotz Globalisierung? Über höhere Löhne, lautet die simple Antwort.

Die etwas differenziertere: über eine Wirtschaftspolitik, die die Zusammenhänge erkennt und nicht nur auf Teufel komm raus die Staatsschuld reduzieren und den Staatssektor verkleinern möchte sowie einseitig auf Wettbewerbsfähigkeit setzt.

So hat der öffentliche Sektor in Frankreich Stellen auf-, nicht abgebaut wie in Deutschland. So hat der Staat öffentlich investiert, nicht Abbruch betrieben. So gibt es in Frankreich einen strenger regulierten Arbeitsmarkt, einen gesetzlichen Mindestlohn von mehr als acht Euro sowie höhere Steuern auf Vermögen.

All das sind Dinge, die deutsche Volkswirte als höchst schädlich bezeichnen. Der Erfolg Frankreichs sollte den Deutschen irgendwann zu denken geben. Lasst uns stärker auf die Franzosen hören und endlich die europäische Wirtschaftsregierung neben die gemeinsame Zentralbank stellen!

Robert von Heusinger: Von den Franzosen lernen, FR-Online v. 16.3.2010, in: http://www.fr-online.de (Zugriff: 14.11.2010)

Zeichnung: Wössner

M47 Wir sind besser, als wir glauben

Peter Bofinger, Wirtschaftswissenschaftler und Mitglied im Sachverständigenrat zur Begutachtung der gesamtwirtschaftlichen Entwicklung:

Wenn man den Berichten in den Medien Glauben schenken will, ist Deutschland als Investitionsstandort hoffnungslos unattraktiv geworden. Auch hier führt ein Blick in die Statistik zu überraschenden Ergebnissen. Sehen wir uns zunächst einmal an, welche Länder von den internationalen Investoren besonders als Standorte bevorzugt werden. Nach der Statistik der OECD lag Deutschland im Durchschnitt der Jahre 2002/2003 bei den Zuflüssen von Investitionsmitteln auf dem fünften Platz. (...)

Dieses hohe Interesse ausländischer Anleger am Standort Deutschland zeigt besonders deutlich, wie groß der Abstand zwischen dem in den Medien gezeichneten Bild und den tatsächlichen Angebots- und Wettbewerbsbedingungen unserer Wirtschaft geworden ist. (...) Dass Deutschland ein guter Standort für Unternehmen ist, kann man schließlich auch an den Rankings erkennen, die von verschiedenen Institutionen zur Wettbewerbsfähigkeit von Volkswirtschaften aufgelistet werden. Besonders prominent ist dabei der „World Competitivness Report", der einmal jährlich vom World Economic Forum erstellt wird. Deutschland wird in diesem Ranking (...) als einer der attraktivsten Standorte der Europäischen Union angesehen. (...) Im Ganzen gesehen muss sich Deutschland also nicht vor der Globalisierung fürchten. Es gibt auch keine Anzeichen dafür, dass die deutsche Wirtschaft nennenswerte Probleme mit ihrer preislichen Wettbewerbsfähigkeit hätte. (...) Von ihrem Preis und ihrer Qualität sind deutsche Produkte also international sehr attraktiv. Überall dort, wo die Binnennachfrage dynamisch ist, finden sie unschwer ihre Abnehmer. Das einzige, allerdings gravierende Problem ist der Heimatmarkt Deutschland, wo es den Konsumenten an Geld wie auch an Zukunftsvertrauen fehlt.

Peter Bofinger: Wir sind besser, als wir glauben, München 2005, S. 34–38

Peter Bofinger (geb. 1954), Ökonom und Professor für Volkswirtschaftslehre

M 48 Außenhandel vernachlässigen?

Der Exportweltmeister hat sich in eine Falle manövriert, wie die Wirtschaftsweisen in ihrer jüngsten Expertise (2009) eindrucksvoll deutlich machen: Demnach ist zwar der Anteil an den Ausfuhren, die noch in Deutschland hergestellt werden, kontinuierlich gesunken: von 69 Prozent 1995 auf gut 56 Prozent 2006. Bislang allerdings konnte die Industrie diese Verlagerung ins Ausland „durch einen massiven Anstieg der Menge an exportierten Gütern" mehr als ausgleichen, so die Sachverständigen.
Nun aber, da die Wirtschaft am Boden liegt, geht die Rechnung nicht mehr auf, die Mischkalkulation entpuppt sich als Schönwetterformel. Dieser Zusammenhang, schlussfolgern die Wirtschaftsweisen, erkläre die „besondere Betroffenheit Deutschlands von der Krise". Sollte Deutschland deshalb seinen Außenhandel künftig bewusst vernachlässigen und stattdessen stärker als bisher versuchen, die Binnenkonjunktur anzukurbeln? Über diese Frage ist eine heftige Debatte entbrannt.
Ökonomen wie der Wirtschaftsweise Bofinger (s. *M 47*), aber auch der Münchner Wissenschaftler Hans-Werner Sinn, Chef des Ifo-Instituts für Wirtschaftsforschung, halten den Ausfuhranteil für übermäßig aufgebläht. Sinn spricht von einem „pathologischen Exportboom", unter dem Deutschland besonders leide, weil die Binnenseite zu wenig zum Ausgleich vorzuweisen habe. Es räche sich, so der Volkswirt, dass das Land „mit seiner nivellierenden Lohnpolitik" den Billigkräftesektor vernichtet habe.
Dagegen steht eine Denkschule, wie sie Frank Mattern vertritt, der Deutschland-Chef der Beratungsfirma McKinsey. Stärker auf den Konsum zu setzen als auf den Export, für diese Logik hat Mattern nichts übrig: „Wir gehen ja nicht deshalb öfter einkaufen, weil irgendjemand beschließt, weniger Industrieroboter zu ordern", eher das Gegenteil sei der Fall: „Wenn wir weniger Maschinen bauen, bedeutet das weniger Beschäftigung und Konsum", so Mattern. „Wir brauchen den Export." (...)
(*Der Historiker Werner Abelshauser:*) Es wäre geradezu töricht, sich von der Exportorientierung zu verabschieden, nur weil der Welthandel vorübergehend am Boden liege, sagt der Wissenschaftler: „Was wir können, können nicht viele."

Dietmar Hawranek u. a.: Jahr der Erneuerung, in: Spiegel 53/2009, S. 23–27

1. Analysieren Sie die unterschiedlichen Blickwinkel auf den Wirtschaftsstandort Deutschland. Arbeiten Sie heraus, welchen wirtschaftspolitischen Konzeptionen die Autoren nahestehen (s. S. 168-177).
2. Erörtern Sie: Sollte der Wirtschaftsstandort Deutschland an der starken Exportorientierung festhalten?
3. Entwickeln Sie – bezogen auf Ihren in Aufgabe 2 gewonnenen Standpunkt – Grundzüge eines entsprechenden wirtschaftspolitischen Handlungsprogramms.
4. Interpretieren und diskutieren Sie die Karikatur.

Themen und Hinweise

Mögliche Themen für Referate und Themenbereiche von Facharbeiten

Hinweis: Die konkrete Themenstellung der Facharbeit kann nur in engem Kontakt mit der betreuenden Fachlehrerin bzw. dem Fachlehrer festgelegt werden.

- Wirtschaft global – Vor- und Nachteile des weltweiten Standortwettbewerbs
- Ausgewählte Standortfaktoren: Bedeutung, Entwicklung, politischer Handlungsbedarf
- Benchmarking und Rating: Prinzipien, Ergebnisse, Vor- und Nachteile
- Exportnation Deutschland – Erfolgsfaktoren eines Exportstandortes
- Verlagerung von Arbeitsplätzen: Wie ist der Standort Deutschland betroffen?
- Fachkräftemangel: Gefahr für den Standort Deutschland?
- Arbeitskosten: Die große Schwäche des Standortes Deutschland?
- Der Wirtschaftsstandort Deutschland in Europa und der Welt
- Standortwettbewerb in der EU – Probleme und Handlungsbedarf
- Ziele, Strategien und Probleme der Standortpolitik am Beispiel eines ausgewählten Wirtschaftsstandortes

Zur Übung und Vertiefung

- Analysieren und interpretieren Sie die Karikatur:
  www.nzz.ch/images/going_home_karikatur_andrea_caprez_10052009_1.2527023.1241938842.jpg
- Analysieren Sie das Streitgespräch zwischen den Ökonomen Peter Bofinger und Hans-Werner Sinn:
  www.spiegel.de/spiegel/print/d-38201312.html
- Analysieren Sie den Text zum Standortwettbewerb in der EU: ***library.fes.de/pdf-files/wiso/05135.pdf***
- Analysieren Sie die Studie zum Standort Deutschland:
  www.ey.com/Publication/vwLUAssets/Standort_Deutschland_2010/%24FILE/Standort_D_2010.pdf
- Analysieren Sie ausgewählte Meldungen zum Themenbereich Standortpolitik:
  www.dihk.de/inhalt/themen/standortpolitik/index.main.html

Hinweise zur Weiterarbeit

– ***www.destatis.de/jetspeed/portal/cms/***	Umfangreiches statistisches Material zum Standort Deutschland
– ***www.bertelsmann-stiftung.de/cps/rde/xchg/SID-421B6649-A800D310/bst/hs.xsl/5258.htm***	Themenseiten zum internationalen Standortranking der Bertelsmann-Stiftung
– ***www.bmwi.de/BMWi/Navigation/aussenwirtschaft.html***	Themenportal Außenwirtschaft beim Bundeswirtschaftsministerium
– ***www.weforum.org/en/initiatives/gcp/Global%20 Competitiveness%20Report/index.htm***	Global Competitiveness Report des World Economic Forum
– ***www.bmwi.de/BMWi/Navigation/Wirtschaft/Wirtschaftspolitik/Regionalpolitik/gemeinschaftsaufgabe.html***	Themenportal zur „Gemeinschaftsaufgabe Verbesserung der regionalen Wirtschaftsstruktur" (GRW)
– ***http://wipo.verdi.de/***	Portal zum Thema „Wirtschaftspolitik" der Vereinten Dienstleistungsgewerkschaft (ver.di)

9 Einkommens- und Vermögensverteilung

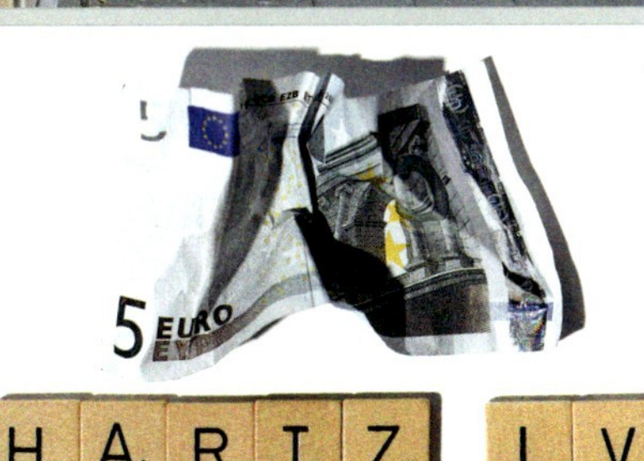

Deutschland ist ein reiches Land. Trotzdem leben viele Menschen in Armut. Sie können sich nicht ausreichend gesund ernähren und am gesellschaftlichen und kulturellen Leben beteiligen. Doch wie wird überhaupt festgestellt, wer arm, wer reich und was das Mindestmaß für ein menschenwürdiges Leben ist? Bei der Suche nach entsprechenden Kriterien wird schnell deutlich, dass es hier um Fragen geht, deren Beantwortung wirtschaftliche, gesellschaftliche und politische Konsequenzen hat.
Eng damit verbunden sind auch die Fragen nach sozialer Gerechtigkeit bei der Einkommens- und Vermögensverteilung sowie nach der Rolle des Sozialstaats. Überlegungen wie diese stehen im Zentrum des Kapitels. Nach Bearbeitung des Kapitels sollten Sie Unterschiede in der Einkommens- und Vermögensverteilung als wichtiges Merkmal sozialer Ungleichheit erläutern und deren Bedeutung in wirtschaftlicher und gesellschaftspolitischer Hinsicht beurteilen können.

Was kann man sich leisten? – Einkommensungleichheiten

Die Beschreibung der Einkommensverteilung sagt noch nicht viel über den Grad der Ungleichheit in einer Gesellschaft aus. Wenn jedoch die Einkommensunterschiede in vielen Teilen der Bevölkerung als zu hoch oder zu ungerechtfertigt gedeutet werden, ist eine Debatte über gerechtere Löhne und Ausgleichmechanismen zumeist nicht fern.

Alleinerziehende Frau

M1 Alleinerziehende Frauen – einkommensschwach?

Ein Fallbeispiel:
Die junge Frau S. (30) ist alleinerziehend; sie hat sechs Kinder im Alter von drei bis elf Jahren. (...). Die zum Leben verbleibenden Monats-Einnahmen (ohne fixe Kosten) von Frau S. betragen rund 1400 Euro, zusammengesetzt aus Halbwaisenrente, Kindergeld, Hartz IV, Unterhaltsvorschuss und Unterhalt für das zweite Kind. Die fixen Kosten betragen mindestens 1000 Euro, darin sind die Ausgaben für Miete, Strom, Gas, Wasser, Kindergarten, Schul-Essensgeld und Telefon enthalten. (...) Schon mehrere Tage vor der Monatsmitte hat Frau S. nur noch 10,50 Euro im Portemonnaie.

ah: Hoffen gegen die Tradition; Arbeiterwohlfahrt Rheinland e.V., in: http://www.awo-rheinland.de (Zugriff: 1.11.2010)

M2 Was sagen die Statistiken? Einkommensverteilung und soziale Ungleichheit

Von den 39,72 Millionen Haushalten in Deutschland im Jahr 2007 hatten nach Angaben des Statistischen Bundesamtes 2,7 Prozent ein monatliches Haushaltsnettoeinkommen von unter 500 Euro. Bei 10,8 Prozent waren es 500 bis unter 900 Euro. Ein knappes Drittel aller Haushalte (30,7 Prozent) verfügte über ein Haushaltsnettoeinkommen von 900 bis unter 1700 Euro; ein Drittel (...) über 1700 bis 3200 Euro. Bei 10,1 bzw. 3,7 Prozent der Haushalte lag das monatliche Haushaltsnettoeinkommen bei 3200 bis unter 4500 Euro bzw. bei 4500 bis 6000 Euro. 6000 Euro und mehr hatten 2,1 Prozent der Haushalte zur Verfügung. (...)

Bei knapp zwei Dritteln aller Haushalte (66,0 Prozent) war der Haupteinkommensbezieher im Jahr 2007 männlich. Unter den Haushalten mit männlichem Haupteinkommensbezieher lag der Anteil der Haushalte mit einem monatlichen Haushaltsnettoeinkommen von unter 1300 Euro bei 19,9 Prozent. (...) Von den Haushalten mit weiblichem Haupteinkommensbezieher hatte hingegen fast die Hälfte niedrigere Einkommen (47,0 Prozent). Der Anteil der Haushalte mit Einkommen von mindestens 4500 Euro war mit 2,3 Prozent deutlich niedriger als bei den Haushalten mit männlichem Haupteinkommensbezieher.
Eine Unterteilung der Haushalte nach Alter des Haupteinkommensbeziehers zeigt, dass im Jahr 2007 vor allem bei Haushalten mit jüngerem Haupteinkommensbezieher (unter 25 Jahre) der Anteil der Haushalte mit einem monatlichen Haushaltsnettoeinkommen von unter 1300 Euro besonders hoch war (68,0 Prozent). (...) Bei Haushalten mit älteren Haupteinkommensbeziehern (65 bis unter 85 Jahre bzw. 85 Jahre und älter) lag der entsprechende Anteil (ebenfalls hoch) (35,8 bzw. 50,2 Prozent). (...)
Der Anteil der Haushalte mit Einkommen von unter 1300 Euro war bei Haushalten mit deutschem Haupteinkommensbezieher (28,3 Prozent) deutlich niedriger als bei Haushalten mit ausländischem (...).

Bundeszentrale für politische Bildung: Die soziale Situation in Deutschland, in: http://www.bpb.de/files/JYRIHO.pdf (Zugriff: 28.9.2010).

M3 Privathaushalte nach Größe und monatlichem Nettoeinkommen 2007

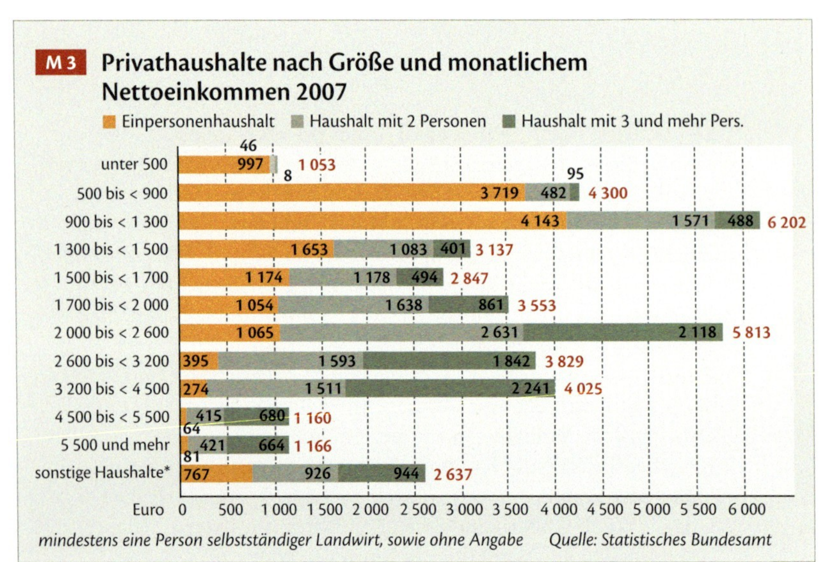

M4 Von Managergehältern und Mindestlöhnen

Mindestlöhne. SPD-Chef Kurt Beck sieht offenbar wieder Chancen auf einen Mindestlohn für alle Branchen. (...) Wenn die Union dazu nicht bereit sei, werde die SPD versuchen, in einer Reihe von einzelnen Branchen Mindestlöhne durchzusetzen: bei Fleischverarbeitern, Wachfirmen, Friseuren und in der Zeit- und Leiharbeit. Er wolle für die Festsetzung der Mindestlöhne nach britischem Vorbild eine Lohnfindungskommission aus Arbeitgebern, Arbeitnehmern und Wissenschaftlern. (...)

Managergehälter. Jürgen Thumann, Präsident des Industrieverbandes BDI, fordert ein Ende der Diskussion um hohe Managergehälter und Abfindungen: Sie gehe inzwischen „weit über das zu verantwortende Maß" hinaus, sagte er der Nachrichtenagentur dpa. „Das schürt den Neid, das ist mir zu populistisch." (...) Das Gute an der Debatte sei allerdings, dass sie „sicherlich das Verantwortungsbewusstsein der Aufsichtsräte und Aktionäre" schärfe: „Wir müssen Moral und Ethik pflegen und wahren." (...)

Hubertus Schmoldt, Chef der Gewerkschaft IG BCE, fordert eine umfassende Veröffentlichung von Managerbezügen: Künftig sollten Aktienoptionen der Vorstandsmitglieder (...) in Geschäftsberichten genannt werden. (...)

Mehr Gehalt. Gewerkschaftschef Michael Sommer fordert massive Lohnerhöhungen 2008 – wegen deutlich gestiegener Gewinne und Managergehälter. (...). Daran müssten die Beschäftigten besser beteiligt werden.

Führende Wirtschaftsforschungsinstitute warnen dagegen vor zu hohen Tarifabschlüssen. Der Präsident des Rheinisch-Westfälischen Instituts für Wirtschaftsforschung (RWI) in Essen, Christoph M. Schmidt, forderte eine „beschäftigungsorientierte Lohnpolitik": Deutschland habe schließlich immer noch mehr als 3,5 Millionen Arbeitslose. Auch die beschleunigte Inflation erhöhe „nicht den Verteilungsspielraum", da sie in erster Linie auf steigende Weltmarktpreise zurückzuführen sei.

sam/plö/dpa/AP: SPD wittert Chance auf Mindestlohn für alle – Manager geißeln Neiddebatte, in: Spiegel Online v. 25.12.2007, http://www.spiegel.de (Zugriff: 30.9.2010)

M5 Bruttojahresverdienste vollbeschäftigter Arbeitnehmer 2006

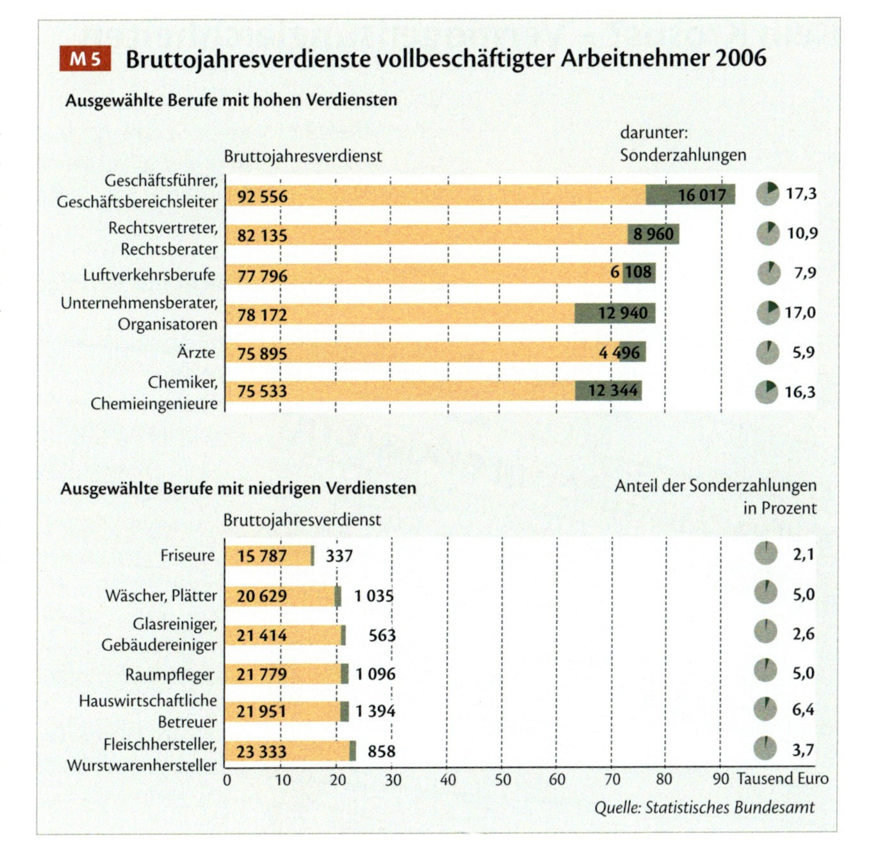

Quelle: Statistisches Bundesamt

1 Analysieren Sie die Einkommensstruktur in Deutschland unter Berücksichtigung einkommensschwacher und -starker Personengruppen. Werten Sie anschließend Ihre Ergebnisse im Kontext sozialer Ungleichheit aus.

2 Bilden Sie Gruppen und erarbeiten Sie eines der drei in **M 4** genannten Streitthemen (Mindestlöhne, Managergehälter, mehr Gehalt). Welche Begründungen sind eher normativ-ethisch und welche eher ökonomisch fundiert? Informieren Sie sich über weitere Argumente und Aspekte ihres Themas mithilfe einer Internetrecherche und präsentieren Sie Ihre Ergebnisse mediengestützt.

3 Führen Sie eine Politik-Talkshow durch. Bilden Sie hierfür zu jeweils einem der von Ihnen erarbeiteten Themen eine Pro- und eine Kontra-Gruppe. Wählen Sie zudem einen Moderator/eine Moderatorin. Erarbeiten Sie sich innerhalb Ihrer Gruppe die jeweilige Position und benennen Sie einen Sprecher, der diese während der Politik-Talkshow vertritt. Die verbleibenden Gruppenmitglieder stellen das aktiv teilnehmende Publikum.

Kein Krösus? – Vermögensungleichheiten

Wer ein hohes Einkommen hat, erbringt in der Regel auch eine bestimmte Leistung. Wer jedoch ein hohes Vermögen erbt, hat in der Regel Glück. Ist dies fair, oder sollten vielmehr geeignete Steuern die so verursachte Ungleichheit ausgleichen? Überlegungen hierzu werden exemplarisch anhand der Erbschaftssteuer betrachtet.

M6 „Vererbt wird nicht nur Vermögen, sondern auch soziale Ungleichheit"

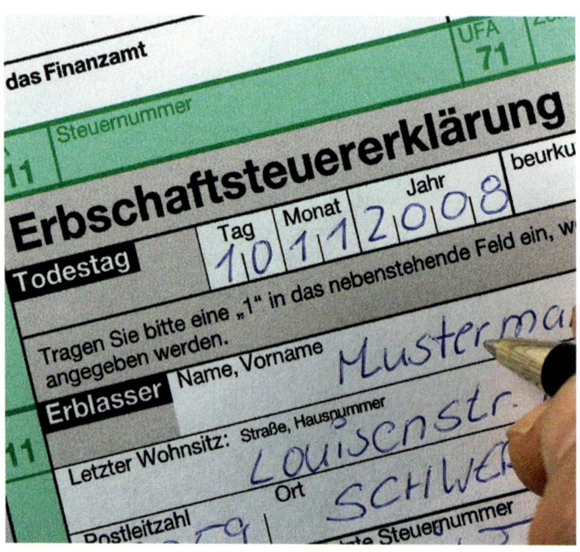

Fairer Ausgleich sozialer Ungleichheiten?

Wer hat nicht schon mal von einer reichen, kinderlosen Erbtante geträumt, deren Ableben die Begünstigten in nicht allzu ferner Zukunft von allen finanziellen Sorgen befreite. Allein, diese schöne Vorstellung bleibt meist nur Traum oder Thema von Groschenromanen. Denn, erstens, fließt das allermeiste Vermögen an die Kinder, und entfernte Verwandte oder Bekannte gehen in der Regel leer aus oder erben in nur unbedeutendem Maße. Und zweitens werden zurzeit zwar in der Bundesrepublik jedes Jahr um die 100 Milliarden Euro privaten Vermögens vererbt, den Löwenanteil davon bekommt jedoch eine nur sehr kleine Gruppe. (...) Vererbt wird somit nicht nur Vermögen, sondern auch soziale Ungleichheit. Die ungleiche Verteilung von Erbschaften spiegelt sehr genau die ungleiche Verteilung von Vermögen wider. (...). Wer über einen höheren Schul- oder einen Hochschulabschluss verfügt, hat bessere Chancen, zu erben und noch dazu eine bedeutende Erbschaft anzutreten als derjenige mit niedriger Bildungsqualifikation. Erhebliche Ungleichheiten bei der Vererbung bestehen auch zwischen Ost und West. Die in der DDR weitgehend fehlende Möglichkeit, privates Vermögen zu bilden, und der meist geringe Wert der Immobilien in den neuen Bundesländern führen zu Ungleichheiten bei der Eigentumsverteilung in Ost und West, die weit ausgeprägter sind als die Ungleichheiten des Einkommens. (...) Einkommensunterschiede und ungleiche Bildungschancen stehen hierzulande bei jeder Diskussion über soziale Ungerechtigkeit im Vordergrund, Vermögen und Erbschaften erzielen geringere Aufmerksamkeit. Zu Unrecht, denn Erbschaftspolitik ist Gesellschaftspolitik. Erbschaften sind mühelos erlangtes Vermögen. Die einzige breit anerkannte Grundlage zur Rechtfertigung sozialer Ungleichheit ist in unserer Gesellschaft das Leistungsprinzip. Wenn Einzelne durch Erbschaften oder Schenkungen „Startvorteile" genießen, die nicht auf eigenen Leistungen beruhen, sondern auf dem Zufall, Kind reicher Eltern zu sein, verletzt dies das Leistungsprinzip wie das damit verbundene Prinzip der Chancengleichheit.

Zur Korrektur von Ungleichheit beim Übergang des Vermögens von einer Generation zur nächsten ist das wichtigste Instrument die Erbschaftssteuer. (...) Doch ergibt sich aus dem problematischen Verhältnis von Vermögensvererbung zum Leistungsprinzip überhaupt die Notwendigkeit, hier politisch (...) einzugreifen? Die Schwierigkeit bei der Beantwortung dieser Frage liegt in den unklaren persönlichen, familiären und gesellschaftlichen Folgen eines solchen Eingriffs. Wird etwa wirtschaftlicher Erfolg weniger ehrgeizig gesucht, wenn das dabei geschaffene Vermögen nur teilweise an die Kinder vererbt werden kann? Oder ist es im Gegenteil motivierend zu wissen, dass alle Bürger bei ihrem Streben nach Erfolg vergleichbare materielle Ausgangsbedingungen haben? Was sind die Folgen hoher Erbschaftsbesteuerung für Familienunternehmen? (...) Und für die Stabilität einer Gesellschaft spielen Erbschaften vielleicht eine positive Rolle, gerade weil sie Kontinuitäten über die Generationen hinweg schaffen und den Kampf aller gegen alle um den sozialen Aufstieg mildern. (...)

Für die Nutzung der Erbschaftssteuer als Instrument der Vermögensbesteuerung – im Unterschied zur Wiedereinführung der Vermögenssteuer – spricht die problematische Stellung der Vererbung zum Leistungsprinzip.

Jens Beckert: Das ungleiche Erbe, in: Böll-Thema 1/2005, S. 28 f., in: http://www.mpifg.de (Zugriff: 30.9.2010)

M7 Stichwort: Vermögen

Das Volksvermögen einer offenen Volkswirtschaft wird von vier „Letzteigentümersektoren" gehalten. Dies sind der Staat, die privaten Organisationen ohne Erwerbszweck, die privaten Haushalte und das Ausland. In Deutschland gehört der überwiegende Teil des Volksvermögens den inländischen privaten Haushalten.

Das Vermögen der privaten Haushalte setzt sich aus folgenden Komponenten zusammen: dem Sachvermögen in Form von Grundeigentum im In- und Ausland und dem Gebrauchsvermögen. Zu Letzterem zählen auch Gold, Schmuck oder wertvolle Sammlungen. Folgt man der Abgrenzung in der Volkswirtschaftlichen Gesamtrechung, so gehören zum Gebrauchsvermögen auch Hausrat und Kraftfahrzeuge (Anmerkung: Der gesamte Hausrat und der Wert von Kraftfahrzeugen wird im SOEP nicht eigenständig erhoben). Neben dem Sachvermögen speist sich das Vermögen der privaten Haushalte auch aus dem Geldvermögen in Form von Forderungen gegenüber dem Staat, Unternehmen, Finanzinstitutionen und dem Ausland. Eine weitere Komponente stellt das Beteiligungsvermögen durch börsengehandelte Aktien oder Eigentumsrechte an Unternehmen (Betriebsvermögen) und Finanzinstitutionen im In- und Ausland dar. Diesem Bruttovermögen stehen Verbindlichkeiten aller Art (Hypotheken, Konsumentenkredite) gegenüber. Der Saldo dieser vier Komponenten bildet das Nettovermögen des Haushaltssektors. Andere, insbesondere nicht übertrag- beziehungsweise handelbare Vermögensarten einer Gesellschaft (*sind*) das Human-, das Umwelt- oder Kulturvermögen.

Deutsches Institut für Wirtschaftsforschung: Wochenbericht Nr. 4/2009, S. 56, in: http://www.diw.de (Zugriff: 29.9.2010)

SOEP: Sozioœkonomisches Panel, Bereitstellung von Daten mittels jährlicher Wiederholungsbefragung in Deutschland (s. auch S. 143)

Das Äquivalenzeinkommen wird errechnet, indem das Nettoeinkommen eines Haushalts durch die Summe der – nach Bedarf gewichteten – im Haushalt lebenden Personen geteilt wird (vgl. M 17)

M8 Vermögen und Einkommen im Überblick

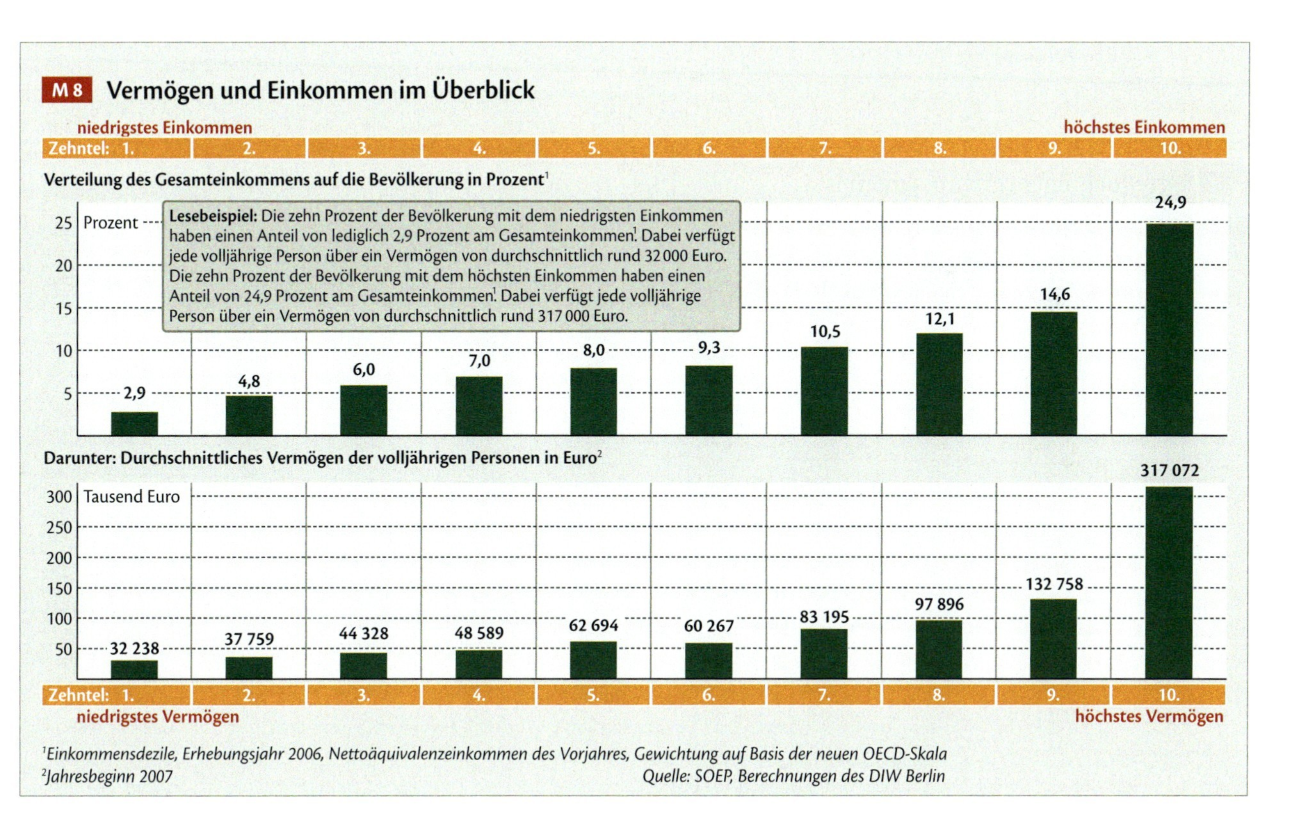

[1]*Einkommensdezile, Erhebungsjahr 2006, Nettoäquivalenzeinkommen des Vorjahres, Gewichtung auf Basis der neuen OECD-Skala*
[2]*Jahresbeginn 2007*
Quelle: SOEP, Berechnungen des DIW Berlin

1. Diskutieren Sie das Thema „Vermögensvererbung" und verfassen Sie eine begründete Stellungnahme.
2. Beschreiben und problematisieren Sie das klassische Verständnis von Vermögen.
3. Analysieren Sie die Vermögensverteilung und den Zusammenhang von Einkommen und Vermögen.

So ungefähr? – Messung mittels Lorenzkurve

Um soziale Ungleichheit optisch darzustellen, wird oftmals auf die sogenannte Lorenzkurve zurückgegriffen, mit der sich schnell das Ausmaß sozialer Ungleichheit aufzeigen lässt. Allerdings hat dieses Vorgehen – wie jedes andere Messverfahren auch – nur begrenzte Erklärungskraft.

M9 Stichwort: Lorenzkurve

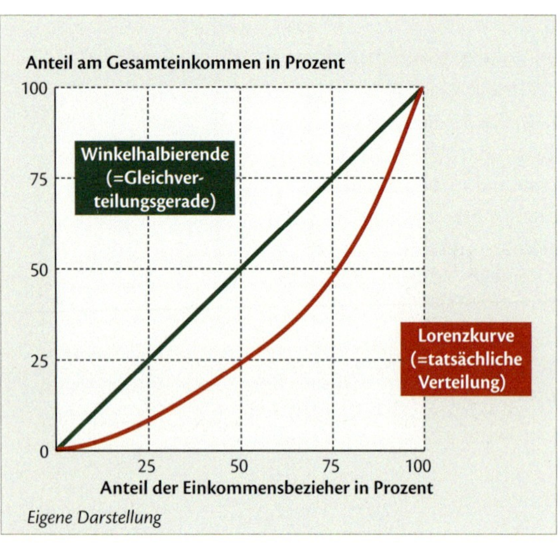

Eigene Darstellung

Der Statistiker Max Otto Lorenz entwickelte 1905 die sog. Lorenzkurve zur grafischen Darstellung und Analyse relativer Konzentrationsverhältnisse. Die Kurve gibt somit die statistische Verteilung eines Merkmals (z. B. Einkommen) und zugleich das Ausmaß der Ungleichheit innerhalb der Verteilung grafisch wieder. Hierzu werden zunächst die Haushalte oder Personen z. B. nach der Höhe ihres Einkommens aufsteigend sortiert und dann kumuliert („aufaddiert"). Auf der X-Achse wird sodann der jeweilige prozentuale Anteil der Einkommensbezieher aufgetragen, auf der Y-Achse der prozentuale Anteil am Gesamteinkommen. Ein Punkt auf der so entstandenen Lorenzkurve gibt an, wie viel Prozent der Einkommensbezieher jeweils über welchen Prozentanteil am Gesamteinkommen verfügen. Bestünde nun in der betrachteten Gesellschaft eine absolute Gleichverteilung der Einkommen, würde die Lorenzkurve der Winkelhalbierenden/Gleichheitsgeraden entsprechen. Je stärker hingegen die jeweilige Lorenzkurve ausgebuchtet ist, desto ungleicher sind die Einkommen verteilt.

Autorentext

M 10 Erstellung eines Lorenzdiagramms

Anteil der Einkommensbezieher nach Dezilen (=Zehntel)	Anteil am Gesamteinkommen* in % in Deutschland	Anteil am Gesamteinkommen* in % in Ostdeutschland	Anteil am Gesamteinkommen* in % in Westdeutschland
1. Zehntel	2,8	3,6	2,9
2. Zehntel	4,7	5,4	4,8
3. Zehntel	5,9	6,7	6,0
4. Zehntel	6,9	7,8	7,0
5. Zehntel	8,0	8,7	8,0
6. Zehntel	9,2	9,8	9,2
7. Zehntel	10,4	10,8	10,5
8. Zehntel	12,1	12,5	12,0
9. Zehntel	14,7	14,0	14,7
10. Zehntel	25,2	20,7	24,9

* Äquivalenzgewichtet mit der neuen OECD-Skala, gerundete Werte

Lese- und Rechenhinweis: 10 Prozent der Einkommensbezieher haben 2,8 Prozent des Gesamteinkommens in Deutschland, weitere 10 Prozent haben 4,7 Prozent. Kumuliert haben also 20 Prozent der Einkommensbezieher einen Anteil von 7,5 Prozent am Gesamteinkommen, 30 Prozent einen Anteil von 13,4 Prozent u.s.w.

Nach: Sachverständigenrat zur Begutachtung der gesamtwirtschaftlichen Entwicklung: Auszug aus dem Jahresgutachten 2007/08. Online unter: http://www.sachverstaendigenrat-wirtschaft.de/download/ziffer/z714_748j07.pdf (Zugriff: 28.9.2010)

1 Erläutern Sie Funktion der Lorenzkurve.

2 Erstellen Sie auf Grundlage der Tabelle **M 10** arbeitsteilig drei Lorenzkurven und werten Sie diese aus. Präsentieren und vergleichen Sie im Anschluss Ihre Ergebnisse (z. B. mit einer Folie).

Methode: Bestimmung von Indikatoren

Weder in der Wissenschaft noch in der Politik besteht Einigkeit über die „richtigen" oder „besten" Indikatoren zur Messung von sozialer Ungleichheit bzw. Armut. Im Folgenden soll diese Schwierigkeit der Begriffsdefinition und somit der Indikatorenwahl näher beleuchtet werden. Dabei ist stets zu beachten, dass in die Bestimmung von Indikatoren auch politische bzw. gesellschaftlich-normative Grundsatzentscheidungen und Werturteile einfließen.

M 11 Stichwort: Indikator

In der empirischen Sozialforschung sind Indikatoren eine Messgröße, die einen theoretischen, nicht unmittelbar messbaren Begriff durch seine Bedeutung abdeckt. Es gilt also zunächst zu fragen, was der jeweilige Begriff bedeutet, 5 welche Sachverhalte er also darstellt. Die ausgewählten Sachverhalte sollten möglichst sowohl den Bedeutungsumfang des Begriffs widerspiegeln, als auch durch ein Messverfahren empirisch gemessen werden können. Durch dieses Verfahren wird der Begriff also zum einen definiert und konkretisiert und zum anderen operationalisiert, d. h. messbar 10 gemacht.

Beispiel: Als Indikator für soziale Ungleichheit wird vor allem die Verteilung von Einkommen oder Konsum mithilfe des Gini-Koeffizienten abgebildet (vgl. S. 254, M 14).

Autorentext

M 12 Alles eine Frage des Indikators?

Zeichnung: Nicholson

M 13 Was leisten Indikatoren?

Die Frage, was die Sozialberichterstattung bzw. soziale Indikatoren leisten sollen, wird in der nachfolgenden Definition der Vereinten Nationen (...) eher unbescheiden be- 5 antwortet. (...) „Social indicators can be defined as statistics that reflect important social conditions and that facilitate the process of assessing those conditions and their evolution. Social Indicators are used to 10 identify social problems that require action, to develop priorities and goals for action and spending, and to assess the effectiveness of programmes and policies" (UN, 1994). (...)

15 Die Definition der Vereinten Nationen beinhaltet eine sehr anspruchsvolle Funktionszuschreibung, die sich (...) allerdings weitgehend mit den Erwartungen trifft, wie sie auch an die Armuts- und Reichtumsbe- 20 richterstattung gerichtet werden. Die Frage, was Indikatoren tatsächlich leisten können, wird in der Fachdiskussion sehr unterschiedlich, mittlerweile aber in der Regel sehr viel zurückhaltender beantwortet.

BMAS/ISG (Hg.): Lebenslagen, Indikatoren, Evaluation – Weiterentwicklung der Armuts- und Reichtumsberichterstattung, in: http://www.bmas.de (Zugriff: 28.9.2010)

Mit **Armuts- und Reichtumsberichterstattung** ist der unregelmäßig (bisher 2001, 2005, 2008) erscheinende Bericht „Lebenslagen in Deutschland – Armuts- und Reichtumsbericht der Bundesregierung" gemeint

facilitate: unterstützen
to assess: beurteilen
require: benötigen

1. Interpretieren Sie die Karikatur einschließlich der Überschrift.
2. Führen Sie ein Brainstorming zum Begriff „Armut" durch. Definieren Sie nun auf Grundlage ihrer Assoziationen „Armut" und vergleichen Sie Ihre Ergebnisse mit den offiziellen Definitionen aus **M 20** (S. 256).
3. Erschließen Sie die Auswirkungen Ihrer Definition auf die Indikatorenwahl.
4. Diskutieren Sie: Wie bewerten Sie die Leistungsfähigkeit sozialer Indikatoren?

Wie genau? – Gini-Koeffizient und andere Maße

Statistiken zu einem Thema basieren oftmals auf ganz unterschiedlichen Maßen. Folge ist, dass bei gleicher Fragestellung durchaus unterschiedliche Ergebnisse ausgemacht werden können. Statistische Abbildungen sozialer Wirklichkeit hängen also entscheidend von den gewählten Methoden und Modellen ab.

M 14 Stichwort: Gini-Koeffizient

Möchte man soziale Ungleichheit – zumeist in Form von Einkommensverteilung gemessen – im Zeitverlauf oder zwischen Ländern vergleichend analysieren, bietet sich der sogenannte Gini-Koeffizient an. Entwickelt wurde dieser vom italienischen Statistiker Corrado Gini. Der Gini-Koeffizient stellt eine Maßzahl dar, die die Ungleichheit einer Verteilung in einer einzigen Maßzahl zwischen 0 und 1 zum Ausdruck bringt. Er basiert auf der Lorenzkurve (*vgl. M 9, S. 252*), da sich der Gini-Index auf der Grundlage der Größe der Fläche zwischen der Gleichverteilungslinie/Winkelhalbierenden und der empirischen Lorenzkurve ergibt. Ein Wert von 0 entspräche dabei einer absoluten Gleichverteilung, ein Wert von 1 würde sich wiederum bei absoluter Ungleichheit (ein einziger Haushalt erzielt das gesamte Einkommen) ergeben. Der Gini-Koeffizient ist somit ein übersichtlicher Kennwert der Ungleichheit bzw. der Einkommensverteilung, bei dem jedoch auch wichtige Informationen verborgen bleiben. So können ganz unterschiedliche Lorenzkurven, also Einkommensverteilungen vorhanden sein, dennoch bleibt der Wert des Gini-Indexes gleich, solange die Fläche zwischen Winkelhalbierender und Lorenzkurve gleich groß ist.

Demnach können zum Beispiel in Land A 50 Prozent der Haushalte über 10 Prozent des Gesamteinkommens verfügen, die andere Gesamteinkommenshälfte besitzen die restlichen 90 Prozent der Haushalte. In Land B jedoch verteilen sich 50 Prozent des Einkommens auf 90 Prozent der Bevölkerung, während die restlichen 10 Prozent der Bevölkerung über die restlichen 50 Prozent des Gesamteinkommens verfügen (vgl. Grafik).

Der Gini-Koeffizient erlaubt somit keine Aussagen, wie sich die Einkommensverteilung auf die untersten bzw. obersten Einkommensbereiche auswirkt. Sozialpolitisch betrachtet könnte dies bedeuten, dass aus einem identischen Wert ganz unterschiedliche Konsequenzen und Lösungen zu ziehen sind.

Ein weiteres, allerdings nur pragmatisches Problem ist, dass der Gini-Koeffizient eines relativ aufwendigen Rechenverfahrens bedarf. Schwerwiegender ist da schon die Tatsache, dass der Gini-Koeffizient relativ stark auf Veränderungen in den mittleren Einkommensbereichen reagiert, aber Umverteilungen am unteren oder oberen Einkommensrand schwächer gewichtet.

Autorentext

Lässt sich Ungleichheit messen?

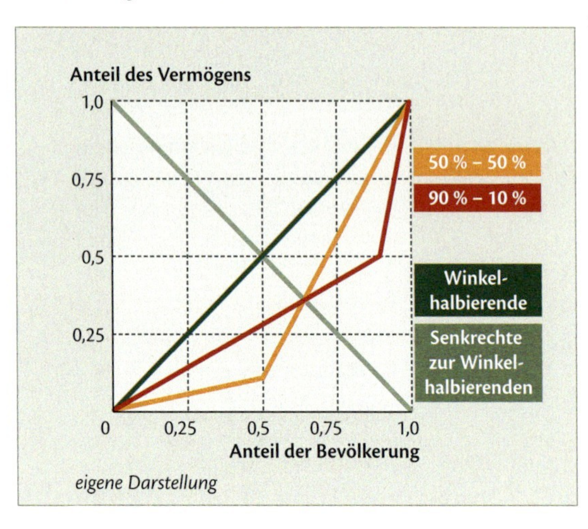

eigene Darstellung

M 15 Quantilsverhältnisse

Ein **Quantil** definiert, wie viele Werte einer Verteilung über oder unter einer bestimmten Grenze liegen. Oft genutzte Quantile sind zum Beispiel das Quartil (Viertel), das Quintil (Fünftel) (*vgl. M 16*), das Dezil (Zehntel) (*vgl. M 8*) und der Median (Zentralwert) (*vgl. M 21*)

Eine relativ einfache Alternative zum Ginikoeffizienten sind so genannte Quantilsverhältnisse. Dabei teilt man z. B. das Einkommen von Personen am 90-Prozent-Quantil durch das Einkommen der Personen am 10-Prozent-Quantil. Damit erhält man eine Maßzahl, die einem sagt, um welchen Faktor das Einkommen der wohlhabenderen Personen höher ist als das der ärmeren Personen. Diese Quantilsverhältnisse sind zwar relativ leicht zu berechnen, lösen aber sonst keine der mit dem Ginikoeffizienten verbundenen Probleme; zudem berücksichtigen sie nur einen sehr kleinen Teil der Information in der Einkommensverteilung.

Jörg Rössel: Sozialstrukturanalyse, Wiesbaden 2009, S. 233

M 16 Ungleichmaße konkret

Quintil-Ratio[1] und Gini-Koeffizient[2] der Nettoäquivalenzeinkommen in NRW 2000–2009

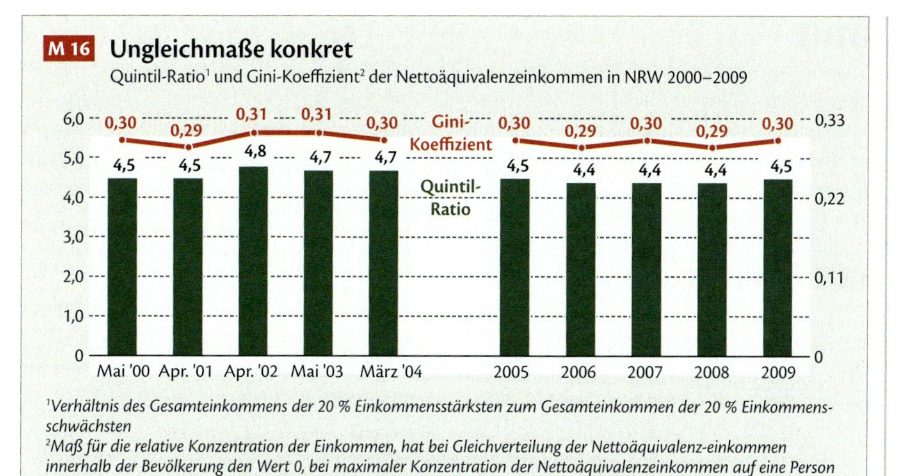

[1]Verhältnis des Gesamteinkommens der 20 % Einkommensstärksten zum Gesamteinkommen der 20 % Einkommensschwächsten
[2]Maß für die relative Konzentration der Einkommen, hat bei Gleichverteilung der Nettoäquivalenz-einkommen innerhalb der Bevölkerung den Wert 0, bei maximaler Konzentration der Nettoäquivalenzeinkommen auf eine Person den Wert 1. Datenquelle: IT NRW, Ergebnisse des Mikrozensus: ab dem 1. Januar 2005 Umstellung des Erhebungskonzepts von einmalig jährlicher auf kontinuierliche Befragung.

M 17 Das Messinstrument „Äquivalenzskala"

Wenn man bei den Haushaltsnettoeinkommen als Größe zur Bestimmung von Einkommensverteilungen, Armut und Reichtum stehen bliebe, so bliebe die Haushaltsgröße vollkommen unberücksichtigt. Alternativ wäre es daher möglich, dass Pro-Kopf-Einkommen eines Haushalts zu berechnen. (...) Dies erschien Einkommensforschern andererseits auch keine gute Lösung, da sie davon ausgehen, dass in einem gemeinsamen Haushalt Einsparungseffekte entstehen. (...) Aus dieser Überlegung folgt das Konzept des Äquivalenzeinkommens. Ein Alleinstehender bzw. eine erwachsen Person im Mehrpersonenhaushalt erhält das Gewicht 1,0. (...) Ein gängiges Maß ist die OECD-Skala, die allerdings in der zweiten Hälfte der 1990er-Jahre von der „alten" zur „neuen" oder „modifizierten" gewechselt hat. Nach der alten OECD-Skala bekamen weitere Erwachsene beziehungsweise ab 14-Jährige im Haushalt ein Gewicht von 0,7 zugeschrieben, nach der neuen ein Gewicht von 0,5. Kinder und Jugendliche unter 14 Jahren wurden nach der alten Skala mit einem Faktor von 0,5, nach der neuen Skala mit 0,3 gewichtet.

Nicole Burzan: Quantitative Forschung in der Sozialstrukturanalyse, Wiesbaden 2008, S. 29 f.

Der **OECD** (engl. Organization for Economic Cooperation and Development) gehören 33 Staaten mit zumeist hohem Pro-Kopf-Einkommen an (s. auch S. 186)

M 18 Riesenerfolg! Armutsbericht beseitigt Kinderarmut

Die Bundesregierung hat (...) etwa 1,8 Mio. Kinder unter 14, die in Hartz-IV-Familien leben, aus der Armutsfalle befreit. Dieser großartige Sieg über die Kinderarmut war mithilfe der EU und der OECD (...) möglich. (...) Nach der neuen OECD-Skala beginnt die Armutsgefährdung, wenn das Einkommen eines Kindes unter 14 die Summe von 30 Prozent der Armutsgefährungsschwelle unterschreitet, also von 234 €. (...) Nach der alten OECD-Skala wären diese Werte für Kinder unter 14 50 Prozent des Medians oder 390 € gewesen. (...)
Da es keine Kinderarmut unter 14 gibt, muss sie nach Auffassung der Bundesregierung auch nicht bekämpft werden.

Riesenerfolg! Armutsbericht beseitigt Kinderarmut, 10.7.2008, in: http://www.kinderarmut-durch-hartz4.de (Zugriff: 2.11.2010)

1 Fertigen Sie eine Tabelle mit Ihnen bisher bekannten Maßen zur Messung von Ungleichheit an, die Vor- und Nachteile bzw. Auswirkungen der jeweiligen Verfahren wiedergibt. Recherchieren Sie hierzu gegebenenfalls weitere Informationen und ergänzen Sie diese Tabelle fortlaufend.

2 Beurteilen Sie die Einkommensverteilung/-entwicklung in NRW.

3 Problematisieren Sie die manipulatorischen Möglichkeiten von politischen Entscheidungsträgern mithilfe statistischer Verfahren.

Gibt es Grenzen? – Armut

Wer ist arm? Wer ist reich? Was ist Armut? Und was ist Reichtum? Wer diese Fragen beantworten möchte, muss Grenzen ziehen. Armutsgrenzen sind jedoch nicht fest vorgegeben, sodass schnell ein Teil der Armen reich oder ein Teil der Reichen arm werden kann (s. auch S. 338/339).

M19 Facetten von Armut in Deutschland

M20 Zur Definition von Armut

Der Soziologe Stefan Hradil (geb. 1946):

Wer Armut näher analysieren will, muss (...) näher bestimmen, was im Einzelnen unter „Armut" verstanden werden soll und wo die Grenze zwischen Armut und Nicht-Armut zu ziehen ist.

Gemeinhin wird ein mehrdimensionales Konzept der „Lebenslagen-Armut" und ein eindimensionaler Begriff der „Ressourcen-Armut" unterschieden. Die Ressourcendefinition geht davon aus, dass Armut dann vorliegt, wenn keine ausreichenden Hilfsmittel des Handelns, wenn insbesondere zu geringe Geldmittel vorhanden sind. Für das Ressourcenkonzept spricht, dass in modernen, marktwirtschaftlich organisierten Gesellschaften nahezu alle Grundbedarfsgüter gegen Geld erworben werden können. Dennoch wirft diese Definitionsweise Probleme auf: So liegt im Sinne einer Ressourcendefinition Armut dann nicht vor, wenn zwar ausreichende Geldmittel vorhanden sind, diese aber z. B. weitgehend in Alkohol umgesetzt oder verspielt werden und daher rundum miserable Lebensumstände bestehen. Andererseits muss eine Ressourcendefinition angesichts der finanziellen Ausstattung vieler Studierender zum Ergebnis der „Armut" kommen, obgleich sich deren Lage durch Bildung, Kontaktmöglichkeiten, Zukunftsaussichten, Wohnmöglichkeiten, Gesundheitsbedingungen, geringe Ausgabenzwänge, Nebenverdienstmöglichkeiten etc. von der vieler Armer durchaus vorteilhaft abhebt.

Lebenslagendefinitionen lenken den Blick auf die Gesamtsituation der Versorgung und die hieraus resultierenden Handlungsmöglichkeiten von Menschen. Berücksichtigt werden Lebensbedingungen wie Ernährung, Bekleidung, Wohnung, Gesundheit, Bildung, Arbeitsplatz, Einkommen, Ansehen, Macht, Integration, Kommunikation, Freizeitchancen, Risiken, gesellschaftliche und politische Partizipation etc. In der empirischen Untersuchungspraxis freilich erweisen sich Lebenslagendefinitionen bislang als so anspruchsvoll, dass sie nur selten zur Anwendung gelangen: Es müssen Messverfahren für alle relevanten Dimensionen der Lebenslage ausgearbeitet werden; innerhalb jeder Dimension sind Unterversorgungsgrenzen (Armutsgrenzen) zu spezifizieren; und vor allem sind umfangreiche und komplexe Daten für alle Gesellschaftsmitglieder zu beschaffen. Weiterhin sind Gewichtungen und Kompensationsregeln festzulegen, die bestimmen, inwieweit die Unterversorgung in einer Dimension durch andere Lagebereiche kompensiert werden kann. (...)

Die angedeuteten Schwierigkeiten führen jedoch dazu, dass sich Armutsstudien meist auf Ressourcendefinitionen beschränken. Auch in diesem Falle sind die Grenzen festzulegen, unterhalb derer von „Armut" gesprochen werden soll. Bestimmte Armutsbegriffe orientieren sich am physischen Existenzminimum (= absolute Armut). Armut im Sinne dieses Begriffes beginnt erst dann, wenn die Gefahr des Hungertodes oder des Erfrierens besteht. Solche Notlagen sind jedoch in modernen Gesellschaften selten geworden. Armutsbegriffe, die sich hierauf beziehen, verfehlen die spezifischen, keineswegs harmlosen Armutserscheinungen moderner Gesellschaften. Ihnen angemessene Armutsbegriffe beziehen sich auf das sozio-kulturelle Existenzminimum von Menschen. Es bestimmt sich durch die jeweiligen historisch, politisch und materiell geprägten Werthaltungen einer Gesellschaft. Die Vorstellung eines „sozio-kulturellen Existenzminimums" liegt auch der (...) Definition zugrunde, (*die*) davon spricht, dass jene Menschen arm sind, die „von der Lebensweise ausgeschlossen sind, die in dem Mitgliedsstaat, in dem sie leben, als Minimum annehmbar ist." Die Standards des jeweiligen sozio-kulturellen Existenzminimums unterscheiden sich nicht nur von Land zu Land, sie ändern sich auch im Laufe der Zeit.

Stefan Hradil: Soziale Ungleichheit in Deutschland, Wiesbaden 2005, S. 243 f.

M21 Einkommensposition und Armutsgefährdungsquote

Einkommenspositionen: Wo lassen sich konkrete Grenzen zwischen Armut und Reichtum ziehen? Eine mittlerweile gängige, wenngleich auch relativ willkürliche Einteilung teilt die Einkommen in Positionen. Hierbei umfasst relative Armut 0–50 Prozent des durchschnittlichen Äquivalenzeinkommens, Prekärer Wohlstand 50–70 Prozent, die untere bis mittlere Einkommenslage 75–100 Prozent, die mittlere bis gehobene Einkommenslage 100–125 Prozent, die gehobene Einkommenslage 125–150 Prozent und der höhere Wohlstand liegt über 200 Prozent. Zur Berechnung des Durchschnittseinkommens (arithmetisches Mittel) wird hier die Summe aller gewichteten Einkommen durch die Anzahl aller gewichteten Einkommen geteilt.
Armutsrisikoschwelle: Auf EU-Ebene und in Deutschland gelten in der Regel Personen als armutsgefährdet, wenn deren Einkommen weniger als 60 Prozent des mittleren Einkommens beträgt. Das mittlere Einkommen wird dabei mittels des Medians (Zentralwertes) berechnet, indem zunächst alle Personen ihrem gewichteten Einkommen nach aufsteigend sortiert werden. Der Median ist der Einkommenswert derjenigen Person, die die Bevölkerung in genau zwei Hälften teilt. Die eine Hälfte verfügt dabei über ein höheres, die andere über ein niedrigeres gewichtetes Einkommen. 60 Prozent dieses Medianwertes stellen die besagte Armutsgefährdungsgrenze dar.
Armutsrisikoquote: Die Armutsgefährdungs- bzw. Armutsrisikoquote gibt an, wie hoch der Anteil der armutsgefährdeten Personen an der gesamten Personenzahl ist. Sie liefert jedoch keine Hinweise darauf, wie weit das Einkommen der armutsgefährdeten Bevölkerung unter der Armutsrisikoschwelle liegt.
Autorentext

EU-SILC: Statistik der Europäischen Union über Einkommen und Lebensbedingungen

EVS: Einkommens- und Verbrauchsstichprobe in Deutschland

Mikrozensus: amtliche Repräsentativstatistik über die Bevölkerung und den Arbeitsmarkt in Deutschland

SOEP: s. S. 143

M22 Armutsrisikoschwellen und Armutsrisikoquoten

Datenbasis	Armutsrisikoschwelle (60% des mittleren Nettoäquivalenzeinkommens)	Armutsrisikoquote	Stichprobengröße (erfasste Haushalte)
EU-SILC 2006	781 Euro	13 %	13 800
EVS 2003	980 Euro	14 %	53 400
Mikrozensus 2005	736 Euro	15 %	322 700
SOEP 2006	880 Euro	18 %	11 500

Hinweis: Die wesentlichen Unterschiede ergeben sich u. a. durch die unterschiedlichen Niveaus des Einkommensmittelwerts sowie durch die unterschiedlichen Einkommensbegriffe. Quelle: BMAS

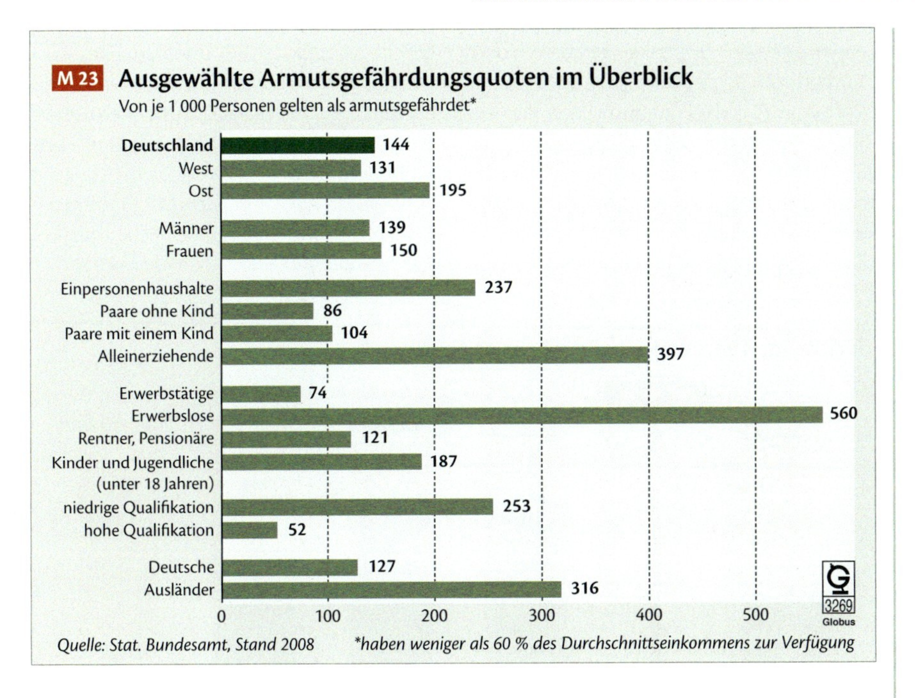

1. Beschreiben Sie den Unterschied zwischen Ressourcen- und Lebenslagenansatz.
2. Bewerten Sie die Festlegungen, die in **M 21** getroffen werden.
3. Benennen Sie besonders von Armut gefährdete Personen. Recherchieren Sie arbeitsteilig mögliche Armutsgründe für einzelne Personengruppen. Präsentieren Sie Ihre Ergebnisse mediengestützt.

Was wird daraus? – Exklusion

In den 1990er-Jahren wechselten viele Wissenschaftlerinnen und Wissenschaftler vom Begriff „Armut“ zum Begriff „Exklusion“. Das hinter „Exklusion“, also „Ausschluss“, stehende Verständnis gilt es ebenso zu ergründen wie die möglichen Folgen, wenn Teile der Gesellschaft vom Leben ausgeschlossen sind (s. auch S. 328/329).

M24 Oben, unten? Drinnen, draußen?

(*Es hat*) den Anschein, dass eine wachsende Gruppe von Leuten den Anschluss an den Mainstream unserer Gesellschaft verliert. (...) Man fährt von Berlin 50 Kilometer Richtung Norden nach Mecklenburg-Vorpommern oder nimmt nach 20 Uhr einen Bus in ein bestimmtes Neubaugebiet des sozialen Wohnungsbaus am Rande Bergamos, Utrechts oder Reutlingens, dann gerät man jedes Mal in eine soziale Zone mit hoher Arbeitslosigkeit oder massiver Unterbeschäftigung, maroden Schulen und demolierten Bahnhöfen und Bushaltestellen. Hier treffen ökonomische Marginalisierung, ziviler Verfall und räumliche Abschottung zusammen. (...) Die Leute (...) wirken abgekämpft vom täglichen Überlebenskampf, ohne Kraft, sich umeinander zu kümmern oder aufeinander zu achten, und lassen gleichwohl keine Anzeichen von Beschwerdeführung oder Aufbegehren erkennen. Die Jugendlichen hängen herum und träumen vom schnellen Geld in der Drogenökonomie, (...) die Frauen mit den kleinen Kindern sehen mit Mitte zwanzig schon so aus, als hätten sie vom Leben nichts mehr zu erwarten. Unwillkürlich stellt sich der Gedanke ein, dass ein Funke hier einen Flächenbrand wilder Gewalttätigkeit und wahlloser Zerstörungswut entfachen könnte. Es handelt sich um ein unauffälliges menschliches Elend. Schlechtes Essen, billige Unterhaltung und endlos viel Zeit haben ihnen die Energie geraubt. Die gesellschaftliche Teilhabe hat sich auf ein Mitlaufen ohne Ziel und ein Dasein ohne Ort reduziert.

Bei diesen Ausdrucksformen sozialer Ungleichheit geht es nicht mehr allein um die Frage von Unten und Oben, sondern um die von Drinnen und Draußen. Die Sozialstrukturanalyse hat für diese Phänomene einen neuen Begriff geprägt: Man spricht nicht mehr von relativer Unterprivilegierung nach Maßgabe allgemein geschätzter Güter wie Einkommen, Bildung oder Prestige, sondern von sozialer Exklusion aus den dominanten Anerkennungszusammenhängen und Zugehörigkeitskontexten unserer Gesellschaft (...). Soziale Exklusion ist ein abstrakter Sammelbegriff für verschiedene Formen gezielter Ausgrenzung, funktionaler Ausschließung und existenzieller Überflüssigkeit und thematisiert die „Desillusionierung des modernen Fortschrittsglaubens“ (...).

Heinz Bude/Andreas Willisch: Das Problem der Exklusion. Ausgegrenzte, Entbehrliche, Überflüssige, Hamburg 2006, S. 7f.

M 25 Beispiele für Inklusion und Exklusion im Kontext der persönlichen Lebenslage

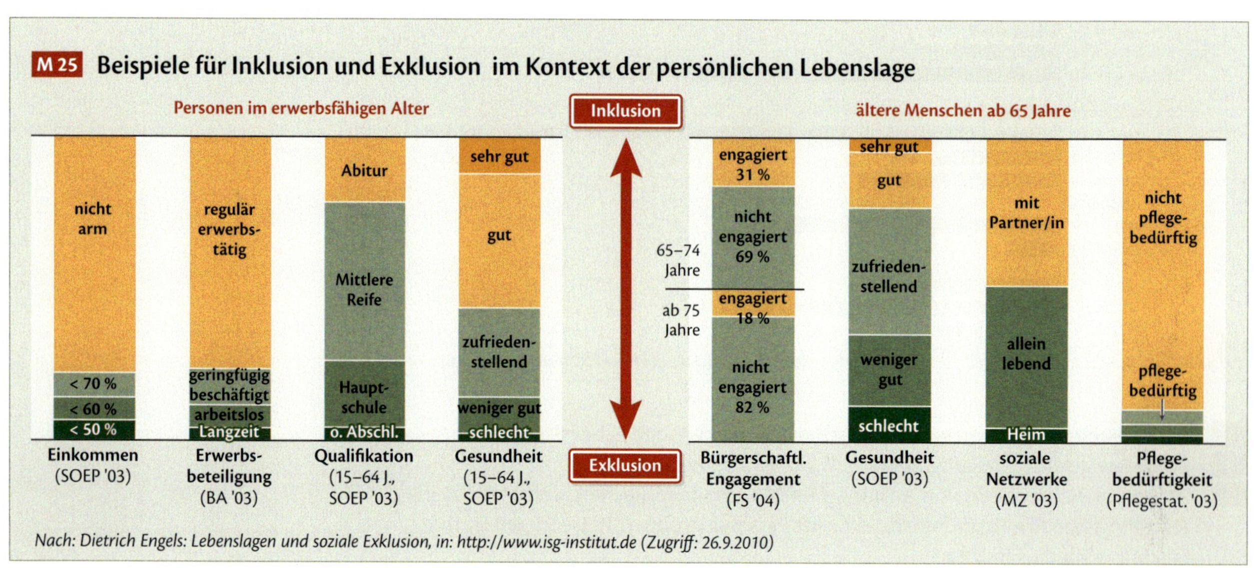

Nach: Dietrich Engels: Lebenslagen und soziale Exklusion, in: http://www.isg-institut.de (Zugriff: 26.9.2010)

M 26 Radikalisierung oder Rückzug? Ausgrenzungsrisiken und ihre Folgen

Die Soziologin Petra Böhnke (geb. 1969):
Ein wesentlicher Bestandteil der Diskussion um soziale Ausgrenzungsrisiken ist die Annahme, dass sich mit ihnen Konflikte ausbreiten, die den sozialen Frieden gefährden. Desintegration, so wird befürchtet, drücke sich in der Delegitimierung von Sozialstaat und Demokratie aus. (...)
Soziale Ausgrenzungsrisiken (...) schränken die Möglichkeiten, einer durchschnittlichen gesellschaftlich anerkannten Lebensweise zu entsprechen, massiv ein. Sie bringen den Verlust von Anerkennung, Teilhabechancen und Wertschätzung mit sich. (...).
Im Vergleich zur Gesamtbevölkerung sind benachteiligte Bevölkerungsgruppen weniger zufrieden mit den demokratischen Einrichtungen in Deutschland, sie beurteilen die Realisierung grundlegender sozialer Rechte wie Chancengleichheit, soziale Sicherheit und Solidarität kritischer und halten das wirtschaftliche, soziale und politische System für weniger funktionstüchtig. (...) Darüber hinaus tragen Ausgrenzungsrisiken dazu bei, dass Konflikte zwischen Ausländern und Deutschen stärker wahrgenommen werden als in der Gesamtbevölkerung. (...) Verfestigte prekäre Lebenslagen und damit verbundene Ausweglosigkeit sind demnach eng mit einer ausgeprägten Kritik an den demokratischen und sozialstaatlichen Einrichtungen verbunden. (...) Im Vergleich zur Gesamtbevölkerung äußern Menschen in benachteiligten Lebenssituationen öfter negative Einschätzungen zum Leben im Allgemeinen und gegenüber ihren Mitmenschen. Allgemeines Vertrauen ist erheblich geringer, je prekärer die Lebenslage ist, Passivität ist verbreiteter ebenso wie die Einschätzung, dass Komplexität das Leben beherrsche. Personen mit mehreren objektiven Versorgungsdefiziten, die sich gleichzeitig als marginalisiert wahrnehmen, sind erneut am stärksten betroffen. (...)
Prekäre Lebensbedingungen erhöhen die Wahrscheinlichkeit, dass auf politische Partizipation verzichtet wird. (...) Das spricht deutlich gegen die Formulierung von Protest mit dem Ziel, politische Entscheidungsträger auszuwechseln. Eher scheinen Abkehr und Enttäuschung eine Folge von täglich erfahrenen Ausgrenzungsrisiken zu sein. (...) In prekären Lebenslagen erhöht sich die Unterstützung extremistischer Parteien nur selten. Viel öfter geben benachteiligte Personen an, keiner spezifischen Partei zuzuneigen, was zu dem vorherrschenden Entschluss passt, auf die eigene Stimme zu verzichten. (...)
Als Ergebnis lässt sich zusammenfassen, dass Benachteiligte in Deutschland keine gemeinsame Stimme haben. Organisierter Protest aufgrund von Ausgrenzungserfahrungen ist nicht im Begriff, sich zu formieren und politisch zum Ausdruck zu kommen. Die Zurechnung prekärer Lebenslagen wird vorrangig in den persönlichen Verantwortungsbereich verlagert und führt zu Resignation und Hoffnungslosigkeit. Sie führt zwar auch zu einer kritischen Bewertung des Gesellschaftssystems, jedoch ohne bedeutsame Folgen für Proteste, die die soziale Ordnung gefährdeten. Dies ist kein Anlass zur generellen Entwarnung. Im Gegenteil, es besteht die Gefahr, dass sich politische Mitbestimmung und gesellschaftspolitischer Konsens mehr und mehr auf gesicherte Mittel- und Oberschichten beschränken und Menschen in prekären Lebenslagen auf Dauer vom politischen Prozess und einer unterstützenden Interessenvertretung isoliert werden.

Petra Böhnke: Am Rande der Gesellschaft. Risiken sozialer Ausgrenzung, Opladen 2006, S. 151–165

Desintegration: Auflösung des sozialen Zusammenhalts

prekär: unsicher

Marginalisierung: Prozess der Randgruppenbildung

1 Erarbeiten Sie sich eine Definition des Begriffs „Exklusion".

2 Beschreiben Sie anhand der Grafiken **M 25** in Partnerarbeit einen fiktiven Fall von Exklusion.

3 Informieren Sie sich über die Konflikte in den Pariser Vororten („Banlieues") und bringen Sie diese in Zusammenhang mit dem Thema „Exklusion".

4 Setzen Sie sich mit möglichen gesellschaftlichen Gefahren sozialer Exklusion auseinander. Prüfen Sie insbesondere, ob Desintegration zum Verzicht auf politische Partizipation führen kann (**M 26**).

Handlungsbedarf? – Armut

Armut hat viele Gesichter und betrifft unterschiedlichste Personengruppen, sodass diese heterogene Erscheinungsform auch auf mehreren Ebenen und zum Teil ganz unterschiedlich angegangen werden muss. Exemplarisch wird der Handlungsbedarf daher anhand zweier von Armut betroffener Personengruppen beleuchtet.

Christoph Butterwegge (geb. 1951), Professor für Politikwissenschaft

M27 Im Fokus: Kinderarmut

Der Politikwissenschaftler Christoph Butterwegge:

Armut, materielle Not und Mangelerscheinungen sind so alt wie die Menschheit. Erklärungsbedürftig ist jedoch, warum es sie im Zeichen der Globalisierung bzw. der neoliberalen Modernisierung trotz eines ständig steigenden gesellschaftlichen Reichtums immer noch, ja selbst in einem hoch entwickelten Land wie der Bundesrepublik Deutschland vermehrt gibt und weshalb Familien, Mütter, Kinder und Jugendliche heutzutage die Hauptbetroffenen sind. Schließlich ist Kinderarmut in einem so wohlhabenden, wenn nicht reichen Land „strukturelle Gewalt" (Johan Galtung) und ein politisches Armutszeugnis für Staat, Wirtschaft und Gesellschaft. Von den 11,44 Millionen Kindern unter 15 Jahren lebten im März 2007, auf dem Höhepunkt des letzten Konjunkturaufschwungs, nach Angaben der Bundesagentur für Arbeit fast 1,93 Millionen Kinder in SGB-II-Bedarfsgemeinschaften, landläufig „Hartz-IV-Haushalte" genannt. Rechnet man die übrigen Betroffenen (…) hinzu und berücksichtigt zudem die sog. Dunkelziffer (…), lebten etwa 2,8 bis 3,0 Millionen Kinder, d. h. jedes vierte Kind dieses Alters, auf oder unter dem Sozialhilfeniveau. (…)

(Kinder-)Armut ist jedoch mehr, als wenig Geld zu haben, denn sie bedeutet für davon Betroffene auch, persönlicher Entfaltungs- und Entwicklungsmöglichkeiten beraubt, sozial benachteiligt und (etwa im Hinblick auf Bildung, Gesundheit und Wohnsituation) unterversorgt zu sein. (…) Kinderarmut äußert sich in einem wohlhabenden, wenn nicht reichen Land wie der Bundesrepublik weniger spektakulär als in Mozambik, Bangladesch oder Burkina Faso, wo Menschen auf der Straße verhungern. Sie wirkt eher subtil, aber nicht minder dramatisch und lange. (…) Besonders für Kinder und Jugendliche, deren Lebenswelt viel stärker als jene von Erwachsenen durch eine zunehmende Ökonomisierung und Kommerzialisierung geprägt ist, bedeutet arm zu sein, in mehreren Lebensbereichen (Einkommen, Beruf, Wohnen, Gesundheit, Bildung und Freizeit) Defizite aufzuweisen. Bei einem Kind ist ein solches Defizit beispielsweise im Wohnbereich dann gegeben, wenn es kein eigenes Zimmer hat. Weil auch die familiären Wohnverhältnisse beengt sind, wird der Kindergeburtstag nicht im Kreis der Schulkamerad(inn)en und Freund(inn)en zu Hause gefeiert, was zusammen mit anderen Restriktionen eine Isolation der Betroffenen nach sich ziehen kann. In vielen Familien reicht das Haushaltsgeld heute höchstens bis zur Monatsmitte; von da an ist Schmalhans Küchenmeister. (…)

Alleinerziehende und kinderreiche Familien, vor allem solche mit Migrationsgeschichte, tragen nicht nur ein größeres Risiko als Kinderlose, arm zu werden, sondern bleiben auch länger in einer Notlage. Zwischen den prekären Lebenslagen von Familien, den psychosozialen Folgen für die Kinder und Sozialisationsdefiziten besteht ein Kausal- bzw. Wechselverhältnis, das in einen „Teufelskreis der Armut" führen und einen „intergenerationalen Schneeball-Effekt" (Michael Klein) hervorrufen kann.

Christoph Butterwegge: (Kinder-)Armut und Sozialstaatsentwicklung, 2008, in: http://www.uni-koeln.de (Zugriff: 1.10.2010).

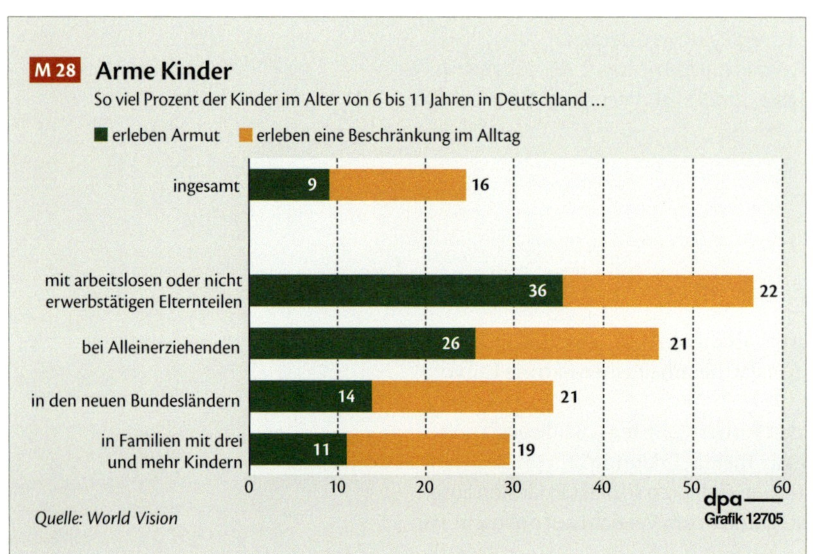

M 28 Arme Kinder

Quelle: World Vision

M29 Im Fokus: Obdachlose und Wohnungslose

Der Soziologe Rainer Geißler:
Materielle Not hat häufig Wohnungsnot, Obdachlosigkeit und in Extremfällen auch Wohnungslosigkeit zur Folge. (...) Der Begriff Obdachlosigkeit ist missverständlich. In der Verwaltungssprache und entsprechenden amtlichen Statistiken wird der Terminus „Obdachlose" auf Personen oder Familien angewendet, die von den Behörden vorübergehend in eine provisorische Notunterkunft – meist Schlichtwohnungen in kommunalen Obdachlosensiedlungen oder -heimen, aber auch beschlagnahmte Privatwohnungen oder Normalwohnungen, selten private Billigpensionen – eingewiesen wurden, weil sie nicht in der Lage waren, aus eigener Kraft eine Wohnung zu finanzieren. (...)
Kein dauerhaftes Dach über dem Kopf haben dagegen die Wohnungslosen (...).
Da in der Bundesstatistik zwar nachzulesen ist, wie viele Stiefmütterchen, Primeln oder Begonien in deutschen Gärtnereien gezüchtet werden, aber nicht, wie viele Menschen in unwürdigen Verhältnissen wohnen müssen, lässt sich die Zahl der Obdach- und Wohnungslosen nur schätzen. (...)
Die vordergründigen Ursachen der Obdachlosigkeit sind in der Regel Mietschulden. Obwohl die Mehrheit der deutschen Bevölkerung meint, Obdachlose hätten ihre Situation selbst verschuldet, ist Obdachlosigkeit nur selten ein ausschließlich selbstverschuldeter Zustand. Strukturelle Hintergründe der Notlage, die in Mietschulden offenbar wird, sind Armut und Arbeitslosigkeit in Zusammenhang mit einer angespannten Situation am lokalen Wohnungsmarkt. Die Belastung armer Familien durch die Mieten liegt extrem hoch (...).
Die letzte Stufe der sozialen Deklassierung ist mit der Wohnungslosigkeit erreicht. Wer seine Wohnung verliert, dem wird eine elementare Grundlage für ein gesichertes, menschenwürdiges Leben entzogen. Die Wohnung ist nicht nur materielle Basis für Wärme, Schutz und Geborgenheit, sondern unabdingbare Voraussetzung für Arbeit, Familie, Privatleben, Hygiene, für bestimmte Formen der Kommunikation (z. B. Postzustellung, Internet, in der Regel auch Fernsehen) und für ein Mindestmaß an sozialer Anerkennung. (...) Die Belastungen, die mit dem ungesicherten und entwürdigenden Leben eines „Landfahrers" oder „Stadtstreichers" verbunden sind, haben bei längerer Dauer starke körperliche und psychische Schäden sowie vorzeitige Alterung zur Folge und verringern die Lebenserwartung um etwa 10 bis 15 Jahre.
Rainer Geißler: Die Sozialstruktur Deutschlands, 5. Aufl. Wiesbaden 2008, S. 210 ff.

Wohnungsloser in einer Fußgängerzone

M30 Schätzung der Zahl der Wohnungslosen

	2000	2008
Wohnungslose in Mehrpersonenhaushalten	222 000	91 000
Wohnungslose Einpersonenhaushalte davon ohne jede Unterkunft auf der Straße	170 000 ca. 24 000	132 000 ca. 20 000
Wohnungslose insgesamt	500 000	227 000
Bandbreite +/– 10 %	450 000 – 550 000	204 000–250 000
Zum Vergleich: Bevölkerung insgesamt	79 753 227	82 002 356

Datengrundlage: Bundesarbeitsgemeinschaft Wohnungslosenhilfe e. V., in: http://www.bagw.de/index2.html; Statistisches Bundesamt: https://www-genesis.destatis.de (Zugriff: 1.11.2010)

1 Erklären Sie die Begriffe „strukturelle Gewalt" und „intergenerationaler Schneeball-Effekt" sowie die Aussage, Kinderarmut wirke in Deutschland „eher subtil".

2 Erschließen Sie wahlweise den spezifischen Handlungsbedarf für Kinder oder Obdach-/Wohnungslose. Gestalten Sie hierfür einen möglichen „Teufelskreis der Armut".

3 Ermitteln Sie nun, an welchen Stellen konkreter Handlungsbedarf besteht und welche kommunalen Hilfsangebote existieren.

4 Erstellen Sie in Gruppen ein Plakat, das wahlweise über Kinderarmut, Obdachlosigkeit oder auch über eine andere von Armut betroffene Personengruppe in Ihrer Stadt informiert.

Öffnet sich die Schere? – Armut und Reichtum

Werden die Reichen immer reicher, während die Armen immer weniger zur Verfügung haben? Ausgewählte Aspekte der Ungleichheit sollen zeigen, ob die Metapher der sich öffnenden Schere zutrifft.

Die Schere öffnet sich: Studentendemonstration, 2005

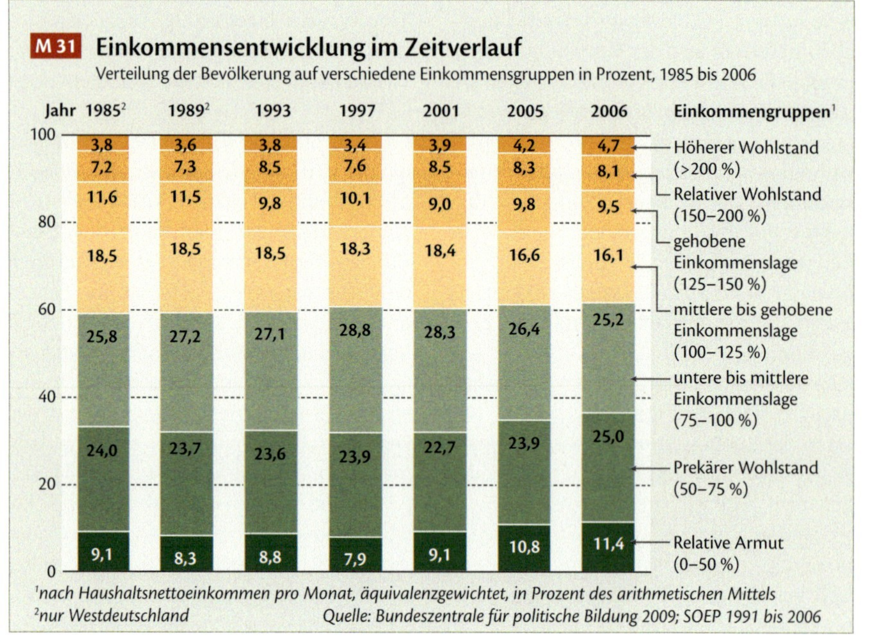

M 32 Deutschland im OECD-Vergleich

In Deutschland driften Arm und Reich immer weiter auseinander. Die Ungleichheit bei den Einkommen und die Armut – gerade auch von Kindern – haben hierzulande in den vergangenen Jahren nach einer OECD-Studie stärker zugenommen als in anderen Ländern. 2005 lebten demnach unterhalb der Armutsschwelle 10,5 bis 11 Prozent der Bevölkerung. „Deutschland liegt hier leicht über dem OECD-Durchschnitt", sagte Michael Förster, einer der Autoren, bei der Vorstellung der Studie der Organisation für wirtschaftliche Zusammenarbeit und Entwicklung (OECD) in Berlin. Dänemark und Schweden erreichten nur einen Wert von 5 Prozent.

Anfang der 90er-Jahre war die Armutsquote in Deutschland noch rund ein Viertel geringer als im OECD-Durchschnitt. Deutschland gehöre mit Tschechien, Kanada und Neuseeland auch zu den Ländern, in denen die Kinderarmut am stärksten gewachsen sei, heißt es in der Studie „Mehr Ungleichheit trotz Wachstum?", die auch in Paris veröffentlicht wurde. (…)

Die Einkommensunterschiede, die lange Zeit im internationalen Vergleich eher gering waren, haben fast das OECD-Niveau erreicht. Vor allem durch einen überproportionalen Anstieg der höheren Einkommen seit der Jahrtausendwende sei die Einkommensschere auseinandergegangen. (…)

Noch ungleicher verteilt sind die Vermögen. Die obersten zehn Prozent besitzen etwa die Hälfte des Gesamtvermögens – die einkommensstärksten zehn Prozent erzielen dagegen nur etwas mehr als ein Viertel des Gesamteinkommens.

Arbeitslosigkeit hat in Deutschland mehr als in den meisten anderen OECD-Ländern zur gestiegenen Einkommensungleichheit beigetragen. Im OECD-Durchschnitt liegt das Armutsrisiko in Haushalten, in denen keine Person arbeitet, den Angaben zufolge bei etwa 30 Prozent. In Deutschland dagegen sei „die Einkommensarmutsrate der Haushalte ohne Erwerbseinkommen bei 40 Prozent", erklärte Förster.

n-tv.de v. 21.10.2009, in: http://www.n-tv.de/politik/Schere-wird-immer-groesser-article30013.html (Zugriff: 28.9.2010)

M33 Löhne stürzen ab

Die Lohnkluft wächst, ein Teil der Beschäftigten ist finanziell abgestürzt. Die Realeinkommen von Geringverdienern sind in den vergangenen Jahren um fast 14 Prozent gesunken – betroffen ist ein Viertel der Arbeitnehmer in Deutschland. Dagegen konnten Besserverdienende ein reales Plus verbuchen. Das berichten Forscher der Uni Duisburg-Essen in einer Analyse (...). Insgesamt ist das reale Lohnniveau binnen eines Jahrzehnts nur minimal gestiegen. Gleichzeitig hat innerhalb der Beschäftigten eine massive Umverteilung von unten nach oben stattgefunden. Die Wissenschaftler haben alle Arbeitnehmer nach ihrem Gehalt sortiert und in vier gleich große Gruppen aufgeteilt. Anschließend berechneten sie, wie sich ihre Stundenlöhne zwischen 1995 und 2006 entwickelt haben. Das Ergebnis: Das unterste Viertel verdient heute real 13,7 Prozent weniger. Zu den Verlierern gehören nicht nur Minijobber und Teilzeit-Beschäftigte, sondern auch Geringverdiener mit einem klassischen Vollzeitjob. Dagegen haben Beschäftigte mit überdurchschnittlichem Gehalt heute mehr in der Tasche. (...) Ihre Einkünfte sind real um über zehn Prozent gestiegen. Was die Forscher besonders bedenklich finden: Die Niedriglöhne sind sogar im jüngsten Konjunkturaufschwung geschrumpft. (...) In keinem anderen europäischen Land sei der Niedriglohnsektor so stark gewachsen wie in Deutschland, betont die Volkwirtin und Mitautorin Claudia Weinkopf. (...) Wie konnte es so weit kommen? Das deutsche Tarifsystem hat eine große Schwäche, meinen die Forscher: Es gibt keine verbindliche Lohnuntergrenze. Immer mehr Unternehmen können es sich erlauben, unter Tarif zu zahlen. (...)
Auch die Privatisierung von staatlichen Dienstleistungen wie Post, Nahverkehr und Telekommunikation hat die Einkommen auseinandergedrückt. In Deutschland können beispielsweise private Telefonfirmen geringe Löhne zahlen und sich so einen Wettbewerbsvorteil gegenüber dem Ex-Staatsunternehmen Telekom verschaffen. In den meisten anderen europäischen Ländern müssen sich neue Anbieter dagegen an allgemein verbindliche Tarifverträge halten, betonen die Forscher. (...)
Hartz IV habe den Druck erhöht, auch einen schlecht bezahlten Job anzunehmen, klagen die Forscher. Festangestellte könnten heute für unbegrenzte Zeit durch billige Leiharbeiter ersetzt werden. Und dann fördere der Staat auch noch die – meist schlecht bezahlten – Minijobs. Die Folge: „Der Sozialstaat blutet aus", sagt Bosch. Denn Minijobber zahlen gar keine Sozialabgaben und Niedriglöhner nur geringe.

Eva Rotz: Löhne stürzen ab, in: Frankfurter Rundschau v. 25.8.2008, in: http://www.fr-online.de (Zugriff: 1.10.2010)

M35 Lohnspaltung

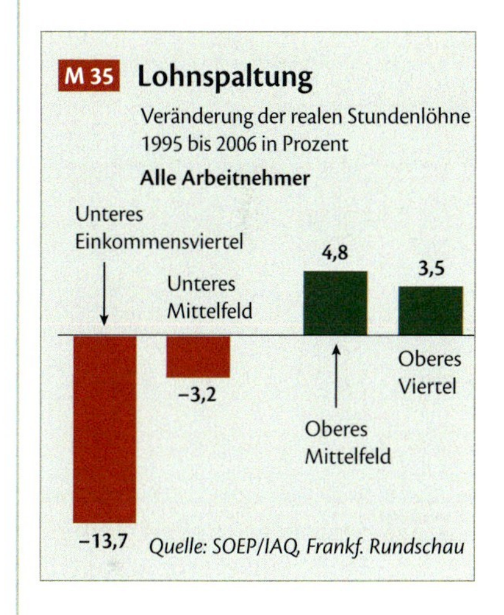

M34 Altersvorsorge verkleinert die Arm-Reich-Schere

Die Alterssicherungssysteme in Deutschland verringern die ungleiche Vermögensverteilung zwischen Arm und Reich. Das geht aus einer Untersuchung des Deutschen Instituts für Wirtschaftsforschung (DIW) hervor, die am Montag in Berlin vorgestellt wurde. Um die Vermögenssituation der Deutschen realistischer abbilden zu können, haben die Wissenschaftler im Auftrag der gewerkschaftsnahen Hans-Böckler-Stiftung zum ersten Mal nicht nur das Geld- und Sachvermögen der Deutschen errechnet, sondern auch ihre Ansprüche an die gesetzliche Rentenversicherung, an das Pensionswesen für Beamte und zum Teil auch an andere Alterssicherungssysteme wie Betriebsrenten oder Versorgungswerke.
Den Effekt, dass sich durch diese Berechnung die Vermögensschere etwas schließt, erklären die Ökonomen damit, dass zwar mehr als ein Viertel der Deutschen gar kein Geld- und Sachvermögen besitze oder gar verschuldet sei. So gut wie jeder aber habe Renten- oder Pensionsansprüche erworben. Hinzu komme, dass die Rentenansprüche durch die Beitragsbemessungsgrenze gedeckelt seien – auch Spitzenverdiener bekommen deshalb später nur bis zu einem bestimmten Höchstbetrag eine Rente.

Henrike Rossbach: Altersvorsorge verkleinert die Arm-Reich-Schere, faz net v. 18.1.2010; in: http://www.faz.net (Zugriff: 28.6.2011)

1. Fassen Sie die Entwicklung von Armut und Reichtum in Deutschland zusammen.
2. Problematisieren Sie die Veränderungen des Lohngefüges und diskutieren Sie anschließend Änderungsvorschläge (s. S. 249, 350/351).

Der Staat als Robin Hood? – Staatliche Umverteilungspolitik

Ist der deutsche Sozialstaat ein „Robin Hood der Neuzeit“, der den Reichen nimmt und den Armen gibt? Ja, würden einige sagen, denn die staatliche Umverteilungspolitik darf eine positive Bilanz ziehen. Nein, sagen andere, die den Sozialstaat für marode halten.

M36 Der soziale Ausgleich klappt!

Der Staat verteilt massiv von oben nach unten um. (...) Während die obersten 10 Prozent unterm Strich 42 Prozent ihres Einkommens an den Fiskus und die Sozialversicherungen abführten, gab der Staat den Angehörigen des vorletzten Einkommenszehntels fast das Sechsfache dessen dazu, was sie aus eigener Kraft erwirtschafteten. In die Pflicht genommen sind aber nicht nur die Topverdiener. Vom fünften Einkommenszehntel an aufwärts, also ab einem durchschnittlichen Verdienst von 1500 Euro (brutto einschließlich der Arbeitgeberbeiträge zu den Sozialversicherungen), zahlen die Bundesbürger mehr in die öffentlichen Systeme ein, als sie herausbekommen – Sachleistungen beispielsweise der Krankenkassen außen vor gelassen. Die prozentuale Belastung ist anfangs recht niedrig, wächst allerdings mit steigendem Einkommen spürbar. Der Staat nimmt der Mittelschicht also nicht nur das Geld ab, das er ihr auf Umwegen zurückerstattet, sondern jeder Normalverdiener leistet seinen unverzichtbaren Beitrag zur Finanzierung des sozialen Netzes und zur Versorgung mit öffentlichen Gütern. (...)
Innerhalb von Familien werden Unterhaltszahlungen geleistet, Freunde oder Verwandte machen sich Geschenke und manche beziehen Beihilfen von nichtstaatlichen Organisationen wie der Kirche. Außerdem sorgen viele Menschen für sich selbst vor (...). Der Effekt ist nicht so stark wie bei der staatlichen Umverteilung, aber er ist auch nicht vernachlässigbar (...).
Sowohl die staatlichen als auch die privaten Leistungen kommen überwiegend den unteren Einkommensschichten zugute und werden von den oberen finanziert. Gäbe es diese Form von Ausgleich nicht, müsste man sich in der Tat Sorgen um den sozialen Zusammenhalt der Gesellschaft machen. Denn gemessen am aus eigener Kraft erzielten Markteinkommen läge ein gutes Drittel der Deutschen unterhalb der Schwelle zur relativen Armut (...). Diese Grenze, ab der jemand zumindest als armutsgefährdet gilt, liegt bei 60 Prozent des mittleren Einkommens. Allein der Sozialstaat schafft es schon, ein knappes Fünftel der Bundesbürger aus der Gefährdungszone herauszuholen – und das, obwohl die öffentlichen Hilfsleistungen den Einkommensmedian und damit den Armutsschwellenwert nach oben verschieben. Berücksichtigt man zusätzlich, dass die Besserverdienenden kräftig für Steuern und Sozialversicherungsbeiträge zur Kasse gebeten werden, sinkt die Armutsgrenze allerdings wieder. Da die sozial Schwachen kaum Abgabenlasten zu tragen haben, liegt die Armutsquote in Bezug auf das Nettoeinkommen nur noch bei rund 13 Prozent. Die privat gestemmte Umverteilung führt zu guter Letzt dazu, dass gerade mal jeder neunte Bundesbürger gemessen an seinem verfügbaren Einkommen als arm einzustufen ist.

Institut der deutschen Wirtschaft, in: iwd 2 v. 8.1.2009, in: http://www.iwkoeln.de/Portals/0/PDF/iwd02_09.pdf (Zugriff: 28.10.2010)

M37 Staatliche Umverteilung: Hohe Einkommen tragen Hauptlast

Alle Angaben in Euro

Lesebeispiel: Das Zehntel der Bundesbürger mit dem zweitniedrigsten durchschnittlichen Markteinkommen erhielt 2003 jeden Monat 1 270 Euro an staatlichen Geldtransfers und zahlte Abgaben von 299 Euro.

Zehntel	Markteinkommen	Staatliche Geldtransfers	Abgaben	Saldo aus Geldtransfers und Abgaben
1.	-8	1 170	262	907
2.	169	1 270	299	971
3.	506	1 211	324	887
4.	1 026	664	417	247
5.	1 501	371	577	–205
6.	1 883	303	747	–444
7.	2 286	227	921	–695
8.	2 771	191	1.163	–973
9.	3 475	153	1 504	–1 351
10.	5 350	109	2 377	–2 269

Alle Angaben äquivalenzgewichtet, das heißt auf den Bedarf eines Singles umgerechnet; Markteinkommen: aus Erwerbstätigkeit, Vermögen, Vermietung und Verpachtung einschließlich der Arbeitgeberbeiträge zur Sozialversicherung, für Beamte einschließlich unterstellter Beiträge. Im 1. Zehntel führen Verluste von Selbstständigen zu einem negativen Markteinkommen; staatliche Geldtransfers: z.B. Arbeitslosengeld II, Sozialhilfe, Kindergeld und gesetzliche Renten einschließlich Zahlungen alternativer Versorgungseinrichtungen wie berufsständischer Versorgungswerke, ohne Sachleistungen; Abgaben: Einkommensteuer, Solidaritätszuschlag und Sozialversicherungsbeiträge, für Nichtmitglieder gesetzlicher Versicherungen unterstellte Beiträge.

Quelle: Institut der Deutschen Wirtschaft, 2009. Ursprungsdaten: Statistisches Bundesamt

M 38 Sozialstaat: Die Lüge von der sozialen Gerechtigkeit

Der Journalist Stefan Schmitz zur Debatte über den Sozialabbau:

„Es gab eine Zeit", poltert Heribert Prantl, der Chefankläger der „Süddeutschen Zeitung", „da wohnte die Gerechtigkeit im Sherwood Forest in der Nähe von Nottingham und raubte die Reichen aus." Heute stehe die Gerechtigkeit im Grundgesetz, wer sie – wie der neoliberale Zeitgeist – zurück in die Wälder treiben wolle, müsse mit Widerstand rechnen. (...)

Gigantische Summen werden von Staat und Sozialversicherung eingesammelt und zum großen Teil später umverteilt. (...) Das müsste nicht verwerflich sein, wenn die Geldverteilung nach vernünftigen Kriterien betrieben würde. Aber es ist oft eine Lotterie. Besser gesagt: die Folge eines jahrzehntelangen Kampfes der Interessengruppen. Das Ergebnis ist chaotisch – und alles andere als gerecht. (...)

Es ist ein System fürsorglicher Bestechung. Finanziert wird es nicht von denen, die dies fairerweise tun sollten, sondern zu einem unverhältnismäßig großen Teil von denen, die sich am wenigsten wehren können. (...) Fritz Kuhn, Ex-Vorsitzender der Grünen (...), hat es offen ausgesprochen: „Wir haben in der Tat das Problem, dass wir die Gutverdiener nur schwer heranziehen können. Wenn wir sie etwa mit drastischen Steuererhöhungen belegen, dann würde das eine gigantische Kapitalflucht ins Ausland auslösen, und wir hätten nichts gewonnen." (...)

Der Sozialstaat (*wurde*) über die Jahrzehnte zu einer gigantischen Umverteilungsmaschine – nicht nur zwischen Reich und Arm, sondern zwischen VW-Golf- und Opel-Astra-Fahrern. Zwischen Jungen und Alten. Zwischen Kranken und Gesunden. (...) „Grobschlächtig und nicht frei von Willkür" seien die Zuteilungskriterien, urteilt der Bonner Gesellschaftswissenschaftler Meinhard Miegel. (...) Der Sozialexperte Jochen Pimpertz, klagt: „Je undurchsichtiger das System ist, desto weniger polarisiert es." (...)

„Der Mechanismus, mit dem die Sozialdemokraten in der zweiten Hälfte des 20. Jahrhunderts die Gerechtigkeitsfrage bearbeitet haben, greift nicht mehr," analysiert der Publizist Mathias Greffrath, auch eher ein Linker. Das Modell „Umverteilung durch Wachstum" sei in die Krise geraten. Es schien lange eine Art Zauberformel zu sein: Da der Kuchen immer größer wurde, musste man keinem etwas wegnehmen, wenn man ein wenig mehr verteilen wollte. (...)

Vieles spricht dafür, dass nicht die Größe des Sozialetats darüber entscheidet, ob er die Wirtschaft lähmt, sondern dessen Finanzierung. In Skandinavien gibt es sehr erfolgreiche Volkswirtschaften mit erheblichen Sozialleistungen. Wie passt das zusammen? Der US-Ökonom Peter H. Lindert kommt zu einem überraschenden Ergebnis: Erfolgreiche Wohlfahrtsstaaten treiben insgesamt hohe Steuern ein; aber um das Wachstum nicht abzuwürgen, tun sie es, „ohne die Einkommen viel stärker anzugleichen als in Ländern mit geringeren Staatsausgaben". Auf der Strecke bleibt dabei, was die Sozialpolitiker bislang unter „Verteilungsgerechtigkeit" verstanden. Linderts große Studie legt einen für viele unbequemen Schluss nahe: Es geht unter den veränderten Bedingungen nach wie vor um die effiziente Absicherung von Lebensrisiken wie Krankheit und Alter, aber eben nicht mehr um Utopien von einer Gesellschaft der Gleichen. Um die veränderten Ziele zu erreichen, genügt vielleicht auch etwas weniger Sozialstaat. (...)

Ähnliches gilt für die Gesundheitskosten. Wer sich ein neues Auto kauft, wird sich für eine Vollkaskoversicherung entscheiden. Und meist für eine Selbstbeteiligung, weil sonst die Prämie zu hoch ist. Warum sollen Bürger, die es wollen, nicht nach dem gleichen Muster auch bei der Krankenversicherung sparen können?

Stephan Schmitz: Die Lüge von der sozialen Gerechtigkeit, in: Stern v. 1.4.2004, in: http://www.stern.de (Zugriff: 8.9.2010)

1 Recherchieren Sie Methoden der staatlichen Umverteilung und stellen Sie diese arbeitsteilig dar.

2 Unterziehen Sie **M 36** einer kritischen Betrachtung. Arbeiten Sie anschließend heraus, inwiefern sich **M 36** und **M 38** bei der Frage, ob der Sozialausgleich klappt, unterscheiden.

3 Benennen Sie die Gründe, die in **M 38** für die These von der „Lüge von der sozialen Gerechtigkeit" vorgebracht werden. Nehmen Sie zu dieser These Stellung.

Wie helfen? – Modelle der Unterstützung

Die zentrale Frage bei Armut oder auch Exklusion ist die nach der angemessenen und erfolgversprechendsten Unterstützung Betroffener. Unterschieden werden kann dabei zwischen staatlicher Hilfe einerseits und zivilgesellschaftlichem Engagement andererseits. Ebenfalls von hoher Wichtigkeit sind zudem Initiativen, die Hilfe zur Selbsthilfe geben.

M 39 Unterstützung gefragt

Familien, die existenzsichernde Sozialleistungen bekommen, wünschen sich Unterstützung durch ...

■ Partner, Verwandte, Freunde, Nachbarn
■ professionelle Hilfe
in Prozent

Geldsorgen
Schulische Probleme der Kinder
Gesundheitliche Probleme
Unterstützung im Alltag
Wohnungsprobleme
Erziehungsfragen und -probleme

0 20 40 60

Quelle: Hans-Böckler-Stiftung 2008

M 40 Sozialpolitische Formen der Armutsbekämpfung

Kategorial kann man langfristig-präventive Strategien der Armutsvorbeugung, Armut verhindernde Leistungen sowie die eigentliche Armutsbekämpfung unterscheiden. Im weiteren Sinne vorbeugend gegen Armut wirken etwa die Arbeitsmarkt- und die Bildungspolitik, der soziale Wohnungsbau oder Beratungsangebote. Zur Armutsverhinderung trägt das gesamte System der Sozialversicherungen bei. (...) Als Armutsbekämpfung kann man dagegen Maßnahmen für Personen bezeichnen, die bereits (und trotz armutsverhindernder Systeme) in Armut geraten sind. Das Hauptinstrument der Armutsbekämpfung ist in der Bundesrepublik die Sozialhilfe und hier insbesondere Geld- und Sachleistungen der Hilfe zum Lebensunterhalt (HLU). Weitere Instrumente der Armutsbekämpfung sind bestimmte soziale Dienste (z.B. Jugendhilfe) und das Wohngeld.

Carsten G. Ullrich: Soziologie des Wohlfahrtsstaates, Frankfurt/M. 2005, S. 133 f.

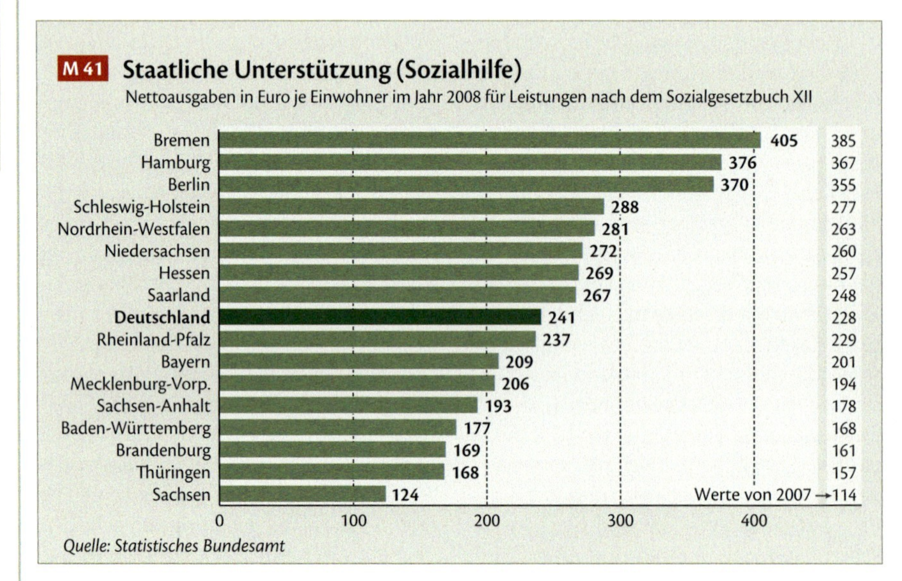

M 42 Kinderarmut bekämpfen mithilfe eines Bildungschips?

Kinder aus Familien, die Leistungen nach dem Arbeitslosengeld II (Hartz IV) beziehen, sollen künftig per elektronischer Chipkarte die Möglichkeit haben, Bildungsangebote wahrzunehmen. Mit diesem „Bildungspaket" werde man „unkompliziert und unbürokratisch dafür sorgen, dass die Leistung auch tatsächlich zum Kind kommt", erklärte Bundesarbeitsministerin Ursula von der Leyen (CDU) gestern in Berlin. (...) Kinder sollen demnach per Guthaben auf der Chipkarte Nachhilfeunterricht, Schulmittel, Mittagessen oder Kultur- und Freizeitangebote wie Sportvereine oder Musikschulen bezahlen können. (...)
Aus den eigenen Reihen erntete von der Leyen Kritik dafür (...). Von der Entmündigung der Bürger und einem „Super-Nanny-Staat" sprach beispielsweise Hans Michelbach, Sprecher der CSU-Mittelstandsunion. Peter Weiß, Chef der Arbeitnehmergruppe der CDU-Bundestagsfraktion, warnte vor „Diskriminierungen" der Eltern.

Von der Leyen will Bildungskarte 2011 starten, 16.8.2010; in: http://www.tagesschau.de (Zugriff: 20.1.2011)

M 43 Hilfe zur Selbsthilfe am Beispiel „Hippy"

Das von israelischen Wissenschaftlern entwickelte Projekt „Hippy" („Home Instruction Program for Pre-school Youngsters") soll Kinder bilden und gleichzeitig die Familien integrieren. Hier bekommen die Mütter von Familien mit Vorschulkindern gezeigt, was sie mit ihren Kindern üben sollen. Von den Müttern wird verlangt, jeden Tag 15 Minuten mit ihren Sprösslingen zu lernen. Es wird seit 1969 weltweit eingesetzt. In Deutschland wird es derzeit in 14 Städten praktiziert. Dahinter steckt die Idee der Hilfe zur Selbsthilfe. Um besser an die betroffenen Familien heranzukommen, versucht man, möglichst Frauen aus dem gleichen Kulturkreis in die Familien zu schicken, um die Hemmschwellen so allmählich abzubauen. Weil man weiß, dass Kinder nur dann Erfolg haben werden, wenn sie eine gute Bildung genossen haben, nimmt man das Angebot gerne an. (...) Gerade in dem Alter zwischen vier und sieben Jahren, wenn Hippy ansetzt, sind die Kinder sehr neugierig und wissbegierig. Kommen sie dann in die Schule, sind sie offener und selbstsicherer.

„Hippy" bildet Kinder und integriert gleichzeitig Familien, 21.9.2006, in: http://www.3sat.de (Zugriff. 27.9.2010)

M 44 Unterstützung durch die Zivilgesellschaft: Eine Idee, von der alle profitieren?

Jeden Tag steht die Armut in Deutschland Schlange, in mehr als 800 Orten bundesweit. So viele soziale Tafeln gibt es inzwischen, Läden, in denen Bedürftige kostenlos oder gegen ein symbolisches Entgelt Lebensmittel bekommen. Ursprünglich wurden sie für Obdachlose geschaffen, aber jetzt reihen sich dort Rentner und Arbeitslose ein, Alleinerziehende und Arbeiter, die von ihrem Gehalt nicht leben können. Eine Million Menschen wird laut dem Bundesverband Deutscher Tafeln in Deutschland regelmäßig mit Nahrungsspenden unterstützt – und das, sollte man meinen, ist doch eigentlich eine gute Sache. Dennoch sehen sich die Tafeln inzwischen der Kritik ausgesetzt. (...)

Es genüge nicht, die Armut der Menschen zu verwalten. Man müsse ihnen helfen, die Armut zu bewältigen – zum Beispiel durch soziale Teilhabe, durch Sucht- und Schuldnerberatung, durch sozialmedizinische Dienste. Andernfalls, warnt Böcker (*Direktor des Caritasverbands Rottenburg-Stuttgart*), würden Menschen dauerhaft aus der Gesellschaft ausgeschlossen. (...) Vor 16 Jahren, als die ersten Tafeln in Deutschland gegründet wurden, hätte die reine Essenausgabe genügt. Doch durch die stetig wachsende Anzahl der Lebensmittelläden seien sie zu einem festen Bestandteil der deutschen Soziallandschaft geworden – und diese Rolle müssten sie mit sozialpolitischer Verantwortung neu füllen.

Das tun die meisten Tafeln bereits, entgegnet Gerd Häuser, der Vorsitzende des Bundesverbands Deutscher Tafeln. „Die Initiativen in freier Trägerschaft haben zwar nicht die gleichen finanziellen und personellen Ressourcen wie die Caritas, behelfen sich aber, indem sie Netzwerke zu Wohlfahrtverbänden aufbauen." Zudem würde sich sein Verband seit Jahren aktiv für die Belange seiner „Kunden" in die Politik einmischen.

Dabei ist Häuser von einer ganz anderen Sorge getrieben: Er beobachtet, dass die Politik sich bei der sozialen Daseinsvorsorge mehr und mehr auf die Tafeln verlässt. Damit wälze der Staat eine seiner ureigensten Aufgaben, die Sorge für die Schwächsten der Gesellschaft, auf Ehrenamtliche ab – „und kann immer behaupten: Hartz IV reicht doch aus. Alle Beihilfeempfänger sind schließlich satt", sagt Häuser.

Charlotte Frank: Speise ohne abzuspeisen, in: süddeutsche.de v. 9.5.2009, in: http://www.sueddeutsche.de (Zugriff: 29.9.2010)

Essensausgabe bei der „Münchner Tafel", 2006

1 Diskutieren Sie die Idee des sog. Bildungschips hinsichtlich seiner Effektivität.

2 Ermitteln Sie die Vorteile von Hilfen zur Selbsthilfe.

3 Setzen Sie sich mit dem in **M 44** angesprochenen Spannungsverhältnis zwischen Staat und Zivilgesellschaft auseinander.

4 Führen Sie in Kleingruppen Interviews bei entsprechenden lokal ansässigen Organisationen und Vereinen durch, um deren Ziele, Tätigkeiten und auch Probleme zu erheben. Präsentieren Sie abschließend Ihre Ergebnisse.

Ein menschenwürdiges Leben? – Sozialstaatliche Leistungen

Der Sozialstaat ist verpflichtet, die Menschenwürde zu schützen. Die Debatten um Hartz IV verweisen auf eine sensible Frage: Was ist ein menschenwürdiges Leben? Die Antworten darauf können durchaus unterschiedlich sein.

M45 Definition: Sozialstaat

Sozialer Rechtsstaat: ein Staat, der bei der Gestaltung seiner gesellschaftlichen, politischen und wirtschaftlichen Ordnung die Verwirklichung von sozialer Sicherheit, Gleichheit und Gerechtigkeit anstrebt. Gemäß Art. 20 Abs. 1 Grundgesetz ist Deutschland ein demokratischer und sozialer Bundesstaat. Darin ist das Sozialstaatsprinzip verankert, das garantiert, dass jeder Bürger einen Anspruch auf einen angemessenen Lebensstandard und ein menschenwürdiges Leben hat.

Duden Recht A–Z. Bonn: Bundeszentrale für politische Bildung 2007

M46 Wie viel Geld braucht der Mensch zum Leben?

Grundsatzurteil zur Arbeitmarktreform Hartz IV: Das Bundesverfassungsgericht forderte zum 1.1.2011 eine Neuberechnung der Regelsätze, da – so das Urteil vom 9.2.2010 – die derzeitigen Sätze „nicht in verfassungsmäßiger Weise ermittelt worden" seien und die Vorschriften nicht dem Grundrecht auf Gewährleistung eines menschenwürdigen Existenzminimums nach Artikel 1 des Grundgesetzes genügten

Brauchen Blinde einen Fernseher? Nein, da entfallen die Kosten für einen Kabelanschluss. Und für einen Internetzugang. Im Grunde könnte man sogar die Leselampe streichen. (…)

Den Finanzwirtschaftlern Prof. Friedrich Thießen und Christian Fischer an der TU Chemnitz, die mit ihrer jüngsten Studie zu den Hartz-IV-Regelsätzen Proteste auslösten, fehlte offenbar auch die richtige Brille für die Brisanz ihres Themas. (…)

Dabei war der Ausgangspunkt der Ökonomen durchaus nachvollziehbar: Wie sollen eigentlich Regelsätze für Hartz-IV-Empfänger berechnet werden? Das Bundessozialgericht verlangt eine Summe, die das „zum menschenwürdigen Leben notwendige Existenzminimum nicht unterschreiten" darf. Aber was heißt das konkret? Der Bundestag formulierte 2001, die Mindestsicherung solle nicht nur das „physische Überleben", sondern auch „die Teilhabe am kulturellen Leben" ermöglichen. Wie viele Kino- und Theaterbesuche wären denn „menschenwürdig"? Gehören zu „Kultur" nicht auch Mobilität und Kommunikationsmittel?

Nach der „Einkommens- und Verbrauchsstichprobe" des Statistischen Bundesamts wirtschaftet das unterste Fünftel der deutschen Privathaushalte (ohne Leistungsbezieher) mit statistisch 476 Euro pro Monat (s. M 47). Die Hartz-Regelsätze müssten darunterliegen, so die Forscher. Deshalb berechneten sie einen Warenkorb für einen Hartz-IV-Prototypen (…).

So kommen die Forscher auf einen Mindestsatz von 132 Euro im Monat (ohne Mietkosten) bei Niedrigstpreisen beziehungsweise 278 Euro bei Durchschnittspreisen. Der Hartz-IV-Regelsatz von heute 347 Euro liegt aber darüber. Die Gesellschaft, so folgert die Studie, finanziert Hartz-IV-Empfängern „nicht das Existenzminimum, sondern einen bestimmten Lebensstandard" – nämlich den des ärmeren Fünftels der erwerbstätigen Bevölkerung.

Aha, es geht also nicht mehr um Lebensqualität, sondern darum, was die Gesellschaft zu zahlen bereit ist. (…)

Was wir für „gerecht" oder „angemessen" halten, hat etwas mit Werturteilen zu tun, mit unserem Bild von Wohlstand und Modernität – und das ist subjektiv.

Irene Jung: Der Hartz-Warenkorb. In: Hamburger Abendblatt v. 10.9.2008, in: http://www.abendblatt.de (Zugriff: 1.10.2010)

Zeichnung: Plaßmann

M47 Menschenwürde und Sozialstaat zur Diskussion gestellt

„Die Würde des Menschen ist mehr als fünf Euro wert", hat Renate Künast gesagt. (...) Ja, die Würde des Menschen ist mehr als fünf Euro wert. Nur hängt sie von keinem Euro staatlicher Alimente ab.
Menschen gewinnen ihren „Selbstwert", die eigene persönliche Würde, wenn sie für sich Verantwortung übernehmen können. Durch Sozialhilfe-Karrieren über Generationen hinweg und durch die Verwahrlosung von Kindern, die das wichtige Vorbild arbeitender Eltern nicht mehr kennen, gerät deshalb weit mehr aus dem Gleichgewicht als nur unser Sozialsystem. (...) Chancen wahrzunehmen hängt entscheidend vom persönlichen Willen ab. Können Kinder, die aus solchen Familien stammen, diese wichtige Eigenmotivation lernen? Ich fürchte, das ist nur wenigen möglich. Die Debatte über unseren Sozialstaat muss deshalb viel grundsätzlicher geführt werden als bisher, (...). Bildungsgutscheine (s. *M 41*) sind das richtige Instrument, sie führen weg vom versorgenden und hin zum aktivierenden Sozialstaat, der Menschen nicht in lebenslanger Abhängigkeit hält.

Patrick Adenauer: Die Menschenwürde hängt nicht von Hartz IV ab, Welt Online v. 1.10.2010, http://www.welt.de (Zugriff: 1.10.2010)

M48 Hartz-Warenkorb

Positionen	Minimumfall 2006	Regelsatz Hartz IV 2006	EVS
Lebensmittel, Tabak, Alkohol	68 € (49 %)	132 € (96 %)	138 € (100 %)
Kleidung, Schuhe	17 € (47 %)	34 € (89 %)	38 € (100 %)
Körperpflege, Reinigung	14 € (64 %)	13 € (64 %)	20 € (100 %)
Verkehr	23 € (43 %)	20 € (37 %)	54 € (100%)
Freizeit, Unterhaltung, Kultur	1 € (1 %)	39 € (42 %)	93 € (100 %)
Kommunikation	2 € (26 %)	22 € (64 %)	34 € (100 %)
Gebrauchsgegenstände	7 € (22 %)	28 € (87 %)	32 € (100 %)
Sonstige	0 € (0 %)	30 € (45 %)	67 € (100 %)
Summe**	132 € (30 %)	331€ (73 %)	476 € (100 %)

Beträge in Euro pro Monat; Prozent von der Einkommens- und Vermögensstichprobe (EVS) 2003*
* *Ausgaben der untersten 20 Prozent der nach ihrem Nettoeinkommen geschichteten Haushalte der EVS nach Aussonderung der Sozialhilfeempfänger*
** *ohne Wohnungs-, Strom- und Heizkosten*
Hinweis: Der Regelsatz Hartz IV ist nicht mehr aktuell.
Nach: Friedrich Thießen/Christian Fischer: Die Höhe der sozialen Mindestsicherung. ZfW 57/2 (2008), S. 15 f.

M49 Menschenwürde und Sozialstaat zur Diskussion gestellt II

Das Verfassungsgericht (BVG) hätte sich einer grundlegenderen Frage widmen müssen: Welche Rolle können die Zuwendungen des Sozialstaats bei der Erfüllung des Grundgesetzgebots aus Artikel 1, Absatz 1 spielen? (...)
Das Grundgesetz geht davon aus, dass die Menschenwürde immer schon da ist. (...) Und doch bewegt sich das Hartz-IV-Urteil ein Stück in diese Richtung, indem es für bestimmte soziale Gruppen den Staat als einen direkten Produzenten von Menschenwürde versteht.

Gerd Held: Die Menschenwürde ist kein Geschenk, Welt Online v. 13.2.2010 in:: http://www.welt.de (Zugriff: 30.9.2010)

1 Interpretieren Sie die Karikatur unter Einbezug der Definition von Sozialstaat.

2 Wie viel Geld braucht der Mensch? Machen Sie den Test: Gehen Sie von einem verfügbaren Betrag in Höhe des Mindestsatzes aus und erstellen Sie nun eine konkrete Monats-Ausgabenliste gemäß **M 48** für einen Single-Haushalt (männlich, gesund, mittleres Alter). Versuchen Sie nur kostengünstige Produkte auszuwählen. Kommen Sie mit dem Betrag hin? Wo mussten Sie sparen, warum haben Sie an dieser Stelle gespart? Präsentieren und vergleichen Sie Ihre Ergebnisse.

3 Diskutieren Sie die Rolle des Staates bei der „Gewährleistung eines menschenwürdigen Daseins" und nehmen Sie Stellung zu **M 46, M 47** und **M 49**.

Anreiz oder Hängematte? – Diskussion um den Sozialstaat

„Der Sozialstaat bietet nicht genug Anreiz für die Arbeitslosen" lautet eine verbreitete Behauptung. Schnell entsteht da das Bild einer sozialen Hängematte. Doch entspricht dieses Bild wirklich dem durchschnittlichen Hartz-IV-Empfänger?

Zeichnung: Roger Schmidt

M50 „Deutscher Sozialstaat leidet an Reiz-Armut"

Wie gut oder schlecht sind deutsche Sozialhilfeempfänger wirklich gestellt? Und bietet der Staat Arbeitslosen genug Anreize, sich wieder einen Job zu suchen?

Eine neue Studie der OECD gibt auf diese Fragen umfassende Antworten im internationalen Vergleich. Und auch sie stellt die Effektivität des deutschen Sozialstaats in Frage. Laut OECD ist die finanzielle Absicherung deutscher Erwerbsloser im europäischen Vergleich eher gering – trotzdem sind die Anreize für Erwerbslose, sich eine Stelle zu suchen, vergleichsweise klein. Eine Kernaussage der Untersuchung: Kurz nach dem Jobverlust sind Familien mit Kindern und Alleinerziehende besser gestellt als Singles oder Paare ohne Kinder.

- Ein alleinstehender Durchschnittsverdiener bekommt direkt nach Verlust des Arbeitsplatzes 60 Prozent seines Nettolohns ersetzt. Deutschland rangiert damit leicht über dem OECD-Schnitt. (...)
- Anders ist die Situation für Geringverdiener ohne Kinder: Hier liegt der deutsche Lohnersatz von 60 Prozent im unteren Drittel der OECD-Länder.
- Geringverdiener mit Kindern, die ihren Arbeitsplatz verlieren, sind dagegen im OECD-Vergleich immerhin durchschnittlich abgesichert. (...)

Bei Deutschlands Langzeitarbeitslosen sieht es ähnlich aus:

- Ein alleinstehender Durchschnittsverdiener erhält nach fünf Jahren Arbeitslosigkeit 36 Prozent seiner früheren Nettobezüge. Deutschland liegt damit auf Platz 14 unter den 29 OECD-Ländern, für die diese Daten vorliegen, und nur knapp über dem OECD-Schnitt. (...)
- Ein Durchschnittsverdiener mit zwei Kindern und nicht erwerbstätigem Ehepartner erhält in Deutschland nach fünf Jahren Arbeitslosigkeit hingegen 63 Prozent seines ehemaligen Nettoeinkommens. Das ist deutlich mehr als der OECD-Schnitt von 55 Prozent.
- Ein Alleinerziehender mit zwei Kindern erhält unter gleichen Umständen 61 Prozent des letzten Verdienstes. Das ist ebenfalls deutlich mehr als der OECD-Schnitt von 49 Prozent. In den Niederlanden, Dänemark und Australien werden allerdings noch höhere Ersatzleistungen gewährt.

Auffällig ist der Untersuchung zufolge, dass Langzeitarbeitslose in Deutschland trotz Hartz-Reformen vergleichsweise wenig finanzielle Anreize haben, eine gering bezahlte existenzsichernde Beschäftigung anzunehmen. Das Problem: Schon bei einem geringen Verdienst würden für sie relativ hohe Steuern und Sozialbeiträge fällig. Minijobs und andere Formen geringfügiger Beschäftigung würden dagegen zum Beispiel durch Freibeträge gefördert. „Das sehr hohe Armutsrisiko der Alleinerziehenden in Deutschland ist vor allem die Folge einer ausgesprochen geringen Erwerbsbeteiligung", sagt OECD-Experte Herwig Immervoll. So muss ein Alleinerziehender oder verheirateter Alleinverdiener mit zwei Kindern Einkommen von mehr als 60 Prozent des Durchschnittslohns erzielen, ehe das Nettoeinkommen merklich über dem liegt, was ihm an Sozialtransfers zusteht. Noch nicht berücksichtigt sind in dieser Rechnung die Kosten für Kinderbetreuung – und die Schwierigkeiten, in Deutschland einen Betreuungsplatz zu erhalten.

ssu: Deutscher Sozialstaat leidet an Reiz-Armut; Spiegel Online v. 18.2.2010, http://www.spiegel.de (Zugriff: 28.9.2010)

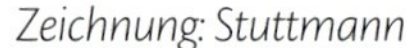

Zeichnung: Stuttmann

M 51 „Perversion des Sozialstaatsgedankens"

Seit der Ankündigung, den Hartz-IV-Regelsatz nach einer Neuberechnung um fünf Euro auf 364 Euro zu erhöhen, sieht sich die schwarz-gelbe Bundesregierung einer Protestwelle von Opposition, Gewerkschaften und Sozialverbänden ausgesetzt. Mauschelei und Betrug lauten noch die harmlosesten Vorwürfe. (...) Dabei geht unter, dass es gute ökonomische Gründe gibt, den Regelsatz nicht noch stärker zu erhöhen: Für viele Geringverdiener lohnt sich Arbeiten schon heute kaum noch. Jeder gut gemeinte Euro mehr für Hartz IV verringert den Abstand zwischen Stütze und Lohn weiter. Im Sozialgesetzbuch ist aber vorgeschrieben, dass jemand, der arbeitet, in jedem Fall mehr haben muss, als einer, der nichts tut. „Perversion des Sozialstaatsgedankens" – so nannte es der CDU-Politiker Roland Koch, wenn hart arbeitende Bürger erkennen müssten, dass sie annähernd das gleiche Einkommen erhalten wie diejenigen, die das System ausnutzen.

Stefan von Borstel: Lohnt sich Arbeit?, Welt Online v. 4.10.2010, http://www.welt.de (Zugriff: 4.9.2010)

M 52 „Das ist eine weitere Illusion"

Interview mit Gustav A. Horn, wissenschaftlicher Direktor des Instituts für Makroökonomie und Konjunkturforschung (IMK):

tagesschau.de: Es soll, so das politische Ziel, das Lohnabstandsgebot gewahrt werden. Der, der arbeitet, soll mehr in der Tasche haben als derjenige, der keine Arbeit hat. Ist das nicht ein richtiger Ansatz?

Horn: Natürlich ist das richtig. (...) Nach unserer Analyse liegt das Problem (*aber*) bei den Löhnen. Wir haben seit Jahren einen massiven Lohndruck gerade im Bereich der kleinen Einkommen. Wir bräuchten also den allgemeinen gesetzlichen Mindestlohn, um das Lohnabstandsgebot zu gewährleisten.

tagesschau.de: Stimmt die gängige Auffassung, Langzeitarbeitslose seien in der Mehrheit „Drückeberger", die gar nicht arbeiten wollen?

Horn: Das Gegenteil ist der Fall. Die ganz große Mehrheit der Arbeitslosen – etwa 90 Prozent – würde sehr gerne arbeiten. (...) In der öffentlichen Diskussion allerdings versucht man immer wieder, ein anderes Bild zu erzeugen.

tagesschau.de: Führen höhere Hartz-IV-Sätze zu einer niedrigeren Arbeitsmoral?

Horn: Wir wissen aus vielen Untersuchungen, dass die Menschen über das Arbeitsleben gesellschaftliche Bestätigung bekommen und diese auch brauchen. (...)

tagesschau.de: Die Bundesregierung will den Druck auf Arbeitslose erhöhen, sich einen Job zu suchen. Gibt es denn auf dem Arbeitsmarkt genügend Jobs für die Langzeitarbeitslosen?

Horn: Das ist eine weitere Illusion – durch Druck die Menschen in Arbeit zu bringen, als würden auf diese Weise noch Arbeitsplätze geschaffen.

Simone von Stosch (tagesschau.de) im Interview mit Gustav A. Horn, 28.9.2010, in: http://www.tagesschau.de (Zugriff: 29.9.2010)

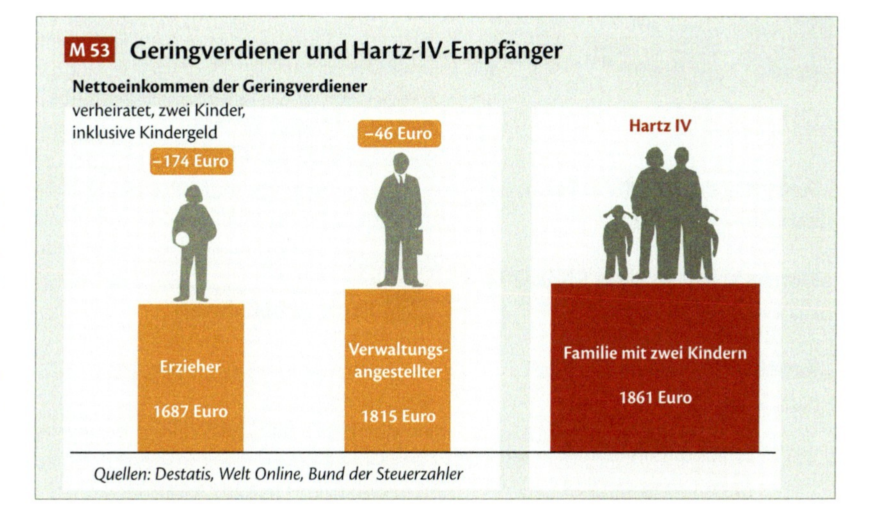

1. Erklären und Problematisieren Sie den Begriff der „sozialen Hängematte".
2. Recherchieren Sie, welche Pflichten Bezieher von Arbeitslosengeld erfüllen müssen und beurteilen Sie anhand dessen deren Lage. Wie bewerten Sie auf dieser Grundlage die Arbeitsanreize?
3. Benennen Sie die Positionen, die **M 50** und **M 51** zugrunde liegen und prüfen Sie, ob bzw. inwieweit **M 52** diese infragestellt.
4. Beziehen Sie ausgehend von der Karikatur unten Stellung zur Diskussion um das Lohnabstandsgebot.

Florida-Rolf? – Diskussion um „Sozialschmarotzer"

Der Sozialstaat Deutschlands ist seit jeher politisch umstritten. Kritik an ihm ist also nichts Neues – ebenso wenig wie der Vorwurf der missbräuchlichen Inanspruchnahme sozialstaatlicher Leistungen.

M54 Ausschnitte ... aus der Wirklichkeit?

(Bild v. 24.12.05)

„Deutschlands frechster Arbeitsloser"
(Bild v. 19.12.2006)

„Warum kriegt so einer Stütze?"
(Bild v. 20.12.2006)

„Karibik-Klaus lacht alle aus"
(Bild v. 27.12.2005)

M55 Florida-Rolf macht neuen Ärger

Der nach Deutschland zurückgekehrte dreiste Sozialhilfeempfänger will offenbar nicht wahrhaben, dass die fetten Jahre vorbei sind. „Ich verlange eine menschenwürdige Behandlung", schimpfte er in der TV-Sendung „Menschen bei Maischberger" am Dienstagabend. (...) Das Frankfurter Sozialamt hatte ihm nach seiner Rückkehr aus den USA einen Platz im Männerwohnheim in Frankfurt-Sindlingen angeboten. Doch der als Florida-Rolf bekannt gewordene Sozialhilfeempfänger lehnte empört ab. „Das ist zu weit draußen", zitierte ihn die „Bild"-Zeitung. „Ich muss schließlich regelmäßig zur Behandlung in die Uniklinik. So ist das für mich nicht zumutbar." Mit Bus und Bahn bräuchte er eine knappe Stunde. (...) Der Fall des von Auslandssozialhilfe im US- Bundesstaat Florida lebenden Mannes hatte im vergangenen Jahr für bundesweites Aufsehen gesorgt. Auf Initiative von Bundeskanzler Gerhard Schröder (SPD) hatte die Bundesregierung sogar das Sozialgesetzbuch geändert, um den Missbrauch bei der Gewährung von Sozialhilfe im Ausland einzudämmen. Rolf J. hatte damals seinen Aufenthalt in den USA unter anderem mit einer Deutschland-Allergie begründet.

Florida-Rolf macht neuen Ärger, Focus Online v. 26.5.2004, in: http://www.focus.de (Zugriff. 29.9.2010)

M56 Faule Arbeitslose?

Zur Debatte über Arbeitsunwilligkeit und Leistungsmissbrauch:

„Es gibt kein Recht auf Faulheit in unserer Gesellschaft". Mit diesen Worten brach Bundeskanzler Gerhard Schröder im April 2001 eine heftige Debatte über „Faulenzer", „Drückeberger", „Scheinarbeitslose" und „Sozialschmarotzer" vom Zaun. Aus historischer Sicht kamen die Vorwürfe nicht unerwartet. Rückblickend kann man sogar von einem politischen Automatismus sprechen: Immer wenn Regierungen ein bis zwei Jahre vor der Wahl stehen und die Konjunktur lahmt, wird reflexartig die Alarmglocke „Faulheitsverdacht!" geläutet – auch wenn es keine objektiven Anhaltspunkte dafür gibt, dass die Arbeitslosen fauler geworden sind. (...)

I. Politische Konjunkturen der Missbrauchsdebatte: (...)

Die jüngste von Kanzler Schröder in Gang gesetzte Debatte lebte im August 2001 noch einmal auf, als der hessische Ministerpräsident Roland Koch (CDU) sich in den USA (...) inspirieren ließ: „Wer arbeitsfähig ist und sich einem Beschäftigungsprogramm verweigert, sollte sich auf ein sehr bescheidenes Leben bis hin zur Wohnunterkunft einrichten." Der damalige Verteidigungsminister und stellvertretende SPD-Vorsitzende Rudolf Scharping regte an, Hilfen für Arbeitslose unter 25 Jahren mit der Pflicht zur Arbeit zu verbinden und Arbeitsunwilligen „jede öffentliche Unterstützung" zu streichen. Beide erhielten Zustimmung vom FDP-Vorsitzenden Guido Westerwelle. Alle (...) Debatten wurden von umfangreichen Presseberichten begleitet, die spektakuläre Fälle von Leistungsmissbrauch in den Mittelpunkt stellten. Die öffentliche Meinung war jedoch bei jeder Debatte gespalten. Während etwa bei der letzten Debatte die Industrie- und Handelskammer von „ganzen Heerscharen" arbeitsunwilliger Arbeitsloser ausging, bezeichneten die Gewerkschaften den Streit um die „Drückeberger" als „Scheindiskussion", die nur ganz wenige betreffe.

II. Mögliche Gründe für die „Faulheitsdebatten": (...)

1. Die Höhe und Dynamik der Arbeitslosigkeit: (...) Mit dieser gezielten Provokation sollte der so genannte „median voter" angesprochen und damit die politische Mitte besetzt werden, deren Einstellung bekanntlich wahlentscheidend sein kann. Diese Vermutung wird mit einem Blick auf die weiteren möglichen Auslöser der „Faulheitsdebatte" bestätigt.

2. Der Abstand zu den nächsten Bundestagswahlen: Abgesehen von der Auseinandersetzung Anfang der achtziger Jahre wurden die Debatten jeweils circa ein bis eineinhalb Jahre vor der nächsten Bundestagswahl initiiert, wobei die jeweils schlechte Situation auf dem Arbeitsmarkt unmittelbarer Anlass gewesen sein dürfte. (...)

3. Die verhängten Sperrzeiten wegen Ablehnung einer zumutbaren Arbeit: Aufs engste verbunden mit der Frage der „Arbeitsunwilligkeit" ist die „Zumutbarkeit von Arbeit", also die Frage, welche Arbeit einem Arbeitslosen zugemutet werden kann. Die entsprechenden Regelungen haben im Verlauf der vergangenen 30 Jahre erhebliche Veränderungen, meistens in Form von Verschärfungen, erfahren. Ihren vorläufigen Höhepunkt hat diese Entwicklung durch die Neuregelungen im Sozialgesetzbuch (SGB) III gefunden. Nach dieser am 1. April 1997 in Kraft getretenen (...) Regelung muss der Arbeitslose einen Nachweis seiner Eigenbemühungen erbringen. (...) Bei Ablehnung einer zumutbaren Arbeit (bzw. einer arbeitsmarktpolitischen Maßnahme) drohen dem Arbeitslosen Sanktionen in Form von Sperrzeiten, in denen kein Arbeitslosengeld ausgezahlt wird. (...) Selbst wenn man davon ausgeht, dass die Arbeitsämter die Zumutbarkeitsregeln nicht immer restriktiv anwenden und es Arbeitslosen gelingt, sie bisweilen zu unterlaufen, ist die Zahl der Sperrfristen, die das Arbeitsamt verhängt, ein relativ verlässliches Indiz für das Ausmaß „arbeitsunwilligen Verhaltens". Ein signifikanter Zusammenhang mit dem Aufkommen der Faulheitsdebatten ist aber nicht zu erkennen (...). Naheliegender ist deshalb eine andere Erklärung: Sinkende oder niedrige Sperrzeiten sind eine zusätzlich günstige Randbedingung für die Mobilisierung des „median voter", der eher zu einer Verschärfung der Sanktionen neigt. (...)

4. Die Meinung der Bevölkerung über die Arbeitswilligkeit von Arbeitslosen: (...)
Interessant ist, dass die aktuellen Vorschläge der Hartz-Kommission zur Senkung der Zumutbarkeitsgrenze von 63 Prozent der Bevölkerung befürwortet werden. Die hohe Zustimmung zur Verschärfung der Zumutbarkeit erreicht in etwa das Niveau der Zustimmung auf die Frage, ob viele Arbeitslose gar nicht arbeiten wollen. Dies zeigt, dass offensichtlich die Mehrheit der Bevölkerung die Auffassung vertritt, dass mit größerem Druck auf die Arbeitslosen auch die Arbeitslosigkeit abgebaut werden könnte. Dabei zeigen Untersuchungen, dass es für 90 Prozent aller Arbeitslosen wichtig ist, schnell eine neue Beschäftigung zu finden. (...) Es scheint, dass mit der allgemeinen Verdächtigung der Arbeitslosen als Faulenzer viele (auch viele „Arbeitsbesitzer") versuchen, sich ein Alibi für mangelnde Solidarität zu verschaffen. Denn wenn die Arbeitslosen selbst Schuld trügen an ihrem Los, dann wären die anderen aus ihrer Verantwortung entlassen. Die Umfrageergebnisse der vergangenen zehn Jahre weisen aus, dass die These von den arbeitsunwilligen Arbeitslosen an Boden gewinnt.

III. Fazit

Trotz der Schwierigkeit, die Dunkelziffer zu schätzen, kommen verschiedene Untersuchungen zu dem Ergebnis, dass der Leistungsmissbrauch (...) marginal ist. Zudem zielen die „Faulheitsvorwürfe" darauf, das sozialpsychologische Klima zu schaffen, um Leistungseinschränkungen oder auch Zumutbarkeits- oder Sanktionsverschärfungen den Boden zu bereiten. Missbrauchs- oder Faulheitsdebatten dienen hierbei als „mentales Einfallstor", um auch die rechtmäßigen Leistungsempfänger auf diese negativen Anpassungsprozesse einzustimmen, ihr Widerstandspotenzial zu verringern und die politischen Folgewirkungen in Form von Stimmverlusten bei Wahlen zu begrenzen. Durch die Skandalisierung des Leistungsmissbrauchs wird ein Klima erzeugt, in dem Kürzungen von Sozialleistungen leichter durchsetzbar sind. (...) Dies hielt führende Politiker aber nicht davon ab, die Bundesrepublik weiter als einen der „großzügigsten Wohlfahrtsstaaten der Welt" darzustellen. Dabei war der deutsche Sozialstaat durch verschiedene Konsolidierungsprogramme längst stark zurückgefallen.

Frank Oschmiansky: Faule Arbeitslose? In: Aus Politik und Zeitgeschichte 06–07/2003, in: http://www.bpb.de (Zugriff: 1.10.2010)

1 Tauschen Sie sich in Partnerarbeit über Ihre Assoziationen zu **M 54** aus.

2 Analysieren Sie auf Grundlage Ihrer bisherigen Ergebnisse die Rolle der Medien.

3 Fassen Sie die zentralen Argumentationsstränge von Oschmiansky zusammen und nehmen Sie begründet Stellung zu seinen Thesen.

Themen und Hinweise

Mögliche Themen für Referate und Themenbereiche von Facharbeiten

Hinweis: Die konkrete Themenstellung der Facharbeit kann nur in engem Kontakt mit der betreuenden Fachlehrerin bzw. dem Fachlehrer festgelegt werden.

- Die Forderung nach Mindestlohn – ein Blick zu den Nachbarländern
- Einkommensungleichheiten in der EU – wo steht Deutschland?
- Die Vermögenssteuer zur Diskussion gestellt
- Einkommensungleichheit weltweit
- Ressourcen- und Lebenslagenansatz im Vergleich
- Armutsgefährdete Personen der letzten Jahrzehnte
- Die internationale Debatte um den Begriff „Exklusion“
- Randgruppen Deutschlands
- Öffnet sich die Schere? Die internationale Perspektive
- Die Entstehung des Niedriglohnsektors in Deutschland
- Die Hartz-Reformen
- Der Zusammenhang von Armut und Gesundheit
- Ersetzt die Zivilgesellschaft den Sozialstaat?

Zur Übung und Vertiefung

- Erarbeiten Sie sich ***www.oecd.org/document/28/0,3343,de_34968570_34968855_41474972_1_1_1_1,00.html***
- Bearbeiten Sie: ***www.harald-thome.de/media/files/Dies%20und%20das/ChemnitzStudie_lang.pdf***
- Analysieren Sie die Entwicklung der Vermögensungleichheit: ***www.diw.de/documents/publikationen/73/diw_01.c.93785.de/09-4-1.pdf***
- Werten Sie aus: ***www.bmas.de/portal/26742/property=pdf/dritter__armuts__und__reichtumsbericht.pdf***
- Diskutieren Sie die Idee des bedingungslosen Grundeinkommens: ***www.grundeinkommen.de/die-idee***
- Vergleichen Sie die unterschiedlichen Positionen: ***www.wdr.de/radio/wdr2/arena/547963.phtml***
- Analysieren Sie: ***www.sueddeutsche.de/politik/debatte-um-hartz-iv-heimat-sozialstaat-1.1802***

Hinweise zur Weiterarbeit

– ***www.bmas.de/portal/26742/property=pdf/dritter__armuts__und__reichtumsbericht.pdf***	3. Armuts- und Reichtumsbericht der BRD 2008
– ***www.bpb.de/wissen/Z8ZY11,0,0,Einkommen_und_Verm%F6gen.html***	Zahlen und Fakten zu „Einkommen und Vermögen“, Bundeszentrale für politische Bildung
– ***www.bpb.de/wissen/GCP6XT,0,0,Armut.html***	Zahlen und Fakten zu „Armut“, Bundeszentrale für politische Bildung
– ***www.spiegel.de/wirtschaft/soziales/0,1518,679461,00.html***	Dossier zum Thema „Zukunft des Sozialstaats“
– ***www.bpb.de/publikationen/5EKME5,0,Armut_in_der_Wohlstandsgesellschaft.html***	Online-Publikation: Armut in der Wohlstandsgesellschaft
– ***www.sozialpolitik-aktuell.de/***	Aktuelle und archivierte Informationen zur Sozialpolitik
– ***www.schader-stiftung.de/gesellschaft_wandel/380.php***	Materialien zum Thema „Ungleicher Wohlstand“
– ***www.bpb.de/wissen/07999977165127913070062348477902,2,0,Sozialstaat.html#art2***	Online-Handwörterbuch, Stichwort „Sozialstaat“

10 Soziale Ungleichheit

Unter welchen Bedingungen kann von sozialer Ungleichheit gesprochen werden? Welche Folgen kann sie haben? Wie lassen sich die sozialen Strukturen der Gesellschaft erfassen, beschreiben und visualisieren? Leben wir in einer Klassen- oder Schichtengesellschaft? Mittels welcher Theorien und Modelle lässt sich der soziale Wandel beschreiben? Mehr Freizeit, mehr Wissen, mehr Freiheit für alle? Auf diese und ähnliche Fragen versucht die Wissenschaft der Soziologie Antworten zu finden. Zugleich stellen die immer komplexeren gesellschaftlichen Strukturen auch Politik und Mensch vor neue Herausforderungen, denen es zu begegnen gilt.
Das Kapitel erlaubt Ihnen eine Einschätzung wichtiger Indikatoren, Theorien und gesellschaftspolitischer Argumentationen sozialer Ungleichheit.

Nur eine Frage des Geldes? – Definition sozialer Ungleichheit

Was beinhaltet der Begriff „Soziale Ungleichheit“? Ist alles Ungleiche auch sozial ungleich und ist alles sozial Ungleiche ungerecht? Die Frage nach der sozialen Ungleichheit beschäftigt nicht nur Soziologen, sondern auch Politik, Wirtschaft und den einzelnen Menschen.

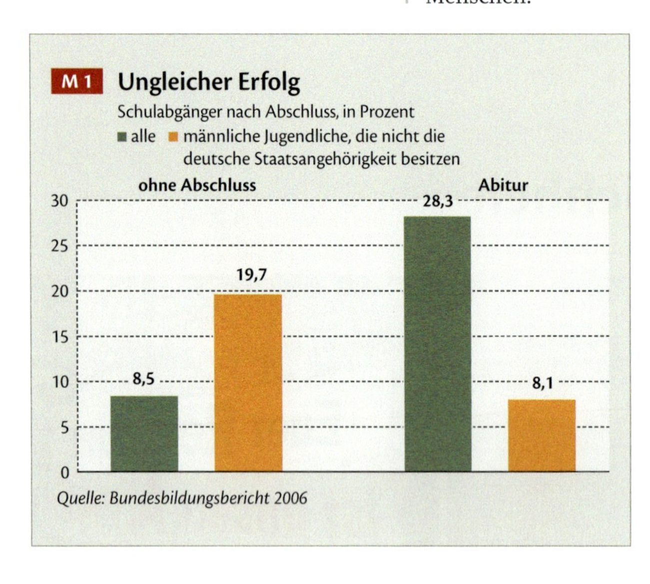

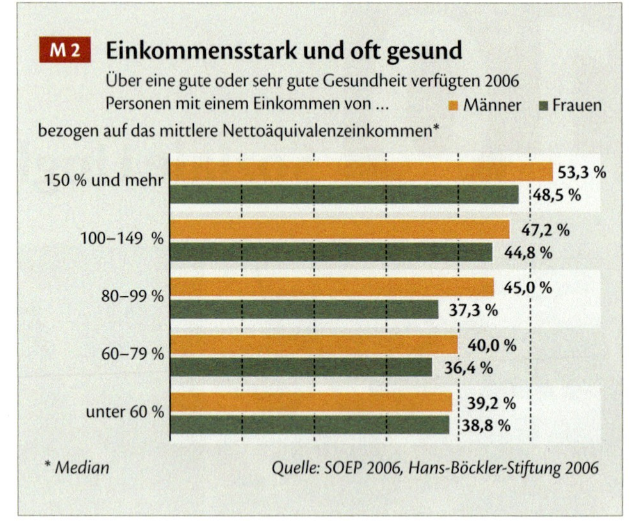

Vertikale Ungleichheit: strukturierte ungleiche Verteilung „wertvoller“ Güter unter allen betroffenen Menschen

Horizontale Ungleichheit: Ungleichheit zwischen bestimmten Gruppen innerhalb dieser ungleichen Verteilung

M3 Ist soziale Ungleichheit das, was die Gesellschaft daraus macht?

Die Soziologin Nicole Burzan:
Was ist das Thema der „Sozialen Ungleichheit“? Ein erster Anhaltspunkt besteht darin, dass es keinesfalls um beliebige Andersartigkeiten geht, sondern um die ungleiche Verteilung von Lebenschancen. So ist es nicht die Schuhgröße oder die Haarfarbe, die soziale Ungleichheit ausmacht (obwohl sich selbst in körperlichen Merkmalen Ungleichheiten widerspiegeln können), sondern z. B. (…) ungleich verteilte Chancen je nach Geschlecht. Gerade in modernen, differenzierten Gesellschaften sind die „Unterschiedlichkeiten“ recht groß. Welche Verschiedenheiten auch soziale Ungleichheit bedeuten, ist bereits eine wichtige Frage, die sich theoretische Ansätze zur sozialen Ungleichheit stellen. Die zentralen Ursachen und Merkmale sozialer Ungleichheit können nämlich im Zeitverlauf und in verschiedenen Gesellschaften durchaus variieren und werden selbst in einer Gesellschaft zu einem bestimmten Zeitpunkt je nach theoretischem Hintergrund unterschiedlich gesehen. (…)
Die Definition im Lexikon zur Soziologie, soziale Ungleichheit sei jede Art verschiedener Möglichkeiten der Teilhabe an Gesellschaft bzw. der Verfügung über gesellschaftlich relevante Ressourcen, erfasst diese Mehrdimensionalität und Relativität von Ungleichheit, denn was „gesellschaftlich relevant“ ist, muss durchaus nicht konstant bleiben. (…)
Soziale Ungleichheit ist somit eine gesellschaftliche Konstruktion, die an ihre historische Zeit gebunden ist und nie „objektiv“ sein kann. Modelle sozialer Ungleichheit geben ihre jeweilige Sichtweise davon wieder, welches wichtige Ursachen und Merkmale sozialer Ungleichheit sind (materielle wie Besitz und immaterielle wie z.B. Macht). Sie beantworten aber auch die Frage, ob sich nach diesen Kriterien eine bestimmte Struktur abgegrenzter Gruppierungen ergibt, und falls ja, welche.
Nicole Burzan: Soziale Ungleichheit. Eine Einführung in die zentralen Theorien, Wiesbaden 2007, S. 7f.

Zeichnung: Plaßmann

M4 Dimensionen sozialer Ungleichheit

Worin drückt sich soziale Ungleichheit nun konkret aus? Das ist die Frage nach den *Dimensionen sozialer Ungleichheit*. Worin bestehen die ungleich verteilten Mittel oder die ungleichen Handlungsbedingungen, allgemein anerkannte Lebensziele zu realisieren? Stefan Hradil hat dazu einen instruktiven Gliederungsvorschlag gemacht, der in modifizierter Form in der folgenden Übersicht dargestellt ist.

Bedürfnisse	Dimensionstyp	Dimensionen ungleicher Lebensbedingungen
Wohlstand Erfolg soziale Anerkennung Macht	Ökonomisch und sozio-normativ	Einkommen und Vermögen (ökonom. Kapital) Bildung, Ausbildung (kulturelles Kapital, Humankapital) Soziales Prestige (symbolisches Kapital) Formale Machtstellung
Sicherheit Entlastung Gesundheit Partizipation	Wohlfahrtsstaatlich	Arbeitsbedingungen Freizeitbedingungen Wohn(umwelt)bedingungen Soziale Absicherung, Arbeitslosigkeitsrisiken, Demokratische Institutionen
Integration Selbstverwirklichung Emanzipation	Sozial	Soziale Beziehungen (soziales Kapital) Soziale Rollen Diskriminierungen und Privilegien

Die erste Gruppe von Dimensionen ordnen wir ökonomischen und sozio-normativen Bedürfnissen zu. Sie gelten als die „klassischen" Dimensionen sozialer Ungleichheit, weil sie lange Zeit in der Ungleichheitsforschung dominant waren. Sie bestimmen definitionsgemäß den *sozialen* oder auch *sozio-ökonomischen* Status eines Individuums. (...)

Die zweite Gruppe der Dimensionen sozialer Ungleichheit verbindet Hradil mit der seiner Ansicht nach seit den 1970er-Jahren zunehmenden Bedeutung von Bedürfnissen bzw. Lebenszielen, die den Übergang von der Wohlstands- zur Wohlfahrtsgesellschaft markieren und an Relevanz für den gesellschaftlichen Willensbildungs- und Entwicklungsprozess gewinnen: individuelle soziale Sicherheit, Entlastung von schlechten Arbeits- und Lebensbedingungen, Gesundheit und gesellschaftliche Partizipation und Gleichheit. (...)

Die dritte Gruppe der Dimensionen betont Bedürfnisse nach einer persönlich befriedigenden Gestaltung sozialer Beziehungen und damit verbundener Lebensziele nach sozialer Integration, Selbstverwirklichung sowie nach Autonomie und Emanzipation.

Johannes Huinink: BA-Studium Soziologie. Ein Lehrbuch, Reinbek 2005, S. 104–109

M5 Status, Statuskonsistenz, Statusaufbau

Die bessere oder schlechtere Stellung im Oben und Unten einer Dimension wird üblicherweise als „Status" bezeichnet. (...) Eine Anzahl von Menschen mit ähnlich hohem Status heißt „Statusgruppe".

Wenn der Status eines Menschen in verschiedenen Dimensionen sozialer Ungleichheit ähnlich hoch ist (wenn z. B. eine Beamtin des mittleren Dienstes auch eine mittlere Schulbildung aufweist, ein mittelhohes Einkommen bezieht und ein mittleres Berufsprestige besitzt), dann spricht man von „Statuskonsistenz". Wenn dagegen der Status eines Individuums in unterschiedlichen Dimensionen auseinanderklafft, wird diese Lage als „Statusinkonsistenz" bezeichnet. Man könnte annehmen, dass Statusinkonsistenzen in Leistungsgesellschaften selten seien. (...) Dennoch sind Statusinkonsistenzen in modernen Gesellschaften alles andere als selten.

Stefan Hradil: Soziale Ungleichheit in Deutschland, Wiesbaden 2005, S. 33 f.

Taxifahrer – ein inkonsistenter Status?

1 Erläutern Sie den Begriff der „sozialen Ungleichheit" und begründen Sie, warum er gesellschaftlich konstruiert ist.

2 Welche „Güter/Ressourcen" sind Ihres Erachtens in der heutigen Gesellschaft besonders „relevant/wertvoll"? Erstellen Sie eine Liste und vergleichen Sie diese untereinander.

3 Führen Sie auf Grundlage Ihrer bisherigen Ergebnisse ein Brainstorming zum Thema „Beispiele sozialer Ungleichheit" durch. Ordnen Sie Ihre Aspekte anschließend den Dimensionen sozialer Ungleichheit zu.

4 Benennen Sie Beispiele und mögliche Ursachen von Statusinkonsistenz.

5 Diskutieren Sie folgende These: „Die Rangunterschiede zwischen den Menschen sind akzeptabel, weil sie im Wesentlichen ausdrücken, was man aus den Chancen, die man hatte, gemacht hat."

Mal mehr, mal weniger? – Messung sozialer Ungleichheit

In der empirischen Sozialforschung gibt es Techniken zur Erhebung und Auswertung von Daten: Interviews, Befragungen, Beobachtungsverfahren, Inhaltsanalysen, Verfahren der Stichprobenziehung, Einstellungsmessung, Längs- und Querschnittsstudien u. v. m. Die Gesamtheit dieser Methoden kann als das Werkzeug des empirischen Sozialforschers betrachtet werden und erfordert entsprechendes Handwerkswissen.

Zeichnung: Pflügner

Unterschiedliche Sichtweisen – Ergebnis unterschiedlicher Messungen?

M6 Messung sozialer Ungleichheit: absolut oder relativ?

Invarianz: Unveränderlichkeit von Größen

Ein wichtiger Streitpunkpunkt in der Diskussion über die Messung sozialer Ungleichheit ist die Frage danach, ob relative oder absolute Messungen verwendet werden. Wenn *relative Ungleichheit* gemessen wird, dann sollte eine gleiche prozentuale Erhöhung der Einkommen die Höhe der Ungleichheit unverändert lassen. Diese Eigenschaft wird auch als Skaleninvarianz bezeichnet. Dagegen würde eine Addition des gleichen Betrags zu allen Einkommen die *absolute Ungleichheit* unverändert lassen. Wenn also über einen Zeitraum von zehn Jahren hinweg alle Länder der Welt ihr Einkommen um 100 Prozent erhöht – also verdoppelt – haben, dann bliebe die weltweite relative Ungleichheit gleich – alle hätten weiterhin den gleichen relativen Anteil vom Kuchen. Gleiches gilt für eine Veränderung der relativen Ungleichheit der Bildungschancen: Wenn Arbeiterkinder eine Chance von 10 Prozent auf den Beginn eines Studiums und Dienstklassenkinder eine solche von 40 Prozent hätten, dann wäre bei einer Verdoppelung der Chancen dieser beiden Gruppen die relative Ungleichheit gleich geblieben. Die Kinder aus der Dienstklasse hätten dann zwar eine Chance von 80 Prozent und die Kinder aus der Arbeiterklasse von 20 Prozent, aber das Verhältnis läge weiter bei 4 zu 1. Die absolute Ungleichheit hätte sich allerdings stark erhöht, da sie vor dem Wandel bei einer Differenz von 30 Prozentpunkten lag und nach dem Wandel bei 60 Prozentpunkten. In vielen Bereichen ist die Wahl einer absoluten oder einer relativen Perspektive nicht ohne weiteres zu begründen. In der Forschung über Einkommensverhältnisse ist die relative Perspektive eindeutig dominant. (…) Auch in der Erforschung der Bildungsungleichheit gehen immer mehr Forscher zur Verwendung einer relativen Ungleichheitsmessung über.

Jörg Rössel: Sozialstrukturanalyse, Wiesbaden 2009, S. 200 f.

M7 Auswirkungen absoluter und relativer Messung

Fall 1: Prozentuale Verdoppelung aller Einkommen			
	Jahr A	Einkommenssteigerung um 100 %	**Jahr B**
Person X	100 €		200 €
Person Y	200 €		400 €
Aussagen über soziale Ungleichheit bei …			
relativer Messung	Verhältnis 2:1	Einkommenssteigerung um 100 %	Verhältnis 2:1
absoluter Messung	Differenz 100 €		Differenz 200 €
Fall 2: Steigerung aller Einkommen um 100€			
	Jahr A	Einkommenssteigerung um 100 €	**Jahr B**
Person X	100 €		200 €
Person Y	200 €		300 €
Aussagen über soziale Ungleichheit bei …			
relativer Messung	Verhältnis 2:1	Einkommenssteigerung um 100 €	Verhältnis 1,5:1
absoluter Messung	Differenz 100 €		Differenz 100 €

Eigene Darstellung

1 Erklären Sie, wie es zu den beiden unterschiedlichen Bewertungen über die Entwicklung der Einkommensungleichheit kommen kann. Werten Sie hierfür auch **M 7** aus, indem Sie für jede Messung Aussagen über die Ungleichheitsentwicklung treffen.

2 Diskutieren Sie die Relevanz der unterschiedlichen Messungen für die Durchsetzung politischer und ökonomischer Interessen.

Methode: Messverfahren

Nachdem in der Wissenschaft geklärt wurde, was eigentlich genau gemessen werden soll, stehen der Forschung unterschiedliche Messverfahren zur Verfügung.

M8 Messverfahren am Beispiel Bildung

Die einfachste Möglichkeit, die für statistische Analysen gut zu verwenden ist, ist die Messung der Anzahl von Jahren, die eine Person im Bildungssystem verbracht hat. Dieser Indikator setzt aber voraus, dass jedes Bildungsjahr gleich zählt. Der Schüler A, der nach zehn Jahren seinen Hauptschulabschluss erwirbt, würde hier möglicherweise mit dem Schüler B gleichgesetzt, der nach zehn Jahren seine mittlere Reife erwirbt. Folgt bei A dann nach dem Hauptschulabschluss noch eine dreijährige Berufslehre, so hätte er genauso viele Jahre im Bildungssystem verbracht wie ein Abiturient (...). Daher verwendet man häufig zur systematischen Erfassung der Bildung sogenannte Bildungsklassifikationen (s. M 9).

Jörg Rössel: Sozialstrukturanalyse, Wiesbaden 2009, S. 173–175

M9 Die Bildungsklassifikation nach ISCED (International Standard Classification of Education)		Bildungsstand	Bildungsstand der Erwachsenenbevölkerung in % (2008)	
			NRW	BRD
Stufe 0	Vorprimarstufe: Kindergarten	Niedrig	19	14
Stufe 1	Primarstufe: Grundschule			
Stufe 2	Sekundarstufe I: Hauptschule, Realschule, Gymnasium, Berufsaufbauschule und -vorbereitungsjahr			
Stufe 3	Sekundarstufe II: Gymnasium, Fachoberschule, Duale Berufsausbildung, Berufsfachschule	Mittel	59	60
Stufe 4	Postsekundärer, nicht tertiärer Bereich: Berufs-/Technische Oberschule, Fachoberschule			
Stufe 5	Tertiärer Bereich, Phase 1: Fachhochschule, Universität, Fachschule, Fachakademie	Hoch	21	25
Stufe 6	Tertiärer Bereich, Phase 2: Promotion, Habilitation			

Eigene Darstellung; Datengrundlage: Statistische Ämter des Bundes und der Länder: Internationale Bildungsindikatoren im Ländervergleich – Ausgabe 2010

M10 Messverfahren am Beispiel der Statuszugehörigkeit

Eindimensionale Modelle stützen sich zumeist auf den Beruf als den wichtigsten Indikator. (...) Dabei können zwei verschiedene Informationen über den Beruf verwendet werden: einerseits die Angaben über die ausgeübten beruflichen Tätigkeiten, ob also jemand z. B. als Schreiner oder Anwalt arbeitet. (...) Daneben kann man in Deutschland allerdings auch auf das System der beruflichen Stellungen zurückgreifen, also auf die sozialversicherungsrechtliche Stellung eines Berufs und damit auf Differenzierung zwischen Selbstständigen, Beamten, Angestellten und Arbeitern. (...)
Informationshaltiger und anspruchsvoller sind allerdings Skalen, die nicht auf einem einzigen Indikator basieren, sondern multiple (*mehrfache*) Indikatoren zur Status- und Schichtzugehörigkeitsmessung verwenden.

Jörg Rössel: Sozialstrukturanalyse, Wiesbaden 2009, S. 135–138

1. Ermitteln Sie in einem Brainstorming verschiedene Niveaus von Bildung. Welche Schwierigkeiten wurden deutlich und inwiefern stehen diese Ihrer Meinung nach im direkten Bezug zur Messung von Bildung?
2. Recherchieren Sie Statistiken zur Statuszugehörigkeit in Deutschland. Analysieren Sie, welche Indikatoren zur Statusermittlung jeweils herangezogen wurden.
3. Ermitteln Sie, was unter den Messverfahren ISCO und SEI zu verstehen ist.

In welche Schublade gehörst du? – Sozialstruktur

Im Alltag sortieren wir Menschen oftmals intuitiv in bestimmte Schubladen ein. Die Sozialstrukturanalyse zerlegt die Gesellschaft systematisch in ihre Teilbereiche, um sie so besser beschreiben und Veränderungen und Ungleichheiten erklären zu können.

M 11 Blickpunkt Mann – ein Beispiel

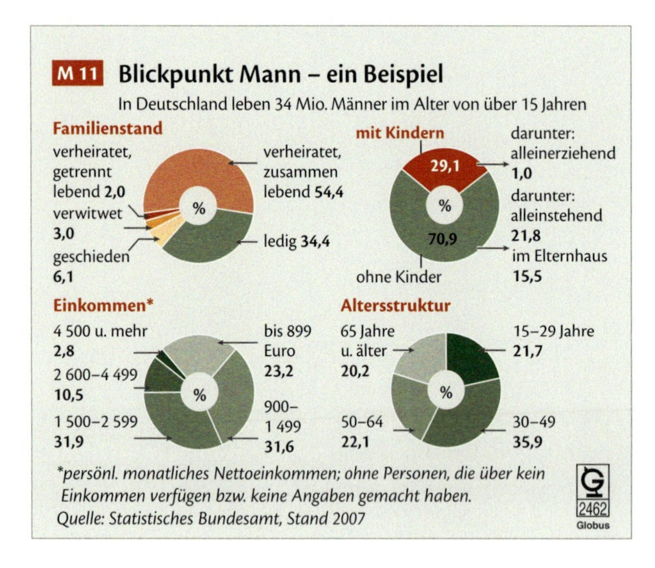

*persönl. monatliches Nettoeinkommen; ohne Personen, die über kein Einkommen verfügen bzw. keine Angaben gemacht haben.
Quelle: Statistisches Bundesamt, Stand 2007

M 12 Bereiche der Sozialstruktur

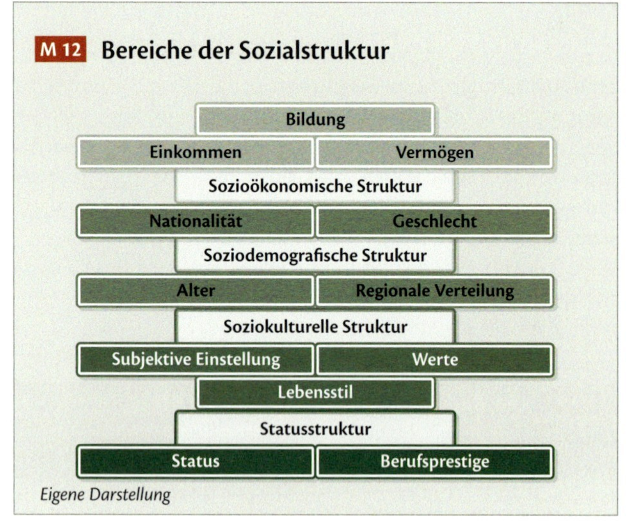

Eigene Darstellung

M 13 Strukturdimensionen

Wir unterscheiden zwei Dimensionen(...): Erstens betrachten wir die relativ stabilen, typischen Muster sozialer Beziehungen bzw. sozialer Kollektivgebilde in einer Gesellschaft (Beziehungsstrukturen). Soziale Organisationen und Gruppen, aber auch die Gemeinschaften, in denen Menschen typischerweise im Alltag miteinander zusammenleben, gehören dazu. Zweitens gehören die Verteilungen der Bevölkerung nach sozial relevanten Merkmalen dazu (Verteilungsstruktur). Solche Merkmale werden sozialstrukturelle Merkmale genannt. (...) Zur Verteilungsstruktur einer Gesellschaft zählen wir dann im Einzelnen

- Maße der Gliederung der Bevölkerung nach sozialstrukturellen Merkmalen (Verteilung nach Alter, Geschlecht oder Schulabschluss);
- Maße der Heterogenität und der Ungleichheit in Bezug auf sozialstrukturelle Merkmale (Pluralität von Lebensformen, Einkommensungleichheit);
- Maße des Zusammenhangs (Korrelation) zwischen sozialstrukturellen Merkmalen (Zusammenhang zwischen dem Schulabschluss der Kinder und dem ihrer Eltern);
- Maße des Umfangs und der Verteilung von Beziehungen zwischen Mitgliedern innerhalb und zwischen unterschiedlichen sozialstrukturellen Gruppen der Gesellschaft (Anteil der Paare, bei denen die Partner dasselbe Bildungsniveau besitzen, an allen Paaren).

Johannes Huinink: BA-Studium Soziologie. Ein Lehrbuch, Reinbek 2005, S. 89–91

M 14 Sozialstrukturanalyse – warum und womit?

Sozialstrukturanalyse ist deshalb erforderlich, um eine Fülle rechtlicher Vorschriften einlösen zu können. Eine große Anzahl solcher rechtlichen Regeln bezieht sich auf das simple Strukturmerkmal der Verteilung der Bevölkerung im Raum (...). Sozialstrukturanalyse ist aber auch z. B. wegen der grundgesetzlichen Absicherung eines vergleichbaren Lebensstandards in den Regionen der Bundesrepublik geboten (...). Schließlich geht es auch darum, soziale Sachverhalte zu erklären.

Hein Sahner: Sozialstruktur und Lebenslagen in der Bundesrepublik Deutschland, in: http://www.soziologie.uni-halle.de (Zugriff: 28.9.2010)

Mit **Sozialstruktur** sind die grundlegenden Wirkungszusammenhänge gemeint, in die die Individuen eingebunden sind: Familie, Bildung, Wirtschaft, Vermögen, Bevölkerung etc.

M 15 Entwicklungstendenzen der Sozialstruktur Deutschlands

Die wichtigsten Trends sind u.a. folgende:

1. Die Erscheinungsformen und Bestimmungsgründe sozialer Ungleichheit haben sich ausdifferenziert. Eine Reihe von Prozessen, u.a. die Zuwanderung von Migranten, die Ausweitung wohlfahrtsstaatlicher Leistungen und die Wiedervereinigung Deutschlands, haben dazu geführt, dass weitere Erscheinungsformen und Bestimmungsgründe sozialer Ungleichheit neben die bisher maßgebenden getreten sind. (...)
2. Soziale Ungleichheit wurde im Laufe der Zeit immer weniger sichtbar. Anders als noch vor wenigen Jahrzehnten ist die Stellung eines Menschen im Gefüge des sozialen Höher oder Tiefer heute in vielen Fällen nicht auf den ersten Blick erkennbar. (...)
3. Das Gefüge sozialer Ungleichheit wurde immer internationaler: (...) Auch die Bestimmungsgründe sozialer Ungleichheit lassen sich kaum noch erschöpfend innerhalb eines Landes ermitteln. (...)
4. Von den äußeren Lebensbedingungen der Menschen lässt sich immer weniger auf ihre innere Haltung schließen. Noch bis in die 70er-Jahre hinein hat die Soziologie weitgehend vom Sein der Menschen auf ihr Bewusstsein geschlossen (...). Sie hat das Klassenbewusstsein von Gesellschaftsmitgliedern erforscht und ist schichtspezifischen Sozialisations-, Denk- und Sprachstilen nachgegangen. Heute steht fest, dass sich innerhalb der gleichen Statuslagen durchaus unterschiedliche Werthaltungen und Einstellungen finden. (...)
5. Die Selbstdefinition und das Alltagshandeln der Menschen sind in wachsendem Maße durch ihre Milieuzugehörigkeit und ihren Lebensstil geprägt. Die Entscheidung, bestimmte politische Parteien zu wählen (...) oder sich bestimmten gesellschaftlichen Gruppierungen bzw. „Orten" zugehörig zu fühlen, ist nicht nur eine Frage des Alters, der Bildung oder (in Grenzen) des Berufs bzw. der Schichtzugehörigkeit. Auch die Zugehörigkeit zu bestimmten sozialen Milieus und Lebensstilen ist im Laufe der Zeit zur Quelle des Denkens und Alltagsverhaltens geworden.

Stefan Hradil: Soziale Ungleichheit in Deutschland, Wiesbaden 2005, S. 485–490

Sozialstrukturanalyse – die Gesellschaft in Teilbereiche zergliedern. Fußgängerzone in Dortmund

M 16 Mögliche Gefahren einer pluralisierenden Sozialstrukturperspektive

Sozialstrukturelle Lebenschancenforschung verengt sich zu kultursoziologischer Lebensstilforschung, die den Zusammenhang der „pluralisierten" Lebensstile mit den „objektiven", ungleich verteilten Handlungsressourcen aus dem Auge verliert (...). Sozialkritische Ungleichheitsforschung verwandelt sich unter der Hand in „postmoderne", normativ unverbindliche Vielfaltsforschung. Im Zentrum des Erkenntnisinteresses steht nicht mehr die gesellschaftspolitisch problematische Ungleichheit der Lebensbedingungen, sondern die Vielfalt der Handlungsmöglichkeiten, Lebensführung und Lebensstile. Die Kritik an den sozialen Ungleichheiten in Form von Privilegien und Benachteiligungen weicht immer mehr der Freude über die bunte Fülle der „individualisierten" und „pluralisierten" Lebensformen. Wer die fortbestehenden schichttypischen Strukturen hinter einem Nebel von Prozessen der Individualisierung, Pluralisierung, Differenzierung, Diversifizierung und Dynamik verhüllt, begibt sich in die Gefahr, gesellschaftspolitisch bedeutsame soziale Ungleichheiten zu vernachlässigen, zu ignorieren oder auch ideologisch zu verschleiern.

Rainer Geißler: Die Sozialstruktur Deutschlands, 5. Aufl. Wiesbaden 2008, S. 119

1 Informieren Sie sich über die Sozialstruktur Ihrer Stadt oder Ihres Landkreises. Bilden Sie hierzu Kleingruppen und untersuchen Sie ausgewählte Bereiche/Ebenen der Sozialstruktur.

2 Begründen Sie den Wert von Sozialstrukturanalysen für Politik, Wirtschaft und Gesellschaft.

3 Analysieren Sie, wie Hradil die Entwicklung der Sozialstruktur Deutschlands in Abgrenzung zu vorherigen Verhältnissen beschreibt.

4 Diskutieren Sie, inwiefern Geißlers Ausführungen als Kritik an Hradils Analyse verstanden werden können.

Soziale Lage und soziale Milieus

Sowohl das Modell der „Sozialen Lage“ als auch Lebensstil- und Milieu-Modelle versuchen seit den 1980er-Jahren der Vielgestaltigkeit und Mehrdimensionalität der sozialen Strukturen gerecht zu werden – mit ganz unterschiedlichen Herangehensweisen.

M17 Lagenmodelle als neuere Konzepte der Sozialstrukturanalyse

Das Lagenmodell, das in der Wohlfahrtsforschung entwickelt wurde, untergliedert die erwachsene Bevölkerung nach sozial bedeutsamen Merkmalen in verschiedene soziale Lagen und untersucht, welche materiellen Ressourcen (Indikatoren für „objektive Wohlfahrt“) und welche Lebenszufriedenheit (Indikatoren für „subjektive Wohlfahrt“) an die verschiedenen Soziallagen geknüpft sind (...). Traditionell ist bei dieser Art der Analyse die Zuordnung von Ressourcen und subjektiven Befindlichkeiten zu verschiedenen Soziallagen, „modern“ ist die Mehrdimensionalität, die Kombination von mehreren sozial relevanten Merkmalen bei der Ermittlung der Soziallagen. Zur Untergliederung der Bevölkerung werden neben dem traditionellen „vertikalen“ Schichtkriterium des Berufsstatus noch drei „horizontale“ Kriterien Geschlecht, Region und Alter (...) herangezogen. (...)
(*Die Tabelle M 18*) macht auch deutlich, dass der Versuch, die Vielgestaltigkeit der Ungleichheitsstruktur in einem Modell einzufangen, schnell an Grenzen stößt. Obwohl wichtige Ungleichheitskriterien wie Stadt-Land-Unterschiede, Unterschied nach Ethnie, Familienstand und Generation unberücksichtigt bleiben, ist es schwierig, eine klare Gesamtstruktur der privilegierten und benachteiligten Soziallagen zu erkennen.

Rainer Geißler: Die Sozialstruktur Deutschlands, 5. Aufl. Wiesbaden 2008, S. 104

M18 Soziale Lagen in Ost- und Westdeutschland 2006

– = Fallzahl zu gering			Indikatoren der objektiven Wohlfahrt				Indikatoren der subjektiven Wohlfahrt			
			Wohneigentum		Eigene wirtschaftliche Lage ist sehr gut/gut		Gerechter Anteil am Lebensstandard		Einstufung auf der Unten-Oben-Skala von 1–10	
							Anteil „gerecht/mehr als gerecht“			
	West	Ost	West	Ost	West	Ost	West	Ost	West	Ost
	In %								Mittelwert	
Leit. Ang./Höhere Beamte	1,1	0,7	67	–	79	–	83	–	6,6	–
Hochqual. Ang./Geh. Beamte	10,9	8,5	66	59	61	62	78	58	6,4	6,1
Qual. Ang./Beamte	12,9	11,4	56	60	45	39	65	42	5,7	5,3
Einf. Ang./Beamte	4,2	4,3	43	64	31	23	53	46	5,2	5,0
Meister/Vorarbeiter	2,1	2,2	65	71	33	67	55	38	5,9	5,4
Facharbeiter	7,0	11,8	51	63	36	24	59	26	5,3	5,0
Un-, angelernter Arbeiter	4,0	3,1	38	41	26	15	52	24	4,6	4,7
Selbstständige, freie Berufe	5,8	6,0	67	65	39	37	71	46	6,3	5,6
Arbeitslose	4,3	11,8	20	38	10	3	35	18	4,3	3,8
Hausfrauen/-männer	7,4	0,9	68	–	38	–	67	–	5,7	–
Studium, Lehre	4,0	4,4	65	48	49	40	73	70	6,1	5,5
Vorruhestand	2,0	2,9	63	45	41	10	Nicht berücksichtigt			
Noch nie/nicht erwerbstätig	1,6	1,3	30	–	44	–		–	5,0	–
61 Jahre und älter										
Noch erwerbstätig	2,7	1,8	67	65	49	65	81	45	6,0	5,8
Noch nie erwerbstätig	0,9	0,0	Nicht berücksichtigt							
Rentner (ehem. Arbeiter)	10,8	11,9	58	54	41	39	56	33	5,0	4,8
Rentner (ehem. Angestellte)	15,8	14,2	62	47	59	51	74	39	5,9	5,3
Rentner (ehem. Selbstständige)	2,8	3,0	84	69	54	53	62	32	5,8	5,1

Datengrundlage: Heinz-Herbert Noll/Roland Noll (Hg.): Datenreport 2008. Bonn: Bundeszentrale für politische Bildung 2008, S. 174–176

M 19 Das Milieu-Modell

Seit etwa 30 Jahren untersucht das Sinus-Institut die Lebenswelten der Deutschen. Wie leben sie, wen wählen sie und wie konsumieren sie? Dazu ziehen die Forscher mit Kameras und Fragebögen durchs Land. Heraus kommt ein Modell, das die Deutschen in große soziale Gruppen einteilt. (...)
Die Idee der sozialen Milieus geht zurück auf den französischen Soziologen Émile Durkheim, demzufolge sich gesellschaftliche Gruppen relativ gut anhand des sozialen Status und der Wertorientierung abgrenzen lassen.
Vor allem Marketingstrategen nutzen sie (*die Milieustudien*) für Werbeplanung und Produktentwicklung, aber auch Parteien, Gewerkschaften und Kirchen zählen zu den Kunden. Die Milieus lassen sich in eine Grafik mit den Achsen „Grundorientierung" und „Soziale Lage" einzeichnen. Eine bestimmte Kombination von beiden Merkmalen lässt sich dann einem – manchmal auch zwei – Milieus zuordnen (s. M 20).

Tilman Weigel: „Keiner will mehr Mitte sein". Süddeutsche Zeitung v. 22.9.2010, in: http://sueddeutsche.de (Zugriff: 28.9.2010).

Emile Durkheim (1858–1917), französischer Soziologe

Die Sinus-Milieus im Überblick	
AB23: Kriegs- und Nachkriegsgeneration, ordnungsliebend, kleinbürgerlich oder der Arbeiterwelt verhaftet.	**B1:** Bildungselite, liberal, postmateriell, starker Wunsch nach Selbstbestimmung.
AB12: Klassische Oberschicht mit Exklusivitäts- und Führungsanspruch, Tendenz zum Rückzug.	**BC23:** Spaß- und erlebnisorientiert, verweigert sich den gesellschaftlichen Erwartungen.
B3: Um Teilhabe bemühte Unterschicht mit Zukunftsangst und Voreingenommenheit.	**C2:** Zielstrebige, junge Mitte, ausgeprägter Lebenspragmatismus und Nutzenkalkül.
B23: Leistungs- und anpassungsbereiter Mainstream, bejaht gesellschaftliche Ordnung, Harmonie- und Sicherheitsstreben.	**C1:** Effizienz-orientierte Leistungselite, denkt global, stilistische Vorreiter.
B12: Idealistisch, konsum- und globalisierungskritisch, hohes ökologisches und soziales Gewissen.	**C12:** Unkonventionell, kreativ, sehr mobil, individualistisch, digital vernetzt.

nach: http://www.sinus-institut.de/loesungen/sinus-milieus.html (Zugriff: 28.9.2010)

M 20 Die Sinus-Milieus in Deutschland

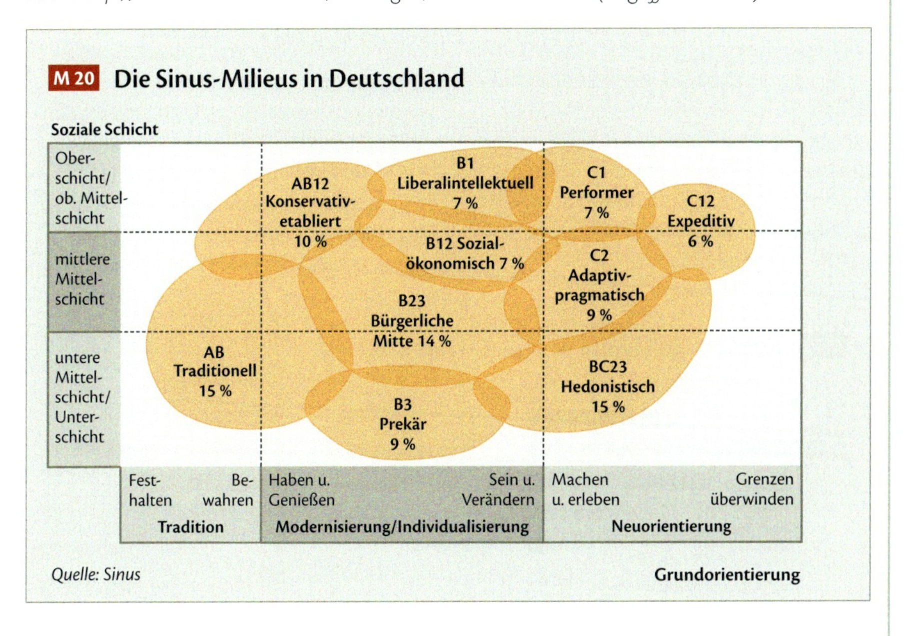

Quelle: Sinus

1 Werten Sie die Tabelle „Soziale Lagen" aus. Gehen Sie dabei verstärkt auf die Ost-West-Unterschiede sowie auf besonders benachteiligte soziale Lagen ein.

2 Grenzen Sie das Lagen- vom Milieumodell ab. Vergleichen Sie anschließend die Nutzbarkeit beider Ansätze für die Ungleichheitsforschung.

3 Beurteilen Sie die Möglichkeiten von Milieu-Wechseln im Laufe eines Lebens.

Im Kampf? – Klassentheorien sozialer Ungleichheit

Um soziale Ungleichheit zu fassen, wird oftmals auf die vertikale Untergliederung der Gesellschaft, also die Unterteilung der Gesellschaft in Oben und Unten, zurückgegriffen. Im historischen Verlauf haben sich dabei verschiedene Erklärungsansätze und Modelle herausgebildet – etwa die wohl bekanntesten Klassentheorien von Karl Marx und Max Weber. Lassen sich diese auf die heutige Gesellschaft übertragen, oder ist der in den 1980er-Jahren aufkommenden These vom Ende der Klassengesellschaft zuzustimmen?

Karl Marx (1818–1883), einflussreichster Theoretiker des Sozialismus und Kommunismus

Friedrich Engels (1820–1895), Theoretiker des Sozialismus und Kommunismus

M21 Karl Marx und Friedrich Engels: Das „klassische" Klassenmodell

Aus dem „Kommunistischen Manifest", 1848:
Die Geschichte aller bisherigen Gesellschaft ist die Geschichte von Klassenkämpfen. Freier und Sklave, Patrizier und Plebejer, Baron und Leibeigener, Zunftbürger und Gesell, kurz, Unterdrücker und Unterdrückte standen in stetem Gegensatz zueinander, führten einen ununterbrochenen, bald versteckten, bald offenen Kampf. (...)
In den früheren Epochen der Geschichte finden wir fast überall eine vollständige Gliederung der Gesellschaft in verschiedene Stände, eine mannigfaltige Abstufung der gesellschaftlichen Stellungen. Im alten Rom haben wir Patrizier, Ritter, Plebejer, Sklaven; im Mittelalter Feudalherren, Vasallen, Zunftbürger, Gesellen, Leibeigene, und noch dazu in fast jeder dieser Klassen wieder besondere Abstufungen. Die aus dem Untergange der feudalen Gesellschaft hervorgegangene moderne bürgerliche Gesellschaft hat die Klassengegensätze nicht aufgehoben. Sie hat nur neue Klassen, neue Bedingungen der Unterdrückung, neue Gestaltungen des Kampfes an die Stelle der alten gesetzt.
Unsere Epoche, die Epoche der Bourgeoisie, zeichnet sich jedoch dadurch aus, dass sie die Klassengegensätze vereinfacht hat. Die ganze Gesellschaft spaltet sich mehr und mehr in zwei große feindliche Lager, in zwei große, einander direkt gegenüberstehende Klassen: Bourgeoisie und Proletariat. (...)
Die Bourgeoisie hebt mehr und mehr die Zersplitterung der Produktionsmittel, des Besitzes und der Bevölkerung auf. Sie hat die Bevölkerung agglomeriert (*zusammengeballt*), die Produktionsmittel zentralisiert und das Eigentum in wenigen Händen konzentriert. (...)
Die Interessen, die Lebenslagen innerhalb des Proletariats gleichen sich immer mehr aus, indem die Maschinerie mehr und mehr die Unterschiede der Arbeit verwischt und den Lohn fast überall auf ein gleich niedriges Niveau herabdrückt (...); die immer rascher sich entwickelnde, unaufhörliche Verbesserung der Maschinerie macht ihre ganze Lebensstellung immer unsicherer; immer mehr nehmen die Kollisionen zwischen dem einzelnen Arbeiter und dem einzelnen Bourgeois den Charakter von Kollisionen zweier Klassen an.
Karl Marx/Friedrich Engels: Manifest der kommunistischen Partei, Stuttgart 2005, S. 19 f., 24, 29 (Erstfassung 1848)

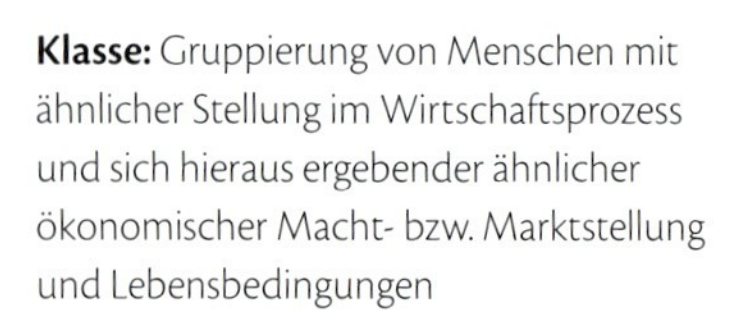

Klasse: Gruppierung von Menschen mit ähnlicher Stellung im Wirtschaftsprozess und sich hieraus ergebender ähnlicher ökonomischer Macht- bzw. Marktstellung und Lebensbedingungen

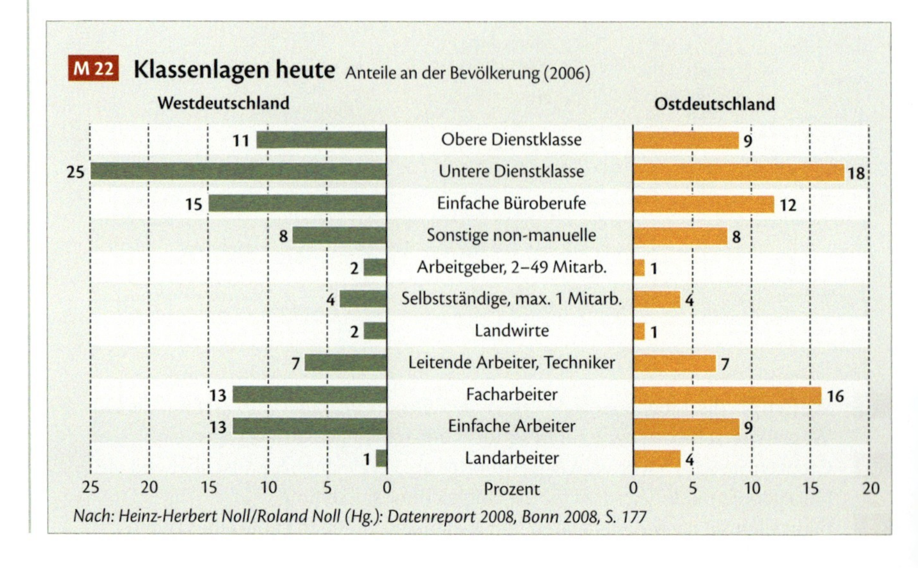

M23 Max Weber: Klassen und Stände

Max Weber hält in seiner Definition der Klassenlage an der grundlegenden Idee und dem ökonomisch begründeten Unterscheidungsprinzip von Marx fest, differenziert es aus und modifiziert damit auf seine Weise die alleinige Relevanz der Eigentumsverhältnisse im Marx'schen Schema. Er schreibt: „Klassenlage soll die typische Chance 1. der Güterversorgung, 2. der äußeren Lebensstellung, 3. des Lebensschicksals heißen, welche aus Maß und Art der Verfügungsgewalt (oder des Fehlens solcher) über Güter oder Leistungsqualifikation und aus der gegebenen Art ihrer Verwendbarkeit für die Erzielung von Einkommen und Einkünften innerhalb einer gegebenen Wirtschaftsordnung folgt. ‚Klasse' soll jede in einer gleichen Klassenlage befindliche Gruppe von Menschen sein." (...) Klassen (...) können durch Besitz von Gütern, darunter auch Produktionsmitteln, begründet sein (Besitzklassen). Darüber hinaus berücksichtigt er Klassen von Menschen, die im Hinblick auf ihre Position im Erwerbssystem oder die „Marktverwertung von Gütern oder Leistungen" privilegiert sind (Erwerbsklassen). Manager von großen Konzernen etwa sind nicht im Besitz der Produktionsmittel, haben aber aufgrund ihrer Position im Unternehmen eine erhebliche Verfügungsgewalt darüber und daher auch wirtschaftliche Macht. (...)
Neben den Klassenbegriff setzt Weber den des Standes. Darunter versteht er eine Gruppierung von Menschen, die, wie Bolte (s. S. 292) und Hradil (s. S. 286) es formulieren, „auf Grund gemeinsamer Eigenschaften sowie charakteristischer Gemeinsamkeiten des Denkens und Handelns eine spezifische positive oder negative Einschätzung erfahren". Der Stand ist eine exklusive Gruppe von Menschen, die durch gegenseitige Hochachtung und Wertschätzung und ein bestimmtes soziales Prestige begründet ist und einen standesgemäßen Lebenswandel pflegt.

Johannes Huinink: BA-Studium Soziologie. Ein Lehrbuch, Reinbek 2005, S. 116f.

Max Weber (1864–1920), Klassiker der Soziologie, Kultur- und Sozialwissenschaften

privilegiert: bevorrechtigt

M24 Marx reloaded?

Ende der 1960er-Jahre entzündeten sich hitzige Debatten an der Frage, ob die Bundesrepublik weiterhin eine Klassengesellschaft im Marx'schen Sinne sei.

Bereits 1948/49 (...) verfasste Geiger eine Streitschrift mit dem programmatischen Titel „Die Klassengesellschaft im Schmelztiegel". Darin konfrontierte er die marxistische Klassentheorie mit den soziostrukturellen Entwicklungen der letzten Jahrzehnte und unterzog sie einer umfassenden Kritik. Seine These von der Einschmelzung der Klassengesellschaft untermauerte er im Wesentlichen mit den folgenden Tendenzen des strukturellen Wandels:

- Die Schichtstruktur wird nicht homogener und einfacher, sondern zunehmend differenzierter. (...)
- Die Klassenkonflikte gewinnen nicht an Schärfe, sondern flauen ab. Ursache dafür ist u.a. Auftauchen des neuen Mittelstands der Angestellten und Beamten. (...)
- Quer zu den Klassenstrukturen verlaufen neue Linien der Differenzierung: Stadt-Land-Unterschiede und der Interessengegensatz von Produzierenden und Gruppen außerhalb der materiellen Produktion. (...)

Die neomarxistischen Soziologen wiederum hoben folgende Gesichtspunkte als prägend hervor:

- Die herausragende Bedeutung der Produktionsverhältnisse, insbesondere die vorrangige Relevanz des Produktionsmittelbesitzes und der Kapitalverwertung für die sozialen und politischen Strukturen;
- die zentrale strukturelle Bedeutung des Widerspruchs von Arbeit und Kapital, des Interessengegensatzes von Lohnarbeitern und Kapitalisten für die Lebensbedingungen des Einzelnen;
- die Vertiefung und Zuspitzung des Antagonismus von Lohnarbeiter- und Kapitalverwerterklasse

Nach: Rainer Geißler: Die Sozialstruktur Deutschlands, 5. Aufl. Wiesbaden 2008, S. 95ff.

Theodor Geiger (1891–1952), dänischer Soziologe deutscher Herkunft

neo-: neu-

Antagonismus: Widerspruch

1 Analysieren und vergleichen Sie Marx' und Webers Klassenmodelle.

2 Beziehen Sie begründet Position zu der in M 24 beschriebenen Kontroverse.

Oben und unten? – Schichtungstheorien

Der Klassenkampf setzte nicht ein, die Gesellschaft wurde zunehmend vielfältiger, und neue Ungleichheitsaspekte wurden deutlicher. Dieser Entwicklung nehmen und nahmen sich die Schichtungstheoretiker an. Dabei sind die entstandenen Theorien oftmals so unterschiedlich wie die Gesellschaft selbst. Ob die Schichtungstheorien ein passendes Modell für die aktuelle gesellschaftliche Struktur darstellen, ist umstritten.

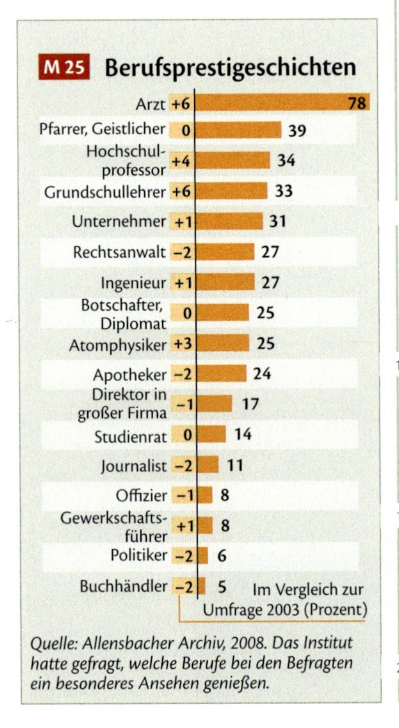

Quelle: Allensbacher Archiv, 2008. Das Institut hatte gefragt, welche Berufe bei den Befragten ein besonderes Ansehen genießen.

M26 Der Schichtbegriff

In entwickelten Industriegesellschaften arbeiteten im Laufe des 20. Jahrhunderts immer mehr Erwerbstätige in unselbstständiger Stellung und hatten keine Besitztümer, aus denen sich ökonomische Überlegenheit und eine bestimmte Klassenlage ableiten ließe. Gleichzeitig erwiesen sich die Ungleichheiten (z. B. der Qualifikation, der Einkommen, der Arbeitsbedingungen) zwischen unselbstständig Berufstätigen als mindestens ebenso wichtig wie die zwischen den Unselbstständigen und den Selbstständigen bzw. Besitzenden. Damit wurde der Beruf und nicht länger das Besitztum zur gesellschaftlichen Schlüsselposition und zur wichtigsten Statusdeterminante der Menschen. In den Mittelpunkt des Interesses rückten damit auch die sozialen Ungleichheiten innerhalb der Dimensionen, die in Verbindung mit dem Beruf stehen, also in erster Linie Ungleichheiten des Einkommens und Vermögens, des Berufsprestiges und der Qualifikation. Gruppierungen von Menschen mit ähnlich hohem Status innerhalb einer oder mehrerer berufsnaher Ungleichheitsdimensionen werden üblicherweise als Schichten bezeichnet. Dementsprechend finden sich Einkommensschichten, Berufsprestigeschichten und Bildungsschichten. Werden Statusgruppierungen im Hinblick auf mehrere berufsnahe Dimensionen sozialer Ungleichheit zugleich angeordnet, so wird von „sozialen" Schichten gesprochen. Gesellschaften, in denen die Berufshierarchie sich gewissermaßen als das „Rückgrat" des Ungleichheitsgefüges durchgesetzt und das hiervon geprägte Gefüge sozialer Schichtung andere Gefüge (z. B. Stände oder Klassen) überlagert hat, werden als Schichtungsgesellschaften bezeichnet.

Stefan Hradil: Soziale Ungleichheit in Deutschland, Wiesbaden 2005, S. 40

M27 Subjektive Schichteinstufung in Prozent, 2006

Soziale Lagen	Ostdeutschland			Westdeutschland		
	Unter-/ Arbeiterschicht	Mittelschicht	Obere Mittel-/ Oberschicht	Unter-/ Arbeiterschicht	Mittelschicht	Obere Mittel-/ Oberschicht
Bis 60 Jahre	In %					
Leit. Ang./Höhere Beamte	29	43	29	13	58	29
Qual. Ang./Geh. Beamte	14	75	11	10	71	18
Qual. Ang./Mittl. Beamte	32	61	6	23	69	6
Einfach. Ang./Beamte	51	38	7	33	60	4
Meister/Vorarbeiter	50	42	4	35	60	5
Facharbeiter	72	26	2	63	33	1
Un-, angelernte Arbeiter	88	6	0	58	27	1
Selbstständige, freie Berufe	17	76	2	21	64	15
Arbeitslose	61	18	1	44	38	2
Hausfrauen/-männer	50	50	0	31	58	9
Studium/Lehre	18	76	4	13	69	17
Vorruhestand	40	40	3	48	40	8
Noch nie/nicht erwerbstätig	64	36	0	19	68	3
61 Jahre und älter						
Noch erwerbstätig	25	75	0	26	68	0
Rentner (ehem. Arbeiter)	73	23	1	59	34	3
Rentner (ehem. Angestellte, Beamte)	29	65	2	17	71	10
Rentner (ehem. Selb.)	61	29	6	24	62	15

Heinz-Herbert Noll/Roland Noll (Hg.): Datenreport 2008, Bonn 2008, S. 177. Datenbasis: ALLBUS, kumuliert

M 28 Jenseits von Klassen und Schichten?

In der deutschen Sozialstrukturforschung wird seit den 1980er-Jahren kontrovers diskutiert, ob sich die Klassen und Schichten im Zuge der Modernisierung der Gesellschaft auflösen oder bereits aufgelöst haben. (...) Die Auflösungstheoretiker heben insbesondere die folgenden sozialstrukturellen Entwicklungstendenzen hervor:

- Steigender Wohlstand und Massenkonsum lassen – begünstigt durch staatliche Umverteilung – auch die unteren Schichten zunehmend an den Privilegien der mittleren und oberen Schichten teilhaben (an komfortablen Wohnungen, Autos, Farbfernsehern, Urlaubsreisen etc.). Frühere Statussymbole haben ihre unterscheidende Kraft verloren, weil sie heute allen zugänglich sind.
- Auch die neuen Risiken der „Risikogesellschaft" – wie sie Ulrich Beck nennt – kennen keine Schichtgrenzen, sie sind „demokratisiert". Von Massenarbeitslosigkeit, Umweltgefährdungen oder atomarer Bedrohung sind alle Gruppen der Gesellschaft bedroht.
- Schichttypische Milieus mit entsprechenden schichttypischen Mentalitäten, Einstellungen und Verhaltensweisen haben sich nach und nach aufgelöst. (...)
- Die Schichten werden im Alltag immer weniger wahrgenommen und bestimmen immer weniger die alltäglichen Handlungen und Beziehungen. Menschen identifizieren sich nicht mehr mit bestimmten Schichten.
- Die zunehmende soziale Mobilität wirbelt die Lebenswege und Lebenslagen der Individuen durcheinander und verhindert die Herausbildung schichttypischer Milieus. (...)

Die Gegner der Auflösungsthese werfen den Auflösungstheoretikern vor, die entstrukturierenden Auswirkungen dieses Wandels auf das Schichtungssystem stark zu überzeichnen. Die Schichtstruktur der modernen Gesellschaft – so ihre These – ist nicht verschwunden, sondern sie ist dynamischer, mobiler und pluraler geworden. Kennzeichen einer modernen Gesellschaft ist nicht die Auflösung der sozialen Schichtung, sondern ein dynamisches, pluralisiertes Schichtgefüge, das (...) unübersichtlicher und (...) schwerer erkennbar geworden ist. Die Schichtungstheoretiker führen die folgenden, empirisch belegten Argumente ins Feld:

- Wichtige Lebenschancen (wie Bildungs- und Aufstiegschancen, Chancen auf eine hohe Erbschaft, auf politische Teilnahme, auf angenehme und qualifizierte Arbeit) und wichtige Lebensrisiken (wie Arbeitslosigkeit, Armut, Krankheit, Kriminalisierung) sind auch heute noch schicht-„typisch" verteilt.
- Auch viele Wertorientierungen, Lebensstile und Verhaltensweisen – einige davon mit abgrenzendem (distinktivem) Charakter – variieren weiterhin von Schicht zu Schicht. Dazu gehören unter anderem die Erziehungsziele, die Nutzung der Massenmedien und des Internets, die sportlichen Aktivitäten oder die Partnerwahl. (...)
- Die oft erwähnten Individualisierungs- und Pluralisierungsprozesse erfassen nicht gleichmäßig alle gesellschaftlichen Gruppen, sondern vollziehen sich in höheren Schichten intensiver (...).
- Auch im Alltagsbewusstsein sind die Schichten weiterhin präsent.

Rainer Geißler: Facetten der modernen Sozialstruktur, in: Informationen zur politischen Bildung 269, 2004, S. 75 f.

Massenarbeitslosigkeit als Kennzeichen sich auflösender Schichten?

Partnerwahl: Gleich und Gleich gesellt sich gern?

1 Nennen Sie vier Berufe, die sich Ihres Erachtens deutlich in eine Rangfolge bringen lassen können. Begründen Sie Ihre Einteilung. Diskutieren Sie anschließend die Konsequenzen der Rangfolge für den jeweiligen Berufsalltag.

2 Werten Sie die Tabelle **M 27** aus. Stellen Sie anschließend die subjektive Schichtung in Ost- und Westdeutschland dar. Bilden Sie hierfür jeweils die Mittelwerte der drei Schichten und visualisieren Sie diese Ergebnisse. Welche Unterschiede/Gemeinsamkeiten werden zwischen Ost und West deutlich?

3 Analysieren Sie anhand von **M 28**, bei welchen grundlegenden Befunden sich Auflösungs- und Schichtungstheoretiker einig sind. Erläutern sie anschließend, warum sich beide Positionen dennoch konträr gegenüberstehen.

4 Führen Sie eine Pro- und -Kontra-Diskussion zur so genannten Auflösungsthese durch. Holen Sie hierfür weitere Informationen, Statistiken u. Ä. ein, um die jeweilige Position begründen zu können.

Ich will aufwärts! – Soziale Mobilität

Gerhard Schröder, Sohn einer verwitweten Putzfrau hat es geschafft. Nach Volksschule und Lehre holte er die Mittlere Reife und dann das Abitur nach, um anschließend als studierter Jurist Anwalt und später Bundeskanzler zu werden. Ist das mittlerweile eine halbwegs normale Karriere, oder ist Deutschland noch eine eher geschlossene Gesellschaft?

M29 Grundbegriffe sozialer Mobilität

Unter sozialer Mobilität versteht man Bewegungen von Menschen zwischen sozialen Positionen aller Art. (...) Vertikale soziale Mobilität heißt eine Bewegung zwischen solchen Positionen, die sich als besser oder schlechter bzw. als höher oder tiefer unterscheiden lassen (z.B. Berufspositionen mit geringerem und höherem Einkommen). Horizontale Mobilität wird dagegen die Bewegung zwischen Positionen genannt, die sich nur nach ihrer „Art" und nicht nach ihrem „Rang" oder „Grad" unterscheiden (...). Dies ist z.B. beim Wechsel des Wohnorts oder des Familienstands der Fall. Im Zusammenhang mit sozialer Ungleichheit steht die vertikale und nicht die horizontale Mobilität im Vordergrund. (...)

Vertikale Mobilität in diesem Sinne (*als berufliche Mobilität*) kann als Generationenmobilität oder als Karrieremobilität untersucht werden. Von Generationenmobilität oder intergenerationaler Mobilität wird gesprochen, wenn die in der Elterngeneration erreichten Berufspositionen mit den Berufsstellungen der Kindergeneration verglichen werden. (...) Wird dagegen die soziale Mobilität im Lebenslauf betrachtet, so spricht man von intragenerationaler Mobilität oder Karrieremobilität. (...)

Als „offene Gesellschaft" bezeichnet man eine mobile Gesellschaft, in der vertikale Mobilität nicht durch Barrieren oder Schließungsmechanismen behindert ist, welche bestimmte Gruppen am Zugang zu begehrten Positionen hindern. In solchen Gesellschaften besteht also Chancengleichheit im Wettbewerb um vorteilhafte soziale Positionen.

Stefan Hradil: Soziale Ungleichheit in Deutschland, Wiesbaden 2005, S. 377 f.

M30 Blickpunkt Bildung

Jeder kann den Aufstieg schaffen, allein Können, Talent und Fleiß ölen die Karriere – nichts als eine schöne Fata Morgana. In Wahrheit bleibt Deutschland eine geschlossene Gesellschaft. Beruflicher Erfolg wird über Generationen vererbt. Gerade auf den Chefetagen gilt das U-Bahn-Prinzip: Wer drin ist, hält die Tür zu. (...)

Deutschlands Gesellschaft verknöchert. Die Potsdamer Elitestudie von 1995 hat ergeben, dass 82 Prozent der Chefs in Deutschland selber einen Chef zum Vater haben. Seit den zwanziger Jahren hat sich wenig geändert: Eine Oberschicht besetzt Generation für Generation die Führungspositionen.

Die Bildungsrevolution Ende der sechziger Jahre sollte eigentlich bewirken, dass der Mensch nicht länger ist, „als was er geboren war", sondern „wird, was er kann". (...) Die Regierung reformierte das Abitur und führte Bafög ein. Immerhin stieg der Anteil der Arbeiterkinder, die in die Mittelschicht aufstiegen, seit damals von drei Prozent auf sieben Prozent. Seit 1990 sinkt er wieder. (...) Die Bildungspolitiker rätseln: Warum nutzen nicht mehr junge Leute aus den unteren Schichten die Möglichkeit, kostenlos zu studieren und später einen gut bezahlten Job zu ergattern? Weil Eltern, Lehrer und Manager zusammenarbeiten, um sie draußen zu halten. (...)

Der Soziologe Michael Hartmann von der Universität Darmstadt hat die Karrieren von 6500 potenziellen Aufsteigern mit Doktortitel ausgewertet. Die soziale Herkunft entscheidet, „zum Manager wird man geboren", weiß der Wissenschaftler: Kandidaten mit großbürgerlichem Hintergrund haben fünfmal bessere Aussichten auf eine Eliteposition in der Wirtschaft – Tendenz steigend.

Finn Mayer-Kuckuk: Soziale Leistung schlägt Chancengleichheit, in: Spiegel Online v. 30.6.2004, http://www.spiegel.de (Zugriff: 7.9.2010)

M31 Blickpunkt Einkommen

Einkommensmobilität[1] in Deutschland 1996–2000 und 2002–2006

		Armutsgefährdete (< 70 % des Medians)	Mittelschicht (70 bis unter 150 % des Medians)	Einkommensstarke (150 % u. m. des Medians)	Insgesamt
		2000			
1996	Armutsgefährdete (< 70 % des Medians)	53,6	44,2	2,2	100,0
	Mittelschicht (70 bis unter 150 % des Medians)	11,0	79,4	9,6	100,0
	Einkommensstarke (150 % u. m. des Medians)	3,9	32,6	63,5	100,0
	Insgesamt	17,8	64,0	18,2	
		2006			
2002	Armutsgefährdete (< 70 % des Medians)	66,2	31,6	2,2	100,0
	Mittelschicht (70 bis unter 150 % des Medians)	14,4	74,6	11,1	100,0
	Einkommensstarke (150 % u. m. des Medians)	3,9	27,6	68,5	100,0
	Insgesamt	23,4	56,2	20,4	100,0

Lesehilfe: Die oberste Zahl der ersten Spalte gibt an, dass 53,6 Prozent der Personen, die 1996 eine Einkommensposition von weniger als 70 Prozent des Medians hatten, auch 2000 in dieser Position waren.
1 Anteil der Personen, deren Einkommensposition sich verbessert bzw. verschlechtert hat oder stabil geblieben ist.
Quelle: SOEP, Personen in Privathaushalten, retrospektiv erfragte bedarfsgewichtete Haushaltsnettoeinkommen des Vorjahres. DIW Berlin 2008, DIW Berlin, in: http://www.diw.de (Zugriff: 28.9.2010)

M32 Blickpunkt Gesamtmobilität

	Gesamtmobilität, vertikale und horizontale Mobilität, Auf- und Abstiegsraten			
	Westdeutschland		Ostdeutschland	
	1991–1999	2000–2006	1991–1999	2000–2006
Männer	In %			
Gesamtmobilität	66	68	59	63
Vertikale Mobilität	54	57	50	51
Horizontale Mobilität	12	11	9	12
Verhältnis vertikale/ horizontale Mobilität	4,5	5,2	5,7	4,3
Vertikale Mobilität				
Aufwärtsmobilität	37	39	32	26
Abwärtsmobilität	17	19	18	25
Verhältnis Aufstiege/Abstiege	2,2	2,0	1,7	1,0
Frauen				
Gesamtmobilität	78	77	74	77
Vertikale Mobilität	60	61	63	60
Horizontale Mobilität	18	16	11	17
Verhältnis vertikale/ horizontale Mobilität	3,3	3,7	6,0	3,5
Vertikale Mobilität				
Aufwärtsmobilität	32	37	37	31
Abwärtsmobilität	27	24	26	29
Verhältnis Aufstiege/Abstiege	1,2	1,5	1,4	1,1

Datenbasis: ALLBJS, SOEP, ZJMA, Standarddemographie, 1976–2006

1 Benennen Sie unter Nennung der Grundbegriffe die in den Statistiken dargelegten Mobilitätsformen. Legen Sie anschließend schrittweise die zentralen Ergebnisse dieser Statistiken dar.

2 Bewerten Sie die Offenheit der Gesellschaft in Deutschland. Diskutieren Sie, ob von ausreichend sozialer Gerechtigkeit gesprochen werden kann.

Alle immer besser? – Fahrstuhl-Effekt und kollektiver Abstieg

Es geht aufwärts mit dem Konsum, dem Einkommen, der Bildung – die Gesellschaft hat kräftig zugelegt. Doch kann vom Wohlstand für alle wirklich die Rede sein?

Ulrich Beck (geb. 1944), deutscher Soziologe

M 33 Vom Fahrstuhl-Effekt …

Der Soziologe Ulrich Beck:

Dies ist meine These: Auf der einen Seite sind die Relationen sozialer Ungleichheit in der Nachkriegsentwicklung der Bundesrepublik weitgehend konstant geblieben. Auf der anderen Seite haben sich die Lebensbedingungen der Bevölkerung radikal verändert. Die Besonderheit der sozialstrukturellen Entwicklung in der Bundesrepublik ist der „Fahrstuhl-Effekt": die „Klassengesellschaft" wird insgesamt eine Etage höher gefahren. Es gibt – bei allen sich neu einpendelnden oder durchgehaltenen Ungleichheiten – ein kollektives Mehr an Einkommen, Bildung, Mobilität, Recht, Wissenschaft, Massenkonsum. (…)

Der „Fahrstuhl-Effekt": Lebenszeit, Arbeitszeit, Arbeitseinkommen – diese drei Komponenten haben sich mit der Entwicklung der Bundesrepublik grundlegend zugunsten einer Entfaltung der Lebenschancen verschoben: Die durchschnittliche Lebenserwartung ist um mehrere Jahre gestiegen (…), die durchschnittliche Erwerbsarbeit wurde um mehr als ein Viertel gesenkt (…), und gleichzeitig haben sich die Reallöhne vervielfacht. Mit einem kräftigen Ruck wurde so das Leben der Menschen in der Lohnarbeitsgesellschaft ein gutes Stück aus dem Joch der Lohnarbeit herausgelöst (bei Intensivierung der Arbeit). Mehr Lebenszeit insgesamt, weniger Erwerbsarbeitszeit und mehr finanzieller Spielraum – dies sind die Eckpfeiler, in denen sich der „Fahrstuhl-Effekt" im biographischen Lebenszuschnitt der Menschen ausdrückt. Es hat – bei konstanten Ungleichheitsrelationen – ein Umbruch im Verhältnis von Arbeit und Leben stattgefunden.

Ulrich Beck: Risikogesellschaft, Frankfurt/M. 1986, S. 122-124

M 34 … zum Paternoster-Effekt?

Beim **Paternosteraufzug** verkehren mehrere an zwei Ketten hängend befestigte Einzelkabinen im ständigen Umlaufbetrieb

Der Politikwissenschaftler Christoph Butterwegge:

Ulrich Beck sprach in seinem 1986 erschienenen Buch „Risikogesellschaft" von einem sozialen „Fahrstuhl-Effekt", der zuletzt alle Klassen und Schichten gemeinsam nach oben befördert habe. Betrachtet man den weiteren Verlauf der Gesellschaftsentwicklung, kann zumindest seither von einem Paternoster-Effekt die Rede sein: In demselben Maße, wie die einen nach oben gelangen, geht es für die anderen nach unten. Mehr denn je gibt es im Zeichen der Globalisierung ein soziales Auf und Ab (…).

Christoph Butterwegge: Krise, Umbau und Zukunft des Sozialstaats, in: http://www.labournet.de (Zugriff: 28.9.2010)

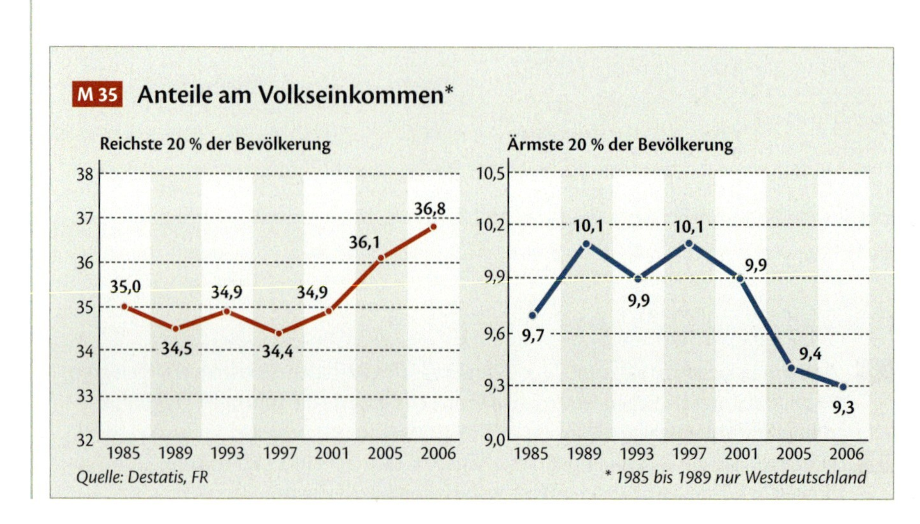

M36 Leitbegriffe neuer sozialer Ungleichheiten

Zeichnung: Rürup

Die Lage und die Zukunft der Mittelklasse kehren auf die Bühne der Zeitdiagnostik und in die Arena politischer Verteilungskonflikte zurück. Erworbene soziale und berufliche Positionen verlieren an Stabilität und Gewissheit. Die mittleren Lagen der Gesellschaft, die Facharbeiter, Techniker und Ingenieure in der industriellen Fertigung bzw. in industrienahen Dienstleistungen, aber auch die Fachangestellten in der Wohlfahrtspflege und der öffentlichen Verwaltung sehen sich mit neuen sozialen, beruflichen und wirtschaftlichen Gefährdungen konfrontiert. (...) In diesen Besorgnissen spiegeln sich nicht nur gefühlte oder vermutete Ungleichheiten, sie haben gute Gründe und eine realwirtschaftliche wie auch politische Basis. Auf der einen Seite wächst das soziale Niemandsland der Armut, der Arbeitslosigkeit und der Gelegenheitsjobs. Auf der anderen Seite vermehren sich Einkommen und Vermögen exponentiell. Kein Wunder, dass in der Mitte der Gesellschaft Anspannung und Nervosität regieren. (...)

Die Begriffe der sozialen Verwundbarkeit und des prekären Wohlstands können weiterhelfen, wenn es darum geht, die faktischen und die wahrscheinlichen Veränderungen der Mittelklasse zu diskutieren. (...) Ursprünglich war die Rede vom prekären Wohlstand in der Analyse der Einkommensverteilung und der Bestimmung materieller Armutsrisiken zu Hause. In einer empirischen Studie im Auftrag der „Caritas" machte der Sozialwissenschaftler Werner Hübinger Anfang der 1990er-Jahre auf eine statistisch relevante Einkommenszone aufmerksam, die zwischen verfestigter Armut und gesicherten Wohlstandspositionen angesiedelt ist (...). In dieser Einkommenszone zu „wirtschaften" und zu „haushalten" fällt schwer. Das Auskommen mit dem Einkommen wird zu einem Problem. Der erreichte Lebensstandard ist gefährdet. Der Begriff des prekären Wohlstands signalisiert zum einen, dass sich finanzielle Sorgen nicht erst in den verarmten und arbeitslosen Randlagen der Gesellschaft finden lassen. Zum anderen steht er aber auch für ambivalente Erfahrungen und Selbstdefinitionen sowie für die lebens- und arbeitsweltlich erfahrbare Spannung zwischen sozialer Unsicherheit und materiellem Wohlstand. (...)

Spezifische Konstellationen und Figuren der Bedrohung treten in den Vordergrund: Beispielsweise Alleinverdienerhaushalte, die ihr familiäres Budget in prekärer Balance zu halten versuchen; Mehrfachbeschäftigte, die mittels „Job-Mix" ihr Auskommen bestreiten; qualifizierte Fachkräfte, die als Leiharbeiter den Anschluss an die Arbeitswelt halten wollen; (...) oder auch Angestellte im öffentlichen Dienst, deren berufliche Hoffnungen in den neuen Steuerungskonzepten der öffentlichen Verwaltung ihr Ende fanden. Sie alle repräsentieren nicht die Randlagen der Gesellschaft, sondern deren Zentrum. (...) Die gesellschaftspolitische Brisanz dieser neuen Verschiebungen im Ungleichheitsgefüge besteht darin, dass diese beiden Milieus zentrale Trägerschichten der bundesrepublikanischen Wohlstandsökonomie und ihres politischen Gemeinwesens repräsentieren.

Berthold Vogel: Minusvisionen in der Mittelklasse, in: Widersprüche, H 111, 2009, S. 9–18, in: http://www.linksnet.de (Zugriff: 28.9.2010)

prekär: misslich, schwierig, heikel

1 Vergleichen Sie Becks Begriff vom „Fahrstuhl-Effekt" und Butterwegges These vom „Paternoster-Effekt". Welche empirischen Belege lassen sich für bzw. gegen die beiden Thesen anführen? Recherchieren Sie gegebenenfalls weitere Statistiken.

2 Versuchen Sie zu klären, welches die Gegebenheiten oder Veränderungen sind, auf die sich Vogel mit dem Satz bezieht „... sie haben gute Gründe und eine realwirtschaftliche wie auch politische Basis".

3 Prüfen Sie, ob sich diese Entwicklung durch den Wandel der Arbeit begründen lässt.

Wir sind ... eine Zwiebel? – Gesellschaftsmodelle I

Die komplizierte und vielschichtige Sozialstruktur in Deutschland führte in den letzten Jahrzehnten dazu, dass unterschiedlichste Schichtmodelle entwickelt, überarbeitet oder auch verworfen wurden. Besonders verbreitet und auch anschaulich sind die so genannte Bolte-Zwiebel und das „Haus-Modell" von Dahrendorf. Solche Gesellschaftsmodelle lassen sich unter anderem anhand der Auswahl und an der berücksichtigten Anzahl der Merkmale zur Soziallage unterscheiden, aber auch anhand der Frage, wie viele Schichten differenziert und wo die Schichtgrenzen gezogen werden.

Karl Martin Bolte (geb.1925), deutscher Soziologe

M 37 Leben in der Ungleichheits-Pyramide

(*Die Bolte-*)Zwiebel (*M 38*)ist vor allem das Ergebnis von Einkommensdaten der amtlichen Statistik. Um den Zustand einer Gesellschaft besser zu beschreiben, bedarf es weiterer Anhaltspunkte: Wie die Bürger ihre Gesellschaft wahrnehmen, ob sie sich ausgeschlossen fühlen, ob und inwieweit sie Protestpotenzial entwickeln oder sich resigniert zurückziehen. Ein wichtiges Element dieses größeren Panoramas ist der individuelle Blick auf die Gesellschaft: Wie stellen sich die Deutschen die Verteilung von Arm und Reich vor? Welches Bild haben sie von der Gesellschaft?

Die meisten haben ein völlig anderes Gesellschaftsbild als das, was die Zwiebelform symbolisiert. Dies zeigt eine Befragung von 1200 Paaren. Die Mehrheit sieht die Gesellschaft als Pyramide, Sinnbild für die schärfste Form sozialer Ungleichheit: Die breite Masse ist arm, und nur Wenige haben es an die Spitze geschafft. Die Gesellschaft wird somit als ungleicher erlebt, als sie ist. Diese Einschätzung teilen übrigens die Paare ganz unabhängig davon, wie es ihnen persönlich geht, ob sie in Lohn und Brot stehen, Arbeitslosengeld I oder Hartz IV beziehen.

Dieser Befund könnte beunruhigen, lässt er doch ein enormes Konflikt- und Protestpotenzial vermuten. Trotz mancher Wahlerfolge der Partei „Die Linke" aber hat sich bisher kein großer Protest entwickelt. Warum das so ist, darüber können weitere Betrachtungen des Gesellschafts- und Selbstbildes Auskunft geben. Wo sehen die Befragten ihren Platz in der Gesellschaft – ganz unten, in der Mitte, am Rand? Fragt man, wo sich die Befragten selbst innerhalb der wahrgenommenen Pyramide einordnen, verflüchtigt sich das Bild des schroffen Gegensatzes zwischen den ganz wenigen oben und den vielen unten.

Die Mehrheit positioniert sich nämlich selber im mittleren Feld: Auffällig ist, dass selbst Hartz-IV-Empfänger einen Abstand zum unteren Ende der Armutsskala wählen – sie bezeichnen sich also selbst nicht als sehr arm. So taucht insgesamt wieder das Bild der Mittelstands-Zwiebel auf – inmitten der Pyramide.

Jutta Allmendinger: Leben in der Ungleichheits-Pyramide, Der Tagesspiegel v. 17.2.2009, in: http://www.tagesspiegel.de/zeitung/leben-in-der-ungleichheits-pyramide/1444550.html (Zugriff: 28.9.2010)

M 38 Die „Bolte-Zwiebel" der 1960er-Jahre

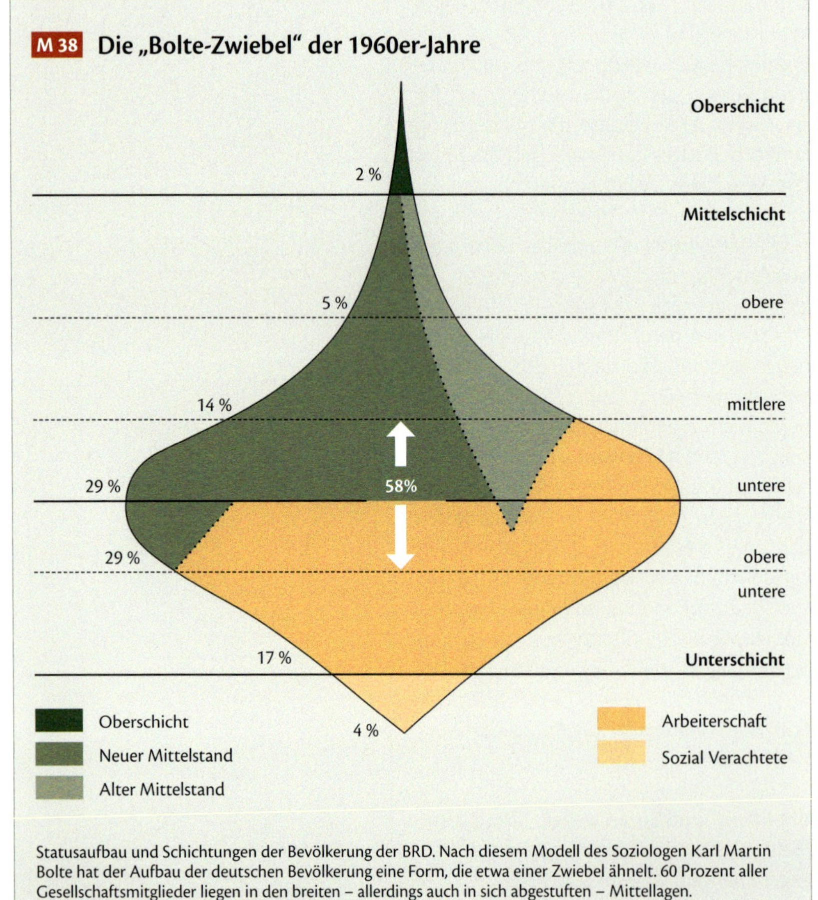

Statusaufbau und Schichtungen der Bevölkerung der BRD. Nach diesem Modell des Soziologen Karl Martin Bolte hat der Aufbau der deutschen Bevölkerung eine Form, die etwa einer Zwiebel ähnelt. 60 Prozent aller Gesellschaftsmitglieder liegen in den breiten – allerdings auch in sich abgestuften – Mittellagen.

Nach: Karl Martin Bolte/Stefan Hradil: Soziale Ungleichheiten in der Bundesrepublik Deutschland, Opladen 1988, S. 118 f.

M 39 Das Haus-Modell von Dahrendorf: Alle unter einem Dach

Die Gliederung der Bevölkerung in verschiedenen Schichten beruht (*beim Hausmodell von Dahrendorf, M 41*) einerseits auf den verschiedenen Funktionen der Gruppen im Herrschafts- und Wirtschaftssystem, andererseits fußt die Unterteilung auch auf soziopolitischen und soziokulturellen Mentalitäten, die typischerweise mit den verschiedenen Soziallagen zusammenhängen.
Insgesamt unterscheidet Dahrendorf sieben Schichten. Die Spitze der Gesellschaft bilden die Eliten. Im Obergeschoss residieren nebeneinander die bürokratischen Helfer der Eliten, die Dienstklasse, (…) sowie der alte Mittelstand der Selbstständigen. Im Hauptgeschoss wohnen die große Arbeiterschicht und der falsche Mittelstand der einfachen Dienstleistungsberufe, dessen soziale Stellung sich nicht von derjenigen der Arbeiter unterscheidet, der sich jedoch seinem Selbstverständnis nach „fälschlicherweise" zur Mittelschicht zählt. Die Arbeiterelite hat sich dagegen nach oben hin vom Rest der Arbeiterschaft abgesetzt. Der Keller des Hauses ist bevölkert von der Unterschicht der „Dauererwerbslosen, Unsteten, Rückfallkriminellen, Halbalphabeten und anderen" (…).
(*Das Haus-Modell 2000, M 40*) ist das Ergebnis eines Versuchs, das Dahrendorf'sche Haus aus den 1960er-Jahren etwas umzubauen und zu modernisieren. Umschichtungen – quantitative Verlagerungen und qualitative Veränderungen –, die sich in den letzten Jahrzehnten vollzogen haben (…), haben dabei Berücksichtigung gefunden. (…)
Zwei wichtige Veränderungen werden im Schaubild nicht sichtbar. Zum einen hat sich das vergleichsweise einfache Wohnhaus der 1960er-Jahre inzwischen in eine ansehnliche Residenz mit Komfortappartements verwandelt; selbst im Kellergeschoss ist es – von einigen Ecken abgesehen – inzwischen etwas wohnlicher. Zum anderen sind die Decken und Wände noch durchlässiger geworden (dargestellt durch gestrichelte Linien).
Rainer Geißler: Die Sozialstruktur Deutschlands, 5. Aufl. Wiesbaden 2008, S. 99 f.

Ralf Dahrendorf (1929–2009), deutsch-britischer Soziologe und Politiker

M 40 Rainer Geißler: Soziale Schichtung Westdeutschlands im Jahr 2000

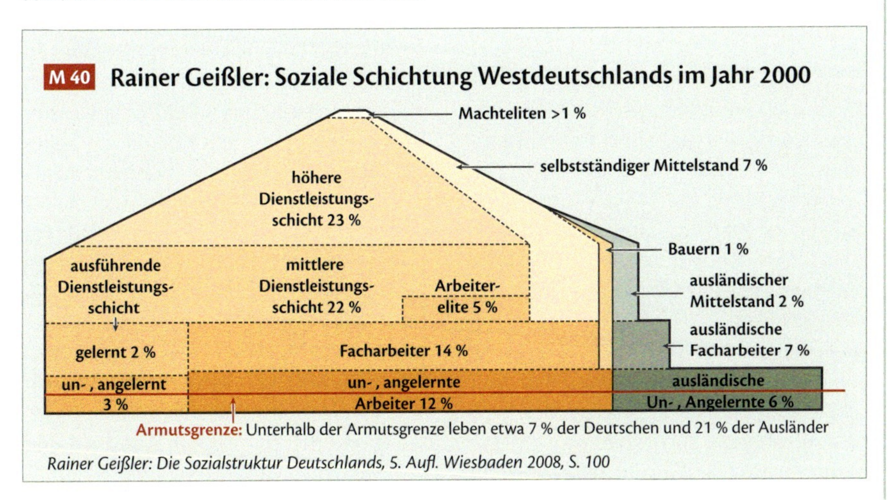

Rainer Geißler: Die Sozialstruktur Deutschlands, 5. Aufl. Wiesbaden 2008, S. 100

M 41 Dahrendorfs Haus der sozialen Schichtung

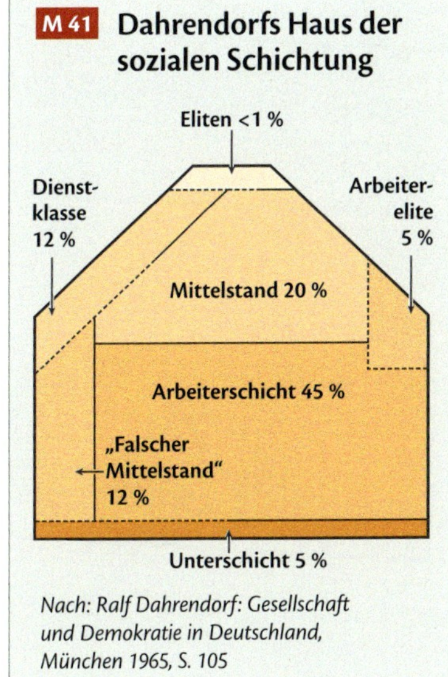

Nach: Ralf Dahrendorf: Gesellschaft und Demokratie in Deutschland, München 1965, S. 105

1. Werten Sie die „Bolte-Zwiebel" aus. Berücksichtigen Sie dabei insbesondere die Frage, ob sich nach Bolte in der Gesamtbevölkerung deutliche Oben-Unten-Schichten voneinander abgrenzen lassen.
2. Vergleichen Sie a) das Zwiebel- mit dem Haus-Modell von Dahrendorf und b) das Haus-Modell der 1960er-Jahre mit dem Modell 2000. Erarbeiten Sie, welche unterschiedlichen Vorstellungen von Mobilität jeweils deutlich werden.
3. Bewerten Sie vor dem Hintergrund Ihrer bisherigen Kenntnisse der Sozialstruktur Deutschlands die hier vorgeschlagenen Modelle und ihre Aussagekraft.
4. Führen Sie eine Befragung durch mit der Leitfrage: Welches Bild haben Sie von der sozialen Ungleichheit in Deutschland? Sie können hierfür beispielsweise den Befragten Umrisse einer Pyramide, einer Zwiebel u. Ä. zeigen – die Befragten wählen dann das ihrer Ansicht nach passende Bild aus, und Sie ordnen die Antworten in eine Rangliste (s. Methode „Hypothesenbildung", S. 210/211).

Methode: Ideologiekritische Analyse

Zeichnung: Auth

M 42 Was heißt Ideologie?

Der Staatrechtler Alexander Hollerbach (geb. 1931) stellt unterschiedliche Ideologie-Typen vor:

1. Der erste Grund-Typus – Ideologie im Sinne der kritischen Ideologielehre – stellt Ideologien vor als – ich zitiere Ernst Topitsch – „unwahre, halbwahre oder unvollständige Gedankengebilde, die sich auf soziale Sachverhalte beziehen und auf eine Befangenheit ihrer Träger zurückzuführen sind, welche durch ihre gesellschaftliche Situation verursacht ist". Demgemäß entfaltet sich Ideologie-Lehre als Ideologie-Kritik, die soziale Standortbindungen und Interessenverflechtungen, Voreingenommenheiten und Optionen aufzudecken sucht, die – allgemeiner formuliert – auf die „Einsicht in die soziale Bedingtheit von Bewusstseinsstrukturen und Bewusstseinsgehalten und in deren soziale und politische Funktion gerichtet ist". Ideologie-Kritik soll die „Verfälschungen und Verzerrungen feststellen und ausschalten, die das menschliche Denken durch die sozialen Gegebenheiten erfährt." Sie hat mit anderen Worten die Aufgabe, „die gesellschaftlich bedingten Abweichungen von der Wahrheit zu analysieren und nach Möglichkeit auszuschalten". Ideologiekritik steht mithin, so verstanden, im Dienste der Wahrheitserkenntnis, und zwar speziell im Hinblick auf die Wahrheit des Sozialen. Sie ist deshalb immer zugleich auch Sozialkritik. (…)

2. Als zweiter Grund-Typus dessen, was man Ideologie nennt, erscheint heute im wissenschaftlichen Sprachgebrauch Ideologie im Sinne von umfassender und damit zugleich militant-polemischer, sendungsbewusster Weltanschauungsdoktrin, deren von politischen Instanzen autorisierte und mit Frage-Verboten umgebene Dogmen auch die sozialen Phänomene beherrschen und funktionalisierend in Dienst nehmen – oder doch Ideologie jedenfalls im Sinne von zu Indoktrinierung neigendem System mit „holistischer Tendenz". Im Verhältnis dazu, zu Ideologie als doktrinärer Gesamt-Ideologie, stellt sich vor allem die Frage nach dem Eigenstand und den spezifischen Aufgaben und Wirkweisen von Recht und Verfassung.

3. Es bleibt fraglich, ob diese vereinfachende Typisierung ein sachgemäßes und taugliches Raster darstellt. Die Reduzierung auf „in Dienst nehmende dogmatische Gesamt-Ideologie" einerseits und „gesellschaftlich bedingtes Verfehlen der Wahrheit" andererseits ermöglicht zwar eine einigermaßen klare Begrifflichkeit, die einer Verwendung des Begriffes als Allerweltswort und damit einer „Pan-Ideologisierung" zu steuern geeignet ist.

Alexander Hollerbach: Ideologie und Verfassung, in: Werner Maihofer (Hg.): Ideologie und Recht, Frankfurt/M. 1969, S. 39 ff.

M 43 Ideologiekritische Analyse

Um einen Text unter dem Blickwinkel der ideologiekritischen Analyse untersuchen zu können, muss man sich einen gewissen Überblick darüber verschaffen, welche (logischen) Muster und Denkoperationen bei Ideologien üblich sind.

Die Logik der Ideologien besitzt u. a. die folgenden Merkmale:
- Aus den verfügbaren Daten der Wirklichkeit werden bestimmte Daten willkürlich ausgewählt.
- Sachaussagen enthalten in Wirklichkeit Wertaussagen bzw. Urteile mit hypothetischem Charakter, deren Wahrheitsgehalt nicht überprüfbar ist.
- Der bloß hypothetische Charakter der Aussagen wird verschwiegen, Aussagen gelten als überzeitlich gültig, haben dogmatische Geltung.
- Vorurteile, die für das Denken und Handeln bestimmend sind, aber nicht oder nur schwer korrigiert werden können.

Aus dieser Logik entstehen auch die häufigsten Aussageformen von Ideologien:
- Nur vorgetäuschter Bezug auf angeblich reine Tatsachen;
- Ausschließlichkeitscharakter der Aussagen;
- Suggestiver Charakter der Aussagen

Bei der ideologiekritischen Analyse von Texten ist es wichtig, auf so genannte *Leerformeln* zu achten.

Man kann nach Ernst Topitsch (1971) drei verschiedene *Arten von Leerformeln* unterscheiden:

Pseudoempirische Leerformeln
- Aussagen mit totalem oder sehr weitem Spielraum;
- Aussagen, die mit fast jedem Sachverhalt vereinbar sind.

Beispiele:
- Ceteris-paribus-Kausel = Aussage über ein Verhältnis; aus „methodischen" Gründen werden außer einem einzigen Faktor alle anderen Faktoren abgelehnt.
- Der Mensch ist „letzten Endes" eben doch ein Tier.

Pseudonormative Leerformeln
- Normative Aussagen mit totalem oder sehr weitem Spielraum;
- normative Aussagen, die mit fast allen konkreten Verhaltensformen und Verhaltensregeln vereinbar sind.

Beispiele:
- Der Goldene Mittelweg;
- das Gute tun und das Böse lassen.

Zirkelschlüsse

Beliebige moralisch-politische Wertungen werden der Welt oder dem Einzelnen unterstellt und dann als „ewige", schon immer geltende Aussagen auf die Gesellschaft bezogen.

Beispiele:
- Die Frauen waren schon immer mehr für die Familie da.
- Fressen und Gefressen werden ist das Lebensprinzip auf diesem Planeten.

Gert Egle: Ideologiekritische Analyse, teachSam-Lehren und -Lernen; in: http://www.teachsam.de (Zugriff: 17.6.2011)

M 44 Sprachliche Signale der Ideologie

- Gibt es Wörter oder Wendungen, die
  - etwas übertreiben oder untertreiben,
  - etwas bildlich ausdrücken,
  - etwas veranschaulichen,
  - etwas beschönigen (Euphemismen),
  - nur einen Teil von einem Ganzen ansprechen,
  - das Gegenteil von dem meinen, was sie sagen,
  - zwei oder mehr Bedeutungen haben?
- Werden vom Autor bestimmte Begriffe in auffälliger Weise umschrieben oder vermeidet er bestimmte Begriffe?
- Enthält der Text Wörter und Ausdrücke, die in einem übertragenen Sinn verstanden werden müssen (sprachliche Bilder, Metaphern, Vergleiche)? Welche Wirkung haben sie?
- Gibt es im Text Wörter und Wendungen, die mit anderen Vorstellungen assoziiert bzw. konnotiert werden können? Warum?
- Kommen Schlagwörter, Leerformeln oder sonstige Stereotype vor? Wie wirken sie? Was wird mit ihnen beabsichtigt?
- Erhalten bestimmte Wörter eine besondere Bedeutung, wenn man den Kontext berücksichtigt (Bedeutungserweiterung, -verengung, emotionale Färbung)?
- Sind Wörter/Wendungen schon veraltet (Archaismus) oder neu gebildet (Neologismus)?

Gert Egle, ebd. (Zugriff: 17.6.2011)

Schlaue Köpfchen? – Gesellschaftsmodelle II

Wissen spielt in der heutigen Gesellschaft eine immer größere wirtschaftliche Rolle. Es greift tief in die lebensweltliche Gestaltung ein und darf somit als verantwortlich sowohl für positive als auch für negative Entwicklungen in der Gesellschaft gelten. Man spricht deshalb mittlerweile von der „Wissensgesellschaft". Modelle, die diese Entwicklung zu beschreiben versuchen, vertreten damit eine der populärsten Zeitdiagnosen in Politik, Wirtschaft und Wissenschaft.

Wissensspeicher Bibliothek

M45 Die Wissensgesellschaft

Bildung gewinnt in modernen Gesellschaften eine immer größere Bedeutung. Immer umfangreichere und vielgestaltigere Bildungseinrichtungen werden aufgebaut. Sie erfordern einen immer höheren Anteil der öffentlichen Ausgaben. Immer mehr unter den jüngeren Menschen sind Schüler und Studierende. Sie bleiben immer längere Zeit in Schulen und Hochschulen. Heute verbringt die Hälfte der nachrückenden Generation schon etwa ein Viertel ihrer Lebenszeit in Bildungseinrichtungen (...). In modernen „postindustriellen Gesellschaften" werden technische, gesellschaftliche und politische Zusammenhänge immer komplexer. Sie erfordern immer mehr Wissen von den Einzelnen. Als Beispiele mögen die komplizierten Zusammenhänge auf dem Gebiet des Umweltschutzes dienen. Nicht länger die maschinellen Ausrüstungen, sondern die Kenntnisse der Menschen stellen den Motor wirtschaftlichen Lebens dar. Bildung ist zur wichtigsten Grundlage für den materiellen Wohlstand moderner Gesellschaften geworden. Umgekehrt ermöglicht es dieser gesellschaftliche Reichtum erst, große Bevölkerungsteile viele Jahre lang aus dem unmittelbaren Wirtschaften herauszunehmen und in teuren Bildungseinrichtungen mit Wissen zu versorgen. Aus all diesen Gründen werden diese Gesellschaften auch „Wissensgesellschaften" oder „Informationsgesellschaften" genannt. Informationsgewinnung, -vermittlung und -verbreitung, mithin auch Bildungsgüter und Bildungsstätten, gewinnen in diesen modernen Gesellschaften einen hohen Stellenwert.

Stefan Hradil: Soziale Ungleichheit in Deutschland, Wiesbaden 2005, S. 148 f.

M46 Empirische Aspekte der Wissensgesellschaft

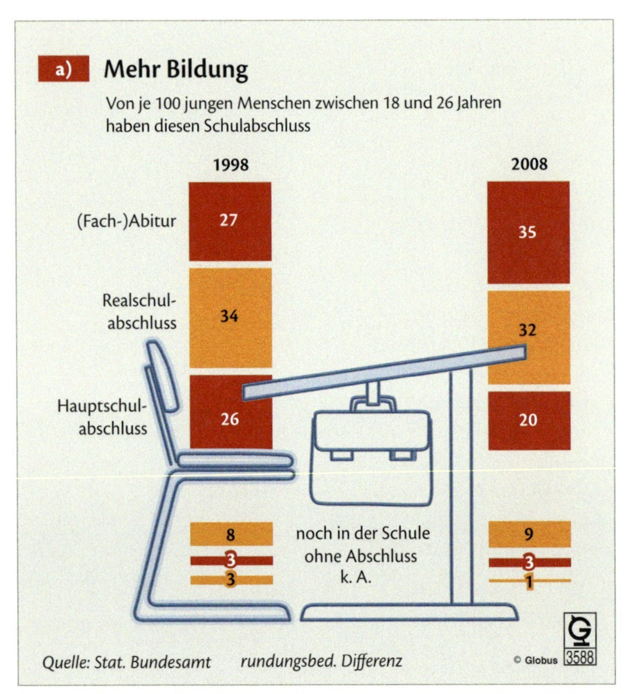

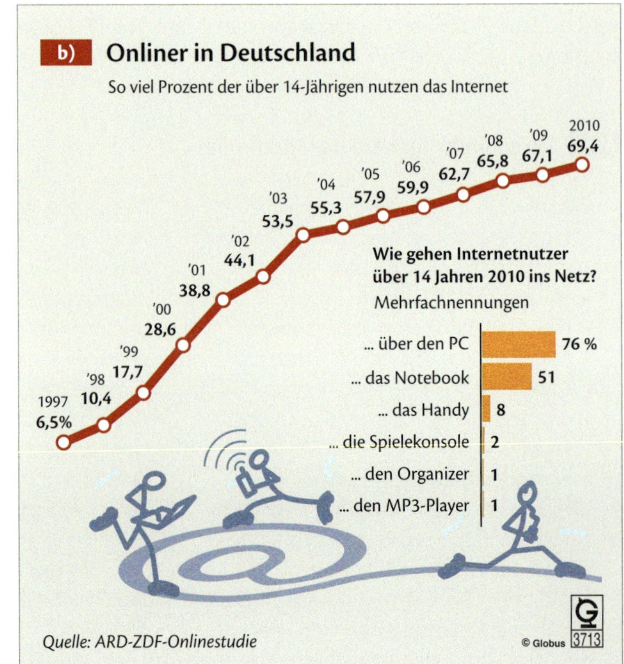

M47 Die Wissenskluft-Hypothese (Knowledge-Gap)

Aus einem Online-Lexikon:
(Unter der „Wissenskluft-Hypothese" versteht man die) im Zusammenhang mit der Informationswirkung der Massenkommunikation erstmals von Phillip Tichenor vertretene Hypothese, derzufolge Bevölkerungsschichten mit geringem sozialen Status von den Massenmedien einen geringeren Informationsgewinn (Wissenszuwachs) als die Bevölkerung mit höherem sozialen Status (Bildung, Einkommen) erzielen. Die zunehmende Verbreitung von Massenmedien trage insoweit zu einer Verschärfung sozialer Unterschiede bei. (...)
Die „Knowledge-gap"-Hypothese hat zwei Aspekte: Der eine betrifft die allgemeine Verbreitung von Wissen in den verschiedenen Schichten der Bevölkerung. Der zweite betrifft spezifische Themen, über die verschiedene Personen unterschiedlich gut informiert sind. Der erste Aspekt ergibt sich aus der in jeder Gesellschaft herrschenden sozialen Ungleichheit. Der zweite berührt die Funktionen der Massenmedien und ihre Möglichkeiten, die bestehenden Wissenslücken zu schließen oder auch zu verbreitern.
Eine Ergänzung zur Wissenskluft-Hypothese stellt K. Novaks „communication potential hypothesis" dar, die postuliert, jedermanns Kommunikationspotenzial sei ein Mittel zur Erreichung bestimmter Werte im Leben. Der Umfang und das Format dieses Kommunikationspotenzials hängen nach Novak von Ressourcen ab:
(1) Persönliche Merkmale, d. h. grundlegende, meist angeborene Fähigkeiten, (2) Merkmale, die sich aus der sozialen Stellung eines Menschen ergeben, wie Einkommen, Ausbildung, Alter, Geschlecht, Berufstätigkeit usw., und (3) Merkmale der Sozialstruktur.
Fokus Medialexikon. in: http://www.medialine.de (Zugriff: 28.8.2010)

Digitale Kluft?

M48 „Digitale Außenseiter"

Computer und Internet sind aus unserem Alltag nicht mehr wegzudenken. Jedenfalls nicht für die 72 Prozent oder umgerechnet 48,3 Millionen deutschen Bürger über 14 Jahren, die inzwischen online sind. Diese Zahlen nannte die Initiative D 21 in ihrer jährlichen Studie über die Internetnutzung in Deutschland. Doch die digitale Spaltung der Bevölkerung ist noch längst nicht überwunden: Noch immer verfügen knapp 18 Millionen Menschen über keinen Zugang zum Internet.
„Digitale Außenseiter" nannte eine Umfrage der Initiative D 21 im März die Bevölkerungsgruppe, die nicht oder kaum mit Computern arbeitet. Sie zeichnet sich durch hohes Alter, geringe formale Bildung und überdurchschnittlich hohe Arbeitslosigkeit aus. Viele Hartz-IV-Empfänger beispielsweise haben keinen eigenen Zugang in die digitale Welt, ihnen fehlt das Geld für einen Computer. Auch Bürger mit Migrationshintergrund gehören häufig dazu. Der Umfrage nach stellt diese Gruppe mit 35 Prozent den größten Anteil der Nichtnutzer.
York Kusterka kennt die Probleme. (...) „Nicht nur die Sprache stellt für viele ein Problem dar", sagt Kusterka. „Manche unserer Kunden sind seit über zwanzig Jahren arbeitslos und sollen plötzlich eine Onlinebewerbung schreiben – wie soll das gehen ohne Computer und entsprechende Kenntnisse?"
Die Frage ist berechtigt, und nicht nur die Jobsuche im Internet wird für viele zur Hürde. Immer mehr Behörden verlagern ihre Angebote ins Netz: Ob GEZ-Befreiung oder SCHUFA-Auskunft – wer nicht online ist, hat oft das Nachsehen.
Eike Kühl: Hilfe für digitale Außenseiter, in: Die Zeit v. 23.8.2010, in: http://www.zeit.de (Zugriff: 28.9.2010)

1 Führen Sie ein Brainstorming zum Begriff „Wissensgesellschaft" durch und vergleichen Sie die Ergebnisse anschließend mit **M 45** und **M 46**.

2 Legen Sie in Stichpunkten den Wert von Informationen und Wissen in der heutigen Gesellschaft dar. Nennen Sie konkrete Beispiele, wie durch Wissen und Medienkompetenz Vorteile in der Gesellschaft erlangt werden können.

3 Nehmen Sie Stellung: Ist die These von der „Wissenskluft" und der „digitalen Kluft" angemessen oder übertrieben?

Anpassung? – Theorien sozialen Wandels I

Wird die Gesellschaft wirklich immer unterschiedlicher oder lassen sich doch Anpassungstendenzen erkennen? Für Helmut Schelsky war zumindest zu seiner Zeit klar: Die Gesellschaft entdifferenziert sich. Der von ihm im Jahr 1953 eingeführte Terminus von der „nivellierten Mittelstandsgesellschaft“ wurde trotz kritischer Rezeption bis heute zum Dauerbrenner der Sozialstrukturanalyse.

Helmut Schelsky (1912–1984), einer der einflussreichsten Soziologen der westdeutschen Nachkriegszeit

M49 Helmut Schelsky: Die nivellierte Mittelstandsgesellschaft (1953)

1. In der deutschen Gesellschaft der letzten zwei Generationen sind umfangreiche soziale Aufstiegs- und Abstiegsprozesse vor sich gegangen: zunächst bildet der kollektive Aufstieg der Industriearbeiterschaft und der mehr individuell, im ganzen aber ebenfalls schichtbildend vor sich gehende Aufstieg der technischen und Verwaltungs-Angestellten in den neuen Mittelstand die breite Aufstiegsmobilität der industriell-bürokratischen Gesellschaft. Mit diesen Aufstiegsprozessen kreuzen sich in etwas jüngerer Zeit breite soziale Abstiegs- und Deklassierungsprozesse, die im Ersten Weltkrieg begannen, in den Jahren nach 1945 in den Heimatvertreibungen, politisch bedingten Deklassierungen usw. bisher kulminierten und besonders die Schichten des ehemaligen Besitz- und Bildungsbürgertums betroffen haben. Das Zusammenwirken dieser sich begegnenden Richtungen der sozialen Mobilität führt zunächst zu einer außerordentlichen Steigerung der sozialen Mobilität an sich, darüber hinaus aber vor allem zu einem relativen Abbau der Klassengegensätze, einer Entdifferenzierung der alten, noch ständisch geprägten Berufsgruppen und damit zu einer sozialen Nivellierung in einer verhältnismäßig einheitlichen Gesellschaftsschicht, die ebensowenig proletarisch wie bürgerlich ist, d. h. durch den Verlust der Klassenspannung und sozialen Hierarchie gekennzeichnet wird. Eine umfassende und sich ständig ausdehnende Sozialpolitik auf der einen und eine strenge, sich in den Einkommensstufen sehr schnell verschärfende Steuerpolitik auf der anderen Seite werden zu Dauerfaktoren dieses sozialen Nivellierungsprozesses, dem sich heute nur noch wenige und kleine Gruppen entziehen.

2. Der Nivellierung des realen wirtschaftlichen und politischen Status folgt weitgehend eine Vereinheitlichung der sozialen und kulturellen Verhaltensformen in einem Lebenszuschnitt, den man, gemessen an der alten Schichtenstufung, in der „unteren Mitte“ lokalisieren und daher als kleinbürgerlich-mittelständisch bezeichnen könnte. (...) Der universale Konsum der industriellen und publizistischen· Massenproduktionen sorgt auf der materiellen und geistigen Ebene dafür, dass fast jedermann seinen Fähigkeiten angemessen das Gefühl entwickeln kann, nicht mehr ganz „unten“ zu sein, sondern an der Fülle und dem Luxus des Daseins schon teilhaben zu können. (...) Diese verhältnismäßige Nivellierung ehemals schichttypischer Verhaltensstrukturen des Familienlebens, der Berufs- und Ausbildungswünsche der Kinder, der Wohn-, Verbrauchs- und Unterhaltungsformen, ja der kulturellen, politischen und wirtschaftlichen Reaktionen, ist der vielleicht dominierendste Vorgang in der Dynamik der gegenwärtigen deutschen Gesellschaft.

3. Damit kann die soziale Mobilität innerhalb der deutschen Sozialverfassung nicht mehr wesentlich als ein Umschichtungsvorgang, d. h. als der Prozess des sozialen Aufstiegs und Abstiegs innerhalb vorhandener sozialer Schichten verstanden werden, sondern allenfalls gerade als Entschichtungsvorgang, als ein Abbau der Bedeutung gesellschaftlicher Schichten überhaupt. (...)

4. Der Schichtungsbegriff behält nun insofern seine Gewichtigkeit in der Analyse der deutschen Gesellschaft, als eine Form des sozialen Verhaltens sich der sonstigen sozialen Nivellierung bisher entzieht: die sozialen Leitbilder oder das soziale Selbstbewusstsein der einzelnen. Gegen nichts wehrt sich das Sozialbewusstsein der kleinbürgerlichen und mittelständischen Menschen mehr als gegen die soziale Standortlosigkeit ohne gesellschaftlichen Rang und Geltung (...).

5. Dies zeigt sich vor allem in der Unerfüllbarkeit der sozialen Aufstiegsbedürfnisse. Die Stabilität des sozialem Status in einer statischen Schichtungsgesellschaft vermochte begründete soziale Sicherheitsgefühle zu verbreiten; in einer alle Bevölkerungsgruppen umfassenden grundsätzlichen sozialen Mobilität muss sich das Bedürfnis nach sozialer Sicherheit in einem Streben nach ständigem

sozialem Aufstieg, in einem immer Mehr-haben-Wollen und immer Mehr-sein-Wollen äußern. (...) So wird die Unerfüllbarkeit der sozialen Aufstiegsbedürfnisse zu einem konstitutionellen Kennzeichen der sich nivellierenden Gesellschaft werden, aus dem sich sehr entscheidende soziale Spannungen ergeben können.

6. Mit dieser Entwicklung hat eine Frage der älteren deutschen Soziologie eine unerwartete Antwort gefunden: Die Analyse der sozialen Schichtung der deutschen Bevölkerung zu Ende der zwanziger und zu Beginn der dreißiger Jahre stieß im so genannten Mittelstandsproblem stets auf die besondere Schwierigkeit, dass der Widerspruch zwischen realem sozialen Status und dem Prestigebild des sozialen Selbstbewusstseins in dieser Schicht, insbesondere in der Gruppe der Angestellten, eine klare Zuordnung dieser Gruppen innerhalb der Schichtungsgesellschaft verhinderte (...). Es gibt kein soziologisches Mittelstandsproblem mehr, weil es heute zur Problematik der Gesamtgesellschaft geworden ist, die sich zu einer mittelständisch-bürgerlichen Einheitsschicht zu nivellieren beginnt, zu der die „falsche Ideologie" ebenso gehört wie die Tatsache, dass weder Einkommenslage noch Berufszugehörigkeit auf die Dauer ausschlaggebend werden für die Selbstzuordnung innerhalb einer festgehaltenen veralteten Prestigeschichtung der Gesellschaft.

Helmut Schelsky: Die Bedeutung des Schichtbegriffs für die Analyse der gegenwärtigen deutschen Gesellschaft, in: Ders. (Hg.): Auf der Suche nach Wirklichkeit, Düsseldorf 1965, S. 331–336

„Wirtschaftswunder"-Zeit in den 1950er-Jahren

M 50 Nivellierungstendenzen? Wo?

In den fünfziger Jahren entstand die These, die sowohl den Klassen- und Schichtbegriff ablehnte, als auch überhaupt Modelle der vertikalen Strukturierung zur Charakterisierung der Sozialstruktur ablehnte. Obwohl diese Perspektive bald ihre Kritiker fand, ist das Schlagwort von der nivellierten Mittelstandsgesellschaft eines, das nicht in seiner Geltung, wohl aber in seinem Bekanntheitsgrad bis heute erhalten geblieben ist. (...) (*So*) diente sie oft als willkommene Folie, um sich abzugrenzen. Beispielsweise kann Dahrendorf (1965) die Behauptung der Angleichung wirtschaftlicher Positionen (welcher Maßstab liegt hier zugrunde?) nicht nachvollziehen, auch große Mobilität hält er für fraglich, wenn allenfalls jedes zehnte Arbeiterkind Aufstiegschancen habe (...). Ebenso halten Bolte und andere (1967) die Nivellierungstendenzen für „zweifellos überbetont" (...). Zudem bleibt (...) die Frage nach Konflikten unterbelichtet, Dahrendorf spricht die Gefahr der Zementierung von Herrschaftsverhältnissen durch eine solche Sichtweise an. (...)

Über dreißig Jahre später stellte sich erneut die Frage, inwiefern es überhaupt noch Schichten gebe und ob soziale Lagen mit spezifischen Interessen verknüpft seien. Es handelt sich jedoch nicht um eine Reaktualisierung Schelskys, weil das (weiterhin kontrovers diskutierte) Thema unter veränderten Ungleichheitsbedingungen aufkam.

Nicole Burzan: Soziale Ungleichheit, Wiesbaden 2007, S. 41 ff.

1 Informieren Sie sich über die Gesellschaft der 1950er-Jahre.

2 Arbeiten Sie heraus, welche Befunde der These Schelskys vom Abbau gesellschaftlicher Schichten zugrundeliegen. Kommentieren Sie anschließend die einzelnen Thesen kritisch auf Grundlage des bisher Erlernten.

3 Bewerten Sie in einer kurzen Rezension zu Schelskys Aufsatz seine Thesen in Hinblick auf a) die Gesellschaft der 1950er-Jahre und b) die heutige soziale Struktur.

4 Erläutern und diskutieren Sie Dahrendorfs Befürchtung der „Zementierung von Herrschaftsverhältnissen" (**M 50**).

Mehr Freiheit? –Theorien sozialen Wandels II

Die Menschen der Moderne stehen als „Kinder der Freiheit" – so der Soziologe Ulrich Beck (s. S. 290) – vor der Aufgabe, ihr Leben in einer zukunftsoffenen, individualisierten Welt mit mehr und mehr Freiheitsspielräumen zu gestalten. Doch diese neue Freiheit birgt zugleich auch Risiken. Sind das Risiken, auf die sich die heutige Gesellschaft nicht einlassen will? Ist die deutsche Gesellschaft etwa schon wieder am Ende der Individualisierung angekommen?

M51 Lust und Laster der neuen Freiheit

Wird die Familie „entzaubert"?

Die Individualität der Moderne lebt grundsätzlich vom Anspruch des Menschen, das gleiche Recht wie jeder zu haben, ein Einzelner für sich zu sein, also ohne Rücksicht auf Herkunft, Geschlecht, soziale Lage oder andere soziale Zuschreibungen.
Sie lebt zweitens vom Bewusstsein der Differenz in höchst unterschiedlichen sozialen Bereichen. Dieses Bewusstsein zielt nicht auf Gleichheit, die wird vorausgesetzt, sondern auf individuelle Freiheit. Natürlich kann sich dieser Anspruch darin erschöpfen, wie viele Andere sein zu wollen, aber im Unterbewusstsein ist der Gedanke aufbewahrt, dass man frei war, sich für dieses Verhalten und genau für diese Anderen zu entscheiden. Der typische Fall des denkenden Individuums wird ein anderer sein: Es will das Soziale nicht auf irgendeine ausgefallene Weise steigern, sondern zurückdrängen. Es beansprucht, Individualität ggf. auch gegen kulturelle Erwartungen und normative Muster in der Gesellschaft durchzuhalten. (...)
Neben dieser, die Autonomie des Individuums gegenüber der Gesellschaft betonenden Bedeutung des Begriffs „Individualisierung" findet sich eine zweite, die die Herauslösung des Individuums aus sozialen Bindungen betont. Das kann man einmal in dem Sinne verstehen, dass gemeinschaftliche Beziehungen, die dem Individuum Orientierung geben und es emotional tragen, an Kraft verlieren. Beispiele für Beziehungen und Institutionen, die an Überzeugungskraft und Bindung verlieren, sind die Familie, die Kirche oder die Nachbarschaft. (...)
In der jüngeren soziologischen Diskussion war es dann Ulrich Beck, dessen Gesellschaftsanalyse diese Herauslösung des Individuums aus traditionalen, gemeinschaftlichen Bezügen als „Freisetzung" und gleichzeitig „Entzauberung" (1986) thematisiert hat. Entzauberung ist die Herauslösung für ihn deshalb, weil mit der Lockerung traditionaler Bindungen auch entsprechendes Handlungswissen, Glauben und leitende Normen (...) ihre sinnstiftende Kraft verlieren. Danach heißt Individualisierung, dass die Gesellschaft dem Individuum die Entscheidungen, wie es mit ihm selbst weitergeht, selbst auferlegt. Ihm dämmert, dass mit der Freiheit von einengenden Traditionen, Macht und kulturellen Diktaten auch andere soziale Stützen weggebrochen sind. Bestimmte kulturelle Orientierungen, die ihm Routinen gestatten könnten, sind fraglich geworden, weil sie sich überlebt haben oder keiner mehr so richtig an sie glaubt. Auf der anderen Seite ist unbestreitbar, dass die Orientierungen zahlreicher werden und alle für sich Sinn machen. Die Pluralisierung beschert dem Individuum neue Wahlmöglichkeiten. (...)
Auf der Rückseite der Medaille Freiheit steht nicht etwa nur die Last, sie auszuhalten, sondern auch der Zwang, den unübersichtlich gewordenen sozialen Raum selbst zu strukturieren. Das Individuum muss permanent Entscheidungen treffen, ohne dass ihm gesichertes Handlungswissen zur Verfügung stünde, und wenn es die falschen Entscheidungen trifft, hat es die Konsequenzen selbst zu tragen. Individualisierung heißt in dieser Hinsicht, dass sich das Individuum die Handlungsfolgen selbst anrechnet.

Heinz Abels: Identität, Wiesbaden 2010, S. 43 f. u. 183 ff.

M52 Ist nun jeder seines eigenen Glückes Schmied?

Der steigende Leistungsdruck (*wird*) oft als individuelles Problem, als Problem des Einzelnen wahrgenommen (...) und nicht als kollektives Problem, als Problem, das alle haben.

Und vor allem wird die Bewältigung des Leistungsdrucks individualisiert und privatisiert: Mit Leistungsdruck umgehen können wird zu einer wichtigen Anforderung – und selbst zum Ausdruck von Leistungsfähigkeit. In der Konsequenz fühlen sich viele (...) am Leistungsdruck „irgendwie" selbst Schuld (weil sie zum Beispiel nicht gut genug organisiert seien oder es zu genau nähmen und Ähnliches) und fühlen sich als Versager, weil sie nicht besser mit ihm umgehen können. Und das kann durchaus auch einsam machen.

Faktencheck: Willkommen in der neuen Arbeitswelt! Statement Nick Kratzer, wdr.de v. 27.12.2009, in: http://www.wdr.de (Zugriff: 28.9.2010)

M53 Flucht zurück? Die Wiederentdeckung alter Werte

Zu Beginn des neuen Jahrtausends wächst eine junge Generation im Zwiespalt zwischen alten Werten und neuen Märkten auf. Was die junge Generation derzeit am meisten fasziniert, sind Coca-Cola (38 Prozent) und Levis (34 Prozent), Formel-I-Rennen (33 Prozent) und McDonald's (33 Prozent), Nike (33 Prozent) und MTV (29 Prozent). Kirche/Religion, Greenpeace und Amnesty International, Bibel und Rotes Kreuz sind deutlich nachgeordnet. (...)
In einer solchen „Rund-um-die-Uhr-alles-ist-möglich"-Gesellschaft lösen sich die Grenzen von In oder Out, Neu oder Alt, Progressiv oder Konservativ, Links oder Rechts zusehends auf. (...) Die Bürger, die Wähler, die Konsumenten sind kaum mehr berechenbar, dafür aber spontan, flexibel und mobil. (...)
Die Individualisierung unseres Lebensstils geht mit einer Atomisierung unseres Wertehimmels einher. Stolz verkündet die moderne Jugendforschung heute: „Der allgemein verbindliche alte Wertehimmel ist passé", die offene Gesellschaft ist eine „Sowohl-als-auch"-Gesellschaft. Für den zwischenmenschlichen Umgang braucht man keine „Gebrauchsanweisung" mehr. Jeder mixt sich seinen „Wertecocktail" selber. (...)
In der westlichen Welt waren bisher die sozialen Sicherungssysteme so gut ausgebaut, dass niemand befürchten musste, in seinem Überleben gefährdet zu sein. Andererseits haben immer Menschen das Gefühl, in einer Hochgefahrenzivilisation zu leben (...). So breitet sich das Gefühl aus: Nichts ist mehr sicher. (...)
Die von Trendforschern (...) seit Jahren propagierte „Ich-AG" bzw. „Selbst-GmbH" bricht jetzt in sich zusammen, weil das Fundament – der Lebenssinn – außer Acht gelassen wurde. Da helfen auch Consultingdienste oder Ratgeberliteratur nicht. Das beste Mittel gegen Vertrauensschwund sind nicht bezahlte Dienstleister, sondern die Verwirklichung von Freundschaft, Liebe, Freundlichkeit, wie dies Jugendliche als Hoffnung an die Zukunft formulieren. (...)
Kommt bald die Biedermeier-Kultur wieder? Als Reaktion auf politische Krisenzeiten entsteht ein Wunschbild von Ruhe und Geborgenheit, beinahe eine neue Bürgerlichkeit mit Zügen einer Biedermeier-Kultur. Der Mensch will wieder mit der Welt ins Reine kommen, geht auf die Suche nach dem inneren Frieden. (...)
Die Zukunft gehöre einem Persönlichkeitstypus, der gleichermaßen traditionelle und moderne Werte schätze und eine Wertsynthese verkörpere: Menschen, die sich zwischen Altem und Neuem souverän zu bewegen wissen, werden in der Forschung nun aktive Realisten genannt. (...)
Ein neuer Zeitgeist kündigt sich an: „Der Wertewandel ist erst dann zu Ende, wenn sich die Jüngeren in ihren Ansichten nicht mehr wesentlich von den Älteren unterscheiden." Die Generationskluft löst sich tendenziell auf, weil Jüngere und Ältere ein ausbalanciertes Lebenskonzept anstreben (...). Auch bei den Verfechtern des unaufhaltsamen Trends zur Individualisierung kommen inzwischen erheblichen Zweifel auf. Die These vom autarken Ich wird als pure Ideologie entlarvt. (...)
Das Zeitalter der Individualisierung, das keine vorgegebenen Normen, Werte und Leitbilder mehr kannte, und anerkannte, überlebt sich.

Horst W. Opaschowski: Die westliche Wertekultur auf dem Prüfstand, in: Aus Politik und Zeitgeschichte B 52–53, 2001, S. 7–17

Als **Biedermeier** wird die Zeitspanne von 1815 bis 1848 in den Ländern des Deutschen Bundes bezeichnet. In kulturgeschichtlicher Hinsicht wird der Begriff als Synonym für Behaglichkeit, Häuslichkeit, Geselligkeit in Familie und Freundeskreis sowie für den Rückzug ins Private verwendet

1 Stellen Sie die zwei Seiten der „Medaille Freiheit" dar.

2 Diskutieren Sie in Kleingruppen, welche konkreten Konsequenzen – auch auf Ihre Situation und Lebensplanung bezogen – das Mehr an Freiheit haben kann.

3 Arbeiten Sie die Argumente heraus, die der These Opaschowskis vom Ende des Zeitalters der Individualisierung zugrunde liegen und nehmen Sie zu seiner These Stellung.

Themen und Hinweise

Mögliche Themen für Referate und Themenbereiche von Facharbeiten

Hinweis: Die konkrete Themenstellung der Facharbeit kann nur in engem Kontakt mit der betreuenden Fachlehrerin bzw. dem Fachlehrer festgelegt werden.

- Der Zusammenhang von sozialer Ungleichheit und Gerechtigkeit
- Alter, Geschlecht und ethnische Zugehörigkeit als Determinanten sozialer Ungleichheit
- Die sozio-demografische Entwicklung der Bundesrepublik Deutschland im Wandel der Zeit
- Soziale Lebenslagen in Deutschland nach Otto Schwenk
- Die Gesellschaft Karl Marx' Mitte des 19. Jahrhunderts und der gescheiterte Klassenkampf
- Trends der Milieubildung: Die Sinus-Milieus 2000 und 2010 im Vergleich
- Konzept und Ergebnisse der Milieustudie agis
- Die Einkommens- und Vermögensschichtung der Stadt …
- Gründe der unterschiedlichen subjektiven Schichteinschätzung in Ost- und Westdeutschland
- Unterschiede und Gemeinsamkeiten von Klassen- und Schichttheorien
- Soziale Mobilität und Bildung am Beispiel allgemeinbildender Schulen
- Der Zusammenhang von Geschlecht und Bildung
- Empirische Auseinandersetzung mit dem so genannten „Fahrstuhl-Effekt"
- Freizeitsoziologie im Fokus: Was machen die Menschen, wenn sie nicht arbeiten?
- Gibt es eine „digitale Kluft" in Deutschland?
- Lebenslauf-Entwürfe von Frauen im Wandel

Zur Übung und Vertiefung

- Werten Sie die Beurteilung der Rede über die „neue Unterschicht" aus: ***www.uni-bielefeld.de/paedagogik/agn/ag8/das_wahre_elend.pdf***
- Arbeiten Sie die Kernthesen zum Thema Geschlechtergerechtigkeit heraus: ***www.bpb.de/publikationen/WXM7T4,2,0,Geschlechtergleichheit_in_Deutschland.html***
- Zeigen Sie die Entwicklung der Milieus auf: ***www.sinus-institut.de/uploads/tx_mpdownloadcenter/Update_2010_Hintergruende_und_Fakten.pdf***
- Erarbeiten Sie sich Ulrich Becks These von der Risikogesellschaft anhand von ***www-public.tu-bs.de:8080/~y0021278/soziologie/Beck.pdf***
- Analysieren Sie den Wertewandel der modernen Gesellschaft: ***www.schader-stiftung.de/gesellschaft_wandel/452.php***
- Analysieren Sie den zukünftigen Bedarf an Bildung mithilfe von ***www.schader-stiftung.de/gesellschaft_wandel/753.php***
- Erarbeiten Sie sich die Grundzüge der Erlebnisgesellschaft nach Gerhard Schulze: ***www.bpb.de/publikationen/L0749F,0,Was_wird_aus_der_Erlebnisgesellschaft.html***
- Begründen Sie die jeweiligen Vor- und Nachteile der dargestellten Modelle: ***www.gymnasium-wentorf.de/fileadmin/redakteure/dateien_zum_download/klassen_oder_schichten_oder_milieus.pdf***

Hinweise zur Weiterarbeit

www.bpb.de/wissen/37OUAU,0,Die_soziale_Situation_in_Deutschland.html	Zahlen und Fakten zur sozialen Situation in Deutschland
www.schader-stiftung.de/gesellschaft_wandel/375.php	Texte und Grafiken zum sozialen Wandel
www.gesis.org/forschunglehre/gesis-publikationen/datenreport/2008/	Datenreport 2008 – ein Sozialbericht für die BRD
www.bpb.de/wissen/07046934831035092380562845107449,0,0,Ungleichheit.html#art0	Lexikoneintrag Ungleichheit
www.sozialpolitik-aktuell.de/	Informationsportal zur Sozialpolitik

Sozialer Wandel

Die moderne Gesellschaft ist durch ihre Dynamik gekennzeichnet. Bestehende Strukturen lösen sich auf und machen neuen Platz. Solche Veränderungen sind für die Betroffenen häufig schmerzhaft und verlangen ein Maß an Flexibilität, das nicht alle aufbringen können. Veränderungsprozesse hinterlassen Verlierer, aber auch Gewinner.
Dieses Kapitel befasst sich mit dem sozialen oder gesellschaftlichen Wandel. Damit werden die Veränderungen bezeichnet, die innerhalb einer Gesellschaft über einen längeren Zeitraum vor sich gehen.
Im Blickpunkt steht dabei die Sozialstruktur einschließlich der Bevölkerungsstruktur.
Nach Bearbeitung des Kapitels sollten Sie wichtige Bereiche des sozialen Wandels erläutern und ihn in seinen Auswirkungen auf Individuum und Gesellschaft beurteilen können.

Sozialer Wandel am Beispiel von Beziehungen

Beziehungen zwischen Menschen sind so, wie sie sind. Ist das richtig? Erzählungen von Müttern und Vätern, Großmüttern und Großvätern über „früher" offenbaren andere Rahmenbedingungen von Beziehungen – und auch andere Formen von Beziehungen. Dies liegt oft nicht nur an den Besonderheiten der Personen, sondern hat mit sozialem Wandel zu tun.

M1 Drei Generationen

Jahrgang 1942
Jugendjahre in den 50ern
vor der sexuellen Revolution
vorliberale Generation

Jahrgang 1957
Jugendjahre in den 70ern
während der sexuellen Revolution
Generation der sexuellen Revolution

Jahrgang 1972
Jugendjahre in den 80ern
nach der sexuellen Revolution
Generation der *Gender Equalization*

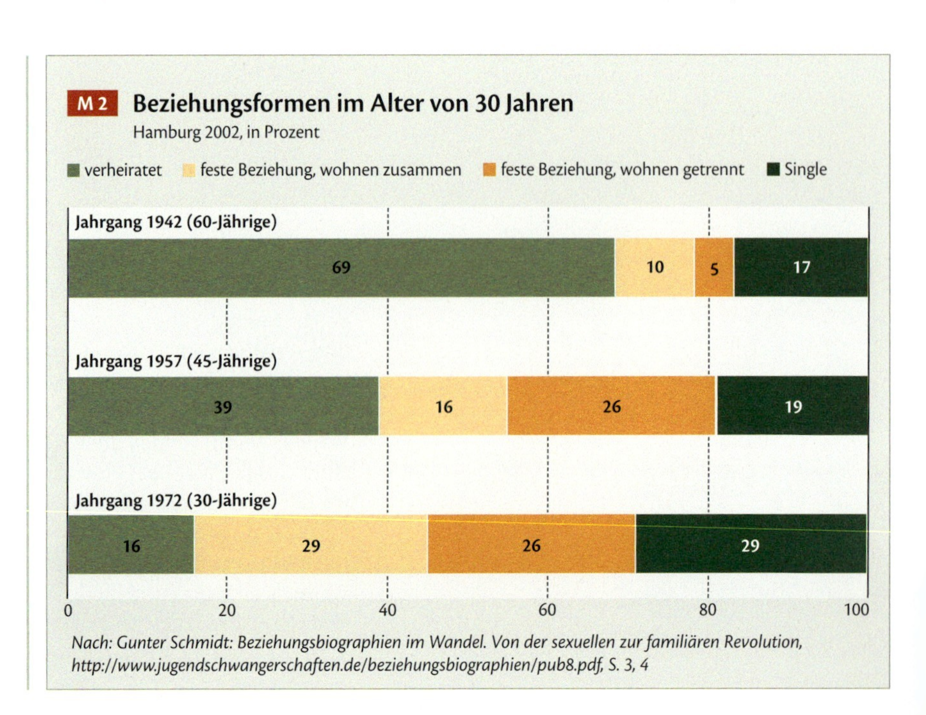

M3 Grundtrends sozialen Wandels in Deutschland

Der Soziologe Rainer Geißler:
Die Haupttrends der sozialstrukturellen Modernisierung bzw. ihre Ergebnisse (...) lassen sich zu zwölf Punkten verdichten:
Leistungs- und Wohlstandsgesellschaft: Die ökonomischen Triebkräfte der kapitalistisch-liberalen Marktwirtschaft lösen in Kombination mit einer pluralistischen Demokratie einen historisch einzigartigen, sich später abschwächenden und auch vorübergehend auf sehr hohem Niveau stagnierenden Anstieg von Lebensstandard und Massenkonsum aus, der mit hoher sozialer Sicherheit für eine große Bevölkerungsmehrheit verbunden ist. Er kommt – unter anderem wegen sozialstaatlicher Umverteilungen – fast allen Schichten zugute. (...)
Wissens- und Bildungsgesellschaft: Verwissenschaftlichung, Technisierung und wachsende Komplexität der Gesellschaft sind die strukturellen Ursachen einer kontinuierlichen Höherqualifizierung der Bevölkerung mit nachhaltigen Auswirkungen auf viele Bereiche des gesellschaftlichen Lebens.
Industrielle Dienstleistungsgesellschaft: Steigende Produktivität und Wirtschaftswachstum sowie andere Faktoren des soziokulturellen Wandels verlagern das Schwergewicht von Beschäftigung und Wertschöpfung zunehmend vom primären und sekundären auf den tertiären Produktionssektor. (...)
Umschichtung nach oben und höhere Aufwärtsmobilität, aber fortbestehende Mobilitätsbarrieren: Bildungsexpansion und Tertiärisierung gehen einher mit einer Umschichtung nach oben: Die Zahl der mittleren und höheren Positionen nimmt zu, die der unteren Positionen nimmt ab. (...)
Lockerung und Pluralisierung, aber keine Auflösung des Schichtgefüges: Vielfältige soziokulturelle Veränderungen (insbesondere Pluralisierung, Individualisierung, steigende Mobilität) lockern die Zusammenhänge von Soziallagen und Subkulturen/Lebenschancen, lösen jedoch die Schichten nicht auf.
Pluralistische Funktionseliten mit eingeschränkter Macht: Der „strukturierte Pluralismus" von Teileliten mit pluralistisch und teilweise auch demokratisch beschränkter Macht in verschiedenen gesellschaftlichen Funktionsbereichen ist Ausdruck der funktionalen Differenzierung und relativen Autonomie der verschiedenen gesellschaftlichen Teilbereiche.
Vertikale soziale Ungleichheiten: Schichtspezifisch ungleiche Lebenschancen, unter anderem im Hinblick auf Einkommen, Vermögen und Bildung, bleiben erhalten. (...)
Dynamische, sozial zersplitterte Randschichten bzw. 85-Prozent-Gesellschaft: Der steigende Wohlstand konnte die Randschicht derjenigen, die an oder unter der relativen Armutsgrenze leben müssen und nicht angemessen am Leben der Kerngesellschaft teilnehmen können, nicht beseitigen. (...)
Verringerung der sozialen Ungleichheiten zwischen den Geschlechtern: Während vertikale Ungleichheiten Bestand haben, verringern sich geschlechtsspezifische Ungleichheiten zunehmend – insbesondere im Bildungswesen, aber auch in Arbeitswelt und Politik, am wenigsten in der Familie. (...)
Durchsetzung und Verlust des Monopols der bürgerlichen Familie sowie Lockerung und Differenzierung der Formen des privaten Zusammenlebens: Die Wohlstandsgesellschaft schuf die materiellen Voraussetzungen zur endgültigen Ausbreitung der bürgerlichen Familie in allen Schichten. (...)
Geburtenrückgang – steigende Lebenserwartungen – Alterung: Niedrige Geburtenziffern und steigende Lebenserwartungen sind die charakteristischen Kennzeichen der natürlichen Bevölkerungsentwicklung im Zuge der Modernisierung. Sie lassen die Bevölkerung demografisch altern. (...)
Multiethnische Gesellschaft: Das hohe Wohlstands- und Gratifikationsniveau übt eine Sogwirkung auf die Menschen in Gesellschaften mit schlechteren Lebensbedingungen aus. (...) Eine monoethnische Gesellschaft verwandelt sich nach und nach in eine multiethnische Gesellschaft – in eine Einwanderungsgesellschaft modernen Typs.
Rainer Geißler: Die Sozialstruktur Deutschlands. Gesellschaftliche Entwicklungstrends vor und nach der Vereinigung, 5. Aufl. Wiesbaden 2008, S. 361–363

Rainer Geißler (geb. 1939), deutscher Soziologe

multiethnisch: aus vielen Völkern zusammengesetzt

1. Analysieren Sie die Aussagen aus **M 2** im Hinblick auf den Wandel in den Beziehungen.
2. Stellen Sie die Trends des sozialen Wandels in Deutschland dar und versuchen Sie eine erste Einordnung des Wandels der Beziehungen.
3. Nehmen Sie Stellung zum Trend weg von der Ehe.

Immer mehr Entscheidungen? – Individualisierung

Jedem seinen Style! Längst hat die Individualisierung der Produkte in der Wirtschaft Einzug gehalten. Zumindest die Oberflächen der Massenprodukte sind individuell gestaltbar.

M4 Jedem seinen „Style“

Handy-Design-Folien

M5 Kleine Zeitleiste zum Handy

1958	Mobilfunknetze in Deutschland
1980	Tragbare Telefone
1992	das erste Handy, Einführung GSM-Standard
1999	moderne Multimedia-Station, WAP-Standard
2004	dritte Mobilfunk-Generation, Einführung UMTS-Standard
2009	vierte Mobilfunk-Generation, Einführung LTE-Standard

Autorentext

M6 Die Ambivalenz der Erreichbarkeit

Ambivalenz: Zwiespältigkeit

Kommunikations-Technologien haben immer eine doppelte Bedeutung: Neben ihrem Gebrauchswert bzw. ihrer technisch-sozialen Funktion (Telefonieren, Informationen empfangen, Musik hören usw.) haben sie eine symbolische Bedeutung: Sie können in einen Lebensstil integriert, in eine „ästhetische Umgebung“ eingepasst werden. (...)
Es entstehen aber zugleich neue Probleme: Die Kehrseite des Mobilitätsgewinns und der ständigen Erreichbarkeit sind verstärkte Kontroll- und Überwachungsmöglichkeiten in sozialen Beziehungen, fehlende Rückzugsmöglichkeiten, Legitimationsdruck bei Nichterreichbarkeit und so weiter. Die Ausstattung mit Handys macht voneinander sozial Abhängige zu ständig Überwachten. Deutlich wird die Ambivalenz der Erreichbarkeit für Eltern, vor allem für Mütter. Zwar können sie dank des Handys manchmal darauf verzichten, die Kinder direkt zu betreuen – „remote mothering“ ist möglich (...) – auf der anderen Seite erkaufen sie sich diese „Unabhängigkeit“ aber gerade mit einer verstärkten Abhängigkeit: Sie werden durch das Handy praktisch gezwungen, die Kinder ständig zu überwachen; sie befinden sich als Mütter sozusagen ständig in Bereitschaftsalarm. Für (Ehe-)Partner gibt es Begründungsbedarf für Nichterreichbarkeit. Man kann nicht zwei Stunden zu spät nach Hause kommen und irgendeine Ausrede erfinden – man ist zumindest gezwungen, die Ausrede gleich zu erfinden und sie per Handy mitzuteilen. Wenn zwei gute Bekannte oder gute Geschäftspartner voneinander wissen, dass sie jeweils ein Handy besitzen, dann wird es fast unmöglich, sich der Kommunikation zu entziehen: Jeder ist jederzeit vom anderen erreichbar. Wer sein Handy ausschaltet, macht sich verdächtig, erzeugt zumindest Erklärungsbedarf.

Günter Burkart: Das Mobiltelefon und die Veränderung der Kommunikation im sozialen Raum, in: Ulrich Beck (Hrsg.): Soziale Welt. Zeitschrift für sozialwissenschaftliche Forschung und Praxis, 51. Jg., Heft 2., Baden-Baden 2000, S. 11, 14

M7 Wirtschaftsfaktor Handy

Der Mobilfunkmarkt ist ein Milliardengeschäft, von dem Handyhersteller, Netzbetreiber, Provider und sonstige Diensteanbieter gleichermaßen profitieren. Gerade wenn Handys Lifestyle-Objekte darstellen, sind diese wirtschaftlich für mehrere Bereiche interessant.
Die Individualisierung des Handys mit Handyschmuck oder individuellen Oberschalen ist bereits seit Jahren ein Trend, weit verbreitet bei jungen Menschen. Die Auswahl der Klingeltöne wird bei jedem neuen Hit in den Charts größer, gar werden eigens Klingeltöne generiert und verkauft – oft im Rahmen von teuren Abos. Zweifelhafte Mehrwertdienste arbeiten oft nach demselben Schema.
Der größte Anteil am Umsatz mit dem Mobilfunk machen aber natürlich die beiden absoluten unabdingbaren Elemente des Mobiltelefonieren selbst aus: das Handy an sich und der Tarif. So gibt es eine Vielzahl an Handys zur Auswahl, von dem günstigen, recht einfach gehaltenen Handy bis hin zum Mini-Computer für die Hosentasche für mehrere Hundert Euro.

Tim Greiling: Wirtschaftsfaktor Handy, http://www.handykanal.info/wirtschaftsfaktor-handys.html (Zugriff: 21.10.2010)

M8 Die Veröffentlichung des Privaten

Die Zeit hat ihren Ort, und der Ort hat seine Zeit verloren. Rund um die Uhr und beinahe an jedem Ort können wir heute einkaufen und verkaufen. Demnächst wird es möglich sein, je nach Bedarf, und das heißt nichts anderes als unabhängig von aller Uhrzeit, die spontan gewünschten Programmangebote im Fernsehen abzurufen.
Ähnliche Tendenzen kann man bei Verabredungen feststellen. Sie werden neuerdings relativ kurzfristig und damit potenziell zu jeder Zeit getroffen und verwirklicht. Das Mobiltelefon macht's möglich: „Ich komm gleich mal vorbei. Schön, dass Du da bist!"
Weniger denn je werden Räume und Zeiten über Grenzen markiert. Die Medien- und die Informationstechnologie und deren rasante Verbreitung haben diese verflüssigt, entmaterialisiert und virtualisiert. (...)
Grenzüberschreitungen sind zu einer wichtigen ökonomischen Produktivkraft geworden. Man kann sich ihnen nur mehr mit viel Aufwand und hohem Energieeinsatz entziehen. Gegebenenfalls auch gegen ihren Willen müssen alle mitmachen.
Die Orte des sozialen Lebenszusammenhanges verlieren durch diesen Prozess zunehmend ihre Privatheit, maßgeblich noch unterstützt durch die Installation von Apparaturen, die mit Lichtgeschwindigkeit den Anschluss an das jeweils aktuelle Weltgeschehen herstellen. Auch sind die Fabrik, das Büro, der Arbeitsplatz nicht mehr länger jene Orte, an denen sich die Arbeit in exklusiver Art und Weise konzentriert. Dies gilt insbesondere in Bereichen, wo Informationen und Daten bearbeitet werden. Die traditionellen Trennlinien, die Abgrenzungen von Arbeit und Nicht-Arbeit, zwischen Privatem und Öffentlichem, sie werden porös. Ein orts- und zeitloses Netzwerk tritt an deren Stelle. Mit Computer, Fernseher, Telefax, Mobiltelefon, Laptop und anderen Geräten mehr wird der Abschied vom Privatleben eingeleitet und vorangetrieben. So fanden noch bis vor nicht langer Zeit Telefongespräche in abgeschlossenen Räumen und Zellen statt, die der Privatheit Schutz boten. Die passive Teilnahme an der jeweiligen fernmündlichen Unterhaltung galt noch vor kurzem als grobe Verletzung der Intimsphäre. Das hat sich seit der Verbreitung des Mobiltelefons gründlich geändert.

Karlheinz A. Geißler: Grenzenlose Zeiten, in: Aus Politik und Zeitgeschichte 31–32/2004, S. 7 f.

1 Beschreiben Sie den technologischen Wandel und die sozialen Individualisierungsprozesse infolge der Handy-Technologie.

2 Erläutern Sie, inwiefern die Mobilfunktechnik Auswirkungen auf die sozialen Beziehungen hat.

3 Erschließen Sie mögliche Herausforderungen der Individualisierung an die Wirtschaft und das politische System.

Sterben wir aus? – Demografischer Wandel

„Die Deutschen sterben aus" – dieses Schreckensbild aus der Boulevardpresse bringt die Ängste, die mit dem demografischen Wandel verbunden sind, auf den Punkt. Ganz unzweifelhaft wandelt sich die Alterszusammensetzung der Gesellschaft.

Geburtenrate: Anzahl der Lebendgeborenen pro Jahr bezogen auf 1000 Einwohner

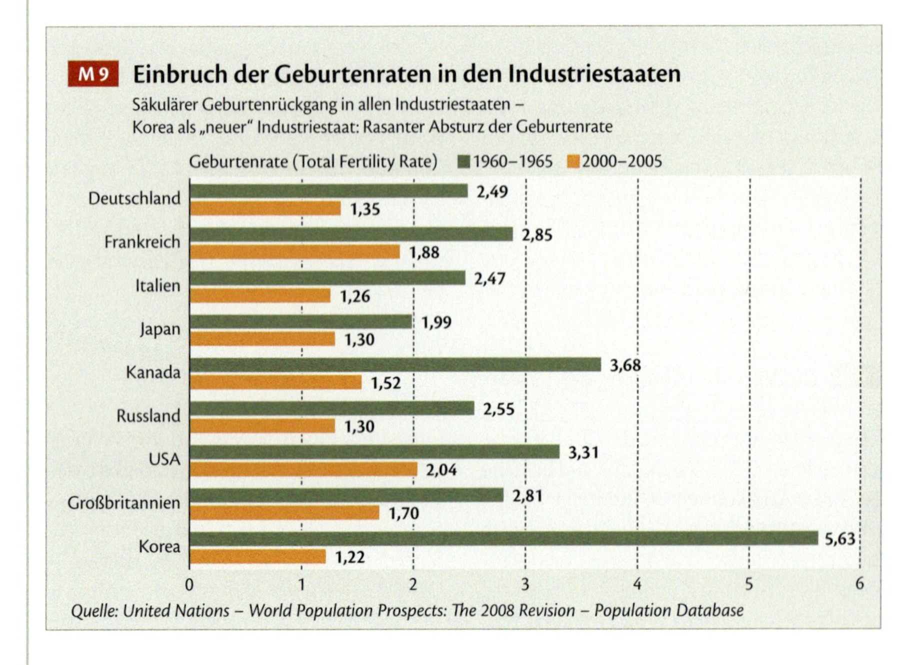

M 10 Zur demografischen Lage in Deutschland

Warum sollte man sich um die deutsche Bevölkerungsentwicklung Sorgen machen? Weil die bevorstehenden demografischen Veränderungen ohne historisches Beispiel sind und deshalb keine Erfahrungen mit den Auswirkungen und keine Konzepte zum Umgang mit diesen Veränderungen existieren. Statt mit Wachstum ist in Zukunft zunächst mit einer starken Zunahme des Anteils älterer Menschen und dann mit einem deutlichen Bevölkerungsrückgang zu rechnen. Beide Phänomene sind für Deutschland unvermeidlich. (...)

Dass wir von diesem Geburtendefizit bisher relativ wenig gespürt haben, hat zwei Gründe: Zum einen ist die durchschnittliche Lebenserwartung seit 1970 um etwa 10 Jahre gestiegen, zum anderen leben heute ungefähr 14 Millionen Menschen mit Migrationshintergrund in Deutschland: Aussiedler, Ausländer und eingebürgerte Migranten. Sie und die Alten füllen die Lücken, die durch den Geburtenrückgang entstanden sind. Vorerst. Doch ab 2015 kommt die zwischen 1955 und 1969 geborene große Gruppe der „Babyboomer" ins Rentenalter. Wenn sie altern, wird die Zahl der Sterbefälle, die schon seit 1972 jene der Geborenen übersteigt, immer weiter anwachsen und kann durch eine realistische Zahl von Zuwanderern nicht mehr ausgeglichen werden. Nach Vorausberechnung des Statistischen Bundesamtes wird bei einer durchschnittlichen jährlichen Netto-Zuwanderung von 200 000 Personen die Einwohnerzahl bis zum Jahr 2050 auf 75 Millionen zurückgehen. Kämen jedes Jahr nur 100 000 Migranten – was in etwa den gegenwärtigen Werten entspricht – könnte die Bevölkerung Deutschlands sogar auf 68 Millionen sinken. Unabhängig von der absoluten Bevölkerungszahl wird sich das Verhältnis von jüngeren zu älteren Menschen stark verändern. Die Zahl der Personen im heute üblichen Erwerbsalter zwischen 20 und 60 Jahren wird bis 2050 um mehr als ein Fünftel abnehmen, die der unter 20-Jährigen sogar um 30 Prozent. Gleichzeitig steigt der Anteil der über 60-Jährigen an der Gesamtbevölkerung von heute 25 auf dann 37 Prozent.

Steffen Kröhnert: Zur demografischen Lage der Nation, 2006, in: www1.bpb.de/ Bundeszentrale für politische Bildung (Zugriff: 21.10.2010)

M 11 Nichts Neues

Die „demografische Zeitbombe" wird scheinbar eingängig illustriert: Heute kommen noch knapp vier Erwerbsfähige auf einen über 65-Jährigen. In 50 Jahren werden es nur noch zwei sein. Vielen scheint sofort einsichtig, dass das nicht gut gehen kann. Wenn die Menschen immer länger leben und gleichzeitig immer weniger Kinder bekommen, dann scheinen „natürliche" Sachzwänge zu bestehen, die Gesellschaft umzubauen.

Diese Verschiebungen sind aber überhaupt nichts Neues. (...) 1950 betrug das Verhältnis von Jung zu Alt noch sieben zu eins. Wir haben also bereits einen dramatischen demografischen Wandel hinter uns. Nur gemerkt hat es anscheinend niemand. In Anbetracht von gut laufender Wirtschaft in der Nachkriegszeit, niedrigen Arbeitslosenzahlen und bis in die 1970er-Jahre erfolgtem Ausbau der Sozialsysteme gab es auch keinen Anlass, um sich mit Demografie zu beschäftigen. (...)

Vor über hundert Jahren kamen auf eine Person über 65 Jahren rund zwölf Erwerbsfähige. 2000 sind es gerade noch vier. Aus Sicht der „Demografie-Experten" ein dramatischer Rückgang. Er war einschneidender als der, der für die nächsten 50 Jahre prognostiziert wird. Der Lebensstandard ist jedoch in den letzten 100 Jahren deutlich gestiegen. Ein erheblicher Teil dieser demografischen Verschiebung fand in den 1950er-und 1960er-Jahren statt. Gleichzeitig wurden in der Nachkriegszeit bis Anfang der siebziger Jahre die deutlichsten Fortschritte beim Ausbau des Sozialstaates gemacht. Und alles trotz deutlicher demografischer Verschiebungen, trotz erheblicher Zunahme der „Versorgungslasten" für die ältere Generation. Damals war dies kein Problem. Eine deutliche Steigerung der Erwerbstätigkeit machte es möglich. Und vor allem haben die Beschäftigten, die Rentner und Rentnerinnen an der beständigen Steigerung der Produktivität teilgehabt.

Verdi: Mythos Demografie, Berlin 2003, S. 2, 8, http://www.verdi.de/wipo/broschueren/mythos_demografie (Zugriff: 21.10.2010)

Zeichnung: Alff

M 12 Was tun?

Auch wenn die demografische Alterung und Schrumpfung unabwendbar ist: Die negativen Folgen für Wirtschaft und Gesellschaft können gemildert werden.

Erstens durch eine längere Lebensarbeitszeit. In den vergangenen Jahrzehnten hat sich in Deutschland das Alter bei Berufseintritt immer weiter nach hinten, das der Pensionierung aber eher nach vorn verlagert. Kürzere Ausbildungszeiten sowie ein späteres Renteneintrittsalter könnten die Folgen des demografischen Wandels erheblich entschärfen.

Die zweite Möglichkeit, auch bei schrumpfendem Erwerbspersonenpotenzial die Zahl der Erwerbstätigen zu halten, liegt darin, mehr Frauen zu beschäftigen. Während die Erwerbstätigenquote von Frauen zwischen 25 und 59 Jahren in Großbritannien bei 72, in Dänemark bei 77 und in Schweden bei 80 Prozent liegt, sind in Deutschland lediglich 69 Prozent der Frauen berufstätig. Mitverantwortlich dafür sind fehlende oder unflexible Möglichkeiten der Kinderbetreuung und fehlende Ganztagsschulen sowie ein veraltetes Steuersystem, welches etwa über das „Ehegattensplitting" den Rückzug von Frauen aus dem Erwerbsleben fördert und Familien, in denen beide Elternteile arbeiten, benachteiligt.

Drittens muss sich Deutschland auf eine neue Form der Zuwanderung vorbereiten. Qualifizierte Migranten, die künftige Lücken im Fachkräfteangebot schließen können, sollten gezielt angeworben und ihnen und ihren Familien ein dauerhaftes Bleiben in Deutschland ermöglicht werden. Alle entwickelten Industrieländer werden – mehr oder weniger – demografisch altern und sich deshalb um qualifizierte Einwanderer bemühen.

Steffen Kröhnert: Zur demografischen Lage der Nation, in: www1.bpb.de/themen/WM0Z6D,0,0,Zur_demografischen_Lage_der_Nation.html (Zugriff: 21.10.2010)

1 Bestimmen Sie die Faktoren des Bevölkerungswandels.

2 Zeigen Sie, welche Fragen der Bevölkerungswandel dem sozialen System der Bundesrepublik stellt.

3 Diskutieren Sie unter Einbeziehung der Materialien, inwieweit die demografische Entwicklung bewältigt werden kann.

Multikulti? – Sozialer Wandel durch Migration

Die Zuwanderung stellt einen demografischen Faktor dar und bewirkt sozialen Wandel. Dies wirft Probleme auf, die in Deutschland wie auch in den Nachbarländern verstärkt diskutiert werden. Welche Lösungsmöglichkeiten gibt es?

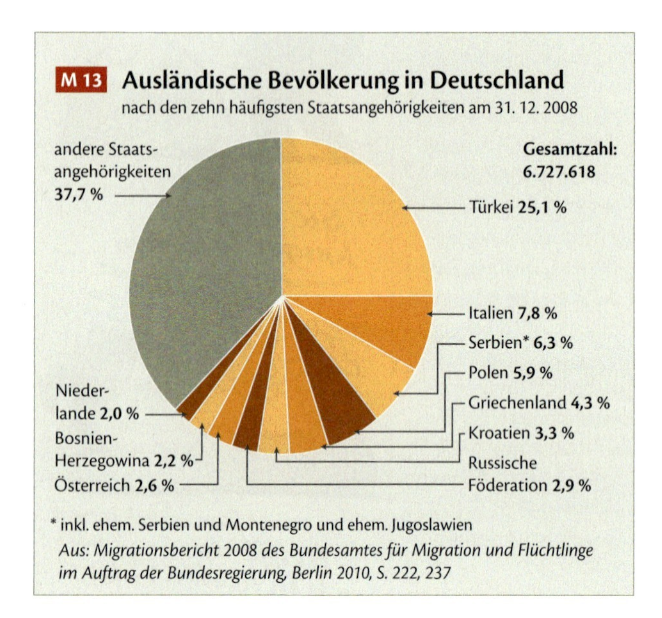

M 13 Ausländische Bevölkerung in Deutschland
nach den zehn häufigsten Staatsangehörigkeiten am 31. 12. 2008

* inkl. ehem. Serbien und Montenegro und ehem. Jugoslawien

Aus: Migrationsbericht 2008 des Bundesamtes für Migration und Flüchtlinge im Auftrag der Bundesregierung, Berlin 2010, S. 222, 237

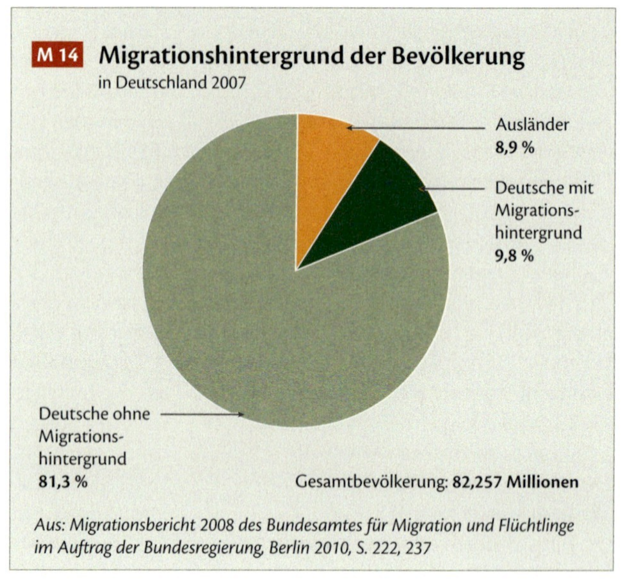

M 14 Migrationshintergrund der Bevölkerung
in Deutschland 2007

Aus: Migrationsbericht 2008 des Bundesamtes für Migration und Flüchtlinge im Auftrag der Bundesregierung, Berlin 2010, S. 222, 237

Stefan Hradil (geb. 1946), deutscher Soziologe

M 15 Zukünftige Entwicklungstrends der Außenwanderungen

Der Soziologe Stefan Hradil:
Arbeitsmigration wird notwendig

Blickt man auf (...) Darstellungen zur künftigen Bevölkerungszahl und Altersstruktur (...), so wird erkennbar, dass Arbeitsmigration in Zukunft notwendig werden wird. Es sollte jedoch festgehalten werden, dass durch Zuwanderung nur der vergleichsweise unproblematische Rückgang der Bevölkerungszahl insgesamt vermieden werden kann. Die Verschiebung der Altersstruktur und die damit einhergehenden erheblichen Probleme lassen sich durch Zuwanderung nur etwas mindern, keinesfalls völlig beheben.

Arbeitsmigranten können die Alterung der Erwerbstätigen und den Mangel an Erwerbspersonen, das Fehlen von Beitragszahlern für soziale Sicherungen sowie die Zunahme der Hochaltrigen und Hochbetagten nur begrenzt ausgleichen. Es bedürfte geradezu astronomischer Zuwanderungsraten, um eine Egalisierung der Altersstruktur herzustellen bzw. um Erhöhungen von Rentenzahlungen innerhalb des 2001 bestehenden Systems völlig zu vermeiden. Hierzu müssten in der Spitze mehr als 5 Mio. Menschen pro Jahr einwandern, dies aber in großen Schwankungen von Jahr zu Jahr. Diese Menge und Unstetigkeit von Einwanderungen kann wohl keine Gesellschaft verkraften.

Mit wie vielen Migranten ist zu rechnen?

Geht man von den [in verschiedenen Prognosen] erwähnten Zuwanderungen aus, so ist damit bekannt, wie viele Menschen aus dem Ausland zu uns kommen werden, um Arbeit zu finden: Im Schnitt der nächsten Jahrzehnte etwa 200 bis 250 Tausend, davon bis 2010 relativ wenige, von da an in steigendem Maße. Wir wissen auch, dass sie mehrheitlich wohl lange bleiben werden. Wie viele „Ausländer" dann aber in Deutschland wohnen werden, ist damit noch nicht gesagt. Und zwar aus mindestens zwei Gründen:

Zum einen wird es neben der Einwanderung zu wirtschaftlichen Zwecken (der Zuwanderer und der Deutschen) auch eine Zuwanderung aus humanitären Gründen geben. Wie viele Flüchtlinge, Asylsuchende etc. zu uns kommen werden, ist jedoch nicht vorherzusagen. Das wird von der politischen und ökonomischen Lage in vielen Ländern, aber auch von den künftigen Regelungen der Europäischen Union abhängen.

Zum andern werden sich die künftigen Einbürgerungsbestimmungen auf die Zahl der unter uns lebenden „Ausländer" auswirken. Wer „Ausländer" ist und wer nicht, bestimmt sich ja nicht nach sozialwissenschaftlichen Kriterien wie Sprache, Verhalten, Aussehen oder Kultur, sondern nach dem jeweiligen Pass und damit nach einer juristischen Definition und den politisch entschiedenen Verfahrensregeln.

Sicher dürfte sein, dass der Anteil von „Ausländern" hierzulande vor allem nach 2010 deutlich steigen wird.

Stefan Hradil: Bevölkerungsentwicklung und Gesellschaftsveränderung in den kommenden Jahrzehnten. In: Gegenwartskunde 50 (2001), S. 394ff.

M 16 „Türen werden eingetreten"

Aus dem Hilferuf der Rektorin der Rütli-Schule in Berlin-Neukölln:

Wie in der Schulleitersitzung am 21.2.06 geschildert, hat sich die Zusammensetzung unserer Schülerschaft in den letzten Jahren dahingehend verändert, dass der Anteil der Schüler/-innen mit arabischem Migrationshintergrund inzwischen am höchsten ist. Er beträgt zurzeit 34,9 Prozent, gefolgt von 26,1 Prozent mit türkischem Migrationshintergrund. Der Gesamtanteil der Jugendlichen n.d.H. (nicht deutscher Herkunft) beträgt 83,2 Prozent. (...) In unserer Schule gibt es keine/-n Mitarbeiter/-in aus anderen Kulturkreisen. Wir müssen feststellen, dass die Stimmung in einigen Klassen zurzeit geprägt ist von Aggressivität, Respektlosigkeit und Ignoranz uns Erwachsenen gegenüber.

Notwendiges Unterrichtsmaterial wird nur von wenigen Schüler/-innen mitgebracht. Die Gewaltbereitschaft gegen Sachen wächst: Türen werden eingetreten, Papierkörbe als Fußbälle missbraucht, Knallkörper gezündet und Bilderrahmen von den Flurwänden gerissen. (...)

Unsere Bemühungen, die Einhaltung der Regeln durchzusetzen, treffen auf starken Widerstand der Schüler/-innen. Diesen Widerstand zu überwinden wird immer schwieriger. In vielen Klassen ist das Verhalten im Unterricht geprägt durch totale Ablehnung des Unterrichtsstoffes und menschenverachtendes Auftreten. Lehrkräfte werden gar nicht wahrgenommen, Gegenstände fliegen zielgerichtet gegen Lehrkräfte durch die Klassen, Anweisungen werden ignoriert. (...)

Wenn wir uns die Entwicklung unserer Schule in den letzten Jahren ansehen, so müssen wir feststellen, dass die Hauptschule am Ende der Sackgasse angekommen ist und es keine Wendemöglichkeit mehr gibt.

Welchen Sinn macht es, dass in einer Schule alle Schüler/-innen gesammelt werden, die weder von den Eltern noch von der Wirtschaft Perspektiven aufgezeigt bekommen, um ihr Leben sinnvoll gestalten zu können. (...)

Deshalb kann jede Hilfe für unsere Schule nur bedeuten, die aktuelle Situation erträglicher zu machen. Perspektivisch muss die Hauptschule in dieser Zusammensetzung aufgelöst werden zugunsten einer neuen Schulform mit gänzlich neuer Zusammensetzung.

Notruf der Rütli-Schule, Spiegel Online, 30.3.2006, in: www.Spiegel.de (Zugriff: 15.1.2011)

Zeichnung: Haitzinger

1 Ermitteln Sie in einer Blitzumfrage, inwieweit der Bevölkerungsanteil von Migrantinnen und Migranten bekannt ist bzw. ob er überschätzt wird. Was könnten Gründe für eine Überschätzung sein?

2 Analysieren Sie die Prognose der Zuwanderungsentwicklung und setzen Sie sie in ein Verhältnis zu realen Zahlen.

3 Fassen Sie den Hilferuf der Rütli-Schule zusammen und recherchieren Sie die weitere Entwicklung der Schule.

Ab morgen wieder frei? – Wandel der Arbeit

Mit der gesellschaftlichen Entwicklung wandelt sich die Arbeit. Dies hat weitreichende Auswirkungen für die ganze Gesellschaft. Die Beteiligung von Bevölkerungsgruppen am Arbeitsprozess beeinflusst deren gesellschaftliche Stellung.

M 17 Erwerbsquoten und Erwerbstätigenquoten nach Geschlecht 1960–2008

in % der Bevölkerung im Alter von 15 bis unter 65 Jahren

Jahr	Erwerbsquote[1]			Erwerbstätigenquote[1]		
	Insgesamt	Männer	Frauen	Insgesamt	Männer	Frauen
Alte Bundesländer (ohne Berlin)[2]						
1960	67,6	90,7	47,6	67,2	90,3	47,2
1970	66,2	88,2	46,2	65,8	87,7	45,9
1980	67,1	84,4	50,2	65,2	82,5	48,3
1990	70,8	82,7	58,5	66,3	78,5	53,8
2000	70,3	80,7	62,9	66,1	74,3	57,7
2005	73,2	80,8	65,5	66,5	73,3	59,7
2008	75,2	81,9	68,3	70,6	77,0	64,1
Neue Bundesländer (inkl. Berlin)[2]						
1991	78,9	84,2	77,2	72,5	78,5	66,8
1995	76,8	79,2	73,9	64,0	70,5	57,5
2000	73,7	77,9	69,3	62,3	66,7	57,7
2005	75,7	79,1	72,1	61,2	63,5	58,8
2008	78,2	81,6	74,7	67,8	70,6	64,9
Deutschland						
1991	71,3	81,8	60,7	67,8	78,4	57,0
1995	71,9	81,0	62,6	64,6	73,9	55,1
2000	71,0	78,4	64,0	65,4	72,8	57,7
2005	73,7	80,4	66,8	65,4	71,2	59,5
2008	75,8	81,8	69,6	70,0	75,7	64,2

[1] Ab 2005 Jahresdurchschnitt, [2] Abweichende Gebietsunterscheidung für die Erwerbstätigenquoten der Jahre 1991 bis 2000: Früheres Bundesgebiet sowie Neue Länder und Berlin-Ost

Quelle: Statistisches Bundesamt, Mikrozensus (Arbeitstabellen), verschiedene Jahrgänge (eigene Berechnungen)

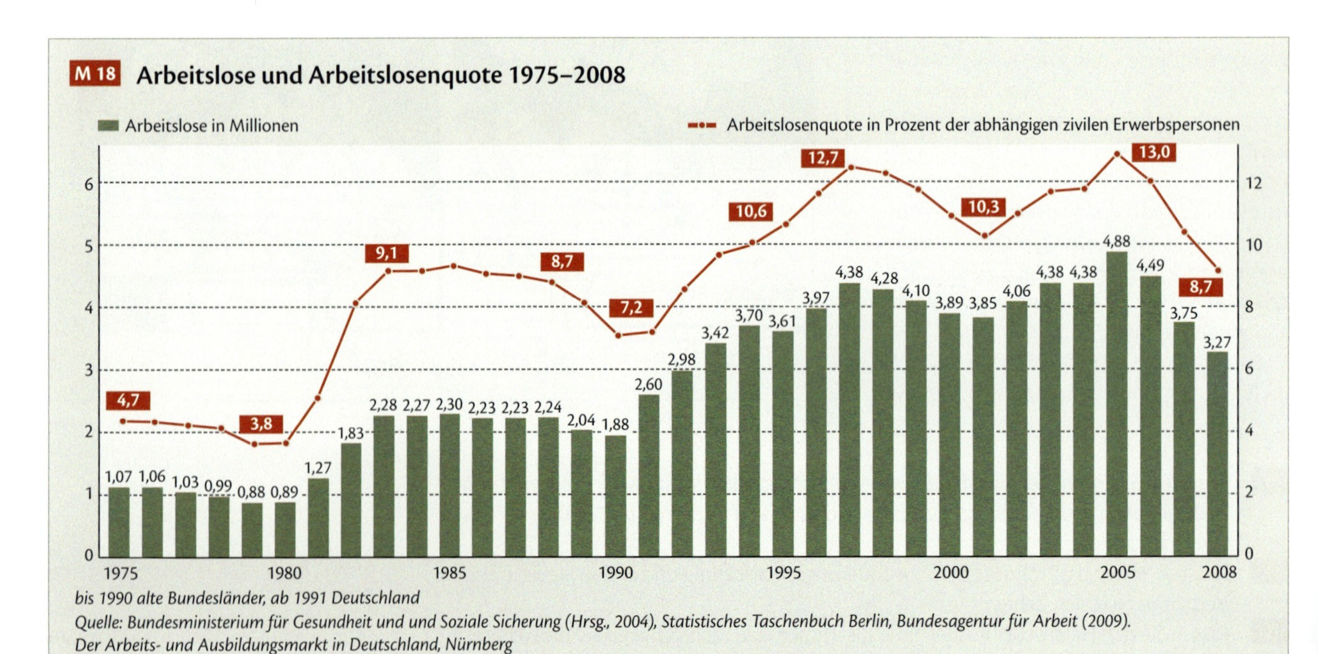

M 18 Arbeitslose und Arbeitslosenquote 1975–2008

bis 1990 alte Bundesländer, ab 1991 Deutschland

Quelle: Bundesministerium für Gesundheit und und Soziale Sicherung (Hrsg., 2004), Statistisches Taschenbuch Berlin, Bundesagentur für Arbeit (2009). Der Arbeits- und Ausbildungsmarkt in Deutschland, Nürnberg

M19 Wandel der Qualifikationsanforderungen

Der schon in der Vergangenheit beobachtbare Rückgang der „Hilfstätigkeiten", also der Tätigkeiten, die Auffangbecken für ungelernte Arbeitskräfte sind, wird in den kommenden Jahren ungebremst weitergehen. Der Abbau von derartigen Arbeitsplätzen, die für technisch-organisatorische Rationalisierung besonders zugänglich sind, vermindert die Chancen für Arbeitskräfte ohne jegliche berufliche Qualifizierung gravierend. (...)
Für die „qualifizierten Fachtätigkeiten", also Tätigkeiten, die überwiegend einen qualifizierten Ausbildungsabschluss (Lehre u. Ä.) als Einstiegskriterium voraussetzen, zeichnet sich gesamthaft zwar eine annähernde absolute und relative Stabilisierung ab. (...) „Qualifizierte Fachtätigkeiten" mit Dienstleistungscharakter dagegen bleiben zum Teil konstant, lassen zum Teil aber auch kräftige Zuwächse erwarten.
Das Tätigkeitsfeld der „Fachtätigkeiten mit Führungsaufgaben", die Tätigkeitsebene, die sehr stark durch Aufgabenstellungen für Personal mit Meisterqualifikation respektive mit Qualifikationen der höheren Sachbearbeiterfunktion charakterisierbar ist, kann mittel- und langfristig zulegen. (...) Anspruchsvollere Produktionsfunktionen, die sich durch einen begrenzten Umfang von Dispositions-, Kontroll- und Führungsverantwortlichkeiten auszeichnen, die in enger Verbindung zu den Entwicklungsabteilungen stehen, werden häufig am deutschen Standort erhalten.
Auf deutlichem Expansionskurs befinden sich schlussendlich die „hoch- und höchstqualifizierten Tätigkeiten", wo i. d. R. eine hochqualifizierende Ausbildung (Fachhochschule, Hochschule u. Ä.) die Einstiegsvoraussetzung darstellt.

Inge Weidig: Sektoraler Strukturwandel und Beschäftigungsentwicklung. Die Arbeitslandschaft im Jahr 2010. In: Informationen zur Raumentwicklung, Heft 11/12.1999, S. 743 f.

M20 Veränderungen in der Arbeitswelt und die Folgen

Durch zunehmende Globalisierung wird von MitarbeiterInnen immer höhere Bereitschaft zur Mobilität erwartet. Dies fordert ein hohes Maß an Anpassungsfähigkeit und Veränderungsbereitschaft sowohl für den/die MitarbeiterIn als auch für seine/ihre Familie. (...)
Das Projektmanagement ist ein weiterer Trend, der sich im 21. Jahrhundert abzeichnet. Die Änderungen der Arbeitswelt fordern unter anderem auch neue Karrieremodelle, da ein verspäteter Berufseinstieg durch längere Ausbildung den Zeitraum für Karriere und Familiengründung drastisch verkürzt.
Unternehmen bevorzugen aufgrund der höheren Flexibilität bzw. geringeren Verbindlichkeit Arbeitsverhältnisse in Form von freier Mitarbeit oder Leasing. Die teilweise fehlende Verbindlichkeit zwischen Unternehmen und MitarbeiterIn und vor allem eine unterschiedliche Behandlung von MitarbeiterInnen (z.B. arbeitsrechtlicher Schutz) haben Unsicherheit und im weiteren Sinne auch Destabilisierung des sozialen Zusammenhalts der Gesellschaft zur Folge.
Darüber hinaus geben diese unverbindlichen, sich ständig ändernden Arbeitsverhältnisse sozialen Netzwerken einen neuen Stellenwert. Jeder Kontakt wird zunehmend aus ökonomischer bzw. geschäftlicher Perspektive betrachtet und auch gepflegt. (...)
Neue Technologien, wie beispielsweise Handy und Internet, ermöglichen neue flexible Arbeitszeitmodelle. MitarbeiterInnen können jederzeit und überall arbeiten, was die Grenze zwischen Arbeits- und Freizeit verschwimmen lässt. MitarbeiterInnen werden dadurch aufgefordert, das Arbeits- und Privatleben selbst auszugleichen (Work-Life-Balance).

Ch. Kabas: Schöne neue Arbeitswelt – Veränderungen und zukünftige Entwicklungen in der Arbeitswelt und damit verbundene gesellschaftliche Folgen. Psychologie in Österreich 27/2007, 252 ff.

Projektmanagement: Regelung des Ablaufs verschiedener Teilarbeiten

1 Analysieren Sie die Tabelle zur Erwerbsquote im Hinblick auf die Frauen.
2 Erörtern Sie mögliche gesellschaftliche und wirtschaftliche Konsequenzen einer höheren Frauenerwerbsbeteiligung.
3 Charakterisieren Sie die Entwicklung der Arbeitslosigkeit.
4 Diskutieren Sie mögliche Konsequenzen aus der Entwicklung der Qualifikationsanforderungen.

White collars? – Wandel der Industriegesellschaft

White collars – weiße Kragen im Gegensatz zu Arbeiterhemden – waren das Erkennungssignal der wenigen Angestellten in der Zeit der Hochindustrialisierung. Inzwischen aber ist der Anteil der Beschäftigten im Blaumann stark zurückgegangen.

Das Aquarius-Wassermuseum in Mülheim/Ruhr befindet sich in einem stillgelegten Wasserturm

M21 Die Lehre von den Produktionssektoren

Der französische Ökonom Jean Fourastié hat in einer der bekanntesten Theorien des ökonomischen und damit des gesamtgesellschaftlichen Strukturwandels das Wirtschaftssystem in die folgenden Produktionssektoren unterteilt:

- primärer Sektor (vor allem Landwirtschaft, Urgewinnung);
- sekundärer Sektor (vor allem verarbeitendes Gewerbe wie Industrie und Handwerk);
- tertiärer Sektor (vor allem Handel, Verwaltung, freie Berufe, Dienstleistungsberufe).

Diese Einteilung in drei Produktionssektoren geht zwar auf die Ökonomen Allan B. G. Fisher und Colin Clark zurück, hat aber bei Fourastié eine bedeutende Erweiterung erfahren: Es geht nicht, wie vielfach fälschlich unterstellt, um eine Klassifikation der Wirtschaftsbereiche, sondern um eine Theorie, die die Auswirkungen des technischen Fortschritts bzw. der Arbeitsproduktivität in den einzelnen Wirtschaftbereichen analysiert (wobei Arbeitsproduktivität definiert ist als Arbeitsergiebigkeit, als Verhältniszahl des Produktionswertes und damit der Wertschöpfung im Hinblick auf die eingesetzte Arbeitsmenge). Auf dieser Grundlage kommt Fourastié zu folgender Differenzierung:

1. Primär ist ein Produktionssektor, in dem der technische Fortschritt und damit die Steigerung der Arbeitsproduktivität mittelmäßig stark ist;
2. sekundär ist ein Produktionssektor mit großem technischen Fortschritt;
3. tertiär ist ein Produktionssektor mit geringem oder gar keinem technischen Fortschritt.

Neben anderen Forschern erkannte Fourastié den technischen Fortschritt als „Grund und Hauptfaktor der wirtschaftlichen Entwicklung". Dies hat zwei Konsequenzen: Die „wirtschaftliche und gesellschaftliche Entwicklung der Gegenwart ist von der Steigerung der Arbeitsproduktivität beherrscht", und die unterschiedlichen Raten und Steigerungsraten der Arbeitsproduktivität in den einzelnen Produktionsbereichen schaffen, so könnte man folgern, Spannungszustände, Ungleichgewichte in und zwischen den Produktionsbereichen.

Damit ist eine wichtige Erkenntnisquelle erschlossen, weil gesellschaftliche Strukturveränderungen sich auf die Entwicklung der Arbeitsproduktivität in den einzelnen Wirtschaftssektoren zurückführen lassen.

Bernhard Schäfers: Sozialstruktur und sozialer Wandel in Deutschland, 7. Auflage, Stuttgart 2002, S. 176 f.

M22 Erwerbstätige nach Produktionssektoren

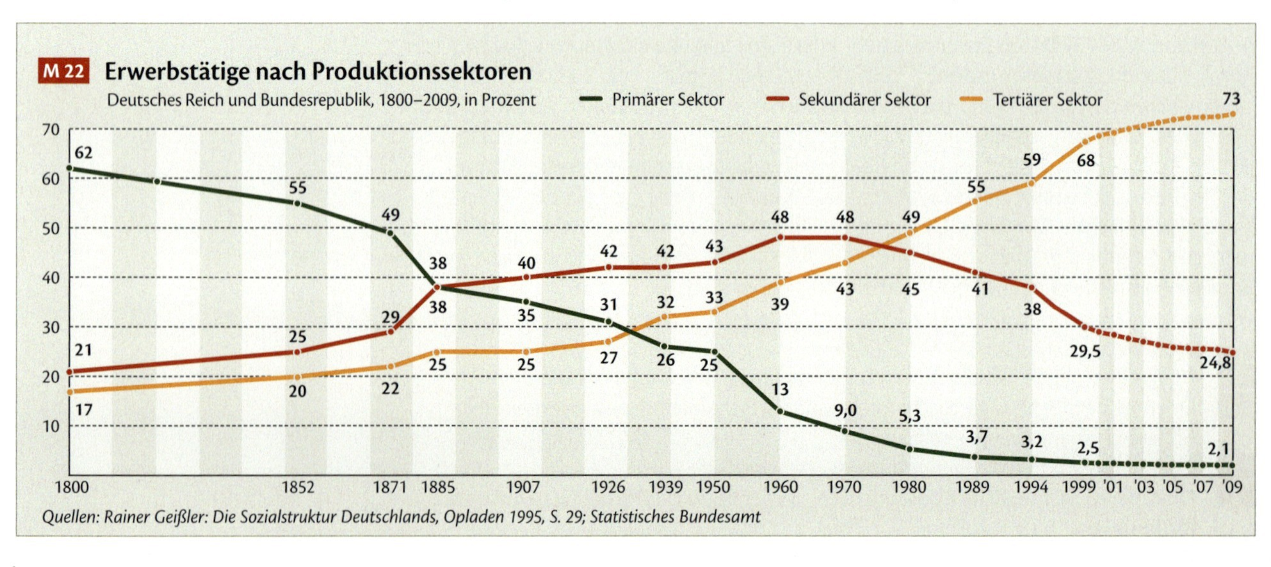

Quellen: Rainer Geißler: Die Sozialstruktur Deutschlands, Opladen 1995, S. 29; Statistisches Bundesamt

M23 Ende oder Wandel der Industriegesellschaft?

Der Soziologe Karl Otto Hondrich:
In den Überlegungen zur Zukunft der Industriegesellschaft, die im Westen seit langem angestellt werden, stehen (...) zwei Szenarien im Vordergrund: Die Erschlaffungshypothese, wonach die Industriegesellschaft an zu viel Bequemlichkeit zugrunde gehe; und die Selbstzerstörungshypothese, wonach die Industriegesellschaft nicht zu wenig, sondern zu viel Kraft, nämlich auch Zerstörungskraft entfalte – und damit sowohl ihre sozialen Bindungen als auch ihre ökologischen Grundlagen vernichte. Ich will mich mit diesen Thesen auseinandersetzen und insbesondere die Frage prüfen, ob die Industriegesellschaft die Voraussetzungen, auf denen sie beruht, selbst untergräbt.
Welches sind die Voraussetzungen, deren Bestand heute fraglich geworden ist?
Erstens: Dass die technologische Neuerungskraft erlahme, weil schon „alles erfunden" sei, wird heute kaum noch befürchtet: Kernkraft, Lasertechnik, Biotechnologie, Informationstechnologie entfalten eine ungeheure Schubkraft. Sie verändern das Bild der Industriemaschinen und ziehen Wertschöpfung und Arbeitskräfte aus dem industriellen in den sogenannten tertiären Sektor. Man mag das Ergebnis als verwissenschaftlichte postindustrielle Informations- oder Dienstleistungsgesellschaft bezeichnen. Nichtsdestoweniger wird auch der Dienstleistungssektor mit industriell gefertigten Produkten, von der Waschmaschine bis zum Computer, durchsetzt. Die Industriegesellschaft wandelt sich technologisch, aber sie bleibt doch auch: Industriegesellschaft.
Zweitens: Schon zu Beginn des Jahrhunderts wurde gemutmaßt, dass der Industriegesellschaft eine andere wesentliche Antriebskraft verloren gehe: der dynamische, von einem religiös-puritanischen Berufsethos beseelte Unternehmer. In der Tat ist die protestantisch-asketische Ethik verblasst. Aber so tief und unauffällig sind ihre Grundsätze in das weltliche Leistungs- und Gerechtigkeitsdenken eingesickert, dass sie des kirchlichen Bekenntnisses womöglich gar nicht mehr bedürfen. (...)
Drittens: Genauso wie der asketische und autoritäre Unternehmer wird auch der untertänige, zu jeder Arbeit und Mehrarbeit bereite Arbeiter Mangelware. Geht deshalb die Industriegesellschaft an schwindender Arbeitsmoral zugrunde? Bei näherer Untersuchung zeigt sich, dass der scheinbare Verfall der Arbeitsmoral nur deren Verwandlung ist: körperlich schwere, bloß auf Anweisung reagierende, pflichtschuldige Arbeit ist nicht mehr gefragt; wohl aber gibt es ein steigendes Engagement für intellektuell anspruchsvolle, mitverantwortliche und innere Befriedigung gewährende Arbeit. (...)
Viertens: Auch die alten, aus Kirche und Militär in die Fabrik übernommenen Autoritätsstrukturen wandeln sich: Neben die hierarchische Autorität, die eine klare Entscheidungslinie von oben nach unten verbürgte, schieben sich zum Teil gegenläufige Autoritätslinien, beruhend auf der Sachkompetenz von mitt-entscheidenden Spezialisten und Teams und auf der institutionalisierten Mitbestimmung. Hat das die Entscheidungsfähigkeit des Industriesystems beeinträchtigt? Wenn es dem einzelnen Unternehmer, der am liebsten hemdsärmelig allein entscheiden würde, auch so vorkommen mag – das Gegenteil ist richtig.
Fünftens: Neben das Privateigentum, das in der frühen Industrialisierung die Anhäufung und Investition von Kapital ermöglichte und so eine „produktive Ungleichheit" verbürgte, hat sich heute ein staatlicher Sektor geschoben, der den privaten Produzenten ein Dorn im Auge ist: weniger, weil er ihnen direkt Konkurrenz machen würde, mehr, weil er, als Sozialstaat, eine große Umverteilungsmaschinerie darstellt, durch die ein Viertel bis ein Drittel des Sozialprodukts läuft. (...)
Sechstens: (...) Seit der Blütezeit der Stagnationstheorien vor 50 Jahren ist immer wieder prophezeit worden, dass Massenproduktion und -konsum es nun bald geschafft hätten, alle materiell denkbaren Bedürfnisse zu sättigen. Das ist nicht nur abwegig, wenn wir an die armen Länder denken.
Karl Otto Hondrich: Über den möglichen Wandel der Industriegesellschaft, in: Wiener Zeitung v. 2.4.1997

Karl Otto Hondrich (1937–2007), deutscher Soziologe

puritanisch: nach strengen Prinzipien handelnd, moralistisch

1 Diskutieren Sie, inwiefern man die Sektorenlehre durch einen vierten Sektor ergänzen sollte.

2 Entscheiden Sie, welche Überschrift für diese Doppelseite zutreffend ist: „Ende" oder „Wandel" der Industriegesellschaft.

Nur noch eggheads? – Wandel in der Bildung

Der Wandel der Industriegesellschaft braucht Arbeitnehmerinnen und Arbeitnehmer mit höherer Qualifikation. Das Schulsystem muss deshalb dafür sorgen, dass eine entsprechende Anzahl an Absolventinnen und Absolventen zur Verfügung steht.

M24 Bildungsexpansion

Mit Bildungsexpansion wird zum einen die enorme Ausdehnung des Bildungswesens bezeichnet, insbesondere der Ausbau der Realschulen, der Gymnasien sowie der Fachschulen, Fachhochschulen und Universitäten. Immer mehr junge Menschen besuchen weiterführende Bildungseinrichtungen, erwerben mittlere oder höhere Bildungsabschlüsse und verweilen immer länger im Bildungssystem.

Dieser Trend wird drastisch sichtbar, wenn man die heutige Verteilung (...) auf die verschiedenen Schulformen mit der Situation in den 1950er-Jahren vergleicht. Die damalige Volksschule war die wirkliche „Hauptschule“ der ersten Nachkriegsjahrzehnte. 1952 wurde sie noch von 79 Prozent der Schülerinnen und Schüler der 7. Klasse besucht. Nur etwa ein Fünftel der Jugendlichen ging seinerzeit auf weiterführende Schulen – 13 Prozent auf Gymnasien und sechs Prozent auf Realschulen. 1960 waren die Abiturienten noch eine kleine exklusive Gruppe, lediglich sechs Prozent eines Schülerjahrgangs erwarben die allgemeine Hochschulreife, 2002 waren es bereits 25 Prozent. Die Zahlen für 2002 verdeutlichen den Boom der Realschulen, Gymnasien und integrierten Schulen und die damit verbundene Krise der Hauptschule. Seit Beginn der 1990er-Jahre ist das Gymnasium zur meist besuchten Schulform avanciert. 2002/2003 gingen 33 Prozent der Dreizehnjährigen auf ein Gymnasium. 25 Prozent besuchten eine Realschule und etwa 19 Prozent integrierte Schulen. Die Hauptschule dagegen wird ihrem Namen schon seit den 1970er-Jahren nicht mehr gerecht; 2002 wurde sie nur noch von knapp 23 Prozent der Dreizehnjährigen besucht. In vielen Großstädten liegen die Besuchsquoten noch erheblich niedriger, und in einigen der neuen Bundesländer ist sie im Zuge der Umgestaltung des sozialistischen Bildungswesens gar nicht erst eingerichtet worden.

Die Hochschulen haben sich noch dramatischer ausgedehnt als die Gymnasien. 1960 nahmen nur sechs Prozent eines Jahrgangs ein Universitätsstudium auf und weitere zwei Prozent ein Fachhochschulstudium. Bis 2002 sind diese Anteile auf 25 Prozent bzw. 13 Prozent angestiegen.

Die andere Seite des Qualifikationsspektrums markiert die Problemzone der Bildungsexpansion. Zwar ging der Anteil der Jugendlichen, die das Schulsystem ohne Hauptschulabschluss verlassen – 1960 betrug er noch 17 Prozent – zurück, aber seit den 1980er-Jahren bleiben in West und Ost weiterhin jeweils etwa ein Zehntel ohne ausreichende schulischen Grundqualifikation – mit schlimmen Folgen für die zukünftigen Berufschancen: Mindestens zwei Drittel dieser Jugendlichen bleiben anschließend ohne Lehrabschluss. Insgesamt hatten 2000 von den jungen Deutschen (20–29 Jahre) zehn Prozent keine Berufsausbildung abgeschlossen, von den jungen Ausländern waren es sogar 38 Prozent.

Aus gesamtgesellschaftlicher Sicht stellt sich die Bildungsexpansion als eine kontinuierliche Höherqualifizierung der Bevölkerung dar. Die Qualifikationsstruktur der Gesellschaft verbessert sich langsam, aber stetig, weil die schlechter qualifizierten älteren Jahrgänge wegsterben und besser ausgebildete jüngere Jahrgänge nachwachsen.

Rainer Geißler: Bildungsexpansion und Bildungschancen, in: Informationen zur politischen Bildung, Heft 269, in: bpd.de (Zugriff: 23.12.2010)

Zeichnung: Mester

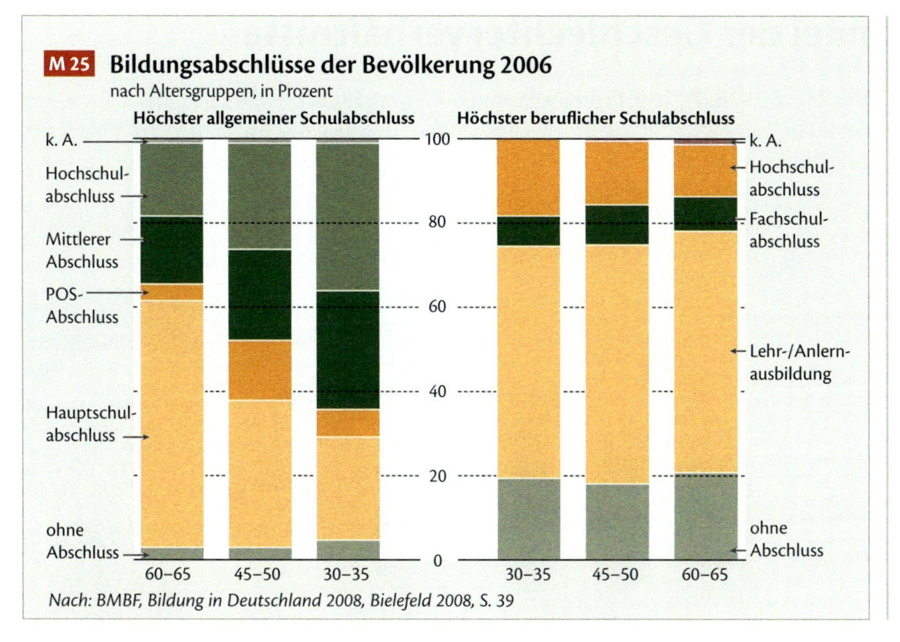

k. A. = keine Angabe
POS = Polytechnische Oberschule (DDR)

M 26 Veränderung der Nachfrage nach Arbeitskräften, nach Tätigkeiten und Qualifikationsstufen 2004 bis 2030 (in %)

	Ohne beruflichen Bildungsabschluss	Lehrausbildung	Meister-/ Techniker-ausbildung	Hochschulabschluss
Maschine einrichten, überwachen	– 15	– 25	1	13
Anbauen; Züchten, Hegen usw.	– 37	– 43	– 26	– 16
Abbauen/Fördern, Rohstoffe gewinnen	– 23	– 35	– 20	– 5
Fertigen, Be- u. Verarbeiten	– 21	– 31	– 7	4
Ein-/Verkaufen usw.	– 7	– 16	14	25
Reparieren, Renovieren, usw.	– 11	– 23	5	15
Schreib-, Rechen- und DV-Arbeiten	– 3	– 13	17	32
Messen, Prüfen Erproben, usw.	– 4	– 16	14	31
Forschen, Entwerfen usw.	4	– 4	31	56
Werben, Marketing, usw.	2	– 5	32	54
Management-, Leitungstätigkeit	– 1	– 15	16	32
Bewirten, Beherbergen usw.	– 7	– 14	19	25
Gesetze/Vorschriften/Verordnungen	– 2	– 17	20	25
Erziehen, Ausbilden, Lehren	– 4	– 15	13	18
Beraten, Informieren	2	– 5	33	48
Gesundheitlich/sozial helfen	0	– 5	28	40
Künstlerisch, journalistisch tätig sein	– 1	– 8	27	38
Fahrzeug führen, packen usw.	– 13	– 23	4	13
Reinigen, Abfall beseitigen	2	– 3	27	39

Nach: Michael Schlesinger: Arbeitslandschaft 2030, München 2008, S. 14 (Minuszeichen = Nachfrage ist gesunken)

1 Erläutern Sie die Auswirkungen der Bildungsexpansion in Deutschland. Diskutieren Sie, ob Probleme auf dem Arbeitsmarkt zu erwarten sind.

2 Erläutern Sie, wie sich der künftige Bedarf an Hochqualifizierten in Deutschland entwickeln wird.

3 Beurteilen Sie, welche Schlussfolgerungen die Einzelnen wie die Politik aus den dargestellten Trends ziehen sollten.

Verkehrte Welt? – Wandel der Geschlechterverhältnisse

Der soziale Wandel betrifft uns alle. Auch im Verhältnis der Geschlechter haben sich deutliche Entwicklungen gezeigt. Dies wird an den Lebensgeschichten verschiedener Generationen deutlich.

M27 Barbie und Ken verändern sich

Barbie und Ken um 1960

... um 1980

... 2004

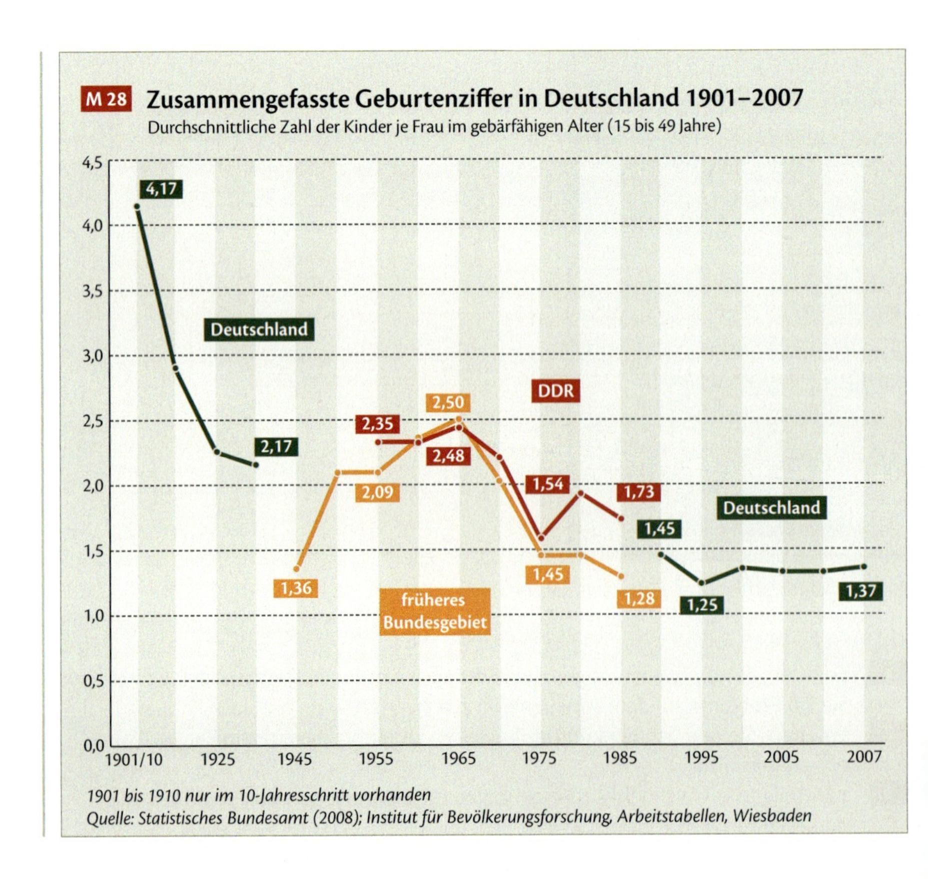

M28 Zusammengefasste Geburtenziffer in Deutschland 1901–2007

Durchschnittliche Zahl der Kinder je Frau im gebärfähigen Alter (15 bis 49 Jahre)

1901 bis 1910 nur im 10-Jahresschritt vorhanden
Quelle: Statistisches Bundesamt (2008); Institut für Bevölkerungsforschung, Arbeitstabellen, Wiesbaden

M29 Wandel der Geschlechterrollen trifft vor allem Männer

Interview des „Deutschlandradios Kultur" mit den Journalisten und Autoren Barbara Sichtermann und Ingo Rose, 20.3.2006:

Hettinger: Frau Sichtermann, aus etlichen Studien von Verhaltensforschern und Sexualwissenschaftlern wissen wir, dass Sex und Partnerwahl sehr stark von Instinkten und anderen vordefinierten Faktoren abhängt. Wie kann es sein, dass solch ein wohlerprobtes, ein solch traditionelles System aus dem Tritt kommt, sobald eine Änderung im Geschlechterverständnis wirksam wird?

Sichtermann: Wie wohlerprobt das so ist, niemand weiß das genau. Sexualität ist immer kritisch gewesen, anfällig dafür, dass Menschen aus der Bahn fliegen, dass sie sich vielleicht sogar um eine neue Identität bemühen müssen. Es ist immer das Medium, in dem wir uns neu erschaffen können, aber und sogar im Extremfall, natürlich auch fertig machen. Also kann man nicht sagen, es war früher alles prima, und jetzt läuft es plötzlich aus dem Ruder. Zumal die alten Muster, von denen Sie gesprochen haben und die heute von Hirnforschern und Neurobiologen noch mal erhoben werden, dass es die tatsächlich noch gibt, die Programme aus der Steinzeit; die lenken uns ja nicht mehr, die sind zwar da, und sie sorgen sozusagen für die Grundorientierung, also dass Männer Frauen wollen und Frauen Männer wollen, aber die kulturellen Vorgaben sind inzwischen so differenziert und so mächtig in unserer Gesellschaft, dass sie diejenigen sind, die uns dann doch im Einzelnen und Konkreten lenken, und deshalb kann natürlich auch eine Neubewertung der Rollen von Männern und Frauen auf dem Feld der Sexualität eine Menge durcheinanderwerfen.

Hettinger: Also dieser kulturelle Kontext, die Rahmenbedingungen, in denen sich Männlein und Weiblein begegnen, die sind andere geworden. Was war denn das entscheidende Moment, was dazu geführt hat, dass der Mann jetzt anscheinend verunsichert ist, in diesen modernen Zeiten?

Sichtermann: Es ist so, dass Sexualität tatsächlich, ob uns das gefällt oder nicht, sehr stark durchzogen ist mit Ansprüchen in Richtung auf Macht, Herrschaft. Da gibt es auch oben/unten, da gibt es Kämpfe, und in dem Moment, in dem das Geschlecht, das über Jahrhunderte, Jahrtausende das mächtigere war, Macht abgeben muss an die Frauen, einsehen muss, dass die männliche Herrschaft, wie der französische Philosoph Bourdieu es nennt, dass die wankt, dass die nicht mehr in dieser reinen Form existiert, da wirkt sich das natürlich auf den Sex aus. Das ist doch völlig klar. (...)

Ich glaube, das Neue ist, dass Männer heute feminine Elemente auch öffentlich vorzeigen können. Das geht einher mit der Akzeptanz der Homosexualität, dass sie mit Schmuck, leicht geschminkt, mit Strähnchen – wie heißt dieser Fußballer, der das macht.

Hettinger: Beckham! (...) Aber dieses klassische Muster – der Mann führt Stärke vor und Macht, und die Frau lockt mit körperlichen Reizen – dieses Muster hat doch anscheinend ausgedient. Was ist denn an die Stelle dieses Musters getreten?

Rose: Ich glaube nicht, dass dieses Muster ausgedient hat. Das ist so alt, dass die Frau die Blume ist, die gepflückt werden möchte, und der Mann um sie wirbt, das wird immer so bleiben.

Sichtermann: Ja, es ist so, glaube ich, dass es heute mehr bewusst inszeniert und gespielt wird, wenn die Frau noch die passive Rolle hin und wieder ... sich selbst in der gefällt, indem sie kommen lässt, und der Mann so diese spezielle, virile Aktivität mit dem Werben und so, das sagen wir mal, das wird jetzt zitiert eigentlich aus der Geschichte. Es ist auch nicht mehr konkurrenzlos, es gibt auch Rollentausch.

Wandel der Geschlechterrollen trifft vor allem Männer, Deutschlandradio Kultur v. 20.3.2006, Moderation: Holger Hettinger, http://www.dradio.de/dkultur/sendungen/kulturinterview/481027 (Zugriff: 21.10.2010)

Neurobiologie: Wissenschaft von den Funktionen der Nerven und des Gehirns

1 Untersuchen Sie die Veränderung der Geschlechterrollen anhand der Barbie/KenKombinationen aus den letzten 50 Jahren.

2 Beurteilen Sie, inwieweit der Wandel der Geschlechterrollen mit einer geringeren Geburtenzahl zusammenhängt.

3 Nehmen Sie zum Wandel der Geschlechterrollen begründet Stellung.

Ist Patchwork in? – Wandel der Familie

Der soziale Wandel findet vor allem in der Familie statt. Obwohl drei Viertel aller Kinder und Jugendlichen immer noch bei Ehepaaren groß werden, gibt die Familien- und Lebensform, von der als Standard ausgegangen wird – Familie aus Vater, Mutter und zwei Kindern – nicht mehr die Wirklichkeit wieder.

M30 Familie heute

„Und welcher Elternteil soll es unterzeichnen? Mein leiblicher Vater, mein Stiefvater, der dritte Mann meiner Mutter, meine wirkliche Mutter oder die vierte Frau meines leiblichen Vaters, die bei uns wohnt?"

Zeichnung: Unger

Die Familie hat sich in den vergangenen Jahrhunderten grundlegend verändert. Im Rahmen der industriellen Revolution und der Entstehung der Städte sind mehr und mehr Familien vom Land in die Stadt gezogen. Dies hatte weit reichende Konsequenzen für die Struktur der Familie, die sich aus verschiedenen Formen der Großfamilie zur heute als Norm angesehenen Vater-Mutter-Kind-Familie gewandelt hat. Diese uns vertraute Norm ist aber inzwischen selbst schon ein Stück Geschichte geworden, denn die klassische vollständige Kernfamilie ist heute nicht mehr die dominierende Familienform.

Aus psychologischer Sicht ist es unzureichend, diese Trends nur in Zahlen auszudrücken. Es ist interessanter, die Qualität des Familienlebens in den sich entwickelnden neuen Familienformen zu erkennen, z.B. Adoptivfamilie, Ein-Eltern-Familie, Fortsetzungsfamilie, Großfamilie, Kernfamilie, Kleinfamilie, Kommune, Lebensabschnittspartnerschaften, Living-apart-together, Mehrgenerationenfamilie, nichteheliche Lebensgemeinschaften, Patchwork-Familie, Pflegefamilie, SOS-Kinderdorf-Familie, Stieffamilie, Wohngemeinschaft, Zweitfamilie, Zwei-Kern-Familien u.a. (...)

(*Auch in Deutschland kann*) die klassische Form der Vater-Mutter-Kind-Familie nicht als häufigste Lebensform bezeichnet werden. Dies ist heute vielmehr der Single-Haushalt (in manchen Fällen auch mit Kindern), der insbesondere in den Metropolen (in Deutschland genauso wie in anderen westlichen Ländern) zur häufigsten Haushaltsform geworden ist. Damit einher geht auch die Tendenz, dass in den städtischen Kerngebieten das Leben mit Kindern zur Ausnahme wird. So leben z.B. in den Innenstadtbezirken Münchens nur in jedem siebten Haushalt Kinder. Bei dieser Entwicklung ist noch kein Trend zu einer anderen Alternative zur Familie zu erkennen, vielmehr gibt es eine große Vielfalt von verschiedenen primären Lebensformen. (...)

Sieben primäre Lebensformen

	Familienform	Beispiel
A	normale Kernfamilie	traditionelle Vater-Mutter-Kind-Beziehung
B	Familie als normatives Ideal	Alleinstehende mit Orientierung an einem normativen Familienideal
C	kinderlose Paarbeziehung	unfreiwillig oder aufgrund eigener Entscheidung kinderlose Paare
D	nichteheliche Beziehung mit Kindern (aber mit normativem Familienideal)	moderne Doppelverdiener-Familie mit Kind(ern)
E	postmoderne Ehebeziehung	ohne Kinder (aber mit Normorientierung) auf Berufskarriere und intime Partnerschaft bezogene Ehe ohne Kinder
F	nichteheliche Elternschaft ohne Orientierung an einer Idealnorm	Wohngemeinschaften mit Kindern, Ein-Eltern-Familien
G	verheiratete Paare mit Kindern (aber ohne normatives Ideal)	alternativ orientierte Eltern, die dennoch verheiratet sind

Text und Tabelle aus: Matthias Petzold: Familie heute, in: Familienhandbuch des Staatsinstituts für Frühpädagogik, 2001, http://www.familienhandbuch.de/cmain/f_Fachbeitrag/a_Familienforschung/s_379.html (Zugriff: 21.10.2010)

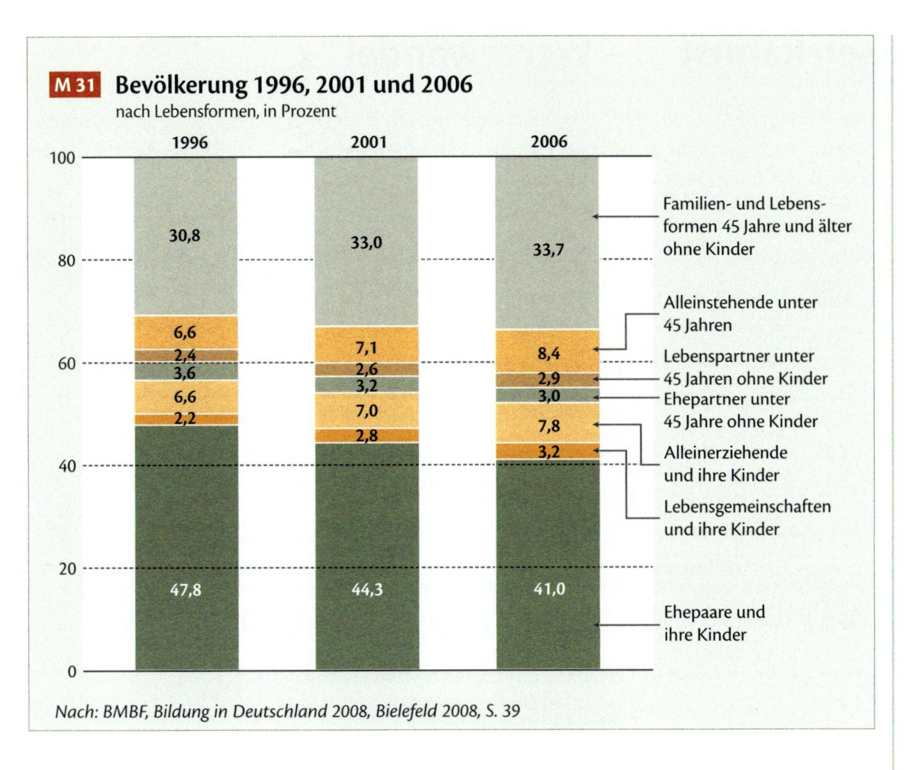

Nach: BMBF, Bildung in Deutschland 2008, Bielefeld 2008, S. 39

M 32 Patchworkfamilien

Als Patchworkfamilie gelten alle, in denen mindestens ein Partner ein Kind aus einer früheren Beziehung in die neue Lebensgemeinschaft mitbringt – sei es Tag für Tag oder nur jedes zweite Wochenende. (...) Dem Statistischen Bundesamt zufolge wächst in Deutschland bereits jedes vierte Kind zeitweise in sogenannten alternativen Lebensformen auf, also bei Noch-Alleinerziehenden oder Schon-Patchworkern. (...)

Ganz wie der Quilt (*Steppdecke*), von dem das Flickwerk-Modell seinen Namen hat, sind diese Familien auf Erweiterung angelegt; hier kommt zusammen, was nicht zusammengehört, und indem man aus unterschiedlichen Nöten eine gemeinsame Tugend macht, ergibt das Ganze ein neues, buntes, fröhlich wirkendes Muster, das Geborgenheit ausstrahlt. (...)

Kinder in Patchworkfamilien, das sind die mit den doppelten Müttern, den Ersatzvätern und den vielen Großeltern, die einander noch nie begegnet sind. Die mindestens zweimal Weihnachten und Geburtstag feiern und in den Ferien erst mit Mama und deren zweitem Mann nach Südfrankreich und dann mit (dem nach der Scheidung oft verarmten) Papa und seiner Freundin an die Ostsee fahren. (...) Wichtig ist, dass alle Beteiligten zu allen Entwicklungen möglichst gute Miene machen. (...)

Die Hälfte aller Patchworkfamilien geht wieder in die Brüche – und bringt so immer neue hervor. (...) Von den rund zwölf Millionen Familien mit Kindern in Deutschland sind knapp achtzig Prozent (wieder-)verheiratet. Nur bei zwei Prozent aller Patchworkehen war ein Elternteil zuvor verwitwet. (...) Dass die Patchworker immer zahlreicher, aber dabei nicht dauerhaft glücklicher werden, dürfte vor allem daran liegen, dass ihnen noch keiner so recht vorgemacht hat, wie das gehen könnte. Gerade für diese Familienform fehlt es bislang an Vorbildern und Mustern jenseits von Klischees.

Felicitas von Lovenberg: Die böse Stiefmutter war einmal, Faz.net v. 22.7.2010; in: http://www.faz.net (Zugriff: 8.12.2010)

1. Fassen Sie den Wandel der Familienstrukturen zusammen. Prüfen Sie die Zahlen in **M 32** durch Recherche im Internet.
2. Diskutieren Sie die Auswirkungen des familialen Wandels auf die Kinder.
3. Erörtern Sie mögliche Konsequenzen für eine Familienpolitik.

Worauf du dich verlassen kannst ... – Wertewandel

Der Wandel der Gesellschaft zeigt sich nicht nur im Wandel äußerer Formen und Institutionen, sondern auch im Wandel der Einstellungen der Menschen. Dieser Wertewandel beeinflusst seinerseits wiederum den Wandel der Institutionen.

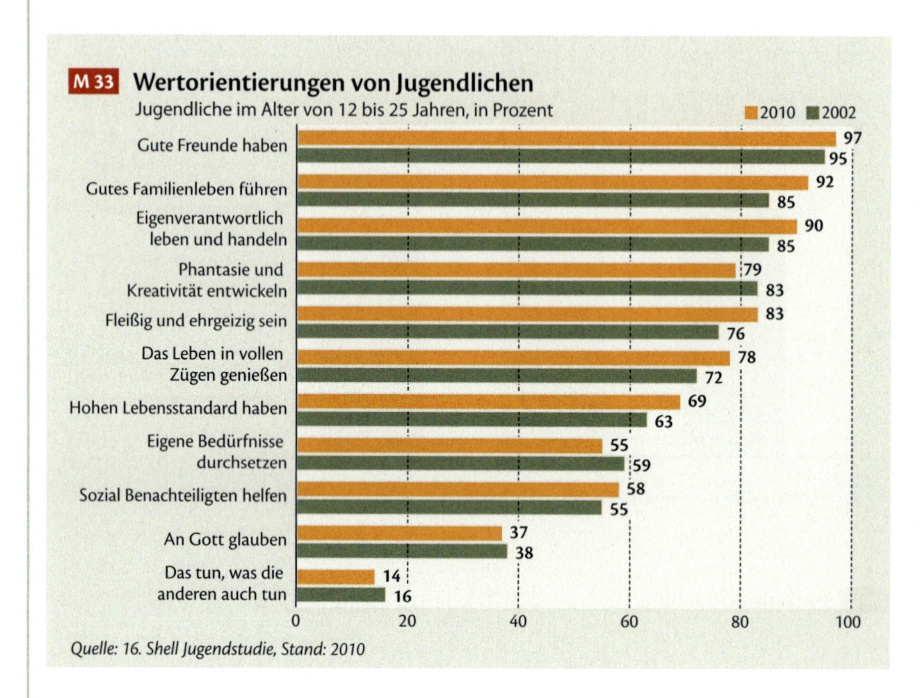

M 34 Theorie des Wertewandels

Ronald Inglehart (geb. 1934), US-amerikanischer Politologe

Die Theorie des postmateriellen Wertewandels wurde durch den amerikanischen Politikwissenschaftler Ronald Inglehart unter dem Eindruck gesellschaftlicher Veränderungen zu Beginn der 70er-Jahre formuliert. Sie besagt, dass die massive Verbesserung der ökonomischen Lebensumstände in vielen westlichen Demokratien seit Ende des Zweiten Weltkriegs zu einer Ablösung traditionell bürgerlicher, sogenannter „materialistischer", Werte durch neue, sogenannte „postmaterialistische", Werte geführt hat. Unter materialistischen Werten versteht Inglehart die individuelle Betonung von Leistung, Sicherheit, sozialem Aufstieg und Prestige, während postmaterialistische Werte die Bedeutung von Selbstentfaltung, Lebensqualität, Emanzipation und gesellschaftlicher Beteiligung hervorheben.

Die oftmals unterstellten gesellschaftlichen Folgen dieses Wertewandels sind beträchtlich (...).

So steht in zunehmendem Maße nicht mehr die Sicherung des Lebensunterhalts im Vordergrund der Arbeitsmarktbeteiligung, sondern die Möglichkeiten der beruflichen Selbstentfaltung und der individuellen Weiterentwicklung.

Die Theorie des postmateriellen Wertewandels unterstellt, dass sich dieser Wertewandel mit der Verzögerung einer Generation und nicht gleichzeitig mit dem Wohlstand entwickelt. Deshalb konnte sich die neu entstandene Sicherheit und das Wirtschaftswunder der 50er-Jahre erst in gesellschaftlichen Veränderungen der 70er-Jahre äußern. Menschen, die in ökonomisch oder politisch unsicheren Zeiten aufgewachsen sind, bleiben nach der Theorie ihr Leben lang Materialisten, und solche, die in ihrer Kindheit und Jugend ökonomischen Überfluss und Sicherheit erlebt haben, vertreten in ihrem Leben postmaterialistische Werte. Wertewandel entsteht nach Inglehart nicht durch individuelle Meinungsänderung, sondern vielmehr durch das stete Nachrücken von Geburtsjahrgängen mit neuen Werten, die nach und nach die gesellschaftliche Mehrheitsmeinung prägen.

DIW-Wochenbericht Nr. 34/2008

M 35 Ist Ingleharts Theorie richtig?

In einer SOEP-Studie (s. S. 143) wurden Werte des Materialismus und Postmaterialismus erhoben.

Die Befragten wurden dabei gebeten, die vier möglichen Ziele staatlichen Handelns „Aufrechterhaltung von Ruhe und Ordnung", „Kampf gegen steigende Preise", „Schutz des Rechts auf freie Meinungsäußerung" und „mehr Einfluss der Bürger auf Entscheidungen der Regierung" entsprechend der individuell wahrgenommenen Wichtigkeit in eine Rangordnung zu bringen. In dem Maße, in dem die Befragten die ersten beiden Politikziele den letzten beiden in ihrer Wichtigkeit vorziehen, werden sie als Materialisten klassifiziert. In dem Maße, wie sie die letzten beiden Politikziele vorziehen, werden sie als Postmaterialisten bezeichnet.

In Westdeutschland stieg der Anteil der Postmaterialisten in den vergangenen zwanzig Jahren von 38 auf 47 Prozent, wobei Mitte der 90er-Jahre die Betonung postmaterialistischer Werte geringfügig schwächer ausfiel als Mitte der 80er. In Ostdeutschland ist zwischen 1996 und 2006 ein deutlicher Wandel zum Postmaterialismus auf nahezu das westdeutsche Niveau zu erkennen. Der Anteil der Postmaterialisten hat sich in nur zehn Jahren von 22 auf 45 Prozent verdoppelt.

Diese vergleichsweise schnelle Entwicklung kann nicht vollständig durch die Generationenabfolge in den neuen Bundesländern erklärt werden und spricht – entgegen der Theorie des Wertewandels nach Inglehart – für einen Periodeneffekt.

Vermutlich ist die starke Betonung materieller Bedürfnisse und Sicherheit in Ostdeutschland Mitte der 90er-Jahre auf die Folgen des wirtschaftlichen Zusammenbruchs und den Systemwechsel zurückzuführen. Zehn Jahre später unterstützen ostdeutsche Befragte postmaterialistische Ziele der freien Meinungsäußerung und politischen Mitbestimmung in ähnlichem Umfang wie die aus den alten Bundesländern. (...)

Auffallend ist die hohe Stabilität der Verbreitung des Materialismus beziehungsweise des Postmaterialismus innerhalb der jeweils zu zehn Jahren zusammengefassten Geburtskohorten. Dieser Befund, der auf alle Kohorten gleichermaßen zutrifft, deutet darauf hin, dass Personen im Lebenszyklus ihre Werte nicht systematisch in eine Richtung verändern, wie gängige lebenszyklische Thesen zum Beispiel eines „Alterskonservatismus" erwarten lassen würden. (...)

Auffallend ist auch, dass jede betrachtete Generation zunehmend postmaterialistischer ist als ihre Vorgängergeneration. Die deutlichsten Veränderungen in der Ablösung materialistischer durch postmaterialistische Werte werden in der Generationenabfolge zwischen der Kriegsgeneration (bis Jahrgang 1929), der Nachkriegsgeneration (Jahrgänge 1930 bis 1949) und den späteren Generationen (seit Jahrgang 1950) deutlich. Dieses Ergebnis entspricht weitgehend den Vorhersagen der Theorie postmateriellen Wertewandels.

DIW-Wochenbericht Nr. 34/2008

M 36 Komponenten gesellschaftlichen Wandels

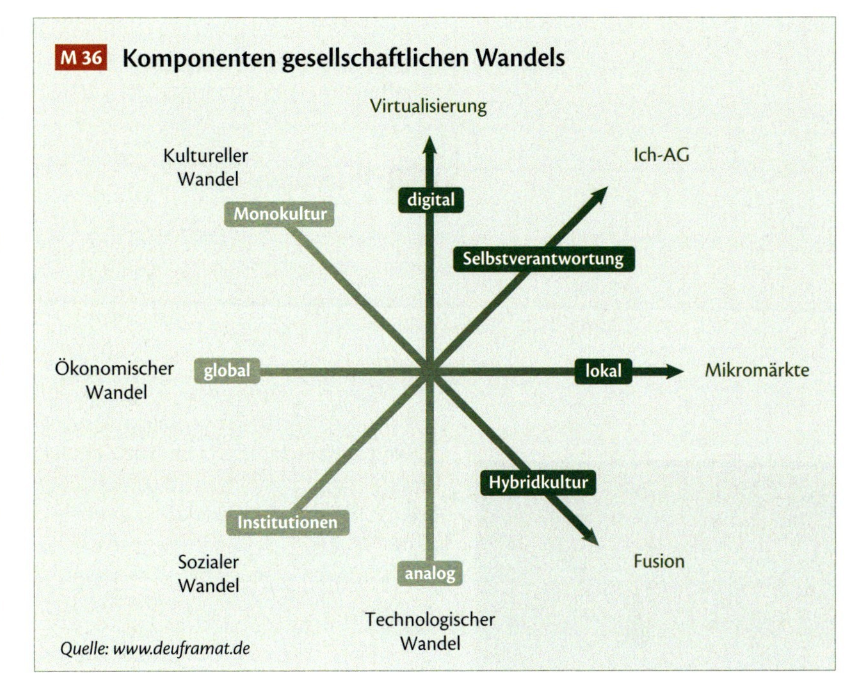

Quelle: www.deuframat.de

Kohorte: in der Soziologie Jahrgänge oder Gruppen von Jahrgängen, die der Abgrenzung von Bevölkerungsgruppen dienen

1 Analysieren Sie die Tabelle (**M 33**) im Hinblick auf mögliche Änderungen der Einstellung. Fassen Sie die Theorie Ingleharts auf einem Lernplakat zusammen.

2 Diskutieren Sie, ob nach Ingleharts Theorie Menschen in prekären Lebensverhältnissen Postmaterialisten sein können.

3 Diskutieren Sie die Darstellung in der Grafik **M 36**.

4 Arbeiten Sie die wesentlichen Ergebnisse der Studie des Deutschen Instituts für Wirtschaftsforschung heraus (**M 35**) und diskutieren Sie die Ergebnisse.

Blühende Landschaften? – Strukturwandel

Der soziale Wandel greift tief in die Strukturen des gesellschaftlichen wie auch des wirtschaftlichen Lebens ein. Dieser Strukturwandel gestaltet ganze Industrien und Landschaften um – und mit ihnen die Vorstellung, die man von ihnen hatte.

M37 Strukturwandel

Der Wandel wirtschaftlicher Strukturen, das Auf und Ab unterschiedlicher Branchen und Unternehmen, die Entwicklung von Produkten und Produktionsverfahren, die Veränderung der Formen und Inhalte der täglichen Arbeit und die Wandlungen in der wesentlich von der Wirtschaft geprägten Umwelt gelten als gewissermaßen „normale" Entwicklungen in der sich als modern verstehenden Welt. Der vielfach benutzte Oberbegriff „Strukturwandel" wird der Komplexität des stattfindenden Wandels nur schwer gerecht. Strukturwandel bezeichnet in sehr umfassendem Sinne ökonomischen Wandel und damit ein Konglomerat aus sektoralen, branchenbezogenen und technisch-arbeitsorganisatorischen Veränderungen und bezieht dabei auch regionale und globale Handlungsbedingungen mit ein.
Strukturwandel umfasst damit unterschiedliche Prozesse. Da ist zunächst die Verschiebung zwischen den Sektoren der Wirtschaft – von der agrarischen Gesellschaft über die Industriegesellschaft zur Dienstleistungs- und Wissensgesellschaft. Weiterhin wird eine quasi-biologische Entwicklung von Produkten angenommen, die zunächst erfunden werden und als Neuheiten eine Phase des Aufwachsens durchmachen, dann zu etablierten Produkten werden, die schließlich überall produziert werden können und dann weit verbreitet sind und „altern", möglicherweise gar als überholt gelten und zuletzt gewissermaßen sterben. (...) Diese so anschaulich beschriebenen Prozesse, die zu der beliebten Charakterisierung „altindustriell" führen, sind mit dem Wandel der Produktionsverfahren und dem zunehmend auch international erfolgenden Aufbau von Produktionsketten verbunden. Gleichzeitig ändern sich mit dem Wandel der Produktionsverfahren die Formen der Arbeit und die Anforderungen an die Beschäftigten. Der Wandel von der eher standardisierten Massenproduktion und tayloristischen Produktionskonzepten zu flexibleren, individuelleren Produkten, die andere Anforderungen an den Produktionsprozess stellen, wird als Übergang vom Fordismus zum Postfordismus bezeichnet (...). Mit Hilfe dieser Vorstellung einer langfristigen Änderung der Wirtschafts- und Produktionsweise wird die gesamtwirtschaftliche Entwicklung bzw. der Strukturwandel verknüpft mit neuen Managementstrategien, Unternehmenskonzepten und Produktionszusammenhängen wie der „flexiblen Spezialisierung" zur schnellen Anpassung an sich ständig ändernde Marktstrukturen. (...)
Strukturwandel hat vielfach gravierende soziale Konsequenzen, beispielsweise in der Entwertung von Qualifikationen von Arbeitnehmern, im Zusammenbruch von Unternehmen und dann vor allem auch in Form von Arbeitslosigkeit. So verläuft Strukturwandel oft krisenhaft und wird als krisenhaft wahrgenommen.

Stefan Goch: Einleitung, in: Ders. (Hg.): Strukturwandel und Strukturpolitik in Nordrhein-Westfalen, Münster 2004, S. 11ff

Strukturwandel: Ikea in Essen befindet sich in einem ehemaligen Fabrikgebäude

M38 „Schöpferische Zerstörung"

Jede Rezession trägt den Keim für den nächsten Aufschwung in sich. Für den Ökonomen Joseph Schumpeter hilft gegen schwere Krisen nur eines – innovative Unternehmer.
In völligem Bruch mit den klassischen Ökonomen ist die Wirtschaft für Schumpeter stets im Ungleichgewicht. Nach seiner Ansicht – und diese Botschaft hat in der aktuellen Krise durchaus etwas Tröstliches – ist dem Kapitalismus ein „Prozess der schöpferischen Zerstörung" eigen. Neue Produkte verdrängen die alten, neue Verfahren ersetzen überkommene Produktionsstrukturen. Triebfeder eines jeden neuen Aufschwungs ist für Schumpeter der „dynamische Unternehmer".
In der ersten Konjunkturphase liegt die Wirtschaft zunächst noch am Boden, erhält

aber neue Impulse durch innovative Entrepreneure, die neue Produkte erfinden, neue Produktionsmethoden entwickeln und neue Märkte erschließen. Dies passiert nicht nach und nach, sondern schubweise. Die Kapazitätsauslastung der Fabriken und die Nachfrage nach Gütern und Arbeitskräften steigen.
Nun beginnt die zweite Phase, die „Prosperität": Die Innovation sichert dem Pionierunternehmer zunächst ein Monopol und fette Gewinne. Die hohe Kapazitätsauslastung führt aber zu Kostensteigerungen. Zudem treten Imitatoren in den Markt ein, die das Produkt kopieren. Die Nachfrage sinkt, es tritt eine Marktsättigung ein, allenfalls gebremst durch Anschlussinnovationen, die das Produkt verfeinern.
In der dritten Phase, der Rezession, ist der Markt ausgereizt, Kapazitätsauslastung und Gewinne schrumpfen. Wenn es richtig schlecht läuft, folgt nun Phase vier, die Depression, in der das Produktionspotenzial brachliegt. Spätestens jetzt beginnen Pionierunternehmer wieder „die Produktionsstruktur zu reformieren oder zu revolutionieren", und häufig sind es andere Unternehmen als im vorangegangen Zyklus.
Für Schumpeter ist es ein normaler Effekt der „schöpferischen Zerstörung", dass alte Firmen vom Markt verschwinden, während Newcomer nach vorne preschen: „Die meisten Unternehmen werden mit einer Idee und zu einem bestimmten Zweck gegründet. Sie verlieren ihre Lebenskraft, wenn die Idee unzeitgemäß geworden ist."
Bernd Losse: Schumpeters Theorie der schöpferischen Zerstörung hat Konjunktur, 23.4.2009, in: http://www.wiwo.de (Zugriff: 21.10.2010)

Joseph A. Schumpeter (1883–1950), österreichisch-amerikanischer Ökonom

M39 Die aktuelle Krise „schöpferisch zerstören"?

Search and Destroy könnte das Motto zur Bewältigung der aktuellen Wirtschaftskrise sein. Suche die Ursachen, ändere die Strukturen und schaffe eine bessere Welt. Wissenschaftlich weist uns Joseph Schumpeter diesen Weg – mit seiner vielzitierten Phrase von der „schöpferischen Zerstörung". Der österreichische Sozialwissenschaftler, der sein Bild von der Wirtschaft als Finanzminister, Banker und Bankrotteur entwickelt hatte, passt mit seinem Gedankengut haargenau in die aktuelle Debatte über den Kapitalismus, die Krise und die Zukunft.
Der Kapitalismus, so schrieb es Schumpeter 1942 an der Elite-Universität Harvard auf, unterliege dem permanenten Prozess einer industriellen Mutation, der die Wirtschaft immer wieder von innen heraus revolutioniere, „unaufhörlich die alte Struktur zerstört und unaufhörlich eine neue schafft". Das also könnte die gute Nachricht sein, dass nach aller Erfahrung die Marktwirtschaft zum Wohle der Menschen auch diese Krise überleben und aus ihr womöglich sogar gestärkt hervorgehen wird.
Dabei geht es nicht nur um Strukturen, um Kreditgeschäfte und Risiko, um Verantwortung und Regulierung. Es geht, wie immer in der Wirtschaft, vor allem um Menschen. Wenn sich die Führungskräfte nicht ebenfalls um Erneuerung bemühen, wenn sie ihr Denken und Handeln nicht auf den Prüfstand stellen und sich bei Bedarf eben auch neu erfinden, dann kommt die nächste Krise womöglich schneller als viele erwarten.
Besser wäre es, die nächste Krise ließe lange auf sich warten. Denn die wirtschaftspolitische Lage in der Welt, und ganz konkret in Deutschland, ist heikel. Schon unter normalen Umständen ist die in die Jahre gekommene Wirtschaftswunder-Nation nicht wirklich gerüstet für eine ausgereifte Globalisierung.
Marc Beise: Generation D. Die Kraft der Zerstörung, in: Süddeutsche Zeitung v. 15.4.2009

1. Arbeiten Sie den Zusammenhang zwischen Strukturwandel und „schöpferischer Zerstörung" heraus.
2. Untersuchen Sie Beispiele für Unternehmensschließungen in Ihrer Region und beurteilen Sie, inwiefern Schumpeters These von der schöpferischen Zerstörung zutrifft.
3. Beurteilen Sie, ob die Ausführungen auf dieser Doppelseite zur Erklärung der letzten Wirtschaftskrise (2009) und der Wirkungen, die von der Globalisierung ausgehen, brauchbar sind.
4. Ermitteln Sie Positionen, die Schumpeters Ansatz kritisch sehen.

Von der Kohle zur Kultur? – Strukturwandel im Ruhrgebiet

Die ehemaligen Kohle- und Stahlregionen in Deutschland wie das Ruhrgebiet sind vom Strukturwandel ganz besonders betroffen. Es wird jedoch versucht, den Wandel bewusst zu gestalten und aus der ehemaligen Kohleregion eine Kulturregion zu machen.

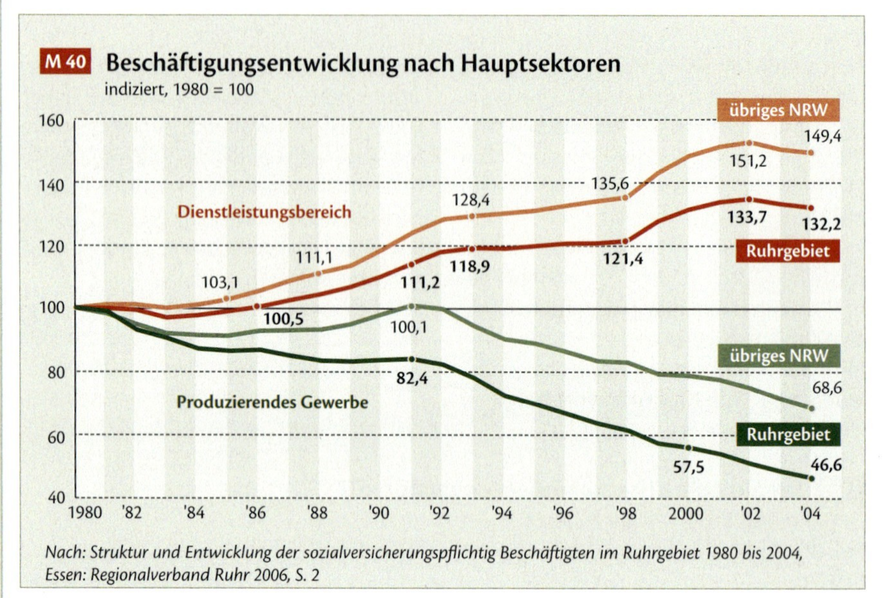

Nach: Struktur und Entwicklung der sozialversicherungspflichtig Beschäftigten im Ruhrgebiet 1980 bis 2004, Essen: Regionalverband Ruhr 2006, S. 2

In einem Projekt zur Kulturhauptstadt 2010 im Ruhrgebiet wurden die ehemaligen Zechenstandorte mit gelben Ballons gekennzeichnet.

Nach: Struktur und Entwicklung der sozialversicherungspflichtig Beschäftigten im Ruhrgebiet 1980 bis 2004, Essen: Regionalverband Ruhr 2006, S. 8

M42 Strukturwandel im Ruhrgebiet

Der Tetraeder in Bottrop

Noch um 1960 gab es im Ruhrgebiet nur eine überschaubare Anzahl von Betrieben der Kulturwirtschaft, darunter Zeitungsverlage, Buchhandlungen und die eine oder andere Kunstgalerie. Dies änderte sich mit dem Wandel der Region vom Montan- zum Wissenschafts- und Dienstleistungsstandort. Universitäten, Fachhochschulen und Gründerzentren tragen zur Entstehung neuer Industrien und Dienstleistungen bei, wie der Informationstechnik, der Mikrosystemtechnik oder der Logistik. Parallel dazu vollzog sich ein gesellschaftlicher und mentaler Wandel. Der steigende Lebensstandard veränderte die Kultur- und Freizeitinteressen der Menschen im Ruhrgebiet. Es entstanden neue Museen, Konzerthäuser, Theater und soziokulturelle Einrichtungen. (...) Um 1980 begannen Studierende, stillgelegte Zechen- bzw. leerstehende Gewerbegebäude für Musik-, Theater- und Kleinkunstveranstaltungen zu nutzen. Heute sind die ehemals Kohle und Stahl repräsentierenden Symbole der Ruhrwirtschaft wie der Gasometer in Oberhausen, die „Kaue“ in Gelsenkirchen oder das Weltkulturerbe „Zeche Zollverein“ in Essen kulturell bzw. kulturwirtschaftlich „besetzt“ oder neu codiert. In der Folge entstanden Betriebe, die Vorleistungen erbrachten, wie etwa Vermittlungsagenturen für Künstlerinnen und Künstler, oder nachgelagerte wie Musikverlage und Plattenfirmen. Diese wiederum ermöglichen die Ausdifferenzierung in eine Vielzahl kultureller Initiativen und Szenen.

Ralf Ebert/Friedrich Gnad: Strukturwandel durch Kulturwirtschaft, in: Aus Politik und Zeitgeschichte 34–35/2006, S. 33 f.

Steuerbare (= steuerpflichtige) Umsätze: Alle Lieferungen (von Gegenständen) und sonstigen Leistungen (Dienstleistungen), die im Rahmen einer unternehmerischen Tätigkeit gegen Entgelt ausgeführt werden.

M43 Entwicklung der steuerpflichtigen Betriebe bzw. Selbstständigen und deren Umsätze in den Teilmärkten der Kulturwirtschaft bzw. der „Kreativen“ im Ruhrgebiet 1996–2003

Teilmärkte der Kulturwirtschaft	Anzahl steuerpflichtige Betriebe 1996	Steuerbarer Umsatz in 1000 EUR 1996	Anzahl steuerpflichtige Betriebe 2003	Steuerbarer Umsatz in 1000 EUR 2003	Entwicklung 1996–2003 in Prozent	
					Anzahl Betriebe	Steuerbarer Umsatz
Literatur und Buchmarkt	1800	3 538 632	1714	3 852 905	–4,7	+8
Musikwirtschaft	1251	592 001	1123	403 944	–10,2	–31
Kunstmarkt und Design	5915	1 638 106	5581	1 620 829	–5,6	–1
Film- und TV-Wirtschaft	1118	923 325	1209	601 806	+8,1	–34,8
Darstellende Kunst und Unterhaltungskunst	222	51 321	407	107 189	+45	+108,8
Kulturwirtschaft insgesamt	**10 306**	**6 743 385**	**10 034**	**6 586 673**	**–2,6**	**–2,3**
davon „Kreative“	**3780**	**2 740 041**	**4329**	**3 071 055**	**+14,5**	**+12,1**
Wirtschaftszweige im Ruhrgebiet insgesamt	131 080	279 606 003	133 625	254 092 409	+1,9	–9,1
Anteil Kulturwirtschaft an allen Wirtschaftszweigen	7,8 %	2,4 %	7,5 %	7,5 %		

Quelle: STADTart 2005 nach Daten des LDS NRW

1 Analysieren Sie Verlauf und Auswirkungen des Strukturwandels im Ruhrgebiet. Prüfen Sie dabei, ob der Strukturwandel problemlos erfolgte.

2 Analysieren Sie den Versuch, für das Ruhrgebiet eine alternative Struktur zu schaffen, am Beispiel des Kultursektors.

3 Beurteilen Sie, inwiefern der Strukturwandel im Ruhrgebiet gelingt.

Hält das noch zusammen? – Konfliktpotenziale

Die Wandlungsprozesse in der Gesellschaft vollziehen sich nicht ohne Reibungsverluste, sondern führen häufig zu Konflikten. Dabei handelt es sich zumeist um soziale Konflikte, die aus strukturell vorgegebenen Interessen, Wert- oder Erwartungsdiskrepanzen entstehen. Sie entstehen also aus Widersprüchen von Werten, Normen, Zielsetzungen, Erwartungen und Interessen. Vielfach gibt es auch Modernisierungsverlierer, die oft zu gewaltsamen Protestformen greifen (s. auch S. 258/259).

Gewaltsame Proteste von Jugendlichen in Clichy-sous-Bois bei Paris, 2005

M44 Die Banlieue-Jugend ist stigmatisiert!

Banlieue (frz.): Gesamtheit der Vororte einer Großstadt

Die Lage ist dramatisch. In allen Ecken kann sie explodieren. Der soziale Aufruhr ist eine Frage der Zeit. „Wenn jetzt nichts geschieht, schliddern wir in eine Katastrophe!" Der Alarmruf kommt von Claude Dilain, vom Bürgermeister der Pariser Vorortgemeinde Clichy-sous-Bois. Dort, in seiner Stadt, breitet sich das schlimmste Ghetto der französischen Banlieues aus, eine „Eiterbeule" im schönen Antlitz der Region Ile-de-France.
Ein soeben veröffentlichter Bericht des staatlichen „Observatoire Nationale" kritisiert ungeschminkt, in den „sensiblen Kommunen" im Norden und Osten der Millionenmetropole habe sich seit sechs Jahren nichts geändert. Seit 2005, als die Welt drei Wochen lang die Gewaltausbrüche der Pariser Vorstadtjugend verfolgte, hätten die Regierungen in Paris versagt.
Staatschef Nicolas Sarkozy versprach zwar, persönlich in Clichy-sous-Bois zu erscheinen und tief greifende Reformen den frustrierten Landsleuten anzukündigen. Aber einen lärmenden Empfang, den vor allem junge Menschen angekündigt hatten, wollte er nicht riskieren. Die Bürger warten noch immer. Isoliert, ignoriert und vergessen, das ist der Eindruck der meisten Bewohner in den schäbigen Vierteln im Schatten von Paris.
Die Berichterstatter haben die heruntergekommenen Bezirke in „sensible urbane Zonen" eingeteilt. Das macht ein halbes hundert Gemeinden mit insgesamt 4,5 Millionen Einwohnern aus. 40 bis 60 Prozent sind Einwandererfamilien. Die Arbeitslosigkeit ist das Krebsleiden der Ghettos, wird seit Jahren beklagt. 41,7 Prozent unter den 15- bis 24-Jährigen. Die Studie zählt ein Drittel auf, die unter der Armutsgrenze leben, fast jeder zweite 18-Jährige.
Immerhin hat Sarkozy versucht, eine Spezialistin als Staatssekretärin für Stadtentwicklung zu ernennen, die jahrelang selbst in den Banlieues gelebt hat und aus Algerien stammt, Fadela Amara. Viel hat sie in den zweieinhalb Jahren ihrer Arbeit nicht erreicht, ein wenig mehr Schulabgänger mit Abschlüssen und Diplomen, etwas mehr Lehrstellen und beharrliches Werben bei Großunternehmen in Paris, Zweigstellen, Werkshallen zur Berufsausbildung und Produktionsstätten in die Vororte zu verlegen. Hunderte folgten ih-

rer Einladung. Auch für das Auge wurde einiges unternommen, die schäbigen Mietshäuser wurden ausgebessert, Wohnungen renoviert, Sportanlagen gebaut. Aber einen spürbaren Wandel in ihrer Kommune vor den Toren von Paris haben die Menschen nicht gesehen. (...)

Dilain, Präsident auch des mächtigen Verbandes „Stadt und Kommune", sagt, seine Kollegen hätten die gleichen Sorgen wie er – der Gewaltausbruch könne jeden Augenblick nicht nur in Clichy wieder losgehen. Deshalb warnt der Bürgermeister in einem Interview mit „Le Monde" eindringlich: „Wir haben Paris auf den Ernst der Lage mit deutlichen Worten hingewiesen. Geht die Randale wieder los, werden wir auf die Versager zeigen, auf den Präfekten, die Minister, auf den Präsidenten." In Klarschrift: Sie müssen dann die Suppe auslöffeln, „die sie uns eingebrockt haben". „Le Monde" (*eine Tageszeitung*) drängt Sarkozy und die Regierung: „Frankreich kann die Ghettos unmöglich hinnehmen, es sei denn, das Land wolle weiter mit der Aussicht auf schwere Krisen in den Banlieues leben".

Lutz Herrmann: Die Banlieue-Jugend ist stigmatisiert!, in: http://www.vorwaerts.de/artikel/die-banlieue-ae-jugend-ist-stigmatisiert (Zugriff: 5.1.2010)

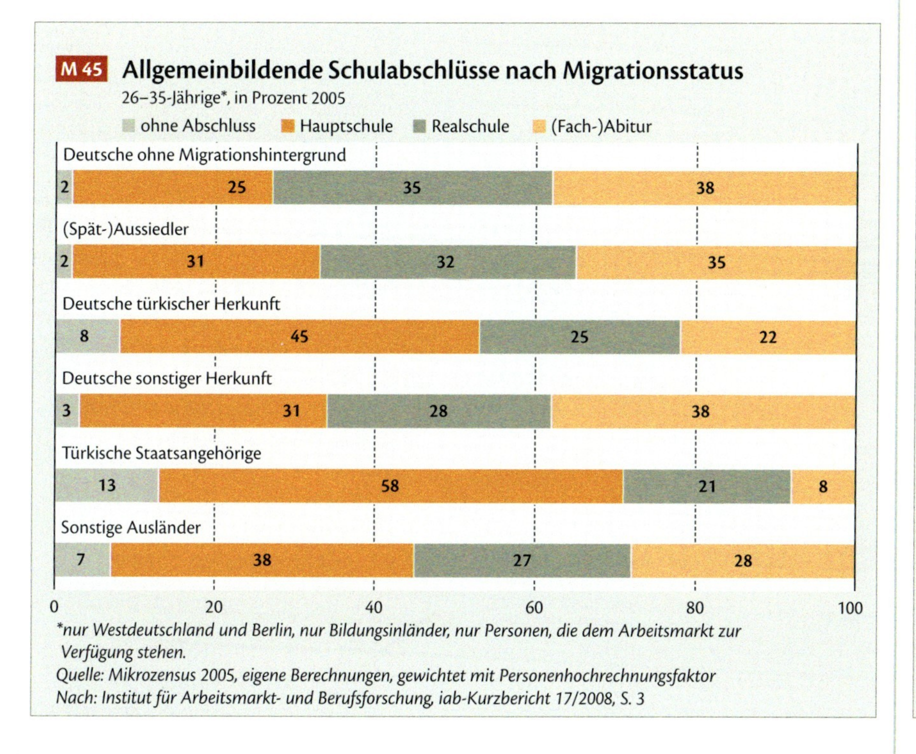

**nur Westdeutschland und Berlin, nur Bildungsinländer, nur Personen, die dem Arbeitsmarkt zur Verfügung stehen.*
Quelle: Mikrozensus 2005, eigene Berechnungen, gewichtet mit Personenhochrechnungsfaktor
Nach: Institut für Arbeitsmarkt- und Berufsforschung, iab-Kurzbericht 17/2008, S. 3

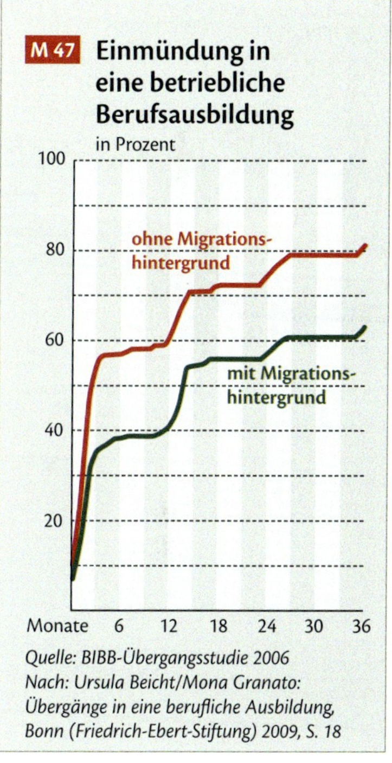

Quelle: BIBB-Übergangsstudie 2006
Nach: Ursula Beicht/Mona Granato: Übergänge in eine berufliche Ausbildung, Bonn (Friedrich-Ebert-Stiftung) 2009, S. 18

M 46 Bildungsabschlüsse von Deutschen und Ausländern in Deutschland 2008

	in schulischer Ausbildung	Hauptschulabschluss	mittlerer Schulabschluss	Abitur oder Fachabitur	ohne Abschluss
Deutsche	3,8	39,3	27,7	24,4	3,9
Ausländer	4,3	34,3	18,5	26,2	18,7

Nach: Statistisches Bundesamt: Bildungsstand der Bevölkerung, Wiesbaden 2009, S. 15 und 23

1 Stellen Sie die zentralen Ursachen der Banlieue-Proteste in Frankreich dar.

2 Recherchieren Sie die aktuelle Entwicklung und analysieren Sie das Datenmaterial im Hinblick auf Konfliktpotenziale in Deutschland.

3 Beurteilen Sie die Wahrscheinlichkeit, dass ähnliche Konflikte wie in Frankreich auch in Deutschland auftreten. Welche Konsequenzen ergeben sich für die Politik daraus?

Methode: Aufdeckung von Interessen und ihrer Konsequenzen

In der Sozialwissenschaft spielt die Aufdeckung von Interessen eine wichtige Rolle – also das Verfahren, das politische Aussagen und Urteile auf ihren Interessenhintergrund überprüft. Dabei sind auch scheinbar neutrale, weil sachbezogene Urteile in bestimmten Interessenzusammenhängen zu sehen.
Entsprechend ist es Aufgabe von Sozialwissenschaftlern zu prüfen, welche Konsequenzen eine bestimmte politische Maßnahme haben kann. In der Politik wie auch in der Wirtschaft übernimmt diese Aufgabe vor allem die Politikberatung.

M48 Interessen

Zeichnung: Haitzinger

„Interessen" ist eine Sammelbezeichnung für eine Vielfalt ökonomischer und sozialer Absichten und Forderungen, die von unterschiedlichen Gruppen und Organisationen an das politische System herangetragen werden. Zu unterscheiden sind

1) allgemeine I., deren Verwirklichung einer Vielzahl von Menschen bzw. der gesamten Bevölkerung zugute kommt (z. B. der Verbraucherschutz);
2) spezielle I., deren Umsetzung lediglich einer bestimmten Gruppe nutzt (z. B. Behindertenpolitik);
3) kollektive I., bei deren Realisierung niemand von der Nutzung ausgeschlossen werden kann (z. B. saubere Luft);
4) private I., bei denen andere von der Nutzung ausgeschlossen werden können (z. B. die der Jägervereinigungen).

Weiterhin ist zu unterscheiden zwischen latenten I., die zwar vorhanden sind, aber sich nicht politisch äußern, und manifesten I., für die es Gruppen, Initiativen, Verbände und Zusammenschlüsse gibt (organisierte I.), die sich engagieren, z. T. in Form von Selbsthilfe und Selbstorganisation tätig werden oder als Interessenverbände (z. T. großen) politischen Einfluss haben (Arbeitgeberverbände, Gewerkschaften).

Klaus Schubert/Martina Klein: Das Politiklexikon. 4., aktual. Aufl. Bonn 2006

M49 Arbeitsablauf: Aufdeckung erkenntnisleitender Interessen

Untersucht man Texte auf erkenntnisleitende Interessen, so muss man sie in ihrem Kontext untersuchen. Folgende Untersuchungsgesichtspunkte können dabei hilfreich sein:

- Um welche Textsorte handelt es sich?
- In welchem textlichen Zusammenhang ist der Artikel/die Stellungnahme veröffentlicht?
- Wer ist der Autor?
- Gehört der Autor einer Interessengruppe oder mehreren Interessengruppen an?
- Welche Interessen vertreten diese Interessengruppen?
- Wie sind diese Interessengruppen im Rahmen des gestellten Themas bereits in Erscheinung getreten?

Autorentext

M50 Beispiel: Rente mit 67

Vor dem Hintergrund der weiter steigenden Lebenserwartung und sinkender Geburtenzahlen ist die stufenweise Anhebung der Altersgrenze für die Regelaltersrente von bisher 65 Jahren auf das 67. Lebensjahr eine wichtige rentenpolitische Maßnahme, um die gesetzlichen Beitrags-und Niveausicherungsziele einhalten zu können. Die Maßnahme trägt dazu bei, in einem ausgewogenen Verhältnis zwischen den Generationen die finanzielle Grundlage und die Leistungsfähigkeit der gesetzlichen Rentenversicherung nachhaltig sicherzustellen.

Das Internet-Portal der Deutschen Rentenversicherung: Rente mit 67, http://www.deutsche-rentenversicherung.de (Zugriff: 22.10.2010)

M51 DGB: Rente mit 67 muss gestoppt werden

Zur Diskussion in der SPD, die Rente mit 67 zu verschieben, sagte DGB-Vorstandsmitglied Annelie Buntenbach am Mittwoch in Berlin in einer Pressemitteilung:
5 Es ist erfreulich, wenn die SPD die Rente mit 67 zumindest auf Eis legen will. Die Arbeitsmarktlage lässt die Erhöhung des gesetzlichen Renteneintrittsalters keinesfalls zu. Es reicht jedoch nicht aus, nur den Start der
10 Rente mit 67 auf 2015 zu verlegen. Solange die überwältigende Mehrheit der Arbeitnehmerinnen und Arbeitnehmer keine Chance hat, überhaupt bis 65 Jahre zu arbeiten, bleibt die Rente mit 67 ein Rentenkürzungsprogramm.
15 Wir fordern die Koalition auf, die schlechte Arbeitsmarktsituation Älterer nicht länger zu beschönigen und die Rente mit 67 zu stoppen. Die Bundesregierung muss die Bedingungen verbessern, damit die Arbeitnehmerinnen und Arbeitnehmer über-
20 haupt bis 65 arbeiten können und im Alter eine Rente haben, die zum Leben reicht. Dazu gehört aber auch eine bessere Absicherung für diejenigen, die aus gesundheitlichen Gründen frühzeitig vom Arbeitsmarkt gedrängt werden.

Pressemitteilung PM 138 vom 18.8.2008, http://www.dgb.de (Zugriff: 17.10.2010)

Protest gegen die Rentenreform der französischen Regierung, Bordeaux, Oktober 2010

M52 Wirtschaftsweiser fordert längere Lebensarbeitszeit

Der Vorsitzende des Sachverständigenrats, Wolfgang Franz, hat das Vorhaben der SPD, den Einstieg in die Rente mit 67 um drei Jahre auf 2015 zu verschieben, scharf kritisiert. Er
5 forderte stattdessen, schneller mit der längeren Lebensarbeitszeit zu beginnen als vorgesehen. (...)
(*Er fordert*) die Anpassung an die Rente mit 67 schneller vorzunehmen, als bisher von der
10 Regierung geplant. Er plädiere dafür, „das Rentenalter direkt ab 2012 jährlich um zwei Monate statt zunächst nur um einen Monat zu erhöhen, wie bislang vorgesehen".

Franz sieht angesichts des demografischen
15 Wandels keine Alternative zur Rente mit 67. Denn eine Erhöhung der Rentenversicherungsbeiträge etwa koste Arbeitsplätze. „Kürzen wir die Auszahlungsbeträge, bekommen wir Probleme mit Altersarmut."
20 Der Ökonom lehnt zudem die Forderung ab, dass es für besonders belastete Berufsgruppen Ausnahmen von der Rente mit 67 geben muss.

manager magazin, 22.8.2010

DGB: Der Deutsche Gewerkschaftsbund (DGB) vertritt die Interessen der Arbeitnehmer gegenüber den politischen Entscheidungsträgern, Parteien und Verbänden in Bund, Ländern und Gemeinden

Wolfgang Franz
Wolfgang Franz ist Professor für Volkswirtschaftslehre an der Universität Mannheim. Seit dem 1. März 2003 ist er aufgrund einer Empfehlung der Arbeitgeberverbände Mitglied des Sachverständigenrats zur Begutachtung der gesamtwirtschaftlichen Entwicklung, dem er bereits von 1994 bis 1999 auf Empfehlung der Gewerkschaften angehörte

1 Ermitteln Sie weitere Informationen zur „Rente mit 67" und zu den damit verbundenen gesellschaftlichen Interessen.
2 Recherchieren Sie zu den Protesten in Frankreich, die sich gegen eine Erhöhung des Renteneintrittsalters von 60 auf 62 Jahre richten.
3 Bestimmen Sie die Interessengruppen, die Position zur Rente mit 67 beziehen.
4 Beurteilen Sie, welche Bedingungen erfüllt sein müssen, damit diese Interessen zum Zuge kommen und nicht durch gegenläufige Interessen aufgehoben werden.

Themen und Hinweise

Mögliche Themen für Referate und Themenbereiche von Facharbeiten

Hinweis: Die konkrete Themenstellung der Facharbeit kann nur in engem Kontakt mit der betreuenden Fachlehrerin bzw. dem Fachlehrer festgelegt werden.

- Entwicklung der Beschäftigtenstruktur in der Region
- Einkaufsmöglichkeiten im Stadtteil – eine Befragung unter Jugendlichen
- Migrationshintergrund – eine systematische Zusammenstellung auf der Grundlage der Daten der Schule
- Folgen des demografischen Wandels in der Stadt: Experteninterviews mit Stadtplanern und Einzelhandelsverbänden
- Einstellungen zur Arbeit – eine Untersuchung auf der Grundlage der Befragung verschiedener Generationen ausgesuchter Familien
- Arbeitsbiographien – ausgewählte Arbeitsbiographien unter dem Blickwinkel der Wandlungen der Arbeitsgesellschaft

Zur Übung und Vertiefung

- Analysieren Sie Text und Material: ***www.ifd-allensbach.de/pdf/prd_0110.pdf***
- Analysieren Sie den Text: ***www.uni-koeln.de/ew-fak/seminar/sowi/politik/butterwegge/pdf/Demografischer%20Wandel%20_Thesen.pdf***
- Analysieren Sie den Text: ***www.eza.org/veroeffentlichungen/seminarberichte/mobilitaet-und-migration-von-arbeitnehmern/der-arbeitsbegriff-im-wandel-die-bedeutung-des-demografischen-wandels-und-der-migration-fuer-den-arbeitsmarkt.html***

Hinweise zur Weiterarbeit

– ***www.sozialpolitik-aktuell.de/***	Sozialpolitik aktuell der Universität Duisburg/Essen
– ***www.schader-stiftung.de/gesellschaft_wandel/375.php***	Seiten zum sozialen Wandel der Schader-Stiftung
– ***www.bpb.de/wissen/37OUAU,0,0,Die_soziale_Situation_in_Deutschland.html***	Seiten der Bundeszentrale für politische Bildung zur sozialen Situation in Deutschland
– ***www.migration-boell.de/web/integration/47_1317.asp***	Seiten der Heinrich-Böll-Stiftung zur Migration
– ***www.sozialestadt.de/programm***	Programm soziale Stadt
– ***www.migration-online.de***	Migrations-Seite des DGB
– ***www.amtliche-sozialberichterstattung.de/***	Sozialberichterstattung der statistischen Ämter
– ***www1.bpb.de/publikationen/7FUJEB,0,Sozialer_Wandel_in_Deutschland.html***	Informationen zur politischen Bildung
– ***www.arbeit-demografie.nrw.de***	Demografie-Seite des Ministeriums für Arbeit, Gesundheit und Soziales NRW
– ***www.bmbf.de/de/4657.php***	Demografie-Seite des Bundesministeriums für Bildung und Forschung
– ***www.single-generation.de***	Single-Seite mit vielen Links
– ***www.schader-stiftung.de/gesellschaft_wandel/382.php***	Schader-Stiftung zum Wertewandel
– ***www.ifd-allensbach.de/pdf/Familenmonitor_2009.pdf***	Familienmonitor des Allensbacher Instituts

12 Sozialpolitik

Die staatliche Sozialpolitik umfasst alle Aktivitäten des Staates, mit denen die soziale Lage benachteiligter Gruppen verbessern werden soll, vor allem durch Angleichung der Lebenschancen und Existenzbedingungen. Eine weitere Aufgabe von Sozialpolitik ist die Integration der sozial schwächeren Bevölkerungsgruppen in die Gesellschaft und damit die Stabilisierung der Gesellschaftsordnung. Die Ausgaben für Arbeit und Soziales stellen den größten Anteil am Bundeshaushalt. Träger der staatlichen Sozialpolitik in Deutschland sind der Bund, die Länder und die Gemeinden sowie von ihnen beauftragte Anstalten und Körperschaften. Das Grundgesetz legt Umfang und Form der Sozialpolitik nicht fest, sondern überlässt sie aktuellen Entscheidungen politischer Parteien und Gruppierungen. Die Sozialpolitik ist deshalb immer neu umstritten. Das Kapitel ermöglicht Ihnen eine grundsätzliche Einschätzung der Felder, Möglichkeiten und Probleme staatlicher Sozialpolitik.

Was heißt hier sozial?

Der Begriff sozial ist in aller Munde. Das Grundgesetz weist ein Sozialstaatsgebot aus, die Wirtschaftsform der Bundesrepublik Deutschland ist die der Sozialen Marktwirtschaft usw. Was aber heißt sozial, und was verstehen wir darunter?

Das Bundeskabinett hat im Juli 2010 die erweiterte Rentenschutzklausel beschlossen. Damit werden Rentenkürzungen für die Zukunft generell per Gesetz ausgeschlossen

M1 Vertraut, aber nicht selbstverständlich

Sozialpolitik hat viele Gesichter. Und viele dieser Gesichter sind uns inzwischen so vertraut, dass wir sie gar nicht mehr als etwas Besonderes erkennen. Krankenversicherungsschutz ist heute so selbstverständlich, dass übersehen werden kann, unter welchen erheblichen Mühen er im 19. Jahrhundert erkämpft wurde. Kindergeld ist ebenso alltäglich, und dass Arbeitslosengeld, Grundsicherung oder „Hartz IV" gezahlt werden, ist weithin beobachtbar und aus unserem Sozialsystem kaum mehr wegzudenken. Wie ausgeprägt die Sozialstaatlichkeit in Deutschland ist, wird manchem erst bewusst, wenn Bilder aus afrikanischen Slums und amerikanischen Ghettos auf dem Bildschirm erscheinen, oder wenn deutsche Politiker und Regierungen über den Umbau oder Abbau sozialer Leistungen beraten. Die Bilder von fernem Elend können aber nicht darüber hinwegtäuschen, dass auch in Deutschland Armut und Not bestehen, dass alleinerziehende Mütter große Probleme haben, dass immer mehr Menschen durch das soziale Netz fallen. Bei der politischen Diskussion gilt es deshalb nicht nur die Finanzen der Sozialpolitik zu betrachten, sondern auch die sozialen Probleme der Adressaten zu würdigen.

Bernhard Frevel/Berthold Dietz: Sozialpolitik kompakt. 2. Aufl. Wiesbaden 2008, S. 95

M2 Sozialpolitik: Definitionen

a) Sozialpolitik widmet sich der Schaffung bzw. Fortentwicklung eines sozialen Netzwerks. Während traditionell die Familie und private Zusammenschlüsse dem Einzelnen soziale Sicherheit bieten, reicht dies in Gesellschaften mit einem stärkeren Strukturwandel nicht mehr aus.
Bundeszentrale für politische Bildung (Hg.): Wirtschaft heute, Bonn 2009, S. 194

b) Sozialpolitik im engeren Sinne bezeichnet die institutionellen, prozessualen und entscheidungsinhaltlichen Dimensionen der gesamtgesellschaftlich verbindlichen Regelung der sozialen Sicherheit (vor allem des Schutzes vor materieller Not, der Sicherung gegen Wechselfälle des Lebens und der Bekämpfung krasser Ungleichheit) durch Staat, Verbände, Betriebe, Familien und Eigenvorsorge. Zur Sozialpolitik im weiteren Sinne zählen zusätzlich die Gestaltung der Arbeitsordnung, mitunter auch die Beschäftigungspolitik und das Bildungswesen („Wohlfahrtsstaat").
Manfred Schmidt: Sozialpolitik, in: Handwörterbuch des politischen Systems der Bundesrepublik, in: http://www1.bpb.de/wissen (Zugriff: 23.11.2009)

c) Sozialpolitik ist die Bezeichnung für Maßnahmen zur Verbesserung der wirtschaftlichen und sozialen Situation insbesondere benachteiligter gesellschaftlicher Gruppen. Träger der Sozialpolitik sind vornehmlich der Staat, daneben Unternehmen, Gewerkschaften, NGOs und die Kirchen.
www.wikipedia.de (Zugriff: 8.1.2010)

d) Gesamtheit aller Grundsätze und Maßnahmen des Staates und größerer Verbände im Rahmen der bestehenden Sozialordnung mit dem Zweck, das Verhältnis der Klassen und Stände zueinander und zum Staat zu beeinflussen, vor allem auftretende Gegensätze durch wirtschaftlich-sozialen Ausgleich zu mildern.
Bertelsmann Universallexikon 2008

e) Sozialpolitik ist die Summe der auf soziale Sicherung ausgerichteten Politikfelder. „Sozialstaat" oder „welfare state" dagegen bezeichnet die Existenz entwickelter sozialer Sicherungssysteme und die Ausrichtung der Gesamtheit staatlicher Aktivitäten auf die Ziele sozialer Gerechtigkeit und Sicherheit. Die Sozialpolitikforschung widmet sich daher nicht nur der Analyse

einzelner Felder der Sozialpolitik wie Alterssicherung, Gesundheitspolitik, Armut und Grundsicherung u. a., sondern betrachtet die Zusammenhänge zwischen den Einzelsystemen und deren Integration in ein Gesamtbild sozial ausgerichteter Staatlichkeit.
www.zes.uni-bremen.de (Zugriff: 8.1.2010)

f) Sozialpolitik ist ein Teilbereich der Politik, der in verschiedene gesellschaftliche Bereiche eingreift (Interventionsstaat) mit dem Ziel, durch eine Angleichung der Lebenschancen und der Verbesserung der Lebensbedingungen der Bevölkerung die staatliche Politik trotz des Trends zu wachsender sozialer Ungleichheit in der Industriegesellschaft zu legitimieren und zu stabilisieren.
uni-protokolle Mainz, in: http://www.uni-protokolle.de (Zugriff: 8.1.2010)

g) Das Soziale als Gegenstand der Sozialpolitik bezeichnet die Gesamtheit der Beziehungen der Menschen in der Gesellschaft. Sozialpolitik bezeichnet entsprechend die Instrumente, die darauf gerichtet sind, Beziehungen zwischen den Menschen entsprechend den gegebenen Machtverhältnissen und erreichbaren Interessenkompromissen so zu gestalten, dass Gesellschaft
- primär die Interessen der herrschenden Gruppen befriedigt, aber auch
- entwicklungsfähig bleibt.

Rosa-Luxemburg-Stiftung: Was ist Sozialpolitik?; in: http://www.rosalux.de (Zugriff: 8.1.2010)

h) Sozialpolitik bildet innerhalb der allgemeinen Wirtschaftspolitik einen Querschnittsbereich, der in grundlegenden Ordnungsregeln der Wirtschaft verankert ist und Berührungen zu zahlreichen Einzelfeldern aufweist. Sie umfasst einen Kernbestand an Arbeitsmarktregulierungen (Arbeitsmarktpolitik) und an Institutionen zur sozialen Sicherung.
Gablers Wirtschaftslexikon online, in: http://wirtschaftslexikon.gabler.de (Zugriff: 8.1.2010)

M 3 Einfluss- und Leistungswege in der Sozialpolitik

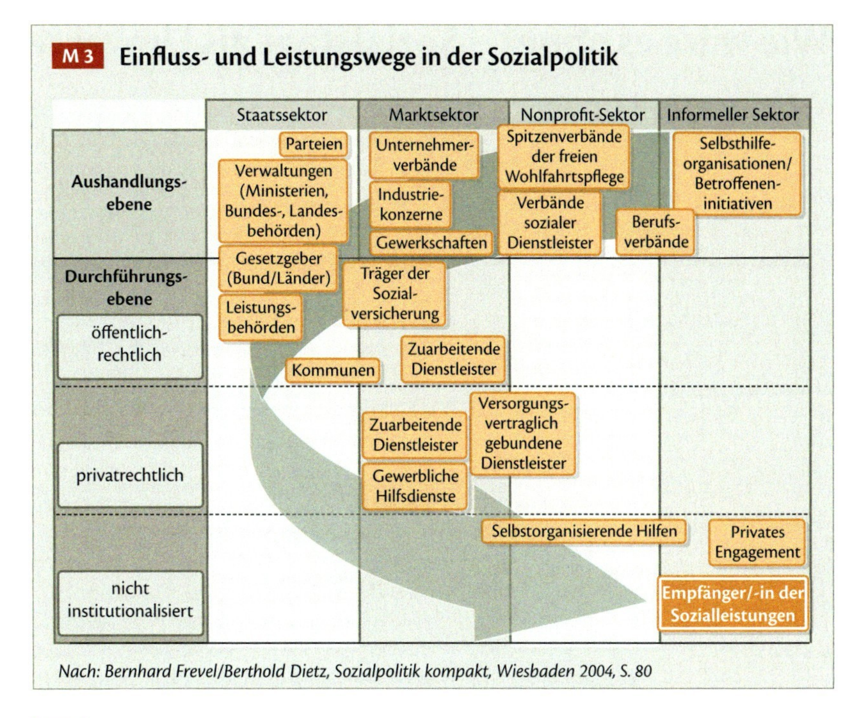

Nach: Bernhard Frevel/Berthold Dietz, Sozialpolitik kompakt, Wiesbaden 2004, S. 80

M 4 Ausgaben und Einnahmen für Sozialpolitik 2008 in Mrd. Euro*

	Ausgaben	Einnahmen		
		Arbeitnehmer	Arbeitgeber	Staatl. Zuschüsse
Rentenversicherung	245	76	86	79
Krankenversicherung	159	78	72	4
Pflegeversicherung	19	10	7	
Unfallversicherung	11	1	9	
Arbeitslosenversicherung	34	16	17	7
Renten Landwirte	3	1		2
Versorgungswerke	3	6	1	6
Pensionen	39		11	28
Familienzuschläge	3		2	1
Beihilfen	11		11	
Entgeltfortzahlung	26		26	
Betr. Altersversorgung	21	5	26	
Zusatzversorgung	10	1	9	1
Sonstige Arbeitgeberleist.	1		1	
Entschädigungen	3			3
Wiedergutmachung	1			1
Kindergeld	36			36
Elterngeld	5			5
Grundsicherung Arbeitsuchende	44			44
Ausbildungsförderung	2			2
Sozialhilfe	23			23
Kinder-/Jugendhilfe	21			21
Wohngeld	1			1
Steuerliche Leistungen	35			35
Sozialbudget ges.	721	194	278	299

**Ohne Positionen unter 500 Mill. Euro und Verrechnungen. Nach: Bundesregierung: Sozialbericht 2009, in: http://www.bmg.bund.de*

1 Vergleichen Sie die Definitionen in **M 2** im Hinblick auf die Frage, ob sich ein Kernbereich der Sozialpolitik feststellen lässt und begründen Sie, warum dieser umstritten ist.

2 Analysieren Sie die Einnahmen- und Ausgabenstruktur des Sozialbudgets.

3 Beurteilen Sie, ob es sinnvoll ist, die Sozialpolitik als Politik staatlicher Leistungen zu verstehen.

Wie wäre es ohne? – Sozialstaat als Umverteiler

Nach dem Grundgesetz ist die Bundesrepublik Deutschland ein Sozialstaat. Das bedeutet, dass der Staat für einen sozialen Ausgleich sorgen soll. Dafür muss er vor allem in großem Ausmaß Geldmittel umverteilen.

M5 Verfügbares Einkommen als Maßstab

Für die Sozialberichterstattung ist vor allem das verfügbare Einkommen der privaten Haushalte relevant. Es ergibt sich aus dem empfangenen Primäreinkommen abzüglich der geleisteten und zuzüglich der empfangenen laufenden Transfers. Zu den wichtigsten empfangenen monetären Transfers zählen vor allem Leistungen aus der Renten- und Arbeitslosenversicherung sowie aus der Sozialhilfe, der Arbeitslosenhilfe (bis 2004) bzw. dem Arbeitslosengeld II (ab 2005), öffentlichen Pensionen und dem Kindergeld. Insgesamt sind die von den privaten Haushalten empfangenen laufenden Transfers (monetäre Sozialleistungen und sonstige laufende Transfers) von 1996 bis 2004 um 20,5 Prozent angestiegen. Ihr Anteil am verfügbaren Einkommen lag in 2004 bei 35,2 Prozent (1996 bei 34,4 Prozent).

Einkommensmindernd wirken sich die zu leistenden laufenden Transfers aus. Hierzu zählen insbesondere die direkten Steuern wie die Lohn- bzw. Einkommen- und (frühere) Vermögensteuern, Körperschaftsteuern sowie Steuern im Zusammenhang mit dem privaten Verbrauch (z. B. Kfz-Steuer, Gemeindesteuer etc.). Abgezogen werden zudem die Sozialbeiträge der Arbeitgeber, der Arbeitnehmer/-innen, der Selbstständigen sowie die vom Staat für Nichterwerbstätige übernommenen Beiträge und sonstige Transfers. Insgesamt sind die geleisteten Transfers der privaten Haushalte von 1996 bis 2004 um 10,7 Prozent angestiegen.

Nach den Umverteilungsmaßnahmen des Staates (einschließlich der Sozialversicherung) standen den privaten Haushalten im Jahr 2004 von dem Primäreinkommen von 20 882 Euro je Einwohner (+12,8 Prozent gegenüber 1996) noch 18 383 Euro (+16,7 Prozent gegenüber 1996) zur Verfügung. Der Anteil des verfügbaren Einkommens an dem Primäreinkommen ist dabei von 85,1 Prozent im Jahr 1996 auf 88,0 Prozent im Jahr 2004 angestiegen.

In der Summe wurden den privaten Haushalten im Jahr 2004 durch Steuern und Sozialabgaben 162,3 Milliarden Euro entzogen und 117,1 Milliarden Euro als Sozialtransfers wieder zugeführt. Der restliche Teil wurde u. a. zur Finanzierung öffentlicher Staatsausgaben genutzt oder kam über den Länderfinanzausgleich und als Umverteilung innerhalb der Sozialsysteme anderen Bundesländern zugute.

monetäre Transfers: Geldleistungen, die Personen erhalten, ohne direkte Gegenleistungen erbringen zu müssen

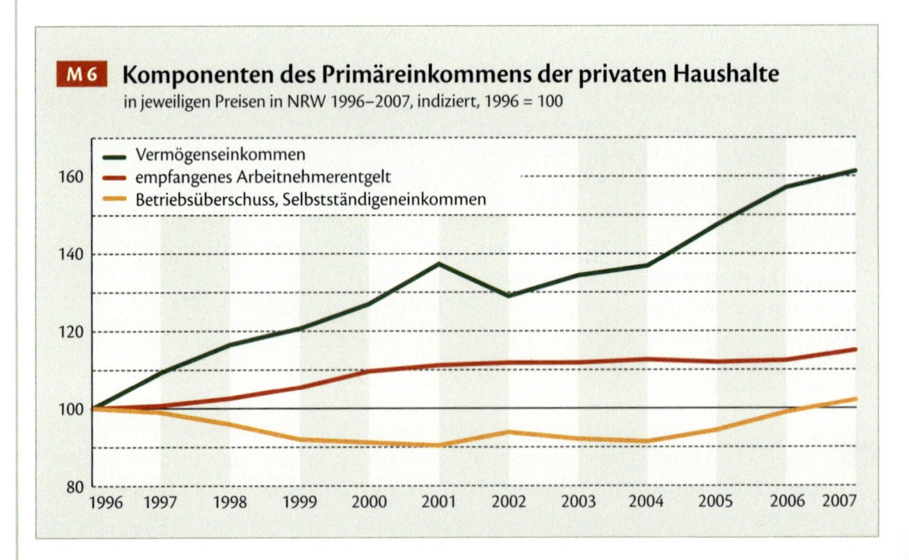

Text und Grafik nach: Arbeitskreis „Volkswirtschaftliche Gesamtrechnungen der Länder", Berechnungsstand Frühjahr 2009; nach: http://www.mags.nrw.de (Zugriff: 23.1.2010)

Quelle: IT NRW; Arbeitskreis „Volkswirtschaftliche Gesamtrechnungen der Länder"; Stand: Frühjahr 2009

M 8 Verfügbares Einkommen der privaten Haushalte und seine Komponenten in NRW 1991–2007

Jahr	Einkommen der privaten Haushalte in jeweiligen Preisen (Index: 1996 = 100)						
		+	+	–	–	–	=
	Primäreinkommen	Monetäre Sozialleistungen	Sonstige empfangene laufende Transfers	Einkommen- und Vermögensteuer	Sozialbeiträge	Sonstige geleistete laufende Transfers	Verfügbares Einkommen
1991	87,9	72,5	72,9	84,8	78,6	72,5	86,7
1995	99,3	92,6	97,1	96,8	96,6	98	98,5
2000	110,1	107,4	111,5	114,3	109	105,3	109,2
2005	115,8	120,9	124,8	103,7	114,5	116,6	120
2006	118,5	121	124,9	110,1	117	117,6	121,4
2007	121,6	119	128	116,6	117,4	121,9	123,2

Datenquelle: Arbeitskreis „Volkswirtschaftliche Gesamtrechnungen der Länder", nach: http://www.mags.nrw.de (Zugriff: 23.1.2010)

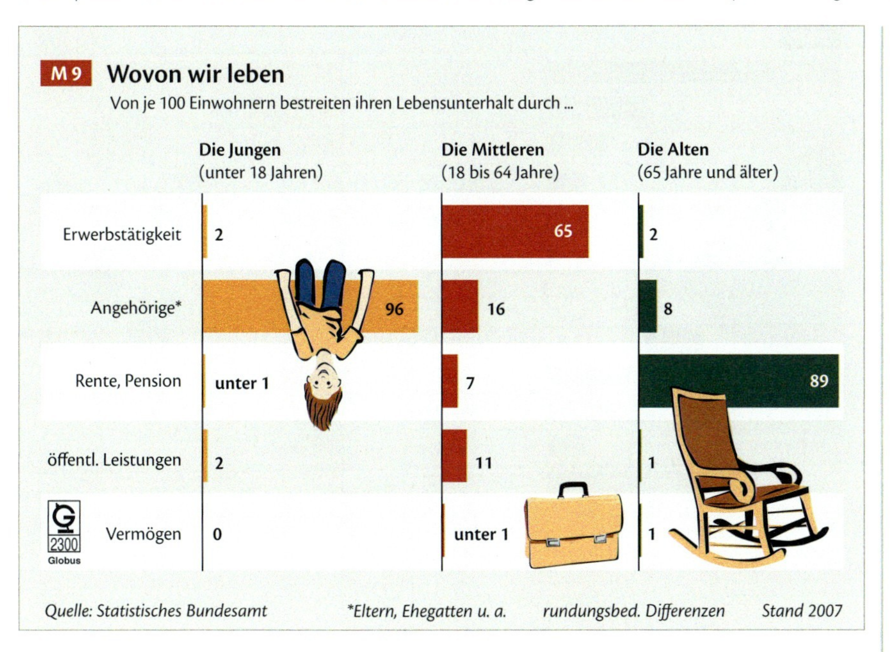

*Quelle: Statistisches Bundesamt *Eltern, Ehegatten u. a. rundungsbed. Differenzen Stand 2007*

1 Definieren Sie die relevanten Begriffe der Einkommensverteilung: Primäreinkommen, verfügbares Einkommen, Transfereinkommen.

2 Fassen Sie die Entwicklung des Primär- und des verfügbaren Einkommens in NRW zusammen.

3 Analysieren und beurteilen Sie den Lebensunterhalt nach Lebensphasen.

Neue oder alte Armut?

Ein hoher Anteil der durchschnittllichen Einkommen in Deutschland wird inzwischen als Transfereinkommen an Bedürftige gezahlt, also als Einkommen ohne ökonomische Gegenleistung. Doch wer ist eigentlich bedürftig? Wer ist arm und braucht Unterstützung?

Gebrauchte Gegenstände zur kostenlosen Mitnahme vor dem Laden der Wittenberger Tafel in der Altstadt von Wittenberge (Landkreis Prignitz), April 2010. Die Sozialeinrichtung versorgt bedürftige Bürger der Stadt u. a. mit gespendeten Lebensmitteln

M10 Absolute, relative und gefühlte Armut

Was ist eigentlich Armut? Welche Arten von Armut gibt es? Im Wesentlichen unterscheidet man drei Arten der Armut:
Absolute Armut: Absolute oder extreme Armut bezeichnet nach Auskunft der Weltbank eine Armut, die durch ein Einkommen von etwa einem Dollar (neuerdings 1,25 $) pro Tag gekennzeichnet ist. Auf der Welt gibt es 1,2 Milliarden Menschen, die in diese Kategorie fallen.
Relative Armut: Von relativer Armut spricht man in Wohlstandsgesellschaften, in denen es absolute Armut praktisch kaum gibt, wohl aber eine arme „Unterschicht" (neuerdings auch Präkariat genannt). Als relativ arm gilt hier derjenige, dessen Einkommen weniger als die Hälfte des Durchschnittseinkommens beträgt.
Gefühlte Armut: Gefühlte oder auch soziokulturelle Armut lässt sich weniger an konkreten Einkommensgrenzen festmachen. Es ist mehr das Bewusstsein, das diese Art der Armut konstituiert. Sie betrifft diejenigen, die sich aufgrund ihrer allgemeinen gesellschaftlichen Ausgrenzung oder Diskriminierung als „arm" betrachten oder Angst vor einer sich verschlechternden wirtschaftlichen Lage haben bzw. in ständiger Angst vor Armut leben.

Deutsches Institut für Armutsbekämpfung: Definition von Armut, 2008; in: http://www.armut.de/definition-von-armut.php (Zugriff: 2.11.2010)

M11 Arm und Reich in Deutschland

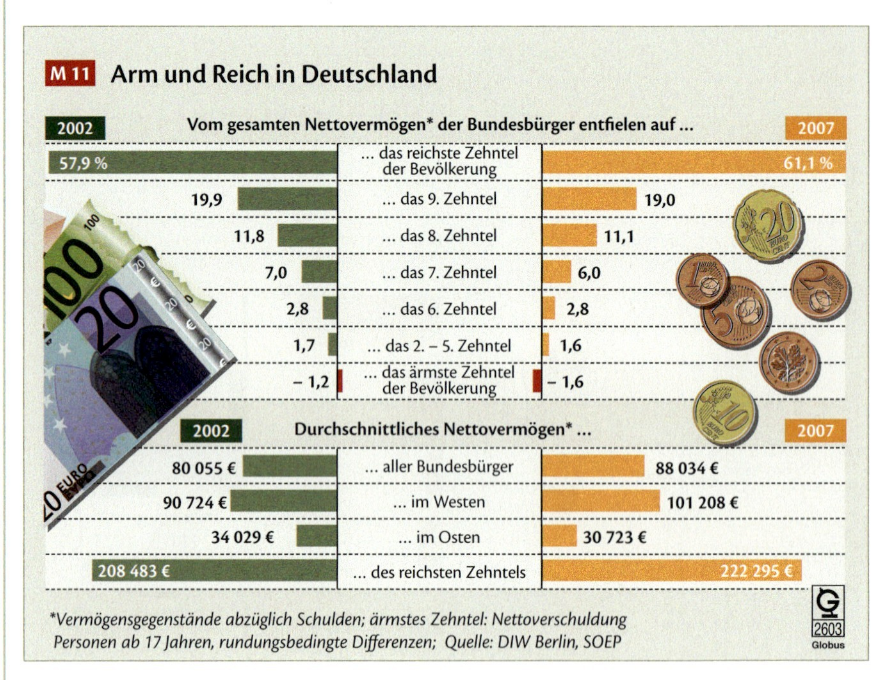

M12 Die alte soziale Frage

Während die Nachrichten weit mehr als hunderttausend Tote und Millionen zerstörter Existenzen in Indonesien, Thailand, Sri Lanka und auf zahllosen Inseln der Region melden, müssen die zum Jahresende veröffentlichten Berichte über Armut in der deutschen Wohlstandsgesellschaft und in der Welt in den Hintergrund treten.
Wo die Statistik bei weniger als neunhundert Euro im Monat von Armut spricht, bedarf es

angesichts des Elends in der übrigen Welt einer besonderen Anstrengung, um sich das Drama der Armut in der Wohlstandsgesellschaft vor Augen zu führen. Die Zahlen des Sozialberichts der Bundesregierung geben nur dürre Hinweise.
Die Statistik nennt immerhin 13,5 Prozent Arme unter der Gesamtbevölkerung und auf der anderen Seite beachtliche 1,6 Millionen Bürger, die mehr als fünfhunderttausend Euro besitzen, eine halbe Million mehr, als 1998 gezählt wurden. Man kann dieses vage Gesamtbild, wie es der Sozialbericht tut, in viele Aspekte auffächern, als wichtigste Tatsache aber muss die Vergrößerung des Abstands zwischen Arm und Reich erscheinen. Man kann von Deutschland kaum mehr als von einer sozial homogenen Gesellschaft sprechen.
Wer die weitere Öffnung der Schere zwischen Arm und Reich ernst nimmt, wird auch Zweifel haben, ob diese Entwicklung in absehbarer Zeit zum Stillstand kommen oder sich gar umkehren wird. Wo die Hälfte der Arbeitslosen unterhalb der Armutsschwelle lebt, liegt es nahe, auf konjunkturelle Veränderungen zu hoffen, die einen Teil von ihnen wieder in Arbeit bringen wird. Diese vagen Hoffnungen werden allerdings durch die gleichzeitig veröffentlichten Berichte über Armut und Arbeit im Weltmaßstab nicht ermutigt. Das Internationale Arbeitsamt zählte im Jahr 2003 186 Millionen Arbeitslose weltweit, 1,4 Milliarden „working poor", also Arbeitende, deren Einkünfte unterhalb der Armutsgrenze lagen. Fast jeder zweite Arbeitnehmer lebt danach von weniger als zwei Dollar pro Tag. (...)
Armut wird aber nicht nur an dem gemessen, was einer hat oder nicht hat, sondern auch daran, wo und in welcher Gesellschaft er arm ist. Und nicht zuletzt an dem, wie viel Reichtum und welche Art Reichtum es in der betreffenden Gesellschaft gibt. Aufschlussreicher als die statistische Definition der Armut ist für deren nähere Beurteilung der in einer Gesellschaft vorhandene Reichtum.

Henning Ritter: Die alte soziale Frage. Armut in Deutschland, in: Frankfurter Allgemeine Zeitung v. 4.1.2005

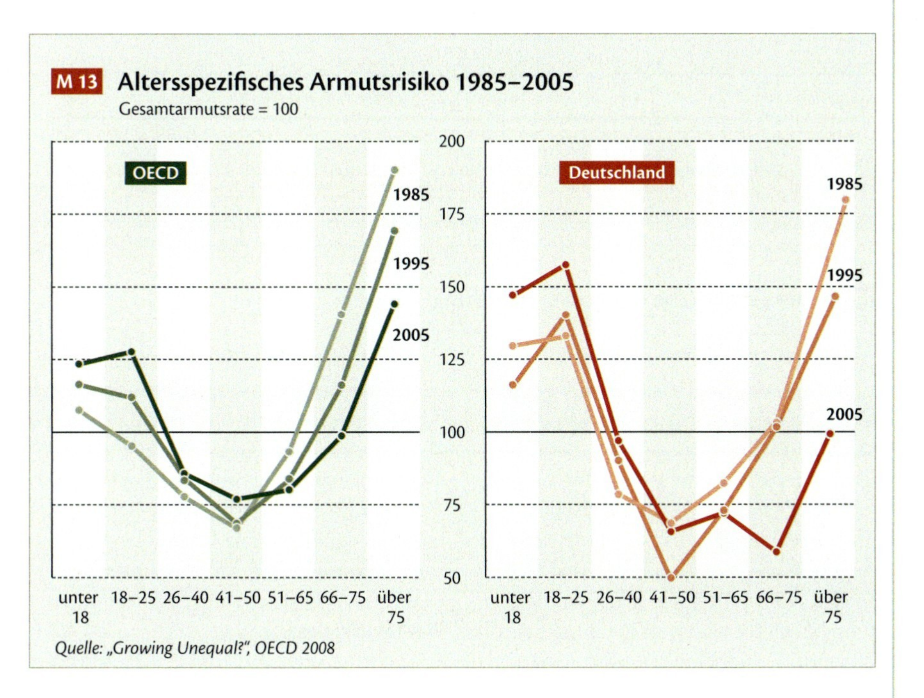

1 Diskutieren Sie die Definition der relativen Armut: Wie wirkt sich die Setzung der Armutsgrenze aus? Ist es richtig, dass relative Armut in Deutschland eine andere Grenze hat als beispielsweise in Haiti?

2 Hat sich die soziale Frage gegenüber dem 19. Jahrhundert tatsächlich nicht geändert? Diskutieren Sie.

3 Ermitteln Sie weitere Fakten über Altersarmut und informieren Sie sich über Kinderarmut in Deutschland. Diskutieren Sie, inwiefern Sozialpolitik hier erfolgreich sein kann.

Und was ist im Alter? – Rentenversicherung

Die sozialstaatliche Unterstützung ist auch eine Frage von Lebensphasen. Das Alter ist die Lebensphase, in der – neben der Jugendphase – am meisten Unterstützung durch den Sozialstaat benötigt wird. Wie ist die Alterssicherung in Deutschland geregelt?

M 14 Das System der Altersvorsorge

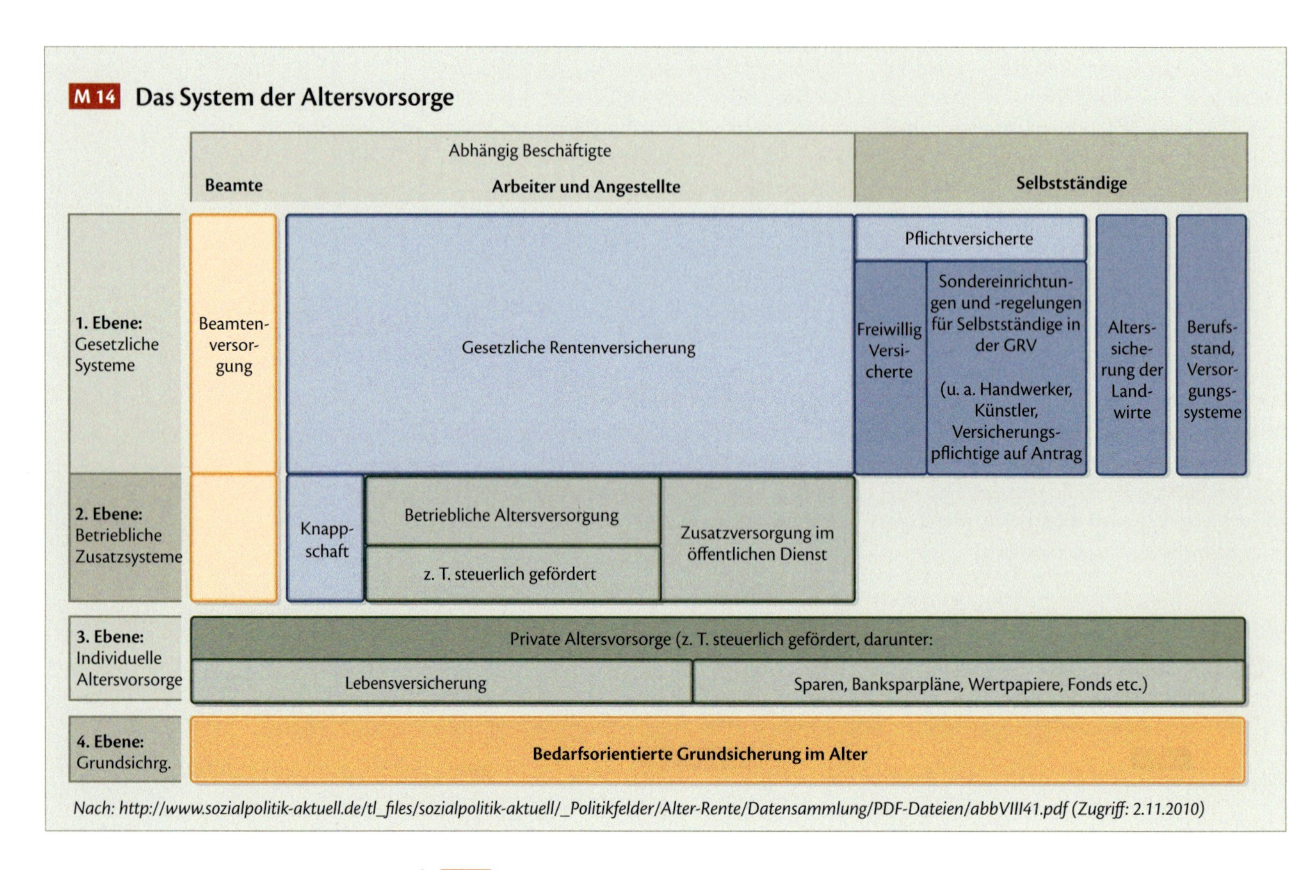

Nach: http://www.sozialpolitik-aktuell.de/tl_files/sozialpolitik-aktuell/_Politikfelder/Alter-Rente/Datensammlung/PDF-Dateien/abbVIII41.pdf (Zugriff: 2.11.2010)

M 15 Die gesetzliche Rentenversicherung

(*Seit 2005*) sind die Arbeiterrentenversicherung und die Angestelltenrentenversicherung unter dem Namen „Deutsche Rentenversicherung" zusammengefasst. Für Arbeiter und Angestellte besteht, abgesehen von wenigen Ausnahmen, Versicherungspflicht. (...) Im System der gesetzlichen Rentenversicherung überwiegt das Äquivalenzprinzip (Entsprechung von Beitragszahlungen und Leistungshöhe), das allerdings durch das Solidaritätsprinzip abgeschwächt wird. Leistungen nach dem Solidariätsprinzip wie versicherungsfremde Leistungen (z. B. Anrechnung von Ausbildungs- und Kindererziehungszeiten, für die etwa Studenten bzw. Kindererziehende keine Beiträge entrichtet haben) bedeuten, dass das Äquivalenzprinzip nicht streng angewendet wird. Solche solidarischen Umverteilungsprozesse finden auch bei der Gewährung von Witwen- und Waisenrenten statt.
Die westdeutsche Rentenpolitik verfolgte seit Ende der 1950er-Jahre vorrangig die beiden Ziele der Lebensstandardsicherung und der Anpassung der Renten an die allgemeine Lohnentwicklung (Dynamisierung der Renten). Jahrzehntelang bestand in der Politik ein breiter Konsens darüber, für die Rentner unter der Voraussetzung langer Erwerbstätigkeit, aber auch bei schon frühzeitiger Erwerbsunfähigkeit, im Alter ein angemesseneres Rentenniveau realisieren zu wollen. Vom Ziel der Lebensstandardsicherung, also den im Berufsleben gewohnten Lebensstil in etwa auch im Alter erhalten zu können, hat die Politik infolge der demografischen Entwicklung unterdessen Abschied nehmen müssen. Auch vom zweiten wichtigen Ziel, der Dynamisierung der Renten im Sinne ihrer Anpassung an die durchschnittliche Bruttolohnentwicklung, hat sich die Politik schon Anfang der 1990er-Jahre verabschiedet.
Die gesetzliche Rentenversicherung stellt ei-

nen Generationenvertrag dar, bei dem die erwerbstätige Generation die Renten der älteren Generation über ein Umlagesystem direkt finanziert. Dieses umlagefinanzierte Rentensystem basiert auf der verfassungsrechtlich und gesetzlich abgesicherten Erwartung der gegenwärtigen Beitragszahler, dass die nachrückende Generation diese Pflicht ebenso übernehmen wird und so weiter. Die Beitragszahlungen der Versicherten begründen einklagbare Rechtsansprüche an die Solidargemeinschaft der Versicherten.

Frank Pilz: Der Sozialstaat. Ausbau – Kontroversen – Umbau. Bonn: Bundeszentrale für politische Bildung 2009, S. 109 f.

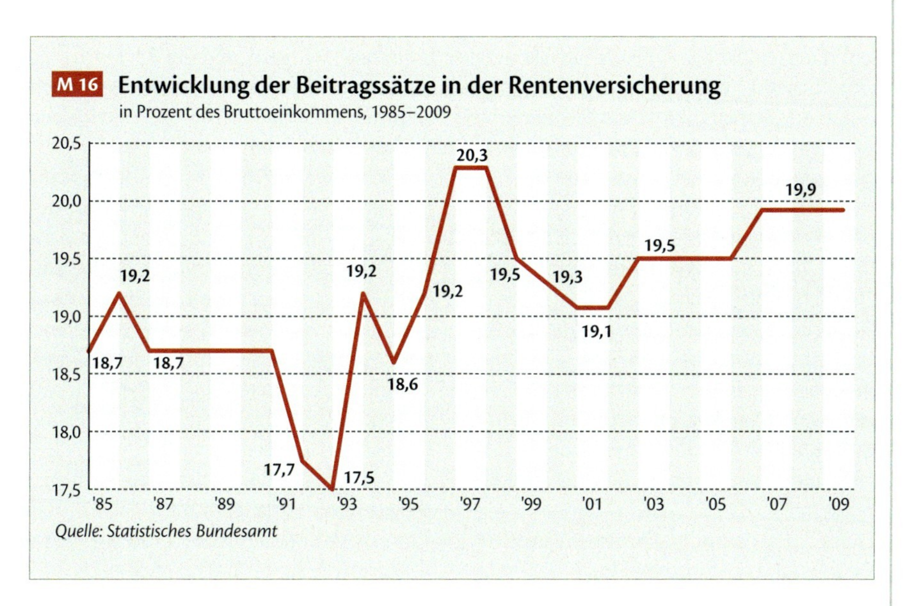

M 17 Die Rentenformel

Die Rentenformel bzw. Rentenanpassungsformel gilt als das Herzstück der gesetzlichen Rentenversicherung. (...)
Die persönliche Versicherungsbiografie jedes einzelnen Arbeitnehmers spiegelt sich in Entgeltpunkten (Ep) wider. Für die monatlichen Beitragszahlungen werden dem Versicherten Punktwerte gutgeschrieben. (...)
Der Zugangsfaktor (Zf) berücksichtigt das Alter des Versicherten bei Rentenbeginn. Er vermindert oder erhöht den Wert der Entgeltpunkte im Fall eines vorzeitigen oder aufgeschobenen Renteneintritts. (...)
Entgeltpunkte und Zugangsfaktor bilden bei der Rentenberechnung die individuelle Komponente. Das Produkt aus der Summe der Entgeltpunkte und dem Zugangsfaktor ergibt die persönlichen Entgeltpunkte.
Der Rentenartfaktor (Raf) stuft die Rentenhöhe nach Art der Rente und den damit verbundenen Ansprüchen ab. Er beträgt für die Altersrente 1,0, für die Hinterbliebenenrente 0,55, für die Voll-(Halb-)Waisenrente 0,2 (0,1).
Der aktuelle Rentenwert (aR) folgt grundsätzlich der Entwicklung der Bruttolöhne und ist damit das dynamische Element der Rentenformel. (...)
Das Produkt der vier Faktoren ist dann die Monatsrente: Ep+Zf+Raf+aR.

Frank Pilz: Der Sozialstaat. Ausbau – Kontroversen – Umbau. Bonn: Bundeszentrale für politische Bildung 2009, S. 223 f.

Dynamisierung: laufende Anpassung der Rentenhöhe an die Lohnentwicklung

1. Analysieren Sie das System der Rentenversicherung in Deutschland. Ermitteln Sie, welche Kritik es an der Renteformel (**M 17**) gibt und diskutieren Sie diese.
2. Recherchieren und analysieren Sie die Einnahmen und Ausgaben der deutschen Rentenversicherung. Vergleichen Sie Ihre Ergebnisse mit den Aussagen in **M 15**.
3. Stellen Sie die Prinzipien heraus, die für die Rentenversicherung in Deutschland bestimmend sind und recherchieren Sie, ob und wie die Politik bei der Rentenversicherung auf die demografische Entwicklung bereits reagiert hat.

Ist die Rente gesichert? – Probleme der Rentenversicherung

Die gesetzliche Rente steckt seit vielen Jahren in der Krise. Das Hauptproblem ist, dass zu wenige Beitragszahler zu viele Renten finanzieren müssen. Hierfür gibt es mehrere Ursachen, von denen einige struktureller Art sind.

Versorgungslücke: Differenz zwischen dem letzten Nettoeinkommen und der Rentenhöhe

M 18 Probleme der Altersvorsorge

Deutschland hat ein demografisches Problem durch eine schrumpfende Bevölkerung. Über das Thema Rente wird zurzeit heftig diskutiert. Streitpunkt ist der Generationsvertrag – ein Umlageverfahren zur Finanzierung der gesetzlichen Rente –, der 1957 unter Bundeskanzler Konrad Adenauer ins Leben gerufen wurde und trotz veränderter Rahmenbedingungen heute noch besteht. Der Generationsvertrag ist im Rentengesetz festgeschrieben, wurde aber nie von den Betroffenen unterschrieben und gilt daher mehr als moralische Verpflichtung. Die jüngere Generation finanziert durch ihre Beiträge in die deutsche Rentenversicherung die laufenden Leistungen an Rentner und Behinderte.

Durch den demografischen Wandel in Deutschland sinkt, bedingt durch Geburtenrückgang, aber auch durch Arbeitslosigkeit, die Anzahl der Beitragszahler. Im Gegensatz dazu steigt aufgrund höherer Lebenserwartung die Zahl der Rentner.

Bei der jüngeren Generation macht sich Ungerechtigkeitsempfinden breit, denn sie zahlen gegenwärtig in die Rentenversicherung ein, doch was wird, wenn sie später mal Rentner sind? Wie viele Beitragszahler gibt es dann und wie hoch wird der Rentenbeitrag sein, um ihre Rente zu finanzieren? Wie hoch wird die Rente dann noch sein und welche Versorgungslücke entsteht? (...)

Die schrittweise Erhöhung des Renteneintrittsalters und die nachgelagerte Besteuerung sowie die Senkung des Rentenniveaus seit der letzten Reform stellt vor allem die ältere Generation vor Probleme. Zwar weisen die Politiker vehement darauf hin, dass Rentner, die über 45 Versicherungsjahre nachweisen können und deren Einkommen sich parallel zum Durchschnittseinkommen aller abhängig Beschäftigten entwickelt hat, 70 Prozent des durchschnittlichen Nettoverdienstes als Rente erhalten. Kaum ein Rentner kann diese Kriterien jedoch mehr erfüllen, das heißt, die Rente wird für die meisten wesentlich geringer ausfallen. Es entsteht eine Rentenlücke im Vergleich zum zuletzt verdienten Gehalt.

Internet Marketing Vertrieb Ralph Eppmann: Die Uhr tickt – wirkliche Reformen sind unabdingbar, in: http://www.deutschland-braucht-reformen.de/problem_altersvorsorge.htm (Zugriff: 19.10.2010)

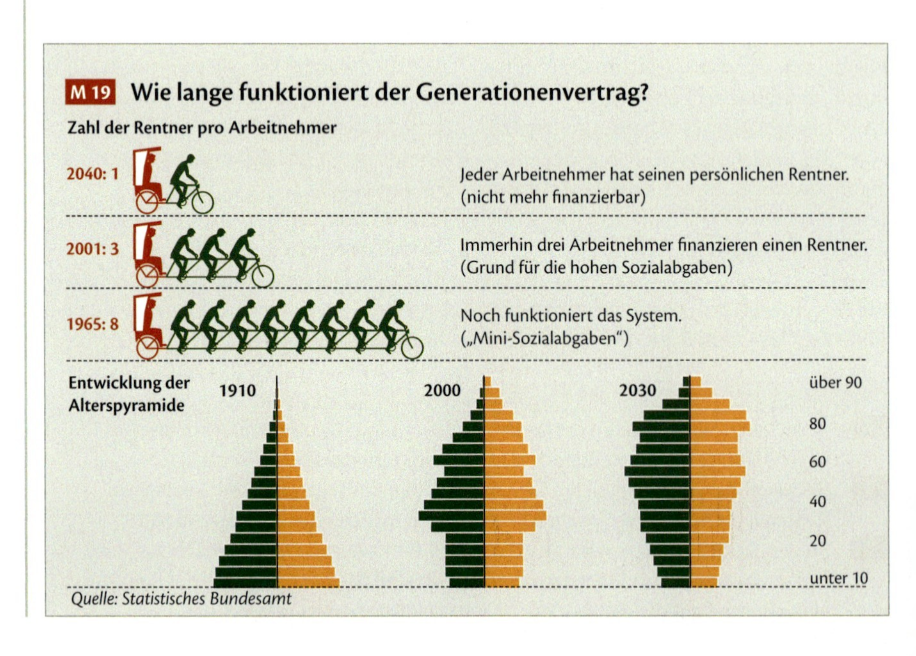

M20 Das Rentenproblem

„Die Rente ist sicher" – dies waren die Worte des früheren Sozialministers Norbert Blüm. Die Realität bei der gesetzlichen Rentenversicherung in Deutschland lässt jedoch erahnen, welche gewaltigen sozialpolitischen Anstrengungen unternommen werden müssen, um die Altersvorsorge richtig in den Griff zu bekommen. Die Probleme sind eigentlich schon lange bekannt:

Überalterung der Bevölkerung
Die Überalterung der Bevölkerung führt zu einem sinkenden Rentenniveau, wenn nicht die Beitragssätze überproportional ansteigen würden.

Deutlich gestiegene Lebenserwartung
Eine dramatisch gestiegene Lebenserwartung bedeutet auch die erneute Ausrichtung und finanzielle Planung der Altersvorsorge auf eine längere Zeitphase im letzten Lebensabschnitt. Nach den neuesten Sterbetafeln – Kalkulationsgrundlage für die privaten Lebens- u. Rentenversicherungen – hat ein heute geborenes Mädchen gar eine Lebenserwartung von 102 Jahren.

Zunehmender Rückgang der Geburten
Immer weniger Geburten sorgen dafür, dass wir kein gesundes Bevölkerungswachstum mehr erleben.

Kürzere Lebensarbeitszeiten
Geringere Lebensarbeitszeiten sorgen dafür, dass immer weniger Beiträge in das gesetzliche Rentenversicherungssystem fließen.

www.financialport.de/vorsorge_altersvorsorge_rentenproblem.php (Zugriff: 22.12.2010)

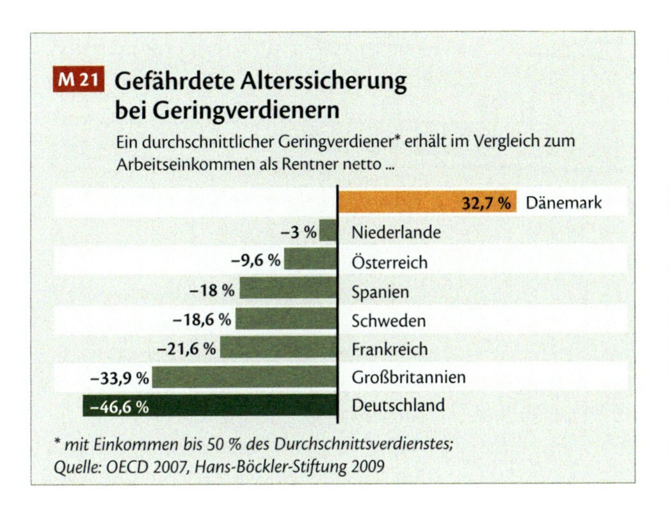

* *mit Einkommen bis 50 % des Durchschnittsverdienstes; Quelle: OECD 2007, Hans-Böckler-Stiftung 2009*

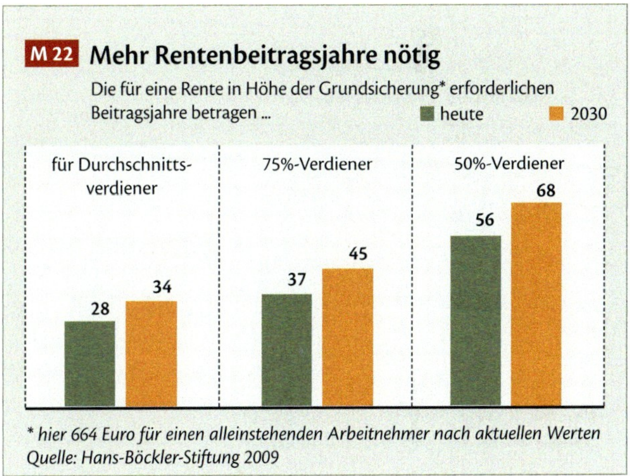

* *hier 664 Euro für einen alleinstehenden Arbeitnehmer nach aktuellen Werten Quelle: Hans-Böckler-Stiftung 2009*

M23 Beiträge auf mehrere Schultern verteilen

Trotz des demografischen Wandels müssen die Beiträge zur Rentenversicherung nicht unbedingt steigen. Auch eine Ausweitung des Versichertenkreises kann die Einnahmebasis der Rentenkasse verbessern. Der Beitragssatz kann für gut drei Jahrzehnte reduziert werden. Minijobber und kleine Selbstständige könnten profitieren, Beamte und gut verdienende Selbstständige bekämen aber weniger Ruhegeld als heute.

http://www.boeckler-boxen.de/4966.htm (Zugriff: 2.11.20109)

1. Vergleichen Sie die gesellschaftlichen Rahmenbedingungen und den historischen Kontext aus der Zeit der Begründung des Generationenvertrags mit der heutigen Situation.
2. Präsentieren Sie die Probleme des deutschen Rentenversicherungssystems in Form eines Schaubilds.
3. Stellen Sie die Folgen dieser Probleme für die einzelnen zukünftigen Rentnerinnen und Rentner dar.
4. Diskutieren Sie, inwiefern die Abkehr vom Äquivalenzprinzip (s. S. 340) ein Ausweg aus dem Dilemma der Rentenversicherung sein könnte. Recherchieren Sie dazu zu dem in **M 23** dargelegten Ansatz.

Öfter mal krank – das Gesundheitssystem

Wir alle sind daran gewöhnt, dass im Falle einer Krankheit ein funktionierendes Gesundheitssystem zur Verfügung steht. Ärzte, Krankentransport und Krankenhäuser stehen bereit, um uns zu helfen. Wie wird dies im Sozialstaat gesichert?

Im Jahre 1883 führte Otto von Bismarck (1815–1898) die Krankenversicherung ein, 1884 die Unfallversicherung und 1889 die Alters- und Invaliditätsversicherung. 1912 gab es eine Sozialversicherung für Angestellte, 1927 die Arbeitslosenversicherung. Ab 1994 wurde die soziale Pflegeversicherung stufenweise eingeführt

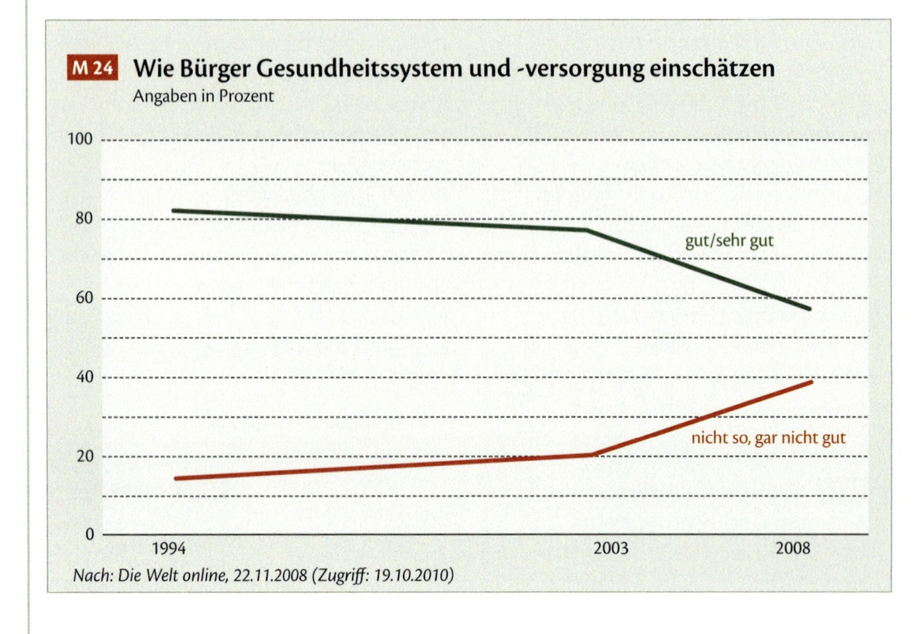

M25 Stetig wachsende Bedeutung und große Zukunftschancen

Die persönliche Gesundheit, deren Erhalt oder Wiederherstellung, gehört für alle Menschen zu den wichtigsten Themen und Besorgnissen. Ein gewisses Maß an Gesundheit ist die Grundvoraussetzung für alle Lebensvollzüge. (...) Die Personen und Einrichtungen, die im Rahmen ihrer beruflichen Tätigkeiten mit der Erhaltung der Gesundheit der Bevölkerung sowie der Behandlung von Krankheiten befasst sind, bilden den Kern des Gesundheitswesens.
Mit dem Entstehen der modernen Industriegesellschaften in der zweiten Hälfte des 19. Jahrhunderts sind Gesundheit und medizinische Versorgung der Bevölkerung zunehmend auch zu einer wichtigen politischen Frage geworden. Der Staat hat seither viele die Gesundheit berührende Bereiche durch Gesetze geregelt, Institutionen gegründet und Zuständigkeiten festgelegt. (...)
Neben den Aktivitäten des Staates und seiner Institutionen haben natürlich die Dynamik des medizinischen Fortschritts, die zunehmende Vielfalt von gesundheitsbezogenen Produkten, Dienstleistungen und Anbietern sowie die stetig wachsende Nachfrage der Bevölkerung nach Gesundheitsleistungen wesentlich dazu beitragen, dass das Gesundheitswesen inzwischen zu einem der bedeutsamsten gesellschaftlichen Teilsysteme und Wirtschaftssektoren geworden ist. (...)
Deutschland ist eine alternde Gesellschaft. Dafür ist einerseits die geringe Geburtenzahl verantwortlich und andererseits die noch immer zunehmende Lebenserwartung. Menschen über 60 Jahre werden in einigen Jahren die Mehrheit der Bevölkerung stellen. Mit der größeren Zahl älterer Bürger wird auch der Bedarf an Gesundheits- und Pflegeleistungen wachsen.
Die Kombination von steigender Nachfrage infolge des demografischen Wandels und einem sich weiter dynamisch entwickelnden medizinischen Fortschritt weckt die Hoffnung, dass im Gesundheitssektor in den kommenden Jahren und Jahrzehnten zahlreiche neue Arbeitsplätze entstehen können. Voraussetzung dafür ist jedoch, dass einige der bestehenden Strukturen des Gesundheitswesens reformiert werden.

Das Gesundheitswesen in Deutschland – ein Überblick, in: http://www.bpb.de/themen/EM53VQ,0,Gesundheitspoli-tik_Lernstation.html?lt=AAB383 (Zugriff: 13.2.2010)

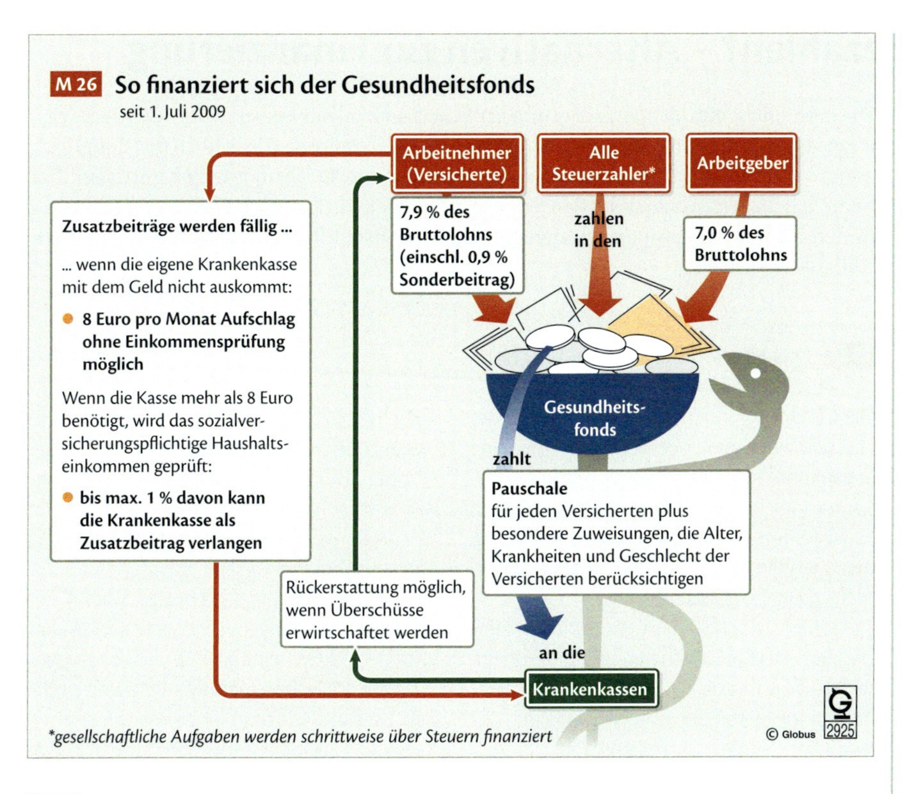

M27 Der Gesundheitsfonds

Allein die gesetzliche Krankenversicherung gibt rund 150 Milliarden Euro im Jahr aus. Die Finanzierung der gesetzlichen Krankenversicherung (GKV) wurde mit der Einführung des Gesundheitsfonds neu gestaltet (s. M 26).
Seit 1. Januar 2009 zahlen alle Mitglieder der gesetzlichen Krankenkassen den gleichen Beitragssatz. Dieser betrug zunächst 15,5 Prozent. Am 1. Juli 2009 wurde der einheitliche Beitragssatz auf 14,9 Prozent gesenkt. Der ermäßigte Satz beträgt 14,3 Prozent. Der Bund zahlt zur Abgeltung der versicherungsfremden Leistungen der Krankenkassen für das Jahr 2009 vier Milliarden Euro an den Gesundheitsfonds. Ab dem Jahr 2010 erhöhen sich diese Leistungen um jährlich 1,5 Milliarden Euro bis zu einer Gesamtsumme von 14 Milliarden Euro.
Bis zum 31. Dezember 2010 bleibt die Organisation des Beitragseinzugs in der bisherigen Form erhalten. Ab dem 1. Januar 2011 erhalten Arbeitgeber die Möglichkeit, ihre Beiträge, Beitragsnachweise und Meldungen gebündelt an eine Weiterleitungsstelle zu entrichten. Das Bundesversicherungsamt (BVA) wird den Gesundheitsfonds verwalten.
Jede Krankenkasse erhält pro Versicherten eine pauschale Zuweisung sowie ergänzende Zu- und Abschläge je nach Alter, Geschlecht und Krankheit ihrer Versicherten. Durch die Berücksichtigung schwerwiegender und kostenintensiver chronischer Krankheiten trägt der Risikostrukturausgleich (RSA) dem unterschiedlichen Versorgungsbedarf der Versicherten einer Krankenkasse Rechnung. Dieser weiterentwickelte, morbiditätsorientierte RSA wurde ebenfalls zum 1. Januar 2009 eingeführt.
Euro-Informationen: Der Gesundheitsfonds, in: http://www.der-gesundheitsfonds.de (Zugriff: 19.10.2010)

Morbiditätsorientierter RSA: Mit dem Gesundheitsfonds bekommen Kassen, deren Versicherte an behandlungsintensiven Krankheiten leiden, mehr Geld aus dem Fonds

1 Gestalten Sie ein Infoplakat zum Gesundheitssystem in Deutschland.
2 Ermitteln Sie die Zufriedenheit mit dem deutschen Gesundheitssystem in einer eigenen Umfrage.
3 Analysieren Sie das System der deutschen Gesundheitsversorgung.
4 Beurteilen Sie unter Zuhilfenahme aktueller Pressemeldungen den Erfolg des Gesundheitsfonds.
5 Diskutieren Sie die Neuregelung der Arbeitnehmer- und Arbeitgeber-Beiträge ab 1.1.2011 unter dem Aspekt des Solidarprinzips in der Gesetzlichen Krankenversicherung (GKV).

Wie können wir das bezahlen? – Alternativen zur Finanzierung

Die gesetzliche Krankenversicherung finanziert sich bisher insbesondere durch die Beiträge von Arbeitnehmern und Arbeitgebern weitgehend selbst. Wie hoch der Beitrag ist, hängt vom individuellen Einkommen der Versicherten ab. Grundsätzlich gilt dabei: Der finanziell Stärkere unterstützt den Schwächeren. Weil die Kosten des Gesundheitswesens in den letzten Jahrzehnten stark anstiegen, wird über Alternativen zu dieser Finanzierung nachgedacht.

M28 Das Modell der „Kopfpauschale"

Die CDU/CSU möchte die Finanzierung der gesetzlichen Krankenversicherung über eine sogenannte Kopfpauschale vornehmen. Dabei handelt es sich um einen monatlichen Pauschalbetrag für die Krankenversicherung, der unabhängig von der Höhe des Einkommens gezahlt werden muss. (...)

Die Union möchte „ein Gesundheitswesen, das dem medizinischen Fortschritt verpflichtet bleibt und das allen Versicherten unabhängig von deren Einkommen, Alter, Art der Krankheit oder Familienstand zugute kommt".

Das grundsätzliche Problem der Gesundheitspolitik in Deutschland – eine finanzierbare und leistungsstarke medizinische Versorgung der Bevölkerung zu sichern – kann nur durch eine Gesamtkonzeption für eine Strukturreform des Gesundheitswesens gelöst werden, bei der die Versicherten im Mittelpunkt stehen und gesetzliche und private Krankenversicherungen auch weiterhin bestehen bleiben.

Kapitalstock: hier: Anlagevermögen für die Rentenversicherung

Die durch die Bevölkerungsentwicklung entstehenden Belastungen der Sozialsysteme können, so die Union, nur dadurch aufgefangen werden, dass das Umlageverfahren durch ein wesentlich demografiefesteres kapitalgedecktes Verfahren ersetzt wird.

Es wird empfohlen, das heutige System der gesetzlichen Krankenversicherung in ein kapitalgedecktes, einkommensunabhängiges und demografiefesteres System zu überführen. Dadurch würde es erstmalig gelingen, die Gesundheitskosten von den Arbeitskosten zu trennen, einen entscheidenden Schritt für mehr Wachstum und Beschäftigung zu gehen und die Verteilungsfrage zielgenau zu lösen. Auch würden die durch die demografische Entwicklung entstehenden Lasten durch den Aufbau eines Kapitalstocks nachhaltig abgefedert.

CDU/CSU-Krankenversicherung– Das Modell der Kopfpauschale, in: http://www.cecu.de/cdu-csu-krankenversicherung.html (Zugriff: 3.11.2010)

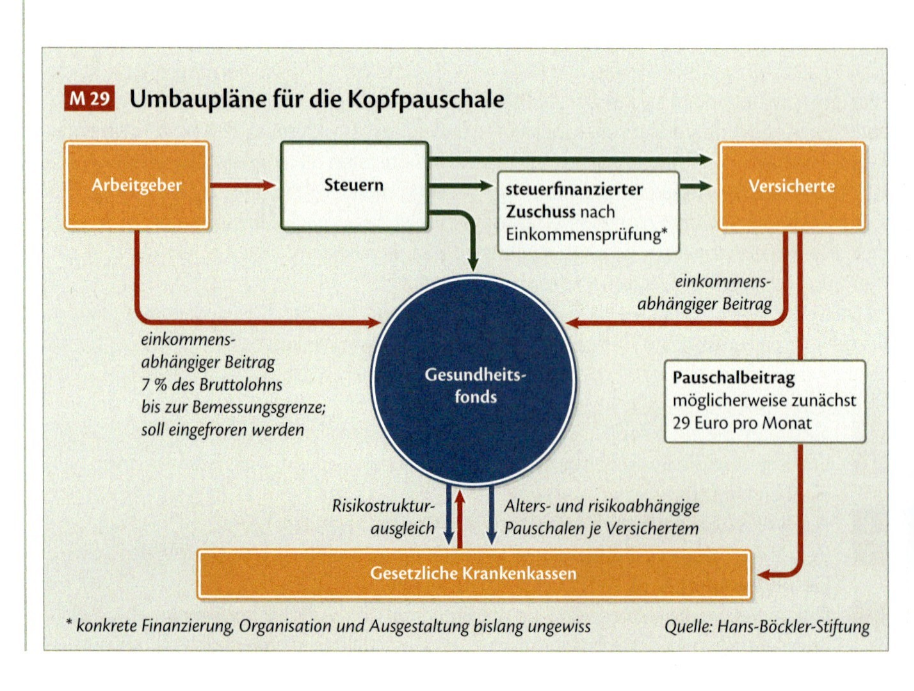

M30 Bürgerversicherung kontra Kopfpauschale

Der SPD-Politker Karl Lauterbach:
Eine Bürgerversicherung für Gesundheit umfasst
- die Ausweitung des Versichertenkreises auf alle Bürger, also auch auf Beamte, Selbstständige und Gutverdienende,
- die Erweiterung der Beitragsbasis um Miet-, Zins- und Kapitaleinkünfte,
- die Möglichkeit einer späteren Erhöhung der Beitragsbemessungsgrenze. (...)

Die Bürgerversicherung darf nicht „mehr Geld ins System" bedeuten. Das deutsche Gesundheitssystem ist etwa ein Drittel teurer als die europäischen Gesundheitssysteme im Durchschnitt, bietet aber nur mittelmäßige Qualität. (...)

Der nächste Schritt muss die Entmachtung der noch bestehenden Kartelle und Monopole im System, insbesondere des Vertragsmonopols der Kassenärztlichen Vereinigungen, sein. Vor diesem Schritt darf es keine Erhöhung der Beitragsbemessungsgrenze geben. Die alleinige Einführung der Bürgerversicherung wäre somit keine Alternative zur Strukturreform gewesen, und es ist klar, dass die bestehenden Monopole nicht in eine Bürgerversicherung eingemeindet werden dürfen. Auch sollte die Bürgerversicherung keine Einheitskasse werden. Der Wettbewerb privater und gesetzlicher Kassen sollte lediglich innerhalb eines solidarischen Systems stattfinden. Private Kassen würden gezwungen, auch Normalverdiener zu versichern. Dies bedeutet insbesondere, dass sich die Beiträge an der Leistungsfähigkeit der Versicherten orientieren müssten, nicht an ihrem Gesundheitszustand oder Alter.

Die einzige echte Alternative zur Bürgerversicherung bleiben die Kopfpauschalen. Kopfpauschalen werden begründet mit dem Argument, sie seien für den Arbeitsmarkt vorteilhafter. Zunächst ist festzuhalten, dass sie für die Versicherten als ungerechter empfunden würden. Eine einheitliche Kopfpauschale von 210 Euro mit einer Überforderungsschwelle von 14 Prozent des Einkommens hätte folgende Konsequenzen:
- Sie wäre familienfeindlich, da die beitragsfreie Mitversicherung von nicht berufstätigen Ehefrauen entfiele.
- Sie würden die mittlere Einkommensgruppe deutlich belasten, da diese weder den Steuerzuschuss der Bedürftigen noch die relative Entlastung der Gutverdiener durch den Pauschalbeitrag genießen würden.
- Sie würden die Kosten der Krankenversicherung für Rentner um etwa 50 Prozent erhöhen. (...)

Für die CDU ist es problematisch, in der Rente Frauen mit Kindern begünstigen und durch die Einführung der Kopfpauschale benachteiligen zu wollen. Gewinner der Kopfpauschalen wären auf jeden Fall Alleinstehende mit hohen Einkommen. Daran ändert auch der soziale Ausgleich von 25 Milliarden Euro nichts, der über Steuern finanziert werden müsste. Auch nach der Auszahlung und Versteuerung der Arbeitgeberbeiträge zur Krankenversicherung müssten zusätzlich acht bis zehn Milliarden Euro Steuererhöhung beschlossen werden. (...)

Beim Projekt Bürgerversicherung wird es also einen echten Parteienwettbewerb um Grundprinzipien geben. Die SPD muss versuchen, die Entsolidarisierung unseres Gesundheitssystems zu stoppen. Privatpatienten haben in Deutschland bereits eine deutlich höhere Lebenserwartung als gesetzlich Versicherte. Einkommensschwächere kommen nur dann in den Vorzug einer privaten Versorgung, wenn sie selbst als Beamte für den Staat arbeiten. In einer sozialdemokratischen Gesundheitspolitik sollte die Gesundheitsversorgung alleine vom medizinischen Bedarf des Patienten abhängen, nicht vom Einkommen oder vom Versicherungsstatus. Auch Ärzte sollten Patienten nicht bevorzugen, nur weil diese besser bezahlen.

Karl Lauterbach: Bürgerversicherung – mehr Wettbewerb und Gerechtigkeit, verdi-Gesundheitspolitik, in: http://gesundheitspolitik.verdi.de (Zugriff: 13.2.2010)

1 Analysieren Sie die beiden Alternativmodelle zum bestehenden Gesundheitssystem mit den Mitteln der ideologiekritischen Analyse (s. S. 294/295).

2 Erläutern Sie die hinter den Ansätzen stehenden Interessen und klären Sie, welche von den politischen Parteien jeweils bevorzugt werden.

3 Benennen Sie die Ursachen der Probleme des Gesundheitswesens (s. **M 25**, S. 344) und prüfen Sie, inwieweit die dargestellten Modelle Antworten darauf geben.

Arbeitslos – na und? – Maßnahmen gegen Arbeitslosigkeit

Arbeitslosigkeit kann friktionelle, strukturelle, konjunkturelle und saisonal bedingte Ursachen haben. Der Umgang mit ihr und ihren Folgen ist ein zentrales Feld der Sozialpolitik. In den letzten Jahrzehnten wurde sie als das größte von der Politik zu lösende soziale Problem angesehen.

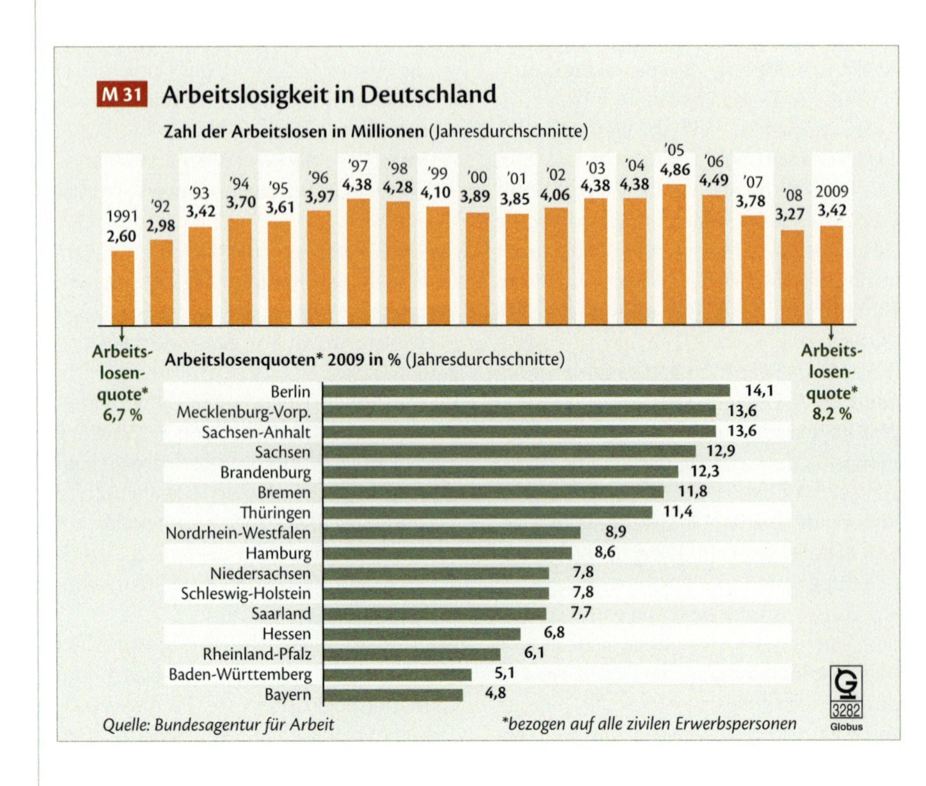

M 32 Bedingungen und Leistungen, Stand 1.1.2009

Die Regelungen der Arbeitslosenversicherung

- Obligatorisches Sozialversicherungssystem für Arbeitnehmer.
- Zeitlich befristete, entgeltbezogene Leistung.
- Grundsicherung bei Bedürftigkeit, insbesondere dann, wenn das Arbeitslosengeld erschöpft ist.
- Beiträge von Arbeitnehmern und Arbeitgebern: 2,8 Prozent.
- Beitragsbemessungsgrenze: 5 300 Euro in den alten Bundesländern, 4 500 Euro im Osten.
- Versichert sind Arbeitnehmer, deren Entgelt die Geringfügigkeitsgrenze übersteigt.
- Anwartschaft durch beitragspflichtige Beschäftigung von mindestens 12 Monaten innerhalb einer Rahmenfrist von zwei Jahren vor Eintritt der Arbeitslosigkeit.
- Bemessung: Maßgeblich ist das durchschnittliche Arbeitsentgelt der letzten 52 Wochen vor Entstehen des Anspruchs.
- Höhe des Arbeitslosengelds: 60 Prozent des Nettolohns für Personen ohne Kinder, 67 Prozent für Personen mit Kindern.
- Dauer der Leistung: maximal 12 Monate (bei Älteren bis zu 24 Monate).
- Sanktionen: bei Eigenkündigung (einschl. Aufhebungsverträgen) ohne wichtigen Grund oder bei vertragswidrigem Verhalten (z. B. Ablehnung eines zumutbaren Angebots oder Nicht-Teilnahme an Maßnahme. Sperrzeit: bis zu 12 Wochen).

Ulrich Walwei: Zur Ökonomie der Arbeitslosenversicherung, in: Aus Politik und Zeitgeschichte 27/2009, S. 29

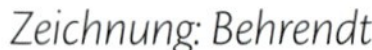
Zeichnung: Behrendt

M33 Zur Ökonomie der Arbeitslosenversicherung

Die Arbeitslosenversicherung hat zwei wesentliche Funktionen. Zum einen trägt sie temporär zur Einkommenssicherung von Personen bei, die ihren Arbeitsplatz verloren haben. Damit hat sie eine verteilungspolitische Dimension, der in wirtschaftlichen Schwächephasen auch ein Beitrag zur Stützung der gesamtwirtschaftlichen Nachfrage zugemessen werden kann. Zum anderen soll die Arbeitslosenversicherung eine effiziente Suche ermöglichen und damit die Zuweisung von Arbeitskräften (Allokation) am Arbeitsmarkt verbessern. Dabei stehen die Anreizeffekte der Lohnersatzleistung im Vordergrund. Beide Funktionen können sich widersprechen, weil ein relativ hoher Lohnersatz zwar den materiellen Status des Arbeitslosen weitgehend wahrt, aber den Suchprozess und damit die Arbeitslosigkeit verlängern kann. (...)

Generell wird bei der Förderung der Wiedereingliederung von Arbeitslosen oft nur die Zweckmäßigkeit von Maßnahmen der aktiven Arbeitsmarktpolitik diskutiert. Dabei wird jedoch nicht selten die Rolle der Ausgestaltung der Arbeitslosenversicherung erheblich unterschätzt. Sie ist ein wirksames und mit Blick auf die Ausgestaltung bestimmter Elemente vergleichsweise kostengünstiges Instrument zur Beeinflussung des Suchverhaltens. (...)

Generell ist die Ausgestaltung von Leistungen der Arbeitslosenversicherung aber nicht allein eine Effizienz-, sondern auch eine normative Frage. Es ist über das ökonomische Kalkül hinaus zu berücksichtigen, dass die Großzügigkeit der Lohnersatzleistungen auch verteilungspolitischen Zielen dient. Sie definieren das Einkommen, das die Gesellschaft denjenigen zukommen lassen möchte, die aus unterschiedlichen Gründen länger oder vorübergehend keine Erwerbstätigkeit ausüben.

Ulrich Walwei: Zur Ökonomie der Arbeitslosenversicherung, in: Aus Politik und Zeitgeschichte 27/2009, S. 27 f., 33

M 34 Bewegungen auf dem Arbeitsmarkt und Maßnahmen der Arbeitsmarktpolitik

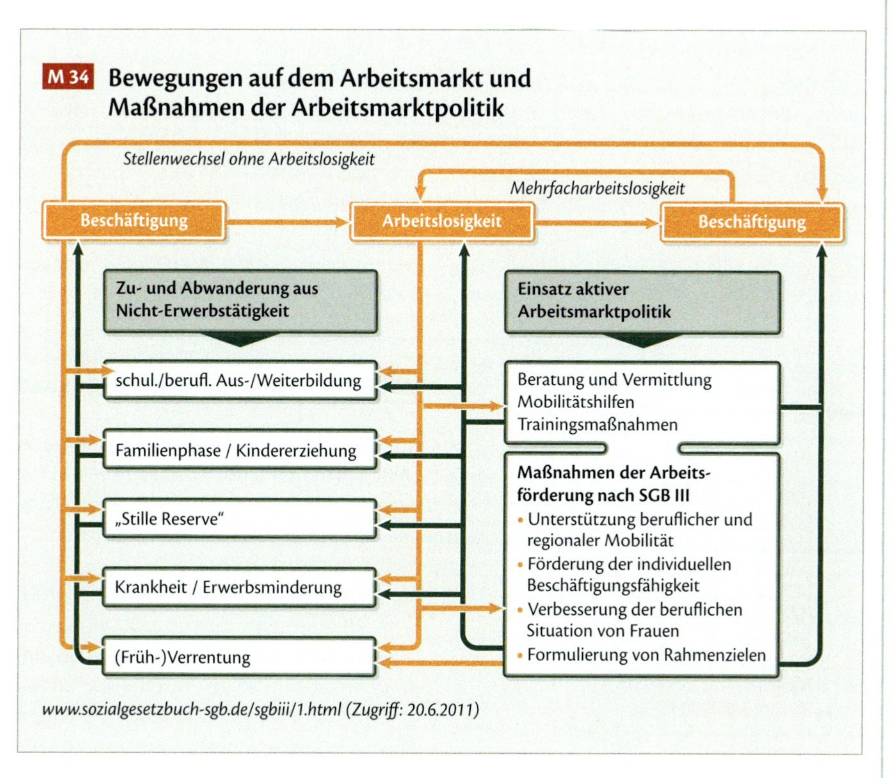

www.sozialgesetzbuch-sgb.de/sgbiii/1.html (Zugriff: 20.6.2011)

SGB = Sozialgesetzbuch

1 Recherchieren Sie zu den Ursachen der Arbeitslosigkeit und erläutern Sie die Maßnahmen der sozialen Sicherung zur Bekämpfung der Arbeitslosigkeit.

2 Analysieren Sie die Möglichkeiten der Arbeitsmarktpolitik im Hinblick auf die Probleme der Langzeitarbeitslosigkeit.

Kann man davon leben? – Arm trotz Arbeit

Immer mehr Menschen in Deutschland sind im Niedriglohnsektor tätig. Dies betrifft mittlerweile etwa 6,5 Millionen – etwa ein Fünftel aller Arbeitnehmer. Diese Niedriglöhne reichen häufig nicht zum Leben, sodass der Staat unterstützend eingreifen muss. Branchenspezifische Mindestlöhne und ein allgemeiner gesetzlicher Mindestlohn können dem entgegenwirken. Sie werden unter sozial- und arbeitsmarktpolitischen Aspekten allerdings kontrovers diskutiert.

M35 Wo sich Arbeit nicht mehr lohnt

Für viele Beschäftigte in Deutschland lohnt sich ihre Arbeit nicht. Ihre Nettolöhne liegen entweder nahe an oder sogar unter ihrem Anspruch auf Sozialhilfe (Hartz IV). Auch wenn gegebenenfalls noch Kindergeld hinzukommt, wird das „Lohnabstandsgebot" in vielen Wirtschaftszweigen nicht eingehalten. Es besagt, dass ein Erwerbstätiger mehr bekommen soll als ein Transferempfänger. Dies geht aus umfangreichen Berechnungen hervor, die das Karl-Bräuer-Institut – das Forschungsinstitut des Bundes der Steuerzahler – (...) durchgeführt hat.

Durch eine Anhebung der Hartz-Regelsätze von derzeit 359 Euro würde sich das Abstandsproblem auf viele weitere Branchen ausdehnen. (...) Besonders gefährdet sind Geringverdiener, vor allem, wenn von dem Lohn mehrere Familienmitglieder ernährt werden müssen. Derzeit erhält ein ungelernter Geringverdiener in Deutschland einen monatlichen Bruttolohn in Höhe von 1823 Euro. Einem Alleinstehenden bleiben davon netto 1256 Euro, was noch deutlich über seinem Anspruch auf Arbeitslosengeld II, so heißt die Hartz-IV-Geldleistung, von 637 Euro liegt.

Anders sieht es dagegen aus, wenn derselbe Lohn für eine vierköpfige Familie ausreichen soll: Der Nettolohn steigt dann zwar auf 1437 Euro, und durch das zusätzliche Kindergeld in Höhe von 368 Euro erhöht sich das verfügbare Einkommen auf 1805 Euro. Aber der Abstand zum ALG-II-Anspruch von 1653 Euro beträgt dann gerade mal 152 Euro. Würde die Person ihre Vollzeitstelle aufgeben und sich mit einem Minijob zur Sozialhilfe monatlich 100 Euro steuer- und abgabenfrei hinzuverdienen, blieb bei einem Arbeitsaufwand von nur wenigen Wochenstunden fast dasselbe Einkommen übrig. (...)

Der Hartz-IV-Anspruch stellt das soziokulturelle Existenzminimum in Deutschland dar, unter das niemand fallen darf. Deshalb haben die Betroffenen einen Anspruch darauf, sich die Differenz „aufstocken" zu lassen.

Sven Astheimer, in: Frankfurter Allgemeine Zeitung v. 6.2.2010

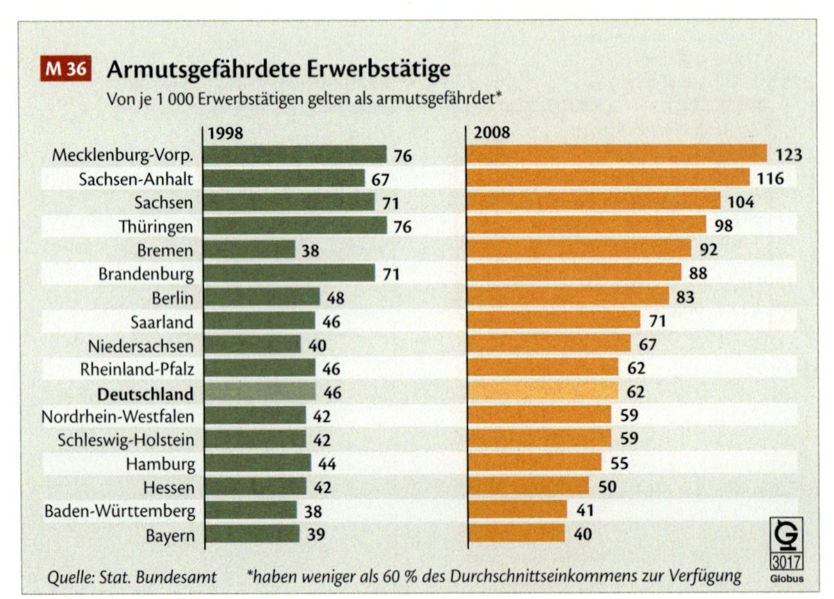

M37 Mindestlohn kontra Niedriglohn

Rund 2,5 Millionen Vollzeitbeschäftigte in Deutschland erhalten für ihre Arbeit einen Armutslohn. Trotz Vollzeittätigkeit und häufiger Nacht- und Wochenendarbeit reicht das Einkommen nicht zum Leben. Immer mehr Menschen sind deshalb auf Hilfe vom Staat angewiesen – und das oft ein Leben lang: Der Anspruch auf Rente ist bei Niedriglohnempfängern so gering, dass auch noch im Alter der Staat zum Überleben beisteuern muss. Niedriglohn macht Deutschland arm, arm trotz Arbeit. Die Gewerkschaften wollen das ändern und fordern: Kein Lohn unter 7,50 Euro pro Stunde!

Deutscher Gewerkschaftsbund: Arm trotz Arbeit. Deutschland braucht den Mindestlohn, Flugblatt, Berlin o. J. (2009)

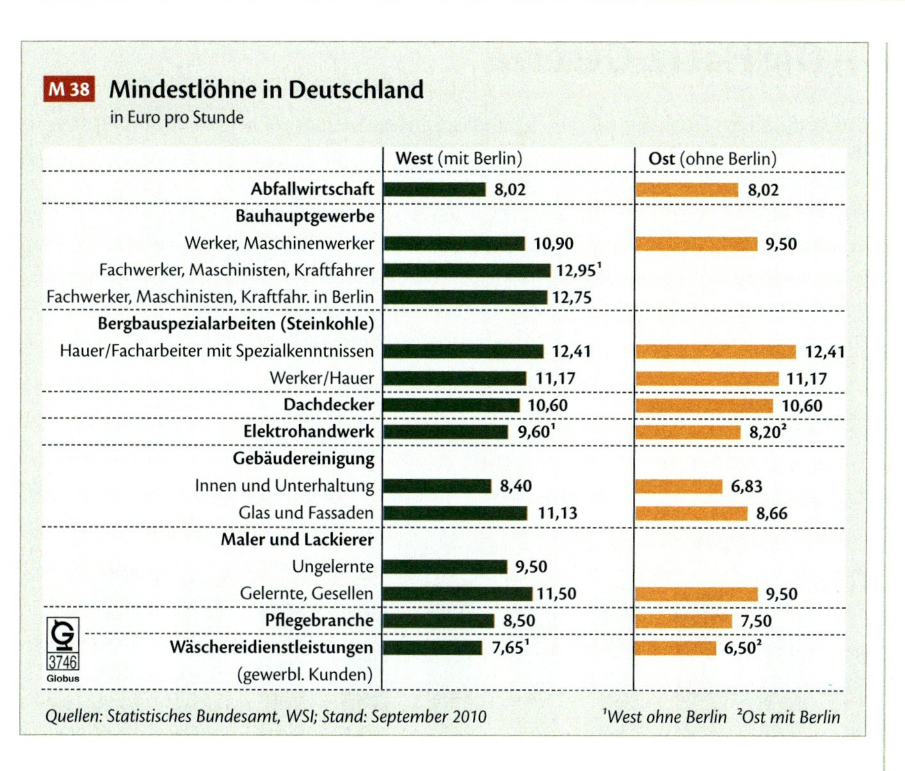

M 39 Kein Weg aus der Armut

Anders als es die Gewerkschaften immer wieder behaupten, verhindern Mindestlöhne keineswegs Armut. Das macht schon ein flüchtiger Blick ins europäische Ausland deutlich. So leben in Ländern mit Mindestlöhnen teilweise mehr Menschen in Armut als in Ländern ohne diese staatliche Regulierung. (...) Das beschäftigungspolitische Risiko wird von den Mindestlohnbefürwortern jedoch gerne kleingeredet mit dem Hinweis, im Ausland funktioniere das doch auch bestens. Immerhin hätten 20 von 27 EU-Ländern einen gesetzlichen Mindestlohn. Im Vereinigten Königreich – das immer als Musterbeispiel dienen muss – wäre trotz des im Jahr 1999 eingeführten Lohnminimums der Arbeitsmarkt sogar nahezu geräumt.
Wer genau hinschaut, erkennt aber auch sofort, warum auf der Insel trotz Mindestlohn keine Jobs verloren gehen. Zum einen gibt es Ausnahmeregelungen für Jugendliche – so wird der volle Satz erst mit 22 Jahren fällig. Zum anderen bleiben die Mindestlöhne in fast allen Branchen unter den ohnehin auf dem Markt gezahlten Löhnen.
Der Mindestlohn kommt in Großbritannien trotz Erhöhungen von 3,60 auf 5,52 Pfund nicht einmal für 2 Prozent der Erwerbstätigen zum Tragen. Wenn die Mindestlöhne jedoch deutlich über den Marktlöhnen liegen und der Arbeitsmarkt nicht leergefegt ist, geht der Schuss nach hinten los. (...)
Auch ein weiteres Argument für den Mindestlohn sticht nicht: Er kann Armut eben nicht verhindern. Im Gegenteil: In England, Schottland, Wales und Nordirland gelten immerhin 30 Prozent der Bürger als arm, weil sie ein Einkommen von weniger als 60 Prozent des mittleren Pro-Kopf-Einkommens haben. In Deutschland und Österreich dagegen, die auf flächendeckende Mindestlöhne verzichten, sind längst nicht so viele Menschen arm.

Informationsdienst des Instituts der Deutschen Wirtschaft (iwd) 11/2008

1. Erläutern Sie das „Lohnabstandsgebot“ und beantworten Sie die Frage nach den Gründen für dieses „Gebot“.
2. Untersuchen Sie die Forderung nach einem Mindestlohn mit den Mitteln der ideologiekritischen Analyse (s. S. 294/295).
3. Nehmen Sie Stellung zur Forderung nach einem gesetzlichen flächendeckenden Mindestlohn.

Fördern und Fordern? – Die Hartz-Gesetze

Der Bundestag verabschiedete von 2003 bis 2005 mit seiner rot-grünen Mehrheit schrittweise die Gesetze zur „Agenda 2010", ein Konzept zur Reform des deutschen Sozialsystems und Arbeitsmarkts. Wesentlicher Bestandteil davon waren die sog. Hartz-Gesetze. Dies ist eine Bezeichnung für Vorschläge einer Kommission, die unter der Leitung des Vorstandsmitglieds der Volkswagen AG, Peter Hartz, tagte und im August 2002 ihren Bericht vorlegte. Um sie im Gesetzgebungsverfahren besser umsetzen zu können, wurden die Maßnahmen aufgeteilt in einzelne Gesetze zur Reform des Arbeitsmarktes mit den Kurzbezeichnungen Hartz I, Hartz II, Hartz III und Hartz IV.

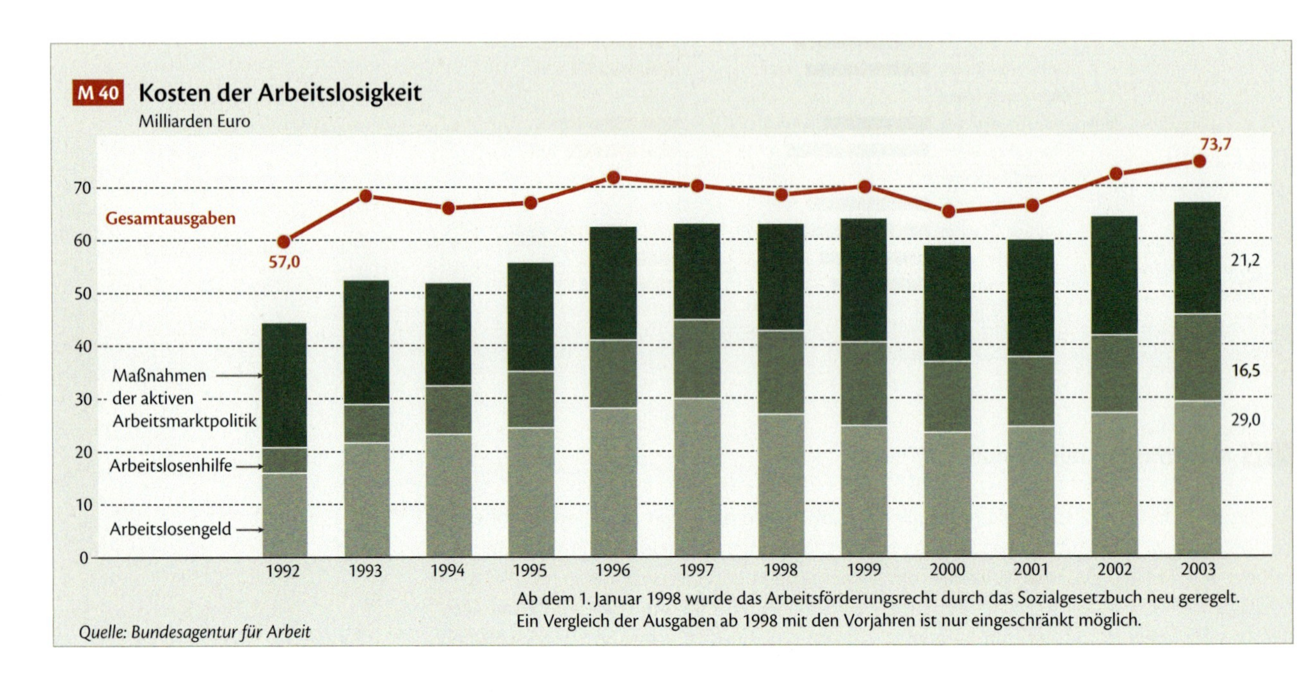

M41 Agenda 2010 – Versuch einer Problemlösung

Das Problem: Jeder, der arbeitslos ist oder war, weiß: Arbeitslosigkeit ist eine bedrückende Erfahrung. (...) Anhaltend hohe Arbeitslosigkeit belastet aber auch die öffentlichen Kassen und die Sozialsysteme. Denn wer nicht arbeitet, kann keine Steuern und Abgaben zahlen. Für die Bundesregierung ist es daher die vordringlichste Aufgabe, die Arbeitslosigkeit zu bekämpfen, insbesondere bei Jugendlichen und Langzeitarbeitslosen.

Die Lösung: Die Politik kann keine Arbeitsplätze schaffen. Sie kann aber für den Kraftstoff sorgen, der den Wirtschaftsmotor in Deutschland wieder auf Touren bringt. (...) Die agenda 2010 sorgt für Entlastungen bei den Lohnnebenkosten, für Investitionsanreize und für den Abbau unnötiger Bürokratie. (...)

Das Problem: Arbeitslose sind in Deutschland durchschnittlich länger ohne Job als in anderen Ländern. Das hat vor allem zwei Gründe: Der deutsche Arbeitsmarkt war bisher nicht dynamisch genug und die Vermittlung Arbeitsuchender auf freie Stellen war zu umständlich und langwierig. Das Nebeneinander von Arbeitslosenhilfe und Sozialhilfe hat viel Geld gekostet. Auf die finanzielle Situation von Familien und Alleinerziehenden wurde zu wenig Rücksicht genommen.

Die Lösung: Die sogenannten Hartz-Gesetze öffnen das Tor zu neuen Beschäftigungsmöglichkeiten. Personal-Service-Agenturen und Job-Center beschleunigen und verbessern die Vermittlung Arbeitsuchender. Mithilfe einer Ich-AG haben sich inzwischen tausende Arbeitsloser selbstständig gemacht.

Auch die Minijobs sind ein voller Erfolg. Das Programm „Kapital für Arbeit" ermöglicht es kleinen und mittelständischen Unternehmen mithilfe eines Finanzierungspakets von bis zu 100 000 Euro, Arbeitslose dauerhaft einzustellen. Die Nürnberger Bundesanstalt für Arbeit wird zu einer modernen Dienstleistungsagentur umgebaut. Arbeitslosenhilfe und Sozialhilfe für Erwerbsfähige werden zusammengelegt. Dieses neue Arbeitslosengeld II berücksichtigt wirksamer als bisher die Familiensituation des Hilfeempfängers. Möglichkeiten hinzuzuverdienen werden verbessert. (...)

Das Problem: Die Menschen werden älter. Das ist die erfreuliche Folge einer humaner gewordenen Arbeitswelt und einer immer besseren Gesundheitsversorgung. Dadurch hat sich die Bezugsdauer von Renten im Vergleich zum Jahre 1960 um zwei Drittel verlängert. Bezogen 1960 die Rentnerinnen und Rentner im Durchschnitt 9,9 Jahre lang Rente, so sind es heute 16,6 Jahre. Während heute noch vier Personen im arbeitsfähigen Alter einem Rentner gegenüberstehen, werden es im Jahre 2030 nur noch zwei Personen sein. (...)

Die Lösung: In einem ersten wichtigen Reformschritt hat die Bundesregierung bereits 2002 eine staatlich geförderte kapitalgedeckte Ergänzung der gesetzlichen Rente eingeführt – die so genannte Riester-Rente. Um sie noch attraktiver zu machen, wird das Antragsverfahren deutlich vereinfacht. Um das Milliardendefizit in der Rentenkasse auszugleichen, sind weitere Maßnahmen erforderlich. Im Jahr 2004 wird es keine Rentenanpassung geben. Den Beitrag zur Pflegeversicherung in Höhe von 1,7 Prozent werden die Rentnerinnen und Rentner ab dem 1. April 2004 ganz übernehmen müssen. Bisher hat diesen die Rentenversicherung zur Hälfte getragen.

Diese Entscheidungen erlauben es, den Beitragssatz in der Rentenversicherung bei 19,5 Prozent zu belassen. Das stabilisiert die Lohnnebenkosten und unterstützt die Politik für Wachstum und Beschäftigung.

Die Bundesregierung: agenda 2010. Deutschland bewegt sich, Berlin 2003

M 42 Die Hartz-Gesetze

Inhaltlich umfassen die bisherigen Reformschritte eine breite Palette heterogener Maßnahmen (...):

- *Umbau der Bundesanstalt zu einem modernen Dienstleistungsunternehmen Bundesagentur für Arbeit (BA):* Hierunter fallen eine neue Steuerungsphilosophie der BA (Wirtschaftlichkeit und prognostizierte Wirkungen); Jobcenter als einheitliche Anlaufstellen für alle Arbeitslosen; die Einführung von Bildungsgutscheinen und die Zulassung von Weiterbildungsträgern durch „Zertifizierungsagenturen".
- *Leistungsrecht:* Fordern und Fördern: Hierzu gehört die Kürzung der Bezugsdauer des Arbeitslosengeldes von maximal 32 auf maximal 12 beziehungsweise 18 Monate für Arbeitslose ab 55 Jahren; die Verschärfung der Zumutbarkeit; die Umkehrung der Beweispflicht; die Abschaffung des Anschlussunterhaltsgeldes bei Weiterbildungsmaßnahmen; die Zusammenführung von Arbeitslosen- und Sozialhilfe zum Arbeitslosengeld II; die Einbeziehung ersatzfähiger Sozialhilfeempfänger und die frühzeitige Meldepflicht unmittelbar nach Kündigung.
- *Förderung atypischer unselbstständiger Beschäftigung/Flexibilisierung:* Hierunter fallen die Ich-AG; die Mini- und Midi-Jobs; die Leiharbeit im Rahmen der Personalserviceagenturen (PSA) und die Arbeitsgelegenheiten gegen Mehraufwandsentschädigung (Ein-Euro-Jobs).
- *Reform der Instrumente aktiver Arbeitsmarktpolitik:* Hierzu zählen die Zusammenlegung von Arbeitsbeschaffung und Strukturanpassungsmaßnahmen und die Ablösung der Zuschüsse für Sozialplanmaßnahmen und Strukturkurzarbeitergeld durch Transfermaßnahmen und Transferkurzarbeitergeld.

Hartmut Seifert: Was bringen die Hartz-Gesetze? In: Aus Politik und Zeitgeschichte 18/2005, S. 17 f.

1 Erläutern Sie, warum sich die damalige Bundesregierung zu einer Reform genötigt sah und analysieren Sie deren Vorstellungen (**M 41**) mit den Mitteln der ideologiekritischen Analyse (s. 294/295).

2 Ermitteln Sie, für welche der in der Diskussion befindlichen Probleme die agenda 2010 eine Lösung vorsah (**M 41**). Welche wurden nicht angegangen, aus welchen Gründen (**M 41, M 42**)? Diskutieren Sie, inwieweit die mit der Formel „Fordern und Fördern" bezeichneten Maßnahmen eine Antwort auf die Probleme darstellten.

Was brachten die Hartz-Gesetze?

Die Hartz-Reformen brachten keineswegs eine Entschärfung der sozialpolitischen Diskussion in Deutschland. Hartz IV, eigentlich Arbeitslosengeld II nach Sozialgesetzbuch (SGB), wurde im Gegenteil zum Synonym für den sozialen Abstieg in „Prekariat" und Unterschicht, für soziale Ausgrenzung und Exklusion. Die sozialpolitische Debatte nahm an Schärfe zu.

M43 „Menschenwürdige Existenz nicht gewährleistet"

Protest gegen Hartz IV in Berlin, 2007

Aus dem Urteil des Bundesverfassungsgerichts vom 9.2.2010:

Der Erste Senat des Bundesverfassungsgerichts hat entschieden, dass die Vorschriften des SGB II, die die Regelleistung für Erwachsene und Kinder betreffen, nicht den verfassungsrechtlichen Anspruch auf Gewährleistung eines menschenwürdigen Existenzminimums aus Art. 1 Abs. 1 GG in Verbindung mit Art. 20 Abs. 1 GG erfüllen. (...)

Das Grundrecht auf Gewährleistung eines menschenwürdigen Existenzminimums aus Art. 1 Abs. 1 GG in Verbindung mit dem Sozialstaatsprinzip des Art. 20 Abs. 1 GG sichert jedem Hilfebedürftigen diejenigen materiellen Voraussetzungen zu, die für seine physische Existenz und für ein Mindestmaß an Teilhabe am gesellschaftlichen, kulturellen und politischen Leben unerlässlich sind. Dieses Grundrecht aus Art. 1 Abs. 1 GG hat als Gewährleistungsrecht in seiner Verbindung mit Art. 20 Abs. 1 GG neben dem absolut wirkenden Anspruch aus Art. 1 Abs. 1 GG auf Achtung der Würde jedes Einzelnen eigenständige Bedeutung. Es ist dem Grunde nach unverfügbar und muss eingelöst werden, bedarf aber der Konkretisierung und stetigen Aktualisierung durch den Gesetzgeber, der die zu erbringenden Leistungen an dem jeweiligen Entwicklungsstand des Gemeinwesens und den bestehenden Lebensbedingungen auszurichten hat. Der Umfang des verfassungsrechtlichen Leistungsanspruchs kann im Hinblick auf die Arten des Bedarfs und die dafür erforderlichen Mittel nicht unmittelbar aus der Verfassung abgeleitet werden. Die Konkretisierung obliegt dem Gesetzgeber, dem hierbei ein Gestaltungsspielraum zukommt.

Zur Konkretisierung des Anspruchs hat der Gesetzgeber alle existenznotwendigen Aufwendungen folgerichtig in einem transparenten und sachgerechten Verfahren nach dem tatsächlichen Bedarf, also realitätsgerecht, zu bemessen.

http://www.bundesverfassungsgericht.de/pressemitteilungen/bvg10005.html (Zugriff: 3.11.2010)

M44 Niedrigere Regelsätze?

Die Verfassungsrichter haben die Regierung zur Neuberechnung der Hartz-IV-Sätze verdonnert. Während die Opposition dies als Aufforderung für höhere Zahlungen auslegt, rechnet die Arbeitnehmergruppe in der Unionsfraktion umgekehrt: Ihr Vorsitzender will die Sätze kürzen. Doch in seiner Partei herrscht darüber Dissens.

Die Regelsätze für Hartz-IV-Empfänger müssen neu berechnet werden, doch ob sie steigen oder sinken, ist noch nicht klar.

In der Union wird nach dem Urteil des Bundesverfassungsgerichtes der Ruf nach einer Kürzung des „Hartz IV"-Regelsatzes von 359 Euro laut. „Das Bundesverfassungsgericht hat nicht gesagt, dass die Hartz-IV-Sätze zu niedrig sind", sagte der Vorsitzende der Arbeitnehmergruppe in der Unions-Bundestagsfraktion, Peter Weiß (CDU), der „Frankfurter Rundschau". „Eine Reform sollte aus meiner Sicht zu niedrigeren Regelsätzen führen."

Weiß sagte, mit dem Urteil verlange das Verfassungsgericht, den konkreten Einzelfallbedarf etwa für Kühlschränke oder Wintermäntel wieder stärker zu berücksichtigen. Dieser werde derzeit durch einen pauschalierten Aufschlag im „Hartz IV"-Regelsatz berücksichtigt. Das müsse nun korrigiert werden. Unterm Strich dürften die Ausgaben für den Staat in etwa gleich bleiben.

Unions-Arbeitnehmer fordern niedrigere Regelsätze, Welt.online, 10.2.2010, in: http://www.welt.de/politik/article6327169/Unions-Arbeitnehmer-fordern-niedrigere-Regelsaetze.html (Zugriff: 14.2.2010)

M45 Sozialpolitik neu ausrichten

Der Deutsche Gewerkschaftsbund (DGB) hat nach dem Hartz-IV-Urteil der Karlsruher Bundesrichter die Forderung gestellt, die Sozialpolitik in Deutschland neu auszurichten. So erklärte DGB-Chef Michael Sommer gegenüber dem Bonner „General Anzeiger", dass es in den letzten Jahren „eine massive Fehlentwicklung" gegeben habe.

Der DGB-Vorsitzende warnte eindringlich davor, die „Kluft" in Deutschland „größer werden zu lassen", und forderte die Bundesregierung auf zu handeln.

Sch/dpa: DGB: Sozialpolitik soll neu ausgerichtet werden, 10.2.2010, in: http://www.noows.de (Zugriff: 3.11.2010)

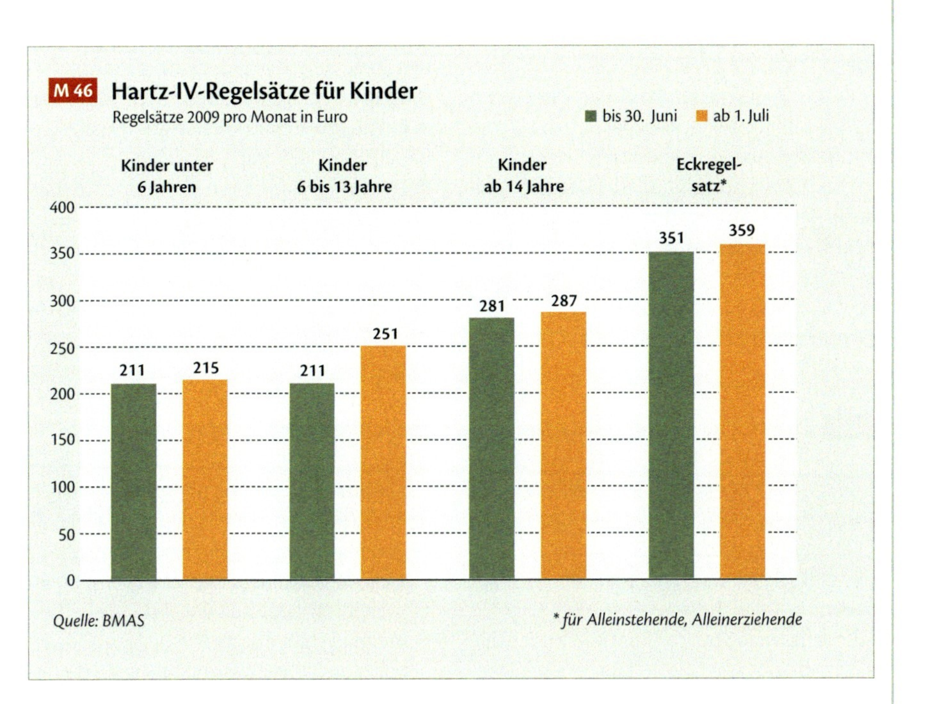

M47 Nur 5 Euro mehr – Mineralwasser statt Bier

Der Regelsatz für erwachsene Hartz-IV-Empfänger steigt ab dem nächsten Jahr von derzeit 359 auf 364 Euro im Monat. Das erklärte Bundesarbeitsministerin Ursula von der Leyen (CDU) am Sonntag. Die Erhöhung erfolge aufgrund von Berechnungen des Statistischen Bundesamtes, sagte die Ministerin. Die Ausgaben für Tabak und Alkohol seien nicht mehr im Regelsatz enthalten, weil diese Genussmittel nicht „existenzsichernd" seien, so von der Leyen nach Beratungen in der schwarz-gelben Koalition.

Basis für die neuen Regelsätze des Arbeitslosengeld II ist die neue Einkommens- und Verbrauchsstichprobe (EVS), die alle fünf Jahre erhoben wird. (...)

Die Kinder sollen künftig zusätzlich als „Sachleistung" ein so genanntes Bildungspaket bekommen. Darin enthalten sind unter anderem Zuschüsse zu Mittagessen in Schulen und Kitas, wenn diese kostenpflichtig sind.

Barbara Dribbusch: Mineralwasser statt Bier; in: Tageszeitung v. 27.9.2010

1 Analysieren Sie die unterschiedlichen Positionen in der Reaktion auf das Verfassungsgerichtsurteil. Klären Sie, inwieweit das Urteil des BVG diese unterschiedlichen Reaktionen zulässt.

2 Beurteilen Sie, inwiefern die Hartz-IV-Diskussion durch die Neuregelung entschärft ist. Stellen Sie den aktuellen Stand der Diskussion um die Hartz-IV-Regelsätze dar.

Ohne Alternative? – Sozialstaat und Wohlfahrtsstaat

Die sozialstaatlichen Errungenschaften und Regeln in Deutschland, die bei der Deutschen Einigung 1991 auch auf das Gebiet der ehemaligen DDR übertragen wurden, scheinen in sich logisch und fest zu sein. Im Vergleich mit anderen wohlfahrtsstaatlichen Modellen relativiert sich dies allerdings. Vielleicht bietet dieser Vergleich auch neue Lösungsmöglichkeiten für die Probleme des Sozialsystems.

M 48 Sozialstaatskonzeptionen im Wandel der Zeit

Die Verwendung des Begriffs Sozialstaat begrenzt sich in der sozialwissenschaftlichen Forschung weitgehend auf den deutschen Sprachraum; international hat sich der Begriff Wohlfahrtsstaat durchgesetzt. Bisweilen wird im deutschen Sprachraum der Begriff Sozialstaat gar als Abgrenzung zum ausufernden und freiheitsgefährdenden Wohlfahrtsstaat genutzt, der die Betreuung des Bürgers von der Wiege bis zur Bahre umfasse (...).
Der prominente Soziologe Franz-Xaver Kaufmann definiert einen Wohlfahrtsstaat als einen Staat, dessen Handeln „die sozio-ökonomischen Versorgungsstrukturen nachhaltig in Richtung auf eine umfassende Teilhabe der Gesamtbevölkerung" verändert. Zentrales Kriterium ist für ihn die „zunehmende Gewährleistung sozialer Rechte".

Martin Seeleib-Kaiser: Perspektiven des Sozialstaates im 21. Jahrhundert, in: Gisela Färber/ Jürgen Schupp (Hg.): Der Sozialstaat im 21. Jahrhundert, Münster 2005, S. 10

M 49 Durch das Grundgesetz zur Sozialstaatlichkeit verpflichtet

Der Soziologe Bernd Schulte zu den Besonderheiten des Sozialstaats in Deutschland:
Diese spezifische deutsche Variante der Sozialstaatlichkeit wird maßgeblich geprägt durch

- die föderale Struktur-Bundesstaatlichkeit, innerhalb derer die 16 Länder eigenständige Staatlichkeit haben (...);
- die Garantie der kommunalen Selbstverwaltung mit spezifischen Zuständigkeiten der Gemeinden und Gemeindeverbände im Sozialbereich, insbesondere verbunden mit der Zuständigkeit für die Jugend- und Sozialhilfe sowie für Errichtung und Erhaltung sozialer Dienste und Einrichtungen der sozialen Sicherung überhaupt;
- das gegliederte System der sozialen Sicherung, innerhalb dessen Kernbereich die Leistungsträger der Sozialversicherungsträger rechtlich eigenständige und durch die Sozialpartner i. d. R. paritätisch besetzte, selbstverwaltete Körperschaften sind – sogenannte soziale Selbstverwaltung;
- die bedeutende Rolle der Sozialpartner, d. h. der Arbeitgeber-/Unternehmensverbände und Gewerkschaften nicht nur im Rahmen der sozialen Selbstverwaltung für die Formulierung und insbesondere für die Konsensbildung in der Sozialpolitik überhaupt – Sozialpartnerschaft;
- die große Bedeutung der gemeinnützigen Verbände der Freien Wohlfahrtspflege als sogenanntem „dritten Sozialpartner";
- den Anteil der Arbeitgeber an der sozialen Sicherung in Gestalt von Arbeitgeberbeiträgen in der Sozialversicherung, Durchführung der Beitragsabführung für die Sozialversicherung, Entgeltfortzahlung bei Krankheit und Mutterschaft, betrieblicher Altersversorgung, Unfallverhütung und Unfallkompensation im Rahmen der gesetzlichen Unfallversicherung u. a.;
- die große Rolle privater – zum einen gemeinnütziger und zum anderen gewinnorientierter/kommerzieller – Leistungserbringer sowie einer Vielzahl von Betroffenen- und Selbsthilfeverbänden sowie
- ein namentlich in Bezug auf Unterhaltsgewährung und soziale „Dienstleistungsproduktion" und damit für die Humankapitalbildung leistungsfähiges Netz privater (insbesondere familialer und sonstiger informeller) Leistungserbringer, gegenüber dem der öffentliche Sozialschutz grundsätzlich nachrangig ist.

Bernd Schulte: Europäische Sozialpolitik und die Zukunft des Sozialstaats in Europa. Herausforderungen und Chancen, Friedrich-Ebert-Stiftung, Bonn 1998, S. 25

Sozialversicherungsträger: Institutionen, die auf der Grundlage eines Versicherungsverhältnisses soziale Leistungen erbringen, z. B. Krankenkassen

Sozialpartner: kooperierende Arbeitnehmer- und Arbeitgeberverbände, die das Ziel haben, Interessengegensätze durch Konsenspolitik zu lösen

M50 Das Modell von Esping-Andersen

Der dänische Politikwissenschaftler und Soziologe Gøsta Esping-Andersen unterscheidet drei Typen des Wohlfahrtsstaates:

„Drei Welten“ des Wohlfahrtskapitalismus existieren. (…)

1. Die liberalen Wohlfahrtsstaaten (Großbritannien, USA, Australien, Neuseeland) akzentuieren die Rolle des freien Marktes und der Familie, soziale Anspruchsrechte sind gering entwickelt und oft mit individuellen Bedürftigkeitsprüfungen verbunden, was häufig zu Stigmatisierung der Betroffenen führt. Die Finanzierung erfolgt vorwiegend aus dem Staatshaushalt; Interventionen in den Arbeitsmarkt erfolgen – falls überhaupt – vor allem zur Auflösung von Flexibilitätshemmnissen und zur Wahrung der Vertragsfreiheit.
2. Der konservative Typ (Frankreich, Italien, Deutschland, Niederlande) interveniert zwar stärker, allerdings eher temporär und primär aus staatspolitischen Gründen. Er ist ferner lohnarbeits- und sozialversicherungszentriert mit der Folge, dass soziale Rechte stark an Klasse und Status gebunden sind und die Ansprüche auf Beiträgen (im Sinne von Eigentumsrechten) basieren. (…)
3. Der sozialdemokratische Wohlfahrtsstaat (Schweden, Norwegen, Dänemark) ist universalistisch ausgerichtet, d. h., Ansprüche basieren auf sozialen Bürgerrechten, und es wird Gleichheit auf hohem Niveau angestrebt. Die Finanzierung erfolgt weitgehend aus dem Staatshaushalt; zugleich werden hier Leistungen überwiegend vom öffentlichen Dienst erbracht, der einen sehr großen Umfang annimmt und somit nicht nur sozialpolitisch, sondern auch arbeitsmarktpolitisch eine Schlüsselfunktion inne hat.

Martin Seeleib-Kaiser: Perspektiven des Sozialstaates im 21. Jahrhundert, in: Gisela Färber/Jürgen Schupp (Hg.): Der Sozialstaat im 21. Jahrhundert, Münster 2005, S. 51 f.

Gøsta Esping-Andersen (geb. 1947), dänischer Politologe und Soziologe

M51 Typen und Dimensionen des Wohlfahrtsstaates nach Esping-Andersen

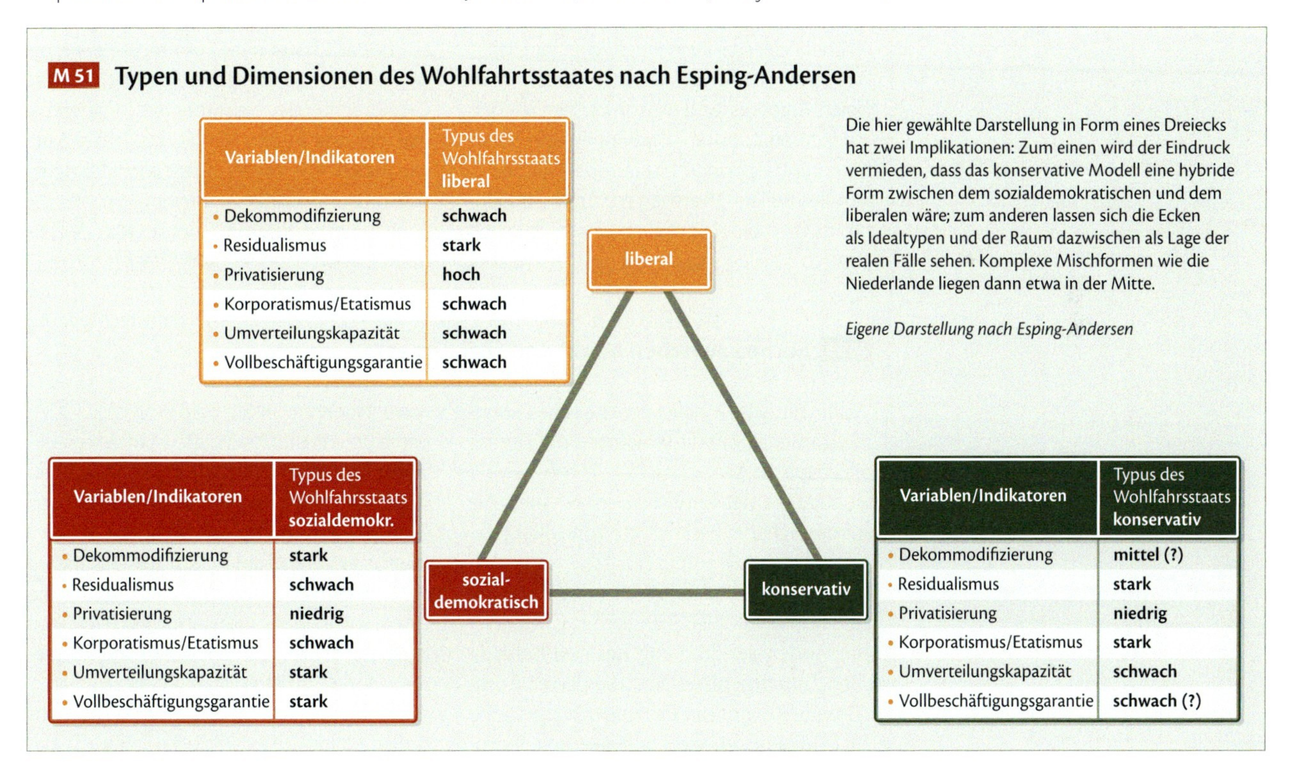

Variablen/Indikatoren	Typus des Wohlfahrtsstaats liberal
Dekommodifizierung	schwach
Residualismus	stark
Privatisierung	hoch
Korporatismus/Etatismus	schwach
Umverteilungskapazität	schwach
Vollbeschäftigungsgarantie	schwach

Variablen/Indikatoren	Typus des Wohlfahrtsstaats sozialdemokr.
Dekommodifizierung	stark
Residualismus	schwach
Privatisierung	niedrig
Korporatismus/Etatismus	schwach
Umverteilungskapazität	stark
Vollbeschäftigungsgarantie	stark

Variablen/Indikatoren	Typus des Wohlfahrtsstaats konservativ
Dekommodifizierung	mittel (?)
Residualismus	stark
Privatisierung	niedrig
Korporatismus/Etatismus	stark
Umverteilungskapazität	schwach
Vollbeschäftigungsgarantie	schwach (?)

Die hier gewählte Darstellung in Form eines Dreiecks hat zwei Implikationen: Zum einen wird der Eindruck vermieden, dass das konservative Modell eine hybride Form zwischen dem sozialdemokratischen und dem liberalen wäre; zum anderen lassen sich die Ecken als Idealtypen und der Raum dazwischen als Lage der realen Fälle sehen. Komplexe Mischformen wie die Niederlande liegen dann etwa in der Mitte.

Eigene Darstellung nach Esping-Andersen

1 Erläutern Sie die Stellung des deutschen Sozialstaats im Spektrum der Wohlfahrtsstaaten.

2 Analysieren Sie das Erreichen der wohlfahrtsstaatlichen Ziele Deutschlands im Vergleich der OECD-Länder.

3 Beurteilen Sie, inwiefern aus den anderen Modellen von Wohlfahrtsstaaten Anregungen zu einer Reform des deutschen Sozialstaats bezogen werden können.

Gibt es ein europäisches Sozialmodell?

Die Europäische Union wird auch sozialpolitisch immer bedeutender. Die sozial- und wohlfahrtsstaatlichen Festlegungen in der EU sind in der Welt herausragend. In Zeiten der Globalisierung wirken sie sich als Kostenfaktor aus.

M52 Das Europäische Sozialmodell

Nach den Vorstellungen der Europäischen Kommission umfasst dieses Sozialmodell folgende Politikbereiche: allgemeine und berufliche Bildung; Beschäftigung; Gesundheit; Wohlfahrt und Sozialschutz; sozialer Dialog; Gesundheitsschutz und Sicherheit am Arbeitsplatz; Kampf gegen Rassismus und Diskriminierung. Es findet seinen Niederschlag in den Wohlfahrtssystemen, den Kollektivvereinbarungen und in den Sozialdiensten, hat sich jedoch in den verschiedenen Mitgliedsstaaten der Europäischen Union in unterschiedlicher Weise entwickelt und wird dementsprechend auch unterschiedlich in die Praxis umgesetzt – unter Einbeziehung wiederum unterschiedlicher öffentlicher, privater, tariflicher oder sozialwirtschaftlicher Partner.
Das Europäische Sozialmodell ist damit zugleich Ergebnis und Ausdruck der reichen Vielfalt von Kulturen, Traditionen und politischen Entwicklungen in Europa. Mit seiner Fundierung auf „Wettbewerb" und „Solidarität" ruht es sowohl auf einer wirtschaftlichen als auch auf einer sozialen Säule: Der Wettbewerb zwischen den Unternehmen ist der Motor des wirtschaftlichen Fortschritts, während die Solidarität zwischen den Bürgern Grundvoraussetzung ist für Entstehung und Verfestigung des sozialen Zusammenhalts, der zu den Rahmenbedingungen von Wirtschaft und Gesellschaft gehört.
Der EG-Vertrag kennt – und für den Europäischen Verfassungsvertrag gilt dasselbe – allerdings kein gemeinsames Sozialmodell, sondern er hat ein „Europäisches Sozialmodell" vorgefunden, das immer konkretere Züge aufweist: „Demokratiegebot", „soziale Marktwirtschaft", „Grundrechtlichkeit" und – für die Sozialstaatlichkeit besonders wichtig – „Solidarität" sind nicht zufällig Titel des Kapitels IV der Charta der Grundrechte der Union. Dieses enthält einen Katalog sozialer Grundrechte, der weit über das hinausgeht, was darüber in den Verfassungen der Mitgliedsstaaten – insbesondere auch des deutschen Grundgesetzes – steht.

Sabine Kropp/Ricardo Gomèz (Hg.): Sozialraum Europa, Münster 2006, S. 63 f.

M53 Europa zwischen Markt und Sozialstaat

Wohin die Reise möglicherweise gehen könnte, veranschaulicht die Prognose „Four Futures of Europe" (...).
Sie skizziert vier Entwicklungsszenarien, die aus der Sicht der Beschäftigten und ihrer Interessenvertretung unterschiedlicher kaum sein könnten: In der Variante eines „starken Europa" zeichnen die niederländischen Chefplaner ein Modell der Stärkung des gesellschaftlichen Zusammenhalts. Hier werden eine umfassende Reform der Entscheidungsprozesse auf EU-Ebene sowie die Stabilisierung der Sozialsysteme durch behutsame Reformschritte anvisiert. Die Nationalstaaten sind bereit und in der Lage, Kompetenzen an die EU abzugeben, und sie beseitigen Barrieren für die Arbeitskräftemigration.
Der europäische Integrationsprozess vollzieht sich auf dem Wege des „Europa der zwei Geschwindigkeiten", wobei allerdings die langsamere „Nachhut" in die Lage versetzt wird, zu den Pionieren aufzuschließen. Unterschiedliche Entwicklungsgeschwindigkeiten ergeben sich auch im zweiten Modell der „regionalen Gemeinschaften".
Allerdings verfestigen sich in dieser Variante die Unterschiede zwischen den Ländern, die eine weitreichende Integration forcieren, und jenen, die das Tempo gedrosselt haben. In diesem Modell scheitern Wohlfahrtsstaatsreformen, und auch die Stärkung der EU als Institution bleibt auf der Strecke. Letztlich beschränkt sich die Integration auf das „Kerneuropa", das starke Tendenzen zur Abschottung gegen Arbeitskräftemigration aufweist.
Mit der „globalisierten Wirtschaft" und der „transatlantischen Variante" werden zwei weitere Modelle beschrieben, die beide eine verstärkte Marktöffnung gemein haben. Die wohl radikalste Öffnung findet sich bei der

„globalisierten Wirtschaft", in der sich Europa letztlich als Deregulierungsgemeinschaft neu erfindet. Politische Integration steht nicht mehr auf der Tagesordnung, stattdessen wird alle Aufmerksamkeit auf das störungsfreie Funktionieren des Binnenmarktes gelegt. (...) Im Vergleich hierzu stellt die „transatlantische Variante" den Fall einer unvollständigen und somit gescheiterten Marktöffnung dar. Sozialstaatsreformen bleiben auf halbem Wege stecken – so die Erwartungen der niederländischen Planer –, weil ältere Bevölkerungsteile die politischen Schaltzentralen dominieren. Mehrheiten für eine Reform der europäischen Entscheidungsprozeduren und die Institutionen, auf denen diese basieren, ergeben sich nicht. Prozesse der Marktöffnung erfolgen ungesteuert, sodass sich am Ende Machtungleichgewichte, fehlende Transparenz und Marktzugangsbarrieren ergeben. Welches der vier Szenarien sich letztendlich durchsetzt, hängt weitestgehend vom Ausgang politischer Auseinandersetzungen in der EU selbst, aber auch in ihren Mitgliedsstaaten ab. Vieles deutet darauf hin, dass diese Auseinandersetzungen bereits begonnen haben.

Martin Behrens/Simone Leiber: Europa zwischen Markt und Sozialstaat. Editorial, WSI-Mitteilungen 10/2006, in: http://www.boeckler.de/pdf/wsi-mit_2006_10_editorial.pdf (Zugriff: 3.11.2010)

M55 Entscheidende Bedingung?

Zeichnung: Plaßmann

M54 Veränderung des Sozialstaatsmodells in Deutschland wegen der EU?

Wie bei einem voll beladenen Tanker, der seine Höchstgeschwindigkeit erreicht hat, ist auch bei der langsam entwickelten und gewachsenen Sozialstaatlichkeit kein schneller Kurswechsel möglich, „eine grundsätzliche Wende bzw. ein Wechsel des Wohlfahrtsstaatstypus [ist] aufgrund der ‚Pfadabhängigkeit' der Systeme wenig wahrscheinlich". (...) Das „Lernen von Anderen" wird deshalb an Bedeutung gewinnen, wobei jedoch folgende Gesichtspunkte zu beachten sind:

1. Sozialpolitik muss immer systemisch gedacht werden, d.h., dass Änderungen in einem Bereich immer Wirkungen auf andere Bereiche ausüben. Auch partielle Modifikationen können aufgrund der Interdependenz der Subsysteme zu gravierenden Verschiebungen im Gesamtsystem führen.
2. Sozialpolitik ist eng verknüpft mit anderen Politikfeldern wie z.B. Wirtschaftspolitik, Politik der Inneren Sicherheit, Infrastrukturpolitik und vielen anderen mehr. Auch hier gilt die Forderung nach systemischer Betrachtung und der Analyse der Einflüsse von und Wirkungen auf diese anderen Politiken.
3. Sozialpolitik findet ihre originäre Orientierung am „Sozius", dem Menschen und dessen Mitmenschen. So wichtig und nachvollziehbar sich die Umbauüberlegungen an wirtschaftlichen Kriterien orientieren, erfordert der Umbau eine Reflexion des Bildes vom Menschen, der Vorstellung vom menschlichen Sein als Individuum und als Mitglied von Gemeinschaft und Gesellschaft. Wichtig ist also zunächst die Zielbestimmung der Sozialpolitik.
4. Sozialpolitik ist ein Politikfeld, das maßgeblich zur bürgerschaftlichen Legitimierung des Staates beiträgt. Ein abrupter oder aus Sicht der Bürger zu weit gehender Wechsel kann diese Legitimität nachhaltig beeinträchtigen.

Auf dem Weg zu einer möglichst gerechten, finanzierbaren, zielgerichteten und akzeptierten Sozialpolitik kann der Blick über den Tellerrand nur hilfreich sein – wenn man denn nicht der Versuchung unterliegt, durch ungeprüftes Kopieren einzelner Elemente das System zu ändern bzw. zu gefährden.

Bernhard Frevel/Berthold Dietz: Sozialpolitik kompakt, Wiesbaden 2004, S. 234 f.

Pfadabhängigkeit: Entwicklung von Prozessen entlang eines „Pfads", also einer Entwicklungsrichtung

1 Analysieren Sie die Texte im Hinblick auf die Existenz eines gemeinsamen europäischen Sozialmodells.

2 Prüfen Sie, ob nach den Ausführungen in **M 54** eine Verständigung in der EU auf eines der in **M 53** vorgestellten Modelle möglich erscheint.

Immer weniger Spielraum? – Sozialstaat und Globalisierung

Die Globalisierung bringt den Sozialstaat ins Wanken – so eine weit verbreitete Meinung. Durch die weltweite Konkurrenz seien diejenigen Länder in Nachteil geraten, die durch ein ausgebautes Sozialsystem die Kosten der Unternehmen belasteten. Das Sozialsystem wurde in den meisten Ländern aber aufgebaut, um den Unternehmen ein Produzieren auf hohem Niveau zu ermöglichen. Es ist noch in keinem dieser Länder bisher tatsächlich zusammengebrochen.

M56 Globalisierung und Sozialstaat

Der Politologe Harald Trabold (geb. 1958), wissenschaftlicher Mitarbeiter am Deutschen Institut für Wirtschaftsforschung (DIW), hat folgende Thesen zum Verhältnis von Globalisierung und Sozialstaat aufgestellt:

Die Globalisierung wirkt sich auf weite Bereiche von Wirtschaft und Gesellschaft aus. (...) Sozialversicherungssystem und Umverteilungssystem des Sozialstaates (...) erfüllen innerhalb des Sozialstaates unterschiedliche Funktionen. Im Rahmen des Sozialversicherungssystems sollen Mängel der rein privat organisierten Versicherungsmärkte, die prinzipiell auch für eine Absicherung gegen die Risiken aus Krankheit, Pflegebedürftigkeit, Arbeitslosigkeit und Langlebigkeit sorgen könnten, behoben werden. Im Rahmen des Umverteilungssystems sollen Mängel, die in einer als ungerecht empfundenen Verteilung der Einkommen und der Vermögen bestehen, zumindest teilweise korrigiert werden. (...)
Gering qualifizierte Arbeitskräfte werden wegen des zunehmenden Außenhandels immer weniger benötigt, weil die komparativen Vorteile in den fortgeschrittenen Industrieländern bei humankapital- und technologieintensiven Produkten liegen. Dadurch weitet sich die Produktion in diesen Branchen relativ zur Produktion in den arbeitsintensiven Branchen aus. Daher steigt in den Industrieländern aufgrund der Globalisierung auch die Nachfrage nach hoch Qualifizierten. Verstärkt werden diese Strukturverschiebungen der Arbeitsnachfrage durch den technischen Fortschritt. (...) Ergebnis von technischem Fortschritt und Globalisierung ist eine Verschlechterung der Einkommens- bzw. Beschäftigungslage der gering Qualifizierten im Vergleich zu den hoch Qualifizierten. Das Umverteilungssystem des Sozialstaates wird durch die Globalisierung (und den technischen Fortschritt) also stärker gefordert als bisher. (...) Die meisten der gegenwärtigen Probleme im deutschen Sozialversicherungssystem werden im Wesentlichen nicht durch Globalisierung verursacht. (...)
Die Globalisierung wird im Wesentlichen durch zwei Kräfte vorangetrieben. Zum einen senkt der technische Fortschritt die Transaktionskosten; dies gilt sowohl für die reinen Transportaufwendungen als auch für die mit der Geschäftsanbahnung und -abwicklung verbundenen Kommunikations- und Informationskosten. Die zweite Triebfeder der Globalisierung ist die politisch gewollte Liberalisierung des Handels mit Waren, Dienstleistungen und Kapital im Zusammenspiel mit der Deregulierung weiter, bislang staatlicherseits geschützter Bereiche (z. B. Energie- und Wasserversorgung, Post und Telekommunikation). Beide Antriebskräfte der Globalisierung geben den Menschen ein Mehr an wirtschaftlichen Freiheiten und Chancen, aber auch an Risiko und Eigenverantwortung. Die Globalisierung ermöglicht in freiheitlich demokratischen Gesellschaften eine stärkere Individualisierung der Lebensentwürfe.

Harald Trabold: Zum Verhältnis von Globalisierung und Sozialstaat, in: Aus Politik und Zeitgeschichte 48/2000

Transaktionskosten: Kosten, die durch die Nutzung eines Marktes entstehen

Zeichnung: Sakurai

Hans-Olaf Henkel war Präsident des Bundesverbands der Deutschen Industrie (BDI)

M57 Sozialstaat überlebt Globalisierung nicht

Hans-Werner Sinn (geb. 1948), Ökonom und Präsident des Ifo-Instituts für Wirtschaftsforschung:
Der Überschuss an gering qualifizierten Arbeitern wird (...) durch die Entwicklung im Westen immer größer. Dadurch sinkt der Gleichgewichtslohn für einfache Arbeit. Bis das neue Gleichgewicht erreicht wird, werden Jahrzehnte vergehen. Die meisten Leser dieses Artikels werden das nicht mehr erleben. Der Prozess wird jedoch anhaltend sein. Wären die westlichen Arbeitsmärkte flexibel und würden sie dem Druck nachgeben, könnte die Beschäftigung gering qualifizierter Arbeitskräfte bei fallenden Löhnen erhalten werden. Aber weil die Löhne aufgrund der Lohnkonkurrenz des Sozialstaates starr sind, ist ein Anstieg der Massenarbeitslosigkeit wahrscheinlichste Folge der Globalisierung.
Westliche Politiker reagieren auf den Niedriglohndruck, indem sie das Lohnsystem noch starrer machen. In Deutschland beispielsweise plant man einen gesetzlichen Mindestlohn, wie es ihn in anderen Ländern schon gibt. Aber derartige Maßnahmen verschlimmern die Situation. Die Spezialisierung auf kapitalintensive, arbeitssparende Sektoren wird verstärkt, noch mehr Kapital fließt aus dem Land, und noch mehr Menschen wandern aus dem Ausland zu und verdrängen die Einheimischen in den Sessel, den der Sozialstaat für sie bereit hält. Die Massenarbeitslosigkeit steigt.
Der auf Lohnersatz und Mindestlöhnen beruhende europäische Sozialstaat wird die Globalisierung nicht überleben. Es wird möglicherweise noch weitere zehn oder zwanzig Jahre dauern, bis die Politiker das verstehen, aber am Ende werden sie es verstehen müssen. Man kann den Gang der Geschichte nicht aufhalten.
Die Frage ist, ob dieser Sozialstaat zur Gänze sterben muss. Ein neues sozialstaatliches System, das trotz Faktorpreisausgleich sowohl die sozialen Werte Europas bewahrt als auch Massenarbeitslosigkeit verhindert, beruht auf Lohnzuschüssen statt auf Lohnersatzleistungen. Jeder sollte arbeiten, zu welchem Lohn es auch immer eine Stelle für ihn gibt, und der Staat zahlt zu diesem Lohn im Bedarfsfalle ein zweites staatliches Einkommen hinzu, sodass ein sozial akzeptabler Lebensstandard gewährleistet ist.
Hans-Werner Sinn: Sozialstaat überlebt Globalisierung nicht, in: Die Presse (Wien) v. 4.3.2006

M58 Der Sozialstaat lässt sich „globalisierungsfest" machen

Der Soziologe und Journalist Alfred Pfaller:
Globalisierungsfester ist ein System, das Vorsorge und Solidarität zum großen Teil aus dem allgemeinen Steuertopf bezahlt, wie dies in Dänemark geschieht. Die grundlegenden Verteilungsentscheidungen zwischen Konsum, Vorsorge und Solidarität werden hier eindeutig politisch getroffen. Die Kosten für Vorsorge und Solidarität werden dem Bürger explizit vom Einkommen abgezogen. Da Unternehmen mit Hinblick auf den internationalen Wettbewerb nur begrenzt belastbar sind, muss ein steigender Finanzbedarf der sozialen Sicherungssysteme in aller Regel von den Haushalten aufgebracht werden – in direkter Form als Einkommenssteuern oder in indirekter Form als Mehrwertsteuer, Energiesteuer etc.
Eine andere Form der Immunisierung gegen Globalisierung besteht darin, dass die Vorsorge weitgehend privatisiert und nur die Solidarität über den Staat organisiert wird. Am eindeutigsten ist dies bei der Altersvorsorge möglich, die ja zum größten Teil dem Versicherungsprinzip (die Einzahlungshöhe bestimmt die Auszahlungschancen) entspricht. (...)
Die „Immunisierung" der Sozialleistungen gegen internationalen Konkurrenzdruck ist ökonomisch kein Problem und wäre politisch sinnvoll.
Alfred Pfaller: Sozialstaat und Globalisierung sind vereinbar, Bonn: Friedrich-Ebert-Stiftung 2000, in: http://library.fes.de/fulltext/id/00891.htm#E9E22 (Zugriff: 3.11.2010)

1 Vergleichen Sie die Positionen zum Sozialstaat in der Globalisierung.
2 Nehmen Sie aufgrund der aktuellen Entwicklungen zum Sozialstaat Stellung zu den Positionen auf dieser Doppelseite.

Brauchen wir den Sozialstaat? – Eigenverantwortung statt Hilfe

Nicht nur die Globalisierung, sondern auch die Belastung der Betriebe durch Abgaben haben die Frage aufgeworfen, ob der Sozialstaat nötig und sinnvoll ist.

M59 Sozialstaat: Gleichheit als Illusion

Deutschland ist, mehr als viele andere Länder, auf Gleichheit fixiert. In Umfragen zeigt sich, dass immer mehr Deutsche den Begriff der Gleichheit höher schätzen als den Begriff der Freiheit. Im Osten gibt es dafür eine klare Mehrheit. Und auch im Westen haben sich seit den neunziger Jahren die Gewichte verschoben. In breiten Kreisen wird der Begriff Freiheit mit Unsicherheit und Risiken sowie mit „sozialer Kälte" verbunden. Daher geben sie der Gleichheit – verstanden als Einebnung materieller Unterschiede – den Vorzug. Doch dieses Ideal erweist sich als Illusion, es folgt daraus Enttäuschung. Inzwischen sagt eine Mehrheit, es gehe in der Bundesrepublik nicht mehr „gerecht" zu.

Es gibt verschiedene Gründe für die sich öffnende Schere zwischen den Einkommensgruppen. Der Druck auf den Niedriglohnsektor (s. S. 350) nimmt vor allem wegen der Globalisierung und wegen des Strukturwandels zu. Eine auf High-tech-Güter spezialisierte Wirtschaft mit stark automatisierter Produktion hat wenig Verwendung für Geringqualifizierte; sie werden an den Rand gedrängt. Die Problemgruppen wachsen durch die Zuwanderung in die Unterschicht. Und je mehr sich die traditionellen Familien auflösen, desto größer wird die Zahl der armutsgefährdeten Alleinerziehenden. So weit, so schlecht. Der Blick zurück in jene Zeiten, die angeblich nicht von einer Kluft von Arm und Reich geprägt waren, erscheint oft verklärt. In manchen Kreisen wird das graue Bild der DDR beschönigt, doch die größere Gleichheit dort war durch krasse Unfreiheit erkauft. Weithin gibt es verklärte Erinnerungen an die frühe Bundesrepublik mit ihrer angeblich „nivellierten Mittelstandsgesellschaft". Als Helmut Schelsky 1953 diese These aufbrachte (s. S. 298), hausten noch Hunderttausende in Notunterkünften. Bis in die sechziger Jahre lebte die Mittelschicht in disziplinierter Sparsamkeit. Ein kleines Auto, eine Reise nach Italien – mehr Luxus war nicht. Und die behauptete Nivellierung? Verteilungsforscher wie Anthony Atkinson weisen darauf hin, dass gerade in den Aufschwungjahren die Ungleichheit zunahm (…).

Der umverteilende Sozialstaat beruht auch auf einer verfehlten Nullsummenlogik: Demnach ist der Wohlstand wie ein Kuchen, der innerhalb des Nationalstaats aufgeteilt wird. So funktioniert aber eine offene und dynamische Wirtschaft nicht, denn Unternehmen und Leistungsträger können abwandern. Der hochverschuldete Sozialstaat muss also neue Wege gehen und seine Ziele neu definieren. Eine zukunftsgerichtete Politik muss bescheidener und zugleich anspruchsvoller werden. Vermutlich wird mit fortschreitender Globalisierung die Ungleichheit zunächst weiter zunehmen. Will man dem entgegenwirken, dann nicht mit leerlaufender Umverteilungspolitik und fortdauernder Alimentierung der „sozial Schwachen". Eine deutliche Erhöhung der Hartz-IV-Sätze wäre ein falsches Signal. Es fehlt der Anreiz zur Arbeit, wenn Hartz IV über dem liegt, was viele Geringverdiener netto erzielen. (…)

Eine anspruchsvolle Sozialpolitik setzt einen Mentalitätswandel voraus. Die deutsche Gleichheitsfixierung und die Angst vor der Freiheit müssen aufgegeben werden. Es gilt, die (Selbst-)Blockaden in der Unterschicht aufzubrechen, gerade unter Migranten, und deren Aufstiegswillen zu stärken. Eine illusionslose Sozialpolitik fordert und fördert Bildung. Gleichheit kann heute nur in einem annähernngsweise gleichen Zugang zu Chancen zur Entfaltung liegen. Hilfe zur Selbsthilfe in der

Nullsummenspiel: Konkurrenzsituation, bei der die Gewinne des Einen Verlusten Anderer in gleicher Höhe gegenüberstehen

M60 Röslers Reparaturarbeiten

Philipp Rösler (geb. 1973), FDP, war Bundesminister für Gesundheit. *Zeichnung: Stuttmann*

Marktwirtschaft – mehr kann und sollte der Staat nicht leisten. Der Versuch, über staatliche Umverteilung die subjektive Gerechtigkeitslücke zu schließen, kann nicht gelingen.

Philip Plickert: Gleichheit als Illusion, in: Frankfurter Allgemeine Zeitung v. 31.1.2010; www.faz.net/de (Zugriff: 21.12.2010)

M 61 „Welfare" oder „Workfare"?

Finanzielle Notstände haben in den letzten Jahren eine Verschiebung von Fremd- zur Eigenverantwortung vorangetrieben und umfassende Veränderungen des Sozialstaates herbeigeführt: Slogans wie „Fördern und fordern" und „Aktivieren" sowie Begriffsunsinnigkeiten wie die „Ich-AG" zeigen, wie erhebliche neue Anforderungen an die beteiligten Subjekte gerichtet werden. Diese Forderungen stehen dafür, dass der Sozialstaat nicht länger nur als Auffangeinrichtung verstanden wird, sondern selbst von der Logik des Wettbewerbs und einer individuellen Risikoverantwortung zutiefst durchdrungen ist. Die gegenwärtige Ausrichtung des Sozialstaates setzt daher weit stärker auf workfare als auf welfare (...) Die Crux an dieser Orientierung ist, dass workfare eigentlich darauf beruht, dass die Arbeitskraft tatsächlich eine Chance hat, sich selbst zu erhalten. (...) Genau das aber wird zunehmend fraglich. Die Versicherungssysteme des 19. Jahrhunderts sind unter Annahmen geschaffen worden, die von der heutigen Realität überholt sind: Erstens sind sie von der Vorstellung getragen, zahlen- und zeitmäßig nur gelegentlich auftretende Notfälle aufzufangen, weil ein lebenslanger Erwerbsalltag der Männer, ihr jederzeit möglicher Wiedereinstieg in den Arbeitsmarkt und die Versorgung der Frauen als Partnerinnen in einer lebenslangen Ehegemeinschaft als Normalität betrachtet wurden. (...)
Den Individuen eine Marktgängigkeit genau in dem Moment abzuverlangen, in dem die Marktbedingungen für sie objektiv schlechter geworden sind, löst nicht nur das sozialpolitische Problem nicht, sondern unterminiert auch die Legitimität des Sozialstaates an sich. Zweitens konzentrierten sich die Sozialversicherungssysteme auf den Erwerb berechtigter Ansprüche: Das Solidaritätssystem löste vor aller die Ansprüche ein, die durch eigene Leistung erworben worden waren. (...)
Die Gruppe derjenigen, die keine eigenen Leistungen zur Begründung ihrer Rechte ins Feld führen können, wird im Zuge der Globalisierung wachsen und damit die soziale Frage auf eine Weise stellen, die eine sozialpolitische Verschiebung von einer stark betonten Leistungsgerechtigkeit zu mehr Bedürfnisgerechtigkeit erfordern wird (...).
Drittens wurden Sozialstaaten historisch, rechtlich, wirtschaftlich und politisch im Rahmen des Nationalstaates entworfen und sind auf diesen bezogen. (...) Weder Wirtschaft noch Gesellschaft sind heute noch geschlossene Systeme – wobei die unterschiedlichen Weisen, auf die damit verbundenen Chancen zu reagieren, die sich hierdurch stellenden Herausforderungen noch verschärfen. (...) Die permanente und nicht immer redliche Klage der Arbeitgeber über „zu hohe" Sozialkosten sind nicht zuletzt Drohgebärden, die den Staat veranlassen sollen, die Profitbedingungen entweder zu optieren oder mit noch mehr Arbeitslosen zurückgelassen zu werden. Die neue Herausforderung für den Sozialstaat besteht darin, diesen Einschüchterungsversuchen zu trotzen und die gesellschaftlichen Konzepte einer funktionierenden und integrativen Solidargemeinschaft angesichts einer offenen Wirtschaft neu zu definieren und durchzusetzen. Ein Sozialstaat aber, der auf workfare und Autoritarismus setzt, um sich selbst zu entlasten, bürdet denjenigen, für die er als marktkorrektive Institution existiert, eine Verantwortung auf, die sie aus strukturellen Gründen oftmals gar nicht tragen können.

Petra Dobner: Bald Phoenix – bald Asche. Ambivalenzen des Staates, Berlin 2009, S. 69 ff.

Das **„welfare"**-Konzept steht für die Gewährung sozialer Unterstützung als Rechtsanspruch, während mit **„workfare"** eine Position gekennzeichnet wird, die auf Gegenleistungen setzt

1 Analysieren Sie den Text **M 59** im Hinblick auf das Verständnis des Autors vom Sozialstaat.

2 Analysieren Sie die Entgegensetzung von welfare und workfare im Text **M 61**.

3 Vergleichen Sie **M 59** und **M 61** mit **M 57** und **M 58** auf S. 361 und prüfen Sie, inwieweit eine Verständigung zwischen den Autoren möglich erscheint.

4 Nehmen Sie Stellung zur Kontroverse um das Verständnis des Sozialstaats unter Berücksichtigung der Karikatur.

Systemwechsel? – Alternativen zum jetzigen Sozialstaat

Wenn das jetzige System der sozialen Sicherung wegen seiner vielen Probleme an sein Ende gelangt sein sollte – wo sind die Alternativen? Kann das Sozialstaatsgebot des Grundgesetzes auch anders eingelöst werden?

M62 Das „bedingungslose Grundeinkommen"

Bedingungsloses Grundeinkommen (*BGE*) ist weder „Hartz-IV-light" noch „Hartz-IV-total". Es handelt sich um einen neuen Gesellschaftsvertrag, der alle gesellschaftlichen Glieder umfasst und allen gesellschaftlichen Gliedern Vorteile bringt. Gewisse Grundlagen in den Geldläufen der Gesellschaft werden so geändert, dass die allgegenwärtigen Rationalisierungsmaßnahmen in Wirtschaft und Verwaltung sich positiv für Wohlstand und Beschäftigungslage der Gesellschaft auswirken und nicht in soziale Katastrophen führen.

Durch Einführung eines bedingungslosen Grundeinkommens gilt allgemein:

Das ältere Recht auf Arbeit wird durch ein allgemeines, arbeitsunabhängiges Recht auf Existenz ersetzt. Jeder erhält dazu aus den Steuereinnahmen des Staates ein die Lebensgrundbedürfnisse deckendes Einkommen – unabhängig davon, was er macht oder wie viel Geld er hat. Sozialstaatliche Gängelung fällt fort.

Der Sinn des Arbeitens ändert sich: Nach Einführung eines bedingungslos an alle ausgegebenen Grundeinkommens geht es beim Arbeiten nicht mehr um die Sicherung der Existenz (diese ist dann durch das Grundeinkommen schon gesichert), sondern – wesentlich bedeutsamer – um den Sinn der Arbeit selbst und damit verbunden: um Steigerung der Lebensqualität – sei dies die eigene oder die der Gemeinschaft. Sozial ist nicht mehr, was Arbeit schafft, sondern, was Einkommen schafft – und damit die Freiheit, das zu tun, was man selbst für nötig und für richtig hält (in Wirtschaft, Umweltschutz, Erziehung, Sozialem, Bildung und Kultur).

Vorteile für Arbeitnehmer:

- Arbeitsplätze müssen so eingerichtet werden, dass sie dem Sinnbedürfnis und einer Erhöhung von Lebensgefühl und Lebensqualität der Menschen entsprechen.
- Niemand kann mehr aufgrund einer Notlage ausgebeutet und zu sinnlosen, entwürdigenden Arbeiten gezwungen werden.
- Arbeitgeber müssen um Arbeitnehmer werben. Jeder Zuverdienst ist für den Arbeitnehmer frei verfügbares Vermögen: Er muss nicht zur Finanzierung der Lebensgrundbedürfnisse eingesetzt (diese sind durch Grundeinkommen finanziert), sondern kann in freier Weise für Konsum, Dienstleistung, Kultur verwendet werden. (...)

Vorteile für Arbeitgeber:

- Hohe Motivation der eingeworbenen freien Mit-Arbeiter. Dadurch Steigerung der Effizienz und Produktivität des Unternehmens.
- Das eigene Grundeinkommen und das der Familie ist gesichert.
- Der Arbeitgeber muss bei der Entlohnung nicht mehr die Lebensgrundbedürfnisse der Mitarbeiter finanzieren. Diese sind durch Grundeinkommen finanziert.
- Personalintensive Arbeit im Sozialen, in der Bildung, im Umweltschutz, in Kunst und Kultur kann endlich geleistet werden, weil nicht mehr der Lebensunterhalt, sondern nur noch der gesellschaftlich bedeutsame „Wert" der erbrachten Leistung bezahlt werden muss. (...)
- Das Volk hat Kaufkraft.

Gesamtgesellschaftliche Vorteile:

- Jedem wird freigestellt, das zu tun, was er selbst für richtig hält.
- Unnötig gewordene Arbeiten können, wie es der Logik der modernen Entwicklung entspricht, endlich sozialverträglich abgeschafft werden. Dadurch wird Potenzial für neue Arbeitsfelder frei.
- Familien werden unterstützt: Kinder bringen das Geld für ihren Lebensunterhalt durch das ihnen gewährte Grundeinkommen gewissermaßen mit. Eltern können frei entscheiden, in welchem Umfang und in welcher Rollenverteilung sie dem „Arbeitsmarkt" oder den Kindern zur Verfügung stehen.
- Studium, Aus- und Weiterbildung sind jederzeit möglich, da die Lebensgrundhaltungskosten gedeckt sind.

Bürgerinitiative bedingungsloses Grundeinkommen e.V. Berlin: Bedingungsloses Grundeinkommen – wie ist das zu denken?, 2010, in: http://www.buergerinitiative-grundeinkommen.de (Zugriff: 4.11.2010)

M63 Gegen das Bürgergeld

Der Ökonom Claus Schäfer (geb. 1948) hat Pro- und Kontra-Argumente gegeneinander abgewogen. Hier sein Fazit:

Sozial gerecht? Warum auch vermögende Personen in den Genuss einer steuerfinanzierten Grundsicherung kommen sollten, sei nicht einzusehen, schreibt der Forscher. Selbst wenn sie im Gegenzug mit höheren Steuern belastet würden.

Einstieg in den „Sozialstaat light". Gerade die BGE-Vorschläge aus konservativen Kreisen könnten sich aus sozialstaatlicher Perspektive als Trojanisches Pferd erweisen, warnt Schäfer. Die Kosten für ein bedingungsloses Grundeinkommen würden dort als Argument „für die möglichst ersatzlose Streichung aller anderen sozialstaatlichen Transferzahlungen einschließlich der Rente" dienen. In Analogie zum Steuerkonzept der Flat-Tax könnte das BGE zu einer Art Flat-Sozialstaat führen. (...)

Kein Ersatz für heutigen Sozialstaat. Selbst wenn das Bürgergeld großzügig bemessen wäre – etwa mit 1000 Euro im Monat –, wären längst nicht alle Probleme gelöst. Der regelmäßige Lebensunterhalt ließe sich davon knapp über Hartz-IV-Niveau bestreiten, nicht jedoch zum Beispiel die (Folge-)Kosten von Krankheit oder Unfall, so Schäfer. In vielen Fällen wären zusätzliche Unterstützungsleistungen nötig, Bedürftigkeitsprüfungen weiterhin unvermeidlich.

Gravierende Auswirkungen auf die Lohnstruktur. Der Druck auf die Löhne würde steigen, der Niedriglohnsektor enorm wachsen. Denn die Einführung eines BGE würde Arbeitgeber vollends von der Pflicht entbinden, Arbeitnehmern existenzsichernde Löhne zu zahlen. Am Ende stünde ein „Super-Kombilohn mit einem hohen Staatsanteil und einem niedrigen Arbeitgeberanteil", befürchtet der Experte. Ein Teil der konservativen BGE-Anhänger vertritt die Position, dass ein Grundeinkommen zwar ohne Bedürftigkeitsprüfung, aber nur im Falle einer Gegenleistung in Form „gemeinnütziger Arbeit" gezahlt werden solle. Dadurch könnte jedoch reguläre Arbeit durch getarnte Billigarbeit verdrängt werden.

Zwei-Klassen-Gesellschaft. Insgesamt könnte sich die Ungleichheit in der Einkommensverteilung trotz BGE sogar verschärfen, wenn die Arbeitseinkommen drastisch sinken und bisherige Sozialleistungen gestrichen werden. Während ein Teil der Gesellschaft mit dem Grundeinkommen abgespeist würde, könnte ein anderer umso mehr Einkommen und Vermögen akkumulieren, so Schäfer.

Vollbeschäftigung – kein politisches Ziel mehr. „Die immer noch lohnende Suche nach einer alternativen Politik zur Wiederherstellung von Vollbeschäftigung" würde durch ein BGE delegitimiert, kritisiert der WSI-Forscher. Schließlich könnte das Ziel, hinreichende Beschäftigungsmöglichkeiten zu schaffen, gänzlich aufgegeben werden.

Bedingungsloses Grundeinkommen: Keine Alternative zum Sozialstaat, in: Böckler impuls 1/2007

Die verschiedenen Konzepte für ein vom Staat ausgezahltes Grundeinkommen werden auch als **Bürgergeld** bezeichnet. Die einzelnen Modelle unterscheiden sich vor allem in den an die Zahlung geknüpften Bedingungen, in Bedürftigkeit und Arbeitsbereitschaft

WSI: Wirtschafts- und Sozialwissenschaftliches Forschungsinstitut der Hans-Böckler-Stiftung

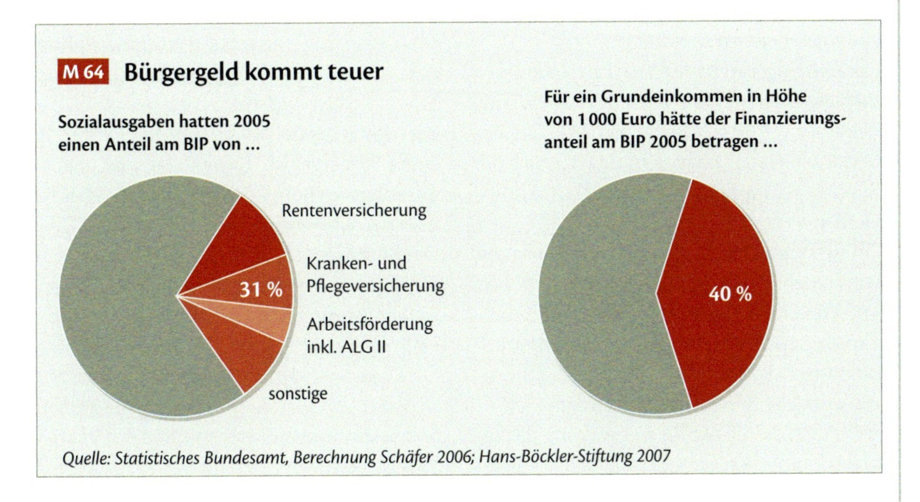

1. Stellen Sie die Idee des Grundeinkommens (**M 62**) in einem Schaubild dar.
2. Nehmen Sie unter Einbeziehung von **M 63** und **M 64** Stellung zur Idee eines Bürgergelds.

Wie ist eine Reform der Sozialsysteme möglich?

Alle Parteien sind sich einig, dass das System der sozialen Sicherung geändert werden muss. Die Unterschiede bestehen darin, wie tief greifend diese Änderungen sein sollen und in welche Richtung sie gehen müssen. Darüber gibt es seit Jahren heftige politische Auseinandersetzungen.

M65 Was versprechen die Parteien in der Sozialpolitik?

Zeichnung: Mester

Arbeitsmarktpolitik

CDU: Die CDU hat bezüglich des Themas Arbeit viele Ziele für die Regierungsperiode 2009 bis 2013. Zum einen will sie die Tarifautonomie stärken und Lohndumping verbieten. Zudem verspricht die Union ein Mindesteinkommen für jeden Bundesbürger, spricht sich aber ganz entschieden gegen einen einheitlichen, gesetzlichen Mindestlohn aus.

Der Kampf gegen Arbeitslosigkeit steht unter dem Motto des „Förderns und Forderns", was bedeutet, Arbeitsplätze zu fördern statt Arbeitslosigkeit zu finanzieren. Dazu soll die Bundesagentur für Arbeit besser strukturiert werden.

Ein weiteres Ziel ist, die Erwerbsbeteiligung von Frauen und älteren Menschen zu erhöhen und Weiterbildungsmaßnahmen anzustreben. Um dies zu erreichen, werden mehr Betreuungsangebote für Kinder in Angriff genommen, um Eltern Berufschancen zu schaffen.

SPD: Auch die SPD ist für die Stärkung der Tarifautonomie, fordert jedoch einen allgemeinen gesetzlichen Mindestlohn. Dieser soll bei 7,50 Euro pro Stunde liegen. Für die Sozialdemokraten gilt: „Gleicher Lohn für gleiche Arbeit". Damit soll eine „existenzsichernde, sozialversicherungspflichtige Vollzeitarbeit" gestärkt werden. Eine wichtige Maßnahme ist die Förderung erwerbstätiger Eltern, indem Wohngeld in Verbindung mit Kinderzuschlag weiterentwickelt wird.

Minijobs werden beibehalten, allerdings sollen sie zukünftig auf 15 Wochenstunden begrenzt werden. Des Weiteren setzt sich die SPD gegen die Ausnutzung von Praktikanten als billige Arbeitskräfte ein.

Eine weitere Aufgabe ist die Anpassung der Löhne zwischen Männern und Frauen. Zudem soll der Frauenanteil in Unternehmen in Zukunft deutlich erhöht werden. Weiterhin soll es für Frauen mehr Teilzeitbeschäftigungsmöglichkeiten geben, die mit beruflicher Weiterqualifizierung einhergehen, um letztendlich eine Vollbeschäftigung zu gewährleisten.

Um Arbeitslosigkeit zu vermeiden, soll die Arbeitslosenversicherung zu einer Arbeitsversicherung weiterentwickelt werden. Dazu hat in Zukunft jeder Bundesbürger das Recht auf eine „kostenlose Überprüfung des individuellen Qualifizierungsbedarfs".

FDP: Genau wie die Christdemokraten spricht sich die FDP für ein Mindesteinkommen aus. Dieses „verhindert Armut besser als staatlich verordnete Mindestlöhne". Außerdem argumentieren die Liberalen gegen Mindestlöhne, dass diese Arbeitsplätze verdrängten und Schwarzarbeit förderten.

Als Lösung betrachtet die FDP die Einführung eines Bürgergeldes. Dieses soll als Lebensgrundlage für Bundesbürger dienen, die nicht über ein ausreichendes Einkommen verfügen. Das Bürgergeld soll Betroffenen einerseits helfen, ein selbstbestimmtes Leben zu führen, und andererseits die Aufnahme einer beruflichen Tätigkeit fördern. (...)

Die Linke: Wie die Sozialdemokraten spricht sich die Linkspartei für einen gesetzlichen Mindestlohn aus. Dieser soll „in der nächsten Wahlperiode auf zehn Euro erhöht werden" und danach je nach Erhöhung der Lebenshaltungskosten angepasst werden. Auch die gesetzliche Höchstarbeitszeit soll auf 40 Stunden pro Woche beschränkt werden. (...)

Die Linke möchte Hartz IV abschaffen und

den Kündigungsschutz ausweiten sowie Anti-Mobbing-Gesetze und Arbeitnehmerdatenschutzgesetze einführen. Auch die Arbeit von Praktikanten soll mit mindestens 300 Euro im Monat vergütet werden. (...)
Bündnis 90/Die Grünen: Auch die Grünen sprechen sich deutlich für einen gesetzlichen Mindestlohn in Höhe von 7,50 Euro pro Stunde aus. Um Mindestlöhne zu überprüfen und den Lebenshaltungskosten anzugleichen, wird eine Mindestlohn-Kommission eingesetzt, die Vorschläge erarbeiten und an die Bundesregierung weiterleiten soll.
Geringverdiener sollen mithilfe eines Progressivmodells, das Abgaben sozial staffelt, entlastet werden. (...)

Rentenpolitik
CDU: Die CDU/CSU stützt sich auf das System der gesetzlichen Rentenversicherung. Außerdem soll Altersarmut eingedämmt werden: Bürger, die ihr Leben lang voll gearbeitet haben, sollen im Rentenalter nicht am Existenzminimum leben.
Rentner sollen auch in Zukunft eine „gerechte Beteiligung an der allgemeinen Einkommensentwicklung" erhalten. Dabei sollen jüngere Generationen trotzdem alle Chancen haben, Wohlstand zu erreichen. (...)
SPD: Für die SPD sind Renten „die Gegenleistung für die während der Erwerbstätigkeit gezahlten Beiträge". Sie hält nach der Anhebung des Rentenalters auf 67 Jahre auch weiterhin an der gesetzlichen Rente und privater sowie betrieblicher Altersvorsorge fest. (...)
FDP: Ziel der FDP ist der Umbau der Alterssicherung in Richtung private Kapitaldeckung, da die gesetzliche Rente in den Augen der FDP nur noch als Grundsicherung angesehen werden kann. Die private Altersvorsorge in Form der Riester-Rente soll für alle Bundesbürger, beispielsweise auch für Selbstständige, geöffnet werden. (...)
Die Linke: Die gesetzliche Rente soll gestärkt werden und langjährige Beitragszahler eine Rente oberhalb der Grundsicherung bekommen. Zudem soll die Rente der Lohnentwicklung folgen und deswegen „sämtliche Kürzungsformeln" gestrichen werden.
Grundsätzlich strebt die Linke den Umbau der gesetzlichen Rentenversicherung zu einer solidarischen Erwerbstätigenversicherung an. Diese soll Beamte, Politiker und Selbstständige einbeziehen. (...)
Bündnis 90/Die Grünen: Die Grünen streben eine Weiterentwicklung der gesetzlichen Rentenversicherung an. Deswegen setzen sie auf ein Alterssicherungssystem, das keine Generation einseitig belastet, sondern nachhaltig finanziert ist.
Um Altersarmut zu verhindern, soll der Grundbedarf auf ein Mindestniveau angehoben werden. Mit einer „solidarisch finanzierten Garantierente" sollen alle Bundesbürger geschützt werden, auch die, die keine private oder betriebliche Altersvorsorge betreiben konnten. (...)

Gesundheitspolitik
CDU: Für das Gesundheitswesen stellt sich die CDU/CSU mehr Transparenz und weniger Bürokratie vor. Zu einem freiheitlichen Gesundheitswesen gehören für Patienten freie Arztwahl sowie Therapiefreiheit. (...)
SPD: Die Sozialdemokraten möchten alle Einkommen heranziehen, um das Gesundheitswesen finanzieren zu können. Aufgrunddessen soll der Steueranteil für die gesetzliche Krankenversicherung erhöht werden. (...)
FDP: Die FDP macht sich für die Abschaffung des Gesundheitsfonds stark. Die Krankenversicherung muss umgebaut werden, sodass aus ihr ein leistungsgerechtes Prämiensystem wird. (...)
Die Linke: Das Ziel der Linkspartei für die Legislaturperiode 2009 bis 2013 ist eine Zusammenführung von Gesetzlicher Krankenversicherung und Gesetzlicher Pflegeversicherung zu einer solidarischen Bürgerinnen- und Bürgerversicherung. (...)
Bündnis 90/Die Grünen: Die Grünen wollen als Ziel in ihrer Gesundheitspolitik eine Bürgerversicherung etablieren. Diese soll für alle Bürger eine von ihrem Einkommen unabhängige, angemessene Versorgung garantieren.
Bundestagswahl 2009. Was versprechen die Parteien in der Sozialpolitik?, in: http://www.forium.de/redaktion/bundestagswahl-2009-was-versprechen-die-parteien-in-der-sozialpolitik (Zugriff: 15.2.2010)

1 Vergleichen Sie die Vorstellungen der Parteien zu den drei Feldern der Sozialpolitik.
2 Recherchieren Sie, welche der angesprochenen Vorstellungen bisher verwirklicht sind.
3 Beurteilen Sie, inwiefern die Vorstellungen der Parteien geeignet sind, die Probleme der sozialen Sicherung zu lösen.

Methode: Abiturvorbereitung

M66 Das Abitur

Die Abiturvorbereitung beginnt lange vor dem eigentlichen Abiturzeitraum:
Alle in der Qualifikationsphase bearbeiteten Themen und Methoden können prinzipiell Stoff der mündlichen und schriftlichen Abiturprüfung sein.
Die in der Qualifikationsphase erteilten Noten werden bei der Zulassung zum Abitur herangezogen und bilden einen Teil der Gesamtnote im Abitur.

Schriftliches Abitur

Seit 2007 wird in Nordrhein-Westfalen das Abitur als Zentralabitur geführt. Die schriftlichen Prüfungsaufgaben aller Fächer werden zentral gestellt, die Klausuren zu einem festgelegten Zeitpunkt geschrieben und die Ergebnisse in einem abgestimmten Verfahren nach festgelegten Kriterien korrigiert. Dabei kann es sein, dass der Zweit- und evtl. Drittkorrektor eine Lehrerin/ein Lehrer einer anderen Schule ist. (...)

Der Sinn und die Geschichte dieser Regelung

Bei einem Zentralabitur werden die schriftlichen Prüfungsaufgaben innerhalb eines Bundeslandes durch das Kultusministerium vorbereitet und auch gestellt. Diese einheitliche Überprüfung des Gymnasialwissens soll eine bessere Vergleichbarkeit des Abiturs gewährleisten. Zurzeit haben 15 der 16 Bundesländer ein Zentralabitur vorzuweisen, in Baden-Württemberg, Bayern, im Saarland und in Rheinland-Pfalz wurde dieses bereits nach dem Ende des Zweiten Weltkriegs eingeführt. Letzteres schaffte diese Bildungsregelung jedoch später wieder ab und hält bis heute am dezentralen Abitur fest. Hier können die prüfenden Lehrer Vorschläge für Abituraufgaben einreichen, die durch Landesfachberater, unter Berücksichtigung der „Einheitlichen Prüfungsanforderungen", begutachtet und eventuell berichtigt werden.
Entgegen einigen Auffassungen ist es jedoch beim Zentralabitur nicht so, dass ein Gymnasiast in Bremen die gleichen Aufgaben zur Prüfung absolviert wie etwa ein Abiturprüfling in Thüringen. Aber genau das fordert Bundesbildungsministerin Annette Schavan jetzt für die gesamte Bundesrepublik, damit Kinder, egal wo sie zur Schule gehen, die gleiche Bildung erhalten können.

Die Vorteile eines Zentralabiturs

Positiv wäre ein zentrales Abitur in erster Linie für jene Absolventen, die nach der Reifeprüfung ein Universitätsstudium anstreben. Hierdurch bietet sich eine bessere Vergleichbarkeit der Schüler untereinander an, bringt somit mehr Transparenz bei den Bildungsabschlüssen und schafft einen einheitlichen Bildungsstand. Langfristig würde sich auch der Lernstoff an den einzelnen Schulen anpassen, da mit dem Abitur gleiches Wissen vorausgesetzt wird. Ferner könnten sich Schüler Chancen an Universitäten in Bayern oder Baden-Württemberg ausrechnen, deren Abitur auf hohem Niveau deutschlandweit bekannt ist. Ein weiteres Pro ist die Vergleichbarkeit der Schulen untereinander, die sich durch eine zentrale Regelung ergibt. Hier können die Noten der Absolventen unter den Schulen eines Landes abgewogen werden, wodurch auch Wettbewerb zwischen den Schulen entstehen kann. (...) Bildungsexperten sehen den Vorteil der zentralen Reifeprüfung darin, dass Pflichtfächer wie Mathematik besser absolviert werden als ohne Zentralabitur. Schüler könnten sich an festen Standards orientieren und auch im Falle eines Umzuges gäbe es keine Benachteiligung für die Prüflinge im Lehrstoff.

Gibt es auch Nachteile durch das Zentralabitur?

Neben den Befürwortern gibt es natürlich auch Kritiker. Als Manko nennen sie den unterschiedlichen Bildungsstand der Schüler an den verschiedenen Schulen. Hierdurch könnten Schüler, die etwa durch Krankheit eines Lehrers im Lehrplan „hinterher lernen", ein schlechteres Abitur schreiben, als wenn die Prüfungsaufgaben auf den absolvierten Schulstoff ausgerichtet wären. Ebenfalls kritisiert wird, dass die unterrichtenden Pädagogen keinerlei Einfluss auf den Prüfungsstoff haben. Die Lehrer selbst beanstanden, dass durch eine Vereinheitlichung der Aufgabenstellungen das Anforderungsniveau sinken könne. Regionale Besonderheiten würden demnach durch ein Zentralabitur nicht länger berücksichtigt werden.

Sabin Kathe: Das Zentralabitur. Eine sinnvolle Einführung oder ein Rückschritt?, 2.4.2009; in: http://bildungspolitik.suite101.de (Zugriff: 4.11.2010)

M67 Hinweise zum schriftlichen Abitur

Wer im Fach Sozialwissenschaften eine schriftliche Abiturprüfung machen muss (Leistungskurs) oder will (Wahl als 3. Abiturfach im Grundkurs), der sollte sich deshalb mit den EPA (Einheitlichen Prüfungsanforderungen) beschäftigen. Die Kultusministerkonferenz hat 2005 hier die aktuellen Erwartungen an Schülerinnen und Schüler im Fach (Sozialkunde/Politik) im Abitur formuliert. Die EPA finden sich unter: *http://www.kmk.org/fileadmin/veroeffentlichungen_beschluesse/1989/1989_12_01-EPA-Sozialk-Politik.pdf*
Die EPA enthalten neben den Anforderungen auch eine Liste von Arbeitsanweisungen (Operatoren) sowie Beispielaufgaben, die es ermöglichen, das Anforderungsniveau wie auch die Beurteilungskriterien zu erfassen.
Die Themen, auf die sich das schriftliche Zentralabitur in NRW konzentriert, finden sich auf dem Server der Landesregierung NRW unter: *http://www.standardsicherung.nrw.de/abitur-gost/fach.php?fach=30.*
Auf den Prüfungsunterlagen finden sich Punktzahlen, die bei der einzelnen Aufgabe erreicht werden können. Erfahrungsgemäß sind die zu erlangenden Punktzahlen im Anforderungsbereich II besonders hoch. In aller Regel sind die zu erzielenden Punktsummen im Aufgabenteil „Darstellung", der sich auf aus dem Unterricht einzubringendes Wissen bezieht, sehr hoch. Deshalb hat dieser Aufgabenteil eine zentrale Bedeutung.
Wegen des Zentralabiturs werden Unterschiede in der Schwerpunktsetzung des Unterrichts oder in der erteilten Stundenzahl für die Ermittlung des Ergebnisses nicht berücksichtigt. Es empfiehlt sich also, sich den „roten Faden" des Faches durch eine entsprechende Übersicht, beispielsweise in einem Kompendium, zu vergegenwärtigen bzw. sich anzueignen.

Mündliches Abitur

Das mündliche Abitur im Fach Sozialwissenschaften kann abgelegt werden – entweder als Prüfung im gewählten 4. Abiturfach oder als erforderlich werdende Prüfung im Falle der Abweichung der schriftlichen Abiturnote von der Vornote um mehr als 3,75 Punkte bzw. im Falle des Nichterreichens der für das Bestehen des Abiturs erforderlichen Punktzahl in den vorhergehenden Prüfungen – oder als freiwillige Prüfung, um den Notendurchschnitt aufzubessern.
Insofern ist die mündliche Abiturprüfung möglich für alle, die das Fach Sozialwissenschaften als Abiturfach gewählt haben.
Die Aufgaben der mündlichen Abiturprüfung werden von der Fachlehrerin bzw. dem Fachlehrer vorbereitet. Sie dürfen eine vorhergegangene schriftliche Abiturprüfung nicht schwerpunktmäßig wiederholen, sondern müssen den Fokus auf andere Bereiche setzen. Die gestellte Aufgabe muss für den Prüfling neu sein; sie muss von ihr oder ihm auf der Grundlage der Vorbereitung im Unterricht bewältigt werden können.

Prüfungskommission

Die Prüfungskommission besteht im Normalfall aus drei Prüferinnen und Prüfern, von denen einer der Fachlehrer ist, der die Prüfung durchführt. Außerdem ist ein weiteres Mitglied der Kommission der Fachbeisitzer. Die oder der Vorsitzende der Prüfungskommission muss nicht Fachlehrer sein. Es können noch weitere Personen in der Prüfung anwesend sein, die ein dienstliches Interesse an der Prüfung haben, u.a. eine Schulaufsichtsbeamtin oder ein Referendar. Schülerinnen und Schüler können als Gäste mit Zustimmung des Prüflings zugelassen werden.

Tipps zur Vorbereitung

- Nutzen Sie die Möglichkeit, etwa in einer Simulationsprüfung im Kurs, die Prüfungssituation zu erproben
- Stellen Sie sich anhand von vorbereitendem Material auf die Art der Prüfungsaufgaben und die Anforderungen ein.
- Erproben Sie es, zu einem begrenzten Thema einen etwa 10-minütigen Vortrag zu halten.
- Gehen Sie entsprechende Materialien des Fachlehrers (u.a. die Aufgabenstellungen der Klausuren) durch, um die Fragerichtung zu klären
- Machen Sie sich den jeweiligen „roten Faden" des einzelnen Themenbereichs der Sozialwissenschaften in der Oberstufe noch einmal klar.
- Versuchen Sie, möglichst locker, aber konzentriert in die Prüfung zu gehen
- Vermeiden Sie auf jeden Fall jegliche Stimulantien, wenn sie nicht vom Arzt verordnet sind.

Autorentext

Themen und Hinweise

Mögliche Themen für Referate und Themenbereiche von Facharbeiten

Hinweis: Die konkrete Themenstellung der Facharbeit kann nur in engem Kontakt mit der betreuenden Fachlehrerin bzw. dem Fachlehrer festgelegt werden.

- Die Reformierung des ALG II nach dem Urteil des Bundesverfassungsgerichts vom Februar 2010
- Modelle der sozialen Ungleichheit im Vergleich
- Klassengesellschaft? Die marxistische Theorie sozialer Ungleichheit in Anwendung auf die deutsche Gesellschaft
- SINUS-Milieus in Europa
- Die SINUS-Milieus in der Migrationsgesellschaft
- Die Maßnahmen der Bundesregierung zur Sozialpolitik von 2010 bis heute
- Die sozialpolitischen Vorstellungen der Gewerkschaften
- Sozialpolitik und Finanzlage der Kommunen

Zur Übung und Vertiefung

- Analysieren Sie den Text: *www.sopos.org/aufsaetze/403224bfd7cf5/1.phtml*
- Analysieren Sie den Text: *www.taz.de/index.php?id=archivseite&dig=2005/11/08/a0165*
- Analysieren Sie den Text unter *www.iwp.uni-koeln.de/DE/Publikationen/komment/pdf-Dateien/OK11__07.pdf* im Hinblick auf die Position zu Maßnahmen gegen die Langzeitarbeitslosigkeit.
- Analysieren Sie den Text und die Karikatur unter *wipo.verdi.de/wirtschaftspolitik_aktuell/data/08_11_armut.pdf*
- Vergleichen Sie die Texte *www.iwp.uni-koeln.de/DE/Publikationen/komment/pdf-Dateien/OK__0505.pdf* und *wipo.verdi.de/dokumente/data/FTD_Mindestlohn_12_01_2007.pdf* in Bezug auf die vertretenen Positionen zum Mindestlohn. Nehmen Sie Stellung.
- Analysieren Sie die Grafik unter *www.sozialpolitik-aktuell.de/bilder/IV/abb/abbIV43.gif*
- Analysieren Sie die Grafik unter *www.sozialpolitik-aktuell.de/bilder/IV/abb/abbIV45.gif*

Hinweise zur Weiterarbeit

– *www.sozialpolitik-aktuell.de/*	Sozialpolitik aktuell der Universität Duisburg/Essen
– *www.bpb.de/wissen/37OUAU,0,0,Die_soziale_Situation_in_Deutschland.html*	Seiten der Bundeszentrale für politische Bildung zur sozialen Situation in Deutschland
– *www.amtliche-sozialberichterstattung.de/*	Sozialberichterstattung der statistischen Ämter
– *sozialpolitik.verdi.de/*	Sozialpolitische Seite der Gewerkschaft verdi
– *www.stefan-sell.de/sozialpolitik/*	Sozialpolitische Seite
– *europa.eu/pol/socio/index_de.htm*	Europäische Union zur Sozialpolitik
– *www.destatis.de*	Statistisches Bundesamt
– *www.bmwi.de*	Bundeswirtschaftsministerium
– *www.bmas.de*	Bundesministerium für Arbeit und Soziales
– *www.memo.uni-bremen.de*	Arbeitsgruppe Alternative Wirtschaftspolitik an der Universität Bremen
– *www.diw.de/deutsch/produkte/datensammlungen/26884.html*	Deutsches Institut für Wirtschaftsforschung

Glossar

68er-Bewegung: Verschiedene Studenten- und Bürgerrechtsbewegungen seit der Mitte der 1960er Jahre.
Acquis Communautaire (gemeinschaftlicher Besitzstand): Gesamtbestand an Rechten und Pflichten für die EU-Mitgliedstaaten. Liegt in verschiedenen Formen – z. B. Verträgen – vor.
Äquivalenzeinkommen: Das Äquivalenzeinkommen dient dem Vergleich von Einkommen in unterschiedlich großen Haushalten und wird mit Hilfe einer Äquivalenzskala berechnet. Diese misst die prozentuale Erhöhung des Einkommens bei Hinzukommen einer weiteren Person und gleichem Wohlfahrtsniveau.
Agenda 2010: Maßnahmenkatalog der Regierung des Bundeskanzlers Schröder (SPD, 1998–2005) zur Neustrukturierung von Wirtschaft und Beschäftigung (siehe Hartz-Gesetzgebung).
Akteur/e: Sozial Handelnde. Das können Einzelne, aber auch „überindividuelle" Zusammenschlüsse von Menschen (Staaten, Organisationen) sein.
Altruismus: Selbstlosigkeit (Ggs. [Gegensatz] Egoismus).
Angebotsorientierung: Angebotsorientierte Wirtschaftspolitik hat zum Ziel, die Angebotsbedingungen in der Wirtschaft zu verbessern. Dazu dienen ihr z. B. Forderungen nach Abbau der Staatstätigkeit, Reduzierung der Steuerbelastungen (Unternehmen) und Senkung der Lohnkosten.
Arbeitskosten: Kosten für den Einsatz der Mitarbeiter in einem Unternehmen. Das sind insbesondere Löhne, aber auch Lohnzusatzkosten (siehe dort).
Arbeitskräftepotenzial: Siehe Erwerbspersonenpotenzial.
Arbeitslosenquote: Anteil der Arbeitslosen an allen abhängig beschäftigten Erwerbspersonen.
Arbeitslosenversicherung: Sozialversicherung, in die Erwerbstätige und Arbeitgeber jeweils hälftig einzahlen. Im Bedarfsfall erhalten Betroffene daraus für eine begrenzte Zeit Geld zur Sicherung ihres Lebensstandards (Arbeitslosengeld).
Arbeitsmarktpolitik: Gesamtheit aller Maßnahmen zur Regulierung von Angebot und Nachfrage auf dem Arbeitsmarkt. Aktive Arbeitsmarktpolitik verfolgt als Ziel die Wiedereingliederung der Arbeitslosen, passive Arbeitsmarktpolitik das der Linderung der Folgen von Arbeitslosigkeit (z. B. Arbeitslosengeld II [ALG II]).
Arbeitsproduktivität: „Output", der in einer bestimmten Zeit von einer bestimmten Menge Arbeitskraft erwirtschaftet wird. Beispiel: Je mehr Waren von einer Arbeitskraft in einer Stunde produziert werden, desto größer ist die Arbeitsproduktivität.
Armut: Lebenslage, in der entweder absoluter Mangel herrscht (absolute Armut) oder das Einkommen ein Durchschnittseinkommen erheblich unterschreitet (relative Armut).
Armutsrisiko(-quote): Die Armutsrisikoquote (auch: Armutsgefährdungsquote) gibt den Bevölkerungsanteil an, dessen Nettoeinkommen pro Kopf weniger als 60 Prozent des statistischen Mittelwertes beträgt.
Außenhandelstheorie: Wirtschaftstheorie, die internationalen Handel sowie die Folgen dieses Handels auf die beteiligten Akteure erklärt.
Benchmarking: Vergleichende Analyse mit einem für alle Fälle gleichen Referenzwert (Maßstab).
Binnenmarkt: Interner Markt, z. B. der gemeinsame Markt innerhalb der Europäischen Union.
Biodiversität: Nach dem 1992 geschlossenen völkerrechtlichen Übereinkommen über die biologische Vielfalt die „Vielfalt innerhalb der Arten und zwischen den Arten und die Vielfalt der Ökosysteme."
Blauhelme: Umgangssprachlicher Ausdruck für die Soldaten unter dem Befehl der Vereinten Nationen (z. B. die so genannten Friedenstruppen).
Bourgeoisie: Bürgertum. In ständischen Gesellschaften der so genannte dritte Stand nach Adel (Aristokratie) und Klerus (Kirche).
Bruttoinlandsprodukt: Gesamte Wirtschaftsleistung innerhalb eines Gebiets (Land, Staat, Region) in einem bestimmten Zeitraum.
Bruttonationaleinkommen (BNE, früher: Bruttosozialprodukt): Die Summe aller Güter und Dienstleistungen in Landeswährung, die in einer Volkswirtschaft in einem bestimmten Zeitaum hergestellt/bereitgestellt werden. Bei der Berechnung des BNE wird vom Bruttoinlandsprodukt (BIP) ausgegangen. Von diesem werden diejenigen Erwerbs- und Vermögenseinkommen abgezogen, die ans Ausland geflossen sind und die Einkommen addiert, die Inländer aus dem Ausland erhalten haben. Im Vergleich zum BIP bezieht sich das BNE eher auf Einkommensgrößen.
Budget: Haushalt bzw. Haushaltsplan.
Bürgerversicherung: Der Grundgedanke der Bürgerversicherung ist, dass alle Bürger – also auch Unternehmer und Beamte – mit möglichst allen Einkommensarten (also auch Kapital- und Zinseinkünfte, Mieteinnahmen etc.) in den gesetzlichen Sozialversicherungen versichert sind.
Bundesagentur für Arbeit (BA): Verwaltungsträger der deutschen Arbeitslosenversicherung. Sie erbringt insbesondere Leistungen der Arbeitsvermittlung und -förderung sowie finanzielle Ersatzleistungen, z. B. das Arbeitslosengeld.
Bundeskartellamt: Oberste Wettbewerbsbehörde in Deutschland.
Chancengerechtigkeit: Ein breit gefächertes Chancensystem soll unterschiedlichen Begabungen gerecht werden. Während bei der Chancengleichheit der Schwerpunkt auf Gleichheit der Chancen liegt, stellt die Chancengerechtigkeit die Aufstiegschancen in den Vordergrund.
Club of Rome: 1968 gegründete nichtkommerzielle Organisation mit 66 Vollmitgliedern. Diese sind Ökonomen, Industrielle, Wissenschaftler und andere Persönlichkeiten des öffentlichen Lebens.
CO_2-Emissionen: Ausstoß/Abgabe von Kohlendioxid an die Umgebung.
Deflation: Deflation (Ggs. Inflation) liegt vor, wenn Dienstleistungen und Waren fortwährend billiger werden. Sie entsteht, wenn der gesamtwirtschaftlichen Gütermenge über längere Zeit eine zu geringe Geldmenge gegenübersteht; z. B. als Folge einer übermäßigen Verringerung der Geldmenge durch die Zentralbank oder durch die Überproduktion von Gütern. Die Folge ständiger Preissenkungen sind geringere Gewinne der Unternehmen mit entsprechenden Folgen für Investitionen und Arbeitsplätze.
Demographie (griech. Volksbeschreibung): Als Wissenschaft von der Bevölkerung beschreibt die Demographie den Zustand der Bevölkerung (Größe, Altersaufbau, Geburtenhäufigkeit usw.) und leitet daraus Schlüsse für die Zukunft ab.
Demokratie: Volksherrschaft, ausgeübt v. a. durch regelmäßige Wahlen der Volksvertreter.
Dependenztheorie: Eine Reihe von Entwicklungstheorien vor allem Mitte und Ende der 1960er-Jahre betonte als Gemeinsamkeit die Existenz hierarchischer Abhängigkeiten (Dependenzen) zwischen Industrie- (Metropolen, Zentren) und Entwicklungsländern (Peripherien).
Devisen: Zahlungsmittel (Guthaben, Schecks etc.) in ausländischer Währung.
Diplomatie: Sammelbegriff für außenpolitische, zwischenstaatliche Aktivitäten und internationale Beziehungen. Im Speziellen die

professionelle Tätigkeit (ausgeübt durch den/die Diplomaten/in), die Interessen eines Staates bei einem anderen Staat zu vertreten.
Dividende/n: Der Teil des Unternehmensgewinns, den eine Aktiengesellschaft an die Anteilseigner ausschüttet.
Doppelte Mehrheit (EU): Für das ordentliche Gesetzgebungsverfahren, das in den meisten Politikfeldern der Europäischen Union gilt, ist eine qualifizierte Mehrheit notwendig. Diese wird über das Prinzip einer doppelten Mehrheit definiert: 55 Prozent der Mitgliedstaaten, die mindestens 65 Prozent der EU-Bevölkerung repräsentieren.
Dritte Welt: Sammelbezeichnung aus den 1960er- bis 1990er-Jahren für die wenig oder unterentwickelten Staaten Afrikas, Asiens, Süd- und Mittelamerikas, der Karibik und Ozeaniens.
Dschihadismus: Eine islamische Bewegung, die Individualismus und Liberalismus ablehnt. Sie versteht sich als Kampfansage an die Dominanz des Westens.
Ehrenamt: Freiwilliges (ehrenvolles) öffentliches Amt, das nicht an Einkommen gebunden ist.
Eigenverantwortung: Pflicht, Möglichkeit und Fähigkeit, für das eigene Denken, Handeln, Reden und Unterlassen Verantwortung zu übernehmen.
Einkommen (verfügbares): Einnahmen eines Privathaushaltes abzüglich Steuern und anderer Abgaben. Steht für Konsum zur Verfügung.
Endogen: Etwas entsteht aus sich heraus, aus inneren Ursachen.
Entwicklung als politisch-ökonomischer Begriff umschreibt die nachholende Entwicklung (Modernisierung) der sog. Entwicklungsländer, die dem Weg der Industrieländer bzw. einem alternativen Entwicklungspfad zu folgen hätten. Entwicklungshilfe (= Entwicklungszusammenarbeit) ist das Bemühen von Industrieländern, Entwicklungsländern und (internationalen) Organisationen, die Entwicklung voranzubringen. Entwicklungspolitik enthält die konkreten staatlichen Maßnahmen und Ziele für Entwicklung.
Erwerbspersonenpotenzial: Anzahl aller mind. 15 Jahre alten Personen, die in Deutschland wohnen und dem Arbeitsmarkt zur Verfügung stehen.
Erwerbstätigenquote: Anteil aller Erwerbstätigen an der Bevölkerung (oder einer Bevölkerungsgruppe).
EU-Erweiterung: Ausdehnung der Europäischen Union durch Aufnahme weiterer Mitglieder.
Europäische Kommission: Ein Organ der Europäischen Union (EU). Sie nimmt vor allem Aufgaben der Exekutive wahr, besitzt aber auch das alleinige Initiativrecht für die EU-Rechtsetzung.
Europäische Union (EU): Staatenbund aus 27 europäischen Staaten.
Europäische Wirtschafts- und Währungsunion (EWWU): Der angestrebte dreistufige wirtschaftliche Zusammenschluss der EU-Länder. Ziele waren unter anderem die Schaffung der EZB (Europäische Zentralbank), die Einführung des Euro und des europäischen Binnenmarktes sowie eine Liberalisierung des Kapitalverkehrs. Mit dem Beitritt zur EWWU verpflichten sich die Staaten weiter, ihre nationale Wirtschaftspolitik aufeinander abzustimmen (Wirtschaftsunion) und den Euro einzuführen.
Europäische Zentralbank (EZB): Die Zentralbank der EU mit Sitz in Frankfurt am Main. Die EZB handelt unabhängig und ist an politische Weisungen nicht gebunden. Sie hat die Hauptaufgabe, den Geldwert des Euro stabil zu halten.
Europäischer Gerichtshof (EuGH): Gerichtshof der EU mit Sitz in Luxemburg, 27 Richtern (je einem pro Mitgliedstaat) und 8 Generalanwälten. Der EuGH entscheidet u. a. über die Auslegung der EU-Verträge und bei Streitigkeiten zwischen der EU und/oder den Mitgliedsstaaten.
Europäisches Parlament: Parlament der EU, seit 1979 alle fünf Jahre direkt gewählt.
Europäisches Sozialmodell: Es beschreibt den systematischen und in Form von Gesetzen und wohlfahrtsstaatlichen Einrichtungen institutionalisierten Versuch, wirtschaftliche Dynamik mit sozialem Ausgleich zu verbinden.
Eurosystem: Eine im Rahmen der Europäischen Währungsunion gebildete Organisationseinheit, bestehend aus den nationalen Zentralbanken der Eurostaaten und der Europäischen Zentralbank (EZB). Das Eurosystem wird so lange existieren, bis alle Mitgliedstaaten den Euro eingeführt haben.
EU-Vertiefung: Ausbau der Zusammenarbeit und Erschließung neuer Politikfelder innerhalb der Europäischen Union.
Exekutive: Regierung und öffentliche Verwaltung als ausführende Gewalt.
Existenzminimum (soziokulturelles): Das Mindestmaß an Nahrung, Kleidung, Wohnung, medizinischer Versorgung und kultureller Teilhabe.
Exklusion: Ausschluss, Ausgrenzung.
Exogen: Etwas entsteht oder geschieht durch äußere Einflüsse oder Ursachen (Ggs. zu endogen).
Export: Ausfuhr, d. h. Lieferung von im Inland hergestellten Erzeugnissen ins Ausland oder Dienstleistungen für ausländische Kunden.
Externe Effekte: Wenn durch Herstellung/Verbrauch von Waren oder Dienstleistungen anderen Unternehmen, Haushalten oder der Gesellschaft Kosten (externe Kosten) entstehen und vom Verursacher kein Ausgleich vorgenommen wird, spricht man von externen Effekten (Marktversagen).
Fachkräfte(-mangel): Personen, die eine gewerbliche, kaufmännische oder sonstige Berufsausbildung erfolgreich absolviert haben, sind Fachkräfte. Gibt es von ihnen (in einer Branche) zu wenig, so spricht man von Fachkräftemangel.
Fahrstuhleffekt: Mit Fahrstuhleffekt bezeichnet der Soziologe Ulrich Beck den Einfluss der Wohlstandsexplosion und des Wandels des Arbeitsmarktes auf die Gesellschaft Westdeutschlands seit dem Ende des Zweiten Weltkriegs. Beck sagt, dass sich die Einkommensunterschiede kaum verändert hätten, die Erhöhung des Wohlstands, der Zugewinn an Freizeit und die verbesserten Bildungschancen aber allen Bevölkerungsgruppen zuteil geworden seien. Das gesamte gesellschaftliche Gefüge befinde sich nun einige Etagen höher.
Finanzkrise: Die 2008 in den USA beginnende Krise des Finanzsystems, die sich schließlich zu einer globalen Finanz- und Wirtschaftskrise entwickelte. Das globale Finanzsytem umfasst die Finanzmärkte (z. B. Kreditmärkte) und die finanzspezifischen Unternehmen (Banken, Versicherungen) sowie die für Finanzen zuständigen staatlichen Institutionen (Zentralbank, Aufsichtsbehörden). Zugleich sind auch Privatpersonen und Unternehmen, wenn sie das Finanzsystem in Anspruch nehmen, Teil des Systems und auch von dessen Krise betroffen.
Finanzpolitik: Das Eingreifen des Staates in die gesamtwirtschaftliche Entwicklung durch entsprechende Einnahmen- und Ausgabenpolitik.
Fiskalpolitik: Bereich der Finanzpolitik, der sich primär am Haushaltsausgleich orientiert. Fiskalpolitische Maßnahmen haben meist eine langfristig stabile Ein- und Ausgabenpolitik zum Ziel. Volkswirtschaftliche Folgen sind für sie nicht maßgeblich.
Föderalismus: Zusammenschluss mehrerer Länder (mit eigenen Regierungen) unter einer übergeordneten gemeinsamen Regierung. Die einzelnen Mitglieder haben je nach konkreter Ausgestaltung in unterschiedlichem Maße Selbstverwaltung. In Deutschland beispielsweise ist das Schulwesen fast ausschließlich Sache der Länder.
Freihandel/Freihandelszone: Zwischenstaatlicher Güterhandel, der frei von wirtschaftlichen Beschränkungen sein soll.

G 8: Die Gruppe der Acht (G 8) fasst die größten Industrienationen der Welt zusammen. Sie ist ein Forum ohne feste Regeln, das Fragen der Weltwirtschaft im Konsens erörtert. Neben Deutschland gehören ihr die USA, Japan, Großbritannien, Kanada, Frankreich, Italien und Russland an. Daneben ist in dem Gremium auch die EU-Kommission als Beobachter vertreten. Den Vorsitz hat jeweils ein Land für ein Jahr.
GATT: Das Allgemeine Zoll- und Handelsabkommen (engl. General Agreement on Tariffs and Trade, GATT) wurde 1947 als internationale Vereinbarung über den Welthandel abgeschlossen. Bis 1994 wurden Zölle und andere Handelshemmnisse Schritt für Schritt abgebaut. Das GATT ist der Grundstein der Welthandelsorganisation (WTO), in die es heute noch eingegliedert ist.
Geburtendefizit: Wenn die Sterberate (z. B. Sterbefälle pro 1000 Einw.) in einem Staat oder einer Region über der Geburtenrate (Geburten pro 1000 Einw.) liegt, spricht man von Geburtendefizit.
Gehalt: In der Regel monatlich ausgezahlte Vergütung für Angestellte.
Geldpolitik (Kreditpolitik): Alle Maßnahmen, mit denen die Zentralbank die Geld- und Kreditversorgung der Wirtschaft beeinflusst.
Gemeinsame Außen- und Sicherheitspolitik (GASP): Die GASP bezeichnet einen im EU-Vertrag vereinbarten Kooperationsmechanismus zwischen den EU-Mitgliedsländern. Ziel ist, schrittweise zu einer gemeinsamen Außen- und Sicherheitspolitik zu gelangen.
Genfer Konvention: Internationale und von nahezu allen Staaten unterzeichnete Abkommen über grundlegende humanitäre Regeln bei Kriegen.
Gesellschaftsmodell: Gesellschaft umschreibt ein geordnetes und bewusst organisiertes Zusammenleben und -handeln von Menschen. Ein Gesellschaftsmodell befasst sich mit der Beschreibung eines Typs von Gesellschaft, wobei meist ein Teilaspekt als besonders wichtig erachtet wird, z. B. Industriegesellschaft.
Gini-Koeffizient: Ein Maß für relative Konzentration bzw. Ungleichheit. Er kann einen Wert zwischen Null und Eins annehmen. Ein Gini-Koeffizient von Null bedeutet Gleichverteilung, ein Wert von Eins die Konzentration auf nur eine Person.
Gleichgewicht (gesamtwirtschaftliches): Die gleichzeitige Verwirklichung der wirtschaftspolitischen Hauptziele des magischen Vierecks: Preisstabilität, Vollbeschäftigung, außenwirtschaftliches Gleichgewicht sowie angemessenes Wachstum.
Globalisierung: Prozess der zunehmenden weltweiten Verflechtung und Angleichung in Wirtschaft, Politik, Kommunikation und Kultur sowie in anderen Bereichen.
Global Governance: Eine Form des weltweiten Regierens ohne eine formelle Regierung. Vielmehr soll es einen ständigen Prozess der Abstimmung zwischen Nationen, Konzernen und NGOs, also den großen Verbänden, geben. Letztere sollen die Zivilgesellschaft vertreten.
Governance: Das Regierungssystem eines Staates bzw. das Regelungssytem unter internationalen Organisationen oder zwischen Staaten und internationalen Organisationen.
Grundeinkommen (bedingungsloses): Das bedingungslose Grundeinkommen ist ein sozialpolitisches Modell, nach dem jeder Bürger unabhängig von seiner wirtschaftlichen Lage vom Staat eine gesetzlich festgelegte und für jeden gleich hohe finanzielle Zuwendung erhält, für die keine Gegenleistung erbracht werden muss. Die Höhe des Grundeinkommens soll existenzsichernd sein.
Grundsicherung: Seit 2003 in Deutschland bestehende bedarfsorientierte Sozialleistung zur Sicherstellung des notwendigen Lebensunterhalts für ältere Menschen ab dem 65. Lebensjahr und für Bezieher von Erwerbsminderungsrente, deren Rente/Einkommen und Vermögen nicht für den Lebensunterhalt reichen.
Hartz-Gesetzgebung: Vier Gesetze (Hartz I bis IV) zur Reform des Arbeitsmarktes, die auf Vorschlag einer von Peter Hartz geleiteten Kommission vom Bundestag 2003 bis 2005 beschlossen wurden. Kern der Hartz IV-Gesetzgebung war die Zusammenführung von Arbeitslosenhilfe und Sozialhilfe zum Arbeitslosengeld II und die Reduzierung des Geldbetrags auf eine Pauschale.
Haushaltsdefizit: Negativer Haushaltssaldo, d. h. die Differenz zwischen Soll- und Habenseite des Haushalts ist negativ.
Haushaltskonsolidierung: Maßnahmen zur Verringerung/Stabilisierung öffentlicher Schulden.
Hegemonie: Vorherrschaft/Überlegenheit einer Institution, eines Staates, einer Organisation oder eines ähnlichen Akteurs in politischer, militärischer, wirtschaftlicher, religiöser oder kultureller Hinsicht.
Heterogenität: Uneinheitlichkeit
Humanitäre Intervention: Eingriff mit bewaffneten Truppen in das Hoheitsgebiet eines anderen Staates, der dem Schutz von Menschen in einer Notlage dienen soll.
Humankapital: Alles Wissen und alle Fähigkeiten (Talente etc.), die die Menschen einer Volkswirtschaft haben.
Index: Eine aus mehreren Größen errechnete Vergleichsgröße (Kennzahl).
Individualisierung: Umschreibung für die zunehmend durch individuelle Interessen geprägten Lebensplanungen und Lebensweisen.
Indikator: Anzeiger, der Aussagen über die wirtschaftliche Situation erlaubt.
Industriegesellschaft: Eine Gesellschaftsform, in der das wirtschaftliche, soziale und kulturelle Leben wesentlich von den Bedingungen der industriellen Produktion geprägt ist. Charakteristisch für Industriegesellschaften ist z. B. eine hochgradige Arbeitsteilung.
Industriestaat: Ein Staat, in dem die Erwerbsbevölkerung vor allem im industriellen Sektor arbeitet.
Inflation: Anstieg des Preisniveaus über einen längeren Zeitraum (Ggs. Deflation).
Infrastruktur: Die langlebigen Grundeinrichtungen personeller, materieller oder institutioneller Art, die das Funktion ieren einer arbeitsteiligen Gesellschaft und Volkswirtschaft garantieren.
Initiativrecht: Das Recht, einen Gesetzentwurf zur Abstimmung vorzulegen.
Innovation: Neuerung, Erneuerung. Unspezifisch meist im Sinne von Erfindung(en) verstanden. In der Volkswirtschaftslehre (Schumpeter) auch im Sinne neuer Produktionsweisen zu verstehen.
Input: Aufwand/Einsatz von Mitteln zur Erzielung eines Ertrags (Output).
Institution: Bezeichnet soziologisch die sozialen Regelungsbereiche innerhalb des Gesamtsystems der Gesellschaft (z. B. Ehe, Beruf). Politologisch sind Institutionen Einrichtungen bzw. Organe oder Organisationen zur Regelung, Herstellung oder Durchführung bestimmter Zwecke. Zum Beispiel sind Gerichte Institutionen der Rechtssprechung.
Institutionalismus: Ein wirtschaftswissenschaftlicher Ansatz aus den USA. Er analysiert die Wechselwirkungen von Wirtschaft und den Institutionen der Gesellschaft.
Interdependenz: Wechselseitige Abhängigkeit (siehe auch: Dependenztheorie).
Interessen (politische): Ökonomische, soziale und politische Absichten und Forderungen, die an das politische System herangetragen werden.
Internationale Ordnungspolitik: Gestaltung der internationalen Rahmenbedingungen für wirtschaftliche Tätigkeiten, z. B. die Währungs- und die Handelsordnung.
Internationaler Strafgerichtshof: Internationales Gericht zur strafrechtlichen

Verfolgung von Völkermord, Verbrechen gegen die Menschlichkeit, Kriegsverbrechen und Angriffskriegen. Er ist kein Ersatz für nationale Strafgerichte. Er wurde 1998 beschlossen und arbeitet seit 2003 in Den Haag.
Intraindustrieller Handel: Der Handel mehrerer Volkswirtschaften untereinander mit gleichartigen Gütern oder Dienstleistungen. Beispiel: Deutschland exportiert Autos nach Frankreich, und Frankreich exportiert Autos nach Deutschland.
Investitionen: Anlage von Geld (Kapital) zum Zwecke der Vermehrung (Gewinn, Profit).
Jurisdiktion: Ältere Bezeichnung für Judikative (rechtsprechende Gewalt).
Juristische Person: Rechtsfähige Vereinigung von Personen (auch: Vermögen), z. B. der eingetragene Verein (e.V.) oder die Aktiengesellschaft (AG). Abgrenzung zur natürlichen Person.
Kapazitätsauslastung (ökonomisch): Die maximale Nutzung von Arbeitskräften und Betriebsmitteln.
Kartell: Unerlaubte Vereinbarungen zwischen Unternehmen, z. B. (verbotene) Preisabsprachen. Kartellämter oder -behörden versuchen, dagegen vorzugehen.
Klassen: Große gesellschaftliche Personengruppen, die ein gemeinsames soziologisches oder ökonomisches Merkmal haben (z. B. Besitz bzw. Nichtbesitz von Produktionsmitteln).
Klassenkampf: In der marxistischen Theorie die sozialen und politischen Konflikte zwischen den gesellschaftlichen Klassen. Ursache der Konflikte sind die gegensätzlichen Interessen der Klassen.
Klimawandel: Die globale Erwärmung bzw. aktuelle Veränderung des Klimas.
Kolonialismus: Ein System wirtschaftlicher und politischer Herrschaft eines Staates über Regionen außerhalb der eigenen Grenzen. Kolonien entstanden aus der Landnahme mittels Besetzung und/oder militärischer Eroberung oder vertraglicher Vereinbarung mit den bisherigen Landesautoritäten. Historisch steht der Begriff für das Bestreben europäischer Staaten, neue Siedlungs- und Wirtschaftsräume zu erschließen und ihre Machtbasis auszuweiten (etwa vom 15. Jahrhundert bis zum Ende des Ersten Weltkriegs).
Kombattant: Eine Person, die unabhängig von der Rechtmäßigkeit des Konflikts zu Kriegshandlungen berechtigt ist (regulärer Soldat). Ein Kombattant hat Anspruch auf Behandlung im Sinne der Genfer Konvention (s. dort).
Komparativer Kostenvorteil: Die von David Ricardo (1772–1823) entwickelte Theorie der komparativen Kosten besagt, dass sich jedes Land auf die Produktion und den Export derjenigen Güter spezialisieren sollte, die es mit dem kleinsten absoluten Kostennachteil produzieren kann. Ricardos Theorie geht, entsprechend den Gegebenheiten seiner Zeit, von der Immobilität von Kapital und Arbeitskräften aus. Außenhandel lohnt sich (auch dann), wenn ein Land bei der Produktion aller Güter im Vergleich mit anderen Ländern unterlegen ist.
Konjunktur: Die gesamte Wirtschaft oder einzelne Branchen betreffende Schwankungen von Produktion und Beschäftigung aufgrund Veränderungen bestimmter ökonomischer Größen.
Konjunkturpolitik: Wirtschaftspolitische Maßnahmen, die den Konjunkturverlauf verstetigen sollen (siehe Konjunktur). Unter antizyklischer Konjunkturpolitik wird die auf Keynes zurückzuführende Konjunkturpolitik verstanden. Diese sieht in der Krise vor, dass der Staat sich verschuldet, um mit Hilfe von staatlichen Investitionen (Konjunkturprogramm) für ökonomische Nachfrage zu sorgen und so auch die sozialen und finanziellen Folgelasten der Krise abzumildern. Die entstandenen Schulden sollen dann in der Phase wirtschaftlichen Aufschwungs wieder abgebaut werden.
Konkurrenz: Siehe Wettbewerb.
Konzentration (ökonomische): Zusammenballung wirtschaftlicher Macht durch den Zusammenschluss von Unternehmen.
Kündigungsschutz: Gesetzliche Regelungen, die die Kündigung eines Arbeitsnehmers verhindern oder erschweren.
Kyoto-Protokoll: Das am 11.12.1997 unterzeichnete Kyoto-Protokoll enthält erstmals rechtsverbindliche CO_2-Begrenzungs- und Verringerungsverpflichtungen für die Industrieländer. Das Protokoll sollte in Kraft treten, sobald mindestens 55 Staaten, die 1990 zusammengerechnet mehr als 55 Prozent der CO_2-Emissionen verursachten, das Abkommen ratifiziert haben. An der zweiten Bedingung scheiterte dies lange Zeit, da sich die USA und Russland verweigerten. Erst nach der Ratifizierung durch Russland konnte das Kyoto-Protokoll am 16.2.2005 in Kraft treten. Im Protokoll haben die Vertragsstaaten vereinbart, ihre Emissionen an sechs Treibhausgasen bzw. -gruppen bis 2012 um mindestens 5 Prozent unter das Niveau von 1990 zu senken, wobei für einzelnen Länder spezifische Vorgaben vorgesehen sind.
Langzeitarbeitslosigkeit: Arbeitslosigkeit, bei der ein Mensch ein Jahr oder länger ohne Arbeit ist.
Legislative: Gesetzgebende Gewalt; in der Bundesrepublik bestehend aus Bundestag, Bundesrat und Länderparlamenten.
Leiharbeit: Liegt vor, wenn Arbeitnehmer mit einer Zeitarbeitsfirma einen Vertrag abschließen und von dieser an andere Unternehmen für eine bestimmte Zeit „ausgeliehen" werden.
Leitzins: Zinssatz der Zentralbank für Refinanzierungskredite an die Geschäftsbanken. Der Leitzins dient als Instrument der Geldpolitik, weil er das allgemeine Zinsniveau beeinflusst: Eine Anhebung verteuert die Geldbeschaffung der Geschäftsbanken, die diese wiederum an ihre Kunden weitergeben.
Liberalisierung (ökonomische): Befreiung des Handels von Beschränkungen z. B. durch Zölle.
Liberalismus: Gesellschaftskonzeption, die die Freiheit und Selbstverantwortung des Einzelnen betont.
Lohnabstandsgebot: Die Forderung, dass Einkommen aus Sozialtransfers deutlich unter den Einkommen liegen sollen, die untere Lohngruppen am Arbeitsmarkt erzielen. Nach dem Urteil des Bundesverfassungsgerichts zur Höhe der Hartz-IV-Regelsätze (2010) ist das Lohnabstandsgebot dem Recht auf Sozialleistungen, die eine menschenwürdige Teilhabe ermöglichen, untergeordnet.
Lohnstückkosten: Lohn(kosten) pro Leistungseinheit bzw. erzeugtem Gut.
Lohnzusatzkosten: Beiträge, die der Arbeitgeber zur Arbeitslosen-, Kranken-, Pflege- und Rentenversicherung des Arbeitnehmers zahlt.
Makroökonomie: Teilgebiet der Volkswirtschaftslehre, das sich u. a. mit der Analyse der gesamtwirtschaftlichen Märkte und deren Zusammenhängen befasst.
Marginalisierung: Prozess, der Bevölkerungsschichten an den Rand der Gesellschaft drängt.
Marktkonformität: Wirtschaftspolitische Maßnahmen sind marktkonform, wenn sie das Zusammenwirken von Angebot und Nachfrage nicht stören.
Materialismus: Alltagssprachlich eine Lebenseinstellung, die hauptsächlich nach materiellem Besitz und Wohlstand strebt.
Menschenrechte: Die angeborenen und unveräußerlichen Rechte eines jeden Menschen. Sie sind höher gestellt als die Rechte des Staates. Zu den Menschenrechten gehören die so genannten liberalen Verteidigungsrechte, z. B. die Rechte auf Leben, Meinungs-, Glaubens-, und Gewissensfreiheit, und die so genannten demokratischen und sozialen Rechte, z. B. das Recht auf Freizügigkeit, das Wahlrecht und das Recht auf Bildung.
Menschenwürde: Das Grundgesetz erklärt die Würde des Menschen für unantastbar (Art. 1 GG): Kein Mensch darf wie eine Sache behandelt, entrechtet, unmenschlichen und

erniedrigenden Strafen und Behandlungsweisen ausgesetzt, gefoltert oder als so genanntes lebensunwertes Leben vernichtet werden.

Migration: Räumliche Mobilität von Individuen, Gruppen und Minderheiten z. B. zum Zwecke der Arbeitssuche. Migrationsprozesse können sich in Form von Land- oder Stadtflucht oder in Form von Ein- bzw. Auswanderung vollziehen.

Millenniumsziele: Im September 2000 von den UN-Mitgliedsstaaten im Rahmen ihrer Millenniumserklärung vereinbarte acht konkrete Entwicklungsziele. Darunter befinden sich beispielsweise die Bekämpfung von extremer Armut und Hunger und die Primarschulbildung für alle.

Mindestlohn: Festsetzung einer Lohnuntergrenze (in einer bestimmten Branche) durch den Staat.

Mitentscheidungsverfahren (EU): Das häufigste Gesetzgebungsverfahren in der EU. Der Ministerrat und das Europäische Parlament entscheiden gleichberechtigt über ein neues Gesetz und müssen (unter Umständen mit Hilfe des Vermittlungsausschusses) eine Einigung herbeiführen.

Mittelstandsgesellschaft: Der Soziologe Helmut Schelsky stellte 1953 die These auf, dass sich die soziale Schichtung in der Bundesrepublik durch eine steigende Mobilität stark verändere. Immer mehr Menschen würden aus den Unterschichten in die Mittelschicht auf- und aus der Oberschicht in die Mittelschicht absteigen, so dass letztere erheblich an Bedeutung gewinne.

Modernisierungstheorie(n): Modernisierungstheorien sind Entwicklungstheorien. Ihnen gemeinsam ist die Annahme, Entwicklungshemmnisse würden nicht so sehr aus wirtschaftlichen Defiziten, sondern aus den Eigenarten und Wertvorstellungen traditionaler Gesellschaften entspringen. Grund für Unterentwicklung seien somit endogene Faktoren, wie z. B. mangelnde Investitionsneigung, Korruption, Misswirtschaft, Mangel an Good Governance.

Monopol/Monopolkommission: Ein Unternehmen besitzt auf einem Markt ein Monopol, wenn ihm auf diesem Markt keine Konkurrenz gegenübersteht (Angebotsmonopol). Selten kann es auch zu einem Nachfragemonopol (es gibt nur einen Nachfrager, meist den Staat) kommen. Die Monopolkommission in Deutschland ist ein unabhängiges Beratungsgremium, das die Bundesregierung auf den Gebieten der Wettbewerbspolitik berät.

Nachfrageorientierung: Sieht die gesamtwirtschaftliche Nachfrage als entscheidende Größe für Produktion und Beschäftigung.

Nationalismus: Eine politische Einstellung, die aus einer sprachlichen, kulturellen oder historischen Gemeinschaft von Personen (Nationen) das Recht auf (staatliche) Selbstbestimmung ableitet.

NATO: Die NATO (engl.: North Atlantic Treaty Organization) wurde 1949 als internationaler Militärpakt von den USA und Kanada sowie den europäischen Staaten Belgien, Dänemark, Frankreich, Großbritannien, Island, Italien, Luxemburg, den Niederlanden, Norwegen und Portugal gegründet. Später traten noch andere Staaten bei, 1955 auch die Deutschland. Wichtigstes Ziel war ursprünglich die militärische Abschreckung gegenüber der Sowjetunion und ihrer Verbündeten. Die NATO-Mitglieder verpflichten sich untereinander zum friedlichen Interessenausgleich, zur Beratung bei außenpolitischen und militärischen Bedrohungen sowie dazu, sich im Falle eines bewaffneten Angriffs gegenseitig Beistand zu gewähren. Darüber hinaus werden gemeinsame wirtschaftliche, kulturelle und politische Interessen verfolgt.

Nettoeinkommen: Einkommen, das dem Einzelnen nach Abzug aller Abgaben und Steuern für private Nutzung zur Verfügung steht.

Neutralität: Die Nichteinmischung eines Staates in einen zwischen anderen Staaten bestehenden Konflikt. Durch einseitige Erklärung können sich Staaten auch völkerrechtlich anerkannt verpflichten, sich nicht in militärische Konflikte zwischen anderen Staaten einzumischen.

Nichtregierungsorganisation (NGO): Nicht auf Gewinn ausgerichtete, vom Staat unabhängige Organisation, z. B. attac.

Nichttarifäre Handelshemmnisse: Hemmnisse des Handels zwischen Staaten, die nicht die Form von Zöllen und Abgaben haben, z. B. Importquoten.

Output: Ausstoß, Ergebnis. Steht meist im Vergleich zum dafür erforderlichen Aufwand (Input).

OECD: Organisation für wirtschaftliche Zusammenarbeit und Entwicklung.

OECD-Skala: Verfahren zur Durchführung internationaler Einkommensvergleiche. Der Hauptbezieher des Einkommens geht dabei mit dem Faktor 1,0 in die Gewichtung ein, alle anderen Mitglieder der Bedarfsgemeinschaft im Alter von mindestens 14 Jahren mit 0,5 (unter 14: 0,3).

Ökonomie: Wirtschaft.

Opportunitätskosten: Entgangener Erlös/Nutzen, der dadurch entsteht, dass vorhandene Möglichkeiten (Opportunitäten) zur Nutzung von Ressourcen nicht wahrgenommen werden (können).

Pluralismus: Das friedliche und gleichzeitige Vorhandenseins verschiedener Systeme, Interessen, Ansichten und Lebensstile (Pluralisierung der Lebensformen).

Postfordismus: Der Fordismus basierte auf stark standardisierter Massenproduktion und -konsumtion von Waren mit Hilfe von Fließbandfertigung. Relativ hohe Arbeitnehmerlöhne, welche die Nachfrage ankurbeln, waren ebenfalls charakteristisch. Postfordismus bezeichnet die Wirtschaftsform, die in den westlichen Industrienationen den Fordismus ablöste.
Seine Merkmale sind u. a. die Flexibilisierung der Arbeitsorganisation, die Produktion in kleinen Serien, die Verbesserung der Qualifizierung und die totale Inanspruchnahme der Arbeitenden.

Postindustrielle Gesellschaft: Die der Industriegesellschaft nachfolgende Gesellschaftsform. Sie ist gekennzeichnet durch die zentrale Stellung des theoretischen Wissens und das zunehmende Übergewicht der Dienstleistungswirtschaft über die produzierende Wirtschaft.

Postmaterialismus: Ein Wertesystem, das sein Hauptaugenmerk nicht (mehr) auf die Befriedigung materieller Bedürfnisse legt.

Prekariat: Ein soziologischer Begriff, der arme und weitgehend ungeschützt Arbeitende und Arbeitslose als soziale Gruppierung beschreibt.

Primäreinkommen: Bruttonationaleinkommen (BNE) abzüglich Abschreibungen.

Primärenergie: Die Energie, die mit den natürlich vorkommenden Energiequellen zur Verfügung steht, z. B. als Kohle, Gas oder Wind. Im Gegensatz dazu spricht man von Sekundärenergie oder Energieträgern, wenn diese erst durch einen (mit Verlusten behafteten) Umwandlungsprozess aus der Primärenergie erzeugt werden, z. B. Strom.

Produktionsfaktor/en: Arbeit, Boden, Kapital und Wissen als die Mittel und Leistungen, die an der Herstellung und Bereitstellung von Gütern und Dienstleistungen mitwirken.

Produktionssektor: Produktionsbereich.

Produktivität: Verhältnis von Aufwand und Ertrag (vgl. Arbeitsproduktivität).

Progression (im Steuersystem): Bei einer progressiven Besteuerung wird der Steuersatz immer höher, je höher die Bemessungsgrundlage der Steuer (z. B. Einkommen) ansteigt.

Proletariat: Seit dem 19. Jahrhundert Bezeichnung für die abhängig beschäftigten Industriearbeiter.

Protektionismus: Massnahmen eines Staates, welche den Import von Gütern beschränken.

Qualifikation: Fähigkeiten von Personen.
Ratifizierung: Ein von Regierungen ausgehandelter völkerrechtlicher Vertrag tritt erst in Kraft, wenn die Parlamente (oder das Volk mittels Volksabstimmung) ihre Zustimmung gegeben haben und das Staatsoberhaupt den Vertrag mit seiner Unterschrift bestätigt (= ratifiziert) hat.
Rating: Aussage über die Fähigkeit (Bonität) eines Schuldners, die von ihm zu erbringenden Zins- und Tilgungsleistungen fristgerecht und in vollem Umfang leisten zu können.
Realeinkommen: Eine die Kaufkraft berücksichtigende Einkommensgröße. Maßstab ist die Menge an Waren und Dienstleistungen, die mit einem bestimmten Einkommen gekauft werden kann.
Rechtsstaat: Bezeichnung für Staaten, in denen das Handeln der staatlichen Organe gesetztem Recht untergeordnet ist und auch der unabhängigen richterlichen Kontrolle unterliegt.
Rentenversicherung: Regelmäßige Geldleistungen, die den Lohnausfall im Alter ausgleichen sollen. Dabei werden die Leistungen für die gegenwärtigen Rentnerinnen und Rentner immer von der derzeit erwerbstätigen Bevölkerung bezahlt („Generationenvertrag"). Die individuelle Höhe der Rente wird mit Hilfe der so genannten Rentenformel berechnet. In sie gehen u. a. Dauer und Höhe der Einzahlungen in die Rentenversicherung ein.
Repräsentant/in: Vertreter/in.
Ressource: Ein politisch-ökonomischer Begriff für die materiellen, finanziellen und/oder personellen Mittel, die eingesetzt werden (können), um bestimmte (politische etc.) Ziele zu erreichen.
Richtlinie: Ein Rechtsakt (Gesetz) der EU, der von allen Mitgliedstaaten innerhalb einer bestimmten Frist in nationales Recht umgesetzt werden muss.
Schattenwirtschaft: Alle privatwirtschaftlichen Aktivitäten, die zur gesamtwirtschaftlichen Wertschöpfung zu rechnen sind, für die aber keine („Schwarzarbeit") bzw. nur zum Teil Steuern entrichtet werden.
Schengener Abkommen: Ein 1985 (in Schengen, Luxemburg) abgeschlossenes und 1995 in Kraft getretenes Abkommen zwischen 15 EU-Staaten, Norwegen und Island. Sein Hauptinhalt ist der schrittweise Abbau der Grenzkontrollen an den Binnengrenzen der Mitgliedstaaten.
Schicht (soziale): Ausgehend von der Annahme, dass Gesellschaften grundsätzlich oder wenigstens in ihren heutigen Formen hierarchisch aufgebaut sind, werden verschiedene Stufen („soziale Schichten") angenommen, in denen sich jeweils die sozialen Akteure befinden. Dabei werden objektive und subjektive Kriterien zur Einordnung unterschieden. Je nach Analyse entstehen dabei grafisch unterschiedliche Modelle der sozialen Schichtung, z. B. das von dem deutschen Soziologen Karl Martin Bolte entwickelte Zwiebel-Modell.
Schuldenbremse: Die 2009 für Deutschland beschlossene verfassungsrechtliche Begrenzung der Nettokreditaufnahme und damit des Zuwachses an öffentlichen Schulden.
Schutzzoll: Dient dazu, die heimische Produktion und heimische Arbeitsplätze vor ausländischer Konkurrenz zu schützen.
Sicherheitsrat (UNO): Der Sicherheitsrat ist das mächtigste Organ der Vereinten Nationen. Er setzt sich aus fünf ständigen und zehn nichtständigen Mitgliedern beziehungsweise Staaten zusammen und hat die Hauptverantwortung für den Weltfrieden und die internationale Sicherheit. Nur er kann nach den Bestimmungen der Charta der Vereinten Nationen Entscheidungen mit Bindungswirkung für die Mitgliedstaaten treffen (z. B. Truppeneinsatz).
Souveränität: Fähigkeit und Recht auf Selbstbestimmung.
Sozialbudget: Umfang aller Sozialleistungen und ihrer Finanzierung.
Soziale Frage: Im 19. Jh. entstandener Begriff für die Verelendung der arbeitenden Klasse (Industriearbeiterschaft). Er wird heute auch verwendet, um die Not in den so genannten Entwicklungsländern zu problematisieren.
Soziale Gerechtigkeit: Leitbild einer Gesellschaft, das die Verteilung der Güter nicht nur von der Leistung der Menschen abhängig macht, sondern andere Aspekte mit einbezieht (z. B. Würde, Bildungschancen, gesellschaftlicher Friede).
Soziale Lage: Beschreibt die Lebensqualität und die Lebenschancen von Bevölkerungsgruppen. Bezugsgrößen sind beispielsweise (Aus-)Bildung, Beruf, Wohnen und Freizeit.
Soziale Milieus: Die sozialen Bedingungen und das Umfeld – z. B. Wertmaßstäbe, Gesetze, wirtschaftliche und politische Faktoren – denen ein Einzelner (oder eine Gruppe) ausgesetzt ist.
Soziale Mobilität: Allgemein die Bewegung von Individuen oder Gruppen zwischen unterschiedlichen sozialökonomischen Positionen (Schichten, Klassen). Vertikale Mobilität: Ab- oder Aufstieg zwischen zwei sozialen Schichten/Klassen. Horizontale Mobilität: Veränderung des Berufs oder der Tätigkeit, ohne dass sich dabei die Schichten- oder Klassenzugehörigkeit ändert.
Soziale Schichtung: Siehe Schicht (soziale).
Soziale Sicherung: Sammelbegriff für die drei Säulen des Sozialsystems in Deutschland: Die gesetzlichen Sozialversicherungen (z. B. Arbeitslosenversicherung), die sozialen Versorgungssysteme (z. B. Wohngeld) und die Sozialfürsorge (z. B. Sozialhilfe).
Soziale Ungleichheit: Ungleiche Verteilung von Rang ,Status, Einkommen und Macht zwischen Menschen und Gruppen in einer Gesellschaft.
Sozialgesetzbuch: Das Sozialgesetzbuch (SGB) fasst das in Deutschland geltende Sozialrecht in einem Gesetzbuch zusammen. Es besteht derzeit aus zwölf Teilen (Büchern). Eines der bekanntesten ist das SGB II (Grundsicherung für Arbeitssuchende, Hartz IV).
Sozialhilfe: Sozialleistung, die ein menschenwürdiges Leben sichern soll, wenn keine anderen Einkünfte bestehen.
Sozialleistungen: Oberbegriff für alle sozialen Leistungen des Staates.
Sozialpolitik: Überwiegend staatliche Maßnahmen zur Verbesserung der wirtschaftlichen und sozialen Lage von Teilen der Bevölkerung.
Sozialstaat: Ein Staat, der die sozialen Gegensätze und Spannungen abbaut oder ausgleicht.
Sozialstruktur: Die grundlegenden Wirkungszusammenhänge in einer Gesellschaft, in die Individuen eingebunden sind (Familien-, Bildungs-, Wirtschafts-, Vermögens-, Bevölkerungsstruktur etc.). Die Sozialstruktur prägt die individuellen und kollektiven Verhaltensmöglichkeiten.
Sperrminorität: Möglichkeit einer Minderheit, bei Abstimmungen einen Beschluss zu verhindern.
Stabilitäts- und Wachstumsgesetz: Das Gesetz zur Förderung der Stabilität und des Wachstums der Wirtschaft (StabG) vom 8. Juni 1967 konkretisiert das Staatsziel des gesamtwirtschaftlichen Gleichgewichts (Art. 109 II GG; siehe auch: Gleichgewicht).
Standortwettbewerb: Konkurrenz von Staaten um Direktinvestitionen von ausländischen Unternehmen oder um hochqualifizierte Arbeitskräfte.
Status: Stellung einer Person oder einer Gruppe innerhalb der Gesellschaft.
Stigmatisierung: Zuordnung von Individuen oder Gruppen in eine bestimmte Kategorie, die mit bestimmten, oft negativen Merkmalen verbunden ist.
Strukturpolitik/Strukturwandel (regionaler): Der Strukturwandel besteht aus den wirtschaftlichen Vorgängen, die die Zusammensetzung und Struktur des wirtschaftlichen Lebens eines Landes oder einer Region verändern. Strukturpolitik befasst sich mit politischen

Maßnahmen, um diese zu steuern oder zu beeinflussen.
Subprime: Als Subprime-Markt (subprime: zweitklassig) wird ein Teil des privaten Hypothekendarlehensmarkts bezeichnet, der überwiegend aus Kreditnehmern mit geringer Bonität besteht.
Subvention/en: Vorteile, die ein Staat ohne Gegenleistung Unternehmen, Haushalten oder anderen Staaten gewährt.
Taylorismus: Das von dem US-Amerikaner Frederick Winslow Taylor (1856–1915) begründete Prinzip einer Prozesssteuerung von Arbeitsabläufen. Zentrale Inhalte sind beispielsweise die detaillierte Vorgabe der Arbeitsmethode, die exakte Fixierung des Leistungsortes und -zeitpunktes sowie eine externe (Qualitäts-)-Kontrolle.
Terrorismus: Gewalt und Gewaltaktionen (z. B. Entführungen, Sprengstoffanschläge etc.) gegen eine politische Ordnung.
Transfereinkommen: Einkommen, das durch den Staat ohne Gegenleistung in Form früherer Einzahlungen gewährt wird (Beispiel: ALG II).
Transformation: Umwandlungsprozess eines politischen Systems in ein anderes.
Umverteilung: Die Verteilung von Einkommen und Vermögen auf verschiedene Wirtschaftsbereiche oder Personen bzw. Personengruppen.
UN-Charta: Die Charta der Vereinten Nationen ist der Gründungsvertrag und damit die „Verfassung" der Vereinten Nationen (UN). Sie wurde am 26. Juni 1945 durch die 51 Gründungsmitglieder in San Francisco unterzeichnet. Die Charta bindet als völkerrechtlicher Vertrag alle Mitglieder.
UN-Menschenrechtskonvention (Deklaration der Menschenrechte, UN-Menschenrechtscharta): Enthält das ausdrückliche Bekenntnis der Vereinten Nationen zu den Menschenrechten. Sie besteht aus 30 Artikeln über die Rechte, die jedem Menschen zustehen, „ohne irgendeinen Unterschied, etwa nach Rasse, Hautfarbe, Geschlecht, Sprache, Religion, politischer oder sonstiger Überzeugung, nationaler oder sozialer Herkunft, Vermögen, Geburt oder sonstigem Stand."
Vereinte Nationen (United Nations [UN]): Ein zwischenstaatlicher Zusammenschluss von 192 Staaten. Wichtigste Aufgaben sind die Sicherung des Weltfriedens, die Einhaltung des Völkerrechts und der Menschenrechte sowie die Förderung der internationalen Zusammenarbeit.
Vermögen: Die Gesamtheit aller Güter und Ansprüche auf Güter (Geld, Aktien) im Eigentum eines Menschen oder einer Organisation.
Verteilungsgerechtigkeit: Die Gerechtigkeit von Verteilungsregeln und ihren Ergebnissen.
Völkerrecht: Sammelbegriff für alle Rechtsnormen, die das Verhältnis der Staaten untereinander und die Beziehungen zwischen den Staaten und den internationalen Organisationen regeln.
Währungspolitik: Maßnahmen zur Regelung des inneren und äußeren Geldwertes einer Währung auf nationaler, europäischer und internationaler Ebene.
Wechselkurs: Preis einer ausländischen Währung, ausgedrückt in eigener gültiger Währung.
Welthandel: Gesamtheit des Handels mit Waren, Dienstleistungen, Kapital, Wissen und Rechten (Patente) zwischen allen Ländern der Erde.
Wertpapier/e: Wertpapiere sind Aktien (Anteile an Unternehmen), Zertifikate, Schuldverschreibungen, und andere Wertpapiere, wenn sie an einem Markt gehandelt werden können.
Welthandelsorganisation (Word Trade Organization [WTO]): Internationale Organisation mit Sitz in Genf, die sich mit der Regelung von Handels- und Wirtschaftsbeziehungen beschäftigt.
Weltwirtschaftsordnung: Ein System von Abkommen, Vereinbarungen, Vorschriften und Gesetzen zwischen Staaten, um den Weltwirtschaftsverkehr mit Waren, Dienstleistungen und Kapital zu gewährleisten und zu regeln.
Wettbewerb (ökonomischer): Die Konkurrenz der Teilnehmer auf einem Markt; vor allem: Konkurrenz der Verkäufer von Waren und Dienstleistungen um die Gunst der Käufer.
Wirtschaftspolitik: Staatliche Maßnahmen zur Beeinflussung der Wirtschaft, z. B. zur Aufrechterhaltung der Märkte, aber auch zur Unterstützung wirtschaftlicher Innovation.
Wirtschaftskrise: Beschreibt zum einen die Konjunkturphase der Depression, zum anderen auch eine lang andauernden Störung der wirtschaftlichen Entwicklung. Solche Wirtschaftskrisen können, wie die Krise 2008/2009, auch globale Ausmaße erreichen.
Wirtschaftsstandort: Siehe Standortwettbewerb.
Wissensklufthypothese: Beschreibt die strukturelle Ungleichverteilung von Wissen, das durch die Massenmedien transportiert wird. Dieser These zufolge wächst die Wissenskluft zwischen Menschen mit höherem und niedrigerem sozioökonomischen Status schneller, wenn der Informationsfluss der Massenmedien in der Gesellschaft (oder einem anderen Sozialsystem) wächst.
Wissens- und Informationsgesellschaft: Eine Gesellschaftsform in hochentwickelten Ländern, in der das individuelle und kollektive Wissen sowie seine Organisation zur Grundlage des sozialen und ökonomischen Zusammenlebens wird.
Wohlstandsgesellschaft: In den 1960er-Jahren entstandene Bezeichnung für eine Gesellschaft, die dem überwiegenden Teil der Bevölkerung die Befriedigung materieller Bedürfnisse weit über dem Existenzminimum bietet.
Wohngeld: In Deutschland die staatliche Unterstützung für Bürger, die aufgrund ihres geringen Einkommens einen Mietzuschuss erhalten.
Zentrum-Perpherie-Modell: Siehe Dependenztheorie.
Zivilgesellschaft: Raum innerhalb der Gesellschaft, der z. B. von Vereinen, Verbänden, Initiativen, NGOs usw. ausgefüllt wird.

Register

A

B

C

D

E

F

G

H

I

K

L

M

N

O

P

Q

R

S

T

U

V

XYZ

Bildquellenverzeichnis

Umschlagbild: Shutterstock; 9 o. m. picture-alliance/dpa/© dpa/Foto: epa efe Manuel Lerida; 9 o. r. picture-alliance/dpa/dpaweb/© dpa-Fotoreport; 9 u. l. picture-alliance/ZB/© dpa-Report/Foto: Patrick Pleul; 9 u. m. picture-alliance/Bildagentur-online/TIPS-Images; 9 u. r. picture-alliance/ZB/© ZB-Fotoreport/ Foto: Patrick Pleul; 10 o. Lucie Laithier; 10 m. Lavinia Lazar; 10 u. Matthias Jekosch; 12 picture-alliance/dpa; 13 picture-alliance/dpa/© dpa-Bildarchiv/Foto: Rolf Haid; 14 picture-alliance/dpa/dpaweb/© dpa-Fotoreport; 14 CCC,www.c5.net/Mester; 23 picture-alliance/dpa/dpaweb/© dpa/Foto: Odd_Andersen; 26 Klaus Stuttmann; 31 picture-alliance/dieKLEINERT.de/Rudolf Schuppler; 34 CCC,www.c5.net/Tomicek; 35 picture-alliance/Bildagentur-online/Falkenstein; 36 l. Peter Kreuselberg; 36 r. CCC,www.c5.net/Hanel; 39 o. l. picture-alliance/dpa/dpa-Bildarchiv; 39 o. m. picture-alliance/dpa/dpa-Report; 39 o. r. ullstein bild/SIPA; 39 u. l. picture-alliance/dpa/©dpa-Report; 39 u. m. picture-alliance/dpa/Foto: Norbert Försterlin; 39 u. r. picture-alliance/dpa/©dpa; 41 picture-alliance/dpa/© epa/Foto: Fawad Hussein; 42 Indymedia/Frosch; 45 Klaus Stuttmann; 47 picture-alliance/dpa/© dpa-Report; 55 picture-alliance/akg-images; 56 picture-alliance/akg-images; 57 Christiane Pfohlmann; 59 picture-alliance/© dpa; 60 CCC, www.c5.net/Mester; 63 CCC, www.c5.net/Mester; 65 Dieter Zehentmayr; 69 o. l. picture-alliance/Foto: Sven Simon; 69 o. m. picture-alliance / Pressefoto Ulmer; 69 o. r. picture-alliance/dpa/© dpa-Fotoreport; 69 u. l. Servais Mont/Pictobank/ABACAPRESS.COM; 69 u. m. picture-alliance/dpa/© dpa-Fotoreport; 69 u. r. picture-alliance/dpa; 70 o. l. picture-alliance/HB Verlag/Foto: Holger Leue; 70 o. m. picture-alliance/Foto: Peter Steffen; 70 o. r. AP Photo/Kamran Jebreili; 70 u. l. ullstein bild/Hechtenberg/Caro; 70 u. m. picture-alliance/dpa/© dpa-Report/Foto: Gero Breloer; 70 u. r. ullstein bild/Giribas; 71 picture-alliance/dpa/© dpa-Report; 71 CCC, www.c5.net/Plaßmann; 75 picture-alliance/united archives; 77 picture-alliance/dpa/© dpa-Report; 78 picture-alliance/dpa/© dpa; 79 o. ÖNB/Wien, Pf 18575B1; 79 u. picture-alliance/maxpp; 80 picture-alliance/akg-images; 82 picture-alliance/akg-images; 87 picture-alliance/dpa/© dpa-Report/Foto: Bernd Settnik; 95 picture-alliance/dpa/©dpa-Report; 98 picture-alliance/dpa/© epa-Bildfunk/Foto: Kay_Nietfeld; 98 Heiko Sakurai; 99 Zapiro/www.zapiro.com; 101 o. l. picture-alliance/dpa/© epa-Bildfunk/Foto: George_Esiri; 101 o. m. picture-alliance/Bildagentur-online/G. Fischer; 101 o. r. ullstein bild/Lineair; 101 u. l. picture-alliance/dpa/© dpa/Foto: Achim Scheidemann; 101 u. m. picture-alliance/dpa/© epa/Foto: Abir Abdullah; 101 u. r. picture-alliance/dpa/dpaweb/© dpa-Fotoreport/Foto: epa Stephen Morrison; 105 bpk; 106 picture-alliance/Photoshot; 108 LBJ Library photo by Yoichi R. Okamoto; 110 o. www.rrojasdatabank.info/agfrank; 110 m. Alexei Kouprianov; 110 u. picture-alliance/dpa/© dpa/Foto: epa Abir Abdullah; 115 picture-alliance/dpa/©dpa-Report/Foto: epa efe Mario Nulo; 118 CCC, www.c5.net/Mester; 119 Khalil Bendib; 121 picture-alliance/dieKLEINERT.de/Susanne Tessari; 122 picture-alliance/dpa/© dpa/Foto: Governor Bobby Jindal; 125 picture-alliance/dpa/© dpa/Foto: Friso Gentsch; 126 CCC, www.c5.net/Mester; 131 Plantu/www.plantu.net; 133 o. l. picture-alliance/© dpa/Foto: Daniel Karmann; 133 o. m. picture-alliance/dpa/© dpa-Report/Foto: Jens Ressing; 133 o. r. picture-alliance/dpa/© dpa-Fotoreport/Foto: Arne Dedert; 133 u. l. picture alliance/dpa/© dpa/Foto: Oliver Berg; 133 u. m. picture-alliance/Foto: Anke Fleig/SVEN SIMON; 133 u. r. picture-alliance/dpa/© dpa-Fotoreport/Foto: Kay Nietfeld; 138 picture-alliance/MAXPPP/© MP/Leemage; 140 CCC, www.c5.net/Mester; 145 o. picture-alliance/dpa/© dpa-Report/Foto: Frank Rumpenhorst; 145 u. picture alliance/CSU Archives/Everett Collection; 147 Klaus Stuttmann; 148 Jupp Wolter (Künstler), Haus der Geschichte, Bonn; 149 CCC, www.c5.net/Mester; 150 picture-alliance/dpa/© dpa/Foto: Marcus Brandt; 152 picture-alliance/dpa/© dpa-Bildarchiv/Foto: Guido Bergmann; 153 CCC, www.c5.net/Mester; 156 picture-alliance/dpa/dpaweb© dpa-Fotoreport/Foto: Roland Weihrauch; 159 © Copyright SASI Group (University of Sheffield) ; 160 Heiko Sakurai; 163 o. l. picture-alliance/dpa/© dpa/Foto: Tim Brakemeier; 163 o. m. picture-alliance/dpa/© dpa/Foto: Peer Grimm; 163 o. r. picture-alliance/dpa/© dpa/Foto: Klaus-Dietmar Gabbert; 163 u. l. © OECD; 163 u. m. picture-alliance/dpa/© dpa/Foto: epa apa Holzner; 163 u. r. picture-alliance/ZB/© dpa-Report/Foto: Jan Woitas; 164 picture-alliance/dpa/© dpa/Foto: Bernd Wüstneck; 168 picture-alliance/© MP/Leemage/MAXPPP; 170 picture-alliance/dpa/© dpa-Report/Foto: Klaus-Dietmar Gabbert; 172 picture-alliance/91050/KPA/TopFoto; 175 picture-alliance/dpa/© dpa/Foto: Darren Hauck; 177 l. CCC, www.c5.net/Plaßmann; 177 r. Klaus Stuttmann; 180 CCC, www.c5.net/Plaßmann; 182 picture-alliance/© dpa/Foto: Bernd Thissen; 185 CCC, www.c5.net/Plaßmann; 191 o. l. picture alliance/dpa/© dpa/Foto: Arno Burgi; 191 o. m. picture-alliance/www.press-photo.at/APA/picturedesk.com/Foto: Christian Ammering; 191 o. r. picture-alliance/Denkou Images; 191 u. l. picture-alliance/dpa//© dpa-Fotoreport/Foto: Tim Brakemeier; 191 u. m. picture-alliance/dpa/© dpa/Foto: Rainer Jensen; 191 u. r. picture-alliance / © dpa /Foto: Rolf Vennenbernd; 192 picture-alliance/dpa/© dpa/Foto: UPI; 195 Heiko Sakurai; 196 picture-alliance/dpa/© dpa-Report/Foto: DB Primoz Lavre; 199 picture-alliance/dpa/© dpa/Foto: Rolf Vennenbernd; 202 picture-alliance/dpa/dpaweb/© dpa-Report/Foto: Wolfgang Moucha; 205 o. INSM/Initiative Neue Soziale Marktwirtschaft; 208 picture-alliance/dieKLEINERT.de/Rudolf Schuppler; 211 picture-alliance/dieKLEINERT.de/Martin Guhl; 211 picture-alliance/dpa/dpaweb/© dpa-Fotoreport/Foto: Frank May; 213 picture-alliance/dpa/© dpa/Foto: Udo Weitz; 214 Klaus Stuttmann; 219 o. l. picture-alliance/dpa/© dpa/Foto: Norbert Försterling; 219 o. m. picture-alliance/dpa/© dpa/Foto: Patrick Seeger; 219 o. r. picture-alliance/ZB/© ZB-Fotoreport/Foto: Jan-Peter Kasper; 219 u. l. picture-alliance/ZB/euroluftbild.de; 219 u. m. picture-alliance/dpa/© dpa-Fotoreport/Foto: Uli Deck; 219 u. r. picture-alliance/chromorange/Foto: Andreas Rose; 220 picture-alliance/ZB/© dpa-Report/Foto: Jan Woitas; 232 picture-alliance/dpa/© dpa-Report/Foto: Julian Stratenschulte; 244 CCC, www.c5.net/Wössner; 245 picture-alliance; 247 o. l. picture-alliance/dpa/© dpa/Foto: Tim Brakemeier; 247 o. m. picture-alliance/dpa/© dpa-Report/Foto: Carsten Rehder; 247 o. r. picture-alliance/Foto: Markus C. Hurek; 247 u. l. picture-alliance/dpa/© dpa/Foto: Ronald Wittek; 247 u. m. picture-alliance/dpa/© dpa/Foto: Peter Steffen; 247 u. r. picture-alliance/Christian Ohde/CHROMORANGE; 248 picture-alliance/Bildagentur-online/Begsteiger; 250 picture-alliance/ZB/© dpa-Report/Foto: Jens Büttner; 253 Nicholson from The Australian/www.nicholsoncartoons.com.au; 254 picture-alliance/dpa/© dpa-Fotoreport/Foto: Kay Nietfeld; 256 o. picture-alliance/Foto: Philippe Lissac/GODONG; 256 m. picture-alliance/dpa/© dpa/Foto: Oliver Berg; 256 u. picture-alliance/ZB/© ZB-Fotoreport/Foto: Peer Grimm; 259 picture-alliance/dpa/© dpa-Report/Foto: Abaca Motte Julien 138448; 260 picture-alliance/dpa/dpaweb/© dpa/Foto: Oliver Berg; 261 picture-alliance/Foto: Wolfram Steinberg; 263 picture-alliance/dpa/dpaweb/© dpa/Foto: Marcus Führer; 267 picture-alliance/dpa/© dpa-Report/Foto: Frank Leonhardt; 268 CCC, www.c5.net/Plaßmann; 270 o. Roger Schmidt; 270 u. Klaus Stuttmann; 272 Axel Springer Verlag/Bild; 275 o. l. picture-alliance/ZB/©dpa-Report/Foto: Waltraud Grubitzsch; 275 o. m. picture-alliance/HB Verlag/Foto: Jo Holz; 275 o. r. picture-alliance/© dpa/dpaweb/Foto: Stephanie Pilick; 275 u. l. picture-alliance/Bildagentur-online/Ohde; 275 u. m. picture-alliance; 275 u. r. picture-alliance/ZB/euroluftbild.de; 276 CCC, www.c5.net/Plaßmann; 277 picture-alliance/Berliner_Kurier/© Berlin Picture Gate/Foto: PemÜ Peter Müller; 278 Matthias Pflügner; 281 picture-alliance/dpa/© dpa Bilderdienste/Foto: Bernd Thissen; 283 picture-alliance/maxppp/©Leemage; 284 o. picture-alliance/united archives; 284 u. picture-alliance/MAXPPP; 285 o. picture-alliance/©MP/Leemage; 285 u. Theodor-Geiger-Archiv der Technischen Universität Braunschweig (Leihgabe von Eline Marie Nicolaysen); 287 o. picture-alliance/dpa/dpaweb/©dpa-Fotoreport/Foto: Waltraud Grubitzsch; 287 u. picture-alliance/Bildagentur-online/Begsteiger; 290 Süddeutsche Zeitung Photo/Heddergott, Andreas; 291 Stephan Rürup; 293 picture-alliance/dpa/©dpa-Report/Foto: Jörg Schmitt; 294 picture-alliance/dpa/©dpa/Foto: Maurizio Gambarini; 295 picture-alliance/akg-images; 296 picture alliance/moodboard/Foto: David Oxberry; 298 picture-alliance/dpa/©dpa-Bildarchiv; 299 picture-alliance/dpa/DENA; 300 picture-alliance/Presse-Bild-Poss/Uta Poss; 303 o. l. picture-alliance/Bildarchiv/Foto: Florian Monheim; 303 o. m. picture-alliance/Sueddeutsche Zeitung Photo/Foto: Andreas Heddergott; 303 o. r. picture-alliance/Pressefoto Baumann/augenklick; 303 u. l. picture-alliance/beyond/Sonntag; 303 u. m. picture-alliance/dpa Themendienst/Foto: Kai Remmers; 303 u. r. picture-alliance/beyond/Oscar Abrahams; 304 l. picture-alliance/Bildagentur-online/Beg; 304 m. picture-alliance/dpa/© dpa/Jens Wolf; 304 r. picture-alliance/dpa/© dpa-Report/Foto: Frank Rumpenhorst; 305 Dr. Rainer Geißler; 306 DeinDesign GmbH/www.designskins.com; 309 Rainer Alff; 310 picture-alliance/dpa/© dpa-Report/Horst Galuschka; 311 CCC, www.c5.net/Haitzinger; 314 picture-alliance/dpa/© dpa-Bildarchiv/Foto: Bernd Thissen; 315 picture-alliance/ZB/© dpa-Fotoreport/Foto: Klaus Franke; 316 CCC, www.c5.net/Mester; 318 Mattel GmbH; 320 Jim Unger; 321 picture-alliance/dpa/©dpa/Foto: Tobias Kleinschmidt; 322 picture-alliance/dpa/© epa/Mikhail Klimentyev/ria Novosti/kremlin Pool; 324 o. picture-alliance/ZB/euroluftbild.de; 325 picture-alliance/IMAGO/Austrian Archives; 326 picture-alliance/dpa/© dpa/Foto: Bernd Thissen; 327 picture-alliance/dpa/© dpa/Foto: Julian Stratenschulte; 328 Rechte: picture-alliance/dpa/dpaweb/© epa-Bildfunk/Foto: Fouchet/Taamallah/Sipa_Press; 330 CCC, www.c5.net/Haitzinger; 331 picture-alliance/dpa/© epa/Foto: Caroline Blumber; 333 o. l. picture-alliance/© ZB-Fotoreport/Foto: Peter Förster; 333 o. m. picture-alliance/ZB/© dpa-Report/Foto: Ralf Hirschberger; 333 o. r. picture-alliance/ZB/© dpa-Report/Foto: Klaus Franke; 333 u. l. picture-alliance/Sueddeutsche Zeitung Photo/Foto: Stephan Rumpf; 333 u. m. picture-alliance/dpa/© dpa/Foto: Stefan Sauer; 333 u. r. picture-alliance/dpa/© dpa/Foto: Stephanie Pilick; 334 picture-alliance/Sven Simon/Foto: Frank Hoermann; 338 picture-alliance/ZB/© dpa/Foto: Jens Büttner; 348 CCC, www.c5.net/Behrendt; 354 picture-alliance/dpa/© dpa/Foto: Peer Grimm; 357 Gosta Esping-Andersen; 359 CCC, www.c5.net/Plaßmann; 360 Heiko Sakurai; 362 Klaus Stuttmann; 366 CCC, www.c5.net/Mester

Nicht in allen Fällen war es uns möglich, die Rechteinhaber der Abbildungen ausfindig zu machen. Für eventuell entstandene Fehler oder Auslassungen bitten wir um Verständnis. Berechtigte Ansprüche werden selbstverständlich im Rahmen der üblichen Vereinbarungen abgegolten.